시뮬레이션 응용

시뮬레이션 응용

*FlexSim*을 이용한 모델링 및 분석

5판

FlexSim 2017 LTS 호환

Malcolm Beaverstock, PhD
Allen Greenwood, PhD, PE
William Nordgren, MS CIM

저자들은 *FlexSim*의 다양한 기능과 손쉬운 사용법에 매료되었다. *FlexSim*은 시스템을 모델링, 분석 및 시각화하고자 할 때 편리하게 사용할 수 있는 3D 시뮬레이션 소프트웨어로, 제조업, 자재 관리, 헬스케어, 창고 관리, 광공업, 수송 및 물류 등 다양한 분야에 응용할 수 있다. 이 소프트웨어는 시뮬레이션 모형에 포함되어야 할 물리적 또는 논리적 특성들에 대한 처리, 그리고 시뮬레이션 모형을 이용한 실험 및 분석의 진행을 위한 효과적인 수단을 제공한다. 결론적으로 *FlexSim*은 시뮬레이션 기술 및 이를 이용한 문제 해결 과정에 대한 이해라는 본 도서의 저술 목적에 매우 잘 부합한다.

이 책에 수록된 예제들을 실습해보기 위해서는 *FlexSim* 소프트웨어에 대한 academic license 또는 commercial license가 필요하다. 다만 3장과 4장의 예제들은 *FlexSim* 무료 체험판(*FlexSim* Express)으로도 실습이 가능하다. 또한 실습 예제들과 관련된 파일들은 *FlexSim* 사의 웹사이트 에서 다운로드할 수 있는 [5thEdition_BookDownloads.zip] 파일에 포함되어 있다. 이 책의 처음 2개 장과 마지막 두 개 장에서는 *FlexSim*은 물론이고 다른 어떤 소프트웨어도 이용되지 않는다. 이 책은 소프트웨어에 대한 매뉴얼이 아니므로, 소프트웨어 기능에 대한 자세한 내용을 알아보고자 할 때는 *FlexSim* 사에서 제공하는 안내 자료들을 참조하기 바란다.

www.flexsim.com

Canyon Park Technology Center
Building A – Suite 2300
Orem, Utah 84097 USA
Phone (801) 224-6914 • Fax (801) 224-6984
sales@flexsim.com

Applied Simulation: Modeling and Analysis using FlexSim

by Malcolm Beaverstock, PhD
Allen Greenwood, PhD, PE
William Nordgren, MS CIM

Printed in the United States of America

Published by FlexSim Software Products, Inc., Canyon Park Technology Center, Building A Suite 2300, Orem, UT 84097 USA.

FlexSim software and books may be purchased for educational, business, or sales promotional use. For more information, please contact our sales department: +1-801-224-6914 or *sales@flexsim.com*.

Editing: Katherine Bobo, Markus Cueva

Managing Editor: Markus Cueva

Cover Design: Stacy Geisberger, Kris Geisberger, and Ben Wilson, with special thanks to Olivier Pellegrin, Brenton King, TALUMIS, and others who provided screen captures of actual *FlexSim* simulation models.

Printing History:

January 2011: First Edition, version 1 (pre-release)
August 2011: First Edition, version 2 (pre-release)
September 2011: First Edition, version 3
January 2012: Second Edition
July 2012: Third Edition
October 2014: Fourth Edition
June 2017: Fifth Edition

To Janet and Jane – for your patience and support

이 책은 많은 분들께서 자신의 지식과 경험을 공유해주신 덕분에 집필될 수 있었다. 저자들은 다양한 지원과 도움을 아끼지 않은 미국 FlexSim 본사의 모든 임직원 분들에게 감사의 뜻을 표하고자 한다. 나아가, 저자들을 격려하고 시뮬레이션을 적용해볼 수 있도록 지원해주신 General Mills사와 미시시피 주립 대학 부설 Center for Advanced Vehicular Systems 소속 연구진들에게도 깊은 감사를 드린다.

저자 서문

시뮬레이션은 문제를 분석하고 해결하는데 특히 유용한 실용적인 기술이다. 시뮬레이션을 응용하고자 할 때는 먼저, 당면한 문제의 특성과 시뮬레이션이 필요한 이유, 그리고 예상되는 결과물이 무엇인지를 명확히 정의하는 것이 필요하다. 목표가 명확하지 않은 경우에는 시뮬레이션을 통해 큰 효과를 얻기 힘들다.

시뮬레이션을 사용하기로 했다면 이제 당면한 문제를 다루는데 필요한 시뮬레이션 관련 세부 지식들을 익혀야 하고, 여기에는 시뮬레이션의 기본 개념과 소프트웨어의 사용법 및 실제 분석 절차 등이 포함된다. 어떻게 하면 성공적으로 시뮬레이션을 활용할 수 있는지를 익히는 가장 효과적인 방법은 시뮬레이션 과정을 직접 실습해 보는 것이다.

시뮬레이션 응용을 가르칠 때 가장 고민이 되는 부분은 이론적인 내용과 실무적인 측면이 서로 잘 조화가 되어야 한다는 점이다. 이 책의 집필 의도는 이 둘 간의 간극을 좁혀 보다 효과적으로 시뮬레이션에 대한 학습이 이루어지도록 하기 위함이었다. 이 책의 모든 독자들이 시뮬레이션 전문가가 될 수는 없겠지만, 적어도 자신 또는 주위에서 효과적인 의사결정을 내려야 하는 상황이 왔을 때, 이 기술을 활용할 수 있겠다는 생각을 떠올릴 수 있는 사람이 되었으면 한다. 이에 따라, 이 책에서는 독자들의 유형을 초급, 중급, 고급 사용자로 구분하였다.

최신 시뮬레이션 소프트웨어를 사용하면 분석 대상이 가진 논리적인 특성 – 종종 복잡한 – 뿐만 아니라 그 안에 포함된 물리적인 요소들의 시각적인 특성까지 정확히 표현할 수 있다. 이러한 두 가지 장점이 결합되면서 시뮬레이션은 효과적인 문제 해결 도구로 보다 폭넓게 활용되는 추세이다. 이 책에서 *FlexSim*을 선택한 이유는 사용법이 간단하고 다양한 시각적, 논리적 표현이 가능하여, 시뮬레이션 개념 및 기법만 이해하면 손쉽게 활용할 수 있기 때문이었다. 그렇다고 이 책을 집필할 때 *FlexSim* 매뉴얼을 만들고자 한 것은 아니므로, 필요한 경우에는 개발사에서 제공하는 자료나 튜토리얼을 적절히 활용하기 바란다.

이 책의 처음 3개 장에서는 시뮬레이션을 실행 및 활용하는데 필요한 배경 지식을 다루며, 이들은 모든 사용자들이 기본적으로 알아두어야 할 내용이기도 하다. 4~6장에서는 시뮬레이션 전문가가 될 생각까지는 없으나, 필요할 때 가끔 시뮬레이션을 사용해보고자 하는 초급 사용자들에게 적합한 내용들이 소개되며, 세부적으로는 시뮬레이션 소프트웨어, 통계량, 그리고 모형의 작성 등을 다룰 것이다. 여기까지 학습을 마치면 독자들은 소프트웨어의 기본 기능을 이용하여 실제 시스템의 복잡한 논리적 특성을 상대적으로 간단한 형태의 모형으로 표현하는 방법을 익히게 될 것이다.

7~11장에서는 중급 사용자에게 적합한 심화 이론과 함께 신뢰성, 임의성 및 결과 분석 등 시뮬레이션 프로젝트의 성공 여부와 직결되는 실무적인 사항들을 처리하는데 필요한 배경 지식들을 소개할 것이다.

고급 사용자들을 위해 12~15장에는 앞에서 다루지 못한 고급 개념이나 예제들을 수록하였으며, 여기에는 복잡한 로직을 편리하게 작성하는 방법, 그리고 시뮬레이션 모형에서 유체의 흐름을 표현하는 방법이 포함된다.

마지막으로 16장 및 17장에서는 실무 전문가들을 위해 성공적인 시뮬레이션 프로젝트 수행 방법에 대해 논의하고자 한다. 이 부분은 기업 현장에서 시뮬레이션을 성공적으로 활용하는데 꼭 필요함에도 기존의 다른 시뮬레이션 관련 도서에서 잘 다루어지지 않았던 내용이기도 하다. 이 책의 다른 부분을 공부하는 도중에라도 필요하다면 언제든 이 장들의 내용을 살펴보기 바란다. 시뮬레이션 프로젝트를 준비할 때 읽어보면 더 좋을 것이다.

추천사

APSmate 컨설팅 사업부 이사
서 승 용
2018. 8

최신 시뮬레이션 소프트웨어를 사용하면 분석 대상 시스템과 유사한 특성을 갖는 모형을 매우 손쉽게 작성할 수 있습니다. 이러한 시뮬레이션 소프트웨어의 발전에 힘입어, 시뮬레이션은 효과적인 문제 해결 도구로 보다 폭넓게 활용되는 추세입니다.

그동안 시뮬레이션 소프트웨어는 전문가들만이 다룰 수 있는 솔루션으로 인식되어 왔습니다. 심지어는 산업공학을 전공한 학생들도 이론 위주로 시뮬레이션을 학습하거나, 예전 방식의 소프트웨어를 사용하는 경우가 많았습니다. 이 책에서 시뮬레이션 소프트웨어로 *FlexSim*을 선택한 이유는 사용자들이 친근하게 접근할 수 있는 사용자 인터페이스를 가지고 있으며 또 사용법이 간단하고 다양한 시각적, 논리적 표현이 가능하여, 시뮬레이션의 기본적인 개념만 이해하면 누구나 손쉽게 활용할 수 있을 것이라는 믿음 때문이었으리라 생각합니다.

이 책은 시뮬레이션이 딱딱하고 이론적이며 배우기 어렵다는 인식을 단번에 깨뜨려버리는 *FlexSim* 소프트웨어를 활용하여 우리 주변에서 흔히 발생하고 접해 볼 수 있는 문제들을 다루어보면서 시뮬레이션 활용 기술을 터득할 수 있도록 도와줄 것입니다.

제조 현장의 관리자나 창고 운영 담당자, 온/오프라인 유통업체의 물류 센터 운영 담당자라면 이 책을 통해 본인이 근무하는 기업체의 성과를 개선하는데 필요한 시각과 역량을 습득할 수 있을 것입니다.

아울러, 이 책은 미국의 여러 대학에서 학부생과 대학원생들의 시뮬레이션 단기 코스로 이미 성공적으로 사용되고 있습니다. 독자들의 유형을 초급, 중급, 고급 사용자로 구분하고, 각 장의 내용들이 수준별로 구성되어 있어 자신에게 필요한 부분을 선택적으로 학습할 수 있다는 것도 이 책의 장점 중 하나입니다.

*FlexSim*은 완전히 개체 지향적인(object-oriented) 소프트웨어이며, 우월한 3D 그래픽을 통해 손쉬운 모델링 작업을 지원합니다. 결과적으로, 기존의 2D 기반 시뮬레이션 소프트웨로는 구현이 어려운 이슈들, 즉, 현장의 복잡한 업무 흐름이나 제약 조건들을 손쉽게 반영하여 모델을 구성하고 시뮬레이션 과정에서 성과 지표들의 변화 추이를 대시보드로 확인할 수 있다는 등의 강점들을 갖고 있습니다. 나아가, AS/RS의 표현에 활용되는 랙(rack)을 비롯하여 호이스트 크레인, 6축 로봇, AGV 및 A-Star 등은 이 소프트웨어가 갖는 차별화된 모델링 개체들입니다.

그동안 많은 국내 대학에서 가르치고 사용해오던 2D 기반 시뮬레이션 소프트웨어들과는 다르게 사용자가 자신의 생각에 맞추어 쉽게 모델을 만들 수 있고 내장 옵션만으로도 다양한 로직을 구현할 수 있는 근본적으로 차별화된 시뮬레이션 솔루션인 *FlexSim* 최신 활용서를 독자들이 더욱 쉽게 읽고 내용을 파악할 수 있도록 번역에 힘써 주신 김준우 교수님께 다시 한번 감사를 드립니다.

이 책을 통하여 4차 산업혁명의 목적지 중의 하나인 스마트팩토리 구현에 관심있는 엔지니어들과 국내 물류 시뮬레이션 분야에 종사하는 전문가, 또 시뮬레이션 기술을 습득하려는 다양한 현장의 실무자 및 학생들이 한 단계 높은 시뮬레이션 분석 역량을 갖게 되었으면 하는 바램입니다.

아울러, 교수님이 구상중이신 "*FlexSim*을 활용한 팩토리 모델링 실무" 편에 대한 기대도 하게 됩니다.

역자 서문

일반적으로 생산 현장에서는 다수의 사람과 기계/설비, 다양한 원부자재들이 복잡하게 뒤엉킨 채 때로는 일사불란한 모습으로, 때로는 갖가지 문제 상황과 맞닥뜨려가며 제품이나 서비스를 만들어낸다. 그리고, 산업공학이란 이 같은 생산 시스템의 개선 및 최적화를 추구하는 학문 분야이다.

대학에서 산업공학을 전공하고, 졸업한 후에는 다시 이 분야 교과목들을 강의하는 입장에서, 항상 아쉬웠던 점이 하나 있다면, 공장이나 서비스 영업장과 같은 생산 시스템을 전체적으로 관찰하고, 그 구성을 원하는 대로 변경해 보는 경험을 하는 것이 쉽지 않다는 것이었다. 이는 제조 기업에 취업해 본 적이 없는 학생들 뿐만 아니라, 실제 기업체 재직자들도 마찬가지이다. 그러다 보니, 언제든지 작동시킬 수 있고, 필요한 경우 운영 방식이나 설비 배치 등을 편리하게 변경할 수 있는 가상의 공장 같은 것이 있으면 좋겠다는 생각을 막연하게 해 왔던 것 같다. 필자가 처음 *FlexSim*이라는 소프트웨어를 처음 접했을 때, 매우 강한 흥미를 느꼈던 것은 이러한 이유에서였다. 다시 말해, *FlexSim*을 이용하면 독자 여러분들도 자신만의 가상적인 공장 또는 생산 시스템을 자유로이 만들어 운영해보고, 그 성과를 측정하거나 개선해 볼 수 있다. 기업체 재직자라면 실제 현장의 운영 방식을 최적화하는데 이 소프트웨어를 활용할 수도 있을 것이다.

본질적으로 *FlexSim*은 시뮬레이션, 즉, 모의 실행을 위한 소프트웨어이다. 하지만, 본 번역서의 16장에도 설명되어 있듯이, *FlexSim*이 유일한 시뮬레이션 소프트웨어인 것은 아니며, 개중에는 *FlexSim*보다 더 널리 사용되는 시뮬레이션 소프트웨어도 존재한다. 그럼에도 불구하고, *FlexSim*은 다른 시뮬레이션 소프트웨어들과 대비되는 몇 가지 뚜렷한 장점들을 가지고 있어, 향후 교육 및 산업 현장에서의 활용도가 높아질 것으로 기대된다.

가장 중요한 장점으로는 강력한 시각화 기능을 들 수 있을 것이다. 생산 시스템의 운영 방식을 그림이나 표 또는 텍스트 형태로 설명하는 것과, 해당 시스템을 실제 모습과 비슷한 모형으로 표현한 다음 모의 실행을 통해 그 운영 방식을 보여주는 것 중 어느 쪽이 더 이해하기 쉬울지 생각해 보라.

두 번째 장점은, 본 번역서의 곳곳에서 언급되듯이, 이 소프트웨어를 배우는 것이 상당히 쉽다는 것이다. 필자는 개인적으로, *FlexSim*을 익히는 과정에서, 이 소프트웨어를 이용하여 가상의 생산 시스템을 만드는 과정이 하나의 프로그램을 개발하는 것과 매우 흡사하다는 인상을 받은 바 있다. 독자들 중, 프로그래밍을 까다롭게 느끼는 사람들도 있을 것이다. 그런데, 프로그래밍이 왜 까다로운가? 우선, 문법 위주의 프로그래밍 학습은 재미가 없다. 뭔가 눈에 보이는 화면이나 버튼 같은 걸 만들고, 클릭했을 때 단순한 기능이라도 실행되고 해야 흥미가 생기는 법이다. 그리고, 이 같은 화면이나 버튼은 쉽게 생성할 수 있어야 한다. Visual Basic이나 Power Builder, Visual C++ 등과 같은 언어의 통합 개발 환경에서 폼이나 버튼, 텍스트 상자 등을 작업 화면에 끌어다 놓기만 하면 되는 것처럼 말이다. *FlexSim* 소프트웨어는 이 같은 언어들의 통합 개발 환경과 매우 비슷하여, 생산 시스템에서 일반적으로 활용되는 모델링 개체들을 가상 공간에 끌어다 놓고 약간의 설정만 하면, 공장이나 서비스 영업장 같은 모습을 쉽게 구성할 수 있다. 뿐만 아니라, *FlexSim*은 개체 지향적인 (object-oriented) 구조를 가지고 있어, 생산 시스템 구성요소들의 특성을 설정하고 관리하는 것이 편리하며, trigger를 이용하면 이벤트 기반 프로그래밍(event-driven programming) 방식으로 각 구성요소들의 작동 방식을 적절히 제어할 수 있다. 프로그래밍 언어에 대한 사전 지식이 충분하지 않은 독자들에게는 이러한 내용들이 크게 와 닿지 않을 수 있겠지만, 여기서는 어쨌든 *FlexSim*이 통합 개발 환경, 개체 지향 프로그래밍, 이벤트 기반 프로그래밍 등에 기반한, 쉽고 재미있는 개발 도구라는 점만 기억했으면 한다.

세 번째 장점은 외부 시스템과의 연계를 폭넓게 지원한다는 점이다. *FlexSim*의 경우, 외부 데이터베이스나 일반 파일과 데이터를 주고받을 수 있을 뿐만 아니라, PLC 장비와의 연동 등을 통해 실제 생산 시스템과 가상 공간을 연결하여, 이른바 가상 물리 시스템(CPS, cyber physical system)을 구축하는 데에도 활용이 가능하다. 다시 말해, 이 소프트웨어는 기본적으로 시뮬레이션 모형 작성 및 분석을 위한 독립적인 도구로 사용할 수도 있고, 경우에 따라서는 외부 시스템과의 연계를 통해 통합적인 운영관리 시스템의 구성요소로 활용될 수도 있다.

이 외에도 다양한 장점들이 있겠지만, 여기서는 마지막으로 개발사의 활발한 활동과 지원을 들고 싶다. *FlexSim*의 개발사인 *FlexSim* Software Products사는 지속적으로 소프트웨어를 개선하고 새로운 기능을 추가하고 있을 뿐만 아니라, *FlexSim* 사용자들의 정보 공유나 질의 응답을 위한 커뮤니티를 잘 구축해 놓고, 새로운 질문이 등록될 경우, 가급적 신속하게 자사 및 파트너사의 연구진 또는 실무자들이 답변을 등록하도록 하고 있어, 소프트웨어 활용 도중 막히는 부분이 있을 때, 이를 비교적 수월하게 해결할 수 있다. 아울러, *FlexSim* Software Products사에서는 *FlexSim*을 이용한 시뮬레이션 분석 관련 이론서인 Applied Simulation – Modeling and Analysis using *FlexSim*을 꾸준히 발간하고 있으며, 본 번역서는 이 도서의 한글 번역판에 해당한다.

이 책의 강점으로는 3D 공장 시뮬레이션과 관련된 이론적 배경과 *FlexSim*과 같은 관련 소프트웨어들의 기능, 나아가, 실제 시뮬레이션 모델링 및 분석 프로젝트를 진행하는데 필요한 실무적인 역량들을 통합적으로 다루고 있다는 점을 들 수 있다. 따라서, 3D 공장 시뮬레이션을 깊이 있게 공부하고자 하는 사람들에게는 이 책이 많은 도움을 줄 것으로 기대한다. 반면, 이 책의 약점은 본문에서 '자세한 내용은 소프트웨어의 사용자 매뉴얼이나 도움말 등을 참조하여라'라는 말이 종종 나온다는 것이다. 즉, 항상 그런 것은 아니겠으나, 3D 공장 시뮬레이션과 관련된 배경 지식이 부족한 독자들은 이 책 한 권만 가지고 소프트웨어의 사용법이나 3D 공장 시뮬레이션의 원리를 속속들이 이해하는데 다소 어려움이 있을 수 있다. 따라서, 가능하면 필요할 때마다 사용자 매뉴얼이나 관련 서적들을 적절히 참조할 것을 권장하는 바이다. 다만, 이러한 점을 감안하여, 필자는 향후 3D 공장 시뮬레이션을 처음 접하는 사람들이 간단한 예제를 따라해 보면서 관련 소프트웨어를 이용하여 생산 현장에서 발생하는 대표적인 상황들을 모델링하는 방법을 익힐 수 있도록, 일종의 핸드북 형태의 도서를 집필할 계획이다.

한편, 이번 번역 작업을 하면서 초기에 가장 고민이 되었던 점은 원문에 나오는 용어들의 표기 방법이었다. 예를 들어, queue라는 모델링 개체의 명칭을 영문 그대로 'queue'라고 표기할지, 아니면 '큐'라고 독음을 표기할지, 그것도 아니면 '대기행렬'과 같이 뜻풀이를 해야 할지 망설였는데, 실제 *FlexSim* 소프트웨어가 영문이라는 점을 감안하여 소프트웨어 사용 도중 혼동이 일어나지 않도록 이 같은 용어들은 대부분 영문 그대로 표기하였으므로, 혹시 본문에서 영문 용어가 지나치게 자주 등장하는 것이 불편하게 느껴지는 독자들의 양해를 구하고자 한다. 아울러, 원문 중 *FlexSim* 소프트웨어와는 별개로 추가 구매해야 하는 외부 모듈과 관련된 내용들이 약간 있었는데(11장 및 15장 일부), 이 같은 부분들은 삭제 또는 *FlexSim* 소프트웨어 내부 기능 관련 내용으로 대체하였음을 밝힌다.

2018년 8월 22일

동아대학교 산업경영공학과

김 준 우 (kjunwoo@dau.ac.kr)

Chapter 1 시스템을 이해하기 위한 도구로서의 시뮬레이션

학습목표

사례를 이용하여 다음을 설명할 수 있다.
(1) 시뮬레이션이 실제 문제를 분석 및 해결하는데 유용한 도구인 이유와 시뮬레이션의 활용 방법
(2) 시뮬레이션을 통해 얻을 수 있는 경제적 이득
(3) 의사결정 과정에서 시뮬레이션의 역할

첫 번째 장에서는 시뮬레이션이라는 응용 기술을 학습하고 실제 시스템이 가진 문제를 분석 및 해결하는데 필요한 기초를 다지고자 한다. 이 책을 학습해야 하는 이유가 무엇인지를 이해하기 위해 이 장에서는 먼저, 시뮬레이션의 정의와 시뮬레이션이 필요한 시스템들의 특징에 대해 설명한다. 시뮬레이션은 제조업이나 광공업 뿐만 아니라 의료, 보안, 수송, 유통 등과 같은 서비스업을 포함하여 다양한 분야의 시스템들에 광범위하게 적용될 수 있다. 이 장에서는 이같이 다양한 시스템에 시뮬레이션이 적용되는 이유가 무엇인지, 의사결정 과정에서 시뮬레이션이 어떤 도움을 주는지 등에 대해서도 논의해 보고자 한다. 이 장의 말미에서는 시뮬레이션 사용자를 초급, 중급, 고급의 세 가지 유형으로 구분할 것이며, 이 책은 초반, 중반, 종반부에서 각각 초급, 중급, 고급 사용자에게 적합한 지식이나 역량 및 기술을 다루도록 구성되었다.

Section 1-1 시뮬레이션이란 무엇인가?

제목에서 알 수 있듯이, 이 책은 현실 세계에 대한 응용을 각별히 강조하는 시뮬레이션 관련 도서이다. 이 책에서 가장 중점을 두는 것은 모델링(모형 작성)과 분석이며, 이러한 개념들을 이해하기 위해서는 먼저 이 책의 전반에 걸쳐 사용될 시뮬레이션이라는 용어의 의미부터 명확히 정의하고 넘어가야 할 것이다.

일반적으로 simulate라는 영어 동사는 흉내내거나 모방한다는 의미를 갖는다. 하지만, 시뮬레이션을 이해하기 위해서는 좀 더 기술적인 관점에서 이 동사를 바라볼 필요가 있으며, 이 책에서 simulate란 "어떤 실제 시스템을 모형(모델)으로 표현하고 이를 이용한 실험을 통해 해당 시스템을 흉내내거나 모방하는 것"으로 정의한다. 모형에는 대상 시스템의 물리적 특성과 논리적 특성이 모두 반영되어 있어야 하며, 실험이 진행되는 동안 모형은 자신이 가진 논리적 특성에 맞는 행태를 보이게 된다.

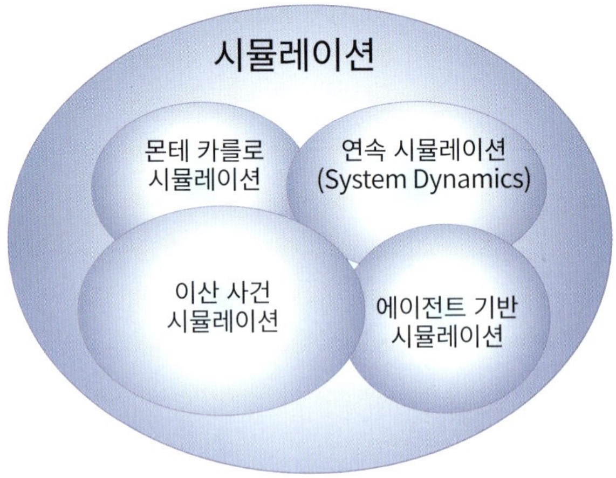

그림 1.1 : 대표적인 시뮬레이션 수행 방법

실제로 시뮬레이션을 수행하기 위해서는 모방이나 실험 이외에도 모형의 정의·설계·작성, 실험 수행 방법의 결정, 시스템의 특성과 관련된 자료의 수집 및 분석, 실험 결과에 대한 분석 및 해석 등과 같은 절차가 필요하다. 다시 말해, 이 책에서 시뮬레이션이란 상기한 모든 활동들을 포함하는 분석 과정을 의미한다.

시뮬레이션 모형에는 여러 종류가 있기 때문에 상황에 따라 분석 목적에 적합한 것을 선택하여 사용해야 하며, 그 중 업무나 생산 시스템 관련 문제를 분석하는데 특히 유용한 네 가지를 그림 1.1에 나타내었다. 이 책은 주로 이산 사건 시뮬레이션(discrete-event simulation)에 초점을 맞추고 있지만, 9장과 15장에서는 몬테 카를로 시뮬레이션(Monte Carlo simulation)과 연속 시뮬레이션(continuous simulation)[1] 도 잠깐씩 소개할 것이다.

시뮬레이션을 실행하기 위해서는 분석 대상 시스템을 모형으로 표현해야 한다. 실제 프로세스를 모형화하는 것이 적절한지에 대해 아래와 같이 두 가지 상반된 견해들이 존재하긴 하지만, 모형을 이용한 분석은 현재 다양한 분야에서 널리 활용되고 있다:

모형은 사고력을 촉진 및 강화하는데 적합한 도구이다[3].

근본적으로 모든 모형은 부정확하기 마련이고, 그 중 유용한 것은 극히 일부에 지나지 않는다[1].

첫 번째 견해에서 지적하듯이, 모형은 사고의 흐름을 촉진하는데 매우 적합한 도구이며, 모형 작성에 참여하는 사람들은 시스템의 특성에 대해 더 잘 이해하고, 이를 바탕으로 상호 간에 원활한 의사소통이 가능해져, 결과적으로 새로운 개선 아이디어를 보다 효과적으로 탐색 및 도출할 수 있게 된다. 단, 모형은 보다 체계적으로 사고할 수 있도록 도와줄 뿐, 모형을 이용한다고 해서 인간의 사고 능력이 전혀 필요 없게 되는 것은 아니다. 반대로, 두 번째 견해에서는, 모형이란 필연적으로 실제 시스템을 단순화 또는 추상화된 형태로 표현하기 때문에, 실제 시스템의 복잡한 행태를 빠짐없이 모형에 반영하는 것이 불가능함을 지적한다. 그러나, 반드시 시스템의 모든 특성들을 속속들이 모방할 필요는 없다. 사실, 시스템의 사소한 특성까지 모형에 반영하는 것은 까다롭고 복잡한 작업일 뿐만 아니라, 지나치게 세세한 모형은 오히려 이해하거나 분석하기 어려워 실용적이지 못하

1 System Dynamics 또는 유체 시뮬레이션이라 지칭되기도 한다.

다. 따라서, 모형을 작성할 때는 먼저, 당면한 문제를 효과적으로 다루기 위해 시스템의 특성을 어느 정도로 세세하게 표현할 지를 결정하는 것이 중요하다. 시뮬레이션이란 먼저 모형을 준비한 다음, 이를 이용하여 복잡한 시스템의 동적인 행태를 관찰하는 과정이다. 비유하자면, 모형은 그림, 시뮬레이션은 동영상이라고 할 수 있다.

Pidd는 모형이라는 용어의 의미를 다음과 같이 정의한 바 있으며, 이 책에서도 이를 따르기로 한다.

> **모형이란 현실 세계의 일부를 이해하거나, 변경하거나, 관리 또는 통제하고자 하는 사람이 이용할 수 있도록 현실 세계의 일부를 외적, 명시적으로 표현한 것이다[3].**

Section 1-2 대기 시간이 야기하는 문제점

예전부터 프로세스 내부의 낭비를 줄이고 통제하기 위한 다양한 관리 기법들이 제안되어 왔으며, 여기에는 적시 생산(just-in-time), 칸반(Kanban) 시스템, BPR(business process re-engineering), Lean 생산(Lean manufacturing) 및 식스 시그마(six-sigma) 등이 포함된다. 이러한 기법들이 효율적으로 의사결정을 내리는데 도움이 된다는 점에는 의심의 여지가 없다. 하지만, 이들을 실행하는 엔지니어들이 기업의 수익성에 대해서는 무지한 경우가 많다 보니, 프로세스 개선 과정에서 수익성이라는, 무엇보다 중요한 요인이 종종 간과되기도 한다.

상기한 기법들은 프로세스 내부의 대기 시간(낭비)을 감소시킨다는 공통의 목표를 갖고 있다. 나아가 프로세스 내부의 대기 시간은 크게 고객 대기 시간, 제품 대기 시간 및 기계 대기 시간의 세 가지로 분류할 수 있다. 문제는 이들 중 하나를 개선하면 다른 것들이 악화된다는 점이다. 따라서, 어떤 종류의 대기 시간을 감소시켜야 가장 큰 비용 절감 효과가 발생할 지를 알아내는 것은 쉽지 않은 일이다. 그럼에도 불구하고, 당면한 문제의 특성을 이해하기 위해서는 먼저, 프로세스 자체의 작동 방식과 함께 세 가지 대기 시간들이 프로세스의 총 비용에 어떤 영향을 주는지 파악하는 것이 바람직하다.

대기 시간과 대기행렬은 왜 발생하는가?

생산 프로세스가 진행되는 동안, 작업물은 한 단계 작업이 끝난 후 다음 단계 작업이 시작되기 전까지 잠시 대기해야 할 수 있으며, 이 같은 시간은 제품 대기 시간에 해당한다. 간혹 대기가 바람직한 경우도 있긴 하다. 예를 들어, 자금을 중개하는 은행들은 이자 수익을 얻기 위해 일부러 송금을 하루 또는 그 이상 지연시키기도 한다. 그러나 보통은 대기 시간과 대기행렬이 발생할 경우, 이들 간의 악순환으로 인해 프로세스의 수익성이 감소하게 된다. 또 하나, 분명한 사실은 대기 시간이 프로세스의 전체 소요 시간에서 상당한 비중(때로 90% 가량에 이를 정도로)을 차지한다는 점이다. 실감이 나지 않는다면 공장 한 곳의 생산 현장을 둘러보면서 작업물이 하릴없이 가만히 있는 시간과 실제 작업이 이루어지는 시간을 측정하여 비교해보라. 대기로 인한 문제의 심각성을 금새 깨닫게 될 것이다.

대기 시간은 제조업, 창고업, 유통업, 서비스업 및 의료산업 등 모든 분야의 산업 현장에서 발생한다. 슈퍼마켓 계산대에서도, 병원의 진료 대기실에서도 우리는 일상적으로 대기를 경험하곤 한다. 이러한 대기 시간은 고객의 짜증과 불편을 야기하고, 정확한 액수를 추정하기는 곤란하지만 이로 인해 매우 큰 손실이 발생할 수도 있다.

시스템이 가진 특성들을 이용하여, 대기 시간과 관련된 분석을 비교적 손쉽게 수행할 수 있는 경우도 있지만(특히 이용률이 높은 프로세스의 경우), 항상 그런 것은 아니다. 예를 들어, 생산 현장에서 대기 중인 작업물을 쌓아둘 공간을 확보하는데 필요한 비용을 계산하는 것은 비교적 쉬운 일이나, 서비스 대기 시간이 길어질 경우 화가 나서 다시는 방문하지 않을 수도 있는 고객들을 대기 장소에 붙들어 두는데 필요한 비용을 산출하는 것은 단순한 일이 아니다.

대기 시간이 야기하는 비용

앞에서 일반적으로 프로세스 내부에는 세 가지 대기 시간이 존재한다고 하였다. 이들 각각이 어떤 비용을 야기하는지 이해하고, 각 비용들의 크기를 서로 비교할 수 있다면, 대기 시간들로 인한 총 비용을 최소화하는데 도움이 될 것이다. 따라서, 여기서는 대기 시간들의 특성과 각각이 야기하는 비용의 상대적인 크기에 대해 살펴보기로 하자.

고객 대기 시간 (Customer waiting time)

고객은 왕이다. 고객이 없으면 기업도 없으며, 모든 기업은 가능한 신속히 고객을 응대하고자 한다. 제품이나 서비스를 받을 때까지 기다려야 하는 상황에 처한 고객들은 좀 더 신속히 이들을 제공할 수 있는 다른 업체를 찾아 떠나기도 한다. 결과적으로, 고객 대기 시간은 가장 큰 비용을 야기한다. 고객이 없으면 제품이나 기계 대기 시간에 대해 더 이상 따져볼 필요도 없을 것이다.

제품 대기 시간 (Product waiting time)

제품 대기 시간이란 어떤 제품이 프로세스의 각 단계(원자재, 재공품(work-in-process) 및 완제품)에서 재고 상태에 머물러 있는 시간들의 합을 의미한다. 이 같은 대기 시간은 세 가지 유형의 대기 시간 중 두 번째로 많은 비용을 야기한다. 원자재나 완제품을 창고에 보관하는 비용을 생각해보면, 제품 대기 시간이 비용을 야기한다는 점은 자명하다. 또한, 린 생산에서는 이로 인한 비용과 낭비를 주된 개선 대상으로 본다.

기계 대기 시간 (Machine waiting time)

기계 대기 시간이란 생산 자원(기계 또는 사람 등)이 유휴 상태로 작업물을 기다리는 시간을 말한다. 유휴 자원의 보유 이외의 다른 손실이 없기 때문에, 이 같은 대기 시간이 야기하는 비용은 통상적으로 가장 낮다. 물론, 고가의 자원을 사용하는 비용이 높아질 수도 있다. 일반적으로 기업의 회계 부서에서는 장비의 ROI(투자수익률)를 따져볼 때, 이용률을 가능한 높이 잡고자 하는 경향이 있는데, 이는 과도한 이용률(예를 들어 95% 이상)이 전체 시스템에 미치는 영향을 이해하지 못하기 때문에 발생하는 현상으로, 이 같은 방식으로 설비 투자를 진행할 경우 오래 지나지 않아 전체 프로세스의 효율성에 문제가 발생하곤 한다.

상충 관계의 발생

일반적으로 생산 프로세스나 물류 시스템에 대한 분석에서는 각 대기 시간들의 길이를 최적화하는 것이 중요하다. 대기 시간의 길이는 임의성, 작업내용, 장비나 직원의 신뢰성, 시스템의 부하량 등을 포함한 다양한 요인들에 따라 달라질 수 있다.

문제는 한 가지 대기 시간을 늘리거나 줄일 경우 다른 시간들도 이의 영향을 받아, 각 대기 시간이 야기하는 비용들 간에 일종의 상충 관계가 형성된다는 점이다(그림 1.2 참조). 예를 들어, 고객 대기 시간을 최소화하기 위해서는 충분한 양의 완제품 재고를 보유해야 하는데, 이는 제품 대기 시간으로 인한 비용의 급증을 야기할 것이다. 반대로, 재공품을 줄이고자 하는 경우에는 적절한 시점에 자재를 공급받지 못한 기계들의 유휴가 자주 발생하여 기계 대기 시간으로 인한 비용이 늘어나는 위험을 감수해야 한다. 게다가 이러한 상충 관계에는 세 가지 대기 시간들이 모두 관여하여, 각 대기 시간은 다른 두 가지 대기 시간들에 영향을 주게 된다.

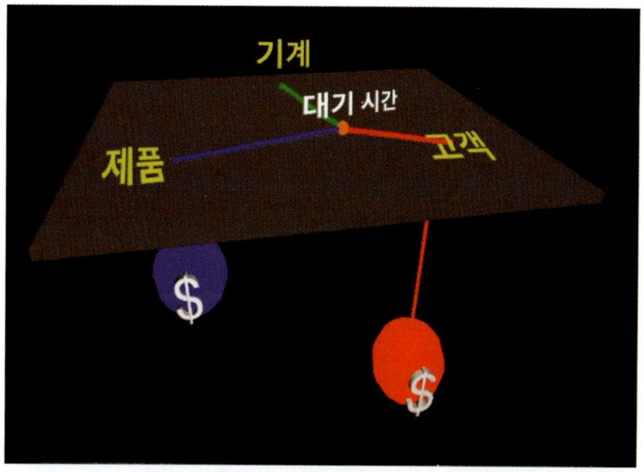

그림 1.2 : 대기로 인한 비용들 간의 상충 관계

예를 들어, 너무 큰 부하량이 주어진 기계가 하나 있다고 가정하자. 이 기계 앞에는 긴 대기행렬이 매우 빈번하게 형성될 것이다. 나아가, 이로 인해 프로세스의 하류(downstream)에서는 자재를 제 때 공급받지 못하게 될 수도 있다. 따라서, 제품 대기 시간으로 인한 비용이 증가함과 동시에, 고객에 대한 납기가 늦어져 고객 대기 시간으로 인한 비용 역시 늘어날 것이다. 적절한 분석 및 실험 방법을 모른다면, 대기 시간들과 관련된 이러한 복잡한 상황들을 이해하고 통제하기가 쉽지 않다. 이 같은 분석 및 실험에 사용되는 도구에 대해 살펴보기 전에, 대기 시간과 이에 영향을 주는 요인들 간의 관계에 대해 좀 더 알아보기로 하자.

대기행렬은 왜 생기는가?

대기행렬은 많은 작업물 또는 고객이 몰려들어 부하량이 처리 능력을 초과할 때 생성된다. 이 같은 상황에서 시스템은 불안정한 상태에 접어들고, 이론적으로는 100%에 가까운 시스템 이용률이 유지되면서 대기행렬의 길이가 점점 더 길어지게 된다. 부하량이 처리 능력을 초과할 때 대기행렬이 길어지는 것과 반대로, 부하량이 처리 능력보다 작을 때는 대기행렬이 짧아진다. 대기행렬의 생성에 영향을 줄 수 있는 또 다른 요인으로는 처리 시간의 변동성을 들 수 있다. 계산대 앞에서 줄을 섰는데, 특이한 요구 사항이 많은 사람이 앞에 있는 경우, 하염없이 기다려야 할 수도 있다는 점을 생각해보라. 장기적으로 봤을 때 기계나 자원의 평균 이용률이 100%에

못 미치는데도 때때로 대기행렬이 생성되는 것은 이러한 변동성 때문이다. 반대로, 변동성은 때로 작업물 부족으로 인한 기계의 유휴를 야기하기도 한다.

평균 대기 시간($\overline{W}_t$) 에 관한 Pollaczek-Kyntchin 방정식은 아래와 같으며, 여기서 이용률(ρ), 변동 계수(C_v)로 표현된 도착 간격의 변동성 및 대기 시간(W_t) 사이의 관계를 볼 수 있다. 단, $\overline{P}_t$ 는 평균 처리 시간을 의미한다.

$$\bar{W}_t = 0.5(1 + c_v)(\frac{\rho}{1-\rho})(\bar{P}_t)$$

기계의 이용률이 70%를 넘고 도착 간격의 변동성이 큰 상황에서는 대기행렬이 자주 발생하며, 대기행렬이 생기는 것을 막기 위해서는 작업물의 도착을 제한하거나 처리 용량을 늘려주어야 한다. 그림 1.3에는 이용률, 변동성 및 대기 시간 사이의 관계를 시각적으로 표현하였다.

모든 작업물의 도착 간격이 일정한 경우에는 변동 계수가 0이지만, 도착 간격이 지수 분포(Exponential distribution)를 따른다면 변동 계수의 값은 1이 된다. 그림 1.3의 그래프에서 우리는 매우 좁은 영역에서만 긴 대기 시간이 나타남을 볼 수 있다. 다시 말해, 대기 시간이 문제가 되는 것은 이용률과 (도착 간격 또는 처리 시간의) 변동성이 동시에 높을 때이며, 이 두 가지 요인들의 값을 낮게 만들면 제품이나 고객의 대기 시간도 감소

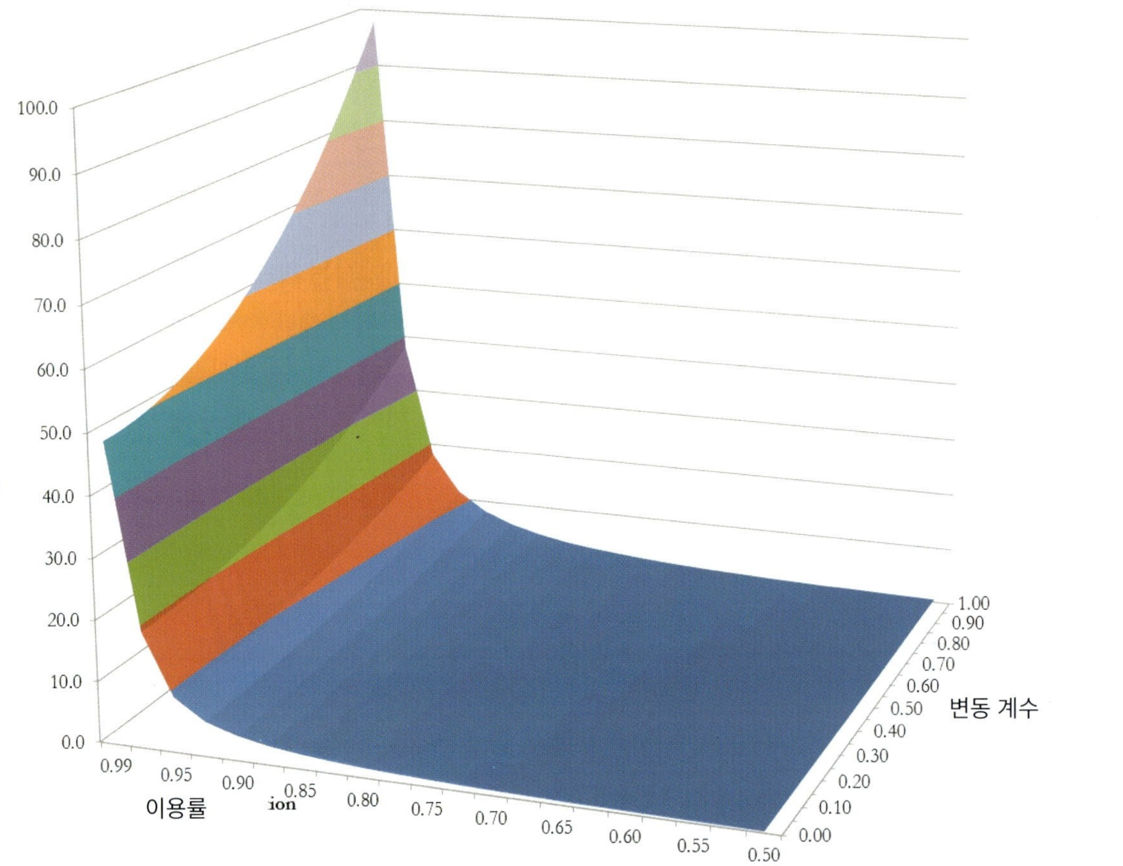

그림 1.3 : 이용률 및 변동성에 따른 대기 시간의 변화

한다. 그러나 만약, 둘 중 이용률만 낮은 경우에는 변동성이 여전히 문제가 될 수 있다. 높은 변동성을 줄이는 것이 불가능한 시스템이라면 용량을 늘리는 것이 기계의 이용률과 대기행렬의 길이를 줄이는 유일한 방법이다.

보통, 프로세스들은 생각보다 더 큰 변동성을 갖는 경우가 많다. 고장, 가동 중단, 초기화, 낭비, 작업자 실수 및 셋업 작업 등은 겉으로는 일정해 보이는 프로세스도 높은 수준의 변동성을 갖게 만들곤 한다. 잠시 동안 프로세스가 일정한 상태를 유지하는 것 같이 보일 수도 있지만, 주별, 일별, 시간대별 생산량에는 일반적으로 강한 변동성이 존재한다. 도착 간격에 불확실성이 존재할 때 우리는 흔히 도착 간격이 지수 분포를 따르는 것으로 가정하는데, 이 경우 도착 간격의 변동 계수는 1이다. 나아가, 그림 1.4는 이와 같은 시스템의 이용률, 제품 대기 시간 및 기계 대기 시간 사이의 관계를 보여준다.

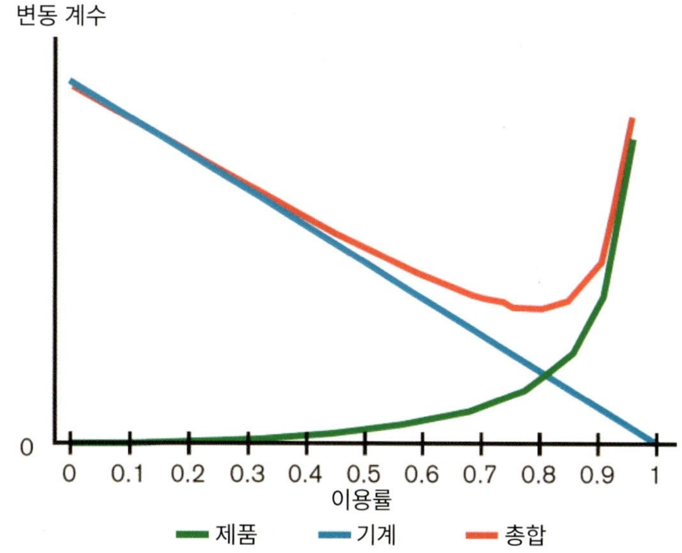

그림 1.4 : 도착 간격이 지수 분포인 경우 이용률과 대기 시간들 사이의 관계

제품 대기 시간과 기계 대기 시간의 총합을 살펴보면, 어느 정도의 기계 이용률이 최적인지를 짐작해볼 수 있을 것이다. 물론, 정확한 분석을 위해서는 각 대기 시간에 적절한 가중치를 부여하는 것이 필요하겠지만, 대기 시간 그래프들의 형태로 인해 최적의 기계 이용률은 보통 70~90% 수준에서 결정되는 경우가 많다.

이용률, 대기 시간 및 대기로 인한 비용들 간의 이 같은 관계를 생각해보면, 90% 이상의 이용률을 가정한 ROI 분석을 통해 구매한 장비에 어떤 문제점이 내재되어 있는지도 이해할 수 있을 것이다. 이러한 장비는 작업장 내에서 병목을 형성하여 비용과 시간의 낭비를 야기하는 경우가 많다.

대기행렬의 최소화

대기행렬로 인한 문제는 높은 이용률, 그리고 작업물의 도착 패턴 및 기계의 처리 시간이 갖는 높은 변동성이 복합적으로 작용할 때 발생한다. 대기를 야기할 수 있는 또 다른 요인으로는 배치(batch) 처리[2]를 들 수 있다. 배치(묶음) 내 마지막 작업물이 완료되기 전까지 배치 전체가 공정 내에 머물러야 하기 때문에, 배치 처리는 개별 작업물들의 처리 시간을 증가시키게 된다. 그럼에도 배치 처리를 사용하는 이유는 공정 간의 이송과 특정 공정 내에서의 셋업에 소요되는 시간을 줄이기 위해서이다. 적절한 방법을 통해 작업물의 종류가 바뀔 때 발생하는 셋업 시간을 감소시키면, 배치 처리로 인한 변동성을 줄일 수 있다. 나아가, 작업 중 불필요한 지연을 줄이기 위해서는 이전 배치와 다음 배치의 작업물 구조가 서로 유사해지도록 작업 일정계획을 최적화하는 것이 중요하다.

프로세스의 용량을 늘리는 방법으로는 작업물 도착 간격의 변동성 감소, 기계의 추가, 기계의 처리 시간 감

2 여러 개의 작업물을 모아 묶음 단위로 처리하는 것을 의미하며, 일괄 처리, 묶음 처리 등으로 부르기도 한다

소 등이 있으며, 이들은 모두 프로세스 이용률 및 제품 대기 시간을 감소시키는데 도움을 준다. 그러나 일반적으로 작업물의 도착 간격을 통제하는 것은 쉽지 않으며, 값비싼 기계나 자원을 새로 구매하는 것이 비효율적인 경우도 많다.

한편, 전체 체류 시간[3]에서 처리 시간이 차지하는 비율이 5~10%에 불과하기 때문에, 처리 시간을 조금 줄여도 대기 시간이나 체류 시간에는 큰 영향을 주지 못할 것이라 여기는 경우가 많은데, 이는 기계의 이용률과 대기 시간 사이의 관계를 간과한 생각이다.

예를 들어, 처리 시간이 5분이고 이용률이 90%인 기계가 한 대 있다고 가정해 보자. M/G/1[4] 대기 시스템에 대한 Pollaczek-Kyntchin 방정식을 이용하여 계산해 보면 평균 대기 시간은 45분이 된다. 따라서, 총 체류 시간은 50분이며, 이 중 88%는 대기 시간, 나머지 12%는 대기 시간에 해당한다.

$$\overline{W_t} = 0.5 \times (1+1) \times \left(\frac{0.9}{1-0.9}\right) \times 5 = 45 \text{ 분}$$

작업 절차를 개선하여 평균 처리 시간을 10% (30초) 줄인다면, 평균 대기 시간이 획기적으로 줄어들까? 얼핏 생각하기에는 대기 시간이 크게 줄지 않을 것 같아 보인다. 하지만, 이러한 처리 시간의 감소는 이용률을 81%로 감소시키고[5], 결과적으로 이용률과 기하급수적으로 비례하는 대기 시간에 큰 영향을 주게 된다. 이용률 81%와 평균 처리 시간 4.5분을 위 식에 대입하면 평균 대기 시간은 약 19분이 되고, 총 체류 시간은 50분에서 23.5분으로 절반 넘게 줄어든다. 처리 시간을 조금만 줄여도 큰 대기 시간 감소 효과를 얻을 수 있는 것이다.

$$\overline{W_t} = 0.5 \times (1+1) \times \left(\frac{0.81}{1-0.81}\right) \times 4.5 = \text{약 } 19\text{분}$$

이처럼 단순한 M/G/1 시스템의 경우에는 수식을 이용하여 대기 시간을 계산하는 것이 어렵지 않다. 하지만, 오늘날 제조나 물류 산업 현장에서 흔히 볼 수 있는 복잡한 시스템이라면 어떨까? 수리적인 분석 방법이나 스프레드시트 프로그램은 복잡하고 변동성을 갖는 생산 시스템 또는 물류 시스템의 행태를 측정하거나 이해하기 위한 도구로 활용하기에 부족한 점이 많다. 사실, 대기 시간이 야기하는 비용들을 잘 이해하고 적절히 관리하는 것은 모든 기업에서 매우 중요한 일이나, 이들 간의 상충 관계와 이들이 수익성 및 고객 만족도에 미치는 영향을 잘 이해하는 사람은 극소수이며, 당연히 프로세스를 잘 관리하기 위해 이러한 영향을 어떻게 측정해야 하는지 아는 사람도 많지 않다.

이산 사건 시뮬레이션

복잡한 시스템 내부의 고객, 기계 및 제품 대기 시간이 가진 변동성과 상충 관계, 그리고 이들이 야기하는 비용

3 시스템 내에 머무르는 시간으로 기본적으로는 대기 시간과 처리 시간의 합으로 계산된다.

4 일반적으로 대기 행렬 시스템의 특성은 도착 간격의 특성/처리 시간의 특성/서어버 수의 형태로 표현하며, M은 Markov 특성을 만족하는 지수 분포, G는 지수 분포 이외 일반 분포를 의미한다. 따라서, M/G/1이란 도착 간격이 지수 분포, 처리 시간이 일반 분포를 따르며, 서어버 수가 1인 대기 행렬 시스템을 의미한다.

5 이용률은 도착률과 평균 처리 시간의 곱으로 계산되는데, 최초 이용률이 0.9(90%)인 상태에서 평균 처리 시간이 0.9배가 되었으므로, 새로운 이용률은 0.9×0.9=0.81이 된다.

을 분석하기 위한 목적으로 개발된 도구는 아직까지 이산 사건 시뮬레이션이 유일하다. 시뮬레이션을 이용하면 어떤 변화가 주어졌을 때 시스템이 어떻게 달라지는지를 쉽게 알아볼 수 있다. 즉, 시뮬레이션을 통해 우리는 실제 시스템을 변화시키기 전에 과학적인 실험을 통해 이 변화가 실제로 긍정적인 효과를 발생시키는지 확인해볼 수 있는 것이다. 예를 들어, '재공품으로 인한 비용이 22% 줄어들 확률이 95%'라거나, '고객에 대한 납기 시간이 65% 줄어들 확률이 95%'와 같은 정보가 주어지면 보다 효과적인 의사결정이 가능할 것이며, 시뮬레이션은 이러한 일을 가능하게 한다.

대기 시간은 기계 이용률에 따라 기하급수적으로 증가한다

시뮬레이션을 이용하면 대기 시간이 기계 이용률에 따라 기하급수적으로 증가한다는 점을 증명할 수 있다. M/G/3 시스템에 대한 실험을 해보기로 하자. Source 개체에 의해 생성되는 작업물들의 도착 간격은 평균이 10초인 지수 분포(모형에 약간의 변동성을 부여하기 위하여)를 따른다. 생성된 작업물들은 처리를 위해 기계 3대 중 1대로 이동하기 전에 먼저 Queue에 머물러야 한다. 각 기계의 처리 시간은 모두 30초라 가정하자. 처리를 마친 작업물들은 Sink로 이동한 후 모형에서 이탈하게 된다. 완성된 모형은 그림 1.5와 같을 것이다.

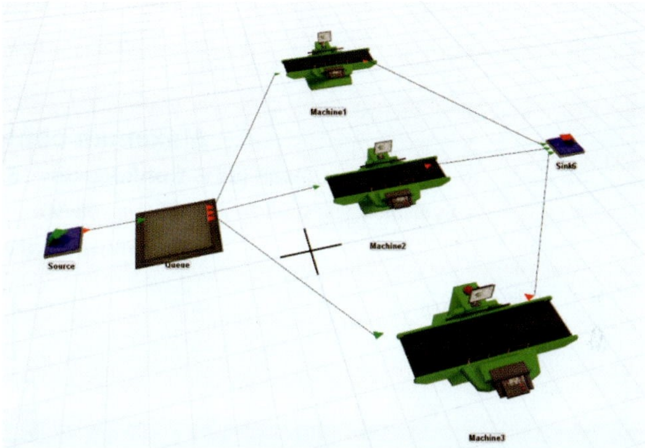

그림 1.5 : M/G/3 대기 행렬 시스템

실험

그림 1.6에 나와 있는 두 가지 시나리오들에 대한 실험을 해보기로 하자.

	Variable	Scenario 1	Scenario 2
cycletime machine1	/Machine1>labels/cycletime	30	27
cycletime machine2	/Machine2>labels/cycletime	30	27
cycletime machine3	/Machine3>labels/cycletime	30	27

그림 1.6 : 두 가지 시뮬레이션 실험 시나리오

시나리오 1 : 기존 시스템

기존 시스템에서는 평균적으로 10초(지수 분포를 따르므로 C_v=1) 당 1개 꼴로 도착하는 작업물들과 처리시간이 30초인 기계들에 의해 기계 이용률과 작업물들의 평균 대기 시간이 정해진다. 세부적으로는 한 번의 실험에서 이 시스템을 8시간 동안 관찰하도록 하고, 이러한 실험을 20회 반복 실시한 후, 실험 결과들의 평균을 집계하였다. 아울러, 95% 신뢰 구간을 적용하여 작업물들의 평균 대기 시간 및 대기행렬 최대 길이 등과 같은 성능 평가 지표들을 추정해 본 결과가 그림 1.7에 나타나 있다.

Average wait time in queue

	Mean (95% Confidence)					Sample Standard Deviation	Min	Max
Scenario 1	176.62	<	228.75	<	280.88	111.39	85.87	617.99

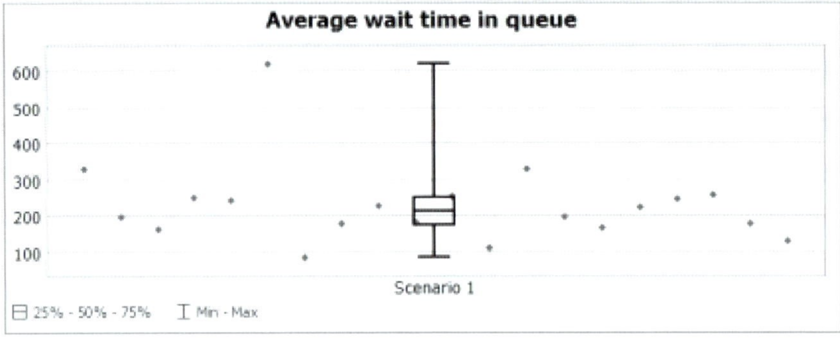

Maximum content of queue

	Mean (95% Confidence)					Sample Standard Deviation	Min	Max
Scenario 1	50.94	<	59.65	<	68.36	18.6	26	107

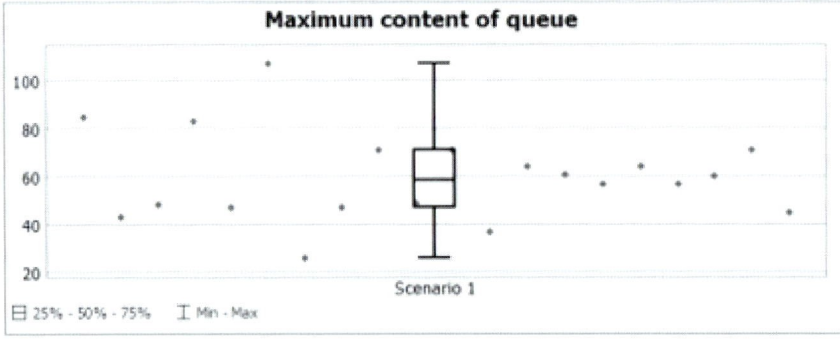

그림 1.7 : 기존 시스템에 대한 실험 결과

그림에는 나오지 않지만 기계들의 평균 이용률은 98.72%였으며, 그림에서 작업물 1개가 큐에 머무르는 평균 대기 시간은 228.75초, 대기행렬 최대 길이의 평균은 59.65개 임을 볼 수 있다. 나아가, 각 성능 평가지표들의 평균값 이외에도 95% 신뢰 구간, 최대값, 최소값 및 표준 편차가 함께 표시되어 있다.

시나리오 2 : 개선된 시스템

두 번째 시나리오에서는 각 기계들의 처리 시간이 27초로 10%씩 줄었으므로 기계들의 이용률도 낮아질 것이다. 처리 시간의 감소 이외에는 이전의 기존 시스템에 대한 실험과 동일한 조건에서 실험을 수행하였으며, 개선된 시스템과 기존 시스템에 대한 실험 결과들을 그림 1.8에서 비교하였다.

처리 시간이 10% 줄어든 개선된 시스템에서는 기계 이용률도 10% 낮아진다. 즉, 기존 시스템의 기계 이용률이 98.72%였으므로, 개선된 시스템의 기계 이용률은 89.8%가 될 것이다. 나아가, 그림 1.8에서 우리는 작업물들의 평균 대기 시간이 228.75초에서 32.05초로 크게 감소한 것을 볼 수 있다. 대기행렬 최대 길이의 평균 역시 59.65개에서 19.4개로 확연히 줄어들었다.

이 같은 자료는 기계 이용률이 증가할 경우 대기 시간은 기하급수적으로 늘어난다는 점을 실증적으로 보여준다. 기존 시스템에서는 체류 시간의 90%가 대기 시간인 반면, 처리 시간은 10%에 지나지 않았다. 반면, 대기

Average wait time in queue

	Mean (90% Confidence)					Sample Standard Deviation	Min	Max
Scenario 1	185.68	<	228.75	<	271.81	111.39	85.87	617.99
Scenario 2	29.72	<	32.05	<	34.38	6.02	22.21	40.89

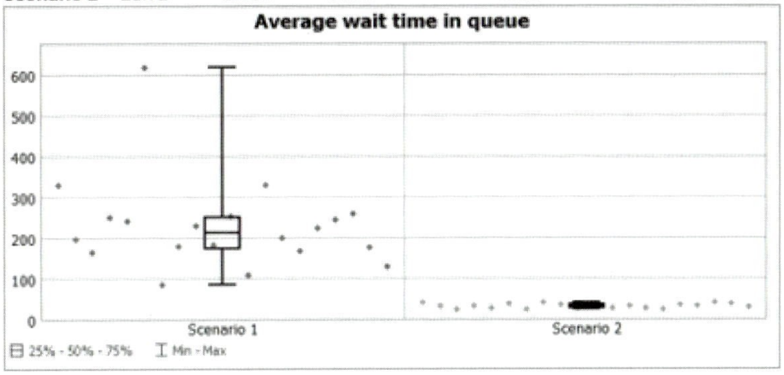

Maximum content of queue

	Mean (90% Confidence)					Sample Standard Deviation	Min	Max
Scenario 1	52.46	<	59.65	<	66.84	18.6	26	107
Scenario 2	18	<	19.4	<	20.8	3.62	14	27

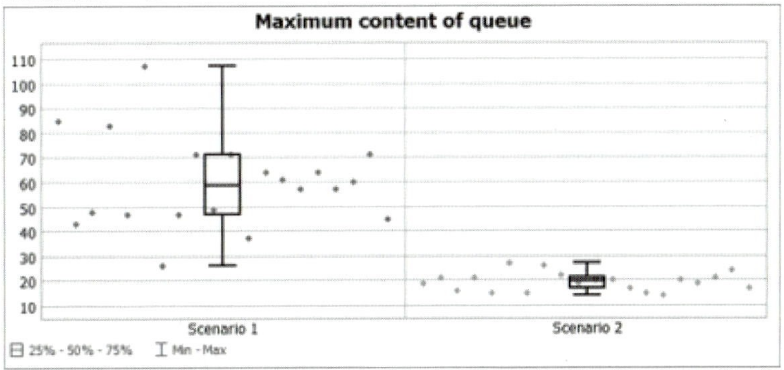

그림 1.8 : 개선된 시스템과 기존 시스템에 대한 실험 결과 비교

시간이 줄어든 개선된 시스템에서는 대기 시간과 처리 시간이 서로 비등하였다.

여기서 중요한 것은 작업물들의 대기 시간이 각 시나리오에서 어떻게 변해가는지를 관찰하는 것이다. 기계 이용률이 99%에 육박하는 기존 시스템에서는 개별 작업물의 평균 대기 시간이 처리 시간의 거의 열 배였다. 처리 시간과 기계 이용률이 10%씩 줄어든 개선된 시스템에서는 개별 작업물의 평균 대기 시간이 32.05초 밖에 되지 않는다. 기계 이용률과 대기 시간이 그림 1.9와 같이 서로 기하급수적인 비례 관계를 갖는다는 점을 다시 한번 확인하여라.

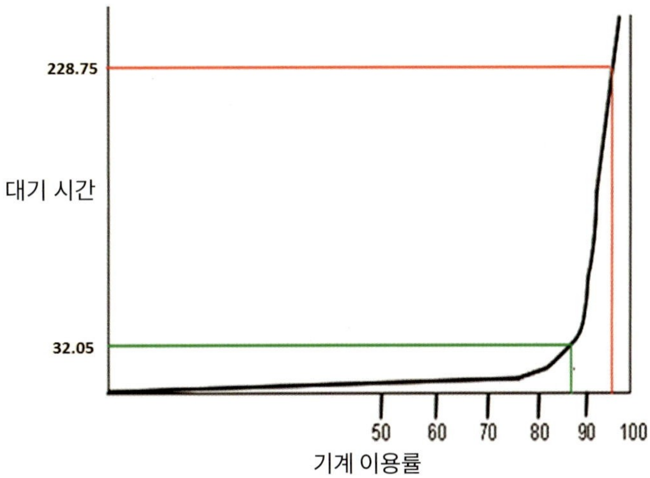

그림 1.9 : 기계 이용률과 대기 시간 사이의 기하급수적인 비례 관계

정리

앞에서, 우리는 시뮬레이션을 이용하여 기계 이용률과 제품 대기 시간 사이의 관계를 좀

더 쉽게 이해할 수 있었다. 시뮬레이션 소프트웨어들은 보통 데이터의 집계나 차트 생성 기능을 제공하기 때문에 이들을 이용하면 병목(시스템 구성요소 중 이용률이 매우 높은 것들)을 찾고 이와 관련된 문제에 대한 개선 방안을 도출하는 것도 어렵지 않다. 앞에서 살펴본 예제들은 매우 단순한 것들이지만, 수작업이나 스프레드시트를 통해 이들을 해결하는 데는 많은 시간이 소요된다. 나아가, 시뮬레이션의 진정한 장점은 다른 방법으로 분석하기 어려운 복잡한 실제 시스템 및 그 구성요소들에 대한 모형의 작성이 가능하다는데 있다. 예를 들어, 작업물들을 운반하거나 기계에서 작업물들을 가공하는데 사람이 필요하다면 성능 평가지표들이 어떻게 달라지겠는가? 아마도 변동성의 증가로 인해 대기 시간은 더 길어질 것이다. 시뮬레이션은 실제로 시스템을 개선하기 전에 미리 모형을 작성하고, 실험을 통해 보다 체계적인 의사결정을 할 수 있도록 도와주는 유일한 도구이다. 당신의 개선안이 실제로 잘 작동하여 프레젠테이션 때 제시한 것과 같은 비용 절감 효과를 발생시킬 것인지 확인하고 싶은가? 현재 시스템과 개선된 시스템에 대한 모형들을 작성한 후 시뮬레이션을 통해 비교해보아라.

Section 1-3 급변하는 글로벌 업무 환경

사람은 살아가면서 돈, 토지, 힘과 권력 등 다양한 경로를 통해 경제 논리의 영향을 받게 되기 마련이다. 또한, 모든 사람들은 대기, 물, 땅과 같은 기본적인 자원들을 공유하면서 살아간다. 통신 및 컴퓨터 기술의 발달로 인해 우리는 사고하고 업무를 수행하는 과정에서 타인과 보다 밀접하게 교류하게 되었다. 현대 사회에서는 한 가지 분야에서 발생한 사건이 다른 분야에 복잡하고 때로는 의도하지 않은 파급 효과를 주는 경우도 비일비재하다. 이러한 파급 효과들은 단기적일 수도 있지만, 경우에 따라 장기적으로 지속되기도 한다. 많은 사람들이 자신은 평화나 정의와 같은 인류 공영의 목표를 위해 노력하고 있다고 생각하지만, 한 집단의 행동이 의도치 않게 다른 집단의 이익과 충돌하기도 한다.

경쟁, 위험 그리고 혁신

모든 조직이나 기업, 개인들은 핵심적인 자원들을 가능한 효과적으로 활용하여 비용을 절감하고 싶어한다. 그러나, 세계 어디에서나 변화와 통합이 빈번하게 일어나는 시대에, 이러한 이상적인 목표를 달성하는 것은 점점 더 어려워지고 있다. 최근, 기업들은 낭비 제거 및 제품 개선 방안 도출을 위한 목적으로 흔히 품질 분임조(quality circle) 활동을 실시하였다. 또한, 오늘날 많은 기업들이 업무 구조를 단순화하여 Lean 시스템을 구축하고자 노력하고 있다. 일부 기업들은 낭비되는 시간이나 자원을 식별하기 위해 가치 흐름 지도(value stream map) 기법을 활용하기도 한다. 그러나, 사회 다방면에서 통합과 변화가 가속화되면서 이러한 기법들이 의도한 성과를 내지 못하거나 때로는 부작용을 야기하는 경우도 점점 더 빈번해지고 있다.

세계 시장에서 성공하기까지 기업은 보통 경쟁, 위험, 그리고 혁신을 경험하게 된다. 또한, 문자 그대로 시간이 돈인 세상이기에, 우리는 세심하게 계획을 수립하고 실행하여 처음부터 끝까지 시종일관 효율적으로 업무를 수행해야 한다. 예를 들어, 기업은 적절한 의사결정을 통해 제품이나 서비스에 대한 수요의 변화에 신속하게 대응할 수 있어야 한다. 소비재 산업에서 경쟁과 위험이 얼마나 중요한지 생각해 보자. 수요량을 정확히 파악하지 못한 상태에서 제품이나 서비스를 공급하는 것은 경제적으로 위험하며, 이는 자칫 창고에 쌓인 재고로 인해 기업의 수익성이 저하되는 결과를 초래하기 십상이다. 창고에 쌓인 전자 제품들은 곧 시대에 뒤떨어진 물건이 되어버리고, 식품은 진열대에 놓인 채로 유통기한이 지나버릴 수 있으며, 손님이 찾지 않는 서비스 매장은 수익을 창출하지 못한 채 파리만 날린다는 점들을 떠올려 보자.

제조업체들은 과도한 재고를 보유해서도 안 되지만, 반대로 제품이 부족해져 고객을 경쟁사에 빼앗기는 것도 곤란하다. 대형 유통업체들은 할인 판매를 하게 될 지도 모르는 제품들을 지나치게 많이 보관하기 위해 비용을 투입하는 것을 달가워하지 않는다. 소비자들의 수요에 보다 신속하고 정확하게 대응하기 위해 끌기(pull) 생산의 개념이 등장하기도 하였다. 끌기 생산 방식이란 제품이나 서비스를 필요할 때만 생산하는 것을 말하며, 이론 상으로는 그럴싸하게 들리는 것과 달리, 이를 현실에서 성공적으로 구현하는 것은 만만치 않다.

다른 산업 및 서비스 분야의 비슷한 사례들을 몇 가지 더 살펴보기로 하자. 은행들은 직원들을 최적화된 형태로 배치하여 방문 고객 수가 변동하더라도 항상 방문 고객 수만큼의 창구들이 열려 있도록 하고 싶어한다. 식료품 가게들도 계산대를 보는 직원 수와 매장 방문 고객 수 사이의 균형을 유지해야 한다는 유사한 문제를 안고 있다. 군수업체들은 군용장비 예비 부품들을 적정량만큼 보유하고 있다가 필요한 곳에 이를 보내주어야 한다. 병원들의 경우에는 다양한 환자들을 보살피는데 필요한 적절한 수의 병실, 장비 및 의료진을 보유함과 동시에, 이들에 투입되는 운영비를 최소화할 수 있어야 할 것이다.

때로는 혁신이 중요한 성공 요인이 되기도 한다. 혁신을 통해 기업은 경쟁사와 대비되는 비교우위를 점할 수 있게 되기 때문이다. 신제품 출시나 원가 절감을 위한 새로운 기계의 개발에서부터 보다 사소한 개선에 이르기까지, 혁신의 형태는 매우 다양하며, 많은 기업의 재직자들이 Lean 생산이나 식스 시그마 또는 지속적 개선과 같은 혁신 기법들의 개념을 학습하고, 작업이나 업무 수행 방법을 분석 및 개선하는데 이들을 활용하고 있다. 이러한 기법들은 보통 조직 내 모든 구성원들이 적절한 학습을 통해 간단한 분석 도구를 이용하여 자신의 업무를 개선할 수 있는 능력을 갖출 것을 요구한다.

불행히도, 기업이나 조직이 가진 역량의 한계로 인해 다양한 혁신적인 아이디어들을 한꺼번에 추진하는 곤란할 수도 있다. 이런 경우에는 아이디어들을 실행하기 전에 먼저 각각이 발생시키는 혁신 효과를 평가하여 예산 배분의 우선 순위를 정해야 한다. 시스템 내부에서 상호작용이 활발하게 일어나는 경우에는 특정 업무 영역에 큰 도움이 되는 개선 아이디어가 다른 영역에는 오히려 해가 될 수도 있다. 예를 들어, 생산 현장의 관리 부서에서 장비나 인력의 보강 없이 특정 조립 라인의 용량을 늘리고자 하는 경우를 생각해 보자. 이 부서에서는 해당 조립 라인의 자재 이송 경로를 약간 변경하여 충분한 용량을 가진 인접 생산 라인과 이송 경로를 공유하는 방안을 제안하였다. 하지만, 인접 생산 라인에서는 자재 이송 경로를 공유할 경우, 자신들의 작업 효율성이 떨어질 것이라는 문제를 제기할 수도 있다. 이런 경우에는 누군가 양쪽 라인에 일어날 변화를 예측하여 제안된 개선 효과가 실제로 발생하는지, 그리고 유지 가능한지를 판단해주어야 한다.

앞의 예제와 같이 그다지 많은 투자 비용을 투입하지 않고도 올바른 의사결정을 통해 큰 효과를 거둘 수 있는 경우도 있다. 하지만, 대규모 자본이 투입되는 프로젝트(공장의 증축이나 생산 라인의 증설 등)를 추진할 때는 시간, 비용 및 주변 업무에 대한 영향력 등과 같은 요인들이 보다 면밀히 고려되어야 한다. 대규모 투자를 망설이게 되는 가장 큰 이유는 프로젝트를 통해 얻고자 하는 효과가 실제로 발생하는지, 그 시점은 언제인지를 파악하는 것이 어렵기 때문이다. 나아가, 최악의 경우, 프로젝트 종료 시점이 되어서야 무언가 잘못되었음을 깨

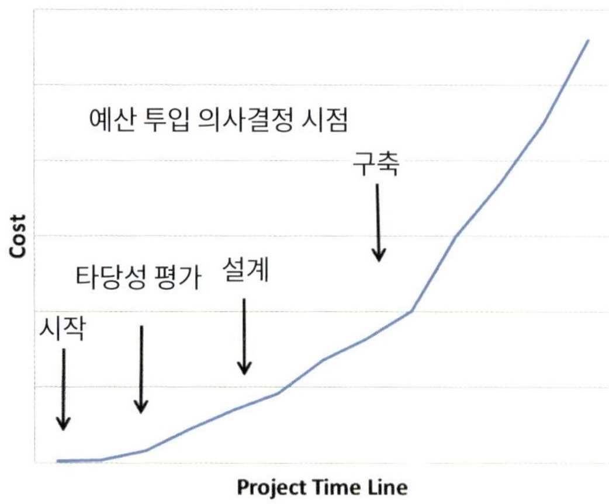

그림 1.10 : 프로젝트에 투입되는 비용

닫게 되기도 한다.

프로젝트와 관련된 의사결정은 가급적 신속하게 이루어지는 것이 바람직하다. 대형 프로젝트들은 보통 그림 1.10과 같이 여러 차례의 자금 투입과 함께 단계적으로 추진되는데, 프로젝트가 진척될수록 누적 투입 비용은 기하급수적으로 증가하기 때문에, 가급적이면 초기에 프로젝트의 컨셉이나 설계 상의 문제점을 발견해야 매몰 비용을 최소화할 수 있다. 나아가, 프로젝트 수행 초기에는 비교적 적은 비용만으로도 문제를 바로잡거나 해결할 수 있다. 따라서, 처음부터 프로젝트를 올바른 방향으로 끌고 가기 위해 노력해야 한다는 점은 자명하다.

예를 들어, 한 대형 페인트 회사에서 환경 친화적이고 오래 지속되는 새로운 페인트를 생산하기 위해 생산 라인을 증설하는 것을 고려 중이라고 가정해 보자. 신제품을 생산하기 위해 이 생산 라인은 기존과 다른 형태로 구축하고자 한다. 다양한 등급과 색상의 페인트에 대한 수요가 있다면, 생산 라인의 유연성도 중요하다. 실제로 증설을 진행하기 전에, 이 기업은 먼저 다양한 라인 증설 방법들을 면밀히 검토하여, 원하는 결과를 가져다 주면서도 가장 비용 대비 효율적인 증설 방법이 무엇인지 고민해보아야 할 것이다.

또 다른 예로, 대도시의 응급구조대가 다양한 상황에 대한 대처 능력을 충분히 갖추지 못한 경우를 생각해 보자. 이 때는 숙련된 구조대원이 얼마나 필요한지, 차량 및 장비를 어디에 얼마나 배치할 것인지, 단기적 또는 장기적인 활동에 필요한 부대 자원들은 충분한지 등에 대한 의사 결정이 필요할 것이다.

시스템

앞에서 살펴보았던 상황들을 이해하고 분석하기 위해서는 시스템에 대한 분석이 필요하다. 시스템이라는 용어의 기본적인 정의는 다음과 같다:

특정 범위 안에 있고, 서로 연관되어 있는 요소들의 집합

실제로, 시스템은 하나의 행성 전체나 기업체와 같이 매우 클 수도 있고, 공장 안의 작업장이나 병원 응급실 또는 은행 창구와 같이 비교적 작은 경우도 있다. 우리는 시스템 전체의 행태(시스템 내적인 것이든 외적인 것이든)에 관심을 가져야 한다. 시스템의 행태는 시스템을 구성하는 하위 요소의 행태와 구분되어야 하며, Checkland[2]와 Robinson[4]은 일반적인 시스템들의 유형을 크게 네 가지로 나누어 설명한 바 있다:

- 자연 시스템 (natural system) : 기후, 은하계 등
- 인간 활동 시스템 (human activity system) : 콜센터, 훈련소 등

- 디자인된 물리 시스템 (designed physical system) : 건물, 설비, 운송 차량 등
- 디자인된 추상 시스템 (designed abstract system) : 수학, 음악, 문학 등

이 책에서는 주로 인간 활동 시스템, 그리고 오퍼레이션 시스템(operations system)이라고 불리기도 하는 디자인된 물리 시스템의 행태에 초점을 맞출 것이다. 이들 시스템은 보통 제품이나 서비스의 생산에 관여하며, 대표적인 예로는 제조 공정, 서비스 영업장, 운송 및 물류 시스템 등을 들 수 있다.

조직 내에서 어떤 의사결정을 수행할 때는 항상 시스템의 현재 특성과 미래의 형태를 면밀하게 계산하여 적절한 결론을 도출하도록 노력해야 한다. 다시 말해, 의사결정자들은 결론을 내리기 전에 자신의 결정이 어떤 결과를 가져오는지 이해하고 있어야 한다. 시스템이 단순하거나 선택할 수 있는 대안이 많지 않은 경우에는 의사결정을 내리는 것이 어렵지 않다. 하지만, 오퍼레이션 시스템들은 보통 복잡하게 구성되어 이해하기가 까다롭고, 선택 가능한 다양한 대안들을 갖는 경우가 많다.

어떤 경우든 한 사람의 힘만으로 분석과 의사결정을 모두 수행하는 것은 어렵다. 왜냐하면 일반적으로 시스템의 행태가 다음 중 하나 이상의 특성을 갖기 때문이다.

1. 시스템 내부 구성요소들이 무작위 사건을 발생시킨다.
2. 외부의 무작위 사건이 시스템에 영향을 준다.
3. 시간이 경과하면서 시스템의 형태가 변한다
4. 시스템 구성요소들 간에 복잡한 상호작용이 일어나고, 시스템 내에서 이들 간에 다양한 논리적 관계가 존재한다.

오퍼레이션 시스템에서 무작위 사건(random event)은 매우 흔한 현상이며, 주문의 접수나 고객의 도착, 기계 고장, 업무 처리 결과, 자재의 입고 및 유실 등은 모두 무작위 사건의 좋은 예들이다. 다양한 장비를 사용하거나 업무의 구성이 복잡한 시스템에서는 이 같은 무작위 사건들이 서로 상승 작용을 일으켜 전체 시스템의 성과에 큰 영향을 주기도 한다.

복잡성

매우 단순하고 군더더기 없어 보이는 업무일지라도, 무작위 사건의 영향을 받거나, 상황에 따라 그 수행 방법이 자주 바뀌는 경우에는 분석하는 것이 쉽지 않다.

일반적으로 업무를 수행하는 방식은 생산할 제품이나 서비스의 종류에 따라 달라진다. 특히 도착 순서가 무작위적이거나 높은 변동성이 존재하는 경우에는 제품이나 서비스의 다양성으로 인해 시스템의 복잡성이 크게 증가하기도 한다. 예를 들어, 다양한 부품을 생산할 수 있는 기계의 셋업 시간이나 처리 시간은 부품의 종류에 따라 달라진다. 당연한 이야기지만, 부품의 종류에 따라 처리 방법이 다르기 때문이다. 비슷한 예로, 마트 계산

대에서 고객들의 구매 금액을 합산하는데 소요되는 시간은 줄 서 있는 고객의 수 외에도 부가적인 작업(할인 쿠폰 확인이나 배달 주문 접수 등)의 유무에 따라 달라지곤 한다. 나아가, 결제 방법(수표, 현금, 신용 카드나 푸드 스탬프 중 무엇을 사용하는지)으로 인해 변동성이 더 커질 수도 있다.

무작위 사건으로 인해 매우 단순하게 설계된 제조 시스템이 복잡한 행태를 보이기도 한다. 때때로 부품이 부족해지거나, 근로자들이 주기적으로 다른 작업들을 제쳐두고 장비를 점검해야 하는 경우, 또한, 근로자들이 여러 가지 업무를 담당하는 다기능공인 경우에는 단순한 공정 라인이라 해도 그 성능을 분석하기가 쉽지 않다. 나아가, 단순한 작업이라도 어떤 형태로든 배치 처리를 하는 경우에는 시뮬레이션을 이용하여 먼저 다양한 상황에 적합한 배치 크기를 결정해야 할 수도 있다.

의사결정

익히 알고 있듯이, 오늘날의 비즈니스 및 경제 환경 속에서는 모든 것이 불확실성을 갖고 있다. 세상은 점점 더 빠르게 변화하고 있으며, 이로 인해 의사결정권자들은 시스템을 분석하여 그 성과를 개선하기 위한 계획을 수립할 필요가 생길 때마다, 이 과정을 수행하는 것이 매우 어렵다는 것을 실감하곤 한다. 의사결정을 쉽게 하기 위해 단순한 계산식들에 의존하는 것은 더 이상 타당한 선택이 되지 못한다. 시스템들이 가진 변동성과 임의성 때문이다.

그 결과, 의사결정권자들이 시스템을 쉽게 분석할 수 있도록 하기 위한 다양한 방법들이 개발되었고, 일반적으로 이들을 의사결정지원 시스템(decision support system)이라 부른다. 의사결정지원 시스템은 보통 의사결정권자들이 어떤 계획을 수립할 때 사용할 수 있는 화면이나 분석 도구 같은 것들을 제공하는데, 시뮬레이션 역시 이처럼 의사결정 지원 용도로 사용할 수 있는 도구 중 하나이다. 간단히 말해, 시뮬레이션을 의사결정지원에 사용할 수 있는 이유는 시뮬레이션의 역할이 다음과 같기 때문이다.

> 시스템을 심층적으로 이해하고, 개선하기 위해 오퍼레이션 시스템을 단순한 형태로 (컴퓨터 상에) 표현한다음, 이에대한실험을통해시간의경과에따라해당시스템에어떤일이발생하는지관찰하는 것을 지원[1]

시뮬레이션이 의사결정지원 과정에서 어떤 역할을 하는지는 그림 1.11에 요약되어 있다. 어떤 종류의 시스템에서든, 의사결정권자들은 시스템을 이해하고, 분석하며, 설계 및 관리할 수 있어야 한다. 이 모든 것들이 의사결정을 내리는데 필요하기 때문이다. 보통 의사결정에서 다루는 것은 현실 세계의 시스템들이며, 이들은 복잡한 프로세스들로 이루어져 있다. 나아가, 이러한 프로세스들에는 높은 상호의존성을 갖는 다양한 구성요소들이 관여하며, 각 구성요소들이 변동성을 갖거나 시간의 경과에 따라 그 특성이 변화하기도 한다. 모형을 사용하지 않는 경우에는 의사결정권자가 일일이 이러한 정보들을 수집하고 처리한 후에야 비로소 시스템을 변화시키기 위한 적절한 조치가 무엇인지를 판단할 수 있게 된다. 반면, 모형 기반 의사결정(model-based decision making), 그 중에서도 특히 시뮬레이션 기반 의사결정(simulation-based decision making)은 실제 시스템을 건드리지 않고도 시스템을 표현하고 여러 대안들에 대한 실험을 통해 어떤 변화가 어떤 효과를 야기하는지를 쉽게 파악할 수 있게 해 준다. 이 같은 접근 방식을 사용하면 많은 수의 대안도 손쉽게 평가할 수 있어 의사결정의 폭이 크게 넓어진다. 또한, 실제 시스템에 아무런 방해를 주지 않으며, 각 대안이 어떤 위험성을 갖는지를 미리 알아볼 수 있다는 장점도 있다. 의사결정권자가 시뮬레이션 모형을 효과적으로 직접 활용하기 위해서는 1) 모형에 데이터를 입력하기 쉽고, 2) 모형으로부터 도출되는 결과를 효과적으로 표현할 수 있는 의사결정 지원 시스템이 필요하다.

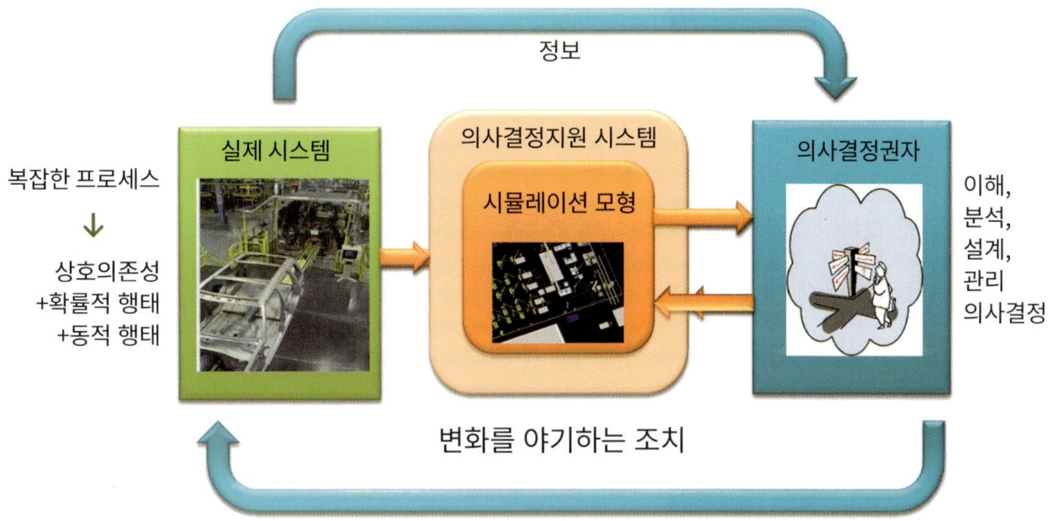

그림 1.11 : 모형 기반 의사결정 지원 시스템

시뮬레이션이 의사결정에 도움이 된다는 점은 분명하다. 비용이나 효율성의 개선 효과를 얻을 수 있는 곳이 어디인지를 직접 찾아볼 수 있게 해주고, 시스템의 변동성이나 상호작용에 대한 이해를 높여 잠재적인 위험을 분석하는데 필요한 통찰력을 제공할 뿐만 아니라, 다양한 조치들로 인해 앞으로 어떤 상황이 전개되는지를 알아볼 수 있게 해 주기도 하기 때문이다. 시뮬레이션을 이용하여 특정 제품이나 서비스에 대한 미래 수요가 어떻게 변할지를 예측할 수는 없다. 하지만 시뮬레이션을 통해 우리는 미래 수요의 변동이 시스템의 성과에 어떤 영향을 미치는지를 평가해 볼 수 있다.

다양한 기업이나 조직에서 동적인 시스템을 이해하는 능력이 중요해지면서, 시뮬레이션 기술이나 응용프로그램에 대한 관심도 높아져 왔다. 조직 내 어느 위치에 있는 사람이든 시뮬레이션을 이용하면 보다 나은 의사결정을 수행할 수 있다.

시뮬레이션은 이제 다음과 같은 상황들에 직면했을 때 폭넓게 활용할 수 있는 분석 도구가 되었다:

- 개선을 목적으로 시스템을 분석하고자 할 때
- 비즈니스 요구사항에 맞추어 프로젝트의 범위를 조정하고자 할 때
- 조직 내에서 정보를 공유할 필요가 있을 때
- 복잡한 변동성이 시스템에 미치는 영향을 분석하고자 할 때

컴퓨터 및 소프트웨어 기술의 발달과 함께 시뮬레이션 기술은 이 같은 상황들을 잘 해결할 수 있는 형태로 변화해왔다. 전통적으로, 시뮬레이션은 "전문가"들만이 할 수 있는 일이었고, 이들은 주어진 문제의 답을 찾는 역할을 수행하기 위해, 먼저 전문적인 지식을 습득하고 있어야 했다. 하지만 지금은 이 같은 전통적인 사고방식을 가진 사람들이 점점 적어지고 있다. 시뮬레이션을 실행하는데 필요한 지식이나 분석 도구가 변하면서, 누구나 시뮬레이션을 사용할 수 있게 되었기 때문이다.

요약하자면, 시뮬레이션 사용자들의 사고방식은 다음과 같이 변화해 왔다:

- **전통적인 사고방식 (전문가들이 시뮬레이션 분석을 수행)**
  - 분석 도구들이 복잡하고 배우기 어려움
  - 훈련 받은 전문가들만이 시뮬레이션 응용프로그램을 사용
  - 전문가들에게 문제 해결을 의뢰
  - 시뮬레이션 분석의 응용 분야를 확대하기 위해서는 전문가들의 충원이 필요
- **최근의 사고방식**
  - 사용자 친화적인 분석 도구를 누구나 쉽게 배울 수 있음
  - 다양한 수준의 배경 지식을 가진 사용자들이 시뮬레이션 응용프로그램을 사용
  - 사용자들이 공용 데이터베이스를 생성하고 이를 통해 서로 정보를 공유
  - 사용자가 증가하면 자연스럽게 응용분야가 확대됨

이러한 사고방식의 변화에 힘입어, 오늘날 시뮬레이션은 우리의 일상 생활 일부를 구성하는 다양한 시스템들에 폭넓게 응용되고 있다.

Section 1-4 일상 생활에서의 시뮬레이션

이 세상에 존재하는 모든 것들은 시간의 경과나 공간의 이동 또는 여러 가지 상호작용 등에 의해 변화를 경험하게 된다. 이러한 변화를 이해하고, 분석할 뿐만 아니라 예측하는 능력을 갖는 것은 유사 이래 인류의 오랜 목표였다. 시뮬레이션을 통해 우리는 과거에 있었던 변화 과정을 모방하거나 연구할 수 있을 뿐만 아니라, 미래에 일어날 일들을 예상해볼 수도 있게 되었다.

오늘날 시뮬레이션은 흔히 사용되며, 분야에 따라서는 시뮬레이션의 사용을 당연시하기도 한다. 시뮬레이션이 교육훈련 목적으로 사용된 지는 이미 오래되었다. 민간 항공기 조종사들은 실제 승객들이 탑승한 비행기를 몰기 전에 먼저 비행 시뮬레이터에서 장시간의 훈련을 받는다. 군 부대에서는 다양한 돌발 상황에 대한 대비 태세를 갖추기 위해 병사들을 훈련시키는데 시뮬레이터를 이용하고 있다. 유조선에서부터 지하철에 이르기까지

다양한 설비들을 조작하는 기사들은 시뮬레이션을 통해 언제 일어날지 모르는 비상 상황들을 통제하는데 필요한 기술들을 익힌다.

그림 1.12 : 제조 시스템 설계

제조업은 시뮬레이션의 가장 중요한 응용 분야 중 하나이다. 오래 전, 한 사람의 장인이 혼자서 일을 하던 시대에는 작업 결과를 예측하는 것이 어렵지 않았다. 공장의 생산 속도는 이 장인의 작업 속도와 동일했고, 당시에는 원자재들의 수급이나 공구의 상태를 관리하는 것이 중요했다. 산업 혁명이 시작되고, 특히 생산 라인이 도입되면서, 제조 현장은 점점 복잡해져 다양한 설비와, 근로자들이 배치되고, 이들 간에 상호작용이 일어나게 되었다. 오늘날의 제조 기업들은 시뮬레이션을 이용하여 새로운 제조 시스템을 설계하거나 테스트해보기도 하고, 기존 작업 방식에 대한 개선 활용들의 우선 순위를 매기기도 하며, 어떤 프로젝트가 기대한 것과 같은 결과를 발생시키는지를 확인해보기도 한다. 그림 1.12는 제조 시스템의 설계에 사용되는 시뮬레이션 모형의 예이다.

기업은 대형 프로젝트를 차질 없이 진행하기 위해 많은 노력을 기울이곤 한다. 오늘날, 대부분의 기업들은 시뮬레이션을 설계 단계에서 필수적으로 활용해야 하는 도구이자, 프로젝트를 관리하기 위한 효과적인 수단으로 인식하고 있다. 예를 들어, 프로젝트 실행 초기에 다양한 설계안들을 검토하는 단계에서는 간단한 시뮬레이션만으로도 전체적인 컨셉의 타당성을 검증해 볼 수 있다. 시뮬레이션은 현재 상황에 가장 적합한 프로젝트 추진 방식이 무엇인지를 확정하는데도 도움을 주며, 프로젝트 진행에 필요한 전제 조건들을 정리하고 표현하는 좋은 수단이기도 하다. 보다 자세한 계획 수립, 설계안 도출 및 비용 추정을 수행하는데 필요한 예산이 승인된 후에는 시뮬레이션 모형에 여러 가지 세부 사항들을 추가하여야 한다. 이 때, 시뮬레이션은 영업이나 마케팅 부서와의 논의를 촉진하고, 프로젝트에 대한 요구사항을 보다 명확히 정의하는데 도움을 준다.

프로젝트를 정식으로 추진하도록 승인을 받은 이후에는 설계와 관련된 사항들을 점검하거나 반영해보면서 잠재적인 문제를 식별하기 위한 목적으로 시뮬레이션을 사용할 수 있다. 이러한 경우에도 시뮬레이션은 여러 사업 부서나 프로젝트 팀들이 서로 이해 관계를 조율하는데 필요한 토대를 제공해 준다. 인력 배치 계획에 대한 시뮬레이션을 통해 공장의 근로자들에 대한 상세한 운영 계획을 수립하는 것도 가능하다. 또한, 필요한 경우에는 시뮬레이션 모형에 세부적인 사항들을 추가로 반영하여, 일정계획을 수립하거나 작업 방식을 개선할 수 있으며, 이를 위해서는 마케팅 부서에서 제공하는 최신의 정보들이 모형에 입력되어야 한다.

제조업 이외 분야에서의 시뮬레이션

시뮬레이션의 응용 분야는 제조업에만 국한되지 않는다. 예를 들어, 시뮬레이션은 원자재나 완제품을 운반하는 트럭이나 기차, 나아가 이들이 드나드는 창고와 관련된 시설 배치나 일정계획을 수립하는 데에도 이용되며,

최근에는 교통 혼잡의 완화를 위해 다양한 신호 체계 하에서의 교통 흐름을 시뮬레이션 해보기도 한다. 대형 유통업체들은 품절의 방지와 재고의 최소화를 동시에 달성하기 위해 다양한 재고 보충 방법들에 대한 시뮬레이션을 실시한다. 철도 회사들은 다양한 일정, 지형 및 차량 운영 비용에 적합한 최적의 화물차 길이를 결정하기 위해 오랫동안 시뮬레이션을 활용해 왔다. 최근에는 컨테이너 부두에서도 시뮬레이션을 통해 대형 선박들에 대한 하역 작업을 최적화하고 있으며, 그림 1.13은 컨테이너 부두 업무 최적화를 위한 시뮬레이션 모형의 예를 보여준다.

그림 1.13 : 시뮬레이션에 의한 컨테이너 부두 업무 최적화

시뮬레이션은 서비스 산업에서도 널리 이용되고 있다. 은행, 티켓 발권소, 놀이 공원, 크루즈 여행을 위한 탑승 수속 창구, 나아가 공항의 보안 검색대 등 다양한 서비스 현장에서 설비의 이상, 갑작스럽게 밀려드는 고객, 진입로의 개수 등이 시스템에 미치는 영향을 알아보기 위해 시뮬레이션을 활용한다. 또한, 시뮬레이션은 효율적인 의료 시설을 설계하는 데도 도움을 주고 있으며, 이러한 경우에는 병동이나 수술실의 서비스 품질은 높이고 비용은 낮추는 것이 주된 목표가 된다. 의료 시설의 개선을 위한 시뮬레이션 모형의 예는 그림 1.14에서 볼 수 있다.

대기의 상태와 같은 기상 정보들을 가지고 시뮬레이션을 수행하여 허리케인의 경로와 같은 기후 관련 패턴을 찾아내기도 한다. 사고 현장이나 어떤 사건들을 재현하고자 할 때, 단순한 애니메이션을 제작할 수도 있지만, 때로는 당시 상황들을 반영하여 시뮬레이션 모형을 만들어 볼 수도 있다.

나날이 성장하고 있는 컴퓨터 산업 역시 시뮬레이션의 이용이 가장 활발한 분야 중 하나이다. 초창기 "pong"과 같은 간단한 테니스 게임들은 단순한 파라미터들만을 이용하여 플레이어들 사이를 왔다 갔다 하는 공의 움직임을 시뮬레이션 하였다. 라켓에 맞은 공이 어디로 움직일지는 라켓에 어떤 각도로 맞았느냐에 따라 결정되며, 당시에는 이 정도도 매우 독창적인 시도였다. 이후 게임 시뮬레이션은 발전을 거듭하여 지금은 플레이어가 가상 공간 안에 들어온 듯한 느낌을 주는 수준에까지 이르렀다. 한 가지 특기할 만한 점은 게임 시뮬레이션 기술이 발달하면서 여러 가지 게임을 접해 본 플레이

그림 1.14 : 시뮬레이션의 새로운 응용 분야로 떠오르고 있는 의료 산업

어들은 두꺼운 매뉴얼을 보거나 따로 연습을 해보지 않아도 새로운 게임에 금새 적응하는 경우가 많아졌다는 것이다.

컴퓨터 하드웨어 및 소프트웨어가 크게 발전하면서, 이제는 오퍼레이션 시스템들을 실제와 유사한 형태로 표현하는 것도 가능해졌다. 이 책에서 시뮬레이션의 개념 및 기법을 소개하는데 사용할 *FlexSim*은 제조, 물류 및 의료 시스템 등에 대한 3D 모델링을 지원하는 가장 선도적인 소프트웨어이다. 이 소프트웨어는 사용법이 매우 쉬워 모형 작성자가 물리적 환경을 실제 모습에 가깝게 표현하는 데에만 집중할 수 있게 해 준다.

앞에서 소개한 예들 외에도 시뮬레이션 기술은 다양한 분야에서 직·간접적으로 사용되고 있다. 이 모든 분야에 공통적으로 적용되는 사항은 시뮬레이션 모형을 만들기 위해서는 어느 정도의 배경 지식을 갖출 필요가 있다는 점일 것이다. 이 같은 배경 지식은 경험적으로 습득할 수도 있고, 물리 법칙이나 과거 데이터, 사건 발생 이력, 인과 관계 등에 대한 학습을 통해 형성되기도 한다. 컴퓨터 게임에서는 개발자가 정한 규칙들이 배경 지식에 포함될 것이다.

시뮬레이션의 기본적인 특성

지식에 기반한 행위라는 점은 시뮬레이션의 가장 중요한 특성이다:

> 시뮬레이션을 하기 위해서는 대상 시스템에 대한 다양한 지식이 필요하다. 이러한 지식에는 대상 시스템의 과거 및 현재 특성들, 그리고 앞으로 가지게 될 것이라고 예상되는 특성들에 대한 사항들이 포함된다. 즉, 시뮬레이션은 이러한 모든 지식들이 한데 모여 다양한 변화를 일으키는 공간이며, 나아가, 이들을 다른 사람들과 공유하는 수단이기도 하다.

시스템의 과거나 현재 특성이 반영된 시뮬레이션 모형은 대상 시스템이 어떻게 변해 왔는지를 보여주기 때문에, 이를 통해 우리는 실제 시스템을 방해하지 않고도 해당 시스템을 연구하거나 조사할 수 있으며, 필요한 경우 시스템을 변경해 보는 것도 가능하다. 한편, 예측 혹은 계획된 미래 특성이 반영된 시뮬레이션 모형은 시스템이 앞으로 어떻게 변해갈지를 표현해주어, 사용자들이 아직 일어나지 않은 현상들에 대해 미리 파악할 수 있게 해 준다.

시뮬레이션의 두 번째 중요한 특성은 다음과 같다:

> 시뮬레이션을 통해 사용자는 지식과 가치를 획득한다.

이 단순한 문장의 숨은 의미는 시뮬레이션 모형, 나아가 실제 시스템에 대해 충분한 통찰을 얻기 위해서는 반드시 시뮬레이션을 수행하고 분석을 통해 해답을 찾는 과정을 직접 수행해보아야 한다는 것이다. 시뮬레이션을 수행하거나 모형 작성을 지원하는 과정에 관여해보면 시뮬레이션이 어떤 도움을 주는지를 깊이 깨닫게 된다. 가장 중요한 것은 실제 시스템이 어떻게 운영되고 작동하는지를 심층적으로 이해할 수 있게 된다는 것이다.

Section 1-5 어떤 금전적 이득이 얻어지는가?

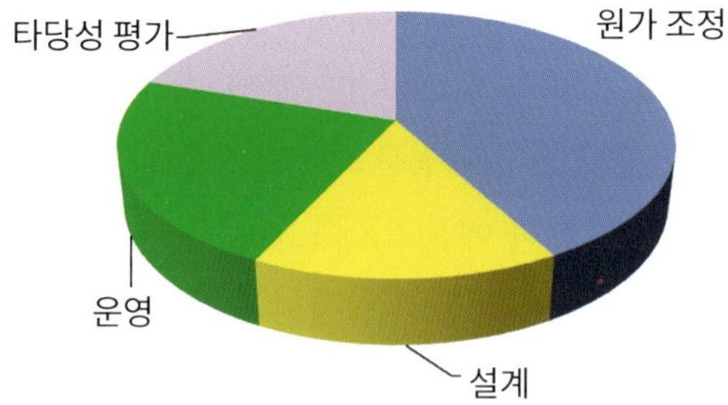

그림 1.15 : 시뮬레이션으로 인한 이득

시뮬레이션을 이용하는 이유는, 사용자나 조직 입장에서 뭔가 이득이 되기 때문이다. 이러한 이득은 금전적인 것일 수도 있고, 때로는 무형의 이득일 수도 있다. 금전적인 이득은 회계 부서를 비롯한 모든 사람들에게 인정받겠지만, 무형의 이득을 알아주는 사람은 관리자뿐일 수도 있다. 이 절에서는 과거 다양한 산업 및 서비스 분야에서 수행되었던 수많은 시뮬레이션 프로젝트 사례들에 근거하여, 시뮬레이션을 통해 얻을 수 있는 이득이 무엇인지를 설명하고자 한다.

그림 1.15에는 일반적으로 프로젝트를 추진하는 과정에서 거치게 되는 타당성 평가, 원가 조정, 상세 설계 및 운영의 네 가지 단계별로 시뮬레이션으로 인한 이득이 얼마나 많이 발생하는지가 나타나 있다. 각 단계에서 유형의 이득과 무형의 이득이 모두 발생할 수도 있으며, 때로는 어떤 동일한 이득이 둘 이상의 단계에 걸쳐 나타나기도 한다. 대규모 프로젝트나 기존 업무 방식의 변화를 추진할 때, 일반적으로 상기한 네 가지 단계를 거치게 된다는 점에 유의하여라.

타당성 평가

- 정확한 추정에 소요되는 시간 단축
- 분석에 소요되는 시간 단축
- 프로젝트 시작 전의 의사결정 방식 개선
- 손쉬운 합의 도출
- 잠재적인 문제점 및 이들에 대한 해결책을 조기에 발견
- 혁신 아이디어 도출을 위한 의사소통의 장을 제공

그림 1.16 : 타당성 평가 단계의 비용 절감
(투입 비용의 20-40%)

보통, 프로젝트의 타당성을 평가하는 단계에서는 새로운 컨셉들을 도출하고 각각을 실행하는데 필요한 계획을 수립하게 된다. 세부 사항을 변경하거나 잠재적인 문제점을 식별하는 작업은 이 단계에 하는 것이 가장 좋다. 들어가는 비용과 노력이 가장 적기 때문이다. 통상적으로는 시뮬레이션을 통해 이 단계에 투입되는 비용의 20% 내지 40%를 절감할 수 있다. 나아가, 그림 1.16은 프로젝트의 타당성 평가 단계에서 시뮬레이션을 통해 얻을 수 있는 효과들의 몇 가지 예들을 보여준다. 직접적인 비용 절감은 주로 추진 중인 프로젝트의 비용이나 편익을 정확하게 추정하는데 소요되는 시간의 단축으로 인해 발생한다. 또한, 시뮬레이션을 이용하면 여러 가지 대안들을 평가하여 이들의 우선순위를 매기는데 소요되는 시간 역시 단축할 수 있다. 직원들의 시간당 인건비나 빠른 신제품 출시로 인한 시장 선점 효과를 토대로 이러한 시간 단축 효과가 어느 정도의 금액에 해당하는지를 환산해 보는 것도 가능하다. 보다 정확한 비용편익 분석에 기반하여 프로젝트 참여 인력들이 보다 신속하게 적은 비용으로 높은 투자수익률을 발생시키는 대안을 찾을 수 있게 해 준다는 점은 타당성 평가 단계에서 발생하는 무형의 이득에 해당한다. 일반적으로, 이와 같이 프로젝트 시작 전의 의사결정 방식을 개선하면, 프로젝트의 일정이 지연되거나 잘못된

프로젝트를 시작하게 될 가능성이 줄어드는 것으로 알려져 있다.

한편, 시뮬레이션을 이용하면 프로젝트 추진 초기에 보다 많은 사람들의 참여가 가능해져, 다양한 이해관계자들이 좀 더 쉽게 공감대를 형성할 수 있게 된다. 또한, 시뮬레이션은 새로운 혁신 아이디어나 기존 프로젝트에 크고 작은 변화를 야기할 수 있는 개선 사항들을 도출하는데 필요한 의사소통의 장을 제공하는 측면도 있다.

원가 조정

- 비생산적인 설비 제거
- 설비 규모 최적화
- 혼잡 발생 시 필요한 예비 공간 최소화
- 설비 가동률과 유연성 간의 적절한 균형 유지

그림 1.17 : 원가 조정 단계의 비용 절감 (투입 비용의 2-40%)

원가 조정. 회계 부서에서는 싫어하지만 보통 관리자들은 매우 좋아하는 말이다. 이 작업은 보통 타당성 평가가 끝난 이후, 그리고 최종 설계에 들어가기 이전에 실시한다. 이 단계에서는 처음에 프로젝트를 위해 책정된 비용들 중 필요하지 않게 되어 다른 데 활용할 수 있는 것들이 있는지 찾아보아야 한다. 이를 통해 때로는 상당한 비용 절감 효과가 발생하기도 하며, 이러한 효과를 금액으로 환산하는 것도 어렵지 않다. 그림 1.17은 프로젝트의 원가 조정 단계에서 시뮬레이션을 통해 얻을 수 있는 효과들의 몇 가지 예들을 보여준다.

소비재를 생산하는 대형 제조업체 중에서는 시뮬레이션을 통해 포장 공정 라인을 한 개 줄여도 차질 없는 생산이 가능하다는 점을 확인하여 약 2백만 달러에 이르는 비용을 절감한 경우도 있다. 한 음료수 제조업체는 사업을 확장해도 원자재 창고가 추가적으로 필요하지는 않다는 점을 깨닫고 관련 프로젝트에 투입되는 비용 중 50만 달러를 절감하였다. 작은 규모의 설비로도 생산에 문제가 없음을 확인하여 설비 및 공간과 관련된 비용을 30만 달러 이상 절감한 사례도 존재한다. 원가 조정 단계에서는 투입 비용의 2-40%에 해당하는 비용 절감 효과가 발생하는 것으로 알려져 있다. 이 단계에서 발생하는 무형의 이득으로는 먼저 업무 상의 니즈에 좀 더 부합하는 설비나 작업 방식을 갖출 수 있게 된다는 점을 들 수 있다. 또한, 시뮬레이션을 이용하면 마케팅이나 엔지니어링 또는 작업 현장 등 다양한 부서에 소속된 구성원들이 프로젝트의 범위나 산출물을 보다 정확히 이해할 수 있다는 장점도 있다. 예를 들어, 유연성을 높이기 위해서는 다양한 종류의 전용 설비, 또는 그보다 수는 적더라도 다양한 작업을 처리할 수 있는 범용설비들이 갖추어져야 한다. 전자의 경우, 많은 설비 투자 비용이 발생하는 반면, 후자의 경우에는 설비를 이용하고자 하는 고객이나 작업물의 대기가 길어질 수 있다. 시뮬레이션은 이 같은 문제의 효과적인 해결에 필요한 토대를 제공해 준다.

상세 설계

새로운 업무의 추진이나 기존 업무의 개선에 필요한 상세 설계 단계에서도 시뮬레이션으로 인한 유형의 이득이 발생한다. 비용 절감 효과는 통상적으로 투입 비용의 3%에서 30%정도이다. 예를 들어, 한 대형 설비 제조사는 시뮬레이션을 통해 설계 상의 문제들을 보다 신속하게 해결하여 설계 비용의 15%를 절감하였다. 또한, 이 회사는 일관성 있고 재사용 가능한 설계안을 작성하고 문서화할 수 있다는 부수적인 효과까지 거두었다. 이는 결과물의 수준을 유지하면서, 시뮬레이션으로 인해 좀 더 신속하게 시험 절차를 거치고 프로젝트를 개시하는 것이 가능해졌음을 의미한다. 그림 1.18은 프로젝트의 상세 설계 단계에서 시뮬레이션을 통해 얻을 수 있는 효과들의 몇 가지 예들을 보여준다.

- 설계 상의 문제나 변경 사항들을 신속하게 처리
- 일관성 있고 재사용 가능한 설계안을 작성하고 이를 문서화
- 설계 오류로 인한 비용 감소
- 신속한 시험 및 프로젝트 개시

그림 1.18 : 설계/실행 단계의 비용 절감 (투입 비용의 3-30%)

시뮬레이션은 설계 단계의 초기에 설계 오류를 찾아내는데도 도움을 주며, 이는 무형의 이득이긴 하지만 수치화할 수 있는 다른 비용 절감 효과들을 촉진해 준다. 예전에 한 청량음료 제조사는 보틀링(bottling)[6] 공정 라인의 증설을 추진하였다. 여기서 만든 제품들은 포장 설비로 보내어지는데, 문제는 이 설비를 다른 6개의 라인과 공용으로 사용한다는 점이었다. 과거 실적 데이터에 따르면, 포장 설비가 새로운 라인의 추가를 감당하기에 충분한 용량을 가진 것처럼 보였다. 하지만 생산 라인들에 대한 시뮬레이션 결과, 라인을 추가할 경우 포장 설비가 병목이 되어 공장 전체의 실적이 오히려 나빠지는 것으로 나타났다. 결과적으로는 제 때 문제를 발견하고 바로잡은 덕분에 약 60만 달러 가량의 비용이 절감되었다. 이러한 비용 절감 효과는 잘못된 설계대로 프로젝트가 진행된 후 이를 바로 잡는데 필요한 비용, 이 과정에서 발생하는 조업 시간의 손실, 그리고 포장 설비의 병목 현상으로 인해 발생하는 손실 등에 대한 추정을 토대로 산출되었으며, 상기한 금액은 이 비용들의 합에서 포장 설비를 추가하는데 드는 비용을 뺀 값에 해당한다.

운영 시뮬레이션

실제 운영 단계에서 시뮬레이션을 잘 활용하면 운영비는 줄고 흐름량은 늘어나 투입 비용의 5%에서 25%정도에 해당하는 비용 절감 효과가 발생한다. 가장 중요한 사실은 그림 1.19에도 나와 있듯이, 시뮬레이션으로 인해 분석에 소요되는 시간이 단축된다는 점이다. 따라서, 보다 신속하게 시스템을 변경하거나 새로운 아이디어를 추진할 수 있게 된다. 특히, 공용 장비나 작업자 인원수와 관련된 문제가 있는 경우에는 신속한 분석이 필수적이다.

- 분석에 소요되는 시간 단축
- 작업 방식에 대한 동적인 표현
- 간단하고 신속한 방식으로 시스템의 변경이나 새로운 아이디어를 추진
- 일정계획의 타당성에 대한 정확한 평가
- 공용 설비나 작업자 인원수와 관련된 문제를 신속하게 분석

그림 1.19 : 운영 단계의 비용 절감(투입 비용의 5-25%)

나아가, 관리자들은 시뮬레이션을 통해 작업 일정계획이 성과에 어떤 영향을 미치는지를 알아보고 최적의 일정계획을 수립할 수도 있다. 예를 들어, 한 소비재 제조사는 시뮬레이션을 통해 별도의 비용 투입 없이 배치 크기나 라인 공정 간의 이송 방식을 약간만 변경해도 15% 가량의 생산량 증가가 가능함을 확인한 바 있다. 이와 유사하게, 작업 순서의 재조정을 통해 병목 작업장의 흐름량을 10%에서 20% 가량 증가시킨 조선업체의 사례도 있다.

6 음료수 병에 내용물을 주입하는 작업

Section 1-6 언제, 어디서 시뮬레이션을 사용할 것인가

본격적으로 시뮬레이션 모형을 작성하고 그 실행 결과를 분석하는 방법을 학습하기 전에, 여러 분야에서 어떤 모형이 어떻게 활용되고 있는지 좀 더 구체적으로 살펴보기로 하자. 이 절에서는 시스템을 운영하는 과정에서 직면할 수 있는 상황들 중 시뮬레이션을 통해 해결할 수 있거나, 해결해 왔던 것들을 소개할 것이다. 저자들은 실제 경험을 토대로 13가지의 대표적인 예들을 선별하였으며, 이들은 시뮬레이션의 폭넓은 활용도를 보여준다. 물론, 이들 외에도 시뮬레이션을 적용할 수 있는 상황은 다양하다. 나아가, 여기서 소개하는 예들에는 각각에 대한 문제를 해결하는데 사용된 시뮬레이션 모형의 스크린샷이 함께 제시되어 있다.

상황 1: 전체 시스템의 성능을 저해하는 병목 현상 파악

보통 시스템 내에는 그 시스템의 원활한 가동을 방해하는 병목이 존재한다. 일부 기업들은 성과 지표를 산출할 때, 일부러 병목의 하류에 위치하는 작업들을 기준으로 삼기도 한다. 병목 현상이 어디서 발생하는지를 파악하는 것은 매우 중요하다. 문제는 병목 현상이 일시적으로 나타나거나 시스템이 가동되는 동안 병목 현상의 발생 위치가 변하는 경우도 많다는 점이다.

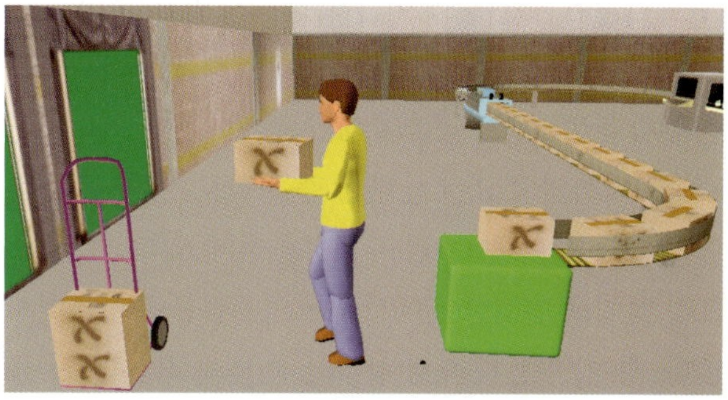
그림 1.20 : 예측하기 어려운 병목 현상

병목 현상을 해소하는 방법은 다양하다. 제조 현장에서는 다른 생산 라인의 설비를 잠시 사용할 수 있고, 슈퍼마켓에서는 손님이 많을 때 계산원을 늘리기도 한다. 병목 현상이 늘 똑 같은 곳에서만 발생하는 것은 아니다. 공정 내에서 한 단계의 작업이 중단되면 그 작업이 바로 병목이 된다. 레스토랑에서는 계절에 따라 병목에 해당하는 업무가 바뀌기도 한다. 이와 같은 변화무쌍함으로 인해, 단순한 스프레드시트 작업을 통해 병목 현상을 분석하는 것은 거의 불가능에 가까울 정도로 어렵다. 시스템의 동적인 변화를 관찰할 수 있게 해 주는 시뮬레이션은 병목 현상을 분석하는데 매우 적합한 도구이다.

상황 2: 생산 공정 내의 재공품 최적화

현대 생산관리 이론에서는 불필요한 작업 단계 및 재공품의 적체를 제거하라고 강조한다. 아울러, 설비나 작업장 앞의 작업물 대기 장소는 Lean thinking 기법의 주요 분석 대상이다. 하지만, Lean 방식이 반드시 이러한 대기 장소의 제거를 의미하는 것은 아니다. 다시 말해, 현실적으로 효율적인 작업을 위해 어느 정도의 재공품은 가지고 있어야 하는 경우가 많다.

그림 1.21 : 설비 앞에서 대기 중인 작업물

대기 장소의 크기나 재공품의 양을 결정하는 것은 쉽지 않다. 시스템의 동적인 변화가 고려되어야 하기 때문이다. 시뮬레이션을 이용하면 이러한 사항들을 효과적으로 결정할 수 있다.

상황 3: 새로운 대안에 대한 평가

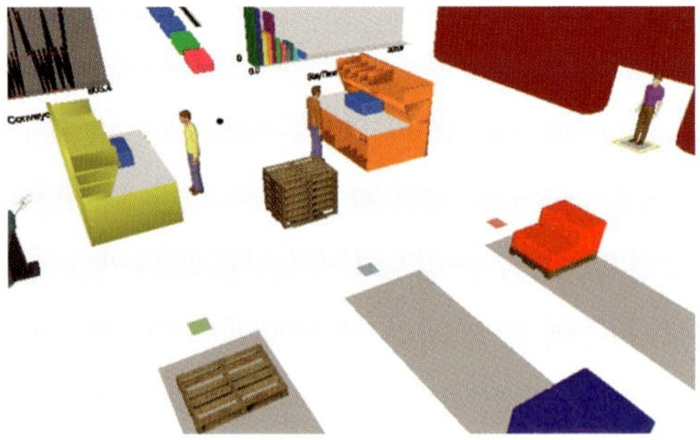

그림 1.22 : 실행 전의 대안에 대한 평가

종종 시뮬레이션은 개선된 혹은 새로운 작업 방식이나 운영 정책이 시스템에 어떤 영향을 주는지를 분석하는데 사용되기도 한다. 새로운 대안의 성능을 신속하고 경제적인 방식으로 평가해보기 위해서는 실제 시스템보다 시뮬레이션을 이용하는 것이 더 유리하다. 이러한 과정을 통해 우리는 새로운 대안이 장비 신뢰성 등에 대해 타당한 가정을 하고 있는지를 평가해볼 수도 있다. 나아가, 시뮬레이션에 사용할 과거 데이터가 전혀 없는 경우에는 시뮬레이션에 의한 민감도 분석을 통해 다양한 변수 값들의 변화가 전체 시스템의 성능에 어떤 영향을 주는지를 관찰할 수도 있다. 이러한 민감도 분석 결과를 통해 우리는 장비들이 가동 중에 어떤 특성을 보일지, 그리고 향후 시스템에 어떤 변화가 나타날지를 예측해 볼 수 있다.

상황 4: 하이브리드 공정에 대한 분석

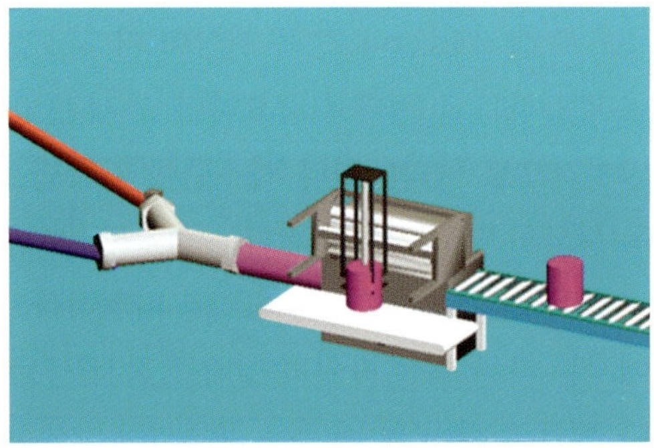

그림 1.23 : 결합된 형태의 페인트 혼합 및 충전 작업

시뮬레이션의 주요 분석 대상 중 하나로, 연속 공정과 이산 공정이 결합되어진 하이브리드 공정을 들 수 있다. 예를 들어, 가공과 포장 작업은 인접한 곳에서 상호의존적으로 이루어지는 경우가 많다. 특히, 제품의 특성 상 가공은 연속 혹은 배치 공정이지만, 포장은 이산 공정인 경우 상황은 더욱 복잡해진다. 배합과 충전 공정이 연결되어 있는 페인트 공장은 이러한 하이브리드 공정의 좋은 예이다. 이 같은 생산 현장에서는 작업이 시작된 후 한 곳에만 문제가 생겨도 심각한 생산 차질이 빚어진다.

상황 5: 비용과 서비스 수준 간의 균형 유지

그림 1.24 : 공항 보안 체계의 개선

공항의 보안 요원들은 여행자들의 탑승권과 신분증에 대한 확인을 마친 후 탑승권의 상태나 대기행렬의 길이, 심층 조사 필요성 등을 감안하여 이들을 적절한 검색대로 안내한다. 이 같은 시스템들을 설계하고 분석할 때도 시뮬레이션이 흔히 사용된다. 시뮬레이션은 적절한 검색대의 수나 장비의 수량, 시간대별 근무 인원 수 등을 결정하는데 도움이 되기 때문이다.

이러한 의사결정을 할 때는 고객 서비스 수준과 운영비가 적절히 균형을 이루도록 해야 하며, 시뮬레이션을 통해 우리는 우수등급 고객에 대한 신분증 확인 절차 간소화 등과 같은 계획의 효율성을 평가해볼 수 있다.

상황 6: 복잡한 자재 이송의 효율성 검증

생산 시스템의 유연성을 높이려다 보니, 작업장 간 자재 이송이 빈번해지고, 이 과정에서 복잡한 이송 규칙을 사용하게 되는 경우가 종종 있다. 치즈 공장에서는 자재의 입고 기록을 근거로 하여, 발효 설비에 있는 자재를 가공 작업장으로 이송시킨다. 실제 이송 규칙에는 각 발효 설비에 있는 자재들의 특성이나 숙성 경과 시간, 그리고 설비들의 세척 작업 일정 등이 반영되어야 한다. 이러한 이송 규칙들에 대한 시뮬레이션을 통해 우리는 근로자들에 대한 교육훈련을 실시하거나, 각 규칙의 유효성을 입증할 수 있다.

상황 7: 배합 공정에 대한 분석

그림 1.25 : 다중 이송 경로

배합 공정에서는 보통 여러 종류의 첨가물들이 순차적으로 투입된다. 따라서, 각 첨가물들의 투입 순서나 투입량이 명시되어야 한다. 특정 제품을 생산하는데 필요한 배합 공정의 내용을 표시할 때는 첨가물들의 종류와 투입량을 나타내는 recipe table과 이들 각각의 투입 순서를 나타내는 step table을 이용한다. Recipe table과 step table은 오늘날 널리 활용되고 있으며, 여러 종류의 제품들을 생산하는 경우에는 각각에 대해 별도의 recipe table 및 step table이 준비되어야 할 것이다. 첨가물의 투입 이외에 장비 세척이 필요하거나, 배합이 완료된 후 다음 목적지를 지정해야 하는 경우에는 이에 대한 규칙도 명시하여야 한다. 시뮬레이션은 다양한 첨가물들을 이용하는 복잡한 배합 공정의 성능을 분석하는데 매우 유용한 도구이다.

상황 8: 작업 일정계획의 타당성 분석

다양한 과거 사례들을 보았을 때, 일반적으로 자원의 이용률이나 시스템의 성과에 가장 큰 영향을 주는 것은 제품이나 근로자들에 대한 일정계획이다. 제조업에서는 보통 마케팅이나 영업 부서에서 특정 품목 생산에 대한 의견을 내면 생산 현장이 이를 따라가는 경향이 있다. 하지만, 일부 품목에 대한 시뮬레이션만으로는 중장기적인 시스템 성과에 대한 충분한 분석이 어렵다.

또한, 일정계획에 대한 시뮬레이션을 하기 위해서는 각 품목의 공정 라우팅이 모형에 반영되어야 하며, 계획된 작업이 언제 완료되는지에 대한 모니터링도 필요하다.

Step Table				Recipe Table		
Step #	Description	Delay		Ingredient	Amount	Step#
1	Add Water	0		Water	2500	1
2	Add Citrate	10		Citrate	150	2
3	Mix	30		Premix	225	4
4	Add Premix	0		Water	1000	5
5	Add Water	65				
6	Mix	65				

그림 1.26 : 배치 공정 작업 내용

상호작용이 빈번한 여러 작업장들에 대한 일정계획을 수립하는 것은 까다롭다. 반드시 특정 순서로 작업이 이루어져야 하거나, 공용 설비가 있는 경우 등도 마찬가지이며, 이 같은 상황들에 직면했을 경우에는 복잡한 제약이 반영된 보다 강건한 시뮬레이션 모형이 필요하다.

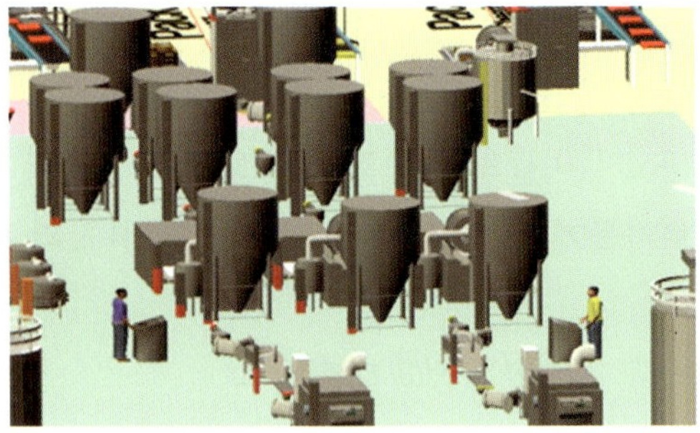

그림 1.27 : 저장 공간과 포장 설비를 공유하는 두 개의 생산 라인

세척이나 셋업이 필요한 경우에도 이들을 고려하여 일정계획을 수립하는 것이 쉽지 않다. 제품의 종류나 작업 경과 시간에 따라 다양한 위생 관리나 항균 처리가 요구되는 식품 가공 공정이 좋은 예이다. 이와 유사하게 병원에서도 다양한 위생 관리와 청소에 각별한 주의가 필요하다. 문제는 이 같은 작업이나 처리에 소요되는 시간을 정확히 알기가 어렵다는 점이다. 시뮬레이션은 이러한 유동적인 상황들을 고려하여 보다 정확한 성과 지표를 산출할 수 있게 해 준다.

상황 9: 공장 내 원자재 분배 방식 개선

종종 복잡한 공정의 시작이나 종료 단계에서 공용 자원이 사용된다. 대표적인 예로는 공용 원자재 야적장이나 다양한 완제품들을 보관하는 공용 창고를 들 수 있다. 개별 작업장에서 발생하는 병목 현상이 비교적 빨리 드러나는데 비해, 공용 설비의 문제점들은 실제 성과 지표 상의 손실이 나타난 후에야 발견되는 경우가 많다.

그림 1.28 : 공장 내 다양한 작업장들에 대한 원자재 분배

작업장에 필요한 자재를 신속히 공급하기 위해서는 적절한 이송 경로와 충분한 운반 장비가 필요하다. 완제품들을 적절한 창고나 출고 장소로 신속히 이송하고자 하는 경우에도 마찬가지이다. 병원에서는 엑스레이 촬영 등을 위한 다양한 검사실에서 유사한 문제가 발생한다. 이러한 공용 장비들의 복잡한 상호작용을 분석하기 위해서는 시뮬레이션이 필요하다.

상황 10: 생산 라인 간의 효과적인 연계

시스템 내 다양한 작업장들을 연계시켜야 하는 상황은 앞서 상황 9에서 살펴보았던 공용 설비를 사용하는 경우와도 유사하다. 차이가 있다면 공용 설비와 타 작업장들이 서로 독립적으로 작동하는 것과 달리, 연계라는 것은 작업장 간의 동기화를 의미한다는 점이다. 예를 들어, 자동차 생산 라인에서 특정 차량을 조립하기 위해서는 서로 다른 작업장에서 생산된 부품들이 동시에 조립 작업장에 공급되어야 한다.

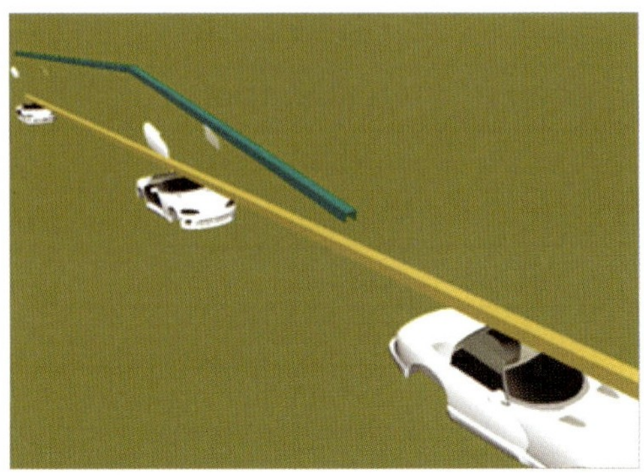

그림 1.29 : 연계가 필요한 자동차 조립 라인들

식품 가공 현장에서도 여러 완제품들을 모아 묶음 상품을 구성할 경우 비슷한 상황이 발생한다. 예전에는 이와 같은 연계를

위해 대량의 재공품을 보유하기도 했었지만, Lean 생산이 강조되면서 이는 비효율적인 것으로 간주되고 있다. 시뮬레이션을 사용하여 적절한 설비 배치 계획, 운영 체계 및 생산 전략을 수립하면 대량의 재공품 없이도 효과적인 연계를 실현할 수 있다.

생산 라인의 가동과 중단이 빈번할수록 작업장 간의 연계는 점점 까다로워진다. 예를 들어, 설비의 고장은 해당 설비의 가동 중단을 야기한다. 하지만, 어떤 고장이 언제 발생할 지를 예측하는 것은 쉽지 않다. 나아가, 근로자들의 휴식이나 정기 회의 또는 예방 정비 활동 등과 같은 외적 요인으로 인해 가동 중단이 발생할 수도 있다. 시뮬레이션을 통해 시스템의 행태를 표현하고 이에 대한 포괄적인 분석을 실시할 때는 이 같은 가동 중단에 대한 정보들을 빠짐없이 파악하여 모형에 반영하는 것이 중요하다. 시뮬레이션은 가동 중단이 시스템에 미치는 영향을 분석하고 이를 극복하는 방법을 탐구하기 위한 매우 훌륭한 도구이다.

상황 11: 사람이 관여하는 작업에 대한 분석

분석 대상 작업에 사람들이 관여할 경우, 이들의 행태를 시뮬레이션 모형으로 표현하는 것이 때로 매우 어려울 수 있다. 작업 처리 속도나 사고 능력에 개인차가 있기 때문이다. 그럼에도 작업에 근로자, 지게차 기사, 은행 창구 직원, 의료진, 매표소 창구 직원, 공항 보안 요원 등이 관여하는 경우에는 이들의 행태가 최대한 시뮬레이션에 반영되어야 한다. 특히, 최근에는 의료 서비스의 개선이 강조되고 있는데, 병원이나 응급실 등을 비롯한 의료 시설에서 좀 더 효과적이고 효율적인 환자 응대 방법을 모색하기 위한 수단으로 시뮬레이션을 활용하기도 한다.

그림 1.30 : 환자별 동선 및 의료 서비스 수요 변화 추적을 위한 의료현장 시뮬레이션

상황 12: 자재 이송 규칙 개발

때로는 작업 방식을 획기적으로 개선하기 위해 어떤 특수한 규칙을 제정하여 시스템 전반에 적용하는 경우가 있다. 이러한 규칙의 예로는 상황에 따라 작업 속도를 변경한다든지, 작업장 간의 연계를 유지하기 위해 이송 경로를 조정한다든지, 또는 자재의 이송을 제어하기 위해 포토아이(photoeye)[7]를 도입하는 것 등을 들 수 있다. 이 같은 규칙들은 때로 매우 복잡하여, 시뮬레이션을 이용하지 않고서는 시스템에 어떤 영향을 주는지를 분석하기가 곤란할 수도 있다.

그림 1.31 : 컨베이어 포토아이와 이송 규칙을 이용한 자재 이송 제어

상황 13: 적시 생산 시스템 설계

적시 생산 방식으로 제품이나 서비스를 공급한다는 말의 의미는, 시장에서 수요가 발생했을 때 그에 해당하는

7 거리나 물체의 유무를 감지하는데 사용되는 광전 센서(photoelectric sensor).

수량만을 생산한다는 것이다. 적시 생산 방식을 "끌기(pull)" 전략[8] 이라 부르기도 하며, 이의 실현을 위해서는 공정 전반에 대한 정밀한 통제 능력이 갖추어져야 한다. 갑자기 수요가 변동하더라도 그에 맞추어 적절한 품질의 제품이나 서비스를 적정량만큼 공급할 수 있어야 하기 때문이다. 때로는 주문 받은 물품을 적시에 생산하기 위해 복잡한 운영 규칙이 필요할 수도 있다. 나아가, 다른 물품을 생산하기 위해 진행 중이던 작업을 일시 중단한다거나 하는 미시적인 통제가 빈번하게 발생하기도 한다. 최적의 끌기 생산 시스템을 설계하고 구현하기 위해서는 시뮬레이션이 필요하다.

그림 1.32 : 주문 생산되는 파이

운영 형태별 복잡도

앞에서는 시스템의 복잡도가 높아 시스템에 대한 설계, 분석 및 검증을 수행할 때 시뮬레이션을 이용하는 것이 바람직한 대표적인 상황들을 소개하였다. 나아가, 표 1.1에는 다양한 특성을 갖는 시스템들의 복잡도가 어떻게 다른지를 요약하였다. 복잡도가 보통 이상인 경우에는 시뮬레이션이 매우 유용하다는 점에 유의하여라.

시스템 특성	복잡도
동일한 작업 순서, 일정한 작업 속도, 낮은 예외 상황 발생 빈도	매우 낮음
서비스나 제품의 종류 등과 같은 조건에 따라 작업 방법 변경	낮음
무작위 사건이나 외부 변화에 노출된 Lean 생산 시스템	보통
병목 현상 발생 시 운영 정책을 변경하는 경우	보통
상황에 따라 병목 현상이 발생하는 위치가 달라지는 경우	보통
혼잡이 빚어질 수 있거나 칸반을 사용하는 경우	보통
새로운 작업 방식이나 서비스가 도입된 시스템	보통
높은 수준의 신뢰도가 필요	보통
연속 공정과 이산 공정 간의 상호 작용 필요	높음
한 가지 자재를 여러 경로로 이송 가능	높음
배치 방식의 작업	높음
일정계획이 시스템 성과에 많은 영향을 끼치는 경우	높음
다양한 제품이나 서비스에 대한 생산을 반드시 특정 순서로 진행	높음
특수한 종류의 셋업이나 세척 작업이 필요	높음
공용 설비가 존재	높음
작업장 또는 작업자 간 연계가 필요	매우 높음
다양한 종류의 가동 중단이 발생 (예: 고장, 식사 시간 및 의도적인 작업 중단 등으로 인해)	매우 높음
인간 작업자가 관여	매우 높음
특수한 규칙을 활용 (예: 상황에 맞추어 운영 방식을 변경)	매우 높음
끌기 방식의 생산	매우 높음

표 1.1 : 일반적인 시스템 특성별 복잡도

8 반대로 사전에 계획된 양만큼을 생산하여 출고하는 방식을 밀기(push) 방식이라 한다. 나아가, 끌기 생산을 주문 생산(make-to-order, MTO), 밀기 생산을 재고 생산(make-to-stock, MTS)이라 부르는 경우도 있다.

Section 1-7 시뮬레이션 사용자

모든 시뮬레이션 사용자들이 시뮬레이션 전문가가 될 필요는 없으며, 그렇게 될 수도 없다. 이 책의 서두에서 논의한 바와 같이, 시뮬레이션을 잘 하기 위해서는 다양한 지식이 필요하긴 하지만, 반드시 이들을 모두 알고 있어야만 시뮬레이션을 할 수 있는 것은 아니다. 사용자들은 먼저 시뮬레이션 프로젝트가 어떤 작업들로 구성되고, 그 중 자신이 필요로 하는 것이 무엇인지, 그리고 자신이 할 수 있는 것은 무엇인지를 판단할 수 있어야 한다. 이후에는 실제로 시뮬레이션을 해 보면서 자신의 시뮬레이션 활용 능력을 키워나갈 수 있다. 이 책의 남은 장들에서는 초보 시뮬레이션 사용자들이 알아야 할 내용부터 전문가들을 위한 심화 주제들을 순차적으로 다루어 나갈 것이다. 하지만, 상기한 바와 같이 반드시 전문가 수준에 도달하지 못하더라도 충분히 시뮬레이션을 활용할 수 있다는 점을 기억하여라.

모든 사용자들이 알아두어야 할 기본적인 배경 지식

시뮬레이션을 사용하여 당면한 문제를 분석하고 해결하기를 원하는 사용자들은 먼저 시뮬레이션의 이론적 배경에 대한 지식을 어느 정도 가져야 하며, 특히 시뮬레이션을 통해 무엇을 할 수 있는지, 그리고 무엇을 할 수 없는지를 이해해야 한다. 기업에서는 관리자나 부서장, 마케팅 담당자, 엔지니어, 또는 현장 실무자 등 다양한 사람들이 시뮬레이션을 통해 문제를 해결하고 싶어할 수 있다.

이들은 보통 시뮬레이션의 적용이 필요한 문제나 상황에 대한 직접적인 이해당사자에 해당하며, 세부적인 시뮬레이션 분석 방법은 잘 모르더라도 시뮬레이션의 목적이나 분석 범위에 대해서는 어느 정도 이해해야 하는 경우가 많다.

즉, 시뮬레이션을 통해 체계적인 의사결정을 내리고 그 결과가 어느 정도 신뢰할 만한지를 판단하기 위해서는 어떤 상황에서 어떤 종류의 문제를 해결하는데 시뮬레이션이 사용될 수 있는지 등에 대한 상식 수준의 지식이 필요하다. 또한, 시뮬레이션 사용자들은 시뮬레이션의 경제성, 즉, 어떤 상황에서 시뮬레이션이 조직에 득이 되는지에 대해서도 이해해야 하며, 나아가, 기업이 가진 조직 체계나 정보 시스템과 시뮬레이션을 유기적으로 결합하는 방법을 익히는 것도 중요하다.

때로는 시뮬레이션 분석에 관여하지 않았던 사람이 기존에 작성된 시뮬레이션 모형을 열어서 실행해보고 싶어할 수 있으며, 이러한 사람들에게는 직관적인 맞춤식 사용자 인터페이스가 제공되기도 한다. 시뮬레이션 모형을 실행해보면 모형 작성자가 아닌 사람도 실제 시스템의 다양한 특성들이 시뮬레이션에 잘 반영되었는지를 쉽게 확인할 수 있다. 반드시 맞춤식 사용자 인터페이스가 지원되지 않더라도 데이터베이스나 MS-Excel 같은 별도 응용 프로그램을 이용하여 이 같은 작업을 수행하는 것도 가능하며, 일부 프로그램들은 시뮬레이션 모형을 실행하는 사람에게 맞춤식 리포트를 제공하기도 한다.

나아가, 시뮬레이션 전문가가 되고자 하는 사람들도 본격적으로 모형 작성에 들어가기 전에 먼저 상기한 배경 지식들에 대해 숙지할 것을 권하는 바이다.

초급 사용자

초급 사용자란 가끔 가다 특별한 일이 있을 때 특정 업무에 대한 분석을 위해 시뮬레이션을 사용하는 사람들을 말하며, 이들의 시뮬레이션 사용 빈도는 많아야 1년에 한 두 번 정도이다. 따라서, 이들에 대한 교육훈련은 단시간 내에 이루어져야 하고, 이를 위해 직관적인 인터페이스가 필요하며, 재교육(한 번의 시뮬레이션 이후 오랜 시간이 지나도 다음 번 시뮬레이션을 원활히 수행할 수 있도록 하기 위한)의 필요성은 최소화되어야 한다. 나아가, 초급 사용자들이 원하는 것은 최소한의 노력만으로도 가능한 실제 시스템에 가까운 시뮬레이션 모형을 작성하는 것이므로, 다양한 표준 기능들이 포함된 라이브러리가 이들에게 제공되어야 한다.

초급 사용자는 먼저 시뮬레이션의 기본적인 개념 및 활용 방법을 이해해야 하며, 이를 토대로 실제 프로세스에 직접적으로 관여하는 다른 사람들과 함께 시스템의 특성에 대해 논의할 수 있어야 한다. 또한, 초급 사용자는 시뮬레이션 관련 정보의 입출력에 사용되는 표나 MS-Excel 형식의 데이터를 능숙하게 다루는 능력, 분석 대상 시스템의 특성을 충분히 이해하여 합리적으로 입력 변수의 값을 설정하는 능력, 그리고 시뮬레이션을 통해 도출되는 출력값이나 성과 지표들을 이해하는 능력도 갖추어야 한다.

시뮬레이션 분석의 장점을 최대한 활용하기 위해 때로는 초급 사용자가 시뮬레이션할 내용을 정리하면, 이를 토대로 고급 사용자가 실제 모형을 작성하기도 한다. 이 같은 경우, 초급 사용자는 자재의 흐름이나 운영 파라미터 및 시스템의 논리적 특성을 개체흐름도(Object Flow Diagram, OFD) 형식으로 표현하여야 한다. 개체흐름도는 기본적으로 가치 흐름 지도(value stream map)와 유사하지만, 표준 가치 흐름 지도에 포함되지 않는 부가적인 정보들까지 명시해야 한다는 차이점이 있다. 개체흐름도를 작성하는 방법에 대해서는 추후 좀 더 상세히 소개할 것이다.

초급 사용자들에게 요구되는 역량과 기술들을 요약하면 아래와 같다:

초급 사용자가 가져야 할 역량

- 시뮬레이션 소프트웨어의 기본적인 구성요소들을 이해하는 능력
- 다양한 모델링 개체들을 이용하여 분석 대상에 해당하는 실제 환경 및 활동들을 시각적으로 표현하는 능력
- 실행 중인 시뮬레이션 모형을 관찰하여 실제 시스템의 특성이 적절히 반영되었는지를 판단하는 능력
- 시뮬레이션을 위해 자신이 모르는 고급 기술이 요구되는지를 판단하는 능력

초급 사용자가 익혀야 할 기술

- 개체들의 속성값 설정이나 시뮬레이션 시나리오 생성 등을 포함한 소프트웨어의 기본적인 기능 사용법
- 성능 평가지표 분석을 위한 리포트 기능 사용법

- 근로자의 활동이나 작업물 이송 등이 반영된 기본적인 이산 사건 시뮬레이션 모형을 작성하는 방법
- 필요한 산출물이나 통계량을 정의하고 분석 결과를 확인하는 방법
- 시뮬레이션 프로젝트를 단계적으로 실행하는 방법

중급 사용자

특별한 상황이 아닌 일상적인 업무를 수행하는 도중 시뮬레이션을 사용하는 사람들은 중급 사용자에 해당하며, 이들은 보통 조직 내의 문제를 해결하는 것과 관련 있는 직책을 맡고 있는 경우가 많다. 대표적인 예로는 기업 내 엔지니어링 부서나 프로젝트 추진 조직 구성원들을 들 수 있다. 물론, 물류 부서나 연구소 또는 기타 업무 부서에도 중급 사용자가 있을 수 있다. 이들에게 있어 시뮬레이션은 자신의 본업을 효과적으로 수행하는데 도움을 주는 유용한 도구이다.

중급 사용자들은 초급 사용자들에게 요구되는 모든 역량을 갖고 있어야 하며, 종종 시스템을 분석하고 문제를 해결하는 과정에서 초급 사용자들과 협력해야 할 수도 있다. 초급 사용자들처럼 중급 사용자들 역시 주로 기본적인 시뮬레이션 모형들을 작성한다. 다만, 중급 사용자들은 이외에도 대상 프로세스의 특성을 정확히 표현하는데 필요한 신뢰도나 무작위 사건 등에 대해 초급 사용자들보다 실무적으로 더 잘 이해하고 있어야 한다. 나아가, 중급 사용자들은 시뮬레이션 모형을 작성하는데 필요한 데이터들을 어떻게 수집할지, 그리고 시뮬레이션 결과를 어떻게 분석하고 해석할지에 대해서도 보다 폭넓은 시각을 갖고 있어야 한다.

작업 도중에 일어날 수 있는 다양한 사건들의 발생 순서 및 자재 이송 경로를 결정하는 규칙 등과 같은 시스템의 논리적 특성들을 보다 잘 이해하고 표현하기 위해서는 앞으로 좀 더 자세히 소개할 개체흐름도와 같은 도구들을 활용할 줄도 알아야 한다.

중급 사용자 수준에서는 아직까지 프로그래밍을 할 줄 몰라도 큰 문제는 없다. 하지만 그렇다 할지라도 시뮬레이션 소프트웨어나 응용프로그램의 구조나 아키텍처에 대한 기본적인 이해는 필요하며, 이를 위해 상당한 노력이 필요할 수도 있다는 점에 유의하여라.

중급 사용자들에게 요구되는 역량과 기술은 다음과 같다:

중급 사용자가 가져야 할 역량

- 초급 사용자에게 요구되는 모든 역량
- 신뢰성, 임의성 및 데이터 분석의 이론적 배경을 이해하고 실무에서 이들을 활용하는 능력
- 기존 모형을 확장 및 수정하는 능력

중급 사용자가 익혀야 할 기술

- 설비 신뢰도에 문제를 야기할 수 있는 다양한 상황들을 모형에 상세하게 반영하는 방법

- 확률 변수 형태의 파라미터 값들을 정확히 설정하는 방법
- 실험 계획을 수립하고 이를 통해 데이터를 분석하는 방법

고급 사용자

고급 사용자란, 다양한 로직을 직접 개발하고 이를 이용하여 복잡한 모형을 작성할 수 있는 사람을 말하며, 이들에게는 초급 및 중급 사용자보다 더 높은 수준의 시뮬레이션 활용 능력이 요구된다. 보통 고급 사용자들은 시뮬레이션 분석만 하는 것이 아니라, 이를 토대로 뭔가에 대한 컨설팅을 제공하는 역할까지 수행하는 경우가 많다. 때로는 초급 및 중급 사용자들이 수행하기 어려운 복잡한 상황이나 시스템에 대한 시뮬레이션 분석을 대신 해주어야 할 수도 있고, 필요한 경우 외부의 시뮬레이션 전문가나 소프트웨어 공급사들과 연락을 취하는 것도 이들의 몫이다.

규모가 큰 조직 내에서는 고급 사용자들이 모델링 소프트웨어의 라이선스를 관리하거나, 자체 라이브러리를 개발하기도 하며, 때로는 이를 위해 3차원 모델링 개체들의 기본적인 특성을 변경할 뿐만 아니라, 개체의 외관을 완전히 새로 디자인하기도 한다. 또한, 고급 사용자들은 다른 사용자들의 시뮬레이션 역량을 높이기 위한 내부 강사 내지 컨설턴트 역할도 수행한다.

시뮬레이션 소프트웨어의 아키텍쳐에 대한 이해와 수준급의 프로그래밍 실력을 바탕으로 고급 사용자들은 시뮬레이션 개체들에 부가적인 로직을 추가하기도 하며, 이러한 로직의 활용 사례로는 컨베이어에 부착된 포토아이의 기능, 여러 이송 차량들의 복잡한 움직임, 나아가, 모형 내 다양한 구역 간의 동적인 메시지 전달 등의 구현을 들 수 있다. 특히 시뮬레이션 소프트웨어에서 지원되지 않는 완전히 새로운 종류의 로직을 모형에 추가해야 하는 경우에는 부가적인 로직을 다루는 능력이 매우 중요하며, 종종 자신만의 로직을 추가하는 과정에서 새로운 아이디어가 떠오르기도 한다. 나아가, 유체의 흐름이나 사람 간 상호작용 등이 수반되는 특수한 상황에 직면했을 때, 어떻게 하면 이산 사건 시뮬레이션 기법을 현재 상황에 적용할 수 있을지를 고민하는 것도 고급 사용자의 역할이다.

고급 사용자들에게 요구되는 역량과 기술은 아래와 같다:

고급 사용자가 가져야 할 역량

- 초급 및 중급 사용자가 가져야 하는 모든 역량
- 새로운 로직의 추가가 필요한지를 판단하는 능력
- 다양한 상황에서 시뮬레이션 소프트웨어의 활용 방안을 모색하는 능력
- 초급 및 중급 사용자들이 모형을 작성하고 시뮬레이션 결과를 분석할 때 적절한 도움을 제공하는 능력

고급 사용자가 익혀야 할 기술

- 소프트웨어가 제공하는 고급 기능들을 사용하는 방법
- 대입문이나 조건문 등을 이용하여 기본적인 스크립트를 작성하는데 필요한 프로그래밍 기술
- 다양한 시뮬레이션 응용 도구들을 활용하는 방법

당연한 이야기지만, 대부분의 시뮬레이션 사용자들은 초급이나 중급 수준에 해당한다. 또한, 최신 시뮬레이션 소프트웨어를 사용하는 경우에는 이 같은 수준에 도달하는 것이 크게 어렵지 않다. 하지만, 반드시 고급 사용자가 필요한 경우도 종종 있으며, 고급 사용자를 보유하지 못한 기업들은 이럴 때 소프트웨어 공급사나 외부 컨설턴트 또는 관련 엔지니어링 회사 등에 시뮬레이션 업무를 아웃소싱하기도 한다.

그림 1.33은 일반적인 시뮬레이션 사용자 구성비율을 보여준다. 다만, 모든 기업이 세 가지 유형의 시뮬레이션 사용자들을 모두 보유할 필요는 없으며, 초급 사용자 한 명만 있더라도 시뮬레이션을 어떻게든 활용하는 것이 가능하다.

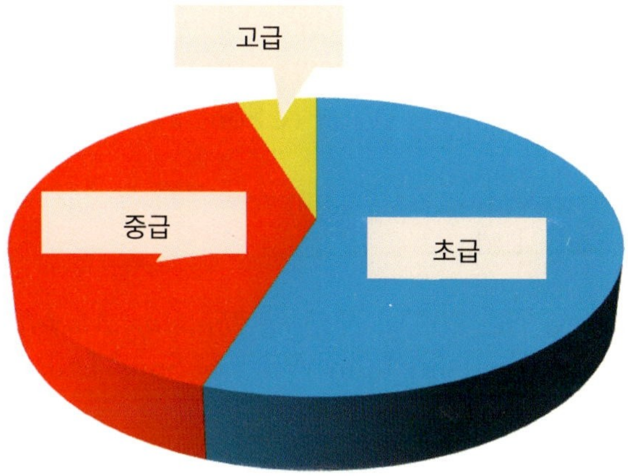

그림 1.33 : 일반적인 시뮬레이션 사용자 구성비율

Section 1-8 요약

끝으로, 이 장을 마무리하고 본격적으로 시뮬레이션 모형의 작성 및 분석에 대해 학습하기 전에, 시뮬레이션 분야의 유명한 선구자들 중 한 명인 Pritsker가 1989년 Winter Simulation Conference의 기조 연설(Pritsker, 1989)에서 남겼던 말을 소개하고자 한다.

> "시뮬레이션을 사용하는 이유는 그것이 현실을 다루기 때문이다. 사람들이 시뮬레이션하는 것은 실제 시스템이며, 이를 통해 다른 분석 방법을 사용할 때보다 해당 시스템에 좀 더 가까이 다가갈 수 있다. 사람들은 모형을 작성하기 위해 먼저 기존 시스템을 탐구하고, 데이터를 수집하며, 시스템의 작동 원리나 작업이 이루어지는 절차를 확인하곤 한다. 모형이 작성되면 기존의 방식이나 설계보다 더 나은 새로운 해법이 있는지를 테스트할 수 있다. 시뮬레이션을 할 때는 시스템을 수리적 모형과 같은 정해진 틀 안에 억지로 끼워맞출 필요가 없다. 우리는 단지 모형을 사용하여 가장 좋은 대안을 찾고 이를 실행하기만 하면 된다. 새로운 해법을 실행하기 전까지는 시스템이 가진 문제가 그대로 남아 있다. 새로운 해법을 찾는 과정에서 사용되었던 모형에는 여러 가지 부가적인 정보들이 담겨 있어, 실행 단계에 들어간 이후에도 이들을 이용하여 시스템을 다양한 각도에서 관찰하는 것이 가능하다." (p.1)

"한 가지 아이러니한 것은 시뮬레이션이라는 단어에는 본래 '현실이 아닌 것'이라는 의미가 함축되어 있으나, 우리가 시뮬레이션을 사용하는 이유는 분석에 사용되는 시뮬레이션 모형에 현실을 담아낼 수 있기 때문이라는 점이다." (p.2)

참고 문헌

1. Robinson, S. (2004) *Simulation: The Practice of Model Development and Use*, Chichester, England: John Wiley & Sons, Ltd.

2. Checkland,P. (1981) *Systems Thinking, Systems Practice*, Chichester, England: John Wiley & Sons, Ltd.

3. Pidd, M. (2003). *Tools for Thinking, Modeling in Management Science*, 2nd Edition, Chichester, England: John Wiley & Sons, Ltd.

4. Pritsker, A. A. B. 1989. "Keynote Address, Why Simulation Works," in *Proceedings of the 1989 Winter Simulation Conference*, edited by E. A. MacNair, K. J. Musselman, and P. Heidelberger, 1-6. Piscataway, New Jersey: Institute of Electrical and Electronics Engineers, Inc.

Chapter 1 Review Questions

1. 이 장에서 가장 기억에 남거나 흥미로웠던 점 세 가지를 이야기해보시오.

2. 오퍼레이션 시스템이 무엇인지를 정의하고, 몇 가지 사례를 들어보아라.

3. 오퍼레이션 시스템들이 갖는 특성들 중 이러한 시스템들에 대한 분석을 어렵게 만드는 요인으로 작용하는 것들을 이야기해보시오.

4. 의사결정 과정에서 시뮬레이션의 역할이 무엇인지를 정의하시오.

5. 모형 기반 의사결정지원 시스템을 이용하면 의사결정 과정을 어떻게 개선할 수 있는지 설명하여라.

6. 시뮬레이션 사용자들의 사고방식이 어떻게 변하여왔는지 설명하여라.

7. 일상 생활에서 시뮬레이션이 사용될 수 있는 상황을 몇 가지 이야기해보시오.

8. 제조업 이외에 시뮬레이션이 사용되는 산업 분야를 몇 가지 이야기해보시오.

9. 시뮬레이션의 두 가지 기본적인 특성들에 대해 설명하여라.

10. 시뮬레이션의 이용을 통해 얻을 수 있는 이득으로 어떤 것들이 있는지 예시를 들어 설명하여라. 단, 본 장에서 소개한 네 가지 프로젝트 추진 단계별로 분류하여 설명하여라.

11. 시뮬레이션 소프트웨어가 제공하는 기능 중, 초급, 중급, 고급 시뮬레이션 사용자 각각이 어떤 것들을 익혀두어야 하는지 설명하여라.

12. 초급, 중급, 고급 시뮬레이션 사용자에게 공통적으로 요구되는 역량으로는 어떤 것들이 있는지 설명하여라.

13. 시뮬레이션을 통해 해결할 수 있는 문제 상황들을 몇 가지 이야기해보시오.

14. 시스템이 어떤 특성을 가질 때, 시스템의 복잡도와 시뮬레이션의 유용성이 높아지는지 설명하여라.

15. 사람들이 시뮬레이션을 사용하는 이유를 몇 가지 이야기해보시오.

Chapter 2 대기행렬 시스템의 모델링 및 분석 개요

학습목표

대기행렬 시스템에 관한 다음 사항들을 이해한다.

(1) 확률적 대기행렬 시스템의 구조, 작동 방식, 모델링 및 분석 방법
(2) 분석 모형을 사용하여 대기행렬 시스템의 성능을 평가하는 방법
(3) 대기 행렬 시스템에 적용할 수 있는 이산 사건 시뮬레이션 모형의 종류 및 활용 방법
(4) 분석 모형과 대비되는 시뮬레이션 모형의 장점

우리는 살아가면서 대기행렬 시스템(queueing system)을 흔히 접하게 된다. 이에, 본 장에서는 기본적인 대기행렬 시스템의 구조를 정의하고 그 특성들을 설명할 것이다. 대기는 다양한 생산 시스템(제조업과 서비스업을 막론하고)에서 흔히 발생하는 현상이다. 따라서, 이러한 시스템과 관련된 문제를 해결하는데 필요한 의사결정을 수행하기 위해서는 대기행렬 시스템들이 어떤 기능을 수행하고 어떤 행태를 나타내는지 이해하는 것이 중요하다.

이 장의 서두에서는 먼저 우리의 일상 생활 속에서 대기행렬 시스템을 흔히 찾아볼 수 있다는 점을 설명하고, 이후에는 대기행렬 시스템의 구성요소 및 각 구성요소의 특성, 나아가, 이러한 시스템의 행태를 표현할 때 흔히 사용되는 성능 평가지표들을 소개하고자 한다. 실제 시스템에 대한 직접적인 관찰 없이 분석을 실시하기 위해서는 시스템을 모형으로 표현해야 하며, 이러한 모형은 크게 분석 모형(analytic model)과 시뮬레이션 모형(simulation model)의 두 가지로 구분된다. 여러분들이 이들 두 가지 모형의 장단점을 이해할 수 있도록, 이 장에서는 각각의 특성들에 대해서도 간단히 비교해 보고자 한다. 물론, 이 책의 주제는 시뮬레이션이므로 두 가지 모형 중, 시뮬레이션 모형 쪽에 좀 더 초점을 맞추게 될 것이다. 하지만, 이 장의 후반부에서는 분석 모형을 사용하여 간단한 대기행렬 시스템의 기본적인 특성을 살펴볼 것이다. 종종 이러한 간단한 시스템들이 서로 결합되어 보다 규모가 크고 복잡한 시스템을 형성하기도 한다. 나아가, 이 장에서 소개하는 내용들은 이 책의 전반에서 다루어질 시뮬레이션 분석 및 응용 방법을 이해하기 위한 토대가 된다는 점에 유의하여라.

Section 2-1 대기의 비일비재함

우리는 업무를 수행할 때뿐만 아니라, 개인적인 시간을 보낼 때도 대기행렬(queue)을 흔히 보게 된다. 줄을 서서 기다리는 사람들이나 어딘가에 쌓여 있는 물품들을 생각해 보라. 대기행렬은 어디에나 존재한다! 대기행렬은 우리가 흔히 대기행렬 시스템이라고 부르는 것의 일부이다. 이러한 시스템을 영어로 waiting-line system이라 부르는 경우도 있지만, 이 책에서는 queueing system이라는 용어를 사용할 것이다. 대기행렬 시스템이 무엇인지를 이해하고 나면, 우리의 삶과 일에서 그것이 얼마나 큰 비중을 차지하는지 깨닫는 것이 어렵지 않을 것이다. 표 2.1에는 어떤 상황에서 대기행렬이 발생하며, 대기행렬 시스템이 어떤 문제를 야기하는지를 보여주는 몇 가지 사례들을 정리하였다. 앞으로 이 책의 전반에 걸쳐 보게 되겠지만, 시뮬레이션은 이 같은 문제들을 해결하는데 매우 유용한 수단이다.

대기행렬이 발생하는 상황	해결이 필요한 문제	
정비 순서를 기다리는 비행기	흐름량의 개선을 위해 어떤 정비 정책이 필요한가?	
병목 자원의 가동률 제고	병목 자원의 유휴를 방지하기 위해 어느 정도의 안전 재고(buffer)가 필요한가?	
항구에 정박 중인 선박	자원(예: 하역용 크레인 등)을 추가로 투입하거나 작업자들의 근무 일정을 조정했을 때 어떤 효과가 발생하는가?	
처리 대기 중인 보험금 청구서	직원들이 어떤 방식으로 업무를 수행해야 청구서 처리에 소요되는 시간을 줄일 수 있는가?	
공항에서 탑승 수속을 위해 대기 중인 탑승객	우수등급 고객과 일반 고객 모두 보다 빨리 탑승 수속을 밟을 수 있게 하려면 시스템을 어떻게 개선해야 하는가?	
크로스 도킹(cross-docking) 물류 센터에서 상하차를 위해 대기 중인 트럭	지게차를 어떻게 운용해야 좀 더 효과적으로 상하차 작업을 수행할 수 있는가? 트럭의 도착 일정을 어떻게 조정해야 대기 시간을 줄일 수 있는가?	

표 2.1 : 대기행렬 시스템이 야기하는 문제들의 예

대기행렬 시스템은 Lean이나 식스 시그마 등과 같은 여러 프로세스 개선 기법들의 주요 분석 대상이기도 하다 [1]. Lean 기법에서 초점을 두는 것은 제조 현장을 비롯한 다양한 업무 시스템에 존재하는 낭비를 줄이는 것이다. 낭비에는 여러 가지 형태가 있으며, 대표적으로는 불량품의 생산, 대기 시간, 재고, 운반 및 과잉 생산 등을 들 수 있다. 나아가, 대기행렬 시스템에서는 이러한 여러 가지 형태의 낭비가 흔히 발생하곤 한다. 한편, 식스 시그마 기법은 제조 현장을 비롯한 다양한 업무 시스템에 존재하는 변동성을 줄이는데 초점을 맞춘다.

Section 2-2 대기행렬 시스템의 기본적인 구성

대기행렬 시스템에 대한 정의를 설명하기 전에, 먼저 시스템이라는 용어에 대한 정의를 내리도록 하자. INCOSE[5]에 따르면, 시스템이란 "혼자서는 할 수 없는 일을 해 내기 위해 한데 모인 서로 다른 구성요소들의 집합체"이다. 이러한 집합체가 시스템으로서의 기능을 수행하는데 필요한 사람, 하드웨어, 소프트웨어, 설비, 운영 정책 및 문서 등은 모두 시스템의 일부를 형성하는 구성요소(element)의 예들이다. 시스템 내에서 여러 구성요소들은 일정한 관계를 형성하며, 이러한 관계는 종종 시스템이 가치를 창출할 수 있는 원동력을 제공해 준다. 관계에 기반하여 서로 상호작용하는 구성요소들은 독립적으로 존재할 때와는 다른 특성과 기능을 갖게 된다.

이 책에서 소개하는 시스템들은 모두 사회-기술시스템(socio-technical system)에 해당한다. 이 용어는 1960년에 Emery와 Trist [3]가 사람, 기계 및 주변 환경 간의 복잡한 상호작용을 수반하는 시스템을 지칭할 때 최초로 사용하였다. 물론, 오늘날의 기업들은 이 같은 상호작용을 매우 일상적으로 경험하고 있다. 따라서, 대기행렬 시스템에 대한 모형을 작성할 때는 사람, 기계 및 주변 상황을 포함한 모든 요인들이 고려되어야 한다.

시스템을 정의할 때는 시스템의 내부와 외부(즉, 주변 환경)를 나누는 경계를 명확히 정하는 것이 중요하다. 시스템의 경계가 명확하지 않으면, 시스템에 대한 분석이 곤란해진다. 예를 들어, 생산 현장에 존재하는 문제를 해결하고자 할 때는, 분석 대상이 작업장인지, 아니면 생산 라인이나 특정 공장, 또는 공급망 전체인지를 명확히 해야 한다. 시스템의 경계가 정해지면 분석 프로젝트의 수행 범위도 결정된다. 나아가, 프로젝트와 관련이 있는 모든 이해관계자들은 프로젝트에서 무엇을 다루는지, 그리고 무엇을 다루지 않는지를 명확히 이해해야 한다.

대기행렬 시스템은 크게 고객(customer), 서버(server) 및 대기행렬의 세 가지 구성요소를 가지며, 이들이 서로 어떻게 상호작용하는지에 따라 대기행렬 시스템의 행태가 달라지게 된다. 시스템의 행태는 보통 성능 평가지표(performance measure)들을 이용하여 나타내며, 이들을 핵심성과지표(key performance index, KPI)라 부르기도 한다. 그림 2.1에는 단순한 대기행렬 시스템의 구조를 나타내었다. 일반적으로 실제 대기행렬 시스템들은 그림 2.1보다 더 복잡하지만, 하나의 복잡한 시스템을 여러 개의 단순한 대기행렬 시스템들로 분해할 수 있는 경우도 많다.

고객이란, 가공이나 검사가 필요한 작업물, 출고·포장·배송 작업이 필요한 물품, 진찰이 필요한 환자 등과 같이 뭔가 처리를 해주어야 하는 대상들을 말한다. 고객은 사람(예: 환자나 탑승객)일 수도 있고, 물건(예: 부품이나 운반 차량)일 수도 있으며, 때로는 개념적이거나 추상적인 존재(예: 주문이나 통화 요청)일 수도 있다. 고객

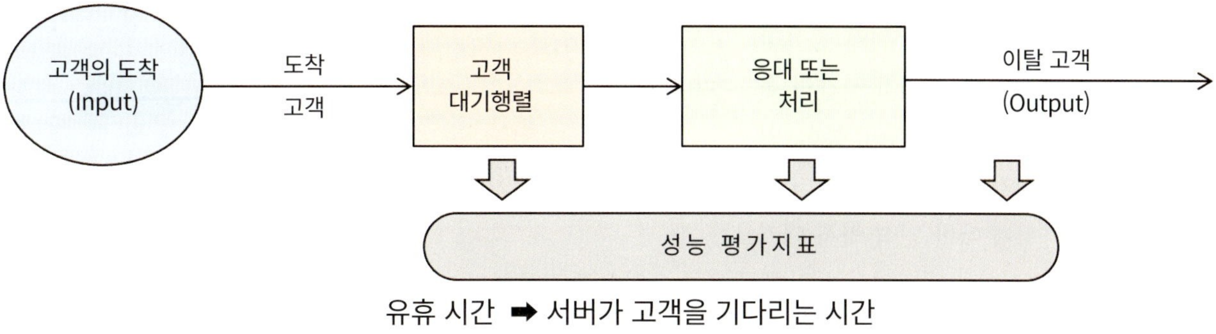

그림 2.1 : 단순한 대기 행렬 시스템의 기본적인 구성요소

들은 시스템을 경유하는 존재들이며, 이러한 고객의 경유는 시스템의 동적인 변화를 야기하는 주된 요인이기도 하다.

서버란, 기계나 검사원, 주문 접수 담당자, 지게차, 의료 영상 기기 및 간호원 등과 같이 어떤 처리 기능 또는 서비스를 제공하는 사람이나 사물들을 말한다. 여러 개의 계산대를 가진 식료품 가게처럼, 하나의 시스템이 복수의 서버들을 갖는 경우도 많다. 한 개의 시스템이 가진 서버들의 특성이 동일하거나, 거의 동일한 경우, 이들을 병렬 서버(parallel server)라고 하며, 이 같은 시스템을 복수 서버 시스템(multi-server system)이라 한다.

대기행렬이란, 탑승 수속을 기다리는 승객, 가공이나 검사 대기 중인 작업물, 출고 및 포장 대기 중인 물품, 진료 대기실의 환자 등과 같이 서버의 응대를 받기 위해 기다리는 중인 고객들이 머무르는 장소에 해당한다.

고객을 응대하는데 서버가 필요하기 때문에, 기본적으로 고객들의 대기 비용과 서비스 제공 비용 간에는 상충(반비례) 관계가 형성된다. 대기행렬 시스템을 분석하는 이유는 이 같은 상충 관계가 존재하기 때문이며, 분석을 통해 우리는 서로 반비례하는 두 가지 비용(즉, 고객들의 대기 비용을 낮추기 위해서는 서비스 제공 비용을 증가시켜야 하고, 그 반대의 경우도 마찬가지이다.)들이 적절히 균형을 이루도록 해야 한다. 이 장의 후반부에서 논의하겠지만, 대기행렬 시스템에 대한 분석은 고객의 대기 시간(서비스를 받기 위해 기다리는 시간)과 서버의 대기 시간(고객의 방문을 기다리는 유휴 시간) 사이의 균형을 찾는 과정으로도 볼 수 있다.

리드 타임(lead time)이란, 보통 서비스에 대한 수요가 발생한 이후, 그것이 충족되기까지 걸린 시간으로 정의된다. 리드 타임은 처리 시간과 대기 시간의 합으로 계산할 수 있으며, 고객이 여러 단계의 응대를 거치게 되는 경우에는 각 단계별 처리 시간들과 응대 시간들의 총합이 리드 타임에 해당한다. 이 점은 그림 2.2의 Gantt 차트에도 나타나 있으며, 이 그림에는 세 단계의 순차적인 응대를 거치는 여섯 명의 고객들의 리드 타임이 표현되어 있다. 이들은 모두 비슷한 수준의 리드 타임을 경험하였다. 하지만, 각 고객은 시스템에 머무르는 동안 상당히 다른 느낌을 받았을 것이다. 예를 들어, 고객 2의 경우 대기 시간들은 길었던 반면, 3회에 걸친 응대 시간들은 모두 짧아, 이 시스템에 대해 부정적인 인식을 가질 가능성이 크다. 이와 반대로, 고객 5는 응대 시간에 비해 대기 시간이 짧았기 때문에, 이 시스템의 성능을 매우 긍정적으로 평가하게 되기 쉽다.

대기 시간(wait time)의 길이는 절대적으로 평가해야 할 수도 있고, 상대적으로 평가해야 할 수도 있다. 일례로, 유통 기한이 정해진 제품과 같이 시간의 경과가 품질의 저하를 야기하는 경우에는 대기 시간의 절대적인 길이를 줄이는 것이 중요하다. 그러나, 일반적으로는 대기 시간의 절대적인 길이보다 상대적인 길이, 특히, 처리 시간 대비 길이가 중요한 경우가 더 많다. 서비스의 가치에 대한 인식 역시 대기 시간의 상대적인 길이를 판단하는데 있어 중요한 요인으로 작용한다. 예를 들어, 대부분의 사람들은 흔해 빠진 물건을 구매하기 위해 계산대 앞에서 오랫동안 대기하는 것을 원치 않는 반면, 인기 가수의 콘서트나 중요한 스포츠 경기의 입장권 매표소 앞에서는 좀 더 긴 대기 시간도 기꺼이 감수하곤 한다.

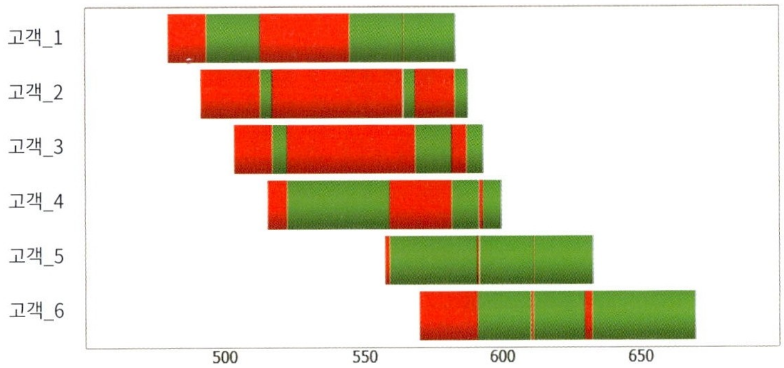

그림 2.2 : 리드 타임은 처리 시간(초록색)과 대기 시간(빨간색)으로 구성된다.

Section 2-3 대기행렬 시스템 구성요소들의 특성

이 절에서는 대기행렬 시스템의 세 가지 주요 구성요소들인 고객, 서버, 그리고 대기행렬이 갖는 특성들에 대해 설명하고자 한다.

고객의 특성

도착 과정, 고객 유형, 대기 행태, 서버 선택 방식 및 모집단 크기 등과 같은 고객 특성들은 시스템의 성능에 많은 영향을 주므로, 대기행렬 시스템에 대한 모델링 및 분석 작업을 수행할 때는 이들을 잘 고려해야 한다. 아래에서 각각에 대해 좀 더 자세히 살펴보기로 하자.

고객 도착 과정 (arrival process)

도착 과정의 특성을 정의하기 위해서는 고객의 도착 빈도와 이러한 빈도의 정상성(stationarity)을 명시하여야 한다.

일반적으로 도착 빈도(즉, 고객의 도착이 얼마나 자주 발생하는지)는 (1) 도착들 간의 시간 간격(보통 도착간격(interarrival time)이라고 한다)이나 (2) 도착 일정 (schedule), 둘 중 한 가지 방법으로 표현한다. 나아가, 도착 간격은 보통 특정 확률 분포를 따르는 확률 변수로 간주된다.

종종, 도착 과정의 특성을 묘사할 때 도착 간격을 도착률(arrival rate) 형태로 표현하기도 한다. 예를 들어, 어떤 도착 과정에서 고객의 도착률이 시간 당 20이라면, 이는 평균 도착 간격이 3분임을 의미한다(평균 도착 간격은 도착률의 역수이다). 도착 간격과 도착률의 관계는 그림 2.3에서도 볼 수 있다. 이 그림에서 시간대별 도착률은 순서대로 2/시간, 0/시간, 1/시간, 3/시간이므로, 4개 시간대 전체의 평균 도착률은 (2+0+1+3)/4 = 1.5/시간

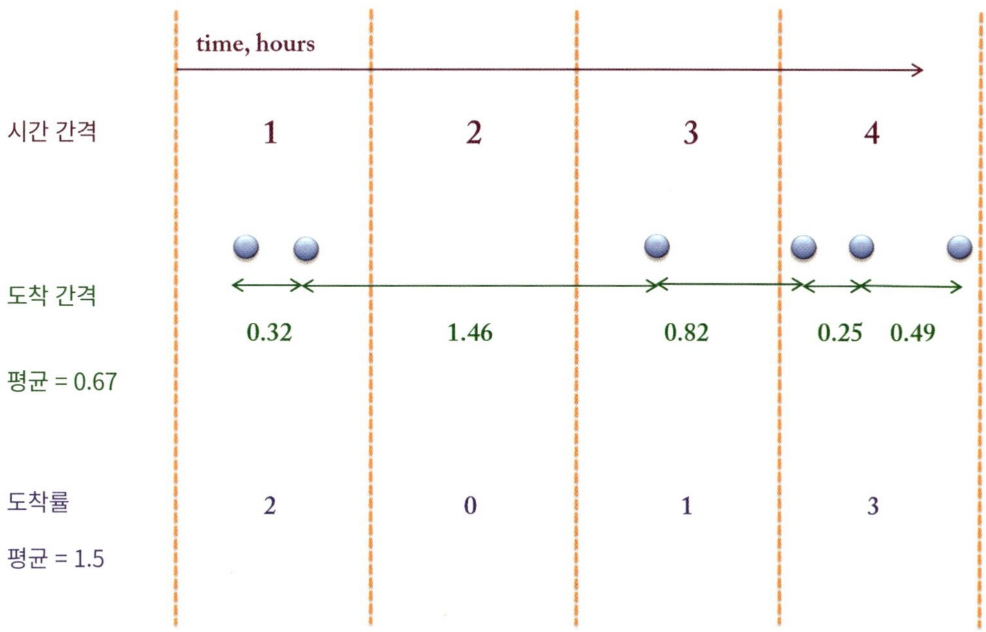

그림 2.3 : 도착 간격과 도착률

이 될 것이다. 또한, 4시간 동안 총 6명의 고객이 도착했으므로 평균 도착률이 6/4 = 1.5/시간이 되는 것으로 계산할 수도 있다. 평균 도착률 1.5/시간의 역수를 취하면 평균 도착 간격은 0.67시간, 즉, 40분이며, 이는 실제 6명의 고객들 사이에서 발생한 5회의 도착 간격, 0.32, 1.46, 0.82, 0.25, 0.49의 평균에 해당한다.

일반적으로 도착률은 상수이며 현재 시스템 내에 존재하는 고객의 수에 영향을 받지 않는 것으로 가정한다. 이렇게 시간이 경과해도 도착률이 변하지 않는 도착 과정을 정상(stationary) 과정이라 한다. 시스템이 정상성을 갖는다고 가정하는 것은 매우 흔한 일이지만, 실제로는 도착 과정이 비정상적(non-stationary)인 경우도 많다. 예를 들어, 식당의 시간대별 고객 도착률은 보통 일정치 않으며, 특히, 식사 시간대의 도착률과 그 외 시간대의 도착률 사이에는 큰 차이가 있다.

고객 유형

고객에 따라 제공해야 하는 서비스의 내용이 달라지는 경우라면, 먼저 고객의 유형을 적절히 분류해두어야 한다. 고객별로 처리 시간에 큰 차이가 있는 경우에도 마찬가지이다. 예를 들어, 군용 장비의 부품에는 보다 엄격한 검사가 요구되어 일반 시판용 물품보다 처리 시간이 길어질 수 있다.

때로는 고객의 유형에 따라 이동 경로가 달라질 수도 한다. 일례로, 항공사들은 우수등급 고객과 일반 고객을 안내하는 방법을 구분하고 있다.

고객별로 서로 다른 등급의 우선순위를 부여하여, 처리 속도나 투입 자원의 수 및 대기 방식 등을 차별화하는 경우도 있다. 예를 들어, 병원 응급실에서는 증세가 심한 환자들에게 우선적으로 응급처치와 같은 의료 서비스를 제공한다.

대기 행태

대부분의 고객들은 시스템에 도착한 후 대기행렬에 합류하여 서비스가 제공될 때까지 기다리곤 한다. 하지만, 다음과 같은 세 가지 예외 상황도 존재한다:

1. **진입 포기**. 시스템에 도착했는데 대기 시간이 너무 길어질 것으로 예상되는 경우, 고객은 대기행렬에 합류하여 서비스를 받기 위해 기다리는 것을 포기하고 그냥 가버릴 수 있다. 보통 대기행렬의 길이가 너무 길 때, 이 같은 판단을 내리게 되기 쉽다. 나아가, 개개인의 성향이나 대기행렬의 용량이 진입 포기를 결정하는데 영향을 주기도 한다. 진입 포기를 고민하는 과정에서 사람들은 예상 대기 시간과 제공되는 서비스의 가치를 저울질하게 된다. 예를 들어, 사소한 물건 한 개를 구입하기 위해 계산대 앞에서 오래 대기하는 것은 비효율적인 것으로 여겨진다. 또한, 공원이나 자동차 정비소에 더 이상의 차량이 들어갈 자리가 없는 경우처럼 대기행렬 용량의 한계로 인해 진입 포기가 발생하기도 한다.
2. **중도 포기**. 시스템에 도착한 후 대기행렬에 합류한 고객이라 하더라도 대기 시간이 너무 길어지는 경우에는 중간에 기다리는 것을 포기하고 떠나버릴 수 있다. 중도 포기를 결정하는데 가장 큰 영향을 주는 것은 개개인의 성향이며, 구체적으로 언제 떠날 것인지는 상황에 따라 달라질 수 있다. 즉, 어떤 서비스를 받기 위해 어느 정도까지의 대기 시간을 감수할 수 있는지에

는 개인차가 존재한다.

3. **대기열 이동**. 이는 각각의 서버에 대해 별도의 대기행렬이 형성되는 다중 대기행렬 시스템(multi-queue system)에서만 발생하는 현상이다. 대표적인 예로는 계산대 별로 대기행렬이 형성되는 식료품 가게를 들 수 있으며, 다중 대기행렬 시스템에서는 좀 더 빨리 줄어들 것 같은 줄로 옮겨가는 사람들을 흔히 찾아볼 수 있다.

서버 선택 방식

간혹, 복수의 서버가 존재하는 상황에서 고객이 특정 서버를 선호하는 경우가 있다. 하지만 일반적으로는 서버들의 특성이 거의 동일하여, 고객은 가장 빨리 응대를 받을 수 있는 서버를 택하는 경우가 더 많다. 대기행렬 시스템 관련 문헌에서는 서로 유사한 서버들을 보통 병렬 서버라고 부른다.

모집단 크기

잠재 고객의 모집단은 유한할 수도 있고, 무한할 수도 있다. 모집단이 무한한 경우에는 현재 시스템 내에 존재하는 고객 수가 도착률에 영향을 주지 않으며, 보통 대기행렬 시스템을 분석할 때는 모집단이 무한한 것으로 가정하는 경우가 많다. 하지만, 모집단의 크기가 작은 경우에는 시스템 내의 고객 수가 시스템의 행태에 영향을 준다. 예를 들어, 언제 고장이 날지 모르는 설비 10개의 수리를 담당하는 정비소(설비, 정비공, 정비소는 각각 고객, 서버, 시스템에 해당한다)에 대해 분석할 때는, 잠재 고객의 수에 제한이 있음을 반드시 고려하여야 한다.

서버의 특성

처리 시간, 처리 절차, 가동률, 개수, 부가 자원, 선점 정책 및 고객 선택 방식 등과 같은 서버의 특성들 역시 대기행렬 시스템의 성능에 많은 영향을 끼친다.

처리 시간

처리 시간은 보통 특정 확률 분포를 따르는 확률 변수로 간주된다. 앞에서 언급한 바와 같이, 고객 유형에 따라 처리 시간이 달라질 수도 있다. 앞의 그림 2.3에서 도착 과정의 특성을 도착률로 표현한 것처럼, 처리 시간의 특성을 응대율(service rate) 형태로 표현하기도 한다. 예를 들어, 평균 처리 시간이 3분일 때, 평균 응대율은 0.33/분 또는 20/시간이 된다.

일반적으로 응대율은 상수이며, 현재 시스템 내에 존재하는 고객 수에 영향을 받지 않는 것으로 가정한다. 만약, 대기행렬의 길이에 따라 처리 속도를 증가 또는 감소시키는 것이 가능하다면, 서비스가 상태종속적(state-dependent)이라고 표현한다.

처리 절차

때로는 고객을 처리하는 절차가 이전 고객 응대 내용에 따라 달라질 수도 있다. 처리 절차는 크게 다음과 같은 두 가지 유형으로 구분된다.

1. **공통 처리**. 모든 고객에게 동일한 처리 절차들이 적용되는 상황을 말한다(예: 작업장에서 모든 작업물에 대해 가공, 세척, 검사를 순차적으로 실시하는 경우). 이러한 경우에는 보통 고객 한 명에 대한 처리 시간을 각 세부 절차들의 소요 시간 총합으로 계산한다.
2. **가변 처리**. 고객 유형별로 처리 절차가 달라지거나(예: 응급실에서는 환자의 증세가 얼마나 심각한지에 따라 응대 방식이 달라진다), 간헐적으로 실시해야 하는 작업이 있는 경우(예: 기계가 생산한 제품 중 다섯 개에 한 개 꼴로 검사를 실시하는 경우 등)를 말한다.

고객 별로 요구 사항이 다른 경우에도 각 고객의 처리 절차가 달라질 수 있다.

나아가, 특정 유형의 고객들에 대해서만 실제 처리를 시작하기 전에 셋업 작업이 필요할 수도 있다. 예를 들어, 동일한 종류의 부품에 여러 가지 색상을 입히는 도색 공정이 있다고 가정해 보자. 한 가지 색상을 칠하는데 소요되는 처리 시간이 동일하더라도, 이전 부품의 색상과 다음 번 부품의 색상이 다른 경우에는 장비를 세척하고 도료를 교체하는 등의 준비가 필요할 것이다. 따라서, 이러한 경우에는 처리 시간 이외에도 셋업 시간을 별도로 고려하여야 한다.

가동률

서버가 늘 가동되는 것은 아니다. 다시 말해, 서버는 때때로 가동 중단 상태가 되기도 한다. 서버의 가동률이 100%, 즉, 가동 중단이 절대로 발생하지 않는다고 가정하고 모형을 작성하는 경우가 많은데, 이는 잘못된 것이다. 가동 중단의 유형으로는 크게 계획된 가동 중단과 계획되지 않은 가동 중단의 두 가지가 있다.

1. 계획된 가동 중단. 가동 중단의 발생 빈도와 지속 시간이 정확히 알려져 있는 경우를 말한다. 대표적인 예로는 직원들의 휴식, 기계의 소모성 자재 보충이나 고객 유형에 따른 설정 변경, 마모로 인한 정기적인 공구 교체 등을 들 수 있다. 근무 교대 역시 가동 중단을 야기하는 원인 중 하나이며, 교대 시간에는 여러 서버들이 동시에 가동 중단 상태가 되기도 한다.
2. 계획되지 않은 가동 중단. 발생 빈도와 지속 시간을 정확히 알 수 없는 가동 중단을 말한다. 이 같은 경우에는 보통 확률 분포를 이용하여 발생 빈도와 지속 시간의 특성을 묘사한다. 예를 들어, 설비의 고장 특성은 보통 신뢰도 형태로 표현된다.

개수

적정 서비스 수준을 유지하는데 필요한 서버의 개수는 프로세스를 분석하거나 설계할 때 핵심적으로 다루어야 할 사항 중 하나이다. 서버의 개수는 시간의 경과에 따라 조정될 수도 있다(예를 들어, 교대조별 인원수를 달리하거나 고객이 몰릴 때 추가 인원을 투입하는 식으로).

부가 자원

서버가 고객을 응대할 때, 다른 자원이 있어야 하는 경우도 있다. 예를 들어, 어떤 작업들은 부자재나 여러 서버들이 공동으로 사용하는 공용 자원을 필요로 한다.

선점(preemption)

서버가 응대 중인 고객에 대한 처리를 중단하고 다른 작업을 해야 하는 경우, 해당 서버는 다른 작업에 의해 선점되었다(preempted)고 표현한다. 갑자기 위급한 환자가 도착한 경우, 의료진이 응대 중인 환자들을 제쳐두고 달려가야 하는 응급실에서는 이 같은 상황이 빈번하게 발생한다. 마찬가지로, 생산 현장에서도 납기가 지연되었거나, 중요한 고객으로부터 요청 받은 물품에 의한 선점이 종종 발생한다.

고객 선택 방식

복수 서버 시스템에서는 보통 고객이 서버 쪽으로 '밀려든다'. 즉, 고객이 먼저 이용 가능한 서버를 찾아 그리로 이동하며, 이를 push 응대라고 한다. 반면, 일부 시스템에서는 서버가 고객을 선택하여 호출하기 전에는 고객이 서버 쪽으로 이동할 수 없으며, 이를 pull 응대라고 한다. push 응대와 pull 응대에 대해서는 다음 절에서 보다 자세히 논의할 것이다.

고객-서버 상호작용 특성

고객과 서버 사이에 좀 더 복잡한 관계가 형성되어, 시스템의 행태를 분석할 때 이를 고려해야 하는 경우도 있다.

작업 적합성

때로는 어떤 고객을 어떤 서버가 응대하느냐에 따라 시스템의 작업 효율성이 달라질 수 있다. 특정 유형의 고객을 응대하는 데는 강점이 있으나, 다른 유형의 고객 응대가 서투른 서버를 생각해 보라.

이송

기본적으로, 대기행렬 이론(queueing theory)이나 단순한 시뮬레이션 모형에서는 고객이 시스템 내에서 이동하는데 별도의 시간이나 자원이 소요되지 않는 것으로 가정한다. 하지만, 실제로는 고객의 이동을 위해 이송 장치가 사용되는 경우가 많으며, 이러한 이송 장치들은 보통 공용 자원에 해당한다(즉, 하나의 이송 장치가 여러 대기행렬 또는 여러 시스템의 고객들을 운반하는 역할을 담당하곤 한다). 공용 이송 장치의 예로는 제조 현장에서 작업물들을 다른 작업장으로 운반할 때 사용하는 이송 차량이나 병원에서 환자들의 이동을 돕는 간호사 등을 들 수 있다.

공용 설비를 사용하는 시스템은 그렇지 않은 시스템과 비교했을 때, 상당히 다른 행태와 성능을 나타낸다. 나아가, 가동률이나 이동 속도, 고객을 싣고 내리는데 걸리는 시간, 이동 경로 등과 같은 공용 자원의 특성은 시스템의 성능에 많은 영향을 준다. 예를 들어, 공용 자원의 가동 중단이 빈번한 경우에는 고객이나 서버의 대기 시간이 길어질 것이다.

공용 자원들을 반영하여 시뮬레이션 모형을 작성하는 것이 비교적 쉬운데 반해, 분석 모형에 이들을 반영하는 것은 상당히 어렵다.

Push 응대와 Pull 응대

시스템을 분석할 때, 별 생각 없이 서버가 push 응대를 수행하고 있고, 앞서 언급한 것처럼 이동에 소요되는 시간을 무시할 수 있는 것으로 가정하는 경우가 많다. 시스템 구성요소를 정의하고 시뮬레이션 모형 작성을 시작하는 초기 단계에는 이러한 가정이 작업을 효율적으로 진행하는데 도움이 될 수도 있을 것이다. 하지만, 실제 시스템에서는 pull 응대가 일어나고 있을 수도 있으며, 특히, Lean 생산 시스템에서는 pull 응대를 실시하는 것이 일반적이다. 분석 대상 시스템의 고객 선택 방식(push 또는 pull)을 파악하는 것은 매우 중요한 일이다. 응대 방식에 따라 시스템의 행태나 성능이 크게 달라질 수 있기 때문이다.

그림 2.4는 두 가지 시스템의 행태를 통해 push 응대와 pull 응대가 어떻게 다른지, 그리고 공유 자원이 시스템에 어떤 영향을 주는지를 보여준다.

그림 2.4의 위쪽에는 서버가 대기행렬 내의 고객에게 push 응대를 제공하는 시스템의 예가 나타나 있다. 이러한 시스템에서는 대기행렬 내의 고객이 자신이 언제 이동할 지를 스스로 결정한다. 이 예에서는 대기행렬에 새로 합류한 고객이 바로 응대를 받으려고 해도 서버가 이전 고객을 응대하는 중이라, 이것이 불가능하다. 따라서, 이 고객은 서버가 이용 가능한 상태가 될 때까지 기다려야 하며, 이 상황은 대기행렬 막대 그래프의 Wait1 구간에 해당한다. 공용 자원이 필요 없는 경우라면, 서버가 이용 가능한 상태가 되자마자 고객이 서버 쪽으로 직접 이동해 갈 것이다. 따라서, 서버의 유휴는 발생하지 않으며, 오직 고객만이 대기를 경험한다. 하지만, 고객을 서버 쪽으로 이동시키는데 공용 자원이 필요한 경우라면, 응대를 원하는 고객과 이용 가능한 상태의 서버가 동시에 존재하는 시점에 먼저 공용 자원을 호출해야 한다. 이 예에서는 호출 받은 시점에 공용 자원이 다른 일을 하는 중이다. 따라서, 고객은 공용 자원이 일을 마치고 자신에게 올 때까지 기다려야 하며, 이 상황은 대기행렬 막대 그래프의 Wait2 구간에 해당한다. 나아가, 이번에는 서버 역시 유휴 상태인 채로 공용 자원이 일을 마치고, 대기행렬이 있는 곳으로 이동한 후 고객을 서버 앞에 데려다 놓을 때까지 대기하고 있어야 하며, 이 상황은 서버 막대 그래프의 Idle 구간에 해당한다.

그림 2.4의 아래 쪽에서는 서버가 대기행렬 내의 고객에게 pull 응대를 제공하는 시스템의 예를 볼 수 있다. 이러한 시스템에서는 대기행렬 내의 고객이 언제 이동할 지를 서버가 결정한다. 이 예에서는 처음에 서버가 이전 고객에 대한 응대를 마치고 이용 가능한 상태가 되었으나, 대기 중인 고객이 없다. 따라서, 서버는 응대 받기를 원하는 고객이 나타날 때까지 유휴 상태로 대기해야 하며, 서버 막대 그래프의 Idle1 구간이 이 상황을 의미한다. 공용 자원이 필요하지 않다면, 새로운 고객이 나타나자마자 서버가 이 고객을 부를 것이다. 따라서, 고객은 기다릴 필요가 없으며, 서버만이 대기를 경험한다. 반면, 고객을 서버 쪽으로 이동시키는데 공용 자원이 사용된다면, 이번에도 응대를 원하는 고객과 이용 가능한 서버가 동시에 존재하는 시점에 먼저 공용 자원을 호출하게 될 것이다. 또한, 공용 자원이 사용 중이기 때문에, 고객은 공용 자원이 일을 마치고 자신에게 올 때까지 기다려야 하며, 이 상황은 대기행렬 막대 그래프의 Wait 구간에 해당한다. 뿐만 아니라, 서버 막대 그래프의 Idle2 구간 동안 서버 역시 유휴 상태로 공용 자원이 일을 마치고, 대기행렬이 있는 곳으로 이동한 후 고객을 서버 앞에 데려다 놓을 때까지 대기해야 한다.

그림 2.4를 통해 우리는 대기행렬 시스템에서 고객 대기 시간과 서버 대기 시간(유휴 시간)의 두 가지 대기 시간들이 서로 적절한 균형을 이루어야 한다는 점을 다시 한 번 확인할 수 있다. 나아가, 시뮬레이션 모형에 고객 선택 방식(push 또는 pull)을 반영하는 것이 그다지 어렵지 않은데 반해, 분석 모형에 이들을 반영하는 것은 상당히 어렵다.

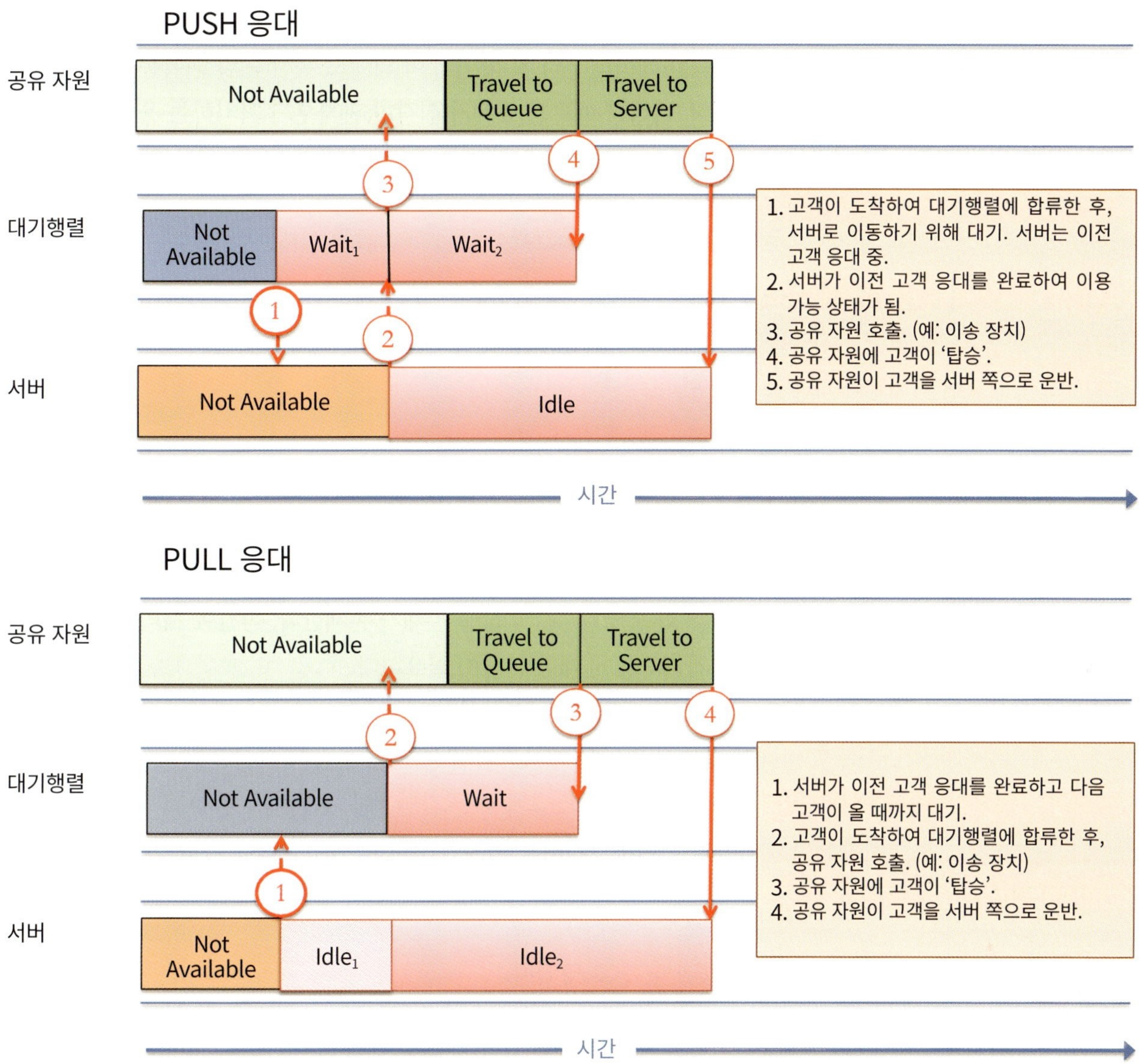

그림 2.4 : push 응대 및 pull 응대 시의 서버-대기행렬 간 상호작용

대기행렬의 특성

용량, 대기 정책 및 배출량 등과 같은 대기행렬의 특성들 역시 대기행렬 시스템의 성능에 많은 영향을 준다.

용량(capacity)

대기행렬의 용량이란 대기행렬이 동시에 수용할 수 있는 최대 고객 수를 의미한다.

대기 정책(queueing policy)

대기행렬 내 고객들에 대한 처리 순서를 결정하는 방법을 대기 정책이라 한다. 가장 일반적인 대기 정책은 선입선출(first-in, first-out, FIFO) 정책으로, 이는 먼저 도착한 고객을 먼저 응대하는 것을 의미한다. 이와 반대되는 대기 정책으로는 후입선출(last-in, first-out, LIFO)이 있다. 예를 들어, 컴퓨터는 메모리에 처리해야 할 데이터가 여러 개 있을 때, 가장 나중에 입력된 데이터부터 처리한다. 이 외에도 우선 순위를 이용하여 처리 순서를 결정하는 다양한 대기 정책들이 있으며, 이러한 예로는 증세가 심각한 환자부터 처리하는 응급실, 납기가 임박한 물품 또는 처리 시간이 짧은 물품부터 처리하는 제조 현장 등이 있다.

배출량(release quantity)

배출량이란 서버가 이용 가능한 상태가 되었을 때, 대기행렬에서 벗어나 서버 쪽으로 이동하는 고객들의 수를 의미한다. 일반적으로 고객은 한 번에 한 명씩 서버를 방문한다. 하지만, 배치 처리를 하는 경우에는 대기행렬에서 여러 고객들이 한꺼번에 배출될 수도 있다.

Section 2-4 대기행렬 시스템 성능 평가지표

대부분의 대기행렬 시스템에는 서비스 수준[1] 과 운영비[2] 간의 상충 관계가 존재한다. 적절한 서비스 수준과 운영비를 유지하기 위해서는 다양한 성능 평가지표들에 대한 분석이 필요하다.

이러한 평가지표들은 보통 시스템이 특정 상태에 있는 동안 어떤 값에 대한 평균을 계산한 결과에 해당하며, 시스템의 상태는 일반적으로 아래와 같은 기준들을 이용하여 구분한다. 수량이나 시간을 의미하는 평가지표들의 경우, 대기행렬에 대한 값인지, 아니면 전체 시스템에 대한 값인지를 구분해야 한다는 점에 유의하여라. 예를 들어, 대기 시간은 고객이 대기행렬에 머무르는 시간이지만, 시스템 체류 시간은 대기 시간과 처리 시간의 합이 된다.

- 대기행렬/시스템 내에 존재하는 고객 수가 몇 명인지.
- 대기 시간(대기행렬에 머무르는 시간), 시스템 체류 시간, 프로세스 내 두 지점 사이를 이동하는 데 소요되는 시간, 리드 타임이 어느 정도인지.
- 서버의 상태를 바쁜(busy) 상태와 유휴(idle) 상태로 구분. 이 외에도 서버는 계획된 가동 중단(예: 직원들의 휴식 시간), 계획되지 않은 가동 중단(예: 설비 고장), 부가 자원 대기, 차단(고객의 방문을 막음) 등의 상태를 가질 수 있다.
- 진입 포기 고객 수가 몇 명인지.
- 중도 포기 고객 수가 몇 명인지.

평가지표를 산출하는데 기준값이 필요한 경우도 있다. 예를 들어, 공항에서 보안 검색대를 통과할 때 15분

1 시스템에 도착한 고객에게 신속히 응대를 제공할 수 있는 능력을 말한다. 서비스 수준이 높다는 것은 고객의 대기 시간이 짧다는 의미이며, 이를 위해서는 서버의 수가 많아야 한다.

2 시스템을 가동시키는데 소요되는 비용으로, 서버의 수가 많을수록 증가한다. 즉, 일반적으로 운영비를 줄이면 서비스 수준이 악화되고, 서비스 수준을 개선하기 위해서는 더 많은 운영비가 투입되어야 하는 상충 관계가 존재한다.

이상 기다리게 되면 탑승객들의 불만이 커진다거나, 생산 시스템 내에서 8시간 이상 체류하는 제품들은 변질 위험이 높아진다거나 하는 경우에는 대기 시간이나 체류 시간이 이러한 기준값을 초과하게 되는 고객들의 비율을 평가지표로 사용하기도 한다.

리드 타임이란 고객의 주문이 접수된 때로부터 이 주문이 처리 완료되기까지 걸린 시간이며, 앞의 그림 2.2는 이 시간 동안 고객이 여러 가지 세부 처리 절차들을 거치게 될 수도 있음을 보여준다. 나아가, 각각의 세부 처리 절차를 시작하기 전에, 고객이 서버가 이용 가능한 상태가 되기를 기다리거나, 반대로 서버가 다음 고객이 오기를 기다려야 할 수 있으며, 이 중 후자의 상황에 처한 서버를 유휴 또는 기아(starvation) 상태라고 표현한다. 또한, 둘 중 어느 쪽이 더 바람직한지는 시스템의 특성이나 시스템을 가동하는데 필요한 운영비의 규모에 따라 달라진다.

그림 2.5에는 고객이 세 가지 처리 단계를 순차적으로 거쳐야 하는 상황에서 어떨 때 서버나 고객의 대기가 발생하는지를 나타내었다. 이 예에서, 고객 X는 처리 단계 1과 처리 단계 3을 시작하기 전에 대기를 경험한다. 이 단계들에 대한 응대를 받고자 할 때, 각각을 담당하는 Server 1과 Server 3이 다른 고객들을 응대하는 중이기 때문이다. 그림 2.5의 예에서 고객이 올 때까지 대기하는 것은 서버 2가 유일하다. 서버보다 고객의 대기가 더 빈번하게 발생하도록 설계된 이유는 이 시스템에서 고객의 대기보다 서버(특히 서버 1과 서버 3)의 대기가 더 심각한 문제를 야기하기 때문일 가능성이 크다. 물론, 자세한 내용을 파악하기 위해서는 좀 더 오랜 시간에 대한 데이터가 필요할 것이다.

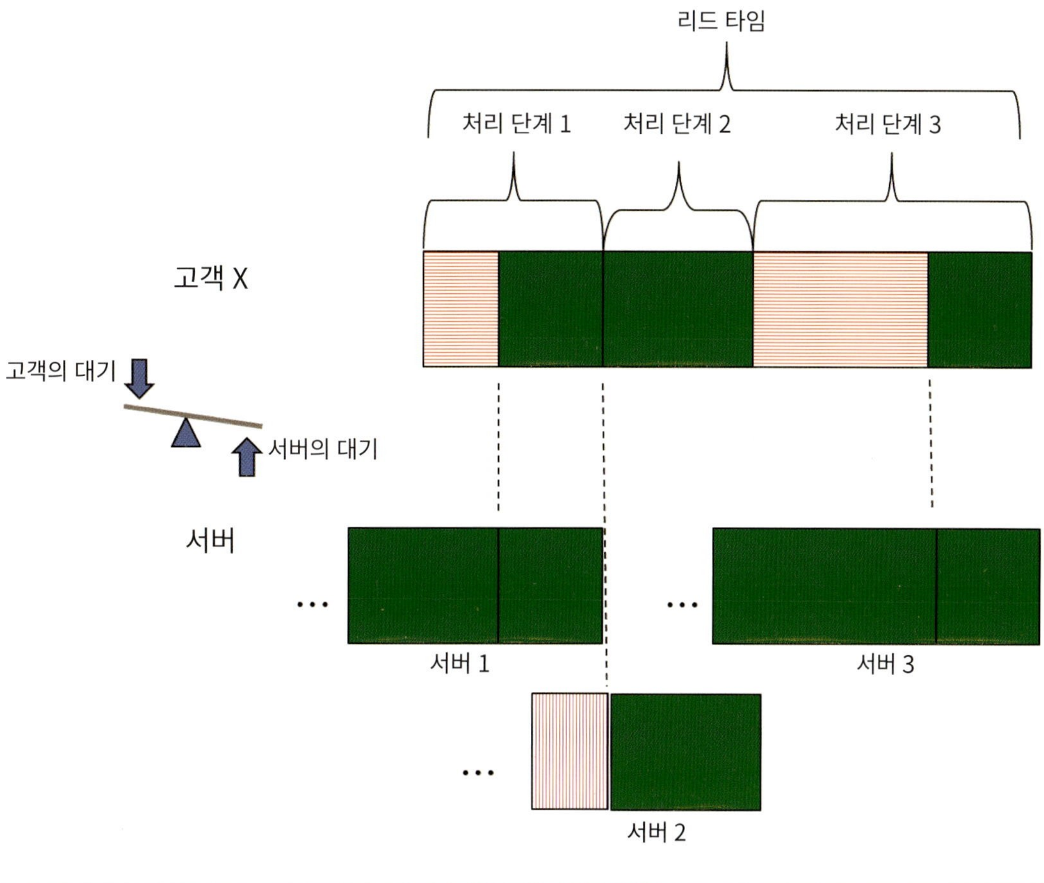

그림 2.5 : 고객의 대기와 서버의 대기

Section 2-5 대기행렬 시스템을 분석하는 방법

그림 2.6에서 보듯이, 시스템의 행태를 탐구하고 분석하는 방법은 여러 가지이다. 먼저, 시스템을 분석할 때는 실제 시스템을 이용할 수도 있고, 실제 시스템을 단순화한 모형을 이용할 수도 있다. 다만, 실제 시스템을 분석에 이용하는 것은 보통 시간도 많이 걸리고, 시스템에 방해가 되기도 하여, 타당한 방법이 아닌 경우가 많다. 개선 또는 변화 후의 시스템에 대한 분석이 곤란하다는 점도 문제이다. 실제 시스템에는 아직 이러한 개선이나 변화가 적용되지 않았을 것이기 때문이다. 이로 인해 실제 시스템을 이용하는 경우에는 다양한 대안들의 성능을 평가해 보기가 어렵다. 그렇다고 해서, 분석을 위해 실제 시스템을 이리저리 바꾸어볼 수도 없는 노릇이다. 예를 들어, 생산 라인을 하나 추가했을 때 어떤 효과가 발생하는지를 알아보기 위해 설비와 직원을 늘리고 새로운 생산 라인은 만들어 운영해 본다는 것은 매우 비효율적인 일이다. 따라서, 시스템을 분석할 때는 대부분 모형을 사용하게 된다. 모형이란 실제 시스템을 축약하여 표현한 것이며, 모형에는 시스템이 가진 특성 중 분석에 필요한 핵심적인 것들이 반영되어 있어야 한다.

실험에 이용되는 모형은 다시 물리적 모형과 수리적 모형으로 구분된다. 이 중 물리적 모형이란, 건축설계사들이 사용하는 건축물 모형이나 항공우주 산업 분야에서 사용되는 풍동(wind-tunnel) 모형 등과 같은 실물 모형을 말한다. 하지만 시스템을 개선하고자 할 때는, 시스템의 외형보다 작동 방식을 중점적으로 관찰해야 하기 때문에, 수리적 모형을 사용하는 경우가 더 많다. 수리적 모형은 기본적으로 분석 모형과 시뮬레이션 모형의 두 가지 형태를 갖는다. 이어지는 절에서는 대기행렬 시스템에 대한 분석 모형의 기본적인 개념을 소개할 것이며, 분석 모형을 사용하면, 수식을 이용하여 시스템의 성능을 계산해 낼 수 있다. 단, 분석 모형을 사용할 때는 실제 시스템에 몇 가지 가정을 적용해야 한다. 다음 절에서도 보겠지만, 수식의 내용만 이해한다면 분석 모형을 사용

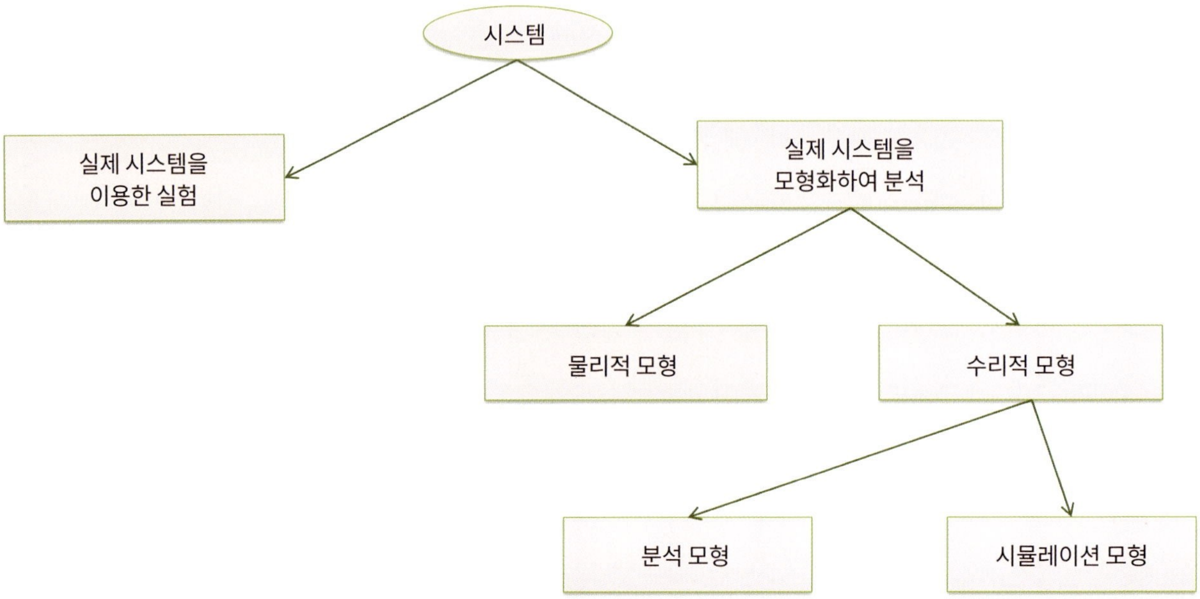

From: A. Law, *Simulation Modeling and Analysis, 4th Ed,* 2007, p. 5

그림 2.6 : 시스템 분석 방법 분류 [6]

하는 것은 사실 굉장히 쉽다. 하지만 이러한 가정들로 인해 분석 모형은 실제 시스템의 특성을 효과적으로 반영하지 못할 수도 있다. 물론, 실제 시스템을 똑같이 복제하지 않는 한, 모든 모형들은 어느 정도의 가정을 토대로 만든 것이다. 나아가, 시뮬레이션 모형을 이용하면 실제 시스템의 특성에 대한 가정을 훨씬 적게 해도 되는 대신, 모형을 만들고 검증하는데 시간이 소요된다.

앞으로 이 책을 통해 보게 되겠지만, 시뮬레이션 모형을 작성하기 위해서는 모형으로 표현할 대상이 무엇인지, 어떤 가정을 토대로 모형을 작성할 것인지, 얼마나 자세한 모형을 작성할 것인지 등을 결정해야 한다. 원칙적으로는 당면한 문제를 해결하는데 꼭 필요한 만큼의 정밀도를 갖는 모형을 작성하는 것이 가장 바람직하다. 물론, 말은 쉽지만, 실제로 이러한 경지에 도달하기 위해서는 어느 정도의 경험을 쌓아야 한다. 필요 이상으로 정밀한 모형은 불필요한 복잡성을 야기하여 모형의 활용이나 유지보수를 어렵게 만든다는 점에 유의하여라.

Section 2-6 대기행렬 시스템에 적용할 수 있는 분석 모형

대기행렬 시스템에 대한 분석 모형들은 대기행렬 이론을 토대로 개발되었으며, 대기행렬 이론은 OR(Operations Research) 분야의 주요 연구 주제이기도 하다. 대기행렬 이론은 20세기 초, 덴마크 출신의 엔지니어 Agner Erlang의 연구에 의해 정립되었으며, 대기행렬 이론에서는 보통 대기행렬 시스템의 특성을 A/B/s/m/p/q 형태로 표기한다. 이 표기법은 흔히 Kendall 표기법으로 불리며, 각 세부 항목들의 의미는 아래와 같다:

A : 고객 도착 과정의 특성, 일반적으로 도착 간격의 확률 분포 종류를 명시

B : 처리 시간의 특성, 일반적으로 처리 시간의 확률 분포 종류를 명시

s : 서버의 수 (서버들의 특성은 동일한 것으로 가정)

m : 시스템 내에 체류 가능한 최대 고객 수 (별도로 명시되지 않을 경우 무한).

p : 모집단 크기 (별도로 명시되지 않을 경우 무한).

q : 대기 정책 (별도로 명시되지 않을 경우 선입선출).

나아가, 항목 A와 B를 표시할 때는 다음과 같은 기호들이 사용된다.

M : 발생 횟수가 Poisson(포아송) 분포를 따르고, 발생 간격은 지수 분포(Exponential distribution)를 따르는 Poisson 과정(Poisson process), 즉, 마아코프 과정(Markovian process)을 의미. 평균 도착률은 λ (평균 도착 간격은 $1/\lambda$), 평균 처리율은 μ (평균 처리 시간은 $1/\mu$)로 표기.

E : 서로 독립이고 확률적으로 동일한 지수 분포들의 합에 해당하는 Erlang (얼랑) 분포를 의미.

D : 도착 간격이나 처리 시간의 값이 상수인 확정적 분포(deterministic distribution)를 의미.

G : 상기한 확률 분포들 이외의 일반적인(general) 확률 분포들을 의미.

대기행렬 시스템에 대한 분석 모형 중 가장 단순한 것은 M/M/1 모형이며, 이는 도착 간격과 처리 시간이 지수 분포를 따르고, 서버는 1명이며, 대기행렬의 용량이 무한하고 선입선출 대기 정책이 적용되는 대기행렬 시스템을 의미한다. 나아가, 이 모형의 핵심 성능 평가지표들에 대한 계산식은 그림 2.7과 같으며, 이들은 모두 시스템이 오랫동안 가동된 후 안정 상태(시스템의 현재 상태가 최초 상태와 무관해진 상황)에서 나타나는 평균적인 특성들에 해당한다.

또한, 이 모형에서는 한 가지 유형의 고객들만이 시스템을 방문하고, 고객 모집단의 크기는 무한하며, 진입 포기나 중도 포기는 발생하지 않고, 서버는 늘 가동되는 것으로 가정한다.

간단한 예제를 통해 M/M/1 모형이 어떻게 응용될 수 있는지를 살펴보기로 하자. 어떤 M/M/1 모형의 도착 간격은 평균이 1분(도착률이 1명/분)인 지수 분포를 따르고, 처리 시간은 평균이 0.9분(처리율=1/0.9=1.11명/분)인 지수 분포를 따른다. 이 경우, 서버 이용률 ρ는 0.9, 즉, 90%이며, 그림 2.7의 수식에 의해 평균 대기 시간 W_q는 8.1분이 될 것이다. 경우에 따라, 고객들은 이를 꽤 긴 대기 시간으로 받아들일 수 있다. 나아가, 평균 처리 시간이 고작 0.9분임을 감안하면, 8.1분이라는 평균 대기 시간은 더더욱 문제가 있어 보인다. 이러한 점은 처리 시간에 대한 대기 시간의 비율로도 표현할 수 있으며, 현재 시스템은 평균 대기 시간이 평균 처리 시간의 9배에 달한다.

서버 이용률, $\rho = \frac{\lambda}{\mu}$

평균 대기행렬 길이, $L_q = \frac{\rho^2}{(1-\rho)}$

평균 대기 시간, $W_q = \frac{\rho}{\mu(1-\rho)}$

평균 체류 고객 수, $L = \frac{\rho}{(1-\rho)}$

평균 체류 시간, $W = \frac{1}{(\mu-\lambda)}$

그림 2.7 : M/M/1 모형의 성능 평가지표

대기행렬 시스템에 대한 분석 모형으로부터 얻어지는 성능 평가지표들은 보통 뭔가에 대한 평균값이다. 물론 이러한 성능 평가지표들도 유용하긴 하지만, 때로는 평균보다 더 자세한 내용을 파악하는 것이 필요할 수 있으며, M/M/1 모형의 경우에는 임의의 고객 x의 대기 시간 $W_{q,x}$의 분포가 아래와 같이 주어진다:

$$P\left(W_q > t\right) = \rho e^{-\mu(1-\rho)t}$$

위 식에서 보듯이, 대기 시간 역시 지수 분포를 따르며, 평균 대기 시간이 8.1분이었던 상기 예제(λ=1.0이고 μ=1.11인 M/M/1 모형)의 대기 시간 분포를 그래프로 표현하면 그림 2.8과 같다. 여기서 우리는 어떤 고객이 평균(8.1분)보다 긴 시간 동안 대기하게 될 확률이 약 40%정도 된다는 점을 알 수 있다. 마찬가지로, 고객의 20%는 13.4분 이상 대기하며, 3%는 30분 이상, 그리고 0.1%는 한 시간 이상 대기하게 된다. 반대로 대기 시간이 특정 값 이하인 고객들의 비율을 따

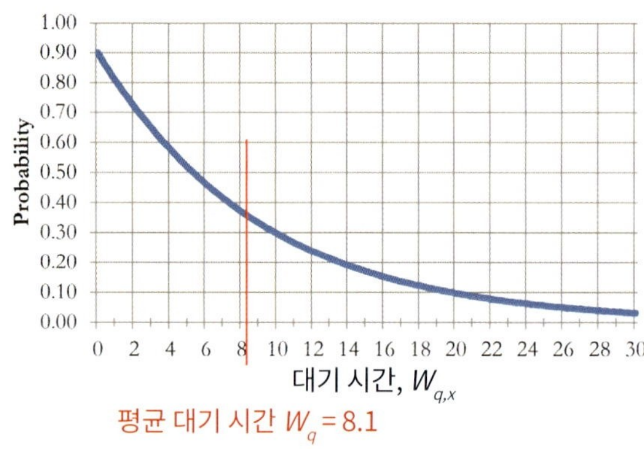

그림 2.8 : λ=1.0, μ=1.11인 M/M/1 시스템에서 고객이 t 이상의 대기 시간을 경험하게 될 확률

져보면, 고객 중 20%가 1분 이하의 대기를 경험하며, 50%가 5분 이하, 70%가 10분 이하의 시간 동안 대기하는 것으로 나타난다.

앞서 언급한 바와 같이, 상기한 수식들은 도착 간격과 처리 시간이 모두 지수 분포를 따르는 경우에만 시스템의 성능을 분석하는데 사용할 수 있다. 따라서, 여기서는 지수 분포의 특성에 대해 간단히 살펴보고자 하며, 혹시 보다 자세한 내용이 필요한 경우에는 별도의 기초 통계 관련 서적을 참조하기 바란다. 지수 분포의 밀도 함수와 분포 함수 각각의 계산식 및 그래프는 그림 2.9에 나타내었다. 지수 분포는 변동성이 큰 편이며, 평균과 표준 편차가 같아 변동 계수 C_v=1.0이다. 변동 계수는 변동성을 측정하는 표준화된 지표로, 표준 편차를 평균으로 나눈 값을 의미한다.

그림 2.9에서 확률 밀도 함수의 그래프 모양을 한 번 살펴보기 바란다. 흔히 사용하는 정규 분포와 달리 지수 분포의 확률 밀도 함수 그래프는 좌우대칭을 이루지 않는다. 또한, 이 그래프는 우측이 개방되어 있는데, 이는 낮은 확률로 매우 큰 값이 관찰될 수도 있음을 의미한다. 발생 가능성이 가장 높은 값(자주 관찰되는 도착 간격 및 처리 시간 값)들은 좌측에 몰려 있다. 다시 말해, 일반적으로 도착 간격이나 처리 시간의 값은 비교적 작은 편이지만, 간혹 매우 긴 도착 간격이나 처리 시간이 관찰되기도 한다. 예를 들어, 지수 분포의 평균이 10분(발생률 = 1/10 = 0.1/분)일 때, 그림 2.9의 확률 분포 함수를 적용하면 10분 이하의 값이 관찰될 확률은 63.2%이며, 5분 이하, 1분 이하의 값이 관찰될 확률은 각각 39.3%, 9.5%이다. 또한, 0.2%의 확률로 60분 이상의 값이 관찰될 수도 있다. 한편, 도착 간격과 처리 시간이 지수 분포의 특성을 나타내는 시스템이 많긴 하지만, 그렇지 않은 시스템도 얼마든지 있다. 따라서, 시스템을 분석할 때는 항상 도착 간격이나 처리 시간의 분포를 정확히 파악하는 것이 중요하다. 어떤 확률 분포를 사용하느냐에 따라 분석 결과가 크게 달라질 수도 있기 때문이다. 나아가, 시뮬레이션에서 개방형 확률 분포를 사용할 때는 조금 조심할 필요가 있는데, 이에 대해서는 8장에서 좀 더 자세히 논의하기로 한다.

그림 2.10은 처리 시간이 지수 분포가 아닌 경우에 성능 평가지표들에 대한 계산식이 어떻게 바뀌는지를 보여준다. 그림 좌측에는 처리 시간이 일반 분포를 따르는 시스템의 성능 평가지표 계산식들을 표시하였으며, 이

지수 분포 확률 밀도 함수

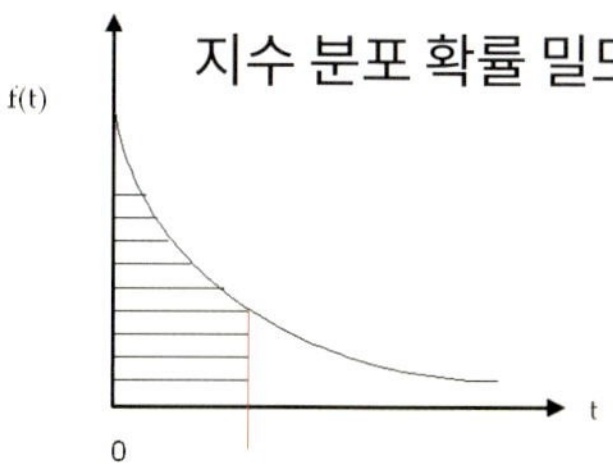

$$f(x) = \frac{1}{\beta} e^{\frac{-x}{\beta}}$$

(참조)
β = 지수 분포의 평균 = 지수 분포의 표준 편차 = 발생률(도착률 또는 처리율 등)의 역수

지수 분포 확률 분포 함수

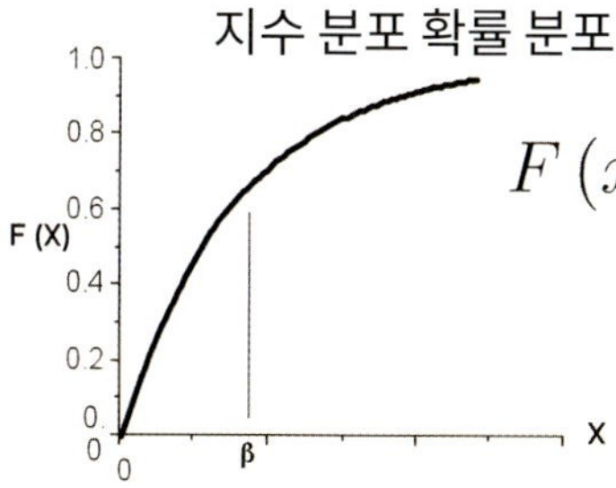

$$F(x) = P(X \le x) = \int_{l.l.}^{x} f(w)\,dw = \int_{0}^{x} \frac{1}{\beta} e^{\frac{-w}{\beta}} dw = -e^{\frac{-w}{\beta}}\Big|_{0}^{x} = 1 - e^{\frac{-x}{\beta}}$$

그림 2.9 : 지수 분포의 특성

경우 계산식들이 처리 시간 확률 분포의 변동성, 즉, 처리 시간 표준 편차 σ의 함수로 주어지는 것을 볼 수 있다. 그림 우측에 보이는 것은 처리 시간의 표준 편차가 0인 극단적인 경우(즉, 처리 시간이 상수인 경우)에 대한 성능 평가지표 계산식들이다. 그림 2.10의 계산식들을 사용하기 위해서는 처리 시간의 분포 이외 나머지 조건들이 M/M/1 모형과 동일해야 한다. 즉, 도착 간격이 지수 분포를 따르는 단일 서버 시스템의 대기행렬 용량이 무한하고, 선입선출 정책, 한 가지 유형의 고객, 무한한 고객 모집단, 진입 포기 및 중도 포기 불가, 서버 가동률 100% 등의 가정들이 충족되는 경우에만 이 계산식들을 이용하여 성능 평가지표를 산출할 수 있다. 나아가, 이들 역시 안정 상태에 접어든 시스템의 평균적인 특성들에 해당한다.

$$\rho = \frac{\lambda}{\mu}$$

M/G/1

$$L = \rho + \frac{\rho^2\left(1+\sigma^2\mu^2\right)}{2(1-\rho)}$$
$$L_q = L - \rho$$
$$W = \frac{L}{\lambda}$$
$$W_q = W - \frac{1}{\mu}$$

M/D/1

$$L = \rho + \frac{\rho^2}{2(1-\rho)}$$
$$L_q = \frac{\rho^2}{2(1-\rho)}$$
$$W = \frac{1}{\mu} + \frac{\rho}{2\mu(1-\rho)}$$
$$W_q = \frac{\rho}{2\mu(1-\rho)}$$

그림 2.10 : M/G/1 및 M/D/1 모형의 성능 평가지표

M/M/1 모형에서 다른 조건들은 모두 유지한 채로 서버 수만 늘어난 경우에는 그림 2.11의 수식들을 이용하여 안정 상태 시스템의 성능 평가지표들을 산출할 수 있다. 이 중, 그림 왼쪽에는 동일한 서버의 수가 s일 때 일반적으로 사용할 수 있는 계산식들이 나와 있으며, 그림 오른쪽에서는 서버 수가 정확히 2인 시스템에 대한 성능 평가지표 계산식들을 볼 수 있다.

시스템 내 평균 체류 고객 수 L과 평균 체류 시간 W 사이에는 Little의 법칙(Little's Law)이라고 부르는 일반적인 관계가 성립하며, 이 법칙에 따르면 안정 상태에서 평균 체류 고객 수는 도착률과 평균 체류 시간의 곱과 같다[7, 8]. 따라서, 평균 체류 고객 수 $L=\lambda W$이며, 유사하게 평균 대기 고객 수(평균 대기행렬 길이) $L_q=\lambda W_q$로 계산할 수 있다.

Hopp와 Spearman은 그들의 유명한 저서, Factory Physics[4]에서 Little의 법칙이 일반적인 제조 현장에도 적용가능하다고 주장하였다. 이에 따라, 재공품의 양(WIP)은 흐름량(TP)과 리드 타임(LT)의 곱으로 계산되

M/M/s

$$P_0 = \left[\sum_{r=0}^{s-1}\frac{(\lambda/\mu)^r}{r!} + \frac{(\lambda/\mu)^s}{s!(1-\rho)}\right]^{-1}$$
$$L_q = \frac{\rho(\lambda/\mu)^s P_0}{s!(1-\rho)^2}$$
$$W_q = \frac{(\lambda/\mu)^s P_0}{s!s\mu(1-\rho)^2}$$

M/M/2

$$P_0 = \left[1 + \lambda/\mu + \frac{(\lambda/\mu)^2}{2(1-\rho)}\right]^{-1}$$
$$L_q = \frac{\rho(\lambda/\mu)^2 P_0}{2(1-\rho)^2}$$
$$W_q = \frac{(\lambda/\mu)^2 P_0}{4\mu(1-\rho)^2}$$

그림 2.11 : M/M/s 및 M/M/2 모형의 성능 평가지표

며, 여기서 흐름량은 단위 시간당 생산되는 제품의 평균 수량을 의미한다.

WIP=TP×LT (WIP: 단위=개, TP: 단위=개/시간, LT: 단위=시간)

Little의 법칙은 생산 시스템의 근본적인 특성과 함께, 주요 시스템 성능 평가지표들 간의 기본적인 관계를 묘사하고 있다는 점에서 매우 중요하다. 예를 들어, 평균 흐름량이 하루에 10개이고 평균 리드 타임이 2일이라면 재공품의 평균 수량은 20개(=10×2)가 될 것이다.

이 절에서 소개한 것들 이외에도 대기행렬 시스템에 적용할 수 있는 분석 모형은 여러 가지가 있으며, 이들에 대해 좀 더 자세히 알고 싶은 경우에는 대기행렬 이론에 관한 전문 서적들을 참고하기 바란다. 여기서는 단지 앞으로 분석 모형과 시뮬레이션 모형의 차이, 그리고 현실 세계의 시스템들이 갖는 특성에 대해 설명하기 위해 몇 가지 기본적인 분석 모형을 소개했을 뿐이다.

한 가지 명확한 것은, 분석 모형을 사용하면 몇 가지 파라미터 값들의 대입을 통해 시스템의 성능 평가지표들을 쉽고 빠르게 산출할 수 있다는 점이다. 물론, 새로운 모형에 대한 성능 평가지표 계산식들을 직접 유도하는 것은 어렵다. 이를 위해서는 상당한 수준의 수학 실력이 필요하기 때문이다. 하지만 기존에 알려져 있는 계산식들을 이용하는 것은 매우 쉽다. 그럼에도 불구하고, 분석 모형은 다음과 같은 두 가지 중요한 단점을 갖고 있다: (1) 여러 가정들이 충족되는 경우에만 사용할 수 있는데, 이 가정들이 현실과 동떨어진 경우가 많다. (2) 안정 상태의 성능에 대한 분석만 가능하다. 반면, 시뮬레이션의 경우 모형을 개발하는데 어느 정도의 시간과 전문성이 필요하긴 하지만, 여러 가지 가정들이 충족되어야 한다는 식의 제약이 거의 없고, 안정 상태 이외의 시기에 대한 분석도 가능하다는 장점이 있다.

Section 2-7 대기행렬 시스템의 행태 분석

이제 기본적인 대기행렬 시스템 성능 평가지표 계산식들을 이용하여, 대기행렬이 어떤 상충관계를 갖는지, 그리고 대기행렬 시스템의 성능을 어떻게 평가하며, 다양한 운영 시나리오들의 특성을 어떤 식으로 비교하는지 등에 대해 좀 더 자세히 알아보도록 하자.

서비스 수준과 운영비 간의 상충 관계

앞에서도 설명했듯이, 대기행렬 시스템에서는 기본적으로 서비스 수준과 운영비 간의 상충 관계가 발생한다.

간단한 예제를 통해 이러한 상충 관계에 대해 좀 더 자세히 살펴보자. Bob이라는 이름의 근로자는 어떤 공장에서 기계들의 부품을 수리하는 작업장을 혼자서 담당하고 있다(이 작업장은 근로자가 1명인 단일 서버 시스템이다). 그리고, 우리가 할 일은 이 작업장에 대한 개선 방안들을 평가하는 것이다. 이 작업장의 고객은 공장 내에서 고장 난 기계의 부품을 수리하러 오는 유지보수 작업자들인데, 이들의 평균 도착률(λ)은 시간 당 15명이며, 도착 간격은 지수 분포를 따른다. 나아가, 처리 시간(1/μ), 즉, 수리에 소요되는 시간은 평균이 3분인 지수 분포를 따른다고 하자. 다르게 표현하면, 고객들의 평균 도착 간격($1/\lambda$)은 4분이고, 평균 응대율(μ)은 시간 당 20명이다.

현재 고려 중인 개선안은 다음의 두 가지이다:

A Bob의 평균 처리 시간을 2.5분으로 단축한다. 단, 이를 위해서는 매월 $2,000의 비용이 추가로 투입되어야 한다.

B Bob의 평균 처리 시간은 지금과 같이 3분으로 유지하되, 처리 시간의 변동성을 줄인다. 목표는 현재 3분인 처리 시간의 표준 편차(지수 분포의 처리 시간은 평균과 같다)를 1분으로 줄이는 것이며, 이 경우 처리 시간은 정규 분포를 따르게 된다. 단, 이를 위해 필요한 추가 비용은 알려져 있지 않다.

공장 내 기계들의 가동이 중단되면 시간 당 $15의 손실이 발생한다. 또한, 이 공장은 하루에 8시간씩, 한 주에 5일 동안 운영되며, 공휴일을 감안하여 월 평균 가동 시간은 160시간이라 하자.

Bob의 작업장을 방문한 유지보수 작업자들의 처리 순서는 선입선출 방식으로 정해지며, 이들은 어떤 경우에도 진입 포기나 중도 포기를 하지 않는다. 나아가, 모집단의 크기는 무한하다고 가정하자(비현실적인 가정이라고 생각될지 모르지만, 매우 많은 기계들을 보유한 대형 공장이라고 생각하면 큰 무리는 없다).

도착 과정은 도착률이 항상 일정한 정상 과정이며, Bob, 즉, 서버는 항상 가동된다. 휴식 등의 이유로 인해 간혹 Bob이 고객을 응대할 수 없는 상태가 될 수도 있겠지만, 이러한 경우에는 다른 누군가가 Bob의 업무를 대신해 주는 것으로 가정하자. 편의 상, 이번 분석에서는 Bob의 작업장으로 인해 발생하는 손실에 대해서만 고려한다. 즉, 기계의 가동 중단 시간 동안 발생하는 전체 손실이 아니라, 유지보수 작업자가 Bob의 작업장에 체류하는 동안 발생하는 손실에 대해서만 따져보기로 하자. 상기한 가정들에 따르면, 기존의 시스템 및 개선안 A는 M/M/1 모형에 해당하며, 이들의 성능 평가지표들은 그림 2.7에 있는 계산식들을 이용하여 산출할 수 있을 것이다. 또한, 개선안 B의 성능 평가지표들을 산출하기 위해서는 그림 2.10에 있는 M/G/1 모형에 대한 계산식들을 사용해야 한다.

기존 시스템에서 평균 체류 시간 $W=1/(\mu-\lambda)=1/(20-15)=0.2$시간, 즉, 12분이며, 평균 처리 시간이 3분(나머지 9분은 대기 시간이다)임을 감안할 때 이는 다소 길어 보인다. 특히, 서버 Bob의 평균 이용률 ρ가 75%에 머무르고 있어, 뭔가 개선의 여지가 있어 보이기도 한다.

여기서, 체류 시간은 유지보수 작업자가 Bob의 작업장에 머무르는 시간을 말한다. 기계의 가동 중단 시간에는 이러한 체류 시간 외에도 유지보수 작업자가 고장 난 부품을 가지고 이동하거나, 수리한 부품을 갈아 끼우는 시간 등이 포함될 것이다. 다만, 앞에서도 말했듯이, 이 예제에서는 체류 시간 동안 발생하는 손실에 대해서만 분석한다는 점을 기억하여라.

개선안 A는 평균 처리 시간을 3분에서 2.5분으로 단축시키며, 이 때 처리율은 시간 당 20명에서 24명으로 늘어난다. 결과적으로, 평균 체류 시간 W는 6.67분으로 줄어들게 된다(이 중 처리 시간은 2.5분이고, 나머지 4.17분은 대기 시간이다). 다시 말해, 처리 시간을 16.7% 단축하여, 대기 시간이 53.7% 줄어드는 결과를 얻게 되는 것이다. 평균 처리 시간은 줄었으나, 도착률은 그대로이기 때문에, 서버 이용률 ρ 역시 62.5%로 감소한다. 한

	시나리오	기존 시스템	개선안 A	개선안 B
	특성	현재	처리 시간 단축	처리 시간 변동성 감소
			모형	
파라미터	단위	M/M/1	M/M/1	M/G/1
λ	명/시간	15	15	15
μ	명/시간	20	24	20
평균 처리 시간 (=1/μ)	분	3.0	2.5	3.0
처리 시간 표준 편차	분	3.0	2.5	1.0
성능 평가지표				
ρ	%	75.0	62.5	75.0
W	분	12.0	6.7	8.0
W_q	분	9	4.2	5.0
월간 손실 절감 효과	$	-	3,216	2,424
월간 추가 투입 비용	$	-	2,000	미상

표 2.2 : Bob의 작업장에 대한 시나리오 별 성능 평가 결과 요약

가지 특기할 만한 점은, 근무 시간 중 Bob이 실제로 일을 하는 시간의 비율은 62.5%에 지나지 않지만, 평균 대기 시간은 여전히 평균 처리 시간의 약 1.7배에 이를 정도로 꽤 길다는 것이다. 나아가, 이 같은 현상은 보통 처리 시간의 변동성이 큰 대기행렬 시스템들에서 나타난다.

개선안 A를 채택하면, 기계 고장이 한 번 발생했을 때 유지보수 작업자가 Bob의 작업장에 머무르는 시간은 5.33분(12.0 - 6.67) 줄어들며, 이를 시간으로 환산하면 0.089시간(5.33/60)이다. 즉, 고장 1건당 기계의 가동 중단 시간은 0.089시간 단축되는 반면, 기계의 가동 시간은 그만큼 늘어난다. 기계의 가동이 중단되면 시간 당 $15의 손실이 발생하므로, 개선안 A를 채택하면 고장 1건당 약 $1.34(15×0.089)의 손실 절감 효과를 볼 수 있다. 이는 분명 좋은 일이지만, 개선안 A를 실행하는데 월 $2,000의 비용이 소요된다는 점을 잊어서는 곤란하다. 현재 평균적으로 시간 당 15건(λ)의 고장이 발생하고, 월간 공장 가동 시간이 160시간이므로, 이 공장에서는 한 달에 평균 2,400건의 고장이 발생할 것이다. 따라서, 개선안 A에 의한 월간 손실 절감 효과는 약 $3,216(2400×1.34)이나, 월 $2,000의 추가 비용을 감안하면 개선안 A로 인한 순익은 월 $1,216이다. $2,000를 투자하여 얻을 수 있는 결과로는 꽤 괜찮아 보인다.

개선안 B는 어떨까? 이 개선안의 목표는 처리 시간의 변동성을 줄이는 것이다. 구체적으로는 개선안 B를 채택할 경우, 평균 처리 시간은 그대로이나, 처리 시간의 표준 편차가 3분에서 1분으로 줄어들게 된다. 그림 2.10에 나와 있는 M/G/1 모형의 성능 평가지표 계산식들을 적용하면, 기존에 12분(0.20시간)이었던 평균 체류 시간 W가 8분(0.133시간)으로 단축됨을 알 수 있다. 기계의 가동 중단으로 인해 발생하는 손실이 시간 당 $15이므로, 고장 1건당 손실 절감 효과는 약 $1.01(15×(0.20-0.133))이고, 월간 손실 절감 효과는 약 $2,424(1.01×2400)이다. 따라서, 개선안 B를 추진하는데 얼마의 비용이 투입되어야 하는지는 아직 확실하지 않지만, 이 투입 비용은 월 $2,424를 넘지 않아야 할 것이다. 물론, 투입 비용이 $2,424보다 훨씬 적을 수도 있다.

여기까지의 분석 결과들을 요약하면 표 2.2와 같다.

시스템 성능의 민감도

계속해서 서비스 수준과 운영비 간의 상충 관계를 좀 더 정량적으로 분석해 보자. 이번에는 의료 시설의 대기행렬 시스템에 관한 예제를 통해 시스템 파라미터들의 변화에 성능 평가지표들이 얼마나 민감하게 반응하는지를 살펴볼 것이다.

어떤 종합 병원 안에 작은 검사실이 하나 있다고 가정하자. 평균적으로 시간 당 5명의 환자들이 이 검사실을 방문하며(λ=5/시간), 이 검사실의 평균 처리 시간은 10분(1/μ=10분, μ=0.1/분=6/시간)이다. 검사원이 1명이고, 도착 간격과 처리 시간이 지수 분포를 따르며, 방문한 환자들의 처리 순서는 선입선출 방식으로 정해진다고 가정하면, 이 검사실에 M/M/1 모형을 적용할 수 있다.

현재 시스템은 표 2.3의 첫 번째 사례에 해당하며, 그림 2.7의 M/M/1 모형 성능 평가지표 계산식들에 의해, 검사원의 이용률은 83.3%이고, 검사실을 방문한 환자들은 도착 후 서비스를 받기까지 평균적으로 50분 동안 대기하게 된다. 나아가, 대기 시간과 처리 시간의 비는 5:1이다.

표 2.3의 나머지 사례들은 현재 시스템을 약간씩 변형한 상황들에 해당한다. 두 번째 사례에서 볼 수 있듯이, 평균 처리율이 10%증가하면 평균 대기 시간이 27분, 즉, 기존 시스템에 비해 절반 수준으로 감소하며, 서버 이용률은 75%, 대기 시간과 처리 시간의 비는 3:1로 각각 줄어든다. 반대로, 세 번째 사례에서와 같이 도착률이

		모형					
파라미터	**단위**	**M/M/1**	**M/M/1**	**M/M/1**	**M/G/1**	**M/D/1**	**M/M/2**
λ	명/시간	5	5	5.5	5	5	5
μ	명/시간	6	6.67	6	6*	6**	6
평균 처리 시간 (=1/μ)	분	10	9	10	10	10	10
ρ	%	83.3	75.0	91.7	83.3	83.3	41.7
성능 평가지표							
L_q	명	4.2	2.3	10.1	2.4	2.1	0.2
W_q	분	50	27	110	28.9	24.8	2.1
W_q / 평균 처리 시간	-	5.0	3.0	11.0	2.9	2.5	0.2
■ 대기 시간 ■ 처리 시간		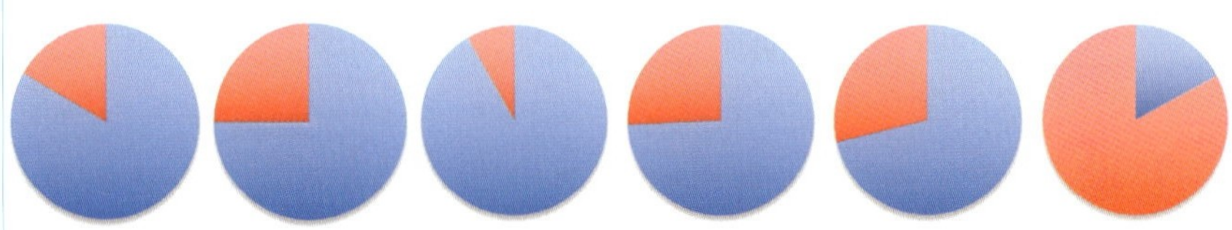					

* 표준 편차 : 지수 분포 표준 편차의 40%, 즉, 2.4

** 표준 편차 : 0

표 2.3 : 여러 대기행렬 시스템들의 성능 평가지표 비교

10% 증가하는 경우에는 평균 대기 시간이 기존 시스템의 두 배를 넘는 수준인 110분으로 늘어나며, 서버 이용률은 92%, 대기 시간과 처리 시간의 비는 무려 11:1로 증가한다. 이러한 결과들은 평균 도착률과 평균 처리율, 그리고 이들의 비율을 뜻하는 서버 이용률(ρ)이 시스템의 성능에 큰 영향을 미친다는 점을 시사한다. 두 번째, 세 번째 사례들에도 M/M/1 모형이 적용되었음에 유의하여라.

표 2.3의 네 번째, 다섯 번째 사례들에는 각각 M/G/1, M/D/1 모형이 적용되었으며, 이들은 시스템 성능이 처리 시간 변동성의 변화에 얼마나 민감하게 반응하는지를 보여준다. 어떤 확률 분포의 표준 편차를 평균으로 나눈 값을 변동 계수 C_v라 하며, 기존 시스템에서는 처리 시간의 변동 계수가 1.0이었다(지수 분포의 평균과 표준 편차는 값이 같다). 네 번째 사례의 M/G/1 모형에서는, 처리 시간의 표준 편차가 기존의 40% 수준으로 감소하여 변동 계수는 0.4가 되고, 이 때 기존 시스템에서 50분이었던 평균 대기 시간이 28.9분으로 감소하는 것을 볼 수 있다. 평균 처리 시간을 그대로 둔 채, 처리 시간의 변동성을 대폭 줄이는 것만으로도 이 같은 결과를 얻는 것이 가능하다는 점에 유의하여라. 다섯 번째 사례의 M/D/1 모형에서는 처리 시간에 변동성이 전혀 없다. 즉, 처리 시간 10분은 상수이며, 이 때 평균 대기 시간은 기존 시스템의 절반 수준인 24.8분으로 감소한다. 상기한 M/G/1 및 M/D/1 모형의 서버 이용률은 모두 기존 시스템과 같은 83.3%이며, 이들을 통해 우리는 처리 시간이나 도착 간격의 변동성이 시스템의 성능에 큰 영향을 미친다는 점을 알 수 있다. 결론적으로 말해, 분석 모형과 시뮬레이션 모형, 둘 중 어느 쪽을 사용하더라도 모형을 작성하기 전에 먼저 도착 과정이나 처리 시간의 특성을 정확히 파악하는 것이 매우 중요하다. 도착 간격이나 처리 시간의 확률 분포를 결정하는 방법에 대해서는 이 책에서 나중에 좀 더 자세히 다룰 것이다.

표 2.3의 마지막 사례는 2-서버 시스템에 해당한다(즉, 검사원이 한 명 추가되어 환자들은 둘 중 한 명에게 처리를 받게 된다). 이 경우, 평균 대기 시간은 2.1분으로 줄어들어, 기존 단일 서버 시스템의 평균 대기 시간 50분과 비교했을 때 매우 큰 차이를 보인다. 동시에, 서버 이용률은 기존 83.3%의 절반 수준인 41.7%로 감소하며, 기존 시스템에서 5:1이었던 대기 시간과 처리 시간의 비 역시 0.2:1로 줄어든다.

시스템 파라미터들에 대한 좀 더 상세한 분석

시스템의 특성과 관련된 파라미터들이 시스템의 성능에 미치는 영향에 대해 좀 더 자세히 알아보기 위해, 고객의 평균 도착률이 분당 1명인 M/G/1 시스템이 하나 있다고 가정하자. 다시 말해, 이 시스템의 평균 도착 간격은 평균이 1분인 지수 분포를 따른다.

우리는 처리 시간의 확률 분포가 다양하게 주어질 때, 이 시스템의 성능이 어떻게 변하는지를 관찰할 것이며, 이를 위해 처리 시간의 평균과 표준 편차가 다음과 같은 범위 내에서 변한다고 가정하자. 먼저, 평균 처리율은 분당 1.01명에서 분당 2.0명 사이의 값을 가질 수 있다. 즉, 평균 처리 시간은 0.99분에서 0.50분 사이의 값을 가지며, 이로 인해 서버 이용률은 99%에서 50% 사이의 값을 갖는다. 처리 시간의 변동 계수(C_v)는 0.0에서 1.0까지의 값을 갖는데, 변동 계수 값이 0인 시스템과 변동 계수 값이 1인 시스템은 각각 처리 시간이 상수인 M/D/1 모형과 처리 시간이 지수 분포를 따르는 M/M/1 모형에 해당한다.

그림 2.12는 서버 이용률과 처리 시간 변동 계수의 변화가 평균 대기 시간에 어떤 영향을 미치는지를 보여주며, 여기서 서버 이용률과 처리 시간 변동 계수가 상기한 범위에서 변화할 때, 평균 대기 시간은 최소 0.3분

(C_v=0.0,ρ=0.50인 경우)에서 최대 98.0분(C_v=1.0,ρ=0.99인 경우)까지의 값을 갖게 됨을 알 수 있다. 즉, 시스템 파라미터들은 시스템의 성능에 매우 큰 영향을 미친다.

그림 2.12의 그래프에서 낮고 평평한 영역이 꽤 넓게 나타나고 있음에 유의하여라. 높이가 낮은 영역은 평균 대기 시간이 비교적 짧은 경우에 해당하는데, 이는 서버 이용률과 처리 시간의 변동성이 작을 때 나타나는 현상이다. 물론, 서버 이용률이나 처리 시간의 변동성이 커질 때, 대기 시간이 얼마나 길어지는지는 상황에 따라 달라질 수 있다. 예를 들어, 서버 이용률이 80%(평균 처리 시간이 0.8분)인 경우에는 변동 계수가 0.0에서 1.0까지 증가할 때 평균 대기 시간은 1.6분(평균 처리 시간의 2배)에서 3.2분(평균 처리 시간의 4배)으로 늘어난다. 반면, 서버 이용률이 50%(평균 처리 시간이 0.5분)인 경우에는 변동 계수가 0.0에서 1.0까지 증가해도 평균 대기 시간은 0.3분에서 0.5분까지밖에 늘어나지 않는다.

한편, 그림 2.12의 그래프에는 경사가 매우 급한 영역도 존재한다. 급격한 경사는 평균 대기 시간이 빠르게 증가함을 의미하는데, 이는 서버 이용률과 처리 시간의 변동성이 클 때 나타나는 현상이다. 서버 이용률이 95%(평균 처리 시간이 0.95분)인 경우에는 변동 계수가 0.0에서 1.0까지 증가할 때 평균 대기 시간은 9.0분(평균 처리 시간의 약 10배)에서 18.1분(평균 처리 시간의 약 20배)까지 늘어난다. 나아가, 서버 이용률이 99%(평균 처리 시간이 0.99분)으로 매우 높은 경우에는 변동 계수가 1일 때 평균 대기 시간이 98.0분(평균 처리 시간의 약 100배)에 달한다.

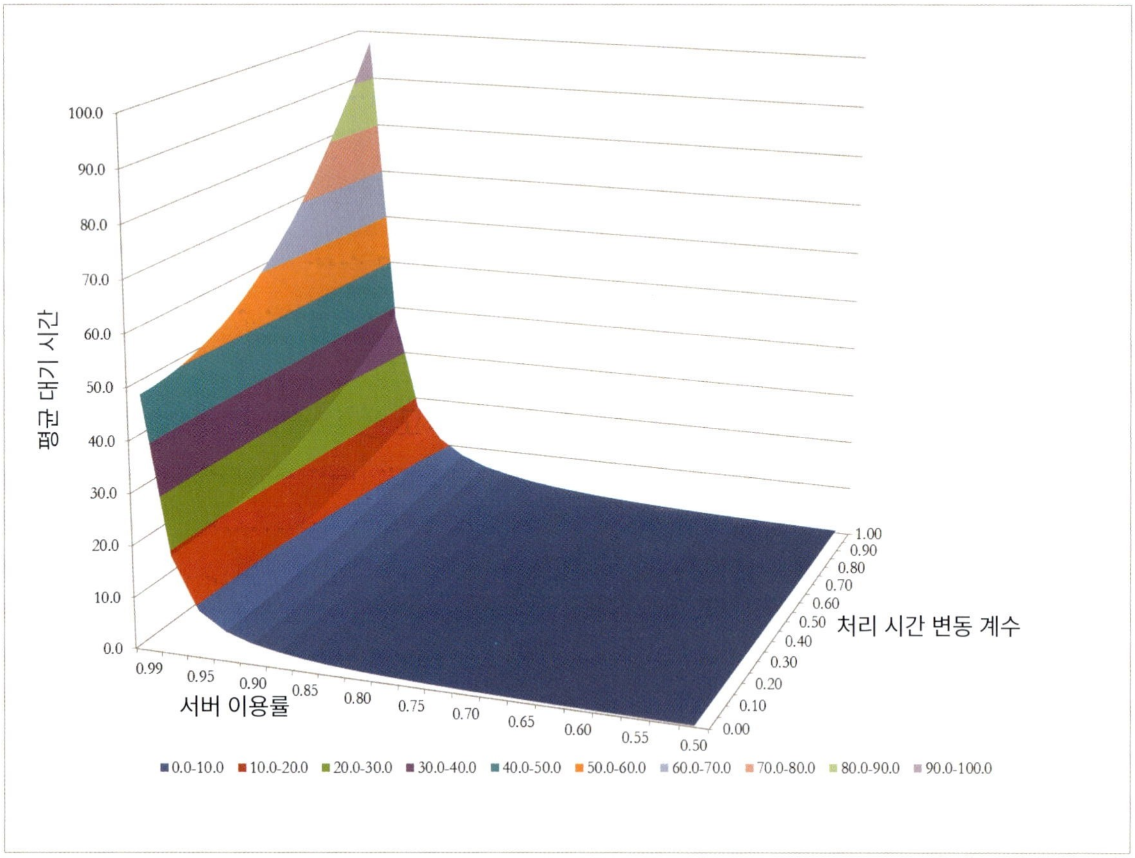

그림 2.12 : M/G/1 모형에서 서버 이용률(0.50≤ρ≤0.99) 및 처리 시간 변동 계수(0.0≤C_v≤1.0)의 변화가 평균 대기 시간(W_q)에 미치는 영향

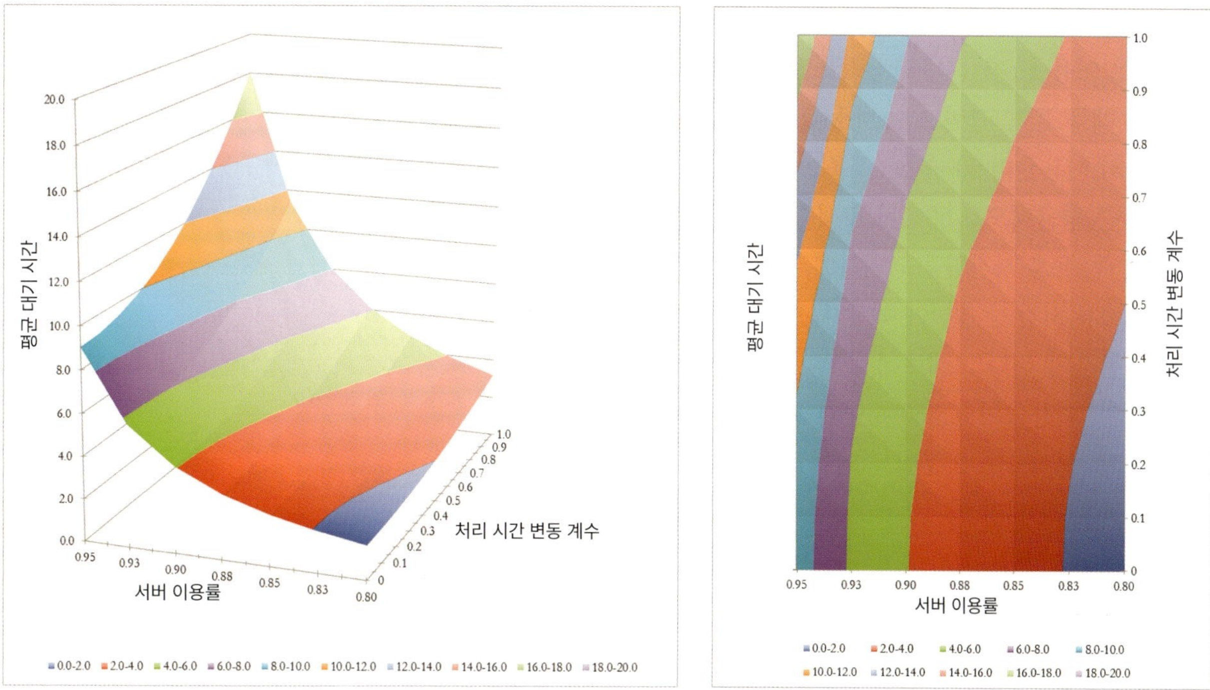

그림 2.13 : M/G/1 모형에서 서버 이용률($0.80 \le \rho \le 0.95$) 및 처리 시간 변동 계수($0.0 \le C_v \le 1.0$)의 변화가 평균 대기 시간(W_q)에 미치는 영향

그림 2.13은 서버 이용률이 80%~95% 사이의 값을 가질 때 M/G/1 시스템의 평균 대기 시간이 어떻게 변하는지를 3차원 그래프(좌측)와 등고선도(우측)를 이용하여 좀 더 상세하게 보여준다. 여기서도 역시 서버 이용률 및 처리 시간 변동 계수의 변화에 따라 대기행렬 시스템의 성능이 크게 달라질 수 있음을 볼 수 있다.

시스템 성능이 파라미터들의 변화에 얼마나 민감하게 반응하는지는 그림 2.14 및 그림 2.15의 주변 분포도(marginal plot)에서도 확인할 수 있다. 그림 2.14의 주변 분포도는 처리 시간의 변동성이 클 때(C_v=1.0, M/M/1 모형에 해당), 서버 이용률이 평균 대기 시간에 어떤 영향을 미치는지를 보여준다. 나아가, 그림 2.15에는 서버 이용률이 90%인 M/G/1 모형의 평균 대기 시간이 처리 시간 변동 계수의 변화에 어떻게 반응하는지가 나타나 있다.

앞에서도 언급했듯이, 대기행렬 시스템에는 서비스 수준과 운영비 간의 상충 관계가 존재한다. 나아가, 운영비를 줄여(서버 수를 줄이는 것에 해당) 서비스 수준을 낮추면 고객의 대기 시간이 길어지고, 운영비를 늘려(서버 수를 늘리는 것에 해당) 서비스 수준을 높이면 서버가 유휴 상태로 고객을 기다려야 하는 시간이 늘어날 것이다. 따라서, 고객의 대기 시간을 줄일 지, 아니면 서버의 대기 시간을 줄일 지에 대한 상충 관계가 존재하는 것으로도 볼 수 있다.

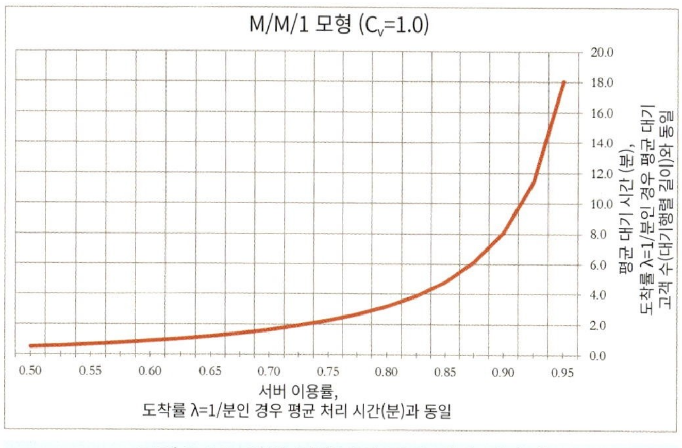

그림 2.14 : 서버 이용률이 평균 대기 시간에 미치는 영향 (M/M/1 모형, C_v=1.0)

고객의 평균 대기 시간은 W_q이며, 서버의 대기 시간은 이용률 ρ를 통해 간접적으로 파악할 수 있다. 예를 들어, 그림 2.14(M/M/1 모형)를 보자. 서버 이용률이 50%라는 것은 서버의 업무 시간 중 평균적으로 50%는 고객을 기다리는 시간, 즉, 유휴 시간임을 의미하며, 이 때 고객 역시 체류 시간 중 절반에 해당하는 대기 시간을 경험하게 된다(그래프에서 W_q=0.5분이다. 나아가, 이용률이 0.5(50%)인데 도착률이 1/분이므로 처리율 μ=2/분이 되어야 한다. 따라서, 평균 처리 시간 역시 1/μ=0.5분이 된다).

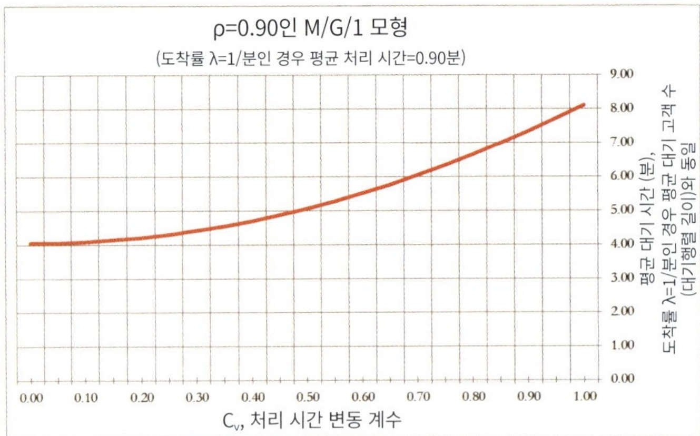

그림 2.15 : 처리 시간 변동 계수 (C_v)가 평균 대기 시간에 미치는 영향 (M/G/1 모형, ρ=0.90)

반대로, 서버 이용률이 90%가 되면 서버가 업무 시간 중 고객을 기다리는 시간, 즉, 유휴 시간의 비율이 10%로 줄어들지만, 고객의 체류 시간 중 대기 시간의 비율은 90%로 늘어난다(그래프에서 W_q=8.1분이며, 이용률 ρ=λ/μ=0.9(90%)에서 도착률 λ=1/분이므로, 평균 처리 시간 1/μ=0.9분이 된다).

Section 2-8 대기행렬 시스템에 대한 시뮬레이션

단순한 시스템의 특성을 분석할 때는 대기행렬 이론에 나오는 계산식들을 이용할 수도 있다. 하지만, 이전에도 이야기했듯이, 실제 시스템에는 이러한 계산식들이 잘 맞지 않는 경우가 많다. 다양한 가정들이 충족되지 않거나, 대기행렬 시스템이 가진 구성요소들 간의 복잡한 상호작용을 계산식에 반영하는 것이 어렵기 때문이다. 이러한 경우에는 시스템의 행태를 표현 및 분석하고 그 성능을 측정하는데 시뮬레이션을 이용하는 것이 바람직하다.

시뮬레이션을 이용하면 계산식이 아닌 로직을 바탕으로 분석이 이루어진다는 점에서, 시뮬레이션과 대기행렬 이론의 접근 방식 사이에는 근본적인 차이점이 존재한다. 얼마나 정밀하고 복잡한 로직을 사용할 것인가는 당면한 문제를 해결하기 위해 시스템의 특성을 어느 정도로 상세하게 표현해야 하는지에 달려 있다. 모형은 기본적으로 분석 대상 시스템의 중요한 특성들을 반영하면서도 가능한 단순해야 한다. 나아가, 이러한 모형을 작성하기 위해서는 초기에 분석 목표를 명확히 정의하는 것이 매우 중요하다. 지나치게 복잡한 모형은 작성하는데 많은 시간과 노력이 필요할 뿐만 아니라, 분석 결과를 해석하기가 힘들고, 문서화 및 유지보수도 쉽지 않다. 이러한 문제점들에 대해서는 16장과 17장에서 좀 더 자세히 논의할 것이다.

이 절에서 우리는 대기행렬 시스템에 대한 시뮬레이션 분석을 하려면 어떤 모형이 필요한지에 대해 간단히 살펴볼 것이다. 이러한 모형이 어떻게 실행되는지에 대해서는 나중에 8장에서 보다 상세히 다루고자 한다. 이 절에서는 먼저, 사건(event)과 상태(state)의 개념을 정의하고, 시스템의 성능 평가지표를 산출하는 과정에서 상태가 어떻게 이용되는지를 설명할 것이다. 이후에는 실제 시스템의 특성을 분석할 때 시뮬레이션이 유용한 이유가 무엇인지를 보여주는 두 개의 예제들을 소개하고자 한다. 이 중 첫 번째 예제는 대기행렬 이론에 나오는 기본 모형들에 반영되지 않았던 진입 포기나 중도 포기가 발생하는 시스템에 대한 것이고, 두 번째 예제는 여러 단계의 처리가 순차적으로 일어나며, 서버의 가동 중단이 발생하기도 하는 시스템에 대한 것이다. 중요한 것은 실제 시스템의 특성이 누락되거나, 비현실적인 가정을 전제로 할 경우, 기본적인 시스템 성능 평가지표들이 왜곡될 수도 있다는 점이다. 시뮬레이션 모형을 작성하는 방법이나 이를 작동시키는 방법에 대해서는 여기에서 설명하지 않는다. 이들에 대해서는 다른 장들에서 좀 더 자세히 살펴보기로 하자.

이산 사건 시뮬레이션

다양한 종류의 시뮬레이션 중, 이 책에서는 주로 이산 사건 시뮬레이션(discrete-event simulation)에 초점을 맞출 것이다. 이름에서 볼 수 있듯이, 이산 사건 시뮬레이션은 어떤 사건이 발생한 시점에만 상태가 변화하는 시스템을 묘사하는데 사용된다[3].

대기행렬 시스템은 이산 사건 시스템(discrete-event system)의 대표적인 예이다. 나아가, 고객의 도착은 시스템의 상태 변화를 야기하는 일종의 사건으로 볼 수 있다. 예를 들어, 고객 한 명이 시스템에 도착하면 서버가 유휴 상태에서 바쁜 상태로 바뀌거나, 대기 중인 고객 수가 증가할 것이다. 고객 도착의 발생 시점은 이산적[4]이며, 이는 어떤 서버의 상태 변화를 보여주는 그림 2.16에도 나타나 있다. 이 그림에서 시뮬레이션 실행 초기에 서버는 유휴 상태(편의 상 유휴 상태를 0으로 표기하였다)이며, 1.5분이 경과하여 고객 한 명이 도착할 때까지 이 상태를 유지한다. 이 때부터 서버는 바쁜 상태(편의 상 바쁜 상태는 1로 표시하였다)가 되고, 이후 처리가 진행되는 3분 동안 이 상태가 계속된다. 4.5분이 경과한 시점에 이 서버는 다시 유휴 상태(상태 0)로 되돌아 간다. 기존 고객의 처리가 완료되는 사건이 발생하였고, 그 동안 새로운 고객이 한 명도 도착하지 않았기 때문이다. 이 간단한 예에서 6분의 시간이 경과하는 동안 서버 이용률은 $(0\times(1.5+1.5)+1\times3)/6.0 = 0.5$, 즉, 50%가 될 것이다.

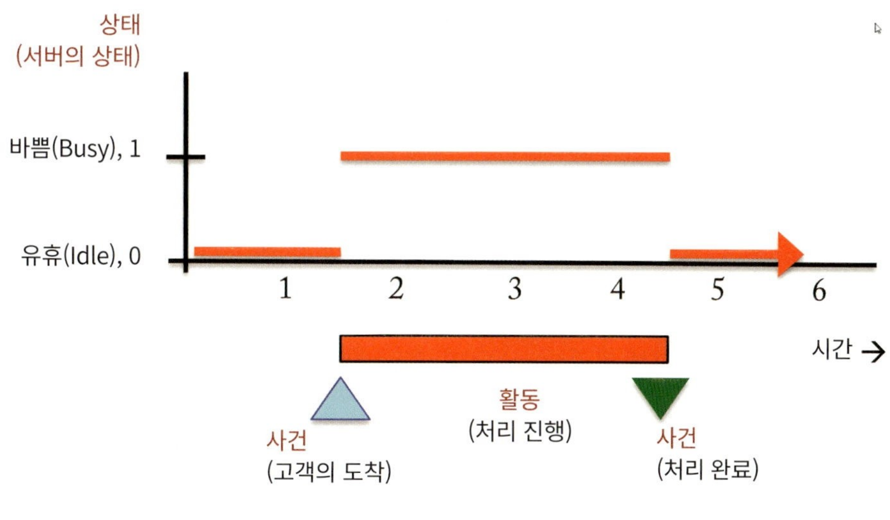

그림 2.16 : 사건의 발생으로 인한 시스템 상태 변화

3 다시 말해, 다음 번 사건이 일어나기 전까지는 상태가 변하지 않는다.

4 특정 시점에 사건이 발생하고, 사건 발생에 소요되는 시간은 0임을 의미한다.

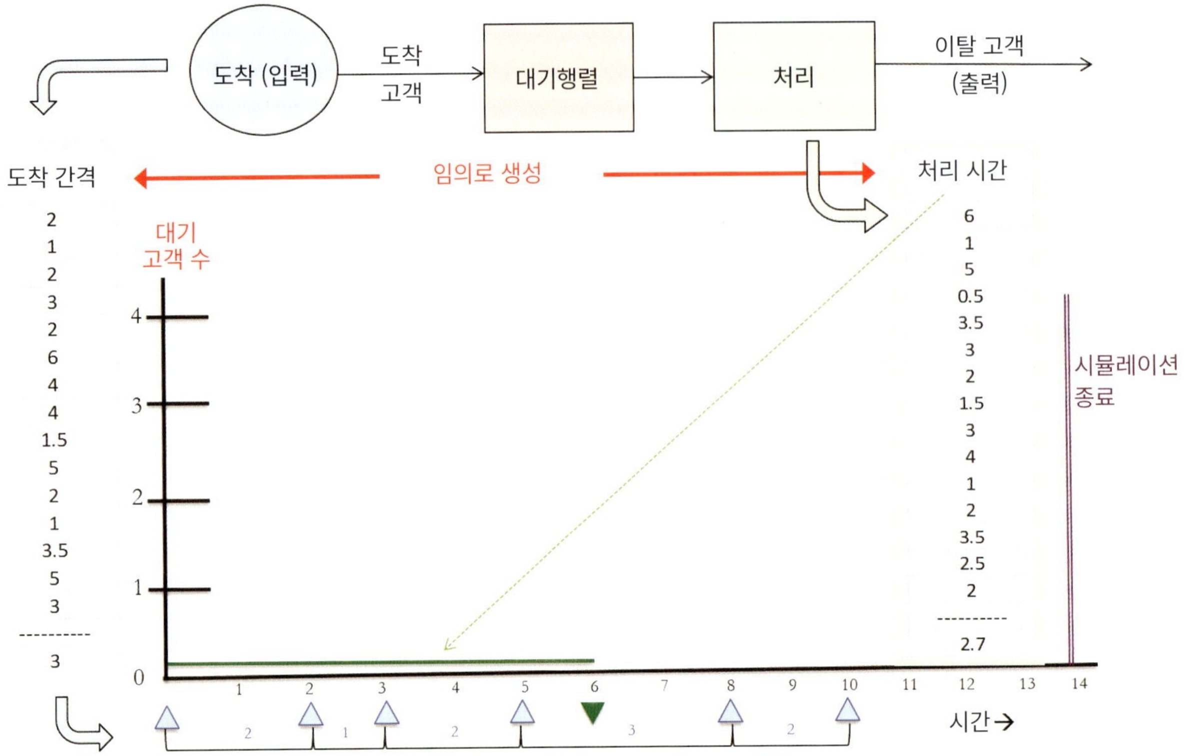

그림 2.17 : 임의로 생성한 값들을 이용한 대기행렬 시스템 시뮬레이션

이같이 계산한 서버 이용률은 시간 가중 평균(time-weighted average), 즉, 각 상태에 숫자 값을 부여하고, 이 값들에 각 상태가 유지된 시간을 곱하여 총합한 후 전체 경과 시간으로 나눈 값에 해당한다[5]. 이 예에서 서버가 가질 수 있는 상태는 0(유휴 상태)과 1(바쁜 상태), 두 가지였고, 전체 시간 6분 중, 서버가 유휴 상태(상태 0)였던 시간은 처음의 1.5분과 마지막 1.5분을 합해 총 3.0분이었다. 나아가, 이 서버는 1회의 처리를 수행하였으며, 이에 소요된 3분은 바쁜 시간(busy time)에 해당한다.

그림 2.17에는 또 다른 대기행렬 시스템의 예가 나타나 있으며, 이번에는 평균 대기 고객 수(대기행렬 길이)를 구해볼 것이다. 이를 위해서는 대기 고객 수를 이용하여 시스템의 상태를 표현해야 하며, 이 값은 최소 0에서 이론 상으로는 무한히 늘어날 수도 있다. 그림 좌측에는 임의로 생성한 도착 간격들이 나열되어 있으며, 이 값들은 각 고객들의 도착 시점을 결정하는데 사용된다. 나아가, 이 그림에서는 시간 경과를 나타내는 가로축 주위의 위쪽을 향한 삼각형들이 고객의 도착 시점들을 표시하고 있다. 한편, 그림 우측에는 임의로 생성한 처리 시간들이 나열되어 있다. 도착 간격과 처리 시간을 임의로 생성하는 방법에 대해서는 8장에서 논의하기로 하자. 첫 번째 고객(고객 1)은 0분이 경과한 시점에 도착하며, 이 고객의 처리 시간은 6분이다. 고객 한 명에 대한 처리가 완료되면 고객의 이탈이라는 사건이 발생하게 되므로, 이 시스템에서 첫 번째 이탈은 첫 번째 고객에 대한 처리가 완료되는 6분 경과 시점에 발생할 것이다. 이 다음 그림에서 보겠지만, 첫 번째 고객과 달리, 이후 고객들의 이탈 시점을 결정하는 것은 약간 더 까다롭다. 해당 고객의 처리 시간뿐만 아니라, 서버의 기존 상태까지 고려해야 하기 때문이다. 다시 말해, 첫 번째 이후 고객들의 이탈 시점을 결정하기 위해서는 먼저 이들이 도착하기 전에 시스템이 어떻게 변화해왔는지를 파악하여야 한다.

5 또는, 각 상태에 해당하는 값들에 각 상태가 유지된 시간의 비율을 곱하여 총합한 값으로도 볼 수 있다.

그림 2.17에서 임의로 생성한 도착 간격 및 처리 시간들을 이용하여, 수작업으로 단일 서버 시스템에 대한 시뮬레이션을 수행하면 그림 2.18과 같은 결과를 얻게 된다. 9장에서 보다 상세히 설명하겠지만, 시뮬레이션을 수행하는 방법은 크게 어렵지 않다. 서버가 바쁠 때 도착한 고객은 먼저 대기행렬에 합류한 다음, 선입선출 정책에 따라 시간이 경과하면서 점점 대기행렬의 앞쪽으로 이동해 갈 것이다. 예를 들어, 두 번째 고객(고객 2)은 2분 경과 시점에 도착한 후, 먼저 대기행렬의 맨 앞 자리에 줄을 서야 한다. 서버가 고객 1을 처리하는 중이기 때문이다. 고객 2에 대한 처리는 고객 1이 시스템을 이탈하는 6분 경과 시점이 되어서야 비로소 시작된다. 따라서, 고객 2의 대기 시간은 4분인 반면, 시뮬레이션 시작 초기, 서버가 유휴 상태일 때 도착한 고객 1의 대기 시간은 0분이다. 이와 비슷하게, 고객 3은 3분 경과 시점에 도착하여 먼저 대기행렬의 두 번째 자리에 줄을 선다. 맨 앞 자리에는 고객 2가 있기 때문이다. 이후 고객 2에 대한 처리가 시작되는 6분 경과 시점에 고객 3은 대기행렬의 맨 앞 자리로 이동하게 되고, 고객 2의 이탈이 발생하는 7분 경과 시점에 고객 3에 대한 처리가 시작된다. 따라서, 고객 3의 대기 시간은 4분이다. 이 같은 과정을 반복하면 시뮬레이션이 수행되는 동안 도착한 고객 각각의 대기 시간이 구해질 것이다. 나아가, 이들을 총합한 후 도착 고객 총 인원수로 나누어 평균 대기 시간을 얻을 수 있으며, 이러한 방식으로 계산한 성능 평가지표들을 관측 평균(observation average)이라 한다.

그림 2.18에서 14분 동안 수행된 시뮬레이션을 통해 우리는 대기행렬 시스템에 대한 시뮬레이션이 어떤 식으로 수행되는지, 그리고 무작위 사건의 발생이 왜 시스템의 성능에 영향을 주게 되는지를 보았다. 또한, 이 그림에는 고객의 도착 및 이탈 외에도 시뮬레이션 종료라는 사건이 표시되어 있으며, 이 사건이 발생하면 시뮬레이션을 더 이상 수행하지 않는다. 이 시스템의 성능 평가지표들은 다음과 같이 구할 수 있다. 먼저, 시뮬레이션이 수행되는 14분 내내 서버가 바쁜 상태였으므로, 서버 이용률은 100%이다. 대기 고객 수(대기행렬의 길이)는 0명에서 3명까지의 범위에서 변동하는데, 시간 가중 평균을 이용하면 평균 대기 고객 수는 1.68명이다. 시스템을 방문한 고객들은 각각 최소 0분에서 최대 7분의 대기를 경험하게 되는데, 관측 평균을 이용하면 평균

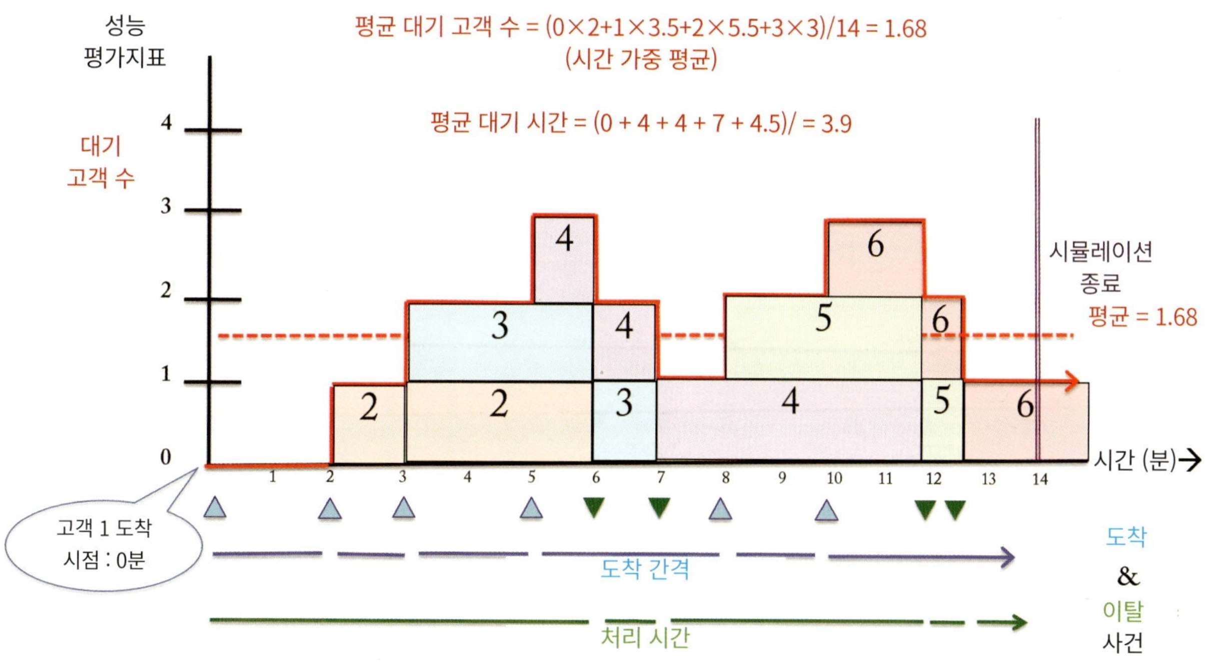

그림 2.18 : 수작업을 통한 이산 사건 시뮬레이션 예

대기 시간은 3.9분이 될 것이다. 성능 평가지표들의 상세한 계산 과정은 그림 2.18의 상단에서도 볼 수 있다.

물론, 이렇게 짧은 시간 동안 수행된 시뮬레이션으로부터 성능 평가지표들을 산출하는 것이 과연 타당한지 의문이 들 수도 있다. 하지만 여기서 성능 평가지표의 값이 정확한지에 대해 신경쓸 필요는 없다. 앞의 예제는 단지 이산 사건 시뮬레이션이 어떻게 수행되고, 이 과정에서 성능 평가지표들은 어떻게 산출되는지를 설명하기 위해 소개했을 뿐이다. 나아가, 이제 대기행렬 이론에 나오는 계산식들을 이용한 분석과 시뮬레이션을 이용한 분석이 서로 어떻게 다른지 조금 감이 올 것이다. 앞의 예제에서처럼 시뮬레이션을 수작업으로 수행하는 것은 매우 번거로운 일이다. 따라서, 시뮬레이션을 수행할 때는 보통 컴퓨터를 사용하게 된다. 특히, *FlexSim*과 같은 전문 시뮬레이션 소프트웨어를 사용하면 매우 편리하게 시뮬레이션 모형을 작성하고, 이를 실행한 다음, 그 결과를 집계해 볼 수 있다. 그러므로, 제아무리 단순한 시스템을 분석하는 경우라 하더라도 가능하면 시뮬레이션 소프트웨어를 사용하는 것이 바람직하다.

앞에서 설명한 바와 같이, 평균 대기 고객 수 L_q (주로 대기행렬 이론에서 사용되는 표기법이다)는 시간 가중 평균에 해당한다. 보통, 시간 가중 평균은 그림 2.18에서처럼 각 상태에 부여된 값(예: 대기 고객수가 0, 1, 2, …)과 각 상태가 유지된 시간의 비율을 곱한 후, 이들을 총합하여 구한다. 하지만, 시뮬레이션에서는 보다 효율적인 계산을 위해 시간 가중 평균을 앞과 다른 별도의 방법으로 산출하기도 한다. 물론, 어느 방법을 사용해도 계산 결과는 같다. 별도의 산출 방법을 사용하면 시스템의 이전 변화 내용을 일일이 추적할 필요 없이, 누적 합을 이용하여 시간 가중 평균을 보다 편리하게 구할 수 있다. 자세한 내용은 아래에서 살펴보기로 하자.

대기행렬 이론에서는 임의의 시점 T에 관찰되는 대기 고객 수를 흔히 $N_q(T)$로 표기한다. 하지만 이산 사건 시뮬레이션에서는 $N_q(T)$대신 임의의 사건 J의 발생 시점에 관찰되는 대기 고객 수 $N_q(J)$를 이용하는 것이 더 효과적이다. 시스템에서 발생한 고객 도착, 고객 이탈 및 시뮬레이션 종료와 같은 사건들 중 J번째로 발생한 것

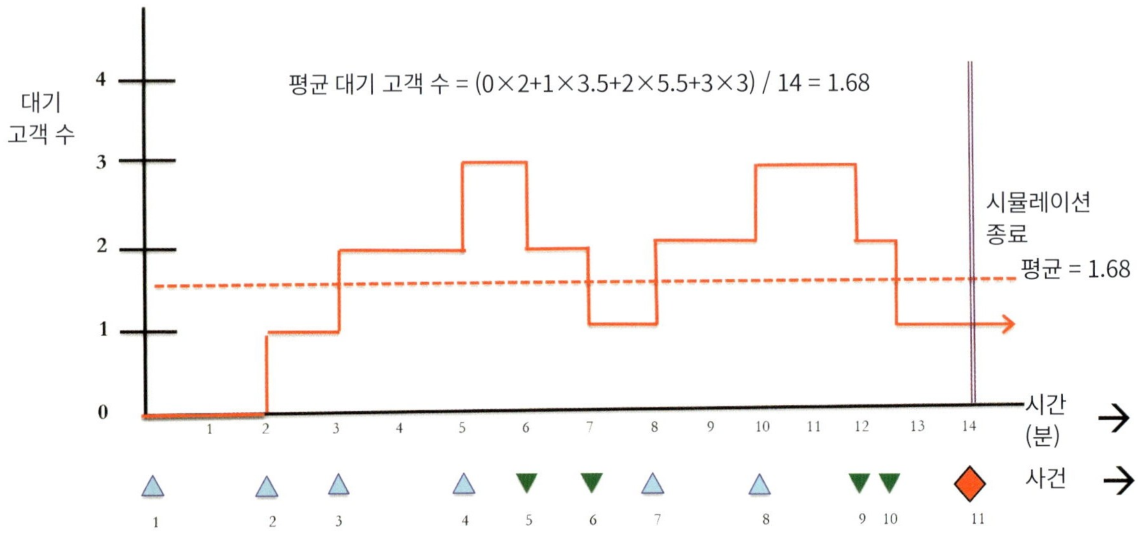

$L_q(J)$ = $T(J)$ 시점의 평균 대기 고객 수 = [$Total(J\text{-}1)+N_q(J\text{-}1)\times\Delta T(J)$] / $T(J)$

$L_q(11)$ = [$Total(10)+N_q(10)\times\Delta T(11)$] / $T(11)$ = [22 + 1×1.5] / 14 = 1.68

그림 2.19 : 별도의 방법으로 시간 가중 평균 방식에 해당하는 평균 대기 고객 수를 산출하는 과정

을 사건 J라고 표기할 때, 그림 2.19에서 보듯이, 사건 1, 2, 3, 4는 각각 고객 1, 2, 3, 4의 도착에 해당하고, 사건 5, 6은 고객 1, 2의 이탈을 의미한다. 사건 J의 발생 시점을 $T(J)$라 하자. 그러면, $T(J)$ 시점의 평균 대기 고객 수는 그림 2.18 또는 그림 2.19에서 $T(J)$시점까지의 그래프 아래 면적을 $T(J)$로 나눈 값이 된다. 나아가, $T(J)$시점까지의 그래프 아래 면적은 $T(j\text{-}1)\sim T(j)$ 구간에 형성되는 직사각형의 면적, 즉, $N_q(j\text{-}1)\times \Delta T(j)$들의 합으로 구할 수 있으며, 여기서 $\Delta T(j)=T(j)\text{-}T(j\text{-}1)$이다(단, j=1, 2, 3, ⋯, J, $T(0)$=0이고, $N_q(0)$는 시뮬레이션 최초 실행 시점의 대기 고객 수이다). 따라서, $T(J)$ 시점의 평균 대기 고객 수 $L_q(J)$를 다음과 같이 계산할 수 있다:

$$L_q(J) = \frac{\sum_{j=1}^{J} N_q(j-1) \times \Delta T(j)}{T(J)} = \frac{Total(J-1) + N_q(J-1) \times \Delta T(J)}{T(J)}$$

단, $Total(J\text{-}1)$은 1, 2, ⋯, J-1번째 직사각형들의 너비의 합, $\sum_{j=1}^{J-1} N_q(j-1) \times \Delta T(j)$를 의미한다. 결과적으로, 시뮬레이션이 수행되는 동안 직전 사건 발생 시점까지의 총 면적 Total(J-1)와 직전 사건 발생 이후 경과 시간 $\Delta T(J)$만 적절히 갱신하면 특정 시점의 시간 가중 평균을 편리하게 계산할 수 있다.

진입 포기와 중도 포기

이전에 언급했듯이, 대기행렬 시스템에서는 고객의 진입 포기나 중도 포기가 발생할 수 있다. 잠시 복습을 해보면, 진입 포기란 시스템에 도착한 고객이 대기 시간이 너무 길어질 것을 우려하여 대기행렬에 합류하지 않고 즉시 떠나버리는 것을 말한다. 한편, 대기행렬에 합류한 고객이 기다리다 지쳐 처리를 받기도 전에 시스템을 이탈하는 것을 중도 포기라 한다.

여기서는 작은 패스트푸드 식당에 관한 예제를 이용하여 진입 포기나 중도 포기로 인해 발생하는 현상들에 대해 설명할 것이다. 이 식당의 종업원은 1명이며, 고객들의 평균 도착률과 평균 처리율은 각각 6/시간, 6.67/시간이다. 다시 말해, 도착 간격과 처리 시간의 평균은 각각 10분, 9분이며, 이들은 지수 분포를 따른다. 나아가, 이 식당은 선입선출 정책을 취하고 있다.

각 고객의 성향이나 시스템의 상황에 따라 진입 포기나 중도 포기가 일어날 확률은 달라질 것이다. 다만, 여기서는 고객들의 진입 포기 성향을 아래와 같이 진입 포기 기준값을 이용하여 표현하기로 하자. 예를 들어, 기존 고객 두 명이 대기 중일 때 도착한 고객이 진입 포기를 선택할 확률은 10%이다. 마찬가지로, 기존 고객 세 명이 대기 중일 때 도착한 고객 중 10%가 진입 포기를 선택하고, 대기 중인 기존 고객이 1명 이하일 때는 아무도 진입 포기를 선택하지 않는다.

진입 포기 확률 (%)	진입 포기 기준값 (명)
10.00	2.00
10.00	3.00
15.00	4.00
30.00	5.00
15.00	6.00
10.00	7.00
10.00	8.00

중도 포기 시간, 즉, 대기행렬에 합류한 이후 중도 포기를 결심하기까지 소요되는 시간(중도 포기 시간) R은 평균 R_{mean}이 15분인 지수 분포를 따른다고 가정하자. 단, 최초 합류 이후 처음 5분 동안은 아무도 중도 포기를 하지 않는다. 바꾸어 말하자면, 모든 고객이 최소 5분동안은 기본적으로 대기행렬에 머무르지만(최소 중도 포기 시간 R_{min}=5분), 이후의 추가적인 대기 시간은 평균이 10분인 지수 분포를 따르는 상황이며, 추가 대기가 끝나면 중도 포기가 발생한다. 그림 2.20에는 이러한 중도 포기 시간의 확률 밀도 함수 그래프를 도식화하였다. 나아가, 이 그림에서 5.5분의 대기 시간이 경과했을 때 고객이 중도 포기를 선택할 확률은 5%이며, 11.9분이 경과한 시점에서는 이 확률이 50%로 높아짐을 볼 수 있다. 일반적으로 중도 포기 시간의 특성은 R_{min}과 R_{spread}, 두 개의 파라미터를 갖는 지수 분포를 이용하여 표현하며, 여기서 중도 포기 시간의 산포 $R_{spread}=R_{mean}-R_{min}$이다. 즉, 이 식당의 중도 포기 시간은 R_{min}=5분, R_{spread}=10분인 지수 분포를 따른다.

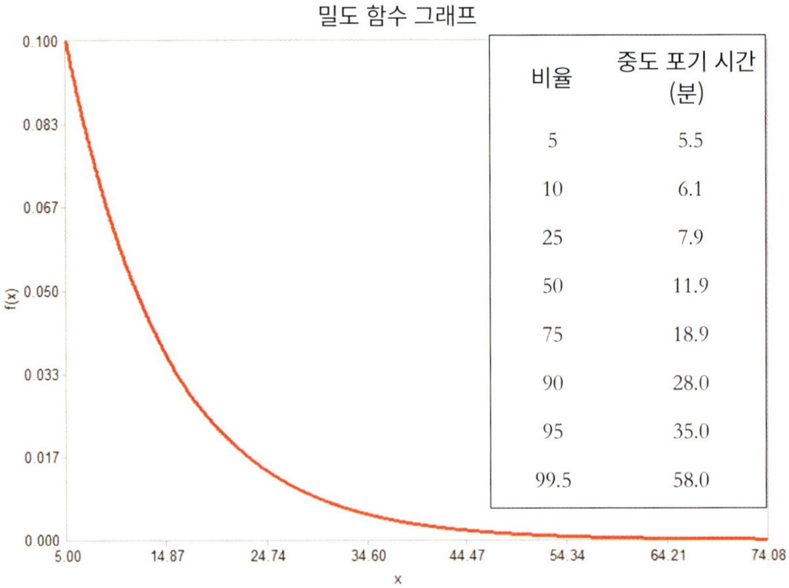

그림 2.20 : 중도 포기 시간의 분포 (R_{min}=5분, R_{spread}=10분)

참고로, 시뮬레이션에서는 모형에 다양한 종류의 확률 분포를 폭넓게 적용할 수 있으며, 파라미터 값도 쉽게

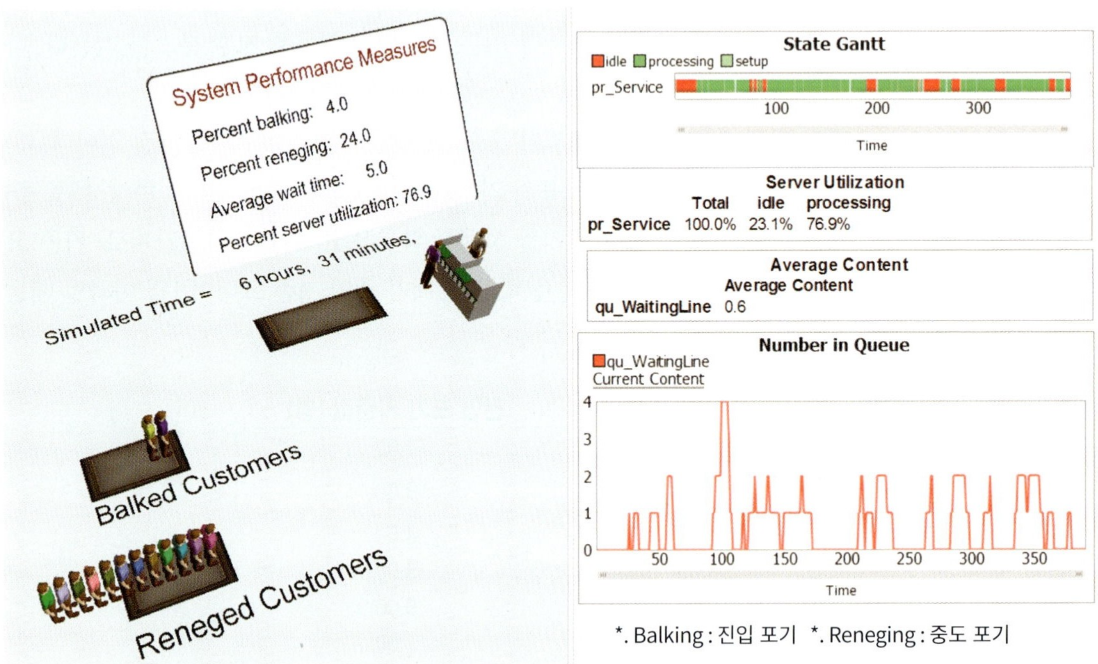

그림 2.21 : 진입 포기 및 중도 포기의 영향을 분석하기 위한 시뮬레이션 모형

변경할 수 있다. 이는 시뮬레이션 분석의 주요 장점 중 하나이다.

그림 2.21에서 이 식당을 분석하기 위해 작성한 시뮬레이션 모형을 볼 수 있다. 이 모형에는 진입 포기와 중도 포기가 반영되어 있으며, 그림 상단의 대시보드에는 시뮬레이션을 6.5시간 수행하여 얻은 성능 평가지표들이 보인다. 아울러, 6.5시간이 경과한 이 시점에 50번째 고객의 도착이 발생하였다. 대시보드에 표시된 내용에 따르면, 이 50명의 고객 중 진입을 포기한 고객의 비율이 4%(50명 중 2명)이고, 중도 포기를 경험한 고객의 비율은 24%(50명 중 12명)이다. 또한, 모형 아래 쪽에는 진입 포기한 고객(Balked Customers) 및 중도 포기한 고객(Reneged Customers)들이 표시되도록 하였다. 대시보드 아래를 보면 고객의 평균 대기 시간은 5.0분인데, 이는 진입 포기나 중도 포기한 고객들을 제외하고 계산한 값이며, 서버 이용률은 76.9%이다. 한편, 그림 우측의 State Gantt 항목은 6.5시간 동안 유휴 상태와 바쁜 상태가 어떻게 바뀌어왔는지를 보여준다. 나아가, Average Content 항목에서 평균 대기 고객 수는 0.6명이나 그 아래 Number in Queue 항목의 그래프를 보면 시간이 경과하는 동안 대기 고객 수가 최대 4명까지 늘어나는 경우도 있었다.

진입 포기나 중도 포기가 없는 경우에는 대기행렬 이론에 나오는 M/M/1 모형을 적용하는 것도 가능하며, 이 모형을 이용하여 위 식당을 분석한 결과는 표 2.4의 분석 시나리오 1에 요약되어 있다. 이를 보면, 평균 대기 시간이 63.3분으로 1시간을 넘고, 서버 이용율은 약 85%인데, 현실적으로 모든 고객이 이렇게 오래 기다리지는 않을 것이다. 즉, 실제로는 상당수의 고객들이 한 시간이 되기 전에 기다리다 지쳐 가게를 떠나버리거나(중도 포기), 오랜 대기가 예상되는 경우 처음부터 가게에 들어오지도 않을 것이다(진입 포기).

	분석 시나리오						
	1 M/M/1	2 B only	3 B+R (5,10)	4 B+R (10,10)	5 B+R (10,20)	6 B+R (20,20)	7 B+R (30,60)
진입 포기	없음	있음	있음	있음	있음	있음	있음
중도 포기	없음	없음	있음	있음	있음	있음	있음
최소 중도 포기 시간 R_{min} (분)	-	-	5	10	10	20	30
중도 포기 시간 산포 R_{spread} (분)	-	-	10	10	20	20	60
평균 진입 포기 확률	0.0	12.1	2.2	3.4	4.6	6.7	9.7
평균 중도 포기 확률	0.0	0.0	25.6	20.2	16.9	10.6	3.6
평균 대기 시간 (분)	63.3	18.5	5.4	7.3	9.1	11.9	15.9
평균 대기 고객 수 (명)	6.5	1.6	0.5	0.7	0.9	1.1	1.4
서버 이용률 (%)	84.5	77.0	63.3	67.0	68.9	72.6	76.0

*. 각 시나리오에 대해 40시간 동안의 시뮬레이션을 25회 반복 수행하여 얻은 결과에 해당.

*. 도착 간격과 처리 시간은 각각 평균이 10분, 9분인 지수 분포를 따름.

표 2.4 : 진입 포기와 중도 포기가 시스템의 성능에 미치는 영향

표 2.4의 시나리오 2는 진입 포기만을 반영하여 시뮬레이션 분석을 실시한 결과에 해당하며, 이 때는 고객 중 약 12%가 진입을 포기하고, 식당을 그냥 지나치는 것으로 나타난다. 나아가, 식당에 들어오는 고객의 수가 줄

었기 때문에 평균 대기 시간(18.5분)과 서버 이용률(77.0%) 역시 감소하였다.

표 2.4의 시나리오 3에서는 진입 포기와 중도 포기를 모두 반영하여 시뮬레이션 분석을 실시하였으며, 앞에서처럼 최소 중도 포기 시간 R_{min}=5.0분, 중도 포기 시간 산포 R_{spread}=10.0분으로 설정하였다(평균 중도 포기 시간 R_{mean}=15.0분). 그럼에도 시나리오 3의 분석 결과는 그림 2.21에서 보이는 값들과 약간 다른데, 이는 그림 2.21의 6.5시간보다 더 긴 40시간에 걸쳐 시뮬레이션을 수행했기 때문이다. 시뮬레이션 수행 시간을 정하는 방법에 대해서는 이 책의 뒤쪽에서 다시 논의할 것이다. 세부적으로는 진입 포기 확률이 불과 2.2%이지만, 중도 포기 확률은 25.6%나 된다는 점을 볼 수 있다. 또한, 평균 대기 시간과 서버 이용률은 각각 5.4분, 63.3%로 감소하였고, 평균 대기 시간이 많이 단축되면서 평균 대기 고객 수 역시 0.5명으로 줄어들었다.

표 2.4의 시나리오 4 ~ 시나리오 7은 모두 R_{min}과 R_{spread}의 값들을 약간씩 변경한 경우들에 해당하며, 여기서 우리는 이 파라미터 값들의 변화가 시스템의 성능에 큰 영향을 준다는 점을 알 수 있다.

이 예제에서 보듯이, 파라미터 값들을 잘못 설정하면, 성능 평가지표들에 대한 정확한 추정이 이루어지지 않는다. 모형을 작성할 때는 항상 적절한 파라미터 값과 올바른 가정을 통해 분석 대상 시스템의 특성을 가능한 정확히 표현하는 것이 중요하다는 점을 기억하여라.

가동 중단

분석 모형들은 대부분 서버가 항상 가동되는 것으로 가정하지만, 실제로는 이런 경우가 드물다. 반면, 이 책의 뒤에서도 보게 되겠지만, 시뮬레이션 모형에는 서버의 가동 중단을 쉽게 반영할 수 있다.

일반적으로 서버의 가동 중단은 계획된(planned) 가동 중단과 계획되지 않은(unplanned) 가동 중단, 두 가지로 구분한다. 계획된 가동 중단의 예로는 근로자들의 휴식이나 설비 가동에 필요한 소모품 보충(예: 복사기의 용지) 등을 들 수 있다. 반면, 발생 시점을 정확히 알 수 없는 가동 중단(예: 복사기의 용지 걸림 현상)을 계획되지 않은 가동 중단이라 한다.

가동 중단은 시스템의 성능에 어떤 영향을 줄까? 앞서 그림 2.2에 나왔던 3단계 작업 처리 시스템을 통해 알아보기로 하자.

이 시스템의 세부적인 특성은 다음과 같다. 먼저, 작업물(고객)의 도착 간격은 평균이 10분인 지수 분포를 따른다. 또한, 모든 작업물들은 세 가지 처리 단계를 순차적으로 거치며, 경우에 따라 각 단계의 처리가 이루어지는 작업장 앞에서 대기해야 할 수도 있다. 작업물들의 길이는 0.25피트에서 2.75피트 사이의 일양 분포(uniform distribution)를 따르고, 너비는 0.5피트에서 4.5피트 사이의 일양 분포를 따른다(평균 길이=1.5피트, 평균 너비=2.5피트). 즉, 작업물들의 크기가 일정치 않은 상황이다. 나아가, 각 작업장의 처리 시간은 작업물의 크기, 즉, 면적에 따라 달라지며, 구체적으로는 아래와 같이 계산된다(단, 여기서 uniform(a, b)는 a에서 b사이의 일양 분포, exponential(m)은 평균이 m인 지수 분포를 의미한다).

$$\begin{aligned}\textbf{처리 시간} &= 2.0 \times \textbf{길이} \times \textbf{너비} + \textbf{exponential}(2.5)\\ &= 2.0 \times \textbf{uniform}(0.25, 2.75) \times \textbf{uniform}(0.5, 4.5) + \textbf{exponential}(2.5)\end{aligned}$$

각 작업장의 처리 시간을 모두 합한 전체 처리 시간의 평균값은 10분(작업물 면적의 평균이 1.5×2.5=3.75

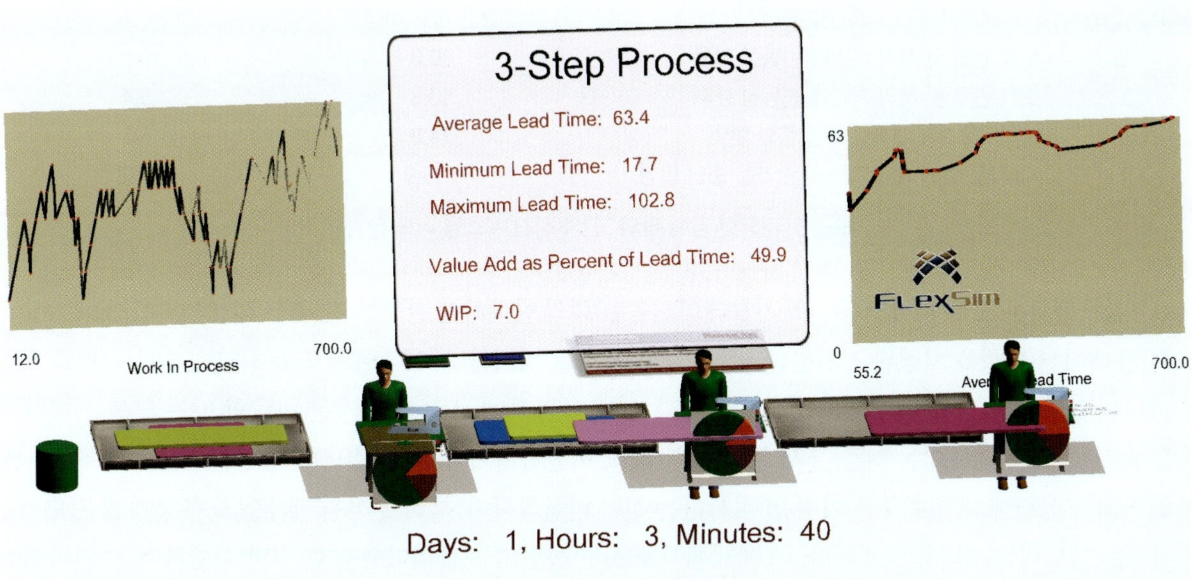

그림 2.22 : 3단계 생산 시스템에 대한 시뮬레이션 모형

제곱 피트이므로)이나, 실제로는 작업물에 따라 이보다 길거나 짧은 시간이 소요되는 경우가 많다. 예를 들어, 위 식에 따르면 면적이 0.5 제곱 피트인 작업물을 처리하는데 소요되는 전체 처리 시간의 기대값은 3분이며, 면적이 8 제곱 피트인 경우에는 전체 처리 시간의 기대값이 18.5분이 될 것이다.

이 시스템에서는 휴식 시간과 점심 시간의 두 가지 계획된 가동 중단이 발생하며, 각 작업장 및 이 시스템에 원료를 공급하는 자재 관리 부서에는 하루에 10분간의 휴식 시간이 2회, 그리고 30분간의 점심 식사 시간이 1회 주어진다. 세부적으로는 하루 일과를 시작한 후 2시간(±10분)이 경과한 시점에 휴식 1회, 4시간(±10분) 경과 시점에 점심 식사, 나아가 6시간(±10분) 경과 시점에 나머지 휴식 1회를 실시하도록 되어 있다.

각 작업장 및 이 시스템에 원료를 공급하는 자재 관리 부서에서 계획되지 않은 가동 중단이 발생할 수도 있다. 가동 중단의 발생 간격은 평균이 3시간인 지수 분포를 따르고, 가동 중단 시간의 길이는 5분에서 15분 사이의 일양 분포를 따른다.

그림 2.22는 이 시스템을 분석하기 위하여 작성한 시뮬레이션 모형을 총 700분(첫째 날 8시간 + 둘째 날 3시간 40분) 동안 실행한 결과를 보여준다. 상단의 대시보드에는 각종 성능 평가지표들의 값이 표시되어 있으며, 좌측의 그래프를 통해 시스템에 체류하는 작업물(재공품) 개수에 많은 변동이 있었음을 알 수 있다. 각 작업장 앞의 원 그래프에는 시뮬레이션 수행 시간 700분 중, 유휴 상태, 바쁜 상태 및 가동 중단 상태가 각각 어느 정도의 비율을 차지하는지가 나타나 있다. 나아가, 700분 동안 시뮬레이션을 수행한 결과, 평균 리드 타임(도착 후 세 단계를 모두 마치는데 소요되는 시간)은 63.4분이고, 리드 타임의 최소값 및 최대값은 각각 17.7분, 102.8분이었다.

표 2.5는 시뮬레이션을 통해 다양한 상황 하에서 평균 리드 타임의 특성이 어떻게 변하는지를 알아본 결과이다. 시나리오 1에서는, 모든 작업물의 도착 간격 및 처리 시간이 동일하며, 이로 인해 작업물의 대기가 발생하지 않는다. 또한, 평균 처리 시간이 10분인 작업장이 3개 있으므로, 모든 작업물의 리드 타임이 30분으로 동일하다. 당연한 이야기지만, 도착 간격이나 처리 시간들의 변동성이 커질수록 리드 타임의 길이 및 편차는 증가한다.

분석 시나리오	시스템 특성	평균 리드 타임	리드 타임 표준 편차
1	도착 간격 및 처리 시간에 변동성 없음	30.0	-
2	도착 간격 및 처리 시간에 변동성 존재	58.3	5.4
3	시나리오 2에 계획된 가동 중단 반영	74.8	6.1
4	시나리오 3에 계획되지 않은 가동 중단 반영	105.9	17.8

표 2.5 : 다양한 상황 하의 3단계 생산 시스템 리드 타임

표 2.5의 값들은 모두 40시간 동안의 시뮬레이션을 10회씩 반복하여 산출한 것이다. 1회의 반복(replication)은, 시뮬레이션 모형을 지정된 시간만큼 1회 실행하는 것을 의미한다. 10장에서도 논의하겠지만, 모형을 실행할 때마다 산출되는 성능 평가지표의 값이 달라질 수 있기 때문에, 시뮬레이션 분석을 할 때는 모형을 여러 번 실행해보는 것이 좋다. 이는 다른 통계 분석을 할 때도 마찬가지이다. 어떤 집단의 특성을 추정하기 위해서는 이 집단의 구성원에 대한 관측을 여러 번 실시하는 것이 바람직하며, 특히 구성원 개개인의 특성에 많은 편차가 존재하는 경우에는 더더욱 그러하다. 이 예제에서 40시간 동안의 시뮬레이션을 한 번만 실행하면, 우연히 매우 특이한 상황, 즉, 작업이 매우 효율적으로 진행되거나, 반대로 매우 비효율적으로 진행되는 일이 발생할 수 있다. 이처럼 특이한 경우를 근거로 의사결정을 내리는 것은 곤란하다. 그렇기 때문에, 시뮬레이션을 통해 성능 평가지표의 값을 추정할 때는 실행을 여러 번 반복한 후, 각 반복에서 산출된 값들의 평균을 이용하는 것이 좋다. 적절한 반복 횟수를 결정하는 방법에 대해서는 10장에서 좀 더 자세히 살펴보기로 하자.

그림 2.23은 앞의 3단계 생산 시스템에 대한 시뮬레이션을 2400분(40시간이며, 이는 하루 8시간씩 5일, 즉, 1주일 동안 시스템을 관찰한다는 의미이다) 동안 2회 반복 실행한 결과이며, 이를 통해 우리는 시뮬레이션 모형을 여러 번 실행했을 때, 각 반복마다 실행 결과가 다르게 나올 수 있다는 점을 확인할 수 있다. 이 그림 상단의 그래프들은 두 번째 대기행렬의 길이, 즉, 2단계 작업장 앞에서 대기하는 작업물 수의 변화 추이를 나타내는데, 좌측과 우측 그래프의 형태가 서로 상당히 다르다. 나아가, 아래쪽의 Gantt 차트들은 각 반복에서 1000분이 경과한 이후 시스템에 도착한 작업물들의 진행 경과를 보여주는데, 여기서도 좌측 작업물들의 리드 타임이 평균적으로 우측 작업물보다 상당히 길다는 차이점을 볼 수 있다. 이 예제가 한 번의 시뮬레이션을 근거로 의사결

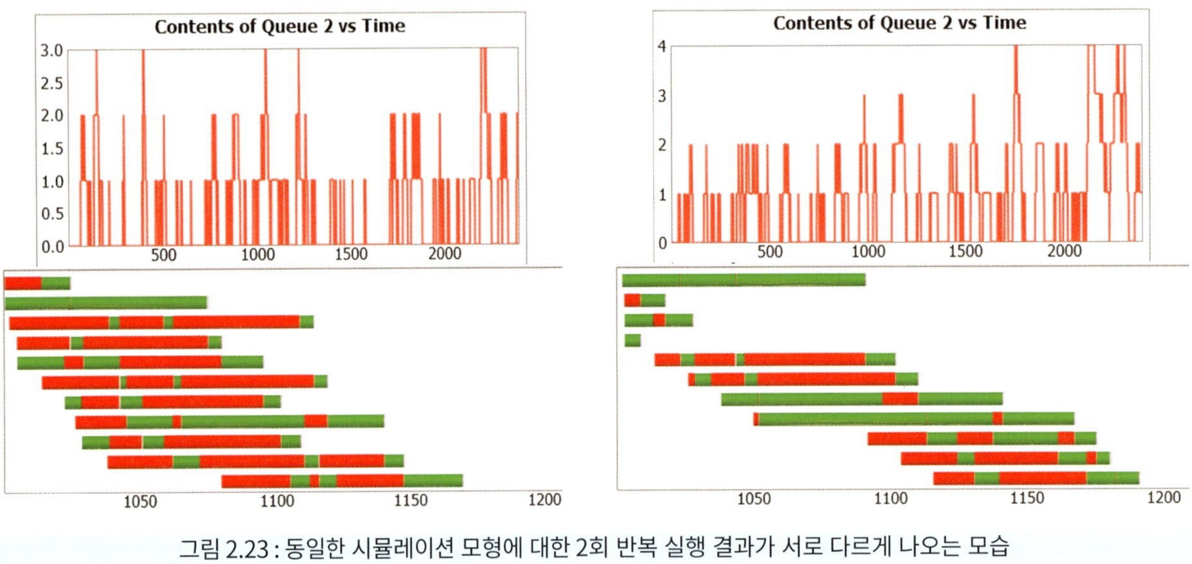

그림 2.23 : 동일한 시뮬레이션 모형에 대한 2회 반복 실행 결과가 서로 다르게 나오는 모습

정을 내리는 것이 얼마나 위험한지에 대해 생각해 보는 계기가 되었기를 바란다. 또한, 이 그림을 보면 시뮬레이션 모형을 통해 다양한 정보들을 쉽게 얻을 수 있다는 점도 짐작이 가능할 것이다.

Section 2-9 요약

일상 생활에서 또는 업무를 수행하면서 우리는 다양한 대기행렬 시스템과 접하게 된다. 어떤 생산 시스템 내에 대기행렬 시스템이 존재하는 것은 매우 흔한 일이며, 이러한 대기행렬 시스템은 전체 시스템의 성과에 큰 영향을 준다. 따라서, 시스템을 적절히 운영하고 개선하기 위해서는 대기행렬 시스템의 일반적인 기능과 행태에 대해 잘 이해해야 한다.

대기행렬 시스템은 크게 고객, 서버, 그리고 대기행렬의 세 가지 요소로 구성되며, 시뮬레이션 모형을 작성할 때는 먼저 이 기본 구성요소들의 특성을 정확하게 파악하는 것이 중요하다. 본 장에서 소개한 각 구성요소들의 특성들은 표 2.6에 요약되어 있다. 실제로 모형을 작성할 때는 이러한 특성들 중 일부를 생략하거나 단순화할 수도 있다. 다만, 이 같은 경우에는 어떤 것들을 왜 생략, 또는 단순화했는지에 대해 명확히 인지하고 문서화해 두는 것이 바람직하다. 처음에는 많은 내용이 생략된 단순한 모형을 작성한 후, 단계적으로 생략된 내용들을 하나씩 추가해 나가는 것도 좋은 방법이 될 수 있다. 나아가, 이 과정에서 모형이 수정될 때마다 변경된 모형에 대한 테스트나 검증 작업을 해 보는 것을 잊어서는 안 된다.

전체 시스템의 성능은 고객, 서버, 그리고 대기행렬의 특성에 따라 크게 달라질 수 있다. 시스템의 성능은 다양한 지표들을 이용하여 평가할 수 있는데, 대표적인 성능 평가지표들로는 평균 대기 고객 수, 평균 대기 시간, 서버 이용률 등이 있다. 또한, 고객이 시스템에 도착한 후, 처리가 완료되기까지의 소요 시간을 의미하는 고객 리드 타임 역시 흔히 사용되는 성능 평가지표 중 하나이다. 여러 단계에 걸쳐 처리가 이루어지는 경우에는 리드 타임이 도착 시점부터 마지막 단계가 끝나는 시점까지의 시간을 의미하며, 리드 타임은 보통 대기 시간과 실제 처리 시간의 두 가지로 구성된다. 모든 대

- **고객(Customer)**
  - 도착 과정(Arrival Process) : 도착 일정을 명시/도착 간격을 명시, 정상 과정/비정상 과정
  - 유형
  - 대기 행태 : 진입 포기, 중도 포기, 대기열 이동
  - 서버 선택 방식
  - 모집단 크기
- **서버(Server)**
  - 처리 시간
  - 처리 절차
  - 가동률(가동 중단 여부) : 계획된 가동 중단/계획되지 않은 가동 중단
  - 개수
  - 부가 자원 필요 여부
  - 선점
  - 고객 선택 방식
- **고객-서버 상호작용(Customer-Server Interaction)**
  - 작업 적합성
  - 이송
  - Push 응대와 Pull 응대
- **대기행렬(Queue)**
  - 용량
  - 대기 정책
  - 배출량

표 2.6 : 대기행렬 시스템 구성요소들의 특성

기행렬 시스템에는 서비스 수준과 운영비 간의 상충 관계가 존재하는데, 이 중 운영비가 과다 투입되면 서버가 고객이 오기를 기다리는 상황, 즉, 유휴가 자주 발생하여, 서버 이용률이 낮아지게 된다.

고객, 서버 및 대기행렬 간의 상호작용들로 인해 대기행렬 시스템은 시간이 경과하면서 다양한 변화를 겪게 된다. 나아가, 효과적인 의사결정을 내리기 위해서는 시스템의 이러한 동적인 변화를 이해, 파악 및 분석할 수 있어야 하며, 그렇지 않을 경우, 불합리한 의사결정으로 인해 예상치 못한 손실을 보게 될 수도 있다. 대기행렬 시스템에 대한 모형을 작성하여 인공적으로 동적인 변화를 발생시켜볼 수 있다는 점에서 시뮬레이션 매우 훌륭한 문제 해결 및 의사결정 도구이다.

일반적으로, 실제 시스템을 변경하고 그 성과를 관찰하기 위해서는 많은 시간과 비용이 필요하다. 따라서, 연구나 분석 목적으로는 실제 시스템을 적절히 단순화하여 표현한 모형을 사용하게 된다. 대기행렬 시스템에 적용할 수 있는 모형으로는 분석 모형과 시뮬레이션 모형, 두 가지를 들 수 있으며, 시스템의 구조가 단순하거나 특수한 가정이 충족되는 경우라면 대기행렬 이론에 기반을 둔 분석 모형을 사용해도 큰 문제는 없다. 하지만, 대기행렬 이론에 나오는 성능 평가지표 계산식들을 적용하기 위해서는 다소 비현실적인 가정들이 필요하기 때문에, 보다 세밀한 분석을 위해서는 시뮬레이션을 사용하는 것이 바람직하다. 시뮬레이션 모형을 작성, 검증 및 실행하는 데는 어느 정도 시간이 소요되고, 이러한 과정에서 전문적인 소프트웨어가 필요할 수도 있다. 반면, 시뮬레이션을 이용하면 비현실적인 가정에 구애 받지 않고, 분석 대상의 실제 특성을 매우 효과적으로 표현할 수 있다는 장점이 있다. 무엇보다, 시뮬레이션 모형에는 다양한 확률 분포나 대기 정책, 나아가 서버의 가동 중단이나 특수한 고객 도착 일정 등을 폭넓게 반영할 수 있다. 독자들이 분석 모형과 시뮬레이션 모형 각각이 갖는 장단점을 이해하도록 하기 위해 본 장에서는 이 두 가지 모형을 모두 설명하였다. 하지만, 이 책의 남은 부분에서는 시뮬레이션 모형에만 초점을 맞출 것이다.

본질적으로 모형이란 현실 세계의 시스템을 단순화하여 표현한 것이기 때문에, 시뮬레이션 모형을 작성할 때도 어느 정도의 가정은 필요하다. 하지만, 시뮬레이션 모형을 작성할 때는 시스템의 특성을 어떻게 가정할지를 모형 작성자가 직접 선택할 수 있다. 이렇게 비현실적인 가정에 얽매일 필요가 없다는 것은 분명 좋은 일이다. 하지만, 한편으로는 시스템의 특성을 본인이 정하는 것이 쉽지 않을 수도 있다. 모형 작성의 기본 원칙은 당면한 문제를 해결하는데 꼭 필요한 세부 사항들을 빠짐없이 반영하고, 불필요한 사항들은 배제하는 것이다.

본 장에서 설명한 대기행렬 시스템의 개념 및 특성들은 앞으로 이 책을 통해 시뮬레이션을 학습하기 위한 기초 토대가 되어 줄 것이며, 그 중 중요한 것들을 아래에 요약하였다:

1. 대기행렬 시스템은 기본적으로 다음과 같은 특성들을 갖는다.
   a. 흔히 볼 수 있으며, 특히 제품이나 서비스를 생산하는 산업 시스템 안에 대기행렬 시스템이 존재하는 경우가 많다.
   b. 동적이며, 시간의 경과에 따라 상태가 변한다. 또한 일반적으로 높은 변동성을 갖는다.
   c. 고객, 서버, 대기행렬의 세 가지 주요 구성요소들을 갖는다. 이들이 어떤 특성들을 갖는지에 따라 시스템의 성능은 크게 달라질 수 있다.
   d. 고객 리드 타임, 고객 대기 시간, 서버 이용률 및 대기 고객 수(대기행렬 길이) 등과 같은 지

표를 이용하여 성능을 측정할 수 있다.

   e. 서비스 수준과 운영비 간의 상충 관계가 존재한다. 다시 말해, 고객 대기 시간과 서버의 유휴 시간이 적절한 균형을 이루어야 한다.

   f. 분석 모형에 해당하는 대기행렬 이론의 계산식들을 이용하거나, 시뮬레이션 모형을 이용하여 분석한다.

2. 일반적으로 도착 간격이나 처리 시간은 확률 변수로 간주한다.

3. 시스템이 가진 변동성 및 이로 인한 시스템의 동적인 변화를 표현하는 것이 까다로울 수도 있다. 하지만 합리적인 의사결정을 내리기 위해서는 반드시 이들에 대해 파악해야 한다.

4. 다음과 같은 경우에 고객 대기 시간은 증가한다.

   a. 서버 이용률이 증가하는 경우

   b. 도착 간격이나 처리 시간의 변동성이 커지는 경우

5. 대기행렬 이론에서는 주요 시스템 성능 평가지표들 간의 관계를 Little의 법칙을 이용하여 표현한다. Hopp와 Spearman에 따르면, Little의 법칙에 의해 재공품 = 흐름량 × 리드 타임이 된다.

6. 도착 간격이나 처리 시간은 각각 도착률, 처리율과 반비례한다(즉, 평균 도착 간격이 10분이라면, 평균 도착률은 0.1/분 또는 6/시간이다).

7. 이산 사건 시뮬레이션은 다음과 같은 경우에 사용할 수 있다.

   a. 대기행렬 시스템을 비롯한 여러 가지 시스템에 대한 모형을 작성하고자 할 때

   b. 상태가 이산적으로 변화하는 시스템을 표현하고자 할 때

8. 시뮬레이션을 수행한 경우, 시스템 성능 평가지표는 시간 가중 평균 또는 관측 평균 방식으로 산출할 수 있다.

참고 문헌

1. Babin, P. and Greenwood, A. "Discretely Evaluating Complex Systems," *Industrial Engineer*. Vol. 43, No. 2, 2011, pp. 34-38.

2. Baxter, G. and Sommerville, I. "Socio-technical Systems: From Design Methods to Systems Engineering." *Interacting with Computers*. Vol. 23. No. 1. 2011. pp. 4-17.

3. Emery F. and Trist E. "Socio-technical systems." In: Churchman C., Verhulst M., editors. *Management Science Models and Techniques*. Vol. 2. Oxford, UK: Pergamon. 1960. pp. 83-97.

4. Hopp, W. and Spearman, M. "Factory Physics." *Foundations of Manufacturing Management*. 2nd Ed. Boston: Irwin McGraw-Hill, 2001.

5. incose.com, accessed 20 Jan 2015.

6. Law, A. *Simulation Modeling and Analysis*, 4th edition. New York: McGraw-Hill. 2007. p. 5.

7. Little, D. and Graves, S. "Chapter 5 – Little's Law" in Chhajed, D. and Lowe, T. editors. *Building Intuition: Insights From Basic Operations Management Models and Principles*. Springer Science + Business Media. 2008.

8. Little, D. "Little's Law as Viewed on its 50th Anniversary." *Operations Research*. Vol. 59. No. 4 May – June 2011, pp. 536-549.

Chapter 2 Review Questions

1. 대기행렬을 의미하는 영어 표현을 이야기해보시오.

2. 대기행렬의 주요 구성요소 세 가지는 무엇이며, 각각이 갖는 대표적인 특성들로는 어떤 것들이 있는가?

3. 대기행렬 시스템의 동적인 변화가 나타나는 이유를 간단히 설명하시오.

4. 리드 타임은 크게 두 가지 시간의 합으로 계산된다. 이들은 무엇인가?

5. 대기행렬 이론이나 시뮬레이션 모형에서 가장 일반적으로 사용되는 대기 정책은 무엇인가?

6. 정상(stationary) 도착 과정이라는 용어의 의미를 간단히 설명하시오.

7. 진입 포기와 중도 포기의 차이점을 간단히 설명하시오.

8. 대기열 이동이 무엇인지 간단히 설명하시오.

9. 서버의 가동률이 현실적으로 100%가 되기 힘든 이유를 몇 가지 이야기해보시오.

10. 대기행렬에 있는 고객을 서버로 이동시키기 위해 공용 자원을 사용하는 경우와 그렇지 않은 경우, 서버와 대기행렬의 상호작용이 어떻게 달라지는지 설명하시오.

11. 다음과 같이 표기된 대기행렬 시스템이 어떤 특성을 갖는지 설명하시오.

    a. M/E/2/10//SPT
    b. D/G/1
    c. M/G/3

12. Little의 법칙에 대해 설명하시오.

13. 재공품의 양과, 흐름량, 리드 타임 간에 어떤 관계가 있는지 설명하시오.

14. 대기행렬 시스템에 대한 분석에서 일반적으로 고려해야 하는 상충 관계가 무엇인지 설명하시오.

15. 처리 시간의 변동성이 대기행렬 시스템의 성능에 어떤 영향을 주는지 설명하시오. 예를 들어, 처리 시간의 변동성이 커지는 경우, 평균 대기 시간이나 평균 대기 고객 수 등의 성능 평가지표들은 어떻게 변하는가?

16. 대기행렬 시스템의 성능을 분석하는 방법 중, 대기행렬 이론과 이산 사건 시뮬레이션이 서로 어떻게 다른지 비교하시오.

17. 관측 평균과 시간 가중 평균의 차이점을 설명하시오.

18. 대기행렬 시스템의 상태는 여러 가지 방법으로 표현할 수 있다. 몇 가지 예를 들어 보시오.

19. 이산 사건 시스템이라는 용어의 의미를 설명하시오.

20. 반복이란 무엇인가?

21. 대기행렬 시스템의 예를 하나 들고, 해당 시스템의 다음 특성들에 대해 설명하시오.

a. 고객 유형 및 대기 행태
b. 서버의 수 및 서버의 가동 중단
c. 해결되어야 할 문제점
d. 중요한 시스템 성능 평가지표

22. 평균 도착 간격이 12분일 때, 시간(hour) 당 평균 도착률은 얼마인가?

23. 대기행렬 이론에 나오는 기본 모형들은 처리 시간이 어떤 확률 분포를 갖는다고 가정하는가?

24. 도착률과 처리율이 각각 18/시간, 20/시간인 M/M/1 모형의 서버 이용률은 얼마인가?

25. 도착 간격이 지수 분포를 따를 때, 일정 기간 동안 도착한 고객의 수는 어떤 확률 분포를 따르는가?

26. 유지보수 작업자 1명이 매우 많은 기계들에 대한 고장 수리를 전담하고 있으며, 이 작업자는 휴식 없이 항상 근무한다고 가정하자. 기계의 고장은 평균적으로 1시간에 1건 꼴로 발생하며, 수리 작업에는 평균적으로 50분이 소요된다. 본 장에서 소개한 M/M/1 모형을 이용하여 다음 물음들에 답하시오.

a. M/M/1 모형을 적용하기 위해서는 고장의 발생 간격이 어떤 확률 분포를 따라야 하는가?
b. 고장의 발생 간격은 평균적으로 몇 분인가?
c. 작업자의 근무 시간 중 바쁜 시간의 비율은 얼마인가?
d. 평균적으로 몇 대의 기계가 수리를 위해 대기 중인가?
e. 기계 1대가 고장으로 인해 가동 중단 상태가 되면 시간 당 $50의 손실이 발생한다고 하자. 고장으로 인한 연간 손실 비용은 얼마인가?

27. 한 시간에 평균 5통의 전화가 걸려오는 콜센터에 상담원 1명이 근무하고 있다고 가정하자. 이 상담원이 1통의 전화를 응대하는 데는 평균적으로 10분이 소요된다. 본 장에서 소개한 M/M/1 모형을 이용하여 다음 물음들에 답하시오.

a. M/M/1 모형을 적용하기 위해서는 고객의 통화 요청 발생 간격이 어떤 확률 분포를 따라야 하는가?
b. 고객의 통화 요청은 평균적으로 몇 분 간격으로 발생하는가?
c. 상담원의 근무 시간 중 바쁜 시간의 비율은 얼마인가?
d. 평균 대기 고객 수는 몇 명인가?
e. 고객들의 평균 대기 시간은 몇 분인가?

28. Bob은 어떤 공장에서 고장난 기계의 부품을 수리하는 일을 하고 있으며, 기계의 고장이 발생하면 유지보수 작업자가 고장난 기계의 부품을 들고 Bob의 작업장을 찾아온다. 유지보수 작업자의 평균 도착률은 시간 당 15명이며, Bob이 부품 한 개를 수리하는 데는 평균적으로 3분이 걸린다. 본 장에서 소개한 M/M/1 모형을 이용하여 다음 물음들에 답하시오.

a. Bob의 근무 시간 중 바쁜 시간의 비율은 얼마인가?
b. Bob의 작업장 앞에서 대기 중인 유지보수 작업자의 인원수는 평균적으로 몇 명이겠는가?
c. Bob의 작업장을 방문한 유지보수 작업자들의 평균 대기 시간은 몇 분인가? 이들의 평균 체류 시간은 몇 분인가?
d. 어떤 개선 방안을 실행할 경우 Bob의 평균 처리 시간이 0.25분 단축되는 대신, 연간 $10,000의 비용이 추가로 발생한다고 하자. 기계가 고장으로 가동 중단 상태가 되면 시간 당 $100의 손실이 발생하고, 이 공장의 연간 조업 시간이 2,000시간일 때, 위 개선 방안을 실행하는 것은 타당한가?

29. 선입선출 방식으로 작업물을 처리하는 단일 서버 대기행렬 시스템이 하나 있다. 작업물들의 도착 간격은 평

균이 10분인 지수 분포를 따르며, 평균적으로 작업물 중 40%는 빨간색, 나머지 60%는 파란색이다. 빨간색 작업물과 파란색 작업물의 처리 시간은 각각 평균이 12분, 6분인 지수 분포를 따른다.

a. 빨간색 작업물의 시간(hour) 당 평균 처리율은 얼마인가?

b. 이 시스템에 대한 시뮬레이션을 40시간 동안 수행하였다고 하자. 그 동안 시스템에 도착한 빨간색 작업물은 몇 개 정도 되겠는가?

30. 어떤 의료 시설에 관한 다음 설명을 읽고, 물음들에 답하여라. 한 X-레이 촬영실을 방문하는 환자들의 도착 간격은 평균이 30분인 지수 분포를 따르고, 환자 한 명에 대한 처리 시간은 평균이 25분인 지수 분포를 따른다.

a. 8시간이 경과하는 동안 평균적으로 몇 명의 환자가 이 촬영실을 방문하겠는가?

b. 환자들은 촬영실에 도착한 후, 촬영을 시작하기까지 평균적으로 몇 분 동안 대기하는가?

c. 평균적으로 이 촬영실 앞에서 대기 중인 환자들의 인원수는 몇 명이겠는가?

d. 이 X-레이 촬영실의 평균 이용률은 얼마인가?

31. 고객의 도착률 λ=5/시간, 서버의 처리율 μ=6/시간인 대기행렬 시스템이 있다. 다음 각각의 경우에 대해 이 시스템의 평균 대기 시간을 산출하시오. 단, 도착 간격과 처리 시간은 지수 분포를 따르며(평균 도착 간격=12분, 평균 처리 시간=10분), 선입선출 정책이 적용되는 것으로 가정한다.

a. 단일 서버인 경우

b. 2개의 병렬 서버가 존재하는 경우

c. 처리 시간이 항상 10분으로 일정한 경우

32. 문제 30에서 동일한 촬영 장비가 2대 있다고 가정하고, 각 질문들에 다시 답해 보시오.

33. 문제 30에서 처리 시간의 표준 편차가 현재보다 절반으로 줄었다고 가정하고, 각 질문들에 다시 답해 보시오(지수 분포의 표준 편차는 평균과 같다).

34. 문제 30에서 처리 시간이 항상 25분으로 일정하다고 가정하고, 각 질문들에 다시 답해 보시오.

35. 문제 30, 32, 33, 34번의 결과들이 서로 어떻게 다른지 비교해보시오.

Chapter 3 시뮬레이션을 통한 문제 해결

학습목표

기존의 시뮬레이션 모형들을 이용하여 시스템에 대한 분석 및 문제 해결 방안 도출 등을 수행해 보고, 이를 토대로 시뮬레이션이 어떻게 활용될 수 있는지를 이해한다.

시뮬레이션 관계자(여기에는 분석 대상 시스템을 잘 아는 실무자나 시뮬레이션 분석을 간접적으로 지원할 사람, 시뮬레이션 모형 작성자 및 시뮬레이션 결과를 토대로 의사결정을 내릴 권한이 있는 사람 등이 모두 포함된다)들은 모두 시뮬레이션으로 무엇을 할 수 있는지, 그리고 시뮬레이션이 어떤 식으로 문제 해결에 도움을 주는지에 대해 명확히 이해하고 있어야 한다. 이 장에서는 다양한 분야에서 시스템의 성능을 개선하는데 시뮬레이션이 어떻게 활용될 수 있는지를 보여주는 여섯 개의 시뮬레이션 모형을 소개할 것이다[1]. 나아가, 모든 모형에는 의사결정권자나 초급 사용자가 쉽게 활용할 수 있는 사용자 인터페이스가 함께 구현되어 있다. 다만, 여기서는 시뮬레이션 결과에 대한 분석이나 이를 토대로 한 의사결정 과정에 대해서만 설명할 것이다. 소프트웨어 사용법이나 이러한 모형들의 작성 과정에 대해서는 이 책의 뒤쪽에서 살펴보기로 하자.

Section 3-1 시뮬레이션의 활용

시뮬레이션은 실용적인 기술이다. 다시 말해, 시뮬레이션은 분석할 시스템이나 해결해야 할 문제가 있는 경우에만 의미를 갖는다. 이러한 맥락에서, 시뮬레이션의 진가를 이해하는 가장 좋은 방법은 이를 체험해 보는 것이라 할 수 있다. 이 장에서는 특히, 초급 사용자 입장에서의 시뮬레이션 활용법을 주로 소개할 것이다.

1 이 모형들은 https://www.*flexsim*.com/textbook/ 에서 다운로드할 수 있는 5thEdition_BookDownloads.zip 파일에 포함되어 있다.

이 책의 서두에서 정의한 바와 같이, 초급 사용자란 시뮬레이션이 유용하다는 것은 알지만, 이를 사용할 일이 많지는 않은 사람들을 말한다. 예를 들어, 경영자나 수석 엔지니어, 부서장 등과 같이 시뮬레이션이 자신의 주요 업무가 아닌 사람들은 보통 초급 사용자인 경우가 많다. 초급 사용자들이 시뮬레이션 모형 작성 방법을 세세하게 알 필요는 없다. 하지만, 간혹 다른 사람이 작성한 모형을 이해하고 활용해야 하는 경우가 있기 때문에, 초급 사용자라 하더라도 시뮬레이션의 기본 개념들은 어느 정도 알고 있어야 한다.

때로는 초급 사용자들이 자신의 담당 업무에 대한 지식을 토대로 시뮬레이션 모형에 어떤 사항들을 반영할 지를 정해야 할 수도 있다. 어떤 시뮬레이션 모형이 필요한지를 가장 잘 아는 것은 실무 담당자들인데, 이들이 초급 사용자인 경우가 많기 때문이다. 따라서, 초급 사용자들은 자신의 업무에 대한 시뮬레이션 모형이 어떤 특성을 가져야 하는지를 이해하고 표현할 수 있어야 한다.

이 장에서는 초급 사용자들이 *FlexSim*과 같은 시뮬레이션 소프트웨어를 어떻게 활용할 수 있는지를 살펴볼 것이다. 비록 이 책에서는 *FlexSim*을 사용하지만, 여기서 소개하는 내용들은 다른 시뮬레이션 소프트웨어에도 일반적으로 적용이 가능하다. 오늘날 대부분의 상용 시뮬레이션 소프트웨어들은 *FlexSim*처럼 초급 사용자들도 쉽게 시뮬레이션 분석을 수행할 수 있도록 하는데 중점을 두고 있기 때문이다.

이 장에서 소개하는 시뮬레이션 모형들은 중급 또는 고급 사용자에 의해 작성된 것들이다. 중급이나 고급 사용자들은 종종 초급 사용자가 사용할 모형을 대신 만들어주기도 하는데, 이런 경우에는 소프트웨어의 사용법을 잘 모르는 사람도 쉽게 열어보고 실행할 수 있는 모형을 작성하는 것이 필요하다. *FlexSim*의 기본적인 사용법에 대해 좀 더 자세히 알고 싶은 경우에는 소프트웨어의 매뉴얼이나 도움말을 참조하기 바란다.

Section 3-2 무작위 사건에 기반한 시뮬레이션

초급 사용자들은 종종 다른 사람이 만든 시뮬레이션 모형의 내용을 이해하거나, 모형의 실행 결과를 해석하는 것을 어려워한다. 때로는 시뮬레이션 소프트웨어를 이용하여 어떤 변수들의 값을 설정하거나, 여러 지표들의 값을 집계하는 과정에서 혼란을 겪기도 한다. 가장 큰 이유는 시뮬레이션 모형들이 불확실성을 갖기 때문이다.

현실 세계에서 일어나는 대부분의 사건들은 발생할 때마다 주변 상황의 영향으로 인해 그 내용이 조금씩 달라진다. 다시 말해 정확히 똑같은 사건이 두 번 이상 반복해서 발생하는 일은 거의 없으며, 시뮬레이션 모형에서는 이러한 현상을 표현하기 위해 무작위 사건을 이용한다. 무작위 사건의 특성은 확률 분포를 이용하여 정의한다. 예를 들어, 응급실을 방문하는 환자들의 도착 과정(arrival process), 제품을 조립하는데 필요한 처리 시간, 자재를 다른 곳으로 옮기는데 필요한 이송 시간 및 고장으로 이한 기계의 가동 중단 등과 같은 무작위 사건의 특성을 표현할 때, 우리는 확률 분포를 이용하여야 한다. 구체적으로 어떤 확률 분포를 적용할 것인지를 결정하기 위해서는 과거 데이터에 대한 관찰이나 전문가의 판단이 필요할 수도 있다.

그림 3.1에서 보듯이, 그리고 앞에서 설명한 바와 같이, 시뮬레이션 모형이 갖는 특성 중 일부는 불확실성을 갖는 확률 변수 형태로 주어진다. 따라서 확률 변수를 사용하는 모형 역시 불확실성을 가질 수 밖에 없다. 이처럼 불확실성을 갖는 모형 특성들은 통제 불가능한 요인(즉, 이들의 값은 분석자가 정확히 결정하기가 곤란하다)에 속한다.

시스템의 성능을 개선하는 과정에서 의사결정권자가 임의로 조정할 수 있는 값들은 통제 가능한 요인, 또는

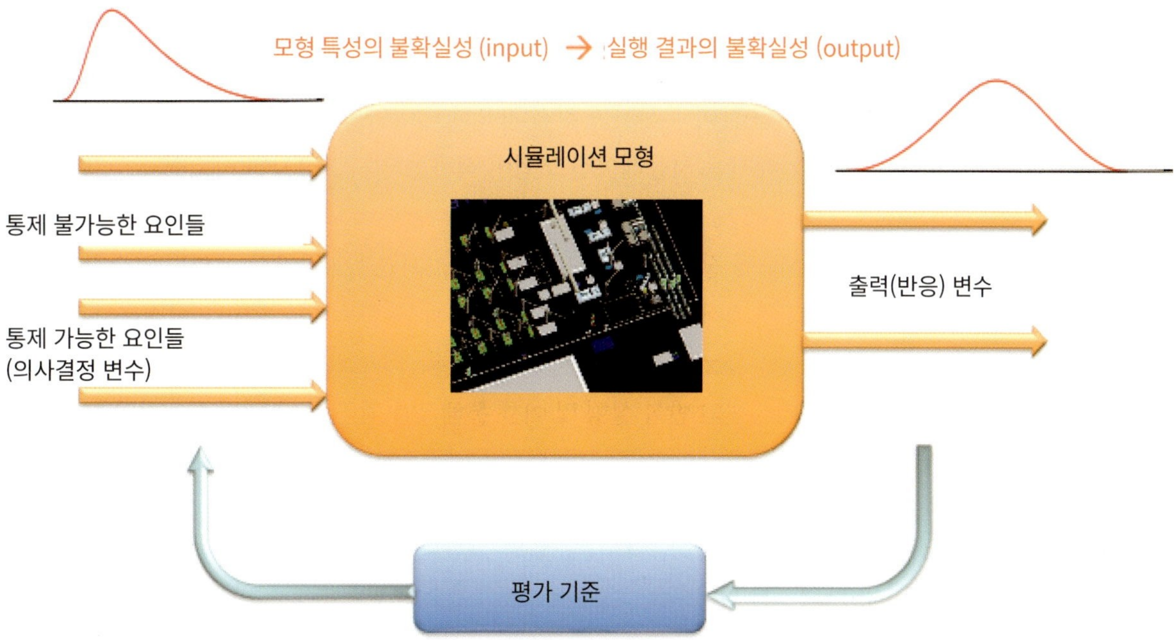

그림 3.1 : 시뮬레이션의 불확실성

의사결정 변수라 부른다(예: 작업장의 수, 제품을 운반하는 이송 장치의 수, 작업 처리 규칙 등). 모형의 특성에 불확실성이 존재하기 때문에, 시뮬레이션을 통해 도출되는 결과, 즉, 시스템의 성능 평가지표들 역시 불확실성을 갖는다. 따라서, 시스템의 성능을 평가할 때는 이러한 불확실성에 유의해야 한다. 특히, 불확실성으로 인해 모형을 실행한 결과는 매번 달라지며, 때로 매우 극단적인 결과가 도출되는 경우도 있다. 그렇기 때문에, 한 번의 시뮬레이션만으로 어떤 대안의 타당성을 평가하거나, 두 대안 간의 우위를 비교하는 것은 적절치 못하다.

여기서 중요한 것은 무작위 사건의 영향을 받는 시스템의 성능을 평가할 때는 모형의 실행 시간을 매우 길게 하거나, 아니면 모형을 여러 번 실행해야 한다는 점이다(즉, 여러 번의 반복(replication)이 필요할 수 있다). 그렇지 않으면 시뮬레이션을 이용하여 합리적인 의사결정을 내릴 수 없다. 충분한 신뢰도를 갖는 성능 평가지표를 얻기 위해 실행 시간을 얼마나 길게 해야 하는지, 또는 실행 반복 횟수를 몇 번으로 해야 하는지를 결정할 때는 통계적인 기법이 사용될 수도 있다.

그림 3.1은 시뮬레이션 모형의 일반적인 특성을 보여준다. 의사결정 변수들의 값이 정해지면, 모형을 실행하여 여러 가지 결과값들을 얻을 수 있다. 첫 번째 실행으로부터 얻어진 성능 평가지표 값들이 정해진 평가 기준에 못 미치는 경우, 분석자는 의사결정 변수들의 값을 변경한 다음, 모형을 재실행해보기도 한다. 나아가, 분석자는 의사결정 변수들의 값을 어떻게 설정해야 만족스러운 성능 평가지표 값들이 얻어지는지를 알아낼 때까지 이러한 과정을 계속 반복할 것이다.

정도의 차이는 있겠으나, 이 책에 나오는 대부분의 모형들은 불확실성을 갖고 있다. 다만, 여기서 소개하는 모형들은 실행 시 항상 동일한 난수들이 일정한 순서로 생성되도록 설정해 둔 상태이며, 이는 변수의 값을 변경했을 때 실행 결과가 어떻게 달라지는지를 좀 더 쉽게 비교할 수 있도록 하기 위해서이다. 초급 사용자들을 대상으로 하는 장들에서는 1회 또는 비교적 적은 횟수의 실행 결과만 가지고 분석을 진행할 것이기 때문에 이러한 설정이 크게 문제가 되지는 않는다. 하지만, 실제로 시뮬레이션 프로젝트를 진행할 때는 여러 번의 반복 실행 결과에 대한 통계적 분석이 반드시 필요하다. 물론, 초급 사용자들은 보통 이러한 통계적인 분석에 신경 쓰지 않고 단순히 모형을 실행한 후 결과만 확인하는 경우가 많은데, 이는 다른 사람이 모형을 작성하면서 실험 조건까지 미리 설정해둔 경우에만 가능한 일이다. 이와 같이 분석자가 직접 필요한 데이터를 입력하고, 결과를 집계하며, 실험 조건을 설정하는 수고를 덜어주기 위해서는 시뮬레이션 모형이 적절한 의사결정지원 시스템과 연계되어 있어야 한다.

통계적인 분석에 대해서는 이 책에서 3개 장에 걸쳐 설명할 것이며, 그 중 1개 장(8장)에서는 입력값을 분석하는 방법을, 나머지 2개 장(10장과 11장)에서는 시뮬레이션 실행 결과를 분석하는 방법을 설명하고자 한다. 나아가, 11장에서는 *FlexSim*이 제공하는 Experimenter 기능을 사용하는 방법에 대해서도 알아볼 것이다. Experimenter 기능을 이용하면 시뮬레이션의 반복 실행 및 이를 통해 얻어진 값들에 대한 통계적인 분석을 매우 효과적으로 수행할 수 있다.

Section 3-3 예제 모형 관찰

이제, 여섯 개의 시뮬레이션 모형들을 하나씩 살펴보면서, 다음과 같은 질문들에 대한 해답을 찾아보기 바란다:

- 서비스 수준과 운영비가 적절히 균형을 이루도록 하려면 비용은 얼마가 필요하고 근로자는 몇 명을 고용해야 하는지 (롤러 코스터의 차량 및 직원들에 대한 분석)
- 화물 처리 센터의 재공품을 줄이기 위해 화물의 도착 순서나 수송 차량의 운용 방식을 어떻게 개선해야 하는지 (우주의 연구 기지들을 위한 보급품 운송 시스템에 대한 분석)
- 흐름량(throughput)을 늘리기 위해 처리 시간이나 배치 크기를 어떻게 조정해야 하는지 (병에 담긴 제품을 생산하는 공장의 운영 방식에 대한 분석)
- 생산 현장에서 제안한 다양한 공장 개선 방안들을 어떻게 처리할 것인지(전자 제품 조립 공장에 대한 분석)
- 대규모 프로젝트에 필요한 자재를 어떻게 하면 효과적으로 수송해 올 수 있는지(방파제 건설 현장에 대한 분석)
- 어떤 설비에 투자해야 고객의 수요에 효과적으로 대응할 수 있는지(배터리 제조 공장에 대한 분석)

여러분들이 초급 사용자의 역할을 충분히 체험해볼 수 있도록, 여기서는 모형의 작성 과정보다는 각 시스템의 특성이나 문제점에 대해 중점적으로 설명하고자 한다. 또한, 모든 모형들은 그림 3.2와 같이 각각의 상황에 맞는 사용자 인터페이스를 갖고 있어, 모형의 세부적인 특성이나 소프트웨어의 사용법을 잘 모르더라도 이들을 의사결정 도구로 사용하는데 큰 어려움이 없을 것이다.

이 모형들은 모두 *FlexSim*을 이용하여 작성한 것들이나, 다른 시뮬레이션 소프트웨어를 이용하여 비슷한 모형을 만드는 것도 가능하다. 아울러, *FlexSim* 소프트웨어에 대한 별도의 사전 지식이 없더라도 이 장의 내용을 실습하는데 별 문제는 없다. *FlexSim*을 실행한 후 모형이 저장된 파일을 열기만 하면 시뮬레이션 모형과 함께 적절한 사용자 인터페이스가 표시되기 때문이다.

조금씩의 차이는 있으나, 기본적으로 각 예제들의 사용자 인터페이스는 모두 비슷한 구조를 갖고 있다. 특히, 각 사용자 인터페이스 상에는 여러 가지 탭(tab)이 있는데, 특정 기능을 이용하기 위해서는 먼저 그에 해당하는 탭을 선택해야 한다. 예를 들어, 그림 3.2의 Controls 탭을 선택하면, 모형의 실행을 초기화(reset), 시작(start) 및 중단(stop)할 수 있는 버튼들과 함께 실행 속도 조절 버튼 및 모형 관찰 시점 조절 버튼 등이 보일 것이다.

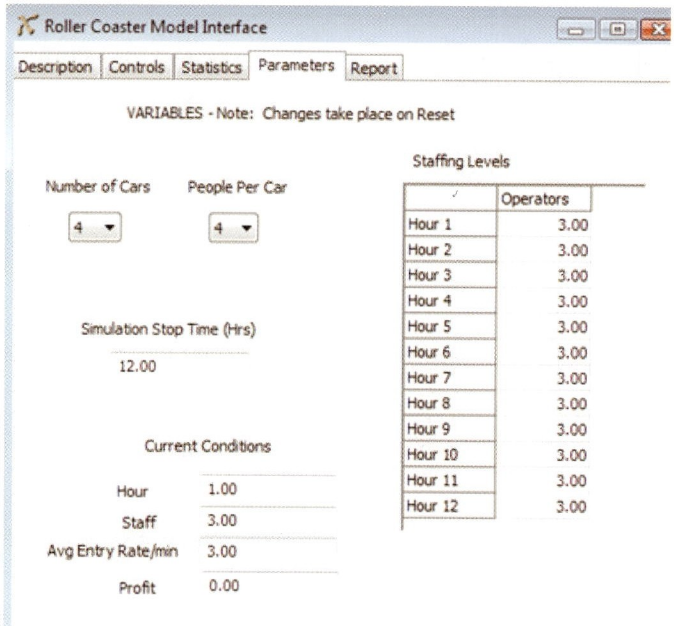

그림 3.2 : 모형의 특성에 맞는 사용자 인터페이스 예

Parameters 탭에서는 의사결정 변수들의 값을 변경할 수 있으며, Statistics 탭에서는 주요 지표들의 값을 집계한 결과를 볼 수 있다. Report 탭은 주요 지표들의 값을 시간대별로 요약하여 테이블 형태로 보여주며, 추가적인 분석을 위해 테이블의 값들을 복사하여 Excel 등과 같은 다른 프로그램에 붙여넣는 것도 가능하다. 아울러, 시뮬레이션 시작 후 현재 시점까지의 누적 값은 이 테이블의 가장 아래 행에 표시된다.

각 모형의 맞춤형 사용자 인터페이스 외에 *FlexSim* 소프트웨어 상단의 도구 모음(그림 3.3참조)을 이용하여 모형을 조작하는 것도 가능하다. 예를 들어, 실수로 맞춤형 사용자 인터페이스나 Model View를 닫아버렸다면, 상단의 View 메뉴를 클릭한 후 Model View(3D) 또는 Model Control GUI 항목을 선택하여 이들을 다시 열어 볼 수 있다. 마찬가지로, 모형의 실행을 초기화, 시작 및 중단하거나, 실행 속도를 조절하고 싶을 때는 실행 제어판의 버튼이나 슬라이드 바를 적절히 이용하면 된다.

Model View의 조작법을 포함하여 *FlexSim* 소프트웨어의 작업 환경에 대해 보다 자세히 알고 싶은 경우에는 도움말이나 매뉴얼을 참조하여라.

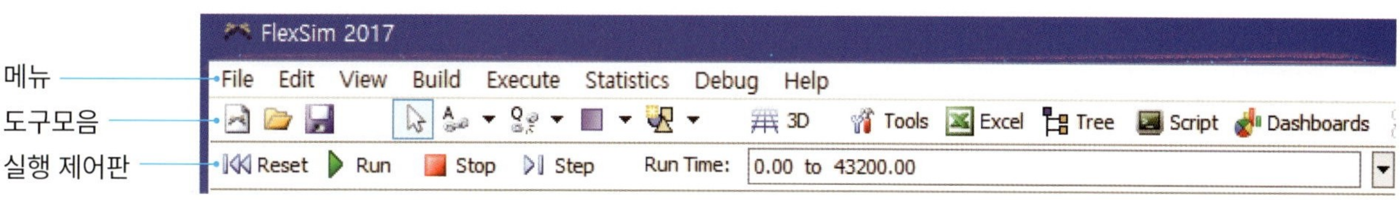

그림 3.3 : *FlexSim* 소프트웨어 도구 모음

Exercise 3-1 Coasting Around

분석 배경

당신은 Grand Bay라는 놀이 공원의 지배인이며, 이 놀이 공원에는 "Super Rocket"이란 이름의 롤러 코스터가 있다. 당신이 할 일은 이 시설의 수익성을 높이기 위한 운영 계획을 수립하는 것이다(그림 3.4 참조). 이 롤러 코스터의 소유주는 Grand Bay 놀이 공원의 모기업이며, 놀이 공원의 부지는 임대하여 사용하고 있다. 당신은 3년 전에 이 롤러 코스터를 들여왔으나, 그 동안 수익성이 좋지 않아, 모기업에서는 이 시설을 골칫거리로 인식하고 있다.

그림 3.4 : Super Rocket 롤러 코스터

올해 내로 이 시설의 수익성이 개선될 기미가 보이지 않으면, 놀이 공원의 지배인인 당신이 책임을 지고 사표를 써야 하는 상황이다. 아울러, 이 시설의 운영 계획을 수립할 때는 다양한 상충 관계들이 고려되어야 한다. 우선, 이 놀이 공원에는 Super Rocket만 있는 것이 아니며, 당신은 Super Rocket 이용객 수뿐만 아니라, 전체 놀이 공원 입장객 수에도 신경을 써야 한다. 아무리 롤러 코스터를 좋아하는 고객이라도 대기 시간이 너무 길다면, 먼저 다른 놀이 기구를 타러 가거나, 그 날 이 롤러 코스터를 다시 찾지 않을 수도 있다. 이용객 입장에서 대기 시간이 길지 않기를 바라는 것은 당연한 일이다. 하지만 대기 시간을 줄여 많은 이용객을 끌어들이기 위해서는 설비나 직원에 대한 추가적인 투자가 필요하다.

마침 시뮬레이션 기법에 대해 잘 아는 지인이 당신에게 도움을 주겠다고 제안하길래, 이 놀이 시설의 문제점과 운영 실태에 대해 설명해주었더니, 그 지인은 당신에게 시뮬레이션 모형을 하나 만들어주었다. 당신은 이를 이용하여 직접 시뮬레이션 분석을 해보기로 마음 먹은 상태이다.

문제 정의

어떻게 하면 Super Rocket 롤러 코스터의 수익성을 개선할 수 있을까?

기존 운영 실태

이 놀이 공원은 하루에 12시간 개장하며, 롤러 코스터를 타러 오는 이용객들의 도착률은 시간대별로 달라진다. 과거 데이터에 의하면, 롤러 코스터를 방문하는 이용객의 수는 Poisson 분포를 따르며(따라서, 도착 간격은 지수 분포를 따른다), 시간대별 이용객 도착률은 그림 3.5에

	이용객/분(min)
Hour 1	3
Hour 2	4
Hour 3	5.5
Hour 4	7.5
Hour 5	8
Hour 6	9
Hour 7	10
Hour 8	10
Hour 9	8
Hour 10	5
Hour 11	4
Hour 12	2.5

그림 3.5 : 시간대별 평균 이용객 도착률

서 볼 수 있다.

롤러 코스터를 가동하기 위해서는 최소 3명의 직원이 필요하며, 여기에는 표를 받는 사람, 이용객들의 승차를 관리하는 사람 및 이용객들의 하차를 관리하는 사람이 포함된다.

경우에 따라서는 직원을 추가로 투입할 수도 있으며, 4번째로 투입되는 직원은 승차 관리를, 5번째로 투입되는 직원은 하차 관리를 담당해야 한다. 나아가, 이렇게 직원이 추가로 투입되면 승차 및 하차에 소요되는 시간이 줄어든다.

현재 이 롤러 코스터에는 총 4대의 차량이 배치되어 있으며, 각 차량의 최대 탑승 인원은 4명이다. 신규 차량을 추가로 구매할 수도 있는데, 신규 차량 구매 비용은 시간 당 감가상각비로 환산한다.

차량을 업그레이드하여 최대 탑승 인원을 8명까지 늘릴 수도 있는데, 이 비용 역시 시간 당 감가상각비로 환산된다. 그 밖의 경비로는 기존 차량 감가상각비, 직원들의 시급, 일반 유지보수비용 등이 있으며, 각 비용 항목들의 정확한 액수는 그림 3.6에서 볼 수 있다.

현재 당신은 다음과 같은 방법을 통해 수익성을 개선할 수 있는지 알아보고자 한다:

- 차량의 수를 늘린다
- 차량 탑승 인원을 늘린다(차량 업그레이드)
- 특정 시간대의 직원 수를 늘린다

	금액
이용객 1인 당 이용 요금 [2]	$ 1.00
급여/시간(hour)	$ (6.50)
기존 차량 감가상각비/시간(hour)	$ (3.00)
신규 차량 감가상각비/시간(hour)	$ (7.50)
차량 1대 유지보수비/시간(hour)	$ (25.00)
차량 업그레이드 감가상각비/시간(hour)	$ (1.10)

그림 3.6 : 롤러 코스터 운영 관련 비용

분석 목표

- 효과적인 운영 계획을 수립한다. 단, 여기에는 시간대별 적정 직원 수가 포함되어 있어야 한다.
- 모기업에 신규 차량의 구매를 요청할 만한 타당한 근거가 있는지 판단한다.

분석을 하면서 생각해 볼 점들

- 시뮬레이션 실행 시간은 얼마가 되어야 하는가? 모형에서는 실행 시간이 12시간(43200초)으로 설정되어 있다. Run 버튼을 클릭하면 중간에 중단시키지 않는 한 이 시간 동안에 걸쳐 시뮬레이션이 실행된다.
- Parameter 탭의 의사결정 변수들 중 수익성에 가장 큰 영향을 주는 것은 무엇인가?
- 모형을 좀 더 수정할 필요는 없는가?
- Report 탭에 표시되는 값들 중 가장 중요한 것은 무엇인가?
- Report 탭은 수익 또는 비용 항목들의 금액만 보여준다. 긴 대기 시간으로 인해 이용객이 줄어들 가능성에 대해 생각해볼 필요는 없는가?

2 이용 요금은 수익에 해당하고, 나머지 항목들은 지출되는 경비이다.

Exercise 3-2 Martian Transfer Station

분석 배경

그림 3.7 : 화성의 화물 처리 센터

화성에 진출하는데 성공한 인류는 화성에 7개의 연구 기지를 설치하였다(그림 3.7 참조). 이 기지들은 다음과 같은 과정을 통해 보급품을 공급받고 있다. 먼저, 지구에서는 보급품을 화물 수송용 로켓에 실어 화성에 설치된 화물 처리 센터로 보낸다. 화물 처리 센터에서는 전달받은 화물들을 배송지 별로 분류하여 분류대 위의 팰릿(pallet)에 적재하는데, 이 작업을 위해 2대의 크레인을 사용하고 있다. 분류대 주위에는 무인 차량이 1대 있는데, 이 차량의 역할은 화물이 적재된 팰릿을 창구로 운반하거나, 사용이 끝난 팰릿을 창구에서 회수하여 분류대로 가지고 오는 것이다. 나아가, 이 화물 처리 센터에는 화성 표면에 부설된 레일을 따라 이동하는 수송 차량들이 수시로 드나드는데, 이 차량들은 창구의 화물들을 각 연구 기지로 실어 나르는데 사용된다. 현재 이 화물 처리 센터에는 두 명의 관리 인원이 근무하고 있다.

문제 정의

연구 기지들에 전달해야 하는 보급품의 양은 계속 늘고 있으며, 그 중에서는 반드시 정해진 기한 내에 도착해야 하는 것들도 있다. 화물 처리 센터의 운영과 관련된 파라미터들의 값을 적절히 조정하여 재공품의 양을 줄일 수는 없을까?

기존 운영 실태

이 화물 처리 센터는 2개의 크레인과 1대의 무인 차량을 보유하고 있다. 무인 차량은 분류대와 창구 사이를 왕복하면서, 화물이 적재된 팰릿을 창구로 운반하거나, 빈 팰릿을 창구에서 회수하여 분류대로 반납하는 일을 한다. 분류대 위에 화물 상자를 놓을 팰릿이 없는 경우에는 크레인이 분류 및 적재 작업을 할 수 없다.

팰릿 1개에는 최대 4개의 화물 상자를 적재할 수 있으며, 무인 차량은 4개의 화물 상자가 모두 적재된 경우에만 팰릿을 창구로 운반한다. 화물이 적재된 팰릿들은 창구에 도착한 후 수송 차량을 호출한다. 호출 받은 수송 차량은 화물 처리 센터에 정차하여 팰릿에 적재된 화물을 넘겨받은 후, 지정된 연구 기지로 이동한다. 나아가, 이미 다른 화물을 배송 중인 수송 차량들은 화물 처리 센터에 정차할 수 없다.

현재 이 행성에는 유한 개의 수송 차량들과 이들을 관리하는 차량 기지 1곳이 존재하며, 차량 기지에서는 일정 시간 간격마다 수송 차량을 1대씩 내보내고 있다. 화물 처리 센터에서 화물을 실은 수송 차량들은 이를

7개의 연구 기지 중 한 곳에 전달한 후, 차량 기지로 복귀하여 다음 번 운행을 위해 대기한다.

예전에는 지구에서 화물 수송용 로켓에 임의의 연구 기지로 갈 화물을 무작위로 실어 보내곤 했었다. 그러나 내용물을 먼저 확인한 다음 배송 순서를 조정해 줄 것을 요청한 후, 지금은 동일한 연구 기지로 갈 화물들을 4개씩 연속으로 보내오고 있다.

이 행성에서는 화성초(martian second)라는 시간 단위를 사용하며, 지구에서와 같이 60화성초는 1화성분(martian minute)이며, 60화성분은 1화성시(martian hour)에 해당한다.

이 화물 처리 센터의 운영 방식은 다음과 같이 정리할 수 있다:

- 차량 기지에서는 일정 시간 간격마다 수송 차량을 1대씩 내보낸다.
- 화물을 적재한 팰릿이 창구에서 대기 중일 때는 이를 차량 기지에 알려 다음 번 수송 차량에 운송 작업을 할당한다. 나아가, 수송 차량 1대에는 한 번에 1개의 운송 작업만 할당할 수 있다.
- 수송 차량은 한 번에 한 대씩만 화물 처리 센터에 정차할 수 있으며, 다른 수송 차량이 정차 중일 때 도착한 수송 차량은 화물 처리 센터를 그냥 지나친다.
- 화물들의 도착 순서는 매번 무작위적으로 바뀌도록 할 수도 있고, 목적지가 동일한 화물들이 몇 개씩 연속적으로 도착하게 할 수도 있다.

분석 목표

- 모형을 실행한 후 충분한 시간 동안 시스템의 변화를 관찰하여, 크레인이 화물을 팰릿에 놓을 때, 화물이 놓여지는 위치가 어떤 방식으로 정해지는지를 파악한다.
- 연구 기지들이 단위 시간당 수령하는 화물의 양을 극대화하기 위한 방안을 수립한다. 단, 이때 화물의 수송 단가와의 상충 관계가 고려되어야 한다.

분석을 하면서 생각해 볼 점들

- 화물들의 도착 순서가 이 시스템의 성능에 어떤 영향을 주는가?
- 크레인은 컨베이어에 있는 화물들을 팰릿으로 운반한다. 다음 번에 크레인이 운반할 화물이 어떤 방식으로 정해지는지를 관찰한 내용들을 토대로 설명할 수 있겠는가?

Exercise 3-3 Slime Inc.

분석 배경

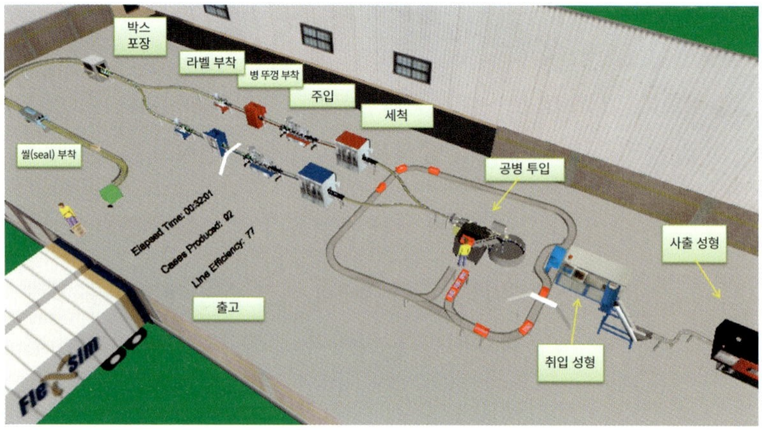

그림 3.8 : Slime 사 제조 현장

당신은 최근에 주식회사 Slime의 생산 관리 부서에 입사하였으며, 당신이 일하게 될 공장의 생산 현장에 최대한 빨리 익숙해지라는 지시를 받았다(그림 3.8 참조). 이 공장에서는 녹색의 슬라임(점액질 형태의 장난감)을 플라스틱 병에 담은 제품을 생산하고 있으며, 이 공장의 생산성은 업계의 중간 정도이다. 완성된 제품들은 박스에 담아 출고하는데, 박스 1개에는 16개의 제품이 들어간다. 마침, 이 공장은 작년에 생산 현장에 대한 시뮬레이션 모형을 작성한 적이 있으며, 당신은 공장의 운영 방식을 이해하기 위해 이를 활용하기로 마음먹었다.

현재 영업 부서에서는 사람들이 한 번에 16개나 되는 제품을 구매하는 것을 부담스러워할 수 있기 때문에 박스 1개에 들어가는 제품의 수를 줄이는 대신, 출고되는 박스의 양을 늘려야 한다고 주장하고 있다.

한편, 생산량이 목표치를 초과할 경우, 이는 당신의 인사 고과에 반영되어, 연말에 성과급을 받을 수 있다.

문제 정의

영업 부서와 생산 현장을 모두 만족시키려면 공장을 어떤 식으로 운영해야 하겠는가?

기존 운영 실태

이 공장은 슬라임을 담을 병의 원료인 플라스틱을 외부에서 구매한 후, 사출 성형과 취입 성형 공정을 통해 이를 병 모양으로 가공한다. 만들어진 빈 병들은 바구니에 담은 후 공병 투입 장치로 이송시키는데, 이 장치는 빈 병들을 정렬하여 1개씩 완제품 생산 라인에 투입해 주는 역할을 한다. 완제품 생산 라인은 2개이며, 각 라인에서는 병 세척, 내용물 주입, 병 뚜껑 부착 및 라벨 부착 작업이 순차적으로 이루어진다. 공장 가장 자리에는 박스 포장 장치가 1대 있으며, 이 장치는 각 생산 라인에서 만든 완제품들을 모아 빈 박스에 16개씩 담는 일을 한다. 완제품이 담긴 박스들은 씰 부착 장치로 이동하여 밀봉 작업을 거치며, 밀봉된 박스들은 다시 출고 장소로 이동한다. 출고 장소에서는 작업자 1명이 밀봉된 박스를 트럭에 싣는 작업을 한다.

생산 현장에서 근무하는 작업자는 2명인데, 그 중 1명은 플라스틱 병의 성형 및 공병 투입 공정을 담당하고 있다. 평소에 이 작업자는 공병 투입 장치 앞에서 대기하고 있다가, 빈 병이 담긴 바구니가 운반되어 오면 이를 공병 투입 장치 위에 놓고 병들을 꺼내어 공병 투입 장치에 넣는 일을 한다. 빈 바구니는 컨베이어 벨트를 이용하여 취입 성형기 쪽으로 되돌려 보내며, 이 외에 사출 성형기나 취입 성형기, 또는 공병 투입 장치에 고장 등의 문제가 발생했을 때 이를 해결하는 것도 이 작업자의 일이다. 나머지 1명은 출고 장소에서 완성된 제품이 담긴 박스를 트럭에 싣는 일을 주로 하는데, 완제품 생산 라인이나 박스 포장기, 씰 부착 장치 쪽에서 발생한 문제들은 이 작업자가 해결해야 한다. 이 작업자들은 목표 생산량이 늘어날 경우, 자신들의 업무량이 증가하지 않을까 걱정하고 있다.

완제품 박스를 가득 실은 트럭이 공장을 떠나면 공장의 차량 출입구를 닫으며, 이후 다음 번 트럭이 도착하기 전까지 이 출입구를 열지 않는다.

사출 성형기와 취입 성형기는 분당 최소 45개에서 최대 85개의 플라스틱 병을 생산할 수 있는데, 생산 속도를 높일수록 고장이나 자재가 기계에 끼이는 등의 문제가 자주 발생하게 된다. 이는 작업자들이 작업을 중단하고 이러한 문제 상황을 해결해야 하는 경우가 늘어난다는 것을 의미한다.

박스 1개에 반드시 16개의 제품을 담을 필요는 없으며, 박스 포장기의 설정을 변경하면 12개 또는 24개의 제품을 담는 것도 가능하다. 사실, 이 공장을 처음 지을 때는 박스 1개에 24개의 제품을 담았었고, 현재의 공장 운영 체계는 그 당시에 수립되었다. 플라스틱 병의 생산 속도를 유지하면서 박스 1개에 12개의 제품을 담는다면, 단위 시간 당 출고되는 박스의 양이 늘겠지만, 그 만큼 두 번째 작업자가 트럭에 짐을 싣는 일을 좀 더 자주 해야 할 것이다. 현재 이 작업자는 한 번에 5개의 박스를 카트에 담아 트럭으로 운반하고 있다.

예전에 플라스틱 병의 생산 속도를 분당 55개로 하면서 박스 1개에 24개의 제품을 담았을 때의 단위 시간 당 출고되는 박스의 양, 즉, 생산 속도를 100%라 할 때, 현재의 생산 속도는 97% 수준이며, 이보다 생산 속도가 떨어질 경우 당신은 인사 고과에서 불이익을 받게 된다.

분석 목표

성과를 개선하고 시장의 니즈를 충족시키기 위한 새로운 공장 운영 방안을 수립한다. 여기에는 박스 1개에 담는 제품의 수와 플라스틱 병의 생산 속도를 어떻게 조정하는 것이 적절한지에 대한 내용이 포함되어야 하며, 당신은 이를 다음 번 관리자 회의에서 보고하여야 한다.

분석을 하면서 생각해 볼 점들

- 시뮬레이션 실행 시간은 얼마가 되어야 하는가?
- 현재의 대시보드를 이용하여 병목이 어디서 발생하는지를 파악할 수 있는가?
- 생산 속도를 높이면, 현장에 어떤 일들이 발생하겠는가?
- 작업자들의 업무량이 과중하지는 않는가?
- 이 공장의 성과 지표들 중 박스 1개에 담는 제품의 개수가 줄어들 경우 악화되는 것들이 있는가?

Exercise 3-4 Danson Electronics

분석 배경

Danson 전자는 2년 전, 영국 Pembroke 지역에 고성능 DVD 제품 조립 공장을 설립하였으며, 효율적인 공장 운영을 위해 생산 현장의 관리자들이 지속적인 개선 활동을 실시하도록 하고 있다.

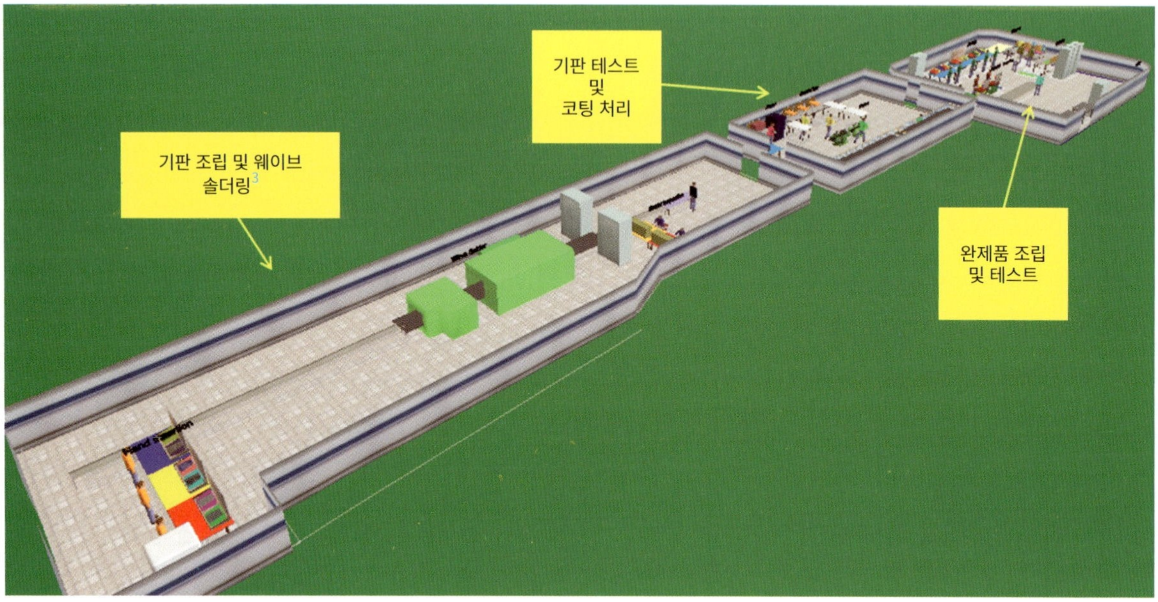

그림 3.9 : Danson 전자

문제 정의

다양한 개선 방안 중 타당한 것들을 선별하고, 이들의 우선 순위를 매긴다. 새로운 개선 방안을 도출해도 좋다.

기존 운영 실태

이 공장의 내부는 크게 3개 구역으로 나뉘어지며, 그 중 1구역에서는 초기 기판에 부품들을 삽입하는 기판 조립 작업과 이 부품들을 고정하는 웨이브 솔더링 작업, 그리고 부품들의 고정 상태에 대한 점검이 순차적으로 이루어진다. 나아가, 초기 기판 1개로부터 DVD용 회로 기판 2개가 만들어지며, 점검이 끝난 초기 기판들이 담겨 있는 팰릿을 2구역으로 운반하는 작업자가 한 사람 있다.

2구역에서는 먼저 라우터를 이용하여 초기 기판 1개를 DVD용 회로 기판 2개로 분리한 후 각각에 대해

3 Wave soldering : 납땜 작업의 일종이다.

몇 가지 테스트를 실시한다. 테스트가 모두 끝난 회로 기판은 코팅 처리를 한 다음, 건조를 위해 잠시 랙에 비치하며, 건조가 완료되면 작업자 한 사람이 회로 기판을 완제품 조립이 이루어지는 3구역으로 운반한다.

3구역에서는 회로 기판과 다른 부품들을 조립하여 완제품을 생산한 후, 화질 테스트, 음향 테스트, 에이징 테스트 및 최종 테스트를 실시하며, 최종 테스트를 통과한 제품들은 출고 장소에서 대기하게 된다.

최근 공장의 생산성을 높이기 위해 어떻게 하는 것이 좋을지, 작업자들을 대상으로 조사해 본 결과, 다음과 같은 네 가지 의견이 제안되었다:

- 1구역 작업자들은 1구역에서 2구역으로의 자재 흐름이 원활하지 않은 것이 문제이며, 이로 인해 1구역에 초기 기판들의 재공품이 많이 쌓인다는 점을 지적하였다. 나아가, 이들은 점검이 끝난 초기 기판들을 1구역에서 2구역의 라우터까지 보다 효과적으로 운반할 수 있는 방법이 필요하다고 주장하였다.
- 2구역 작업자들은 기판 분리 작업에 소요되는 시간을 20% 단축하기 위해 라우터를 하나 추가로 구매할 것을 요구하였다.
- 3구역 작업자들은 그들의 흐름량을 20% 증가시키기 위해 조립 설비를 확충해 줄 것을 요구하였다.
- 노조에서는 기판을 2구역에서 3구역으로 운반할 작업자가 1명 더 필요하다고 주장하였다.

분석 목표

작업자들의 요구 사항을 어떻게 처리할 것인지에 대한 계획을 수립한다.

분석을 하면서 생각해 볼 점들

- 시뮬레이션 실행 시간은 얼마가 되어야 하는가?
- 재공품이 많이 쌓이는 곳은 어디인가?
- 작업자들이 제안한 개선 방안들의 우선 순위를 어떻게 매기는 것이 좋겠는가?
- 개선 효과는 어떻게 측정하는 것이 좋겠는가?
- 생산량, 재공품의 양, 품질 중 가장 중점적으로 관리해야 하는 것은 무엇인가?

Exercise 3-5 Maritime Ltd.

분석 배경

해안에 위치한 SeaSide 시는 많은 관광객들이 찾는 휴양 도시로 잘 알려져 있었으나, 작년에 허리케인으로 인해 주요 해변가의 모래사장이 상당 부분 침식되는 등의 피해를 입었다. 이에, 시 당국에서는 내륙 지역에서 캐내온 암석을 이용하여 방파제를 보강할 것을 결의하고, 시공사로는 Maritime사를 선정하였다(그림 3.10 참조). Maritime사는 공사 금액으로 $1,100만을 입찰하였으며, 계약 조건에는 추가 비용 발생 시의 벌칙 조항이 포함되어 있다. 반대로, 이 예산을 초과하지 않는 범위에서 완공이 될 경우에는, 별도의 성과급을 받을 수도 있다.

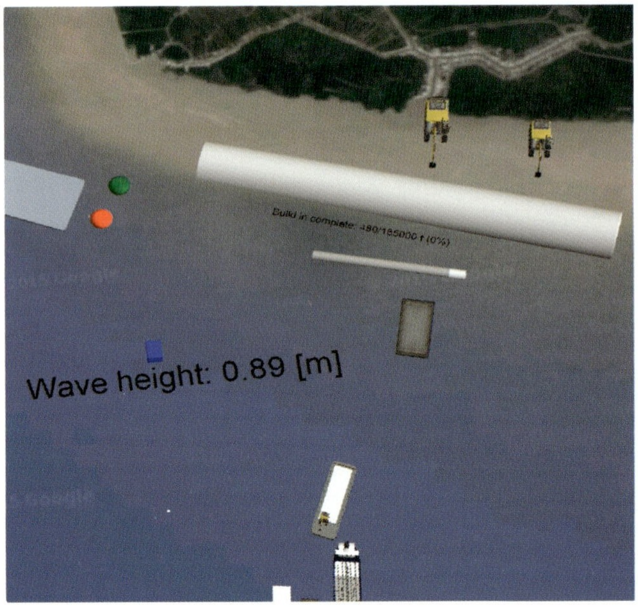

그림 3.10 : 방파제 건설

공사 수행 계획을 수립하기 위해 Maritime사는 한 컨설팅 회사에 공사 진행 상황을 시뮬레이션 해보기 위한 시뮬레이션 모형을 작성해달라고 의뢰하였다. 단, 공사와 관련된 영업 비밀이 노출되는 것을 우려하여, 해변의 상세한 특성들은 Maritime사 내부의 엔지니어들이 자유롭게 입력할 수 있도록 해달라고 요청한 상태이다. 대신, 컨설팅 회사에는 해안의 조수 변화에 관한 데이터가 제공되었다.

문제 정의

시뮬레이션을 이용하여 입찰 금액 내에서 공사를 완료하기 위한 계획을 수립한다.

기존 운영 실태

새로운 방파제를 만드는 데는 165,000톤의 암석이 필요하며, 이 암석들은 SeaSide 시에서 833해리 떨어진 곳에 있는 채석장으로부터 화물선을 이용하여 수송해 온다. 이 채석장은 평일에만 하루 12시간씩 개방되며, 이 외의 시간에는 암석을 가져올 수 없다. 화물선이 암석을 공사 해역 부근까지 운반해 오면, 바지선에 이를 옮겨 싣는다. 바지선은 암석들을 실제로 암석이 필요한 현장에 공급하는 역할을 수행하고 있다. 단, 파도가 너무 심한 날에는 화물선이나 바지선의 이용이 제한된다.

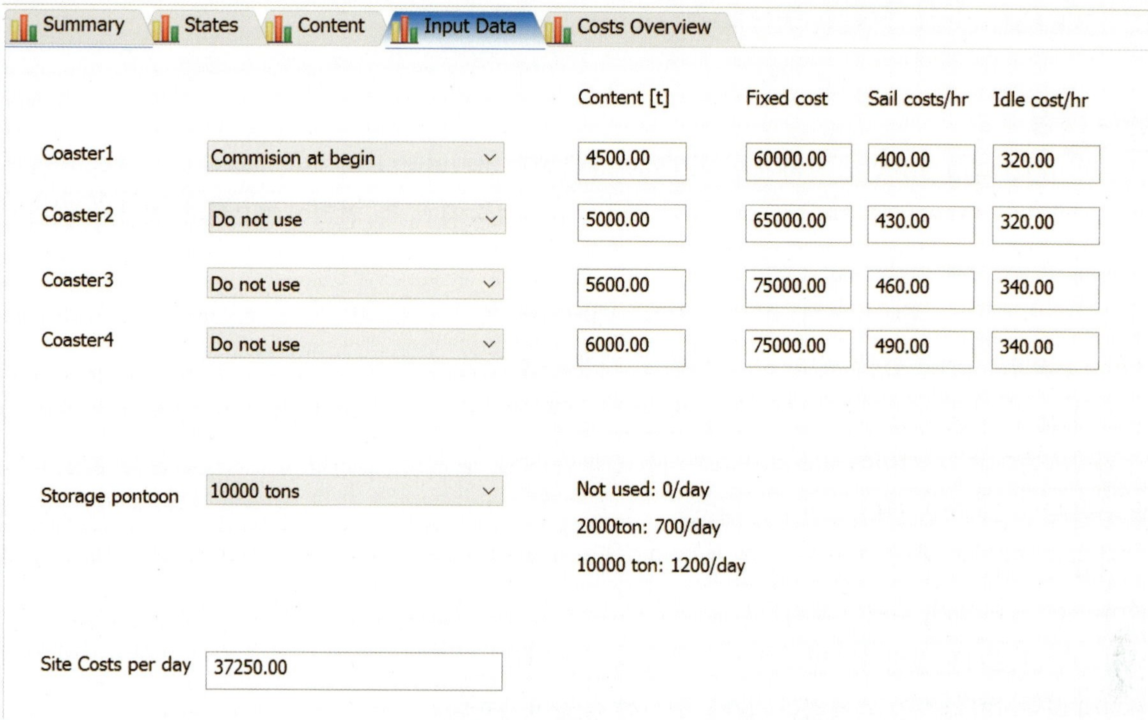

그림 3.11 : 방파제 건설 프로젝트의 파라미터 및 세부 비용

공사 해역 내에 임시로 해상 하역 시설을 만들 수도 있다. 이 경우에는 화물선이 공사 해역 내의, 해변에 좀 더 가까운 위치에 암석을 내려놓을 수 있으며, 따라서 바지선의 운반 거리가 짧아지게 된다. 현재 설치 가능한 하역 시설은 소형(하루 최대 2000톤 하역 가능)과 대형(하루 최대 10000톤 하역 가능), 두 종류가 있다.

시뮬레이션 모형에는 그림 3.11과 같은 파라미터 및 세부 비용들이 반영되었다. 나아가, 공사가 진행되는 동안 하루 $37,250의 기본 운영비가 소요된다.

시뮬레이션 모형은 크게 세 부분으로 구성되어 있으며, 이들은 각각 채석장, 화물선 운송 구간 및 공사 현장의 상황을 보여준다. 아울러, 시뮬레이션의 진행 상황은 모형 내의 여러 차트들을 통해 확인할 수 있으며, 시뮬레이션의 실행이 완료되면 총 소요 비용이 산출된다.

Exercise 3-6 Zombie Batteries, Inc.

분석 배경

신종 바이러스의 창궐로 인해 전 세계 인구의 80%가 좀비로 변해버렸다! 하지만, 영화에서와 달리, 이들은 사람을 잡아먹지는 않는다. 그 대신, 이들이 생존하기 위해서는 전기, 즉, 전력이 필요하다. 따라서, 배터리만 손에 넣으면 좀비들은 일단 얌전히 자신들의 소굴로 돌아간다.

살아남은 인류는 좀비들에게 제공할 새로운 배터리를 개발하였으며, 이를 양산하기 위해 Zombie Batteries라는 기업을 설립하였다. 이 배터리 한 개에는 좀비 한 마리가 여러 날 동안 사용할 수 있을 만큼의 전기 에너지가 담겨 있다. 당신은 이 좀비용 배터리를 생산하는 공장 중 한 곳의 생산 관리자 채용 시험에 지원하였으며, 이 시험에 통과하기 위해서는 긴박한 상황 속에서도 신속하게 의사결정을 수행할 수 있는 능력을 입증해야만 한다(그림 3.12 참조)

시험 응시자들은 각자 시뮬레이션 모형을 이용하여 효과적인 좀비용 배터리 생산 공장 운영 계획을 수립하여야 한다. 아울러, 수립된 계획은 다음과 같은 목적을 달성하는데 적합하여야 한다. 첫째, 좀비들이 더 이상 인류의 도시를 침범하지 않도록 해야 한다. 둘째, 도시의 생존과 공장의 운영에 필요한 최소한의 경제 활동이 이루어질 수 있도록 적절한 시간을 확보할 수 있어야 한다.

문제 정의

좀비들의 전진을 효과적으로 막기 위해서는 다양한 상황에 대응할 수 있는 유연한 운영 전략이 필요하다. 특히, 좀비들이 요구하는 배터리의 양이 일정치 않기 때문에 적절한 시뮬레이션 모형을 만들어 두면 이 공장의 성과를 극대화하는데 도움이 될 것이다. 참고로, 시간 관계 상 작성한 시뮬레이션 모형을 2시간 동안 실행했을 때, 가장 높은 성과를 거둔 사람이 이 시험의 합격자가 된다.

기존 운영 실태

사실 좀비들은 좀비용 배터리 공장을 방문하여 값을 지불하고 배터리를 사 간다. 하지만, 좀비용 배터리는 만드는 것이 까다롭기 때문에 아직까지 경쟁업체는 딱히 없다. 좀비에게 판매할 배터리는 완전히 충전되어 있어야 하며, 보관 중 방전된 것들은 판매가 불가능하다. 한 가지 조심할 점은 배터리가 품절 상태일 때 방문한 좀비들은 난동을 부린다는 것이다.

당신이 지원한 배터리 공장의 주요 임무는 외부에서 공급받은 빈 배터리를 충전하여 좀비들에게 판매할 배터리를 생산하는 것이며, 이를 위해서는 다음과 같은 세 가지 공정이 필요하다:

1. 빈 배터리에 방사성 물질 주입
2. 물이 든 수조 안에서 전력 충전
3. 원심분리기를 이용하여 배터리 상태 안정화

가능하면 좀비가 도착하기 전에 미리 배터리를 만들어 야적장에 쌓아두는 것이 좋다. 공장에 도착한 좀비들은 텅 빈 야적장을 보는 순간 난동을 부리면서 공장의 시설들을 망가뜨리기 때문이다. 따라서, 공장의 시설, 나아가 인근의 인간들을 보호하기 위해서는 최대한 많은 배터리를 야적장에 쌓아두어야 할 것이다.

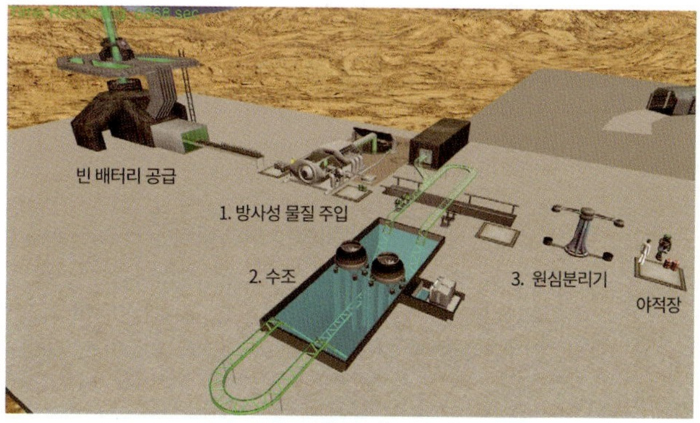

그림 3.12 : 좀비용 배터리 생산 현장

문제는 좀비용 배터리의 수명이 그리 길지 않다는 점이다. 야적장에 오래 방치된 배터리에서는 방전 현상이 일어난다. 방전된 배터리를 가져간 좀비들은 충분히 오랫동안 전력을 공급받지 못해, 곧 다시 공장에 찾아오게 된다. 결국 방전된 배터리가 많아질수록 좀비들의 방문 빈도는 점점 높아질 것이다. 따라서, 당신은 좀비용 배터리의 재고량을 적절한 수준으로 유지하여, 좀비들이 파괴한 시설의 수리 비용을 최소화면서 2시간을 버텨내야 한다.

처음에는 공장 안에 방사성 물질 주입 장치, 충전용 수조, 원심분리기가 각각 1대씩, 그리고 방사성 물질 주입 장치와 원심분리기를 담당하는 근로자가 각각 1명씩 배치되어 있다. 비용을 투입하여 기계나 수조 또는 근로자의 수를 늘릴 수도 있는데, 처음에 주어진 예산은 $1,000이다.

빈 배터리는 개당 $15에 사오고 있는데, 빈 배터리 구매 빈도는 그림 3.13의 제어판 상단에 있는 슬라이드 바를 이용하여 조절할 수 있다. 불필요할 정도로 자주 빈 배터리를 구매하다가는 다른 데 쓸 예산이 부족해진다는 점에 유의하여라.

앞서 말한 바와 같이, 좀비들은 돈을 내고 배터리를 사 가며, 완전히 충전된 배터리 가격은 개당 $50이지만, 방전된 배터리는 그보다 낮은 가격에 팔린다. 기계나 근로자의 수를 늘리기 위해서는 공장이 가진 예산을 투입해야 하는데, 이 공장의 가장 중요한 수입과 지출은 각각 인간 거주지에서 보내오는 지원금과 빈 배터리 구매 비용이다. 단, 좀비들에게 제때 배터리가 공급되지 못하면 인근의 인간 거주지가 침입을 받아 지원금이 줄고 빈 배터리 구매 비용이 올라가기도 한다. 기계나 근로자를 늘리는데 소요되는 비용은 모형의 제어판에 표시되어 있다.

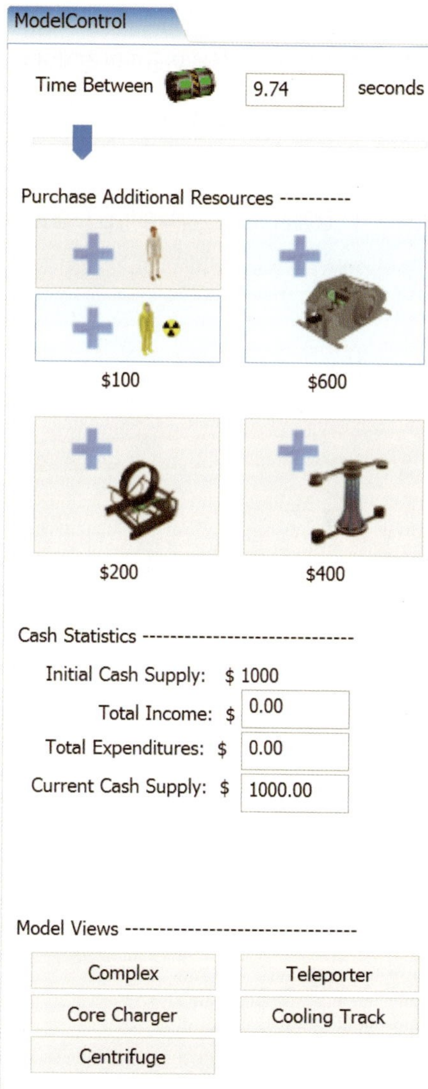

그림 3.13 : 배터리 공장 제어판

Chapter 3 Review Questions

1. 이 장에서 가장 기억에 남거나 흥미로웠던 점 세 가지를 이야기해보시오.

2. 시뮬레이션을 실용적인 기술이라 생각하는가? 그렇게 생각하는 이유는 무엇인가?

3. 오퍼레이션 시스템의 예를 하나 들고, 이 시스템이 가진 통제 가능한 요인과 통제 불가능한 요인들이 무엇인지, 그리고 이들 중 불확실성을 가진 것들은 무엇인지 설명하여라.

4. 불확실성이 존재하는 경우 시뮬레이션을 1회만 실행하면 안 되는 이유가 무엇인지 설명하여라.

5. 시뮬레이션을 의사결정 도구로 활용하고자 하는 초급 사용자가 어떤 사전 지식을 가져야 하는지 설명하여라.

6. 시뮬레이션 모형을 이용하여 최적의 대안을 찾고자 할 때, 해야 하는 일들을 간단히 설명하여라.

7. 본 장에서 소개한 시뮬레이션 모형들에 존재하는 확률 변수의 예를 몇 가지 찾아보아라.

8. 본 장에서 소개한 시뮬레이션 모형들에 존재하는 통제 가능한 요인의 예를 몇 가지 찾아보아라.

Chapter 4 간단한 시뮬레이션 모형 작성하기

학습목표

(1) 대부분의 최신 시뮬레이션 소프트웨어들이 공통적으로 가지고 있는 기본 기능들을 사용하여 대상 시스템의 중요한 물리적, 논리적 특성을 표현할 수 있다.
(2) 시뮬레이션 실행 결과를 이용하여 시스템의 성능을 분석할 수 있다.

초급 사용자들은 가끔 시뮬레이션을 사용하긴 하지만, 시뮬레이션이 자신의 본업은 아니며, 보통 공장장이나 공정관리, 물류관리, 생산관리, 연구개발 등의 직무에 종사하는 경우가 많다. 일반적으로 초급 사용자는 1년에 5~6회 정도 시뮬레이션을 이용할 일이 생기곤 한다. 따라서, 이들은 시뮬레이션 소프트웨어에 포함된 기능 중 비교적 단순한 것들을 이용하여 간단한 모형을 작성할 줄만 알면 된다. 보다 자세한 시뮬레이션 모형이 필요한 경우에는 중급 이상의 사용자나 외부 컨설턴트들에게 도움을 요청할 수도 있기 때문이다.

이 장에서는 먼저 시뮬레이션 소프트웨어의 기본적인 기능을 이용하여 시스템을 이산 사건 시뮬레이션 모형의 형태로 표현하는 방법을 설명한 후, 이어 대부분의 시뮬레이션 소프트웨어들이 가지고 있는 공통적인 구조나 구성요소 등에 대해 논의하고자 한다. 세부적으로는 시뮬레이션 소프트웨어의 작업 환경, 모형을 구성하는 개체들의 특성과 기능, 개체들 간의 관계를 정의하는 방법, 모형 안에서 작업물이 이동하도록 하는 방법, 그리고 모형을 실행한 후 산출되는 통계량들을 이용하는 방법 등에 대해 소개할 것이다. 앞으로 이 책을 통해 실제 모형을 작성하고 분석할 수 있는 능력을 배양하기 위해서는 먼저 이 장에서 소개하는 *FlexSim* 소프트웨어의 기본 사용법들을 숙지하고 있어야 한다. 비록, 이 책에서는 *FlexSim* 소프트웨어에 대해서만 소개하지만, 다른 시뮬레이션 소프트웨어들도 보통 이와 비슷한 기능을 가지고 있다는 점에 유의하여라(세부적인 사용법은 조금씩 다를 수도 있다).

이번 장, 그리고 이어지는 몇몇 장에서는 초급 사용자들이 기초적인 시뮬레이션 역량을 배양하는데 도움이 될 만한 예제도 몇 개 소개할 것이다. 다만, 이 장에서는 가급적 상세한 설명은 지양하고 기본적인 개념들만 살펴보기로 하자. 본 장에서 소개한 내용 중 일부는 나중에 좀 더 자세히 다룰 것이다. *FlexSim* 소프트웨어의 사용법에 대해 좀 더 자세히 알고 싶은 경우에는 소프트웨어의 도움말 기능이나 개발사의 사용자 매뉴얼을 참조하기 바란다.

이 책의 저자들은 시뮬레이션을 제대로 배우기 위해서는 전문적인 실습을 많이 해 보는 것이 중요하다고 믿는다. 이 책의 서두에서도 강조하였듯이, 시뮬레이션은 실용적인 기술이며, 실제 상황에 응용할 수 있을 때만 의미를 갖는다. 이에 대해서는 이 책의 마지막 2개 장에서 보다 자세히 논의하기로 하자.

어떤 주제로 언제 실습을 하는 것이 좋은지는 학습 목표나 내용, 또는 학습자들의 배경 지식에 따라 달라질 수 있으며, 이와 관련하여, 학습자의 특성에 맞는 시뮬레이션 교과목을 설계 및 개발하고자 하는 교강사들은 이 책의 마지막 부분을 참조하기 바란다.

조별 과제를 포함하는 교과목을 통해 시뮬레이션을 가르치는 경우에는 과제가 부과되는 시점에 어떤 주제가 좋은지에 대해 학습자들과 함께 논의하는 것이 바람직하다. 나아가, 실습 주제에 대한 논의는 학습자들이 시뮬레이션 모형의 작성 및 분석에 대해 어느 정도 이해하고 난 이후에 하는 것이 좋다는 점을 기억하여라.

Section 4-1 이산 사건 시뮬레이션 모형의 일반적인 특성

모든 시뮬레이션 사용자들은 모형이란 뭔가 문제점을 가지고 있는 실제 시스템을 단순화시켜 표현한 것이란 점을 명확히 이해하고 있어야 한다. 또한, 모형에는 그림 4.1에 나타낸 것과 같은 오퍼레이션 시스템의 일반적인 세 가지 특성, 즉, 상호 작용, 변동성 및 시간에 대한 내용이 표현되어야 한다.

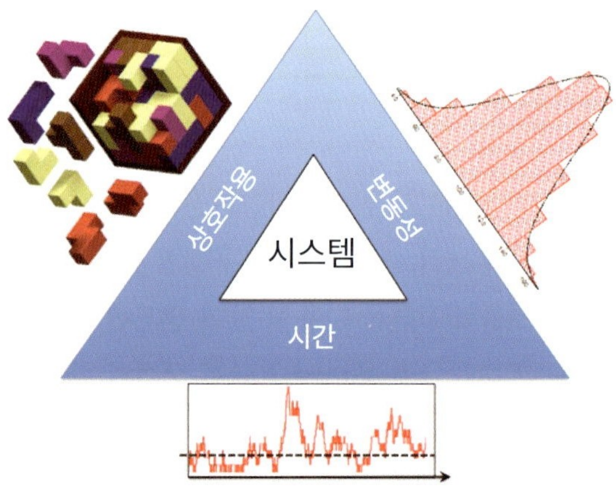

그림 4.1 : 오퍼레이션 시스템의 일반적인 특성

상호 작용이란 사람이나 설비, 자재 또는 정보 등과 같은 시스템 구성요소들 간의 관계에 의해 발생하는 다양한 일들을 의미한다. 효과적인 시뮬레이션 모형을 작성하기 위해서는 먼저 시스템의 구성요소로는 어떤 것들이 있는지, 그리고 이들 간에는 어떤 관계가 있는지를 정확히 파악해야 한다. 이 같은 단편적인 정보들을 적절히 조합하여 실제 시스템을 표현한다는 점에서 시뮬레이션 모형을 작성하는 과정은 퍼즐을 맞추어나가는 과정과도 매우 흡사하다. 필요한 구성요소와 이들 간의 관계가 적절히 표현된 모형은 실행했을 때 실제 시스템과 매우 비슷한 행태를 보이게 될 것이다.

시뮬레이션 모형에는 시스템이 가진 변동성 역시 반영되어야 한다. 변동성은 크게 계획된 변동성과 계획되지 않은 변동성의 두 가지로 나눌 수 있으며, 계획된 변동성에는 인위적인 처리 시간 변경, 작업자의 휴식 시간, 교대 근무 일정으로 인한 자원 투입량 변경 등이 포함된다. 계획되지 않은 변동성의 예로는 설비의 고장, 예상치 못한 근로자의 결근, 제품이나 서비스에 대한 수요 변화 및 품질 문제 등을 들 수 있다.

또 하나, 시뮬레이션 모형에 반드시 표현되어야 하는 것은 시간의 경과이다. 모든 오퍼레이션 시스템은 시간

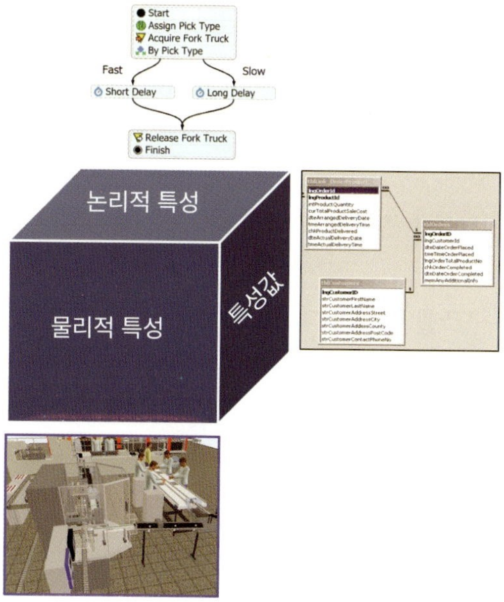

그림 4.2 : 개체(object)의 기본 개념

의 경과와 함께 다양한 변화를 겪게 되며, 이는 시스템에 대한 분석을 어렵게 만드는 주요 원인이기도 하다. 즉, 시간이 경과하면서 시스템의 상호 작용이나 변동성으로 인해 어떤 변화가 일어나는지를 분석하는 것은 매우 까다로운 일이다. 뿐만 아니라, 분석자는 시스템 내에서 중요한 사건이 발생하는 상황을 충분히 관찰하기 위해 모형을 얼마나 오랫동안 실행시켜야 하는지도 결정해야 한다.

시뮬레이션 모형 안에서 상호 작용은 시스템이 가진 실제 물리적 자원(사람이나 설비 등)들을 의미하는 개체(object)들 사이에서 발생한다. 모형 안에서는 개체들에 의해 대기, 저장, 처리, 이송 등과 같은 사건이 발생한다. 동일한 유형의 개체들은 동일한 종류의 물리적 및 논리적 특성을 가지며, 각 특성에는 분석자가 적절한 값을 부여할 수 있다.

시뮬레이션 모형을 구성하는 개체의 기본 개념은 그림 4.2에서 볼 수 있는데, 개체의 물리적 특성이란 3차원 공간 내에서 보여지는 생김새나 모습, 크기 및 위치 등을 말하며, 개체가 언제, 어디서, 어떤 일을 해야 하는지는 논리적 특성에 해당한다. 나아가, 각 특성에는 구체적인 치수나 작업 속도, 외관의 특성, 작업물을 이송할 위치, 처리 속도 등과 같은 값이 부여된다. 특성 값은 상수, 배열, 테이블 또는 확률 분포 등과 같은 여러 가지 형태로 표현할 수 있다.

여러 가지 유형의 개체들을 적절히 이용하면 일반적인 오퍼레이션 시스템의 특성을 묘사할 수 있으며, 이러한 점에서 개체를 모형을 만들기 위한 쌓기 블록으로 비유할 수도 있다. 프로그래밍 분야에서 쓰는 표현을 빌리자면, 개체들은 특정 자원이 갖는 다양한 물리적, 논리적 특성들 및 이들의 값들을 "캡슐화(Encapsulation)[1]" 한다. 그림 4.3은 *FlexSim*을 이용하여 모형을 작성하는 과정에서 일반적으로 가장 많이 사용되는 모델링 개체들의 종류와 각각의 주요 기능을 보여준다. 물론, *FlexSim*은 이 외에도 다양한 종류의 개체들을 제공한다. 이 표에 표시된 것처럼 여러 종류의 개체들이 비슷한 기능을 수행하는 경우도 있다. 예를 들어, 작업물[2]의 이송이 필요한 경우에는 Conveyor 개체와 같은 고정식 이송 장치를 사용할 수도 있지만, 근로자나 무인이송차와 같은 Task Executer 개체를 사용하는 것도 가능하다. 따라서, 모형을 작성할 때는 대상 시스템의 특성에 맞는 적절한 개체를 선택하여야 한다.

기능	개체
Flowitem 생성	Source
Flowitem 제거	Sink
계획된 지연	Processor, Multiprocessor
계획되지 않은 지연	Queue, Conveyor
Flowitem 그룹화	Combiner
Flowitem 그룹 해제	Separator
Flowitem 이송	Conveyor, Task Executer

그림 4.3 : 기본적인 *FlexSim* 모델링 개체들의 주요 기능

1 개체 지향 프로그래밍(object-oriented programming)에서 클래스 안에 여러 가지 멤버 변수(속성)와 메소드(기능)를 정의하는 것을 의미한다.

2 *FlexSim*에서는 flowitem(플로우아이템)이라고 부른다. 특히, 앞 장에서 나왔던 대기행렬 시스템의 고객(customer)이 *FlexSim*에서는 flowitem으로 표현된다.

*FlexSim*이 제공하는 모델링 개체들을 이용하면 다양한 모형을 매우 손쉽게 작성할 수 있다. 또한, 사용자들은 직관적이고 일관성 있는 사용자 인터페이스를 이용하여 자신의 개체에 다양한 물리적, 논리적 특성 값을 부여할 수 있다. 개체의 특성에 값을 부여할 때는 다음과 같은 다양한 방법들을 사용할 수 있다: (1) 값을 직접 타이핑하거나 체크 박스를 클릭, (2) 드롭다운 목록에서 원하는 항목을 선택, (3) 테이블 또는 스프레드시트나 데이터베이스와 같은 외부 애플리케이션으로부터 필요한 값을 조회, (4) 플로우 차트 또는 소스 코드 형태로 필요한 내용을 입력.

결과적으로, 시뮬레이션 모형은 다양한 개체들로 이루어진 계층 구조를 갖게 된다. 나아가, 시뮬레이션이 실행되는 동안 각 개체는 자신의 물리적, 논리적 특성에 맞는 상태 변화를 보이게 되며, 사용자는 이용률, 평균 체류 flowitem(고객) 수, 평균 체류 시간 등과 같은 통계량을 통해 이러한 내용을 확인할 수 있다.

Section 4-2 시뮬레이션 소프트웨어 작업 환경

다른 전문적인 시뮬레이션 소프트웨어들과 마찬가지로, *FlexSim*은 다양한 시스템에 대한 모델링이나 분석을 폭넓게 지원한다. 그림 4.4는 이러한 소프트웨어들이 공통적으로 가지고 있는 기본적인 구성요소들을 보여주고 있으며, 여기 나오는 구성요소 각각에 대해서는 이 책의 뒤쪽에서 좀 더 자세히 살펴보게 될 것이다.

이 장에서는 그림 4.4의 오른쪽에서 볼 수 있는 모형 작성 환경에 대한 내용을 주로 설명하고자 한다. 앞서 언

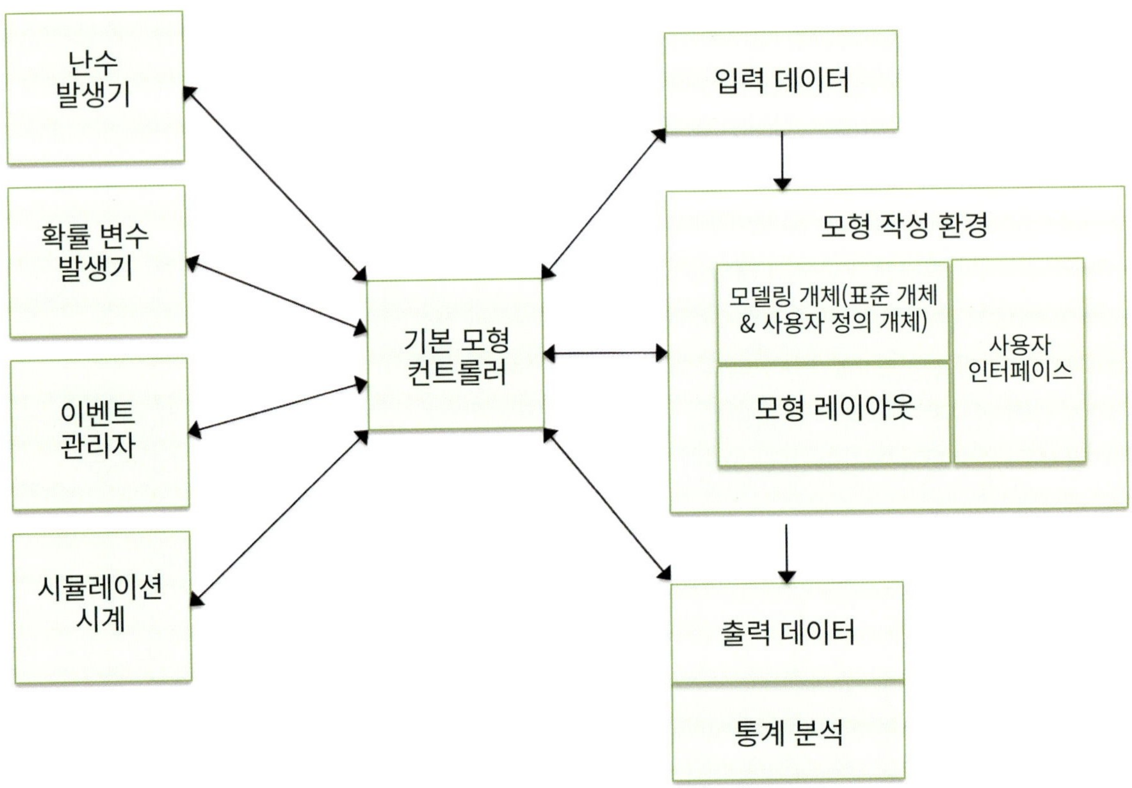

그림 4.4 : 시뮬레이션 소프트웨어들의 일반적인 구조

급한 바와 같이, 모든 시뮬레이션 소프트웨어는 편리하게 모형을 작성할 수 있도록, 사전에 정의된 여러 가지 모델링 개체들을 제공한다. 이러한 개체들의 예로는 처리를 받기 위해 대기(계획되지 않은 지연에 해당) 중인 flowitem이 머무르는 queue, flowitem에 대한 처리를 수행하거나 계획된 지연을 발생시키는 processor, 모형 내에서 flowitem의 이송을 담당하는 Task Executer 등을 들 수 있다. 물론, 시뮬레이션 소프트웨어에 따라 제공되는 모델링 개체의 수나 기능에는 많은 차이가 있다. *FlexSim*과 같은 일부 소프트웨어들은 초급 사용자를 위한 단순한 사용자 인터페이스와 고급 사용자를 위한 전문적인 기능을 동시에 지원하기도 한다.

모델링 개체들은 보통 분석 대상 시스템이 존재하는 현장과 닮은 가상적인 시뮬레이션 공간 안에 배치 및 배열된다. 또한, 모형 내에서 발생하는 flowitem의 이동을 표현하기 위해서는 개체들을 서로 적절히 연결하여야 하며, 때로는 개체들 간에 메시지가 오고 가기도 한다.

모든 시뮬레이션 소프트웨어 제품들은 각자 나름대로 사용자의 편의성을 고려한 사용자 인터페이스를 가지고 있다. 나아가, 다양한 시뮬레이션 소프트웨어들의 기본적인 구성은 대부분 비슷하지만, 각각의 사용자 인터페이스 구성 및 사용 편의성에는 큰 차이가 존재한다. 그 중에서도 *FlexSim*은 모든 수준의 사용자들에게 부합하는 매우 강력한 사용자 인터페이스를 제공한다. 물론, 이러한 소프트웨어를 잘 활용하기 위해서는 사용자도 시뮬레이션 및 소프트웨어 사용법에 대해 어느 정도의 지식을 갖추어야 할 것이다.

앞의 그림 4.4에도 표현되어 있지만, 시뮬레이션 모형을 실행하기 위해서는 여러 가지 입력값이 필요하며, 입력값이 없거나 부정확한 경우에는 시뮬레이션을 통해 적절한 성과를 얻을 수 없다. 따라서, 시뮬레이션 소프트웨어는 이러한 값들을 편리하게 입력하는 방법을 제공해야 한다. 한편, 사용자가 시뮬레이션 모형을 작성하고 실행하는 이유는 실제 행동을 취했을 때 어떤 결과가 일어나는지를 미리 파악하기 위해서이다. 따라서, 시뮬레이션 소프트웨어는 실행 결과를 알아보기 쉽게 정리하거나, 데이터 분석을 효과적으로 수행하는데 필요한 기능들 역시 제공해야 한다.

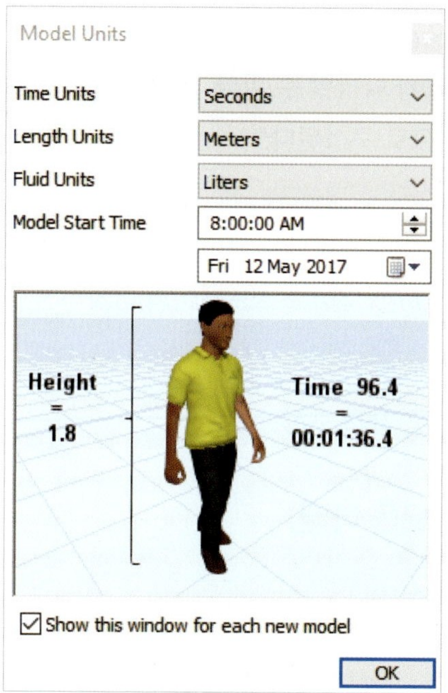

그림 4.5 : 모형 단위 설정 대화상자

시뮬레이션 작업 환경 관련 용어

시뮬레이션 소프트웨어에 대해 설명하기 전에 먼저 시뮬레이션 작업 환경에 관한 몇 가지 용어들의 의미를 정의하기로 하자. 단, 여기서는 *FlexSim*에서 사용하는 용어들을 기준으로 설명을 할 것이며, 시뮬레이션 소프트웨어의 종류에 따라 조금 다른 용어들을 사용하기도 한다는 점에 유의하여라.

시간과 길이의 단위

시뮬레이션 소프트웨어는 사용자에게 일종의 가상 현실을 보여주며, 이러한 가상 현실 속에서 시간이나 길이를 어떤 단위로 측정할 것인지는 사용자가 별도로 명시해 주어야 한다. 시간이나 공간의 단위를 설정할 때는 상단의 File ➡ Global Preferences ➡ Environment 메뉴로 들어가서 원하는 단위를 선택할 수 있으며, 변경 사항을 적용하기 위해서는 *FlexSim*을 재시작해야 한다. 하지만, 그보다는 모형 작성을 시작하기 전에 미리 단위를 정해 두고 다음과 같은 절차를 통해 적용하는 것이 더 바람직하다.

새 모형 작성을 시작할 때는 항상 그림 4.5와 같은 모형 단위 설정 대화상자가 나타나며, 이후 *FlexSim*은 항상 여기서 설정한 단위들을 이용하여 모형의 실행이나 통계량의 계산을 수행한다. 따라서, 모형에 값을 입력할 때는 현재 모형에 어떤 단위들이 적용되어 있는지를 잘 알고 있어야 한다. 예를 들어, 시간의 단위를 초(second)로 설정한 경우에는 source 개체의 도착 간격이나 processor 개체의 처리시간 등이 모두 초단위로 입력되어야 한다. 뿐만 아니라, 시뮬레이션에 의해 산출되는 통계량(예: 평균 대기 시간 등)들 역시 초 단위 값을 갖는다. 시간이나 길이의 단위를 한 번 설정한 이후에는, 새 모형을 작성하기 전까지 단위를 변경할 수 없으며, 작성한 모형을 파일로 저장할 때에도 설정된 단위가 함께 기록된다.

길이의 단위 역시 사용자가 선택할 수 있다. 기본적으로 *FlexSim*의 가상 현실 세계는 3차원의 좌표 공간에 해당하며, 사용자는 가로, 세로, 또는 높이 축의 눈금 한 칸이 어떤 길이에 해당하는지를 결정해야 한다. 나아가, 길이의 단위가 정해지면 사용자는 이를 이용하여 설비의 크기나 지게차 등과 같은 이동식 장치들의 이동 속도를 적절히 설정할 수 있다. 시뮬레이션을 할 때는 항상 일관된 단위를 사용해야 하는 것이 중요하다는 점에 유의하여라.

FlexSim 메인 화면

앞 장에서와 같이 *FlexSim*을 이용하여 기존에 작성된 모형을 열면, 해당 모형의 내용이 화면에 표시된다. 반면, 새로운 모형을 작성할 때는 처음에 그림 4.6과 같이 텅 빈 가상 공간을 포함한 메인 화면을 보게 된다.

앞에서 설명한 것처럼, 모든 시뮬레이션 소프트웨어들은 모형이 구축될 가상 공간(레이아웃이라고도 한다)과 함께 효과적으로 모형을 구축하는데 필요한 다양한 기능들을 제공한다. 또한, 대부분의 다른 시뮬레이션 소프트웨어들이 그렇듯이, *FlexSim* 역시 파일 입출력이나 드롭다운 메뉴, 도구 모음 등과 같은 일반적으로 Windows 환경에서 흔히 볼 수 있는 사용자 인터페이스들을 제공한다. 참고로, *FlexSim* 학생용 버전(student version)을 사용하는 경우에는 레이아웃 위에 “Educational Version”이라는 워터마크가 나타날 수 있다.

FlexSim 소프트웨어의 메인 화면은 크게 아래와 같은 5개의 주요 영역으로 구성된다:

영역 1: 메뉴 및 도구 모음 (메인 화면 상단)

- 메뉴 : Windows 환경에서 흔히 볼 수 있는 메뉴로 파일 입출력 등 *FlexSim* 소프트웨어의 다양한 기능을 선택할 때 사용
- 도구 모음 : 자주 사용되는 기능을 빠르게 실행시킬 수 있는 단축 버튼들로 구성

영역 2: 시뮬레이션 제어판 (Control Panel, 메뉴 및 도구 모음 아래)

- **실행 제어 버튼**
    - Reset (초기화) : 시뮬레이션 모형을 초기화할 때 사용.
    - Run (실행) : 시뮬레이션 모형을 실행시킬 때 사용.

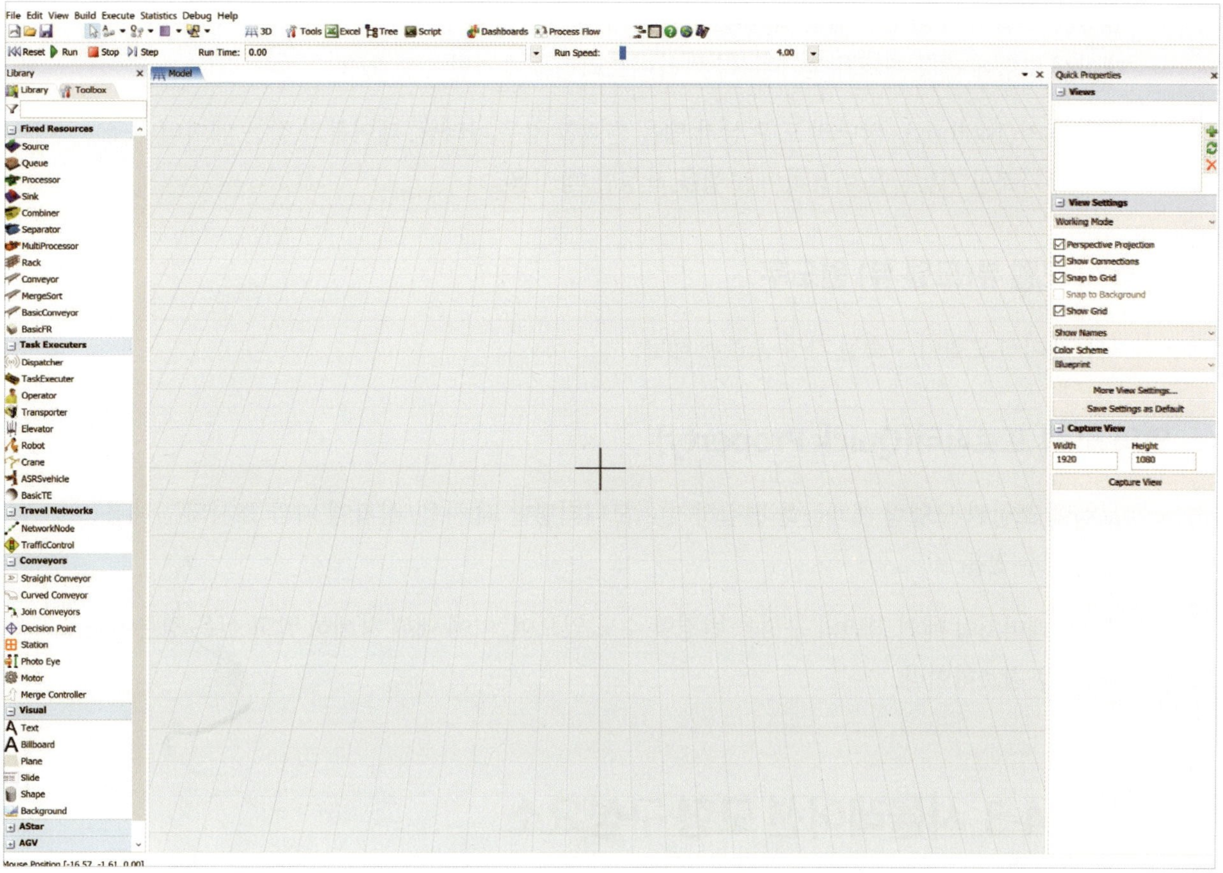

그림 4.6 : *FlexSim* 소프트웨어 메인 화면

- Stop (중단) : 현재 실행 중인 시뮬레이션 모형의 실행을 중단시킬 때 사용(중단 상태에서 Run 버튼을 클릭하면 중단된 시점부터 실행이 계속 이어짐).
- Step (단계적 실행) : 다음 번 사건 발생 시점으로 즉시 이동할 때 사용.

- **시간 제어**
  - Run Time (실행 시간) : 현재 모형의 시뮬레이션 시작 후 경과 시간을 표시.
  - 종료 시각(실행 시간 오른쪽의 드롭다운 버튼) : 시뮬레이션의 실행을 끝낼 시각을 설정할 때 사용(한 번의 종료 이후 새로운 종료 시각을 설정하는 것도 가능).
  - Run Speed (실행 속도) : 현실 세계의 시간에 비해 레이아웃 안에서의 시간이 얼마나 빨리 가는지를 설정할 때 사용, 슬라이드 바를 좌우로 움직여 속도를 조정하거나, 드롭다운 버튼을 클릭하여 특정 값을 설정하는 것도 가능.

영역 3: 라이브러리 및 도구 상자 (library 및 toolbox, 메인 화면 좌측)

- 라이브러리(Library) : 다양한 개체들의 목록이 표시되는 영역. 특정 개체를 클릭한 후 아래에서

설명할 모델 뷰의 특정 지점을 클릭하거나, 특정 개체를 모델 뷰의 특정 지점에 드래그하면 시뮬레이션 모형에 해당 개체가 추가됨. 다른 라이브러리를 추가할 수도 있음.

- 도구 상자(Toolbox) : 상단의 도구 상자 탭을 클릭할 경우 나타남. 테이블과 같은 데이터 구조나 기타 부가적인 기능들을 이용하여 모형을 작성할 때 사용.

영역 4: 모델 뷰(모델 뷰) 윈도우

- 시뮬레이션 모형이 구축될 가상 공간에 해당.

영역 5: 퀵 프로퍼티(Quick Property)

- 모형에 포함된 모델링 개체들을 편집하거나 모니터링할 때 사용. 상황에 따라 표시되는 내용은 달라질 수 있음.

다른 소프트웨어처럼 메인 화면의 구성을 변경할 수도 있으며, 이에 대해 자세히 알고 싶은 경우에는 소프트웨어의 도움말을 참조하여라.

Section 4-3 시뮬레이션 모형 구성요소

*FlexSim*과 같은 GUI 기반 시뮬레이션 소프트웨어들의 가장 큰 특징은 여러 가지 모델링 개체들이 가상 공간에 배치되는 모습을 직접 관찰하면서 모형을 작성할 수 있다는 점이다. 모델링 개체는 시뮬레이션 모형을 작성하는데 필요한 가장 기본적인 요소이며, 일반적으로 특정한 기능을 수행하는 물리적인 자원들을 의미한다.

*FlexSim*의 모델링 개체는 크게 이산형(discrete) 개체와 유체형(fluid, 또는 연속형이라고도 한다) 개체의 두 가지로 구분된다. 이 중 이산형 개체들은 flowitem의 도착이나 고장으로 인한 작업의 중단 등과 같이 발생 시점이 이산적인 사건들에 의해 시스템의 상태가 변화하는 이산 사건 시뮬레이션 모형을 작성하는데 사용된다. 반면, 유체형(연속형) 개체들은 큰 용기에 액체를 주입하는 것처럼 상태의 변화가 일정 시간에 걸쳐 점진적으로 발생하는 시스템의 특성을 나타내는데 적합하다. 이 책에서는 주로 이산형 개체를 이용한 이산 사건 시뮬레이션을 다룰 것이지만, 이 책의 후반부에서는 유체형 개체에 대해서도 잠시 살펴보게 될 것이다.

일반적으로 오퍼레이션 시스템에서는 처리해주어야 할 대상들의 방문, 이동 및 이탈 등이 발생하며, 이러한 처리 대상의 예로는 공장 안의 작업물이나 창고를 드나드는 화물, 공항을 방문하는 비행기 탑승객 등을 들 수 있다. *FlexSim*에서는 이러한 처리 대상들을 flowitem 이라고 부른다. 공장이나 창고에 대한 모형을 작성할 때는 보통 상자나 제품 등과 같은 작업물이 flowitem이 될 것이다. 나아가, 경우에 따라서는 고객과 같은 사람 또는 서류 작업과 같은 무형의 대상을 flowitem으로 표현하기도 한다. Flowitem이 없는 시스템은 굳이 *FlexSim*을 이용하여 시뮬레이션을 할 이유가 없다. 참고로, 다른 시뮬레이션 소프트웨어들에서는 flowitem을 entity 또는 transaction이라 부르기도 한다.

FlexSim 메인 화면 좌측에서 Toolbox 탭을 클릭한 다음, FlowItem Bin 항목을 선택하면 *FlexSim*에서 선

택할 수 있는 flowitem의 유형들을 볼 수 있다. 일반적으로 flowitem은 Source 개체에 의해 생성되며, 필요한 경우에는 새로운 3D 이미지를 등록하여 flowitem의 외관을 바꿀 수도 있다. 이에 대해서는 개발사의 사용자 매뉴얼을 참조하여라.

Flowitem은 시스템 내부에서 다른 이산형 개체들과 여러 가지 상호작용을 하게 되며, 이러한 개체들은 보통 flowitem에 대한 처리나 이송, 보관 등의 역할을 수행한다. 나아가, *FlexSim*의 이산형 개체들은 크게 Fixed Resource (고정형 자원)와 Task Executer (임무 수행자, 주로 이동형 자원을 의미)의 두 종류로 구분된다.

쉽게 말해, 시뮬레이션 모형은 이러한 모델링 개체들 및 flowitem 을 잘 조합하여 실제 시스템의 작동 방식을 묘사한 것으로 볼 수 있으며, 그림 4.7에서 이러한 조합의 예를 볼 수 있다.

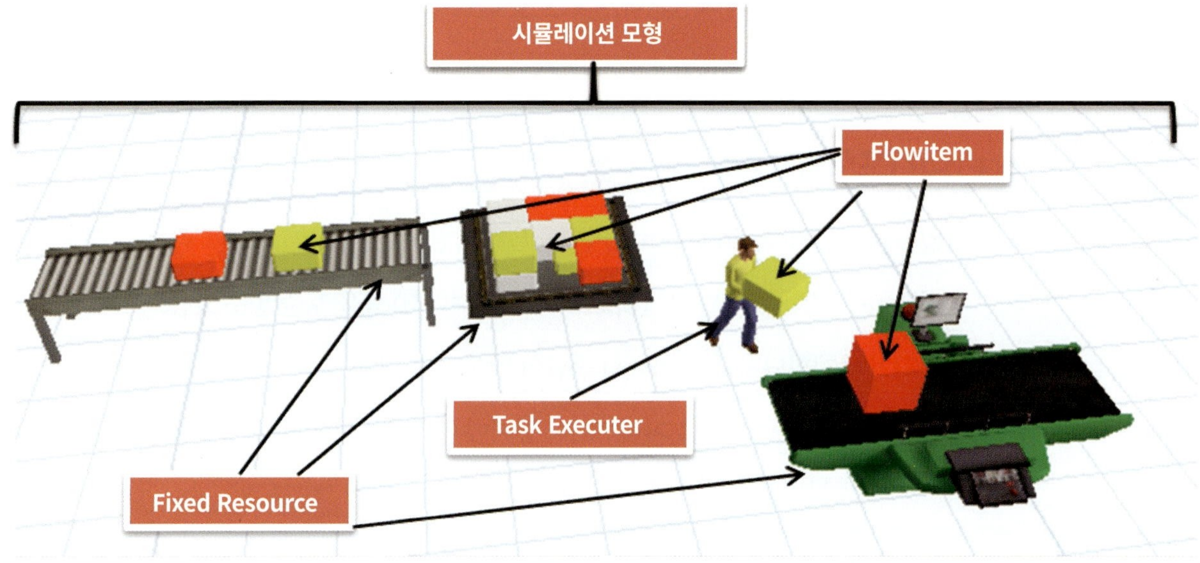

그림 4.7 : 시뮬레이션 모형의 예

Section 4-4 Fixed Resource

*FlexSim*을 이용하여 시뮬레이션 모형을 작성할 때는 Fixed Resource 개체들을 가장 많이 사용하게 된다. 이 개체들은 flowitem을 처리 또는 가공하는 역할을 수행하면서 이를 위해 flowitem들을 서로 주고 받기도 한다. 이들을 고정형(Fixed)이라 부르는 이유는 일단 가상 공간 내의 한 곳에 배치되면 모형 작성자가 인위적으로 옮기지 않는 이상 해당 위치에 항상 머물러 있기 때문이다.

Fixed Resource에 해당하는 모델링 개체로는 다음과 같은 것들이 있다:

Source (소스)

- flowitem을 생성하여 모형 내에 투입.
- 도착 방식: 도착 간격 명시, 도착 일정 설정, 도착 순서 설정 등.

Sink (싱크)

- 다른 모델링 개체가 전달한 flowitem을 모형에서 제거.

Queue (큐)

- 하류(downstream)의 개체가 flowitem을 처리할 수 없는 상태인 경우 flowitem을 임시로 보관.
- 한번에 여러 flowitem을 보관할 수 있음.
- 여러 flowitem들을 배치(batch) 방식으로 내보낼 수 있음.
- 동시에 보관할 수 있는 flowitem 개수의 상한을 지정할 수 있음.

Processor (프로세서)

- 작업을 처리하거나, flowitem의 지연을 발생시킴.
- 셋업(setup) 또는 처리를 위해 operator(오퍼레이터) 등을 호출할 수 있음.
- 계획되거나 계획되지 않은 가동의 중단이 발생할 수 있음.
- 한번에 하나의 flowitem을 처리하거나 동시에 여러 개의 flowitem들을 처리할 수도 있음 (maximum content > 1로 설정된 경우).

MultiProcessor (멀티 프로세서)

- 여러 개의 작업 또는 공정들을 순차적으로 처리.
- 각 작업/프로세스마다 소요 시간이 다를 수 있음.
- 각 작업/프로세스가 별도의 operator 등을 호출할 수 있음.
- 한번에 하나의 flowitem 처리.

Conveyor (컨베이어)

- 고정된 경로(반드시 직선형일 필요 없음)를 따라 flowitem 이송.
- 지정된 속도로 이송.
- 한 번에 flowitem 하나씩 유입 및 유출.
- 모드(mode): 누적(accumulating)/비누적(non-accumulating), 누적 모드일 때는 선두의 flowitem이 이동하지 않더라도 후속 flowitem은 계속 이동하면서 선두 flowitem 뒤

에 대기행렬을 형성. 비누적 모드일 때는 선두 flowitem이 멈출 경우 후속 flowitem들도 즉시 정지.

- Conveyor 상에 놓일 수 있는 flowitem 개수는 conveyor 개체의 크기 및 flowitem의 크기에 의해 제한될 수 있음.
- Flowitem 간 간격 별도 지정 가능.
- 기본적인 conveyor 개체 이외에도 library에는 세부적인 설정이 가능한 다양한 유형의 conveyor 개체가 포함되어 있음.

Combiner (컴바이너)

- 여러 개의 flowitem들을 결합.
- 예를 들어 1번 입력port를 통해 전달받은 용기에 다른 입력port를 통해 유입된 flowitem을 담는 등의 작업 수행 가능.
- 처리 시간 및 처리에 필요한 별도 자원 명시 가능.
- 계획되거나 계획되지 않은 가동 중단이 발생할 수 있음.
- 모드(mode): Join / Pack / Batch, Join 모드로 결합된 경우 분리 불가능. Pack 모드로 결합된 경우에는 separator를 이용하여 분리 가능. Batch 모드는 물리적인 결합은 아니나 대상 flowitem들이 이후에 그룹을 지어 이동해야 함을 의미.

Separator (세퍼레이터)

- 하나의 flowitem을 입력받아 여러 flowitem을 생성.
- 처리 시간 및 처리에 필요한 별도 자원 명시 가능.
- 계획되거나 계획되지 않은 가동 중단이 발생할 수 있음.
- 모드(mode): Unpack/Split, Unpack 모드는 combiner에 의해 결합된 flowitem들을 분리할 때 사용. Split 모드는 이전에 combiner를 거치지 않은 단일 flowitem으로부터 여러 flowitem을 생성할 때 사용.

Section 4-5 Flowitem 이송

이송(transporting)이란, 모형 내의 어떤 Fixed Resource 개체가 가진 flowitem을 다른 Fixed Resource 개체로 운반하는 것을 의미하며, *FlexSim*에서는 다양한 방법으로 flowitem을 이송할 수 있다. 이송 방법을 별도로 지정하지 않은 경우에는 flowitem들이 순간 이동(즉, 이송 소요 시간=0) 방식으로 다음 번 Fixed Resource 개체까지 이동한다.

Flowitem의 이송을 현실적으로 표현하기 위해서는 conveyor와 같은 고정형 이송 장치, 또는 Task Executer 개체들과 같은 이동형 이송 장치를 적절히 활용해야 한다. "이동형"이라는 말에서 알 수 있듯이, Task Executer 개체들은 모형이 실행되는 동안 시뮬레이션 공간 안에서 돌아다니는 것이 가능하며, 주로 flowitem을 이송하거나, Fixed Resource를 보조하는 역할을 수행한다.

작업물의 이송에 사용되는 지게차, 크레인, 구급차, 휠체어 및 근로자 등은 모두 Task Executer 개체들을 이용하여 표현할 수 있다. 또한, Task Executer 개체들 중 operator 개체는 flowitem의 이송뿐만 아니라 준비나 처리, 유지보수 등과 같은 부수적인 업무를 담당하기도 한다.

FlexSim 메인 화면 좌측의 library에는 그림 4.8과 같이 다양한 Fixed Resource, Task Executer 및 기타 개체들이 유형별로 나열되어 있다.

그림 4.8 : *FlexSim* 모델링 개체 library

Flowitem 및 모델링 개체들은 사용자가 정의한 추가적인 속성을 가질 수도 있으며, 경우에 따라서는 이러한 추가 속성을 이용하여 어떤 통계량을 집계하거나, 개체들의 특성 또는 flowitem들에 대한 식별자를 설정하는 것도 가능하다. 나아가, 모형이 실행되는 동안 사용자가 정의한 속성 값들을 편집할 수도 있으며, 이에 대해서는 앞으로 예제들을 통해 좀 더 자세히 살펴볼 것이다. 결론적으로 말해, 필요한 경우 모형 작성자는 모델링 개체의 특성을 유연하게 정의할 수 있으며, 이는 다양한 모형의 작동 방식을 표현하는데 도움을 준다. *FlexSim*에서는 사용자가 정의한 추가적인 속성을 파라미터 또는 label(레이블)이라 부르며, 다른 시뮬레이션 소프트웨어들의 경우, 속성(attribute)이라는 용어를 사용하기도 한다.

가상 공간에 개체 배치하기

시뮬레이션 모형을 작성하기 위해서는 먼저, 가상 공간에 모델링 개체들을 적절히 배치해야 하며, 개체를 배치하는 방법은 일반적인 Windows 응용 프로그램 사용법과 비슷하다.

모형에 배치할 개체는 *FlexSim* 의 표준 library 또는 사용자가 구축한 library 에서 선택할 수 있으며, 가능하면 실제로 표현할 물리적 자원의 특성에 부합하는 유형의 개체를 선택하여야 한다. 또한, 각 개체의 이미지를 변경하는 것도 가능한데, 이에 대해서는 *FlexSim*의 도움말을 참조하기로 하자.

실제로 개체를 시뮬레이션 공간에 배치하는 방법은 다양하다. 먼저, library에서 개체 아이콘을 클릭한 다음, 마우스 버튼을 누른 채로 시뮬레이션 공간 내 특정 위치까지 드래그하면 해당 위치에 개체 1개가 생성된다. 또한, library에서 개체 아이콘을 그냥 클릭한 다음, 레이아웃 내 특정 위치를 클릭해도 결과는 같다. 단, 이 경우에는 레이아웃을 클릭할 때마다 계속 동일한 유형의 개체들이 추가되므로, 필요한 개체가 배치된 후에는 Esc키를 눌러 개체 추가 모드를 해제해주어야 한다. 끝으로, 시뮬레이션 공간을 더블 클릭하여 선택 가능한 개체들의 목록을 보여주는 팝업창을 생성한 후, 거기서 개체를 선택할 수도 있다.

시뮬레이션 공간 안에 배치된 개체를 편집하고자 할 때는 먼저 개체를 마우스 왼쪽 버튼으로 클릭하여 해당 개체를 선택하여야 한다. 그러면 선택된 개체 주위에 노란색 상자가 표시될 것이다. 개체의 위치를 이동시키고 싶은 경우에는 해당 개체를 마우스 왼쪽 버튼으로 클릭한 채 원하는 위치로 드래그하기만 하면 된다. 만약, 개체의 높이를 조정하고 싶은 경우에는 개체를 선택한 상태에서 마우스 휠을 위아래로 회전시키면 된다.

선택된 개체의 크기나 방향을 조절할 수도 있다. 단, 개체를 선택했을 때, 그림 4.9와 같이 노란색 상자 주위에 빨간색, 파란색 및 초록색 화살표가 나타나지 않는 경우에는 먼저 메뉴에서 Edit ➡ Resize and Rotate Objects 항목을 클릭하여라.

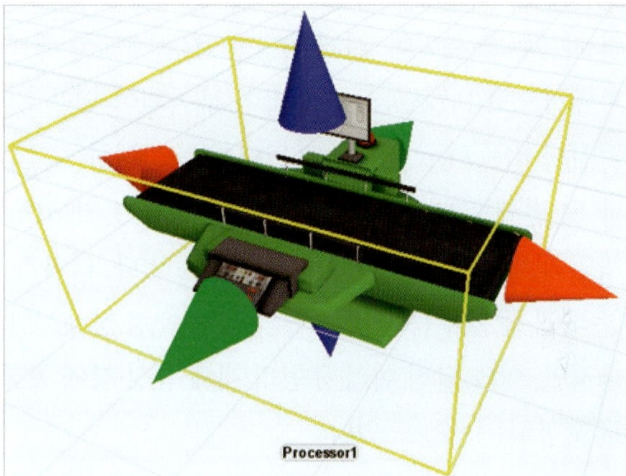

그림 4.9 : 선택된 개체

개체의 크기를 조정하고자 하는 경우에는 조정이 필요한 방향에 해당하는 화살표를 마우스 왼쪽 버튼으로 클릭한 채로 마우스를 드래그하면 된다. 개체의 방향을 회전시키고자 할 때는 화살표 중 하나를 오른쪽 클릭한 다음 마우스를 위아래로 드래그하여라. 앞에서 설명한 바와 같이 개체의 높이를 변경하고자 할 때는 개체를 선택한 상태에서 마우스 휠을 조작하면 된다. 참고로, 개체를 오른쪽 클릭한 후 팝업 메뉴에서 Edit ➡ Reset Object 항목을 클릭하면 개체의 방향이 초기화된다.

Shift키를 누른 채로 배치된 개체를 클릭하거나, 여러 개체들을 드래그하면 이 개체들의 주위에 빨간색 상자가 나타나며, 이는 해당 개체들이 그룹 선택되었음을 의미한다. 그룹 선택의 사용법에 대해 자세히 알고 싶은 경우에는 소프트웨어의 도움말을 참조하여라.

Section 4-6 개체 편집

*FlexSim*의 모든 개체들은 그 특성을 정의하는데 필요한 다양한 속성들을 가지고 있으며, 이는 다른 시뮬레이션 소프트웨어들도 마찬가지이다. 물론, 각 개체가 가진 속성의 종류는 소프트웨어에 따라 조금씩 다를 수도 있다. 개체의 속성을 편집하는 방법을 연습해 보기 위해, 먼저 *FlexSim*을 실행한 후 processor 개체 하나를 모델 뷰(model view)에 배치하여라. 참고로, 다른 개체들도 여기서 소개할 processor 개체와 비슷한 방식으로 개체의 값을 편집할 수 있다.

개체의 역할이나 작동 방식(예를 들어, flowitem이 개체에 얼마나 오래 머무르는지, 다음 번에는 flowitem이 어떤 개체로 이동해야 하는지, 개체의 외관은 어떻게 표현할 것인지 등)을 정의하기 위해서는 적절한 속성의 값을 설정하여야 한다. 개체를 한번 클릭하면 메인 화면 오른쪽의 Quick Properties 영역에 해당 개체의 속성들이 요약되며, 개체를 더블 클릭하면 개체가 가진 모든 속성들을 상세히 보여주는 속성 창이 나타난다. 이 장에서는 주로 속성 창을 이용한 속성 편집 방법을 설명할 것이다.

속성 창 (Properties Window)

그림 4.10과 같이 속성 창은 여러 개의 탭을 가지고 있으며, 처음에는 기본적으로 선택된 개체의 유형과 동일한 이름을 갖는 탭이 보여진다. 속성 창의 상단에는 이 개체의 이름이 표시되며, 개체 이름은 해당 개체를 배치할 때 자동적으로 Processor#과 같이 부여되어 있을 것이다. 여기서 #은 *FlexSim* 소프트웨어를 실행한 후 이 개체가 몇 번째로 배치되었는지를 의미하는 숫자이며, 여러 개의 개체가 동일한 이름을 가질 수는 없다. 나아가, 속성 창의 탭 중 일부는 특정 유형의 개체 속성 창에서만 나타나지만, 이와 달리 여러 유형의 개체 속성 창에 공통적으로 포함되는 탭들도 있다.

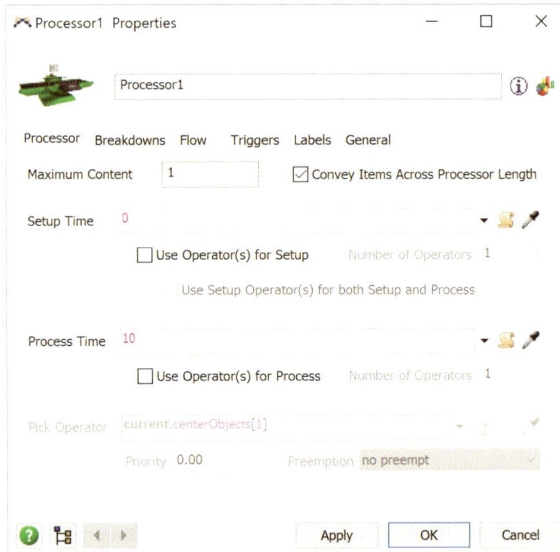

그림 4.10 : 속성 창

많은 개체들을 갖는 모형을 작성할 때는 적당한 규칙을 사용하여 개체들에 이름을 붙여나가는 것이 좋다. 특히, 개체의 이름에 개체의 유형을 포함시켜두면 나중에 모형을 편집하거나 할 때 큰 도움이 된다. 예를 들어, processor, queue, conveyor 개체의 이름은 pr_, qu_, cv_와 같은 접두어를 사용하여, pr_Machine1, qu_PartSurge, cv_OutputPath 와 같이 붙일 수 있을 것이다.

*FlexSim*이 제공하는 개체의 종류는 다양하지만, 이들의 속성 창은 모두 비슷한 구조를 가지고 있으며, 간혹 속성 창을 사용하다가 세부 사항을 설정하기 위해 별도의 창을 열게 될 수도 있다. 나아가, 개체의 종류에 따라 속성 창의 탭 구성은 달라질 수도 있다. 다만, General 탭과 Labels 탭은 모든 유형의 개체 속성 창에 포함되어 있으며, Flow 탭, Triggers 탭 및 Breakdowns 탭 역시 *FlexSim*이 제공하는 여러 가지 유형의 개체들 중 대부분의 속성 창에서 볼 수 있다. 흔히 볼 수 있는 이러한 탭들에는 다음과 같은 내용들이 표시된다:

- General : 개체의 크기, 위치, 방향 등에 대한 속성 및 이 개체가 가진 port 들에 대한 내용.
- Labels : 사용자가 정의한 추가적인 속성들의 목록.
- Flow : flowitem의 입출력 방법에 대한 내용.
- Triggers : 특정 사건에 개체가 반응하는 방법. 개체에 확장된 기능을 부여하고자 할 때 사용할 수 있음.
- Breakdowns : 개체의 신뢰성에 대한 내용. 고장 간격이나 수리 시간의 설정에 사용될 수 있음.

메인 화면 우측 Quick Properties 영역의 상단에는 Statistics라는 중요한 항목이 하나 있는데, 시뮬레이션 실행 도중 특정 개체를 선택하여 이 항목을 열면 입출력 항목의 개수를 비롯하여 현재 시점까지의 해당 개체 관련 통계량들을 볼 수 있다.

속성 창에서 값을 편집한 다음 Apply 버튼을 클릭하면 편집한 내용이 개체에 반영되지만, 속성 창은 열린 상태로 남아 있다. 반면, OK 버튼을 클릭하면 편집한 내용이 반영됨과 동시에 속성 창이 닫힌다. Cancel 버튼이나 속성 창 우측 상단의 창 닫기([x]) 버튼을 클릭하면 편집 내용의 저장 없이 속성 창만 닫힌다. 반면, Quick Properties 영역에는 Apply나 OK 버튼이 없고, 속성 값을 편집한 후 다른 곳을 아무데나 클릭하기만 해도 내용이 저장된다. 나아가, 속성 창과 Quick Properties 영역 중 한 곳에만 값을 입력하면 다른 쪽에도 동일한 내용이 반영된다.

일부 속성들은 속성 창에서 값을 직접 타이핑하거나 체크 박스를 클릭하여 값을 설정할 수 있는 반면, 다른 속성들은 *FlexSim*에서 picklist라고 부르는 일종의 드롭다운 목록에서 원하는 항목을 선택하여 설정해야 한다. Picklist에는 해당 속성의 값으로 선택할 수 있는 대표적인 옵션들이 나열되어 있으며, 이에 대한 보다 자세한 설명이 필요한 경우에는 소프트웨어의 도움말을 참조하여라.

General 탭

개체 속성 창의 General 탭에는 그림 4.11과 같이 주로 개체의 외형과 관련된 속성들이 표시된다.

이 탭의 상단 Appearance 영역의 제일 위에는 이 개체의 외관을 어떻게 표현할 지를 설정할 때 사용할 수 있는 3D shape 등의 속성이 보인다(이 속성들의 사용법에 대해서는 개발사의 사용자 매뉴얼을 참조하여라). 그 아래에는 개체의 질감(3D Texture)나 색상(Color) 관련 속성들이 있다. 색상을 변경할 때는 현재 색상 옆의 아래쪽 화살표 버튼을 클릭하여 색상 팔레트를 표시한 다음, 원하는 색상을 선택할 수도 있고, 아니면 색상 팔레트의 More Colors… 버튼을 클릭한 다음 원하는 색상의 R, G, B값을 직접 입력하는 것도 가능하다. 나아가, 새로운 색상을 선택한 후 OK 버튼을 클릭하면 개체의 색상이 변경될 것이다.

이 탭의 중간에는 개체의 크기, 방향 및 위치 지정을 위한 속성들이 표시되는데, 이들을 이용하면 앞에서 소개한 것처럼 마우스를 이용하여 개체를 조작할 때보다 더 정밀하게 개체의 외형을 편집할 수 있다. 이 속성들의 값은 직접 숫자를 타이핑해 넣거나, 아니면 값 옆의 증감 버튼을 이용하여 변경할 수도 있으며, 값을 설정한 후 다른 곳을 클릭하면 변경 내용이 즉시 반영된다. 때로는 개체의 모습을 관찰하면서 속성 값을 편집하기 위해 속성 창

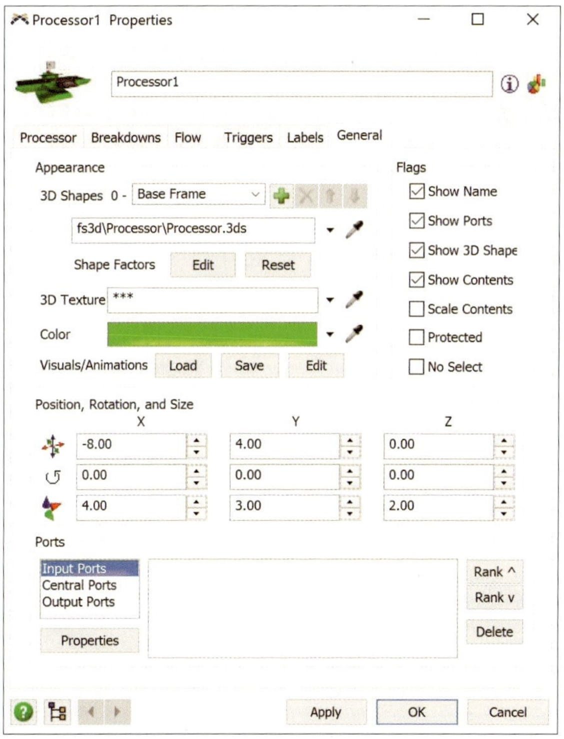

그림 4.11 : 속성 창의 General 탭

의 위치를 조금 이동하는 것이 좋을 수도 있다.

이 탭의 아래 쪽에는 개체의 port 연결에 대한 정보가 표시된다(port 연결에 대해서는 다음 절에서 좀 더 자세히 살펴볼 것이다). 좌측 목록에서 Input, Output 또는 Central port 중 한 가지를 선택하면, 오른쪽에 선택한 유형에 해당하는 port들의 목록 및 각 port에 연결된 개체의 이름이 나열되며, 나열된 port 중 일부를 선택한 후 Delete 버튼을 클릭하면 해당 port가 삭제된다. 나아가, 선택한 port 의 번호는 우측의 Rank 버튼을 이용하여 조정할 수 있으며, 이를 이용하면 모델 뷰에서 개체 간의 연결을 다시 생성하지 않고도 port들의 순위를 변경하는 것이 가능하다.

Quick Properties 영역 내 Statistics 항목

그림 4.12에서 볼 수 있듯이, 메인 화면 우측의 Quick Properties 영역에는 Statistics라는 항목이 있으며, 이 항목을 선택하면 개체의 실행 내역에 관한 여러 가지 통계량들을 볼 수 있다. 또한, 속성 창 상단에서 개체 이름 오른쪽에 있는 그래프가 그려진 버튼을 클릭할 경우에는 이 내용들이 별도의 창에 표시된다.

Quick Properties 영역의 Statistics 항목 또는 속성 창을 이용하여 생성한 Statistics 창에는 모형이 실행되는 동안 이 개체의 상태가 어떻게 변해왔는지에 대한 정보도 함께 보여진다. 모든 개체들은 특정 시점에 특정 상태를 가지며, 개체가 가질 수 있는 상태의 종류는 개체의 유형에 따라 다르다. 또한, 그림 4.13에서 보듯이, *FlexSim*이 제공하는 개체들은 매우 다양한 종류의 상태를 가질 수 있으며, 개체의 상태가 어떻게 변해왔는지에 따라 여러 가지 통계량들의 값이 달라지게 된다. 나아가, 개체가 이러한 상태 중 일부만 갖도록 설정하는 것도 가능하다.

Statistics 항목 또는 Statistics 창은 기본적으로 개체의 현재 상태만을 보여주지만, state 항목 옆의 핀 아이콘을 클릭하면 Dashboard라고 불리는 별도의 영역에 해당 통계량을 표시할 수도 있다. 예를 들어, 그림

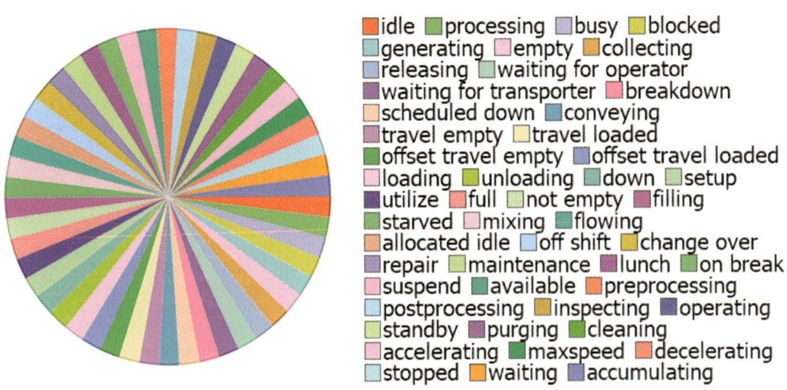

그림 4.13 : *FlexSim* 개체가 가질 수 있는 다양한 상태

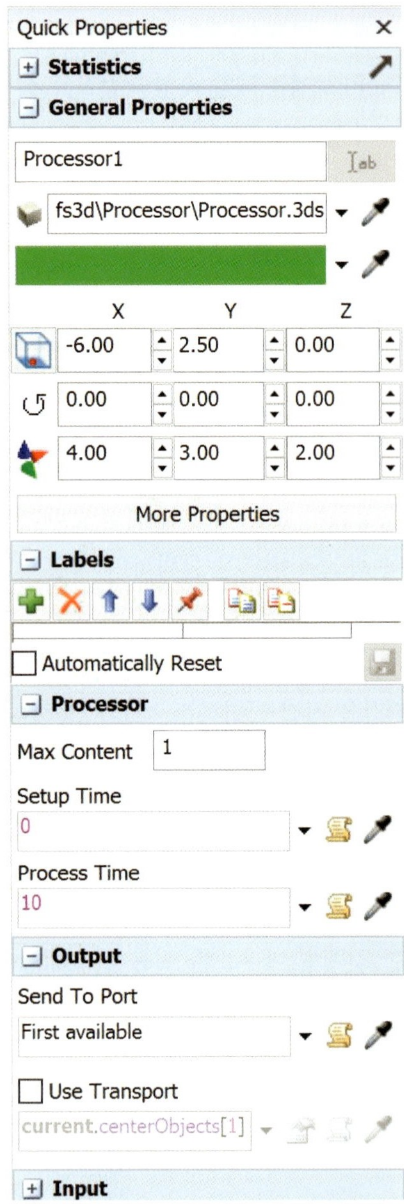

그림 4.12 : Quick Properties 영역

4.14는 개체의 상태 변화를 파이 차트로 요약한 결과를 보여준다.

필요한 경우에는 하나의 통계량을 여러 가지 형태로 표현할 수도 있으며, Dashboard 영역의 크기나 위치를 조정하거나, Dashboard 내에서 개별 항목들을 조작하는 것도 가능하다. 정리하자면, Dashboard의 형태나 내용은 사용자가 자유롭게 구성할 수 있으며, 이에 대해서는 개발사의 사용자 매뉴얼을 참조하기 바란다.

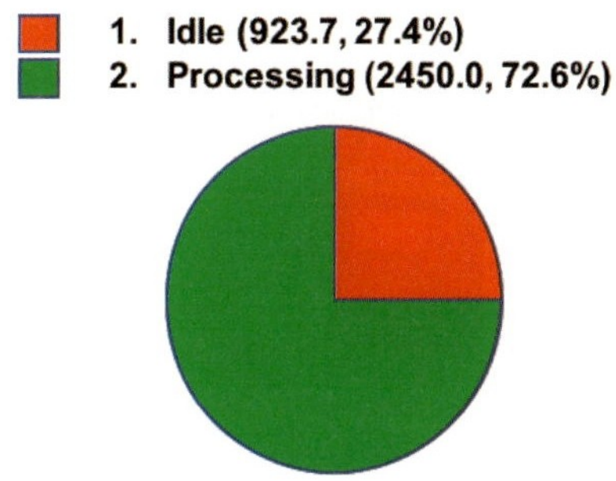

그림 4.14 : 파이 차트 형태로 표현한 개체의 상태 변화

Section 4-7 개체들의 연결

모든 시뮬레이션 소프트웨어는 시뮬레이션 모형 안에서 flowitem을 어떤 식으로 이동시킬 것인지를 설정하기 위한 기능을 제공한다. 보통, 개체들 간의 flowitem 전달을 표현하기 위해서는 해당 개체들을 연결해주어야 하는 경우가 많으며, 이러한 연결은 눈에 보일 수도 있고, 소프트웨어에 따라서는 그렇지 않을 수도 있다. 다시 말해, 모형이 올바르게 작동되도록 하기 위해서는 개체들을 적절히 연결해 주는 것이 중요하다.

FlexSim 개체들은 port를 이용하여 flowitem을 입력받거나, 출력시키며, 그림 4.15에서 port 들 간의 연결을 통해 표현한 flowitem의 이동 경로의 예를 볼 수 있다. 개체가 가진 출력 port는 flowitem을 내보내는데 사용되며, 입력 port는 외부로부터 flowitem이 들어오는 경로를 의미한다. 나아가, 여러 개체로 flowitem을 내보내거나, 여러 개체로부터 flowitem을 받는 개체들은 여러 개의 입력 또는 출력 port를 가지고 있어야 한다.

FlexSim 모형에서 flowitem은 항상 어떤 개체의 출력 port를 출발하여 다른 개체의 입력 port로 이동하게 된다. 따라서, 한 개체로부터 다른 개체로 flowitem을 이동시키기 위해서는 flowitem을 내보낼 개체의 출력 port와 이 flowitem을 받을 개체의 입력 port를 연결해주어야 한다. 개체들을 연결하고 싶을 때는 키보드의 A 키를 누른 상태로 flowitem을 내보낼 개체를 먼저 클릭한 다음, flowitem을 받을 개체를 클릭하면 된다.

두 번째 개체를 클릭하고 나면 두 개체 사이에 연결선이 보일 것이다. 이 외에도 메인 화면 상단 도구 모음에 있는 Connect Objects 버튼을 이용하여 개체들을 연결할 수도 있다. 별도의 설정이 없으면, flowitem들은 이

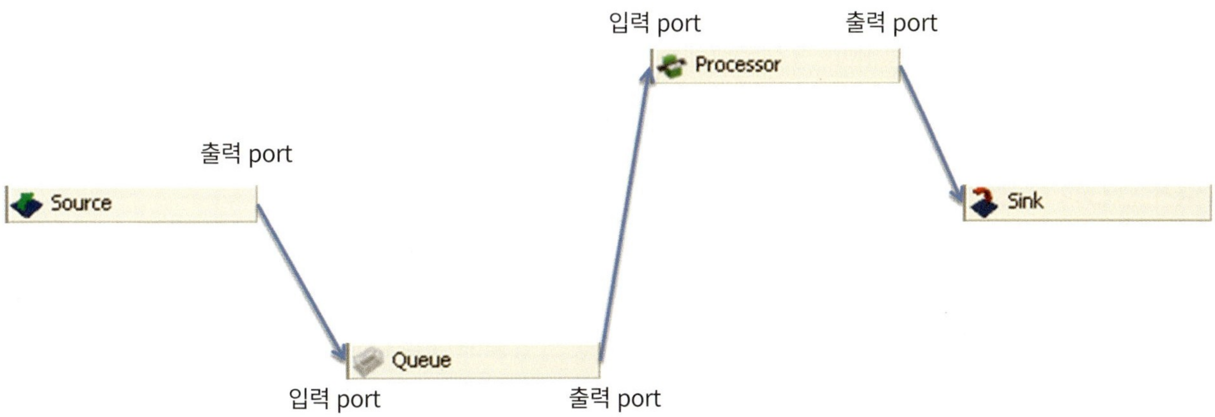

그림 4.15 : 개체들 간의 flowitem 이동

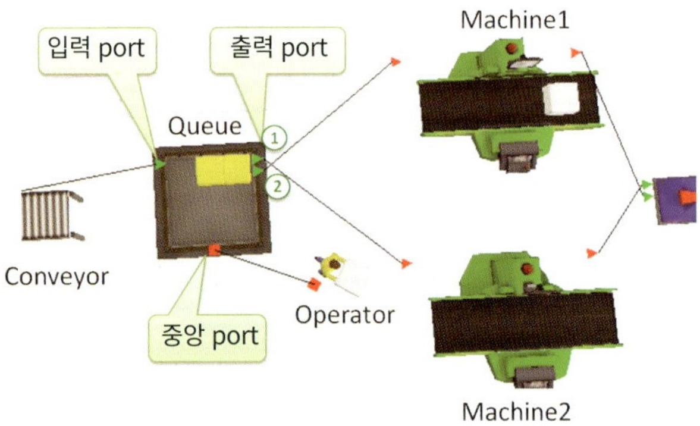

그림 4.16 : Fixed Resource 개체가 가질 수 있는 세 가지 유형의 port

러한 연결을 통해 순간 이동을 하며, 출력 port 중 가장 번호가 빠른 것을 통해 이동한다는 점에 유의하여라.

키보드의 A키를 약간 다른 방식으로 사용할 수도 있다. A키를 누른 상태로 flowitem을 내보낼 상류 개체를 클릭하였으나, 이를 받을 하류 개체가 아직 모형에 배치되지 않은 경우에는 이 상태에서 그냥 모델 뷰 내에서 하류 개체를 배치할 위치를 클릭하면 된다. 그러면 Fixed Resource들의 목록이 표시된 팝업창이 나타나고, 거기서 원하는 개체를 선택할 경우 해당 개체가 새로 배치되면서 필요한 연결이 생성된다.

그림 4.16의 queue 개체는 입력 port 1개와 출력 port 2개를 가지고 있으며, 이는 Conveyor 개체에서 내보낸 flowitem이 queue 개체로 이동한 후, 2개의 processor 개체 중 한 곳으로 이동해 감을 의미한다(1번 출력 port를 통해 Machine2로 이동하거나, 2번 출력 port를 통해 Machine1로 이동).

한편, 그림 4.16에서는 queue개체와 operator 개체(Fixed Resource가 아닌 Task Executer 개체에 속한다)들의 중간 부분끼리 연결된 것을 볼 수 있다. 이러한 연결은 중앙 port 연결이라 불리며, 개체 간 flowitem 이동이 아닌, 개체 간의 의사소통 경로를 의미한다. 나아가, 중앙 port 연결은 보통 flowitem의 운반이나 Fixed Resource 개체의 작동을 보조할 Task Executer 개체를 지정할 때 사용한다. 입출력 port 들 간의 연결과 달리, 중앙 port 연결에는 방향성이 없다.

요약하자면, Fixed Resource 개체들의 입력 및 출력 port는 flowitem의 이동 경로를 표현하는데 사용되고, 중앙 port는 개체들 간의 의사소통이 필요할 때 사용된다.

port들의 색깔은 현재 상태를 나타내며, 빨간색은 닫힌 상태, 초록색은 열린 상태를 의미한다. 예를 들어, 그림 4.16의 processor 개체들은 빨간색 입력 port를 가지고 있는데, 이는 개체들이 현재 바쁜 상태여서 새로운 flowitem을 받을 수 없다(즉, 해당 입력 port가 닫힌 상태)는 뜻이다.

입출력 port 연결을 삭제하고 싶은 때는 Q키를 누른 채로 상류 개체와 하류 개체를 순서대로 한 번씩 클릭하면 된다. 또한, 중앙 port 연결을 생성 또는 삭제할 때는 S키와 W키를 이용한다. 한편, 앞에서 설명한 것처럼 개체의 속성 창 General 탭에서 특정 port를 선택한 다음 Delete 버튼을 클릭하여 연결을 삭제할 수도 있다.

참고로, 개체가 가질 수 있는 port 의 개수에는 제한이 없다.

Section 4-8 Fixed Resource 간 Flowitem 이동

입출력 연결이 생성된 후에는 실제 flowitem 이송 방법을 별도로 명시해 주는 것이 바람직하며, *FlexSim*을 이용하면 다른 시뮬레이션 소프트웨어에 비해 flowitem 이송 방법을 보다 다양하게 지정할 수 있다. 여기서는 그 중, 기본적인 순간 이동과 conveyor를 이용한 이송에 대해 알아보기로 하자.

순간 이동

Processor나 queue와 같은 두 개의 Fixed Resource 사이에 입출력 연결을 생성한 후, 별도의 이송 방식을 지정하지 않으면, 두 개체 간의 거리에 상관없이 flowitem은 한 쪽 개체에서 출력되는 시점에 다른 쪽 개체로 즉시 이동한다. 따라서, 이송되는 모습이 모형에 표현되지도 않는다.

컨베이어 경유

Conveyor, 즉 컨베이어 장치는 사실 실제 제조 현장에서 매우 빈번하게 사용되는 이송 장치 중 하나이며, 이 개체의 작동 방식은 크게 누적 방식과 비누적 방식으로 구분할 수 있다. 단순히 롤러만 배치되어 있는 컨베이어 장치는 누적 방식의 conveyor 개체로 표현할 수 있다. 이 같은 장치 위의 작업물들은 각자 자유롭게 움직이기 때문에, 선행 작업물이 멈춘다 해도 후속 작업물들은 이동을 계속하게 된다.

그에 반해, 벨트가 장착되어 있는 컨베이어 장치, 즉, 컨베이어 벨트는 비누적 conveyor 개체에 해당한다. 이 경우에는 작업물들이 벨트 위에서 일정 간격을 유치한 채로 이동하며, 벨트가 멈추면 장치 위의 모든 작업물들이 정지한다. 작업물들을 담기 위한 용기가 부착된 컨베이어나 사람들의 이동을 위한 무빙 워크 역시 비누적 conveyor로 볼 수 있다.

*FlexSim*에서는 conveyor 개체 위에서 flowitem이 움직이는 방식을 다양하게 제어할 수도 있으며, 적절한 로직을 추가하여 flowitem이 여러 conveyor 중 적절한 것을 선택하게 하는 것도 가능하다. 또한, *FlexSim*은 다양한 종류의 컨베이어 장치와 관련된 복잡한 문제들을 다루기 위해 여러 가지 부가적인 conveyor 개체들을 제공하며, 이들을 잘 이용하면 다수의 이송 장치들을 갖는 복잡한 시스템을 편리하게 표현할 수 있다. 처음에는 이러한 개체들이 다소 생소할 수도 있다. 특히, conveyor 개체의 수가 많지 않은 모형을 작성할 때는 더더욱 그러하다. 그러나, 일단 이들을 숙지하고 나면 아무리 복잡한 컨베이어 장치라도 쉽게 표현할 수 있게 될 것이다.

*FlexSim*이 제공하는 conveyor 개체들은 메인 화면 좌측의 library에서 찾아볼 수 있다. 기본적으로 모든 컨베이어 장치는 직선 구간과 곡선 구간의 조합으로 표현할 수 있다. 직선 구간은 library의 straight conveyor 개체를 이용하여 표현할 수 있으며, 모형에 straight conveyor 개체를 배치하면 처음에는 그림 4.17과 같이 직사각형 모양 위에 이동 방향을 나타내는 화살표가 표시되어 있을 것이다.

다른 개체와 conveyor 개체 사이에 입출력 연결을 생성하면, conveyor 개체의 가장자리에 flowitem의 입출력 지점을 의미하는 entry transfer와 exit transfer 개체들이 자동으로 배치된다. 이들은 기본적으로 conveyor와는 별개의 개체이며, 클릭하여 위치를 조정할 수도 있고, 자신만의 속성 창도 갖는다. 나아가, 이 중 entry transfer는 flowitem이 conveyor로 진입하는 지점에 해당하며, 이를 이용하여 conveyor 위에 flowitem을

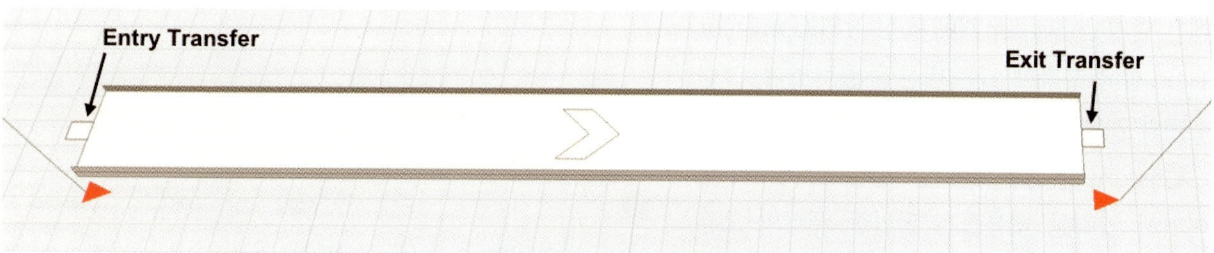

그림 4.17 : Straight conveyor

놓는 방법을 지정할 수도 있다. 반면, exit transfer는 flowitem을 다른 개체로 보내는 역할을 담당한다.

다른 개체들과 달리 conveyor 개체의 속성 창에는 Triggers와 Labels, 두 개의 탭 밖에 없다. 대신 별도의 창을 이용하여 conveyor 개체의 물리적 작동 방식을 자세하게 설정할 수 있으며, 그림 4.18은 conveyor 개체의 속성 창을 처음 열었을 때의 모습을 보여준다.

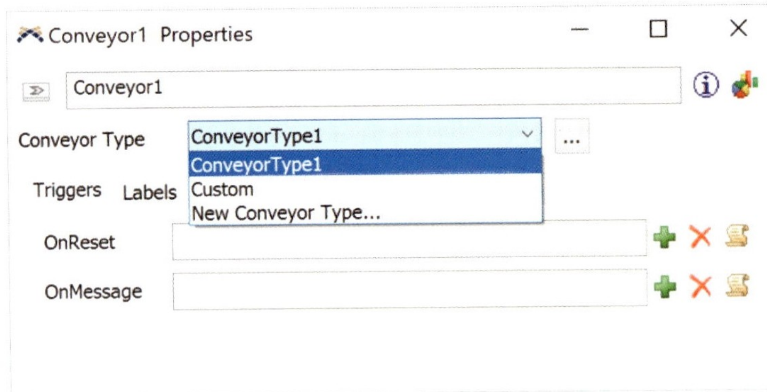

그림 4.18 : Conveyor 개체 속성 창

많은 conveyor 개체들이 서로 연결되어 있거나, 유사한 conveyor 개체들이 다수 사용되는 대규모 시뮬레이션 모형에서는 여러 conveyor 개체들의 속성을 한꺼번에 편집하는 것이 편리할 것이다. 이러한 맥락에서, *FlexSim*은 conveyor 개체들의 유형을 구분하는 것을 허용하고 있다. 기본적으로 모형에 conveyor 개체를 하나 추가하면, 이는 ConveyorType1 유형에 해당하는 것으로 간주된다. 새로운 유형을 정의하고 싶을 때는 conveyor 개체 속성 창 상단의 Conveyor Type 항목에서 새로운 Conveyor Type을 정의한 후, 원하는 유형을 선택하면 된다. 나아가, 특정 conveyor 개체 1개의 속성만 편집하고 싶을 때는 Conveyor Type으로 Custom을 선택하여야 하며, 이 경우에는 편집 내용이 해당 개체에만 반영된다.

결론적으로, 여러 개의 conveyor 개체들을 모아 하나의 컨베이어 장치를 표현할 때는 각 개체들의 유형을 동일하게 하는 것이 좋다. 나아가, 여러 conveyor 개체들이 모형 내에 따로 배치된 경우에라도 이들의 유형을 통일하면 필요에 따라 속성값을 일괄적으로 편집하거나, 필요한 경우 Custom 옵션을 선택하여 개별 개체의 속성값만 편집하는 것도 가능하다.

Conveyor 개체의 유형 또는 개별 conveyor 개체의 세부적인 특성들을 편집하고 싶은 경우에는 먼저 conveyor 개체 속성 창의 Conveyor Type 항목 우측에 있는 버튼을 클릭하여, 그림 4.19와 같은 세부 속성 창을 생성하여야 한다.

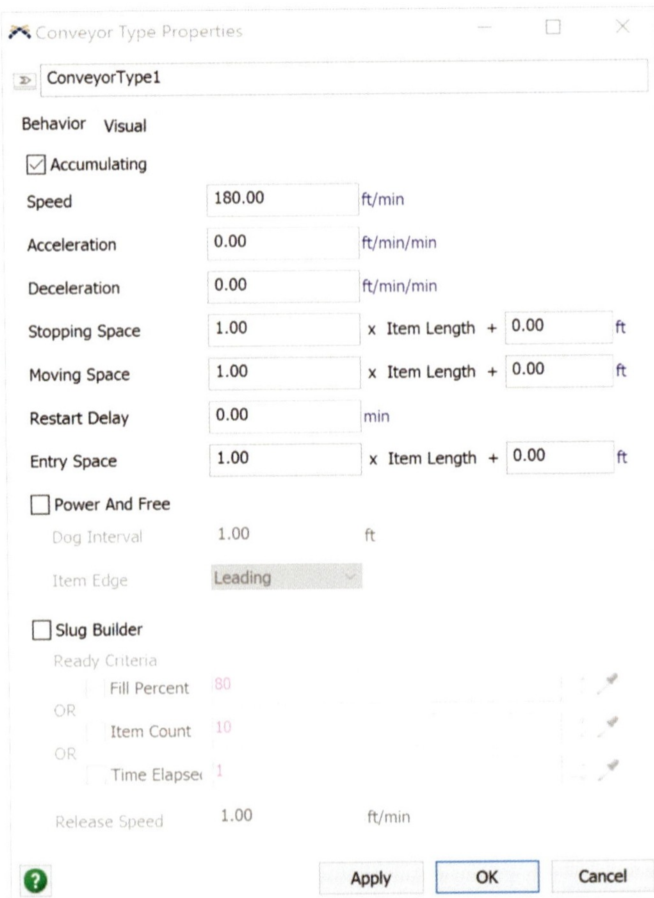

그림 4.19 : Conveyor 개체 세부 속성 창 Behavior 탭

Custom 옵션을 선택한 상태가 아니라면, 여기서 입력한 내용들은 동일한 유형의 모든 conveyor 개체들에 일괄적으로 적용된다. 이

창의 Behavior 탭에서는 conveyor 개체의 작동 방식(누적/비누적)이나 flowitem 이송 속도 등과 같은 여러 가지 속성들을 편집할 수 있다. 또한, 이러한 값들의 단위는 처음에 모형 작성을 시작할 때 설정한 단위와 일관성을 갖도록 설정되어 있는데, 필요한 경우에는 단위를 변경하는 것도 가능하다. 하지만, 가급적이면 다른 개체들과의 일관성이 유지되도록, 모형 전체에 적용되는 단위를 사용하는 것이 바람직하다.

Visual 탭에서는 처음에 conveyor 개체의 너비나 색상만 설정할 수 있고, 나머지 항목들은 편집해도 그 내용이 모형에 잘 반영되지 않는다. 나아가, 이 탭에 있는 항목 중 Power And Free, Slug Builder 두 가지는 약간 특수한 경우에만 사용되는데, 이들에 대해 자세히 알고 싶은 경우에는 물음표 버튼을 클릭하여 사용자 매뉴얼을 참조하기 바란다.

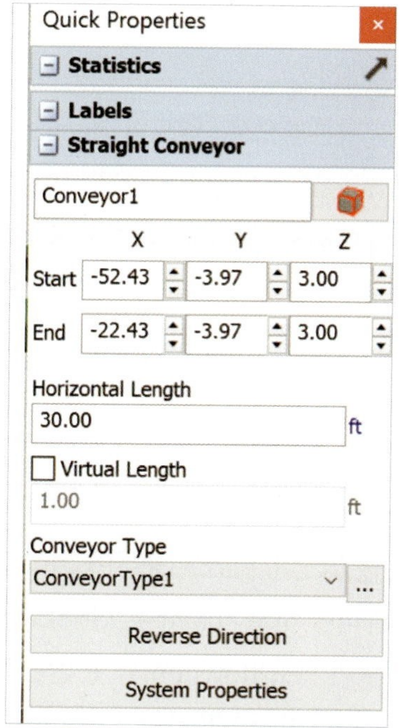

그림 4.20 : Conveyor 개체 관련 내용이 표시된 Quick Properties 영역

앞에서 설명한 속성들은 값을 편집했을 때, 그 내용이 보통 해당 유형에 속하는 conveyor 개체들에 일괄적으로 반영되는 것들이다. 반면, 편집 내용이 선택한 특정 conveyor 개체에만 반영되는 속성도 일부 존재한다. 이러한 속성들은 그림 4.20에서와 같이 메인 화면 우측의 Quick Properties 영역에서 볼 수 있으며, 이 중 가장 중요한 것은 Horizontal Length 및 Virtual Length이다. Virtual Length 속성을 이용하면 유형이 같은 다른 conveyor 개체들의 flowitem 운반 속도를 기존과 같이 유지하면서 특정 conveyor 개체의 속도만 조정하는 것이 가능하다. 또한, 실제 컨베이어 장치가 매우 길어 이를 모델 뷰에 표현하는 것이 곤란한 경우에는 비교적 작은 conveyor 개체를 배치해 두고, Virtual Length만 길게 부여할 수도 있다. Virtual Length 항목을 체크하면, conveyor 개체는 이 체크 상자 바로 아래에 명시된 길이를 갖는 것처럼 작동하게 된다. 단, Virtual Length 속성의 사용법이 아직 익숙하지 않은 경우에는 모형을 실행 및 관찰해보면서 적절한 수준의 값이 설정되었는지를 확인해 보는 것이 좋다.

Reverse Direction 버튼을 클릭하면 conveyor 개체에 놓인 flowitem들의 이동 방향이 반대가 되며, 이동 방향은 conveyor 개체 위의 화살표를 보고 확인할 수 있다. 또한, System Properties 버튼을 클릭하면 Default Types와 General, 두 개의 탭을 갖는 창이 하나 생성되며, 이 중 Default Types 탭에서는 conveyor 개체들이 모형에 최초로 배치되었을 때 어떤 특성을 갖도록 할지를 설정할 수 있다. 나아가, General 탭에는 Draw Render Mode라는 중요한 체크 상자가 하나 있는데, 처음에는 이 항목이 해제되어 있을 것이나, 이를 체크하면 그림 4.21에서와 같이, 비로소 conveyor 개체의 속성 창 내 Visual 탭에서 개체의 외관을 보다 다양하게 꾸밀 수 있게 된다.

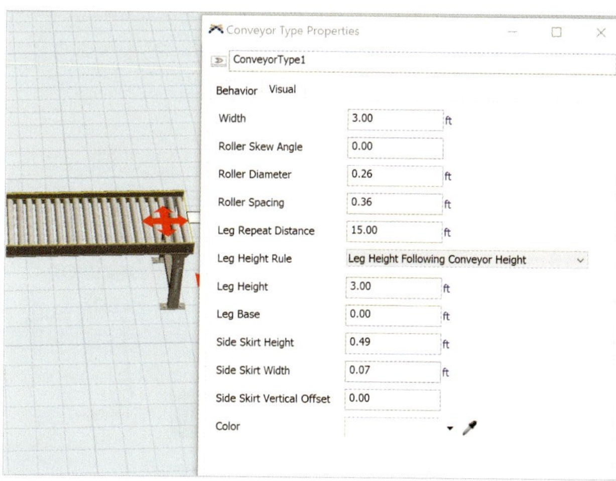

그림 4.21 : Conveyor 개체 외관 편집

Input/exit transfer 역시 다양한 방식으로 활용할 수 있으며, 하나의 conveyor 개체와 복수의 다

른 개체들 간에 입출력 연결을 만들어 conveyor 개체가 여러 개의 input/exit transfer를 갖도록 하는 것도 가능하다.

기본적으로, 별도의 decision point가 없는 한, conveyor 개체 위의 flowitem들은 기본적으로 input transfer에서 exit transfer (여러 개가 있는 경우에는 마지막 exit transfer) 쪽으로 이동하며, decision point에 대해서는 뒤에서 설명할 것이다. Conveyor 개체에서 이탈한 flowitem을 전달받을 개체들은 해당 conveyor 개체의 exit transfer와 연결되어 있어야 한다.

나아가, input/exit transfer를 마우스로 클릭한 후 드래그하면 이들의 위치를 조정할 수 있으며, input/exit transfer를 conveyor 개체의 측면에 두면 conveyor의 길이 방향으로 작은 빨간색 화살표가 나타나는 것을 볼 수 있는데, 이를 이용하여 input/exit transfer의 길이를 늘리는 것도 가능하다. 만약 conveyor 개체에서 다른 하류 개체로 flowitem을 운반할 때 Task Executer를 활용한다면, 이 Task Executer는 매번 conveyor의 exit transfer 상에서 자신과 가장 가까운 위치를 찾아 그 곳에서 flowitem을 가져가게 되며, 이는 그림 4.22에도 나타나 있다. 또한, 여기서 Task Executer는 conveyor 개체가 아닌 exit transfer 개체와 중앙 port를 통해 연결되어 있음에 유의하여라.

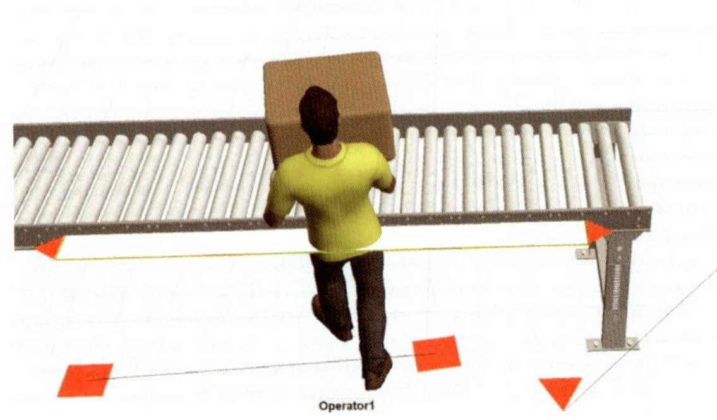

그림 4.22 : Exit transfer 길이 확대

필요한 경우에는 그림 4.23과 같이 여러 개의 conveyor 개체들을 결합하여 다양한 형태의 컨베이어 장치를 표현할 수도 있다. 참고로, 여기서는 conveyor 개체들 간의 결합을 보다 명확히 표현하기 위해 Draw Render Mode를 해제한 상태이다.

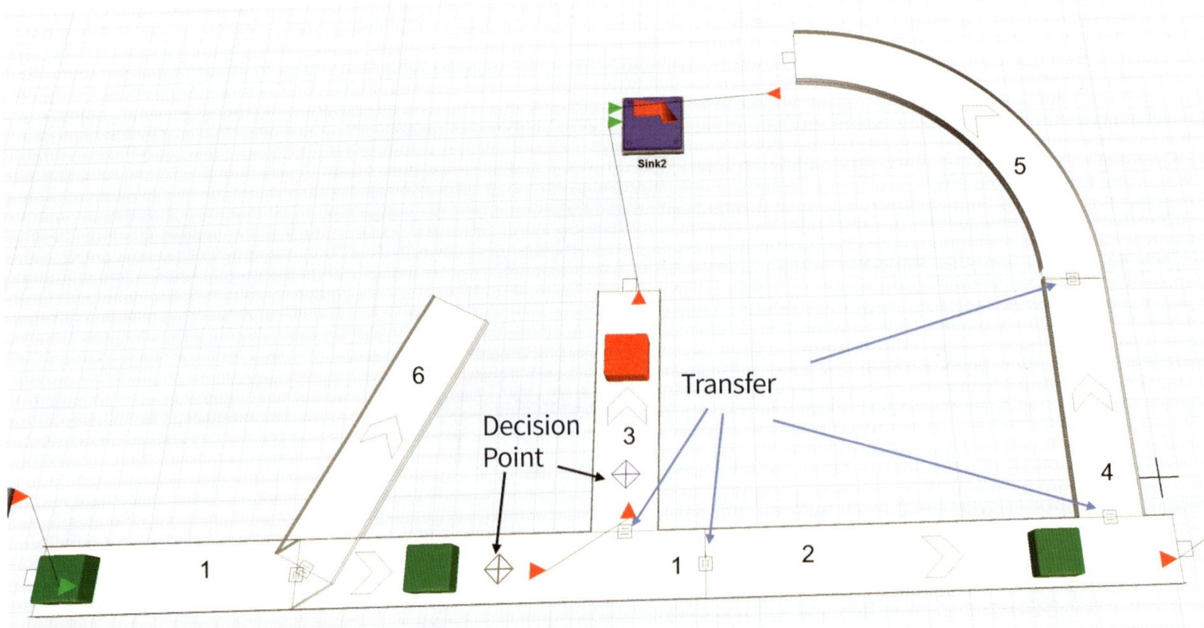

그림 4.23 : Conveyor 개체들의 결합

두 conveyor 개체들의 일부 구간을 겹쳐놓으면, 이들 간의 flowitem 전달 지점을 의미하는 transfer 개체가 자동으로 생성되면서 conveyor 개체 간의 결합이 일어난다. 예를 들어, 그림 4.23에서는 straight conveyor 개체 1의 오른쪽 끝에 방향이 같은 straight conveyor 개체 2가 결합되었으며, straight conveyor 개체 3과 4는 각각 straight conveyor 개체 1, 2에 수직으로 결합되었다. 아울러, conveyor 개체 4의 끝에는 curved conveyor 개체 5가 결합되어 있다. 한편, straight conveyor 개체 6은 straight conveyor 개체 1의 가장자리가 아닌 개체 위에 결합이 되어 있는데, 이 같이 결합하기 위해서는 먼저 straight conveyor 개체 1 근처에 straight conveyor 개체 6을 배치한 다음, 메인 화면 좌측 library의 Conveyors 영역에 있는 Join Conveyors 항목을 클릭한 상태에서 모델 뷰에 있는 개체 1과 개체 6을 클릭하면 된다. 그러면, 한 쪽 개체의 길이가 약간 조정되면서 결합이 일어나고, transfer 개체도 자동으로 생성될 것이다.

앞에서 설명한 바와 같이, 그림 4.23에서 straight conveyor 개체 1에 진입한 flowitem들은 기본적으로 개체 2의 오른쪽 끝까지 이동한 후, 이 컨베이어 장치를 이탈하며, 그림의 빨간색 상자(item type이 1번임을 의미한다)처럼 flowitem을 개체 3으로 이동시키기 위해서는 먼저, 두 개의 decision point를 추가하고, A키를 이용하여 이들 간에 입출력 연결을 만들어주어야 한다.

그 다음에는 둘 중 앞 쪽의 개체 1에 있는 decision point를 더블 클릭하여 속성 창을 띄운 다음, On Arrival Trigger의 드롭다운 목록에서 Send Item 항목을 선택하고, 세부 사항을 설정할 때 Condition 항목으로 Item Type이 1인 경우에 decision point 간의 flowitem 전달이 발생하도록 하면 된다. 이 같은 기능을 구현하는데 photo eye나 station 개체를 사용할 수도 있으며, 이들을 이용하면 보다 정교한 방식으로 flowitem의 이동 경로를 조정할 수 있다. 다만, 이러한 고급 개체들의 기능을 충분히 활용하기 위해서는 스크립트의 작성이 필요한 경우가 많다.

그림 4.23과 같이 conveyor 개체들을 결합했다고 해서 이들이 하나의 개체로 합쳐지는 것은 아니라는 점에 유의하여라. 즉, 결합된 conveyor 개체들 중 하나를 클릭하여 드래그하면 해당 개체만 움직이면서 결합이 해제된다. 결합된 conveyor 개체들을 한꺼번에 이동시키고자 할 때는, 먼저 Shift 키를 누른 상태에서 conveyor 개체들이 있는 영역을 드래그하여 이들을 그룹 선택 상태로 만들어야 한다. 그룹 선택된 개체들의 주위에는 빨간색 상자가 나타나며, 이들 중 하나를 클릭하여 드래그하면 해당 개체들을 한꺼번에 움직일 수 있다. 그룹 선택을 취소하고자 할 때는 Shift 키를 누른 상태에서 모델 뷰의 빈 곳을 아무 데나 클릭하면 된다.

Conveyor 개체가 가진 속성 중 maximum content (최대 수용량, 즉, conveyor 개체 위에 동시에 올려둘 수 있는 flowitem의 최대 수량)의 개념은 다소 이해하기 까다로울 수 있다. 왜냐하면, maximum content의 값은 flowitem의 크기와 함께 컨베이어 장치 구동 방식과 관련 있는 속성값들, 즉, 그림 4.19의 Stopping Space, Moving Space, Entry Space 등과 값들을 이용하여 산출되어야 하기 때문이다. 물론, 실제 컨베이어 장치의 최대 수용량은 이렇게 산출되어야 하는 것이 맞겠지만, 단순한 모형을 작성할 때는 이러한 과정이 다소 번거로울 것이다.

Conveyor 개체에 가상적인 길이를 부여하면 이러한 불편을 조금이나마 덜 수 있다. 예를 들어, 길이가 1인 flowitem을 최대 n개까지 수용할 수 있는 conveyor 개체를 만들고 싶다고 가정해 보자. 이럴 때는 먼저, 이 conveyor 개체의 virtual length 속성에 n×1보다 큰 값을 부여한 다음, 그림 4.19와 같은 conveyor 개체의 Behavior 탭에서 Stopping Space, Moving Space, Entry Space 항목들에서 Item Length의 계수 값을 0으로 하고, 여기에 더해지는 값을 Virtual Length / n 보다 약간 크게 하면 된다. 나아가, flowitem이 conveyor 위에 머무르는 시간을 조절하기 위해 speed 항목 또는 기타 값들을 약간씩 추가로 조정해야 할 수도 있다.

어떤 개체가 여러 출력 port를 가지고 있고, 이들 각각에 queue 개체들이 하나씩 연결되어 있다고 가정하자. 이 때는 상류 개체에서 flowitem을 내보낼 때, 하류의 queue 개체들 중 flowitem이 가장 적은 곳을 선택하도록 하는 것이 가능하다. 하지만 각 출력 port에 queue 개체들이 아닌 conveyor 개체들이 연결되어 있는 경우에는 flowitem이 가장 적은 conveyor 개체를 고르는 것이 쉽지 않다. 엄밀히 말해, 상류 개체는 conveyor 개체들이 아니라, 이들이 가진 entry transfer 개체들에 연결된 상태이기 때문이다. 앞에서 말했듯이, entry/exit transfer 들은 conveyor 와는 다른 별개의 개체들이다. 따라서, 상류 개체가 flowitem이 가장 적은 conveyor를 고르기 위해서는 별도의 로직을 추가해주어야 한다.

이 절에서 소개한 개체들을 잘 활용하면, 실제 컨베이어 장치들의 작동 방식을 매우 정확히 표현할 수 있다. 다만, 다소 많은 내용들을 한꺼번에 소개하였으므로, 다음 절에서는 비교적 단순한 conveyor 개체들만을 갖는 모형을 이용하여 conveyor 개체의 사용법을 연습해보기로 하자.

Section 4-9 간단한 모형 작성

시뮬레이션 소프트웨어의 특성을 파악하고 그 사용법을 익히기 위해서는 모형을 많이 작성해 보는 것이 좋다. 연습을 할 때는 보통 모형 안에 flowitem을 생성할 source 개체, flowitem의 이송을 표현할 conveyor 개체 등과 함께 사용법을 익히고 싶은 개체 한 두 가지를 포함시키는 경우가 많으며, 연습용 모형에 지나치게 많은 개체를 포함시킬 필요는 없다. 예를 들어, processor나 conveyor 개체들의 사용법을 익히고자 할 때는 다음과 같은 정도의 모형이면 충분하다:

1. 그림 4.24와 같이 source 개체 1개, conveyor 개체 1개, processor 개체 1개, 두 번째 conveyor 개체 및 sink 개체 1개를 순서대로 배치한 다음, 왼쪽 개체들에서 오른쪽 개체로 입출력 연결을 생성하여라.
2. Source 개체 속성 창에서 Arrival at time 0 항목(시뮬레이션 실행 시작 시점에 도착을 발생시킬 것인지 명시)을 체크하고, Inter-Arrivaltime 항목(flowitem의 도착 간격을 명시)에 숫자 2를 입력하여라. 이 같이 속성의 값을 단순한 상수로 설정하면 모형의 실행 결과를 보다 효과적으로 관찰할 수 있다.

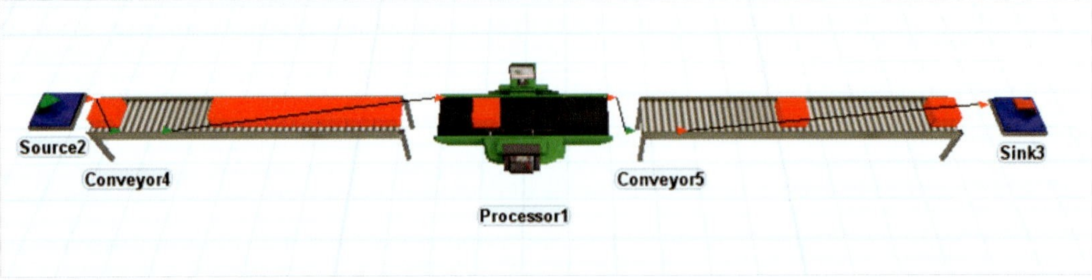

그림 4.24 : 간단한 연습용 모형

3. Processor 개체의 속성 창에서 Process Time 항목(처리 시간을 명시)에 숫자 1을 입력하여라. 모형의 시간 단위가 분으로 설정된 경우라면, 이는 처리에 항상 1분이 소요됨을 의미할 것이다.

4. Conveyor 개체의 속성 창에서 Speed 항목(flowitem 이동 속도를 명시)을 1로 설정하여라.

5. 모형을 실행하고 결과를 관찰하여라. 개체들의 속성 값을 바꾸어가면서 얻어지는 결과들을 서로 비교해 보아라.

앞으로 다른 개체들에 대해 학습할 때도 항상 이처럼 비교적 간단한 모형을 직접 만들어보는 습관을 갖기 바란다.

Section 4-10 단일 실행 통계량

모델 뷰에서 개체 하나를 선택하면, 메인 화면 우측의 Quick Properties 영역에서 시뮬레이션이 수행되는 동안 집계된 몇 가지 통계량들의 값을 볼 수 있다. Quick Properties 영역에 표시되는 기본 통계량들은 다음과 같다:

- Throughput (흐름량) : 입력 또는 출력된 flowitem의 개수.
- State (상태) : 현재 상태 (예를 들어, 유휴, 처리 중, 이송 대기 등). Dashboard에 시각화하는 것도 가능.
- Content (내용물): 개체 내부에 있는 flowitem 개수의 평균, 최소값 및 최대값.
- Staytime (체류 시간) : 개체에서 flowitem이 머무른 시간의 평균, 최소값 및 최대값.

그림 4.25 : Dashboard 화면

Dashboard를 이용하면 보다 다양한 통계량을 관찰할 수 있으며, 특정 통계량을 관찰하고 싶은 경우에는 Dashboard library에서 해당 통계량을 선택하여 그림 4.25와 같이 Dashboard 화면 위에 배치하면 된다. Dashboard의 자세한 사용법에 대해 알고 싶은 경우에는 개발사의 사용자 매뉴얼을 참조하여라.

이러한 기본적인 통계량들은 모형이 의도한 대로 만들어졌는지를 확인하는데 유용하게 사용될 수 있다. 단, 실제 시뮬레이션 프로젝트를 진행할 때는 분석 대상 시스템의 특성에 맞는 핵심 성능 평가지표들의 값을 기준으로 여러 가지 대안들의 우위를 판단해야 하는 경우도 있다.

그림 4.26에서 보듯이, 핵심 성능 평가지표들의 값은 시뮬레이션 모형의 출력값(반응 변수)에 해당하며, 출력값이 평가 기준(목표치)에 미달할 경우에는 입력값(의사결정변수)들을 조정하여 더 나은 대안을 찾는 과정이 필요

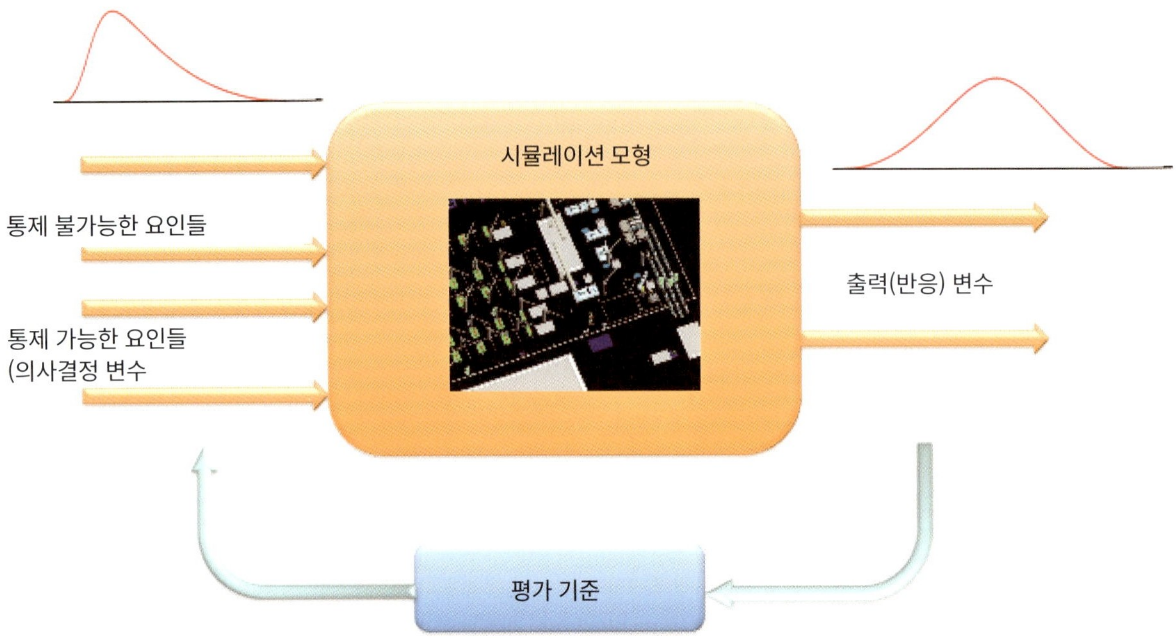

그림 4.26 : 시뮬레이션 실행 결과에 대한 통계적 분석 필요성

하다.

나아가, 그림 4.26은 시뮬레이션 모형의 입력값에 불확실성이 존재하는 경우, 출력값 역시 불확실성을 갖는다는 점을 보여준다. 대부분의 시뮬레이션 모형은 불확실성을 갖는 입력값(예: 도착 간격, 처리 시간, 불량 여부 등)을 포함하고 있다. 따라서, 단일 실행(single-run), 즉, 한 번의 시뮬레이션만으로 모형에 대한 어떤 결론을 내리는 것은 매우 위험하며, 단일 실행을 통해 결론을 도출하는 것은 비유하자면 통계적 추정을 하는데 단 한 개의 표본만을 관찰하는 것과 마찬가지라고 할 수 있다. 다시 말해, 이산 사건 시뮬레이션 모형의 출력값을 적절히 활용하기 위해서는 약간의 통계 분석이 필요할 것이다.

합리적인 결론을 도출하고 타당한 의사결정을 내리기 위해서는 시뮬레이션 모형을 반드시 반복 실행, 즉, 여러 번 실행해보아야 한다. 서로 독립적인 다양한 상황들에 대한 관찰이 필요하기 때문이다. 나아가, 이러한 반복 실행 결과들을 적절히 취합하면 합리적인 결론을 도출하는데 필요한 유용한 정보들을 얻을 수 있게 된다.

시뮬레이션 예제들의 활용 방법

시뮬레이션은 실용적인 기술이다. 다시 말해, 뚜렷한 분석 목표가 없는 상태에서 모형만 작성하는 것은 큰 의미가 없으며, 일단 모형만 작성해 두면 뭔가 좋은 일이 생길 것이라는 생각은 오산이다.

시뮬레이션을 익히는 가장 좋은 방법은 직접 시뮬레이션을 이용하여 문제를 해결해 보는 것이다. 따라서, 이 책에서는 다양한 시뮬레이션 응용 사례들을 예제로 수록하고자 하였으며, 이들은 대부분 실제로 있었던 일들에 해당한다. 다만, 익명성을 위해 기업의 이름이나 지명 등은 가명을 사용하였다. 각 예제들의 내용 구성은 비슷하며, 대부분 다음과 같은 항목들이 포함되어 있다:

- 분석 배경 : 분석 대상 시스템 및 이 시스템이 가진 문제 상황에 대한 일반적인 내용, 그리고 분석

자가 어떤 역할을 수행해야 하는지 등을 설명한다.

- 문제 정의 : 하나 이상의 질문을 제시하며, 분석자는 실습을 통해 이들에 대한 해답을 찾아야 한다.
- 분석 목표 : 앞에서 제시된 질문에 어떤 형태(예: 보고서, 프레젠테이션 및 분석 방법 등)로 답을 제시해야 하는지를 명시한다. 이러한 결과를 어떤 사람에게 제출해야 하는지가 함께 명시되어 있을 수도 있다.
- 기존 운영 실태 : 모형의 입력값을 설정하는데 필요한 세부적인 데이터들이 제공된다. 이러한 데이터는 실제 측정 결과일 수도 있고, 기존의 분석 결과일 수도 있다. 경우에 따라서는 분석에 필요한 것보다 더 많은 데이터가 제공되기도 한다.
- 분석을 하면서 생각해 볼 점들 : 주어진 문제에 대한 다양한 분석 관점들을 제시한다. 똑같은 문제라 하더라도 다양한 관점에서 접근하는 것이 가능하며, 여기서는 그러한 관점들 중 몇 가지가 제시될 것이다.

Exercise 4-1 Johnson Pharmaceutical

분석 배경

대형 일반의약품 제조사인 Johnson 사는 독감이 유행할 시기가 다가오면서 감기약 생산 시스템을 개선하고자 한다. 현재 생산 시스템 내에서 가장 문제가 되는 것은 포장 공정 라인이며, 이에 현장 관리자들은 다음과 같은 포장 라인 개선 방안을 제안한 상태이다.

"완성된 제품이 담긴 상자들을 이송하는 컨베이어 장치 옆에 포장 기계를 세 대 배치한다. 상자가 첫 번째 기계 앞을 지날 때, 이 기계가 유휴 상태라면 상자를 컨베이어에서 포장 기계로 옮겨 포장 작업을 실시한 후, 출고 장소로 운반한다.

첫 번째 기계가 작업 중이라면 컨베이어 장치 위의 상자는 이 기계를 지나쳐 두 번째 기계가 있는 쪽으로 이동하게 된다. 이 포장 작업장에는 평균적으로 분당 60개의 제품 상자가 도착하고 있으며, 포장 기계의 평균 처리율은 분당 40개이기 때문에, 평균적으로는 첫 번째와 두 번째 기계만으로도 포장 작업을 하는 데 부족함이 없다고 생각된다. 하지만, 만약의 경우에 대비하여 포장 기계는 총 세 대를 배치하는 것이 좋을 것으로 생각된다."

현재 당신은 이 공장의 공장장으로부터 위와 같은 개선 방안이 타당한지, 타당하다면 포장 기계의 수는 적절한지 평가해 달라는 요청을 받은 상태이다.

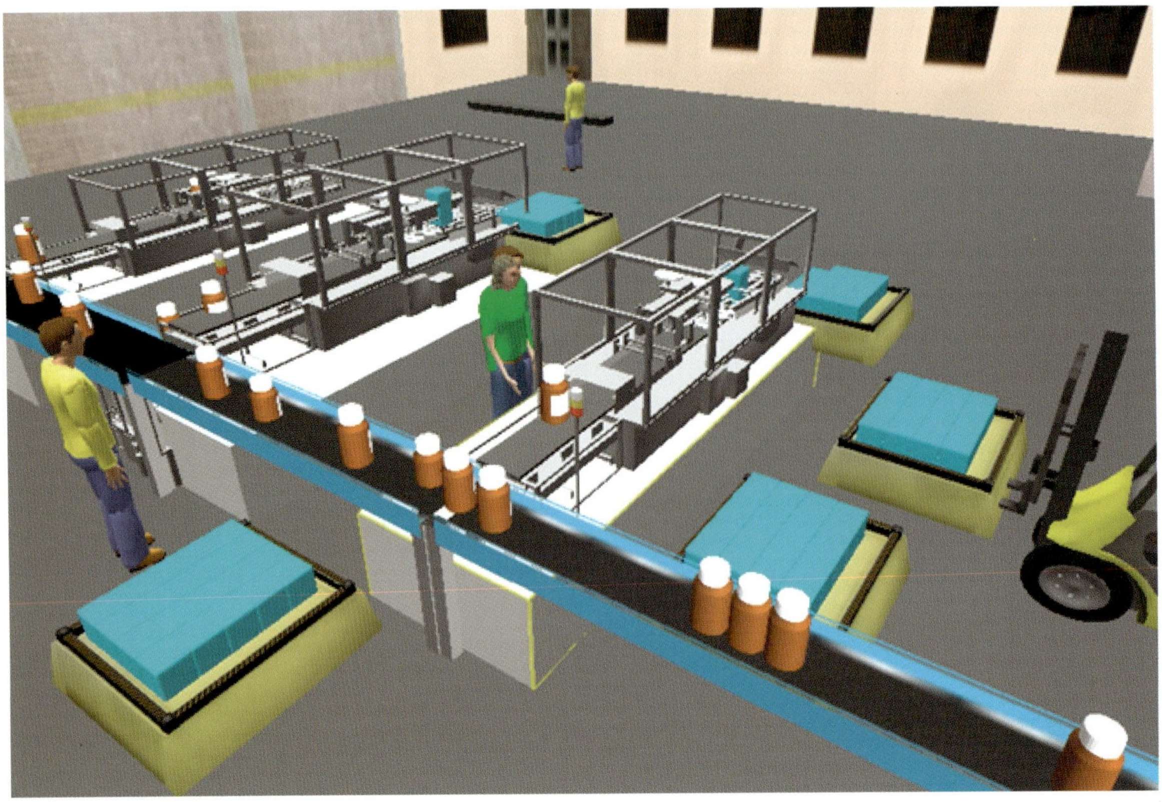

문제 정의

이 포장 라인 개선안은 타당한가?

기존 운영 실태

- 제품 상자 도착 간격 : 평균이 1초인 지수 분포를 따름.
- 포장 기계 처리 시간 : 평균이 1.5초인 지수 분포를 따름.
- 컨베이어 장치의 제품 상자 이송 속도 : 1피트/초. 단, 포장 기계들은 4피트 간격으로 배치되어 있음.

분석 목표

8시간(28,800초) 동안 시뮬레이션을 실행한 후, 그 결과를 토대로 개선 방안의 타당성을 평가한다. 공장장에게 어떤 조언을 하겠는가? 포장 기계의 수는 적절한가?

분석을 하면서 생각해 볼 점들

- Conveyor 개체들이 어떤 식으로 배치되어야 하는가? Flowitem들의 이동 경로는 어떻게 표현되어야 하는가?
- 평균 도착률과 처리율을 감안할 때, 포장 기계를 몇 대 배치하는 것이 좋겠는가? 그 이유는 무엇인가?
- 현재 모형에서 포장 기계 앞쪽 conveyor 개체의 exit transfer의 속성 중 Send To Port 항목이 First Available로 설정되어 있는 이유는 무엇이겠는가?

Exercise 4-2 Lucky Air

분석 배경

신생 항공사인 Lucky Air는 Orange County 공항과 Las Vegas 공항 사이를 왕복하는 신규 노선을 취항하기로 하였으며, 특히, 카지노 영업장을 당일치기로 방문하고자 하는 사람들을 주요 고객으로 설정하였다. 나아가, 이 항공사는 탑승을 원하는 모든 사람들에게 항공편을 제공할 것이며, 이를 위해 필요하다면 언제든지 항공기를 증편할 것이라고 발표하였다. 불황일수록 사행성 산업의 매출이 높아지는 경향이 있기 때문에 잘 운영하기만 하면 이러한 전략이 성공을 거둘 가능성도 충분히 있을 것이다.

이 항공자의 경영자는 빠른 탑승 수속이 중요하다고 생각하고 있으며, 이에 따라 탑승 수속 창구에 3명의 직원을 배치하고, 각 창구에서 전자 티켓 소지자, 종이 티켓 소지자 및 현장 구매 고객에 대한 응대를 전담시키기로 하였다. 이 신생 항공사의 중간 관리자인 당신은, 현재 탑승 수속 창구 운영 방식이 비효율적이고, 이로 인해 고객들에 대한 서비스 수준도 만족스럽지 않다는 생각을 가지고 있다. 하지만, 경영자의 면전에서 이러한 이야기를 꺼내는 것은 부담스럽다. 이에 따라, 당신은 시뮬레이션을 이용하여 현재의 운영 방식에 문제가 있다는 것을 입증하기로 결정하였다.

문제 정의

당신은 현재의 탑승 수속 창구 운영 방식이 비효율적이라고 생각하고 있다. 어떻게 하면 시뮬레이션을 이용하여 경영자에게 이를 납득시킬 수 있을까?

기존 운영 실태

이 항공사는 고객의 도착 간격은 지수 분포를 따르고, 처리 시간은 정규 분포를 따르는 것으로 가정하고 있다. 각 유형별 고객들의 도착 간격 및 처리 시간에 대한 세부적인 추정 결과는 아래 표와 같다.

승객 유형	도착 간격	처리 시간
전자 티켓	평균이 5분인 지수분포	평균이 3분, 표준 편차가 1분인 정규분포
종이 티켓	평균이 10분인 지수분포	평균이 8분, 표준 편차가 3분인 정규분포
현장 구매	평균이 15분인 지수분포	평균이 12분, 표준 편차가 3분인 정규분포

분석 목표

1. 168시간 동안 시뮬레이션을 실행하여, 다음 지표들의 값을 산출하여라.
    - 각 탑승 수속 창구 앞에 대기 중인 고객 수의 평균 및 최대값
    - 각 고객 유형별 평균 대기 시간
    - 각 탑승 수속 창구의 시간(hour)당 평균 처리 고객 수 (흐름량)
    - 각 탑승 수속 창구의 평균 이용률
2. 상기한 내용들을 포함하여 경영자에게 제출할 보고서를 작성하여라.

분석을 하면서 생각해 볼 점들

1. 다음의 모델링 개체들을 이용하여 flowitem들이 줄을 선 모습을 표현할 수 있겠는가?
    - Queue 개체 - flowitem들이 줄을 선 것처럼 보이게 하려면 어떤 속성을 조정해야 하는가?
    - Conveyor 개체
2. Processor 개체를 conveyor 개체처럼 사용하는 것이 가능하겠는가? 이를 위해서는 어떤 속성을 조정해야 하는가? 또, 어떤 조건이 충족되어야 하는가?
3. 현재 모형에서는 탑승객들을 탑승 수속 창구로 이동시키기 위해 conveyor 개체를 이용한다. Queue 개체나 processor 개체를 이용할 때와 어떤 차이점이 있겠는가? 어떤 개체를 사용하는지가 분석 결과에 큰 영향을 주겠는가?

Chapter 4 Review Questions

1. 이 장에서 가장 기억에 남거나 흥미로웠던 점 세 가지를 이야기해보시오.

2. 시뮬레이션 소프트웨어들의 일반적인 구조를 설명하여라.

3. *FlexSim*을 이용하여 모형을 작성할 때, 자주 사용되는 모델링 개체들로는 어떤 것들이 있는지, 그리고 이들 각각이 모형 내에서 어떤 역할을 하는지 설명하여라.

4. *FlexSim* 모형 내에서 2개의 Fixed Resource 개체들 간 flowitem 이동을 표현하는 방법으로는 어떤 것들이 있는가?

5. Fixed Resource 개체들과 Task Executer 개체들의 차이점을 설명하여라(*FlexSim*에서는 이 2가지 유형의 개체들이 가장 많이 사용된다).

6. *FlexSim* 모델링 개체들을 이용하면 시뮬레이션 모형을 편리하게 작성할 수 있다. 그 이유는 무엇인가?

7. *FlexSim* 모델링 개체의 예를 몇 개 든 후, 시뮬레이션이 실행되는 동안 각 개체가 가질 수 있는 상태로는 어떤 것들이 있는지 설명하여라.

8. 누적 conveyor 개체와 비누적 conveyor 개체의 작동 방식이 어떻게 다른지 비교하여라.

9. 2개의 Fixed Resource 개체들 간의 flowitem 이동을 queue 개체로 표현했을 때와 conveyor 개체로 표현했을 때, 모형의 행태가 어떤 식으로 달라지는지 설명하여라.

Chapter

5 로직 추가와 데이터 관리

학습목표

(1) 적절한 모델링 개체와 로직을 이용하여 시스템의 특성을 표현할 수 있다.
(2) 시뮬레이션 모형에 대한 입력값을 어디에, 어떻게 저장해 두는 것이 좋을지를 판단할 수 있다.

앞 장에서는 이산 사건 시뮬레이션 모형을 작성하는데 필요한 기본적인 사항, 즉, 자주 쓰이는 모델링 개체들의 종류와 각각의 기본적인 특성에 대해 설명하였다. 또한, 여러분들은 대상 시스템을 표현하기 위해서는 먼저 개체들을 모델 뷰에 배치하고, 이들을 서로 연결해야 한다는 점도 이미 알고 있을 것이다. 이 장에서는 이제 모델링 개체들의 속성을 다루는 다양한 방법, 그리고 적절한 로직을 이용하여 대상 시스템의 세부적인 행태를 묘사하는 방법 등과 같은 좀 더 심화된 내용을 살펴볼 것이다.

앞 장에서는 각 개체들이 갖는 속성의 값을 비교적 간단히 설정할 수 있었다. 각 개체가 기본적인 기능(예: processor 개체는 설정된 처리 시간 동안 flowitem의 계획된 지연을 야기)만 수행하면 되었기 때문이다. 하지만, 시간의 경과에 따라 개체의 기능이 변하는 경우, 또는 어떤 변수의 값이 특정 수준에 도달했을 때 개체가 특정 기능을 수행해야 하는 경우에는 이 같이 간단한 설정만으로 모형을 작성할 수 없으며, 모형 작성자는 모형의 행태나 개체들의 기능을 보다 세밀하게 표현하여야 한다.

소프트웨어의 종류에 따라 조금씩 다르지만, 대부분의 시뮬레이션 소프트웨어들은 이러한 세밀한 표현을 하는데 필요한 여러 가지 기능들을 제공한다. 따라서, 모형 작성자는 상황에 따라 자신이 선호하는 기능, 또는 대상 시스템의 특성에 맞는 적절한 기능을 선택하여 보다 정교한 모형을 작성할 수 있다.

Section 5-1 개체에 새로운 속성 부여

대부분의 시뮬레이션 소프트웨어들은 모델링 개체에 새로운 속성을 부여하는 것을 허용하고 있으며, *FlexSim* 에서는 이러한 새로운 속성을 label이라 부른다. Label을 이용하면 개체 또는 flowitem에 필요한 여러 가지 값들을 기록해 둘 수 있다. 나아가, 특정 개체에 새로운 label을 부여하고 싶을 때는 해당 개체의 속성 창에 포함된 Labels 탭을 이용한다.

기본적으로 label은 숫자(numeric) 또는 문자열(string) 값을 가질 수 있다(배열 형태로 값을 부여할 수도 있지만, 이는 고급 기능이므로 여기서는 넘어가기로 하자). 일단 모형에 label이 부여되면, 모형이 실행되는 동안 언제 어디서든 해당 label의 값을 참조할 수 있다. 또한, label의 값은 직접 편집할 수도 있고, 적절한 로직에 의해 자동으로 설정되도록 하는 것도 가능하다. 보통 label은 flowitem의 식별자나 여러 가지 통계량 및 개체나 flowitem의 상태 또는 위치 정보 등을 저장하는데 사용된다.

때로는, 동일한 유형의 flowitem을 세분하기 위하여 label을 사용하기도 한다. 예를 들어, 제품을 의미하는 flowitem에 제품 크기를 의미하는 label을 부여한 경우에는, 이 label에 소형, 중형, 대형 등과 같은 값을 기록하여 각 제품의 세부 유형을 구분할 수 있을 것이다. 마찬가지로, flowitem이 병원을 방문한 환자를 의미하는 경우에는, label을 이용하여 환자들을 예약 방문자, 비예약 방문자 및 응급환자 등으로 구분할 수 있다. 나아가, label은 개체가 가진 다른 속성들, 예를 들어 색상이나 크기 등의 값을 설정하거나, flowitem 이동 경로 등과 같은 모형의 작동 방식을 정의하기 위해 사용되기도 한다. 일반적으로 label은 개별 개체에 대해서만 부여되나, flowitem의 경우에는 메인 화면 좌측의 Toolbox ➡ Flowitem Bin에서 다수의 flowitem에 동일한 label을 일괄적으로 부여하는 것도 가능하다. Flowitem Bin의 자세한 사용법에 대해서는 개발사의 사용자 매뉴얼을 참조하여라. 나아가, 처음 모델 뷰에 배치했을 때 아무런 label도 갖지 않는 다른 개체들과 달리 flowitem에는 ItemType이라는 이름의 숫자 label이 기본적으로 부여되며, 이 label에는 flowitem의 유형을 구분하기 위한 정수값이 저장된다.

Section 5-2 로직 추가

시뮬레이션 모형의 작동 방식을 적절히 표현하기 위해서는 다양한 종류의 로직이 필요하며, 단순한 로직들은 *FlexSim*에 의해 자동적으로 생성된다. 예를 들어, 시뮬레이션 공간에 모델링 개체들을 배치한 후, 이들 사이에 입출력 연결을 만드는 순간, *FlexSim*은 flowitem의 이동 경로에 관한 다양한 로직들을 자동으로 생성하여 모형에 반영한다. 이러한 기본 로직의 자동 생성은 *FlexSim*과 같은 전문 시뮬레이션 소프트웨어의 중요한 특징 중 하나이다. 소프트웨어에 내장되어 있는 로직을 이용하면 일반적인 시스템의 작동 방식을 매우 편리하게 표현할 수 있다. 물론, 다양한 시스템들의 특성이 모두 다르기 때문에, 때로는 시스템의 특성을 보다 상세히 표현하기 위해 내장 로직을 수정하거나 별도의 로직을 추가해야 하는 경우도 있으며, 대부분의 시뮬레이션 소프트웨어들은 이에 필요한 기능들을 제공한다.

이 책의 남은 장들에서는 주로 모형의 로직을 수정 및 편집하는 방법을 다룰 것이다. 그 중에서도, 이 장에서는 먼저, 개체 속성 창의 Triggers 탭을 사용하는 방법에 대해 설명할 것이다. 일반적으로 trigger란, 어떤 기능의 수행 절차를 의미하며, *FlexSim*의 trigger는 특정 사건이 발생하거나, 어떤 조건이 충족되었을 때 호출되는 일종의 함수라고 보면 된다[1]. 예를 들어, 개체가 새로운 flowitem을 받았을 때, 어떤 기능(예를 들어, 해당 개체의 색상을 바꾼다거나 label을 값을 새로 설정하는 등)이 수행되도록 하고 싶거나, flowitem에 대한 처리가 시작되기 직전에 그 처리 시간을 설정하고 싶은 경우, 또는, 상황에 따라 flowitem의 이동 경로를 다르게 지정하고 싶은 경우(예를 들어, ItemType 별로 이동 경로를 다르게 하거나, 하류 개체의 상태를 고려하여 이동 경로를 지정하는 등)에는 모형 내에서 특정 사건이 발생했을 때, 적절한 trigger가 실행되도록 설정하여야 한다. 경우에 따라서는 trigger가 새로운 사건을 발생시킬 수도 있다. 예를 들어, 단순히 개체의 속성 값 변경을 수행하는 trigger는 다른 사건에 영향을 주지 않지만, 특정 개체에 메시지를 전달하는 trigger가 실행되면, 해당 개체에서 메시지 접수라는 사건이 발생한다.

Trigger는 모형을 작성하는 과정에서 매우 빈번하게 사용되며, *FlexSim*은 색상이나 label 값의 변경 등과 같은 기본적인 기능을 수행하는 다양한 내장 로직을 제공할 뿐만 아니라, 사용자가 이러한 내장 로직의 내용을 수정하거나, 아예 새로운 로직을 작성하는 것도 허용한다.

Triggers 탭

Trigger는 모형이 특정 사건의 발생에 대응하는 방법을 정의하는데 사용되며, 이러한 사건의 예로는 특정 개체로의 flowitem 진입 또는 특정 개체로부터의 flowitem 이탈 등을 들 수 있다. 기본적으로 모든 개체들은 여러 가지 trigger를 갖고 있다. 다만, 개체의 유형에 따라 포함된 trigger의 종류와 개수는 달라질 수도 있다. 나아가, 특정 trigger가 호출되면 그 안에 명시된 로직이 실행된다.

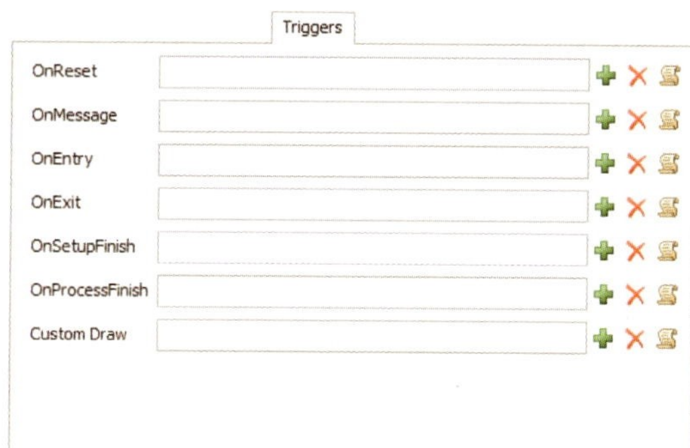

그림 5.1 : Triggers 탭

특정 개체가 가지고 있는 trigger들은 대부분 해당 개체 속성 창의 Triggers 탭에서 볼 수 있다. 그림 5.1은 이러한 Triggers 탭의 예를 보여주며, 여기서 OnReset 등과 같은 trigger의 명칭들은 각 trigger가 어떤 사건에 의해 호출되는지를 명시하고 있다.

나아가, 대부분의 개체들은 공통적으로 다음과 같은 5가지의 trigger를 갖는다:

- OnReset : 시뮬레이션 모형이 초기화될 때마다 호출된다. 따라서, 변수나 label의 초기 값을 설정하는데 적합하다.
- OnMessage : 개체가 메시지를 수신할 때마다 호출된다. 메시지는 개체들 간의 의사소통을 위해 활용되며, 이를 이용하면 개체들의 기능을 적절히 동기화하는 것이 가능하다. 아울러, 개체들은

1 프로그래밍 분야에서는 특정 사건이 발생했을 때 실행되는 함수나 프로시저를 event-handler라고 부르는데, *FlexSim*에서 trigger는 event-handler 역할을 한다고 볼 수도 있다.

다른 개체에 메시지를 전송하거나, 필요한 경우 자기 자신에게 메시지를 보낼 수도 있다.

- OnEntry : 해당 개체로 flowitem이 진입할 때마다 호출되며, flowitem의 label 값이나 색상, 또는 ItemType 등을 변경하는데 흔히 이용된다.
- OnExit : 해당 개체에서 flowitem이 이탈할 때마다 호출되며, 모형 내에서 데이터를 갱신하거나, 다음 번 flowitem이 진입하기 전에 수행해야 하는 작업을 지시하는데 흔히 이용된다.
- Custom Draw Code : 주기적으로 호출되며, 개체의 모습을 변경하는데 이용된다(예: 현재 상태에 따라 개체의 모습을 바꾸고자 할 때 등).

각 개체의 Triggers 탭에는 해당 유형의 개체에 적합한 여러 가지 trigger들이 포함되어 있다. 예를 들어, processor 개체의 Triggers 탭에는 셋업 종료나 처리 완료 등의 시점에 호출되는 trigger 들이 표시될 것이다. 특정 trigger가 호출될 때 어떤 로직을 실행할 것인지를 설정하기 위해서는 먼저, 해당 trigger 항목 오른쪽에 있는 더하기 기호(+) 모양 아이콘을 클릭한 다음, 드롭다운 목록에서 적절한 옵션을 선택하면 된다.

Processor 개체의 계획된 지연 관련 trigger

Processor 개체에서는 셋업이나 처리로 인해 flowitem의 계획된 지연이 발생하며, 여기서 지연 시간의 길이는 flowitem이 processor에 진입하는 사건이 발생할 때마다 호출되는 특수한 trigger들에 의해 설정된다. 이 trigger들은 processor 개체의 Triggers 탭이 아닌, Processor 탭에서 볼 수 있다. 또한, 그림 5.2에 나오듯이, 셋업이나 처리에 소요되는 시간(Setup Time 및 Process Time 항목)들은 수식(상수 또는 계산식 모두 가능)이나 확률 분포 등의 형태로 입력할 수 있다.

Flowitem 입출력 관련 trigger

한편, 개체 속성 창의 Flow 탭에서도 몇 개의 trigger를 찾아볼 수 있으며, 이들은 주로 flowitem의 이동 경로를

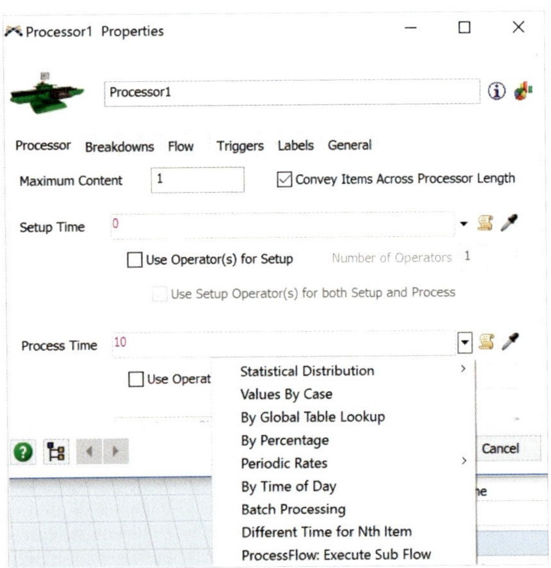

그림 5.2 : Processor 개체의 Process Time 설정

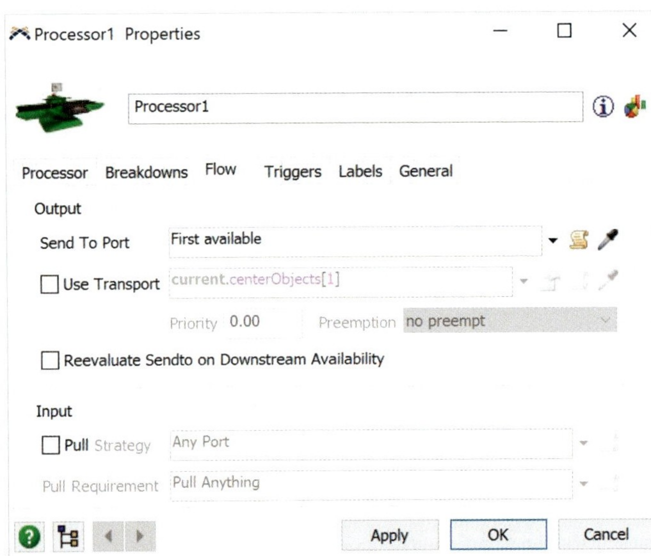

그림 5.3 : Processor 개체의 Flow 탭

설정하는데 사용된다. 그림 5.3에서 보듯이, Flow 탭은 크게 Output(항상 활성화 상태)과 Input(Pull 항목이 체크되어 있을 때만 활성화 상태)의 두 개 영역으로 구분된다.

- **Output**
  - Send To Port : Flowitem이 몇 번 출력 port를 통해 현재 개체를 이탈해야 하는지를 명시한다.
  - Use Transport : 이 항목이 체크되어 있으면, flowitem이 현재 개체를 이탈할 때 Task Executer 개체를 호출하여 해당 flowitem을 하류 개체로 운반해 줄 것을 요청한다. 호출할 Task Executer 개체는 드롭다운 메뉴를 이용하여 선택할 수 있다.
- **Input** : 기본적으로 flowitem들은 밀기(push) 방식으로 이동하나, Pull 항목을 체크하여 현재 개체가 끌기(pull) 방식으로 상류의 flowitem들을 가지고 오도록 할 수도 있다. 이 경우에는 아래와 같은 세부 항목들의 설정이 가능하다.
  - Strategy : 다음 번에 몇 번 입력 port로부터 flowitem을 끌어올지를 명시한다.
  - Pull Requirement : 지정된 입력 port로부터 끌어올 flowitem을 선택하는 기준을 명시한다. 예를 들어, 특정 Item Type이나 label 값을 갖는 flowitem을 선택하도록 설정할 수 있다.

그림 5.3의 Flow 탭은 현재 processor 개체에 상류의 flowitem들이 밀기 방식으로 입력되며, 처리가 완료된 flowitem은 사용 가능한 상태의 하류 개체들 중 가장 번호가 빠른(first available) 출력 port에 연결된 쪽으로 내보내도록 설정되어 있다. 또한, 이탈하는 flowitem을 운반할 별도의 Task Executer 개체가 지정되어 있지 않기 때문에, 이 flowitem들은 하류 개체로 순간 이동해 갈 것이다.

한편, Flow 탭 항목들은 다음과 같은 초기값들을 갖는다:

- **Send To Port** : First available (사용 가능한 출력 port 중 가장 번호가 빠른 것 선택).
- **Use Transport** : 체크되지 않음.
- **Pull** : 체크되지 않음 (flowitem들이 상류 개체로부터 밀기 방식으로 이동).

Output 영역에서 Send To Port trigger를 First available로 설정하면, flowitem들이 보통 1번 출력 port를 통해 현재 개체를 이탈하게 된다. 나아가, 만약, 1번 출력 port의 사용이 불가능한 상태(보통 바쁜 상태인 하류 개체와 연결되어 있는 출력 port는 사용 불가능 상태이다)라면 2번 출력 port, 2번 출력 port도 사용이 불가능하면 3번 출력 포트와 같이, 순차적으로 출력 port 선택이 이루어진다. 출력된 flowitem을 운반할 별도의 Task Executer 개체가 명시되지 않는 경우에는 flowitem들이 하류 개체로 순간 이동한다. Input 영역의 Pull 항목에 체크가 된 경우에는 여러 입력 port 중 어느 쪽의 flowitem을 우선적으로 끌어올지를 명시하는 것이 가능하다. 기본적으로는 여기서도 입력 port들의 번호를 고려하여, 평상시에는 1번 입력 port로부터 flowitem을 끌어오다가, 1번 입력 port를 통해 끌어올 flowitem이 없는 경우에는 2번, 3번, … 순으로 입력 port를 선택하게 된다. 아울러, 경우에 따라서는 사용자가 입력 또는 출력 port 를 선택하는데 필요한 새로운 로직을 직접 작성할 수도 있는데, 이에 대해서는 다음에 좀 더 자세히 알아보기로 하자.

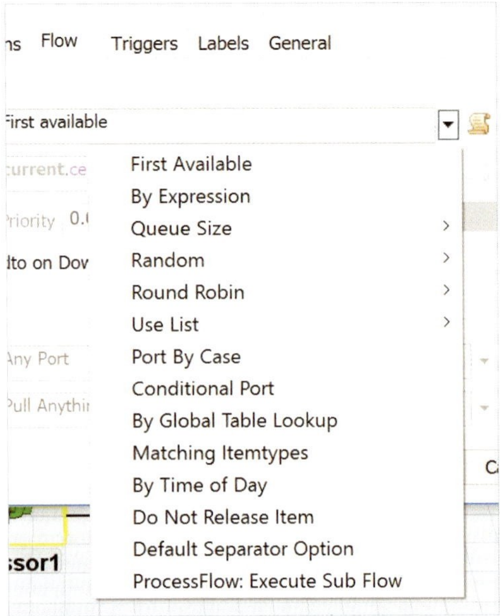

그림 5.4 : Send To Port 항목에서 선택할 수 있는 flowitem 출력 방식

Flowitem이 어떤 경로를 따라 이동할 지는 Fixed Resource 개체들의 Flow 탭 trigger들에 의해 결정된다. 또한, 그림 5.4에서 보듯이, Send To Port 및 Pull Strategy trigger에는 다양한 옵션들을 적용할 수 있다. 예를 들어, Send To Port trigger에서 선택할 수 있는 옵션으로는 First available 이외에도 Queue Size(하류 개체의 대기행렬 길이를 고려하여 출력 port 선택), Round Robin(각 출력 port를 순차적으로 한 번씩 돌아가면서 선택), Random(무작위로 출력 port 선택), Random ➡ By Percentage(각 출력 port들을 확률적으로 선택) 등이 있으며, By Expression 옵션을 선택하여 flowitem의 유형별로 출력 port를 구분하는 것도 가능하다.

마찬가지로, Pull Strategy trigger에서 선택할 수 있는 옵션 역시 Longest Queue(가장 긴 대기행렬이 형성되어 있는 입력 port 선택), Round Robin(각 입력 port를 순차적으로 한 번씩 돌아가면서 선택), By Percentage(각 입력 port들을 확률적으로 선택) 등으로 다양하다.

그림 5.5에는 지금까지 설명한 다양한 trigger들의 특성을 요약하였다. 아울러, 대부분의 모델링 개체들이 이와 같은 trigger들을 갖고 있다는 것을 기억하여라. 이 그림에서 보듯이, 어떤 개체에서 특정 flowitem에 대한 처리가 완료된 후에는 이 flowitem을 어디로 보내야 하는지를 결정하기 위해 Send To Port trigger가 실행된다. Use Transport 항목이 체크되어 있다면, 이제 flowitem을 하류 개체까지 운반할 Task Executer 개체를 결정하는데 필요한 로직이 실행될 것이다. 최종적으로 flowitem이 현재 개체를 벗어날 때는 OnExit trigger가 실행되고, 이 개체는 다시 사용 가능한 상태가 되어, 상류 개체로부터 다음 번 flowitem이 이동해 올 것이다.

이 개체가 상류 개체로부터 flowitem을 끌어오도록 설정되어 있는 경우라면, Pull Strategy trigger를 이용하여 어떤 입력 port를 선택할 것인지 결정해야 한다. 다음 번 flowitem이 이 개체에 도착하면, 먼저 OnEntry trigger가 실행되고, 그 다음에는 Process Time trigger를 이용하여 이 flowitem의 처리에 얼마나 오랜 시간이 소요되는지를 정하게 된다. 나아가, 이 개체는 모형이 실행되는 동안 다른 개체로부터 메시지를 받을 수도 있

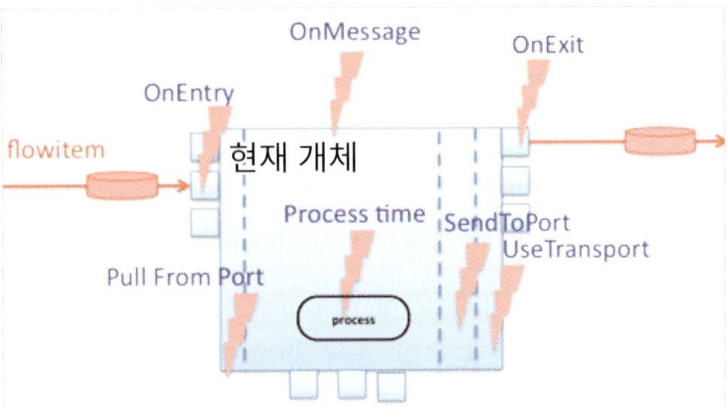

그림 5.5 : 모델링 개체가 가질 수 있는 다양한 종류의 trigger

으며, 이 때는 OnMessage trigger가 실행된다.

기타 trigger

이외에도 *FlexSim*에는 다양한 종류의 trigger가 있다. 그 중 대표적인 것으로는 processor 개체의 Process Time trigger와 유사한 source 개체의 Inter-Arrivaltime trigger가 있으며, 여기서 도착 간격은 비교적 단순한 상수나 수식, 또는 확률 분포 등의 형태로 설정할 수 있다. Source 개체의 Inter-Arrivaltime trigger에 대해 좀 더 자세히 알아보고 싶은 경우에는 소프트웨어의 도움말을 참조하여라.

때로는 개체의 상태에 영향을 주는 사건에 의해 trigger가 실행되는 경우도 있으며, 이러한 trigger의 예로는 개체의 계획된 가동 중단(예: 예방 정비 활동, 휴식이나 식사 시간 및 근무 교대 등) 및 계획되지 않은 가동 중단(예: 기계의 고장 및 부품 불량) 관련 trigger들을 들 수 있다. 이들에 대해서는 나중에 좀 더 자세히 살펴볼 것이다. 나아가, 좀 더 거시적인 수준에서 모형을 제어하는데 trigger를 사용할 수도 있다. 예를 들어, 이 책의 뒤쪽에서 보게 되겠지만, 시뮬레이션을 반복 실행하면서 모형의 실행이 시작될 때마다 어떤 로직을 실행하기 위해서는 특수한 종류의 trigger를 활용해야 한다. 또한, 좀 더 범용적인 trigger가 필요할 때는 User Event라는 기능을 사용할 수도 있다.

Section 5-3 테이블을 이용한 데이터 관리

시뮬레이션을 하기 위해서는 여러 가지 데이터가 필요하며, 이러한 데이터를 적절한 방식으로 관리하는 것은 매우 중요한 일이다. 모형을 작성할 때는 데이터와 로직을 분리하는 것이 바람직하다. 그래야만 경험이 많지 않은 사용자들도 쉽게 데이터의 값을 변경하거나 민감도 분석을 수행할 수 있기 때문이다. *FlexSim*에서는 모형의 입출력 값을 global table(전역 테이블)에 별도로 기록하여 이들과 로직을 분리할 수 있으며, 필요한 경우에는 모형이 실행되는 동안 global table의 값을 편집하거나 참조하는 것도 가능하다.

이 장의 뒤쪽에서 살펴볼 예제들 중 global table을 사용하는 것이 있기 때문에, 여기서는 먼저, global table의 기본적인 특성에 대해 설명할 것이다. global table의 자세한 사용법을 알고 싶은 경우에는 개발사의 사용자 매뉴얼을 참조하여라.

메인 화면 좌측의 도구상자(toolbox)에서 펼침(+) 버튼을 클릭한 다음, 드롭다운 목록에서 global table 항목을 선택하면 global table 개체를 추가하거나 편집할 수 있다. 새로운 global table을 추가하면 처음에는 1개의 행과 1개의 열을 갖는 테이블이 생성될 것이다. 만약 행과 열의 개수를 조정하고 싶은 경우에는 우측 Quick Properties 영역의 Rows 및 Columns 항목의 값을 변경하면 된다. 나아가, 그림 5.6은 새로운 global table을 추가한 후 행과 열의 개수를 조정하고, 그 안에 내용을 기록하는 과정을 보여준다.

행 제목이나 열 제목 셀(처음에 Row 1, Row 2, …, Column 1, Column 2, … 등과 같은 값들이 기록되어 있다)의 내용을 변경해도 데이터의 내용에는 아무런 영향이 없다. 이러한 제목 셀들은 단지 각 행과 열의 의미를 나타내는데 사용될 뿐이다. 기본적으로 global table은 Microsoft Excel과 비슷하게 생겼으며, 사용법도 크게 다르지 않다. 예를 들어, global table의 내용 중 일부를 선택한 다음, 이를 Excel에 복사하여 붙여 넣는 것이

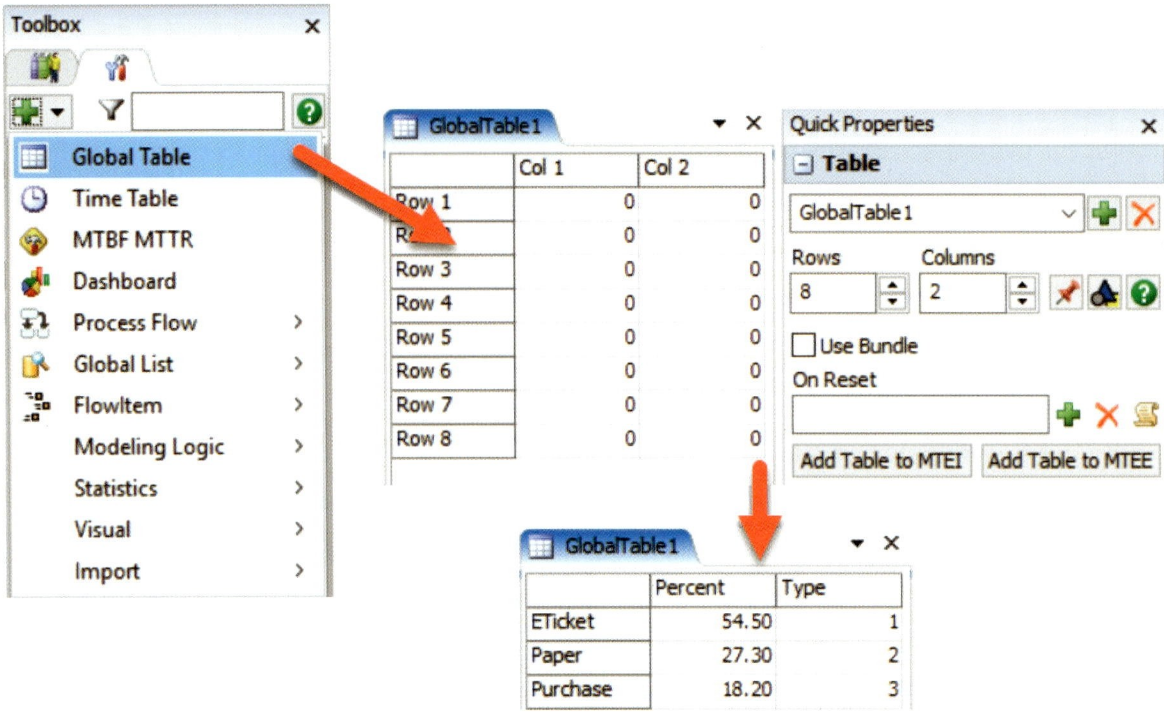

그림 5.6 : 예제 5-2에서 사용되는 테이블

가능하며, 그 반대의 경우도 마찬가지이다. 또한, global table의 내용을 Excel 형식으로 export하거나 Excel의 내용을 import할 수도 있다.

예제 5-2에서는 global table의 이름을 PassengerTypes라고 붙였으나, 앞 장에서 소개한 명명법을 이용하여 그 앞에 gt_라는 접두어를 붙일 수도 있을 것이다. 다른 개체들과 마찬가지로, global table의 이름 역시 중복이 될 수는 없다.

Section 5-4 Flowitem의 결합과 분리

오퍼레이션 시스템 내에서는 작업물의 결합이나 분리가 빈번하게 발생한다. 예를 들어, 작업물을 운반하기 위해 용기에 담거나, 제품을 박스에 포장하는 행위는 결합에 해당하며, 상자에서 물건을 꺼내거나, 운반이 끝난 후 용기를 치우는 행위, 또는 물품을 복제하여 시스템 내에 배포하는 행위 등은 모두 분리로 볼 수 있다. *FlexSim*에서는 combiner와 separator, 두 가지 Fixed Resource 개체를 이용하여 분리와 결합을 표현한다. 이 두 개체는 다른 여러 가지 Fixed Resource 개체, 그 중에서도 특히 processor와 유사한 속성을 갖고 있다. 물론, 이 두 개체만이 갖는 독특한 특성도 몇 가지 있다.

Combiner

이름에서 알 수 있듯이, combiner 개체는 두 개 이상의 flowitem들을 결합시키는데 사용한다. 그리고, 그림 5.7

에서 볼 수 있듯이, 이 개체의 속성 창은 Combiner라는 특수한 탭을 갖는다.

Combiner 탭에서 Combine Mode 항목의 값이 어떻게 설정되었는지에 따라, 첫 번째 입력 port를 통해 들어온 flowitem들은 이 개체에서 특수한 역할을 담당하게 된다. 1번 입력 port를 통해 들어오는 flowitem들은 컨테이너(container) 개체라고 불린다. 다른 입력 port에서 유입된 개체들을 그 위에 놓거나, 그 안에 담는 경우가 많기 때문이다. 따라서, 컨테이너 개체는 일반적으로 팰릿이나 용기 또는 상자 등을 표현하는데 사용된다.

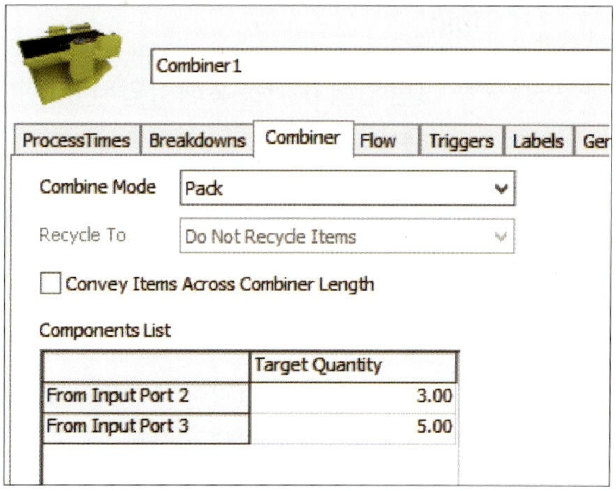

그림 5.7 : Combiner 탭

Combiner 개체의 일반적인 특성은 다음과 같다:

- Combiner 개체는 1번 입력 port를 통해 유입되는 flowitem이 있어야 작동할 수 있다.
- 한 번의 결합을 수행하기 위해서는 1번 입력 port를 통해 유입되는 flowitem이 1개 필요하다.
- 한 번의 결합을 수행하는데 필요한 다른 flowitem의 개수는 속성 창 Combiner 탭의 Components List 항목에서 설정할 수 있다.
- 1번 입력 port를 통해 유입된 flowitem이 없는 경우에는 다른 입력 port에서 flowitem이 유입되지 않는다.
- Process Time은 결합에 필요한 모든 flowitem이 모인 시점부터 결합이 완료된 시점까지의 시간을 의미한다.

Flowitem들 간의 결합은 영구적일 수도 있고, 일시적일 수도 있다. 그림 5.7에서는 Combine Mode의 값이 Pack으로 설정되어 있는데, 이는 일시적인 결합을 의미하며, 아래 쪽의 Components List에는 컨테이너 개체 1개에 2번 입력 port를 통해 유입된 flowitem 3개와 3번 입력 port를 통해 유입된 flowitem 5개가 결합된다는 점이 명시되어 있다.

Combiner 탭의 Combine Mode 항목에서는 결합 방법을 설정할 수 있으며, 이 항목에서 선택할 수 있는 옵션의 종류 및 각각의 특징을 요약하면 아래와 같다:

- **Pack**
  - 1번 입력 port를 통해 유입된 flowitem은 컨테이너 개체로 사용된다.
  - 다른 입력 port를 통해 유입된 flowitem들은 컨테이너 개체의 위 또는 안에 배치된다.
  - 추후에 separator 개체를 이용하여 컨테이너 개체와 다른 flowitem을 분리할 수 있다.

- Join
  - 1번 입력 port를 통해 유입된 flowitem은 컨테이너 개체로 사용된다.
  - 다른 입력 port를 통해 유입된 flowitem들은 결합 후 모형에서 제거된다.
  - 결합에 필요한 모든 flowitem들이 모인 후, 정해진 처리 시간이 경과하고 나면, 컨테이너 개체만 현재 combiner 개체를 이탈한다.
  - Combine Mode가 Join으로 설정된 combiner 개체에 의해 결합된 flowitem들은 다시 분리할 수 없다.

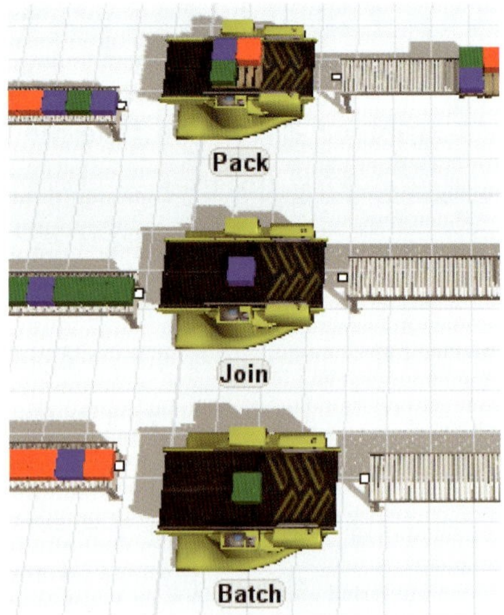

그림 5.8 : 결합 방법

- Batch
  - 결합된 flowitem들을 단순히 한 개의 그룹으로 묶기만 한다.

그림 5.8은 Combine Mode가 각각 Pack, Join, Batch로 설정된 3개의 combiner 개체들의 차이점을 보여준다.

Separator

Separator 개체의 역할은 combiner 개체와 반대이다. Separator 개체는 주로 결합된 flowitem들을 분리하거나, 한 개의 flowitem을 분할 또는 복제하는데 사용된다. 이 개체 속성 창의 ProcessTimes 탭에서는 준비 시간(Setup Time 항목) 및 처리 시간(Process Time 항목)을 설정할 수 있으며, separator 개체에 진입한 flowitem은 처리 시간 경과 후, 이 개체를 이탈하게 된다.

Separator 탭에서는 다음과 같은 두 가지 분리 방법 중 하나를 선택할 수 있다:

- Unpack : 컨테이너 개체와 그 안에 담긴 내용물에 해당하는 flowitem들을 분리한다.
  - 기본적으로 컨테이너 개체는 separator 개체의 1번 출력 port를 통해 이탈한다.
  - Separator 탭의 Split/Unpack Quantity 항목의 경우, 분리 방법이 Unpack으로 설정되었을 때는 사용되지 않는다.

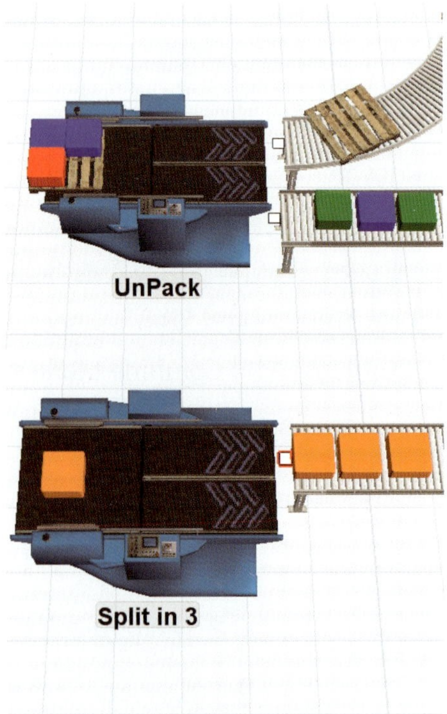

그림 5.9 : 분리 방법

- Split : 유입된 flowitem을 분할 또는 복제한다. 몇 개로 분할 또는 복제해야 하는지는 separator 탭의 Split/Unpack Quantity 항목에 명시한다.

그림 5.9는 Unpack 방식과 Split 방식의 차이점을 보여준다.

Section 5-5 사용자 정의 개체의 재사용

일반적으로 개체를 배치할 때는 개체의 이미지 또는 외관을 조정하거나, 해당 개체의 작동 방식을 정의하기 위해 적절한 로직을 부여하는 작업을 함께 수행하게 된다. 다만, 똑같은 특성을 갖는 개체가 여러 개 필요할 때, 이러한 작업을 일일이 반복하는 것은 매우 비효율적일 것이다. *FlexSim*에서는 이러한 개체들을 사용자 라이브러리(user library)에 등록해 놓고, 편리하게 재사용할 수 있으며, 사용자 라이브러리에는 한 번에 여러 가지 개체들을 등록해 놓을 수도 있다.

특정 개체를 사용자 라이브러리에 등록하고 싶을 때는, 해당 개체를 마우스 오른쪽 버튼으로 클릭한 다음, 팝업 메뉴에서 Edit ➡ Add to User Library 항목으로 들어가면 된다. 이 항목 아래에서는 기존의 사용자 라이브러리에 개체를 등록하거나, 새로운 사용자 라이브러리를 생성하여 개체를 등록하는 것을 선택할 수 있는데, 기존에 생성된 사용자 라이브러리가 없는 경우에는 그림 5.10과 같이 새로운 사용자 라이브러리의 생성만 가능하다. 모형에 배치된 개체를 *FlexSim* 표준 라이브러리[2]에 등록하는 것은 불가능하다는 점에 유의하여라. 생성된 사용자 라이브러리들은 메인 화면 좌측의 라이브러리 목록에 표시되며, 여기서 사용자 라이브러리의 이름을 마우스 오른쪽 버튼으로 클릭하면, 명칭을 수정하거나, 사용자 라이브러리의 내용을 별도 파일로 저장할 수 있다. 나아가, 사용자 라이브러리에 포함된 개체들은 *FlexSim* 표준 라이브러리 개체들과 동일한 방식으로 모형에 배치할 수 있다.

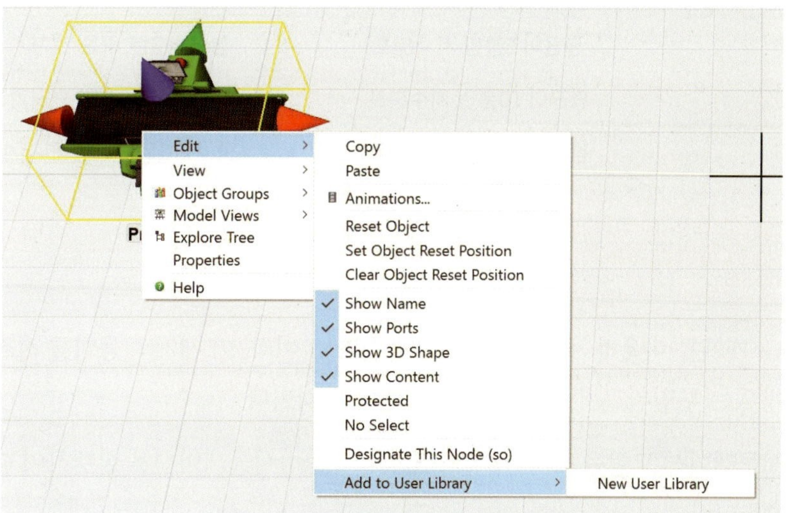

그림 5.10 : 사용자 라이브러리 생성

2 Fixed Resources, Task Executers, Travel Networks 등의 개체 그룹들을 포함하는 기본 라이브러리를 의미한다.

Exercise 5-1 More Lucky Air

분석 배경

지난 번에 시뮬레이션 분석을 통해 도출한 내용들을 토대로 보고서를 올린 바 있지만, Lucky Air사의 경영자는 그 내용을 별로 마음에 들어하지 않았으며, 그보다는 모든 탑승 수속 창구에서 모든 유형의 탑승객들에 대한 응대가 가능하도록 만드는 것이 좋겠다는 의견을 전달해 왔다. 은행에서 고객들이 한 줄로 대기하다가, 자기 차례가 되었을 때 빈 창구 중 아무 곳이나 방문할 수 있는 것처럼 하자는 것이다.

나아가, 탑승 수속 창구 운영 방식을 변경하기 위해서는 먼저 창구 직원들에 대한 재교육 비용이 투입되어야 하기 때문에, 경영자는 당신에게 이러한 한 줄 서기가 실제로 효과가 있을지를 사전에 평가해보라는 지시를 내린 상태이다.

문제 정의

모든 탑승 수속 창구에서 모든 유형의 탑승객들을 응대하게 하고, 한 줄 서기를 실시할 경우, 고객 서비스 수준이 향상되는가? 탑승 수속 창구 직원들의 업무량은 지금보다 평준화되겠는가?

기존 운영 실태

시스템의 특성은 이전 장의 Lucky Air 예제와 동일하며, 편의 상, 아래에 다시 한 번 정리하였다.

승객 유형	도착 시간	처리 시간
전자 티켓	평균이 5분인 지수분포	평균이 3분, 표준 편차가 1분인 정규분포
종이 티켓	평균이 10분인 지수분포	평균이 8분, 표준 편차가 3분인 정규분포
현장 구매	평균이 15분인 지수분포	평균이 12분, 표준 편차가 3분인 정규분포

분석 목표

- Conveyor 개체를 이용하여 단일 대기행렬을 표현하여라. 이 개체의 높이를 적절히 조정하면 바닥에 있는 무빙워크처럼 보이게 할 수도 있을 것이다.
- 적절한 시뮬레이션 모형을 작성한 다음, 168시간 동안 시뮬레이션을 실행하여 다음 지표값들을 산출하여라.
- 대기행렬 길이의 평균 및 최대값

- 탑승객 대기 시간의 평균 및 최대값
- 각 탑승 수속 창구에서 처리한 고객 인원수
- 각 탑승 수속 창구의 평균 이용률

분석을 하면서 생각해 볼 점들

- 모형에서 탑승객의 유형을 어떻게 구분할 것인가?
- 모형에서 탑승객 유형별로 처리 시간이 다르다는 점을 어떻게 표현할 것인가? 아래와 같은 방법들을 고려해보아도 좋다:
  - 각 탑승객이 자신이 처리 시간을 기억
  - 각 탑승 수속 창구 직원들이 탑승객 유형별 처리 시간을 기억
- Source 개체의 어떤 trigger를 사용할 것인가?
- 특정 탑승객의 유형이 언제 결정되도록 할 것인가? 탑승객 유형이 언제 결정되느냐에 따라 모형이 가진 로직은 어떻게 달라져야 하는가?
- Conveyor 개체는 탑승객을 탑승 창구로 내보내는 역할을 한다. Conveyor 개체의 출력 port 선택 방법이 각 탑승 창구의 업무량에 영향을 주는가?
- 유형별 탑승객 수를 편리하게 집계할 수 있도록, sink 개체를 3개 배치한 후, 동일한 유형의 탑승객들은 수속을 마친 후 동일한 sink 개체로 이동하도록 하여라.

참조: source 개체의 trigger를 이용하면 탑승객(flowitem)의 ItemType을 숫자(예: 1, 2, 3, …)로 구분할 수 있을 뿐만 아니라, 유형별로 탑승객들의 색상을 달리할 수도 있다. 수속을 마친 탑승객이 어느 sink 개체로 이동해야 하는지를 결정할 때도 ItemType을 이용해야 한다.

Flowitem에 label을 부여하고 싶을 때는 메인 화면 좌측의 도구상자(Toolbox)에 있는 FlowItem Bin 항목을 이용하면 된다. Label을 생성한 후에는 모델링 개체들의 trigger를 이용하여 값을 편집하거나 참조할 수 있다.

Flowitem의 label에 기록된 처리 시간을 참조하기 위해서는 processor 개체의 Process Time trigger에서 item.name과 같은 형식의 구문을 작성해주어야 하며, 여기서 name은 특정 label의 이름을 의미한다.

각 탑승 수속 창구 직원들이 탑승객 유형별 처리 시간을 기억하도록 하기 위해서는 processor 개체의 Process Time 항목의 값을 설정할 때 드롭다운 목록에서 "Value by Case"를 선택한 후, 각 ItemType에 해당하는 처리 시간을 normal(mean, std_dev, 1)과 같은 형식으로 입력하면 된다. 단, 여기서 mean, std_dev는 각각 처리 시간의 평균 및 표준 편차를 의미한다.

Exercise 5-2 Even More Lucky Air

분석 배경

Lucky Air사의 영업은 순조로웠고, 이와 함께 카지노 업소의 VIP 고객들이 Lucky Air사의 항공편을 이용하는 빈도도 늘어났다. 급기야, 일부 카지노 업소에서는 VIP 고객들이 Luck Air사의 항공편을 타고 올 경우, Lucky Air사에 보조금을 지급하겠다고 제안해 왔다.

결과적으로 카지노 VIP 고객들을 많이 유치할수록, Lucky Air사의 수익은 높아질 것이며, 이에 따라 Lucky Air사의 경영자는 탑승 수속 창구에서 카지노 VIP 고객들의 편의를 최대한 배려하라는 지시를 내린 상태이다.

문제 정의

현재 Lucky Air사는 카지노 VIP 고객들이 일반 탑승객들과는 다른 별도의 대기행렬(VIP 대기행렬)에 줄을 서도록 하고, 이 대기행렬에 있는 탑승객(VIP 탑승객)들을 우선적으로 처리하는 것을 고려 중이다. 시뮬레이션을 이용하여 이러한 정책이 타당한지를 판단하려면, 모형을 어떻게 작성해야 하겠는가?

기존 운영 실태

시스템의 특성은 기본적으로 앞의 예제와 비슷하나, 아래와 같은 일부 차이점을 갖는다:

- 임의의 탑승객이 VIP일 확률은 10%이며, 이 확률은 고객의 유형과 무관하다. 탑승 수속 창구에서는 다음 번에 응대할 탑승객을 선택할 때, 항상 VIP 대기행렬의 탑승객을 우선시한다.
- 고객 유형별 도착률은 알려져 있지 않지만, 전체 고객의 도착률은 22명/hour이며, 임의의 고객이 전자 티켓 소지자, 종이 티켓 소지자 또는 현장 구매자일 확률은 각각 54.5%, 27.3%, 18.2%이다.

상기 내용에 따르면, 고객 유형별 도착 패턴을 아래 표와 같이 정리할 수 있다. 예를 들어, 전자 티켓 소지자들의 도착 인원수는 시간 당 12명(=22×0.545)이며, 이들의 평균 도착 간격은 5분(=60/12)이다. 나아가, 다른 유형의 고객들에 대한 도착 인원수 및 평균 도착 간격도 같은 요령으로 계산할 수 있다. 전체 고객들의 도착 인원수가 시간 당 22명이기 때문에, 전체 고객의 평균 도착 간격은 1/22=0.045시간, 즉, 2.7분이다.

도착 간격은 모두 지수 분포를 따르는 것으로 가정한다. 사실, 이론적으로는 이 가정이 올바르지 않다. 개별 변수들이 지수 분포를 따른다고 해서, 이들의 합도 지수 분포를 따르는 것은 아니기 때문이다. 하지

승객 유형	도착 간격(분)	도착률(방문 인원/시간)	비율(%)
전자 티켓	5	12	54.5
종이 티켓	10	6	27.3
현장 구매	15	4	18.2
소계	-	22	100.0

만, 이 예제에서는 모든 도착 간격이 지수 분포를 따른다고 가정해도 큰 문제는 없다.

나아가, source 개체 1개를 이용하여 모든 고객들이 빠짐없이 표현되도록 하여라.

분석 목표

적절한 시뮬레이션 모형을 작성한 다음, 168시간 동안 시뮬레이션을 실행하여 다음 지표값들을 산출하여라.

- 일반 탑승객 대기행렬 길이와 VIP 탑승객 대기행렬 길이 각각의 평균 및 최대값
- 일반 탑승객 및 VIP 탑승객의 평균 대기 시간
- 각 탑승 수속 창구에서 처리한 고객 인원수
- 각 탑승 수속 창구의 평균 이용률
- 분석을 하면서 생각해 볼 점들
- 고객 유형을 구분하기 위해 어떤 종류의 trigger 및 드롭다운 옵션을 사용해야 하겠는가?
- Flowitem에 고객 유형을 기록할 경우, 각 고객의 처리 시간은 어디서 결정해야 하겠는가?

Exercise 5-3 Hampton International

분석 배경

세계에서 가장 발전된 공항이 되기 위한 노력의 일환으로 Hampton 국제 공항은 자동화된 수하물 처리 시스템의 도입을 결정하였다. 몇 차례의 지연 끝에 드디어 새로운 시스템이 가동되었으나, 기대한 바와 달리 도입 효과는 크지 않았다. 즉, 승객들이 짐을 찾는데 필요한 시간이나 항공기가 짐을 싣기 위해 대기해야 하는 시간이 크게 줄어들지 않은 것이다. 나아가, 이러한 실패의 가장 큰 원인은 화물을 항공기에서 수하물 분류 장소로 운반하는 과정에 문제가 있기 때문인 것으로 여겨졌다.

수하물 처리 시스템에 진입한 화물은 부착된 태그(Tag)에 기록되어 있는 목적지까지 자동 이송된다. 문제는 시스템을 설계할 당시, 시스템의 성능에 대한 분석이 전혀 이루어지지 않았다는 점이다. 참고로, 당시의 설계 담당자는 현재 해임된 상태이다. 다소 늦은 감은 있지만, 공항의 관리자들은 지금이라도 시뮬레이션을 통해 구체적으로 새로운 수하물 처리 시스템에 어떤 문제가 있는지를 알아보는 것이 필요하다는 결론을 내렸다.

문제 정의

화물을 항공기에서 수하물 분류 장소로 운반하는 과정에 어떤 문제가 있는가? 문제가 있다면 어떻게 해결해야 하겠는가? 적절한 시뮬레이션 모형을 작성한 후, 8시간 동안 시뮬레이션을 실행하여 적절한 해답을 찾아보아라. 특히, 처리할 화물이 많은 상태에 대한 시뮬레이션이 필요하다.

기존 운영 실태

그림 5.11에서 볼 수 있듯이, 새로운 수하물 처리 시스템에서, 항공기가 실어온 화물은 처음에 상차 장소에서 대기하다가, 이송 차량에 의해 수하물 분류 장소까지 이동하게 된다. 세부적으로는 이동 중에 보안 검사를 한 번 거쳐야 하며, 수하물 분류 장소에 도착한 이송 차량은 화물을 내려놓고, 다시 상차 장소로 되돌아 간다.

이 시스템의 주요 특징은 다음과 같다:

이 좋다.

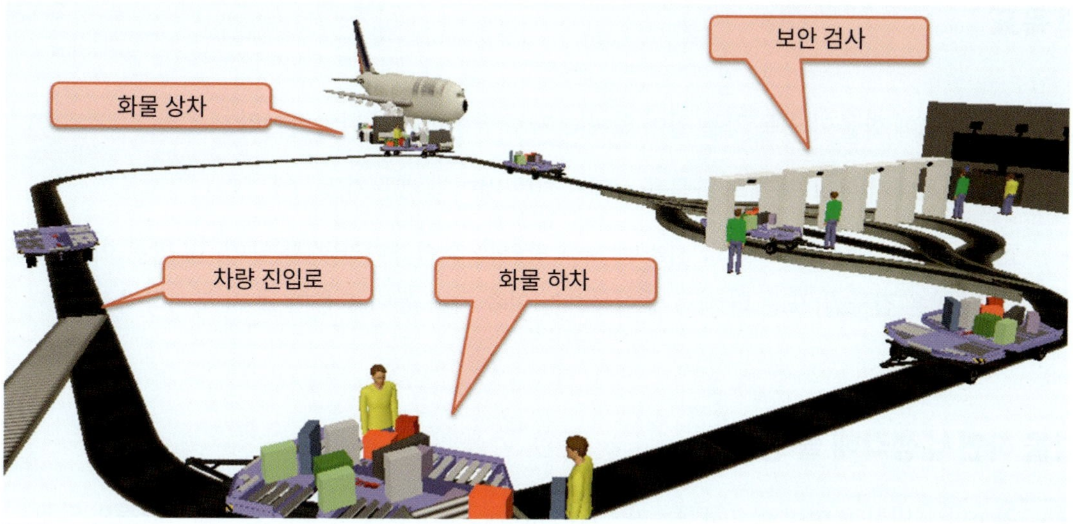

그림 5.11 : 수하물 처리 시스템 구성

- 상차 장소에는 평균적으로 5초에 1개꼴로 화물이 도착하며, 화물들의 도착 간격은 지수 분포를 따른다.
- 상차 장소에서 동시에 대기할 수 있는 화물의 양은 최대 100개이다.
- 이송 차량 한 대에는 8개의 화물이 적재되며, 상차 장소에 대기 중인 화물이 충분히 많은 경우, 차량 한 대의 적재에는 20초가 소요된다.
- 상차 장소에서 보안 검사장까지의 거리는 1200피트이며, 이송 차량이 이 거리를 이동하기 위해서는 1.5분의 시간이 필요하다.
- 보안 검사장에서 근무하는 검사원은 총 4명이며, 검사원 1명이 이송 차량 1대를 검사하는데 소요되는 시간은 평균이 120초인 지수 분포를 따른다.
- 검사를 통과한 이송 차량이 화물을 내려놓을 수하물 분류 장소로 이동하는 데는 1분이 소요된다.
- 이송 차량 1대의 화물을 하차하는 데 소요되는 시간은 45초이며, 하차가 끝난 이송 차량은 다시 1500피트 떨어진 상차 장소로 되돌아 간다. 이 때 이송 차량은 초당 12.5피트의 속도로 움직인다.
- 이송 차량들은 매일 아침 차량 진입로를 통해 공항에 들어왔다가 일과가 끝나면 외부의 화물차 기지로 되돌아 가며, 이 공항에서는 현재 매일 15대의 이송 차량을 활용하고 있다.

여기서는 이송 차량을 팰릿 형태로 표현하여라. AGV 개체는 좀 더 고급 기능이 필요할 때 사용하는 것이 좋다.

분석 목표

- 상차 장소에 화물이 가득 차는 일이 얼마나 자주 발생하는지 파악하여라.
- 상차 장소에서 분당 몇 개의 화물을 상차시키는 것이 좋겠는가?
- 효과적인 수하물 처리를 위한 시스템 개선 방안을 수립하여라(예를 들어, 더 많은 이송 차량, 더 많은 검사원, 또는 더 빠르게 이동하는 이송 차량 등이 도움이 될 지 분석하여라).

분석을 하면서 생각해 볼 점들

- 얼마나 세밀한 모형이 필요하겠는가? 1개의 processor만을 가지고 모든 검사원들의 업무를 표현할 수 있겠는가?
- 모형에서 어떤 시간 단위를 사용하는 것이 좋겠는가?
- 어떻게 하면 이송 차량들의 이동에 소요되는 시간을 좀 더 편리하게 설정할 수 있겠는가?
- 이송 차량을 어떤 유형의 flowitem으로 표현하는 것이 좋겠는가?
- 모형 내 이송 차량의 수를 일정하게 유지하려면 어떻게 해야 하겠는가?
- 화물을 이송 차량에 상차시킬 때는 combiner 개체의 작동 방식을 어떻게 설정해야 하겠는가?
- Separator 개체가 가진 출력 port 각각에 어떤 개체들을 연결해야 하겠는가?
- 화물들의 가시성을 높이는 방법이 있겠는가?

Chapter 5 Review Questions

1. 이 장에서 가장 기억에 남거나 흥미로웠던 점 세 가지를 이야기해보시오.

2. 개별 flowitem에 label을 부여하는 방법과 여러 flowitem에 일괄적으로 label을 부여하는 방법이 어떻게 다른지 설명하여라.

3. Trigger가 무엇인지 정의한 다음, *FlexSim*에서 빈번하게 사용되는 trigger 네 가지를 골라 각각이 언제 실행되는지 설명하여라. 나아가, 그 중 한 가지를 골라 보통 해당 trigger를 어떤 용도로 사용하는지, 예를 들어 설명하여라.

4. 어떤 개체의 Flow 탭에서 Send To Port 항목이 기본값으로 설정되어 있을 때, 이 개체가 어떤 식으로 작동하는지 설명하여라.

5. 어떤 개체의 Flow 탭에서 Send To Port 항목의 값이 “Round Robin”일 때와 “Round Robin if Available” 일 때, 이 개체의 작동 방식이 어떤 식으로 달라지는지 조사해 보아라.

6. Send To Port 항목에서 선택할 수 있는 드롭다운 옵션 중, Shortest Queue, Random By Percentage, Conditional Port가 각각 어떤 경우에 적합한지 조사해 보아라.

7. 개체의 Flow 탭에서 “Pull” 항목은 어떤 경우에 체크해야 하는지 설명하여라.

8. Fixed Resource 개체는 flowitem을 내보내기 전에 몇 번 출력 port를 이용할 것인지를 결정해야 한다. 이 때 사용되는 trigger는 무엇인가?

9. Global table을 만드는 절차 및 Global table과 Microsoft Excel 간의 데이터 입출력 방법에 대해 설명하여라.

10. 개체나 flowitem에 정보를 기록하는 것과 global table에 정보를 기록하는 것 각각의 장단점을 설명하여라.

11. Combiner 개체의 세 가지 작동 방식에 대해 설명하고, 각각의 작동 방식이 적합한 시스템의 예를 들어보아라.

12. Combiner 개체에서 1번 입력 port를 통해 유입된 flowitem이 어떤 역할을 하는지 설명하여라.

13. Separator 개체의 두 가지 작동 방식에 대해 설명하고, 각각의 작동 방식이 적합한 시스템의 예를 들어보아라.

14. Separator 개체의 작동 방식이 unpack으로 설정된 경우, 컨테이너에 담겨 있던 flowitem들은 어떤 순서로 꺼내어지는가?

15. 사용자 라이브러리는 어떤 경우에 유용한가?

Chapter 6 보다 상세한 모형 작성하기

학습목표

(1) 시뮬레이션 소프트웨어가 가진 부가적인 기능들을 적절히 활용하여 실제 시스템이 가진 다양한 특성들을 모형에 반영할 수 있다.

(2) 다른 사람들이 이해하기 쉽고, 신뢰할 수 있는 상세한 시뮬레이션 모형을 작성할 수 있다.

이 장에서는 모형을 작성할 때 활용할 수 있는 몇 가지 부가적인 기능들을 소개하고자 한다. 먼저, 근로자나 이송 차량 등과 같은 이동식 자원들은 모든 시뮬레이션 소프트웨어에서 중요한 모델링 개체로 취급되는데, *FlexSim*에서는 이동식 자원을 Task Executer라 부른다. 이 장의 첫 번째 절에서는 이러한 Task Executer 개체들의 종류 및 각각의 기본적인 기능과 주요 속성들에 대해 설명할 것이다.

종종, 시뮬레이션 모형을 작성할 때 눈에 보이지 않는 절차나 작업 규칙 같은 것을 표현해야 할 수도 있다. 물론, 관련 개체의 속성 창이 가진 드롭다운 메뉴에서 적절한 항목을 골라 이러한 사항들을 묘사할 수도 있지만, 경우에 따라서는 소프트웨어가 제공하는 항목만 가지고 시스템의 특성을 상세하게 표현하는 것이 어려울 수도 있다. 이에 따라, *FlexSim*에는 2016 버전부터 다양한 논리식들을 효과적으로 처리할 수 있는 기능이 추가되었다. 특히, 이번 장에서는 논리식을 이용하여 유용한 list를 생성하는 방법을 소개할 것이다. 시스템이 가진 다양한 로직들을 표현하는데 사용할 수 있는 그 밖의 고급 기능들에 대해서는 14장에서 살펴보기로 하자.

때로는 모형이 실행되는 동안 여러 가지 통계량이나 개체들의 상태 등과 같은 부가적인 정보들을 모형 안에 시각화하고 싶을 수도 있다. 6-3절과 6-4절에서는 *FlexSim*에서 이 같은 내용들을 모형에 추가하는 방법에 대해 설명하고자 한다.

Section 6-1 Task Executer 개체

작업물을 운반할 때, 앞 장에서 소개한 컨베이어 장치가 아닌, 지게차나 무인 이송차(automatic guided vehicle, AGV) 또는 근로자와 같은 이동식 자원을 이용하는 경우도 있을 것이다. 또한, 반드시 작업물의 운반이 아니더라도 때로는 이동식 자원이 기계의 셋업이나 고장 수리를 담당할 수도 있다. *FlexSim*에서는 이러한 이동식 자원들을 통틀어 Task Executer라 지칭하며, 이들은 모형 내에서 다음과 같은 여러 가지 기능들을 수행한다:

- 시뮬레이션 공간 내의 여러 곳을 이동
- Flowitem을 한 쪽 개체에서 다른 개체로 운반
- 일련의 임무를 직접 수행
- 특정 개체에 할당되어 해당 개체와 관련된 임무(예: 셋업 작업, 기계의 조작, 유지보수 등)를 수행
- 다른 Task Executer 개체에 임무를 분배
- Network node에 의해 생성된 경로를 따라 이동

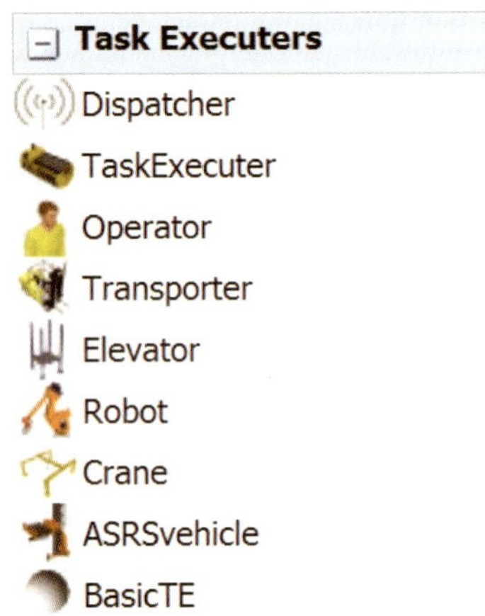

그림 6.1 : Task Executers 개체 그룹

FlexSim 소프트웨어의 메인 화면 좌측 library에는 그림 6.1과 같이 다양한 종류의 Task Executer 개체들이 포함되어 있으며, 이들은 기본적으로 모두 유사한 기능을 갖고 있다. 아울러, Task Executers 개체 그룹에는 taskExecuter라는 이름의 구체적인 Task Executer 개체가 있다는 점에 유의하여라[1].

여러 가지 Task Executer 개체들 중에서도 taskExecuter 개체와 operator 개체는 그 특성이 매우 유사하며, 이들의 차이점은 operator 개체가 걸어다니는 사람으로 표현되는 반면, taskExecuter는 자율적으로 주행하는 차량 형태로 표현된다는 것 밖에 없다. Transporter 개체는 실제 현장의 지게차처럼 flowitem을 포크에 실어 다른 곳으로 운반하는 역할을 담당한다. 나아가, elevator 개체는 flowitem을 수직 방향, 즉, Z 축 방향으로 이동시키고자 할 때 사용하며, robot 개체는 특정 위치에 있는 flowitem을 로봇팔로 집어 다른 위치로 옮겨다 놓는 산업용 로봇에 해당한다. 여기서 한 가지 알아둘 것은 flowitem을 옮길 때 로봇팔만 움직일 뿐 robot 개체 자체가 이동하는 것은 아니라는 점이다. Crane과 ASRSvehicle은 Task Executer 중에서도 다소 기능이 복잡한 개체들이다. 특히, 초보자들은 대부분 operator나 transporter와 같은 비교적 단순한 Task Executer 개체들만을 사용하려는 경향이 있는데, 복잡한 시스템의 특성을 표현하기 위해서는 crane이나 ASRSvehicle과 같은 개체의 활용법도 알아둘 필요가 있다. 또한, 모든 Task Executer 개체는 별도의 이동 경로를 지정하여 정해진 경로로만 다니도록 설정하는 것이 가능하다.

1 이 책에서는 Task Executer라고 하면 여러 가지 이동식 자원에 해당하는 개체들을 총칭하는 것으로, taskExecuter라고 붙여 쓰면 구체적인 개체 한 종류를 의미하는 것으로 정하고자 한다.

Task Executer(임무 수행자)라는 명칭에서 보듯이, 이 개체들은 모형 내에서 주로 일련의 임무들, 즉, task sequence를 수행하는 역할을 담당한다. Task sequence란 순차적으로 수행하여야 하는 일련의 임무들을 의미하며, 수행 중인 task sequence보다 우선 순위가 높은 task sequence가 주어지는 경우에는 현재의 작업을 중단하고 다른 task sequence를 먼저 진행해야 할 수도 있다. 이러한 task sequence는 자동으로 생성되기도 하는데, 예를 들어 Fixed Resource 개체의 속성창이 가진 Flow 탭에서 Use Transport 항목을 체크하면 다음과 같은 임무들로 구성된 task sequence가 생성된다:

1. 운반할 flowitem이 있는 개체로 이동
2. Task Executer를 호출한 개체로부터 운반할 flowitem을 수령하여 적재
3. 운반이 가능한지 판단하고 운반이 불가능한 상태(예: 더 많은 flowitem이 모일 때까지 기다려야 하는 경우 등)라면 운반이 가능해질 때까지 대기
4. 목적지에 해당하는 다른 개체로 이동
5. 가지고 온 flowitem을 하역

자동으로 task sequence가 생성되는 또 다른 예로는 processor 개체의 Processor 탭에 있는 Use Operator(s) for Process 항목을 체크하는 경우를 들 수 있으며, 이 때는 다음과 같은 task sequence가 생성된다:

1. Task Executer를 호출한 개체로 이동
2. 해당 개체에서 작업물에 대한 처리가 진행되는 동안 머무름

한편, 모형 작성자가 직접 사용자 정의 task sequence를 작성할 수 있다는 것이 *FlexSim*의 강점 중 하나인데, 이는 다소 고급 기능이므로, 좀 더 자세히 알아보고 싶은 경우에는 사용자 매뉴얼을 참조하여라.

어떤 Task Executer 개체가 새로운 task sequence의 수행을 시작하기 위해서는 현재 수행 중인 다른 task sequence가 없거나, 현재 task sequence보다 새로운 task sequence의 우선 순위가 높아야 한다. 그렇지 않으면 새로운 task sequence가 다른 Task Executer 개체에 할당되거나, 경우에 따라서는 Task Executer 개체를 활용할 수 있게 될 때까지 task sequence의 실행이 지연될 수도 있다.

그림 6.2는 transporter 개체의 속성 창에 있는 첫 번째 탭의 구성을 보여주는데, 여기서 우리는 Task Executer 개체들이 Fixed Resource 개체들과 약간 다른 종류의 속성들을

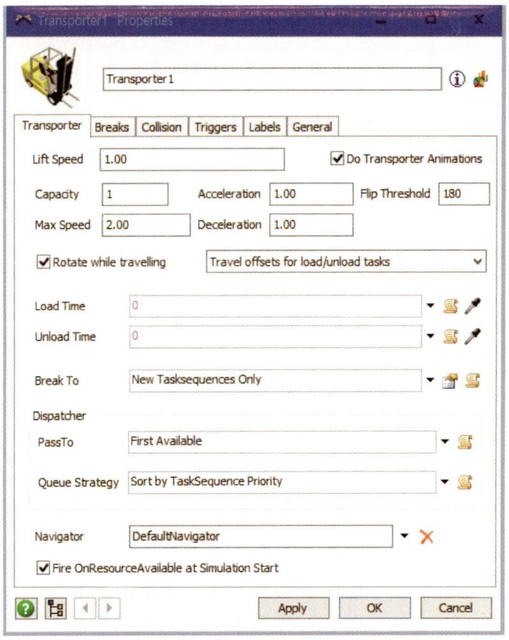

그림 6.2 : Task Executer가 가진 속성들의 예

갖는다는 점을 알 수 있다. 아울러, 이 그림에서 보듯이, 모든 Task Executer 개체들의 속성 창 첫 번째 탭은 크게 두 가지 영역으로 구성되는데, 이들은 각각 개체의 작동 방식 및 task sequence 처리 방식과 관련이 있다.

먼저, 이 탭의 상단에는 개체의 작동 방식과 관련된 속성들을 설정할 수 있는 항목들이 있는데, 세부적인 항목의 구성은 Task Executer 개체의 종류에 따라 달라질 수도 있다.

상단에 있는 항목 중 다음과 같은 것들은 주로 flowitem의 운반과 관련이 있다:

- Capacity: 동시에 적재할 수 있는 flowitem 개수의 최대값
- Load Time / Unload Time: 출발지에서 flowitem을 적재하는데 소요되는 시간 / 목적지에서 flowitem을 하역하는데 소요되는 시간(시뮬레이션 모형 내 단위 시간 기준)
- Lift Speed: 앞에 장착된 포크의 상하 이동 속도(시뮬레이션 모형 내 단위 거리 및 단위 시간 기준)
- Travel offsets for load/unload tasks: 기본적으로 Task Executer 개체들은 flowitem을 운반하기 위해 flowitem의 출발지에 해당하는 개체를 방문할 때, 해당 개체의 중앙 위치를 향해 이동한다. 나아가, 이 옵션이 선택되어 있는 경우에는 Task Executer가 출발지 개체에 도착한 후, 운반할 flowitem이 있는 위치로 한 번 더 이동하여 flowitem을 적재하여야 한다. 반면, 그렇지 않은 경우에는 Task Executer 개체가 출발지 개체에 닿는 순간 flowitem이 Task Executer에 적재된다.
- Flip Threshold: Task Executer 개체가 바라보는 방향과 목적지에 해당하는 개체가 있는 위치의 방향 사이의 각도가 이 항목의 값 이상인 경우, 개체의 방향을 조정하기 위한 별도의 절차를 실행한다. 이 항목은 개체의 움직임을 보다 부드럽게 나타내는데 사용되며, 분석 결과에는 별 영향을 주지 않는다.

나아가, Task Executer의 속성창 상단에 있는 항목 중에는 아래와 같이 개체의 이동 방식과 관련된 것들도 있다:

- Rotate while travelling: 이 항목이 체크되어 있는 경우, Task Executer 개체는 특정 위치로 이동을 시작할 때, 먼저 목적지를 바라보도록 자신의 방향을 조정한다. 이 항목 역시 개체의 시각화와 관련된 것으로, 분석 결과에는 별 영향을 주지 않는다.
- 이동 속도 관련 속성 (Max Speed, Acceleration, Deceleration): 최고 이동 속도를 의미하는 Max Speed 항목의 단위는 단위 거리/단위 시간이며, 가속도와 감속도를 의미하는 Acceleration, Deceleration 항목들의 단위는 단위 거리/단위 시간^{2}으로 주어진다.
    - 구체적으로 말해, Acceleration 항목은 개체가 이동을 시작한 후, 얼마나 빨리 최고 이동 속도에 도달하는지를 나타내며, Deceleration 항목은 목적지에 도달했을 때 이동 속도가 얼마나 급격하게 줄어드는지를 의미한다. 다만, 매우 정밀한 시뮬레이션 모형이 필요한 경우가 아니라면 이 항목들의 값을 0으로 설정하여 Task Executer 개체가 이동을 시작하자마

자 최고 이동 속도에 도달하고, 목적지에서는 즉시 정지하도록 해도 무방하다. 최고 이동 속도 값에 0.5를 곱한 값을 Acceleration 및 Deceleration 값으로 사용하는 경우도 많다. 중요한 것은 가속이나 감속에 지나치게 오랜 시간이 걸리지 않도록 하는 것이다.

- Max Speed 항목, 즉, 개체의 이동 속도는 합리적인 수준으로 설정해야 한다. 예를 들어, 사람은 보통 시간 당 3마일 가량을 이동하며, 이는 분당 264피트, 초당 4.4피트, 분당 75m 등과 같이 환산할 수도 있다. 일반적인 지게차의 이동 속도는 짐을 실었을 때 시간 당 6마일 ~15마일, 빈 상태일 때는 시간 당 12마일 정도 된다. 물론, 실제로 개체의 이동 속도를 결정할 때는 시스템의 운영 환경과 현재 작성 중인 모형이 가진 가상 공간의 크기, 모형 안에서 사용되는 시간이나 길이의 단위 등을 종합적으로 고려해야 할 것이다.
- 예를 들어, Max Speed 값이 250피트/분인 어떤 Task Executer 개체의 Acceleration/Deceleration 값을 0, 75, 125, 250(피트/분^2)으로 설정하는 경우에 대해 생각해 보자. 가속도를 a, 이동을 시작한 후 경과한 시간을 Δt라 할 때 이동 속도 v와 이동 거리 d는 각각 아래와 같이 주어진다:

$$v = a\Delta t$$

$$d = \frac{1}{2}a\left(\Delta t\right)^2$$

따라서, 이동 거리 d가 100피트 또는 1,000피트일 때 이동에 소요되는 시간이 아래 표와 같아진다. 한 가지 주의할 것은 Acceleration/Deceleration 항목의 값이 0인 경우, Task Executer 개체는 무한히 큰 가속도 및 감속도를 갖는다는 점이다. 이는 개체가 이동을 시작하자마자 즉시 최고 이동 속도에 도달하고, 목적지에 도착하면 즉시 정지한다는 것을 의미한다.

Acceleration / Deceleration	d = 100피트 이동에 소요되는 시간 (분)	d = 1,000피트 이동에 소요되는 시간 (분)
0	0.40	4.00
75	1.63	7.33
125	1.26	6.00
250	0.89	5.00

Task Executer 개체의 속성 창 아래쪽에는 임무를 수행하는 방식과 관련된 다음과 같은 항목들이 있는데, 이들의 사용법은 다소 고급 기능에 해당하므로, 여기서는 자세히 설명하지 않는다(필요한 경우에는 *FlexSim* 사용자 매뉴얼을 참조하여라).

- Break To: 현재 수행 중인 임무를 중단하고 다른 임무를 먼저 해야 하는 경우가 있을 때 사용
- PassTo: 다른 Task Executer 개체와 함께 임무를 수행해야 하는 경우에 사용
- Queue Strategy: 대기 중인 임무들에 별도의 우선 순위를 부여해야 하는 경우에 사용

때로는 여러 Task Executer 개체들 중 1개가 특정 임무를 수행해야 할 수도 있다(예: 기계의 셋업이 필요할 때 작업장 내 근로자 중 아무나 1명이 이를 수행하면 되는 경우 등). 이 같은 경우에는 Task Executer 개체들을 연결하거나, 아니면 다양한 기준이나 로직을 이용하여 임무를 할당할 Task Executer 개체를 선택하기 위해 dispatcher 개체를 사용할 수도 있다. Task Executer 개체에 임무를 할당하는 방법에 대해 더 자세히 알고 싶은 경우에는 *FlexSim* 사용자 매뉴얼을 참조하여라.

NetworkNode

종종, Task Executer 개체의 이동 경로를 별도로 명시해야 할 수도 있으며, 이러한 예로는 지게차가 많은 적재대 사이를 이동하는 경우 등이 있다. *FlexSim*에서는 networkNode 개체를 이용하여 이러한 이동 경로를 표현하며, 그림 6.3은 이 개체의 속성 창에 있는 NetworkNode 탭의 구성을 보여준다.

구체적으로는 다음과 같은 세 가지 절차를 통해 Task Executer 개체의 이동 경로를 지정할 수 있다:

1. NetworkNode 개체들을 모형에 배치한 후, 이들을 연결하여 이동 경로를 형성
2. 해당 경로를 따라 이동하는 Task Executer 개체에 임무 수행을 요청하는 Fixed Resource 개체를 networkNode 개체들 중 1개에 연결
3. 해당 경로를 이용하는 Task Executer 개체들을 networkNode 개체들 중 1개에 연결

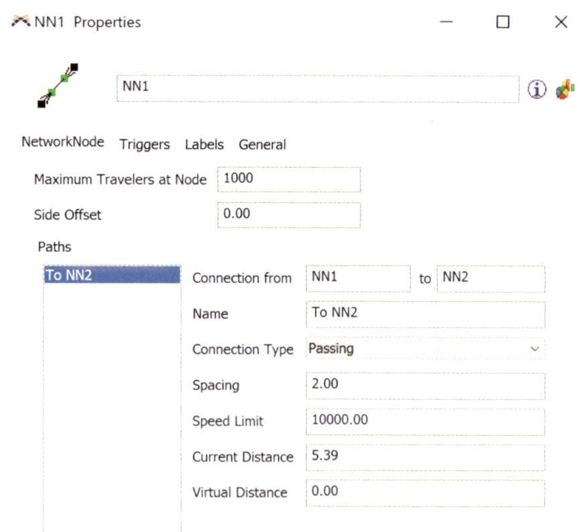

그림 6.3: NetworkNode 개체의 속성 창

2개의 networkNode가 연결되어 있는 경우, Task Executer 개체가 이들 중 한 쪽을 출발하여 다른 쪽에 도착하는데 걸리는 시간은 networkNode들 간의 거리를 Task Executer 개체의 이동 속도로 나누어 구할 수 있다(편의 상, 가속도나 감속도는 고려하지 않았다). NetworkNode들 간의 거리는 모형에서 사용하는 길이 단위를 이용하여 측정하는데, 예를 들어 그림 6.3에서는 NN1이라는 networkNode 개체가 NN2라는 이름의 networkNode 개체와 연결되어 있으며, 이들 간의 거리(Current Distance 항목)는 5.39임을 볼 수 있다. 따라서, 만약 어떤 Task Executer 개체의 이동 속도가 20/분이라면, NN1을 출발하여 NN2에 도착하는데 약 0.27분(=5.39÷20)이 소요될 것이다. *FlexSim*의 networkNode 개체가 가진 강점 중 하나로는 이들 사이의 가상적인 거리(그림 6.3의 Virtual Distance 항목)를 별도로 지정할 수 있다는 점을 들 수 있다. 예를 들어, NN1과 NN2사이의 가상 거리를 100으로 입력하면 앞의 Task Executer가 이들 사이를 이동하는데 5분(=100÷20)이 걸릴 것이다. 나아가, 각 networkNode 개체들이 가진 Virtual Distance 항목은 이 개체를 떠나는 Task Executer 개체에만 적용되기 때문에, 이 개체로 이동해 오는 Task Executer에도 가상적인 거리를 적용하기 위해서는 NN2의 속성 창에서 NN1에 해당하는 Virtual Distance 항목을 명시해주어야 한다.

A* 알고리즘을 이용하여 Task Executer 개체 제어하기

*FlexSim*에서 Task Executer 개체들의 이동 경로를 표현하고자 할 때, networkNode 개체 말고 AStar 개체 그룹의 개체들을 이용할 수도 있다. 이 개체들을 통해 우리는 Task Executer 개체들이 A* 알고리즘[2]을 이용하여 이동 경로를 결정하도록 할 수 있으며, 여기서 A*란, 두 지점 간의 최적 경로를 찾는데 사용되는 알고리즘의 이름이다. 나아가, 최적 경로란 거리가 짧으면서도 중간의 장애물과 부딪히지 않는 이동 경로를 말한다. 그림 6.4와 같은 간단한 모형을 이용하여 AStar 개체들의 사용법에 대해 알아보기로 하자. 이 모형에서는 operator 개체 하나가 새로 도착한 flowitem에 대한 절단 작업을 수행한 후, 작업이 끝난 flowitem들을 용기에 담아 초록색 queue 또는 파란색 queue 개체로 운반하는 역할을 담당하고 있다. 기본적으로, 이 operator는 flowitem이 담긴 용기를 queue개체로 운반할 때, 그림의 화살표와 같은 최단 경로를 통해 이동한다.

그림 6.4: Flowitem을 운반하는 operator 개체의 단순한 이동 경로

그러나, 실제로는 여러 가지 장애물들로 인해 최단 경로를 통한 이동이 불가능할 수도 있을 것이다. 그럼에도 불구하고, *FlexSim*의 Task Executer 개체들은 기본적으로 최단 경로 상에 장애물에 해당하는 다른 개체들이 있어도 이를 뚫고 지나가버린다. 물론 networkNode를 이용하여 이동 경로를 형성한 후, 이를 Task Executer 개체에 연결하여 정해진 경로를 따라 이동하게 할 수도 있을 것이다.

실제 현장의 설비 배치 등을 좀 더 상세하게 표현한 모형이 그림 6.5와 같다고 가정하자. 이를 보면, 절단 작업장과 위쪽의 작업물 보관 장소(초록색 queue 개체) 사이가 벽(회색 선)과 창고(회색 상자)로 막혀 있어, 이들 사이를 직선으로 이동하는 것이 불가능하다. 마찬가지로, 절단 작업장 아래 쪽에는 랙이 비치되어 있어 이를 우회해야만 아래쪽 작업물 보관 장소(파란색 queue 개체)로 이동할 수 있다. Operator 개체가 이러한 장애물들을 피해가도록 하려면 networkNode 개체들을 이용하여 이동 경로를 표현하거나, 아니면 개체에 A* 알고리즘을 적용해주어야 한다. 나아가, 그림 6.5에서 보듯이, A* 알고리즘이 적용된 개체의 이동 경로에는 모형이

2 에이 스타 알고리즘이라고 읽는다.

실행되는 동안 빨간색 화살표가 나타난다.

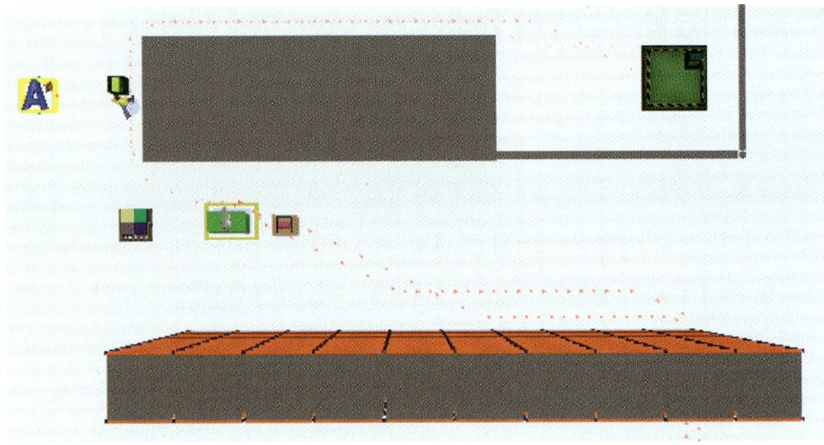

그림 6.5: A* 알고리즘이 적용된 Task Executer 개체의 이동 경로

Task Executer 개체에 A* 알고리즘을 적용하고 싶은 경우에는 그림 6.6과 같이 개체 라이브러리의 AStar 개체 그룹에 있는 개체들을 사용하면 된다. 세부적으로는 먼저 AStarNavigator 개체 1개를 모형 내 적당한 위치에 배치하여야 하는데, 그림 6.5에서는 좌측 상단에 AStarNavigator 개체가 노란색으로 하이라이트되어 있는 것을 볼 수 있다. 그 다음에는 키보드의 A키를 누른 상태로 A* 알고리즘을 적용할 Task Executer 개체들을 AStarNavigator 개체에 연결한다. 끝으로, 역시 A키를 누른 상태로 Task Executer 들이 피해가야 하는 장애물에 해당되는 개체들(예: 그림 6.5의 랙 등)을 AStarNavigator 개체에 연결하면 A* 알고리즘의 적용이 완료된다. AStarNavigator 개체와 다른 개체들을 연결해도 이들 간에 연결선이 보이지는 않는다. 다만, AStarNavigator 개체와 연결된 Task Executer 개체 주위의 바닥에는 파란색 원이 표시되기 때문에, 이를 이용하여 A* 알고리즘이 적용되어 있는 개체들과 그렇지 않은 개체들을 구분할 수 있다(예를 들어, 그림 6.5에서는 operator 개체의 발 밑에 파란색 원이 표시되어 있다). 한편, 그림 6.5에서 벽과 창고를 의미하는 회색 선과 회색 상자는 각각 Divider와 Barrier 개체에 해당하며, 이들처럼 AStar 개체 그룹에 소속되어 있는 개체들은 AStarNavigator 개체에 따로 연결할 필요가 없다.

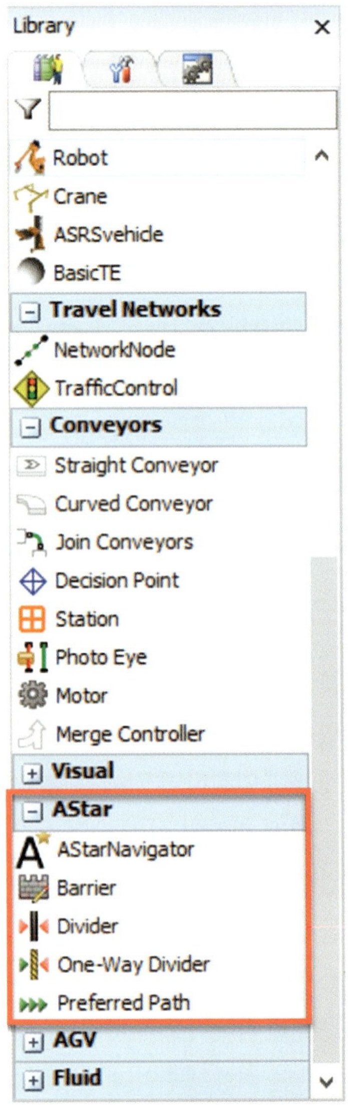

그림 6.6: AStar 개체 그룹에 소속된 개체들

Task Executer 개체들의 이동 경로를 표현할 때 AStar 개체 그룹의 개체들을 이용하면, networkNode를 이용할 때에 비해 모형의 실행 속도가 약간 느려질 수 있다. 하지만, 장애물이 많은 복잡한 작업 현장의 이동 경로를 표현하기 위해 매우 많은 networkNode 개체들이 필요한 경우에는 A* 알고리즘을 사용하여 모형 작성에 걸리는 시간을 크게 단축할 수 있다. 나아가, A* 알고리즘 관련 개체들의 또 다른 장점으로는 networkNode 개체들과 달리, Fixed Resource 들의 배치가 변경되더라도 그 내용을 수정할 필요가 없다는 점을 들 수 있다.

AStar 개체 그룹의 개체들에 대해 좀 더 자세히 알고 싶은 경우에는 *FlexSim* 사용자 매뉴얼을, A* 알고리즘을 이용한 경로 탐색에 대해 좀 더 자세히 알고 싶은 경우에는 Patel[1]을 참조하여라.

Section 6-2 List를 이용한 로직 표현

*FlexSim*을 이용하여 모형 내에서 flowitem의 운반이나 처리에 어떤 로직이 적용된다는 점을 표현하고 싶을 때는 관련 항목이 가진 드롭다운 목록에서 *FlexSim*에 내장된 표준 로직 중 하나를 선택하거나, 아니면 C++과 문법이 유사한 FlexScript 언어를 이용하여 사용자 정의 로직을 직접 스크립트(소스 코드)로 구현할 수도 있다. 표준 로직과 스크립트를 적절히 활용하면, 모형 작성 과정에서 발생하는 대부분의 문제들을 해결할 수 있다. 하지만, 때로는 스크립트를 작성하는 것이 까다롭거나, 스크립트 작성에 많은 시간이 소요되기도 한다. 이러한 일을 방지하기 위해, *FlexSim*에는 최근 복잡한 로직을 보다 쉽고 효율적인 방식으로 표현하기 위한 새로운 기능들이 추가되었다. 이러한 기능들은 주로 14장에서 살펴볼 것이다. 다만, 여기서는 그 중 list라 불리는 것에 대해 살펴보고 넘어가기로 하자.

List

List란 쉽게 말해 일종의 가상적인 flowitem 저장 공간을 의미하는데, list의 가장 큰 장점은 일반적인 관계형 데이터베이스에서 많이 사용되는 SQL 구문을 적용하여 저장된 flowitem들을 정렬하거나, 특정 flowitem을 선택하는 것이 가능하다는 것을 들 수 있다. 간단한 예로, flowitem을 어디에 전달할 지를 결정하는데 필요한 로직에 대해 생각해 보자. 단순한 방식으로 flowitem의 목적지를 결정한다면, 관련 개체의 속성 창 Flow 탭에서 Send To Port 항목의 드롭다운 목록을 열어 “First Available” 등과 같은 표준 로직을 선택할 수도 있을 것이다. 하지만, 복잡한 로직을 이용하여 flowitem의 목적지를 정하는 경우에는 먼저 다양한 개체들을 연결하여 flowitem이 이송될 수 있는 경로들을 모두 표현한 다음, 사용자가 직접 스크립트를 어느 정도 작성해야 할 것이다.

반면, 최근 버전의 *FlexSim*에서는 어떤 개체에서 flowitem들을 내보내기 전에 이들을 먼저 list에 저장하고 각 flowitem에 적절한 속성을 부여하도록 할 수 있다. 물론, list는 가상적인 저장 공간이기 때문에 이 같은 과정을 눈으로 관찰할 수는 없으나, 일단 flowitem들이 list에 저장되면 하류 개체에서 이들 중 다음 번에 전달 받을 것을 선택하기가 좀 더 쉬워진다.

아래 예제를 통해 list의 사용법 및 모형 작성에 필요한 다양한 데이터들의 처리 방법 등에 대해 좀 더 자세히 살펴보기로 하자.

사례 연구-도넛 vs 치즈 스틱

Doug는 매년 지역의 축제에 참가하여 자신의 부스를 열고 거기서 튀김 도넛을 판매한다. Doug의 도넛은 매우 인기가 좋아 잘 팔리곤 했다. 하지만, 작년에 그의 부스 옆에 치즈 스틱 판매 부스가 설치된 경험을 한 이후로 그는 현재 큰 위기감을 느끼고 있다. 자신의 부스 앞에 대기 중인 고객들이 많은 경우에는 사람들이 좀 더 빨리 음식을 살 수 있는 다른 부스로 가버린다는 점을 체감했기 때문이다. 이에, Doug는 조리 시설의 용량을 늘려보기로 했으나, 이 같은 투자가 타당한지에 대해서는 아직 확신이 들지 않는 상황이다. 따라서, 시뮬레이션을 활용해 보기로 마음을 먹었다.

작년에 튀김 도넛의 매출이 줄면서, 고객들에 대해 여러 모로 관찰을 해 본 결과, Doug는 고객들의 다양한 행태에 대해 파악할 수 있었다. 우선, Doug가 부스를 여는 축제에는 다양한 볼거리와 즐길 거리들이 있기 때문에 사람들은 한 곳에서 오래 기다리고 싶어하지 않는다. 그렇기 때문에 특정 부스에 도착했을 때 대기행렬이 너무 길면 다른 곳으로 가버리는 경향이 있다. 대기행렬에 합류하였으나 대기 시간이 길어지는 경우에도 마찬가지이다. 간혹, Doug의 부스 앞에 줄을 섰다가도, 여기보다 옆의 치즈 스틱 판매 부스의 대기행렬이 더 짧아진 것을 보고 그리로 가 버리는 고객들도 있었다.

Doug가 고객들을 행태를 관찰하여 파악한 내용들을 정리하면 아래와 같다:

- 음식물을 구매하고자 하는 고객들의 도착 간격: 평균이 22초인 지수 분포를 따르며, 이들 중 60%는 튀김 도넛 구매를, 나머지 40%는 치즈 스틱 구매를 희망함.
- 각 고객이 감내하는 최대 대기행렬 길이: 4명에서 8명 사이의 이산 일양 분포(discrete uniform distribution)를 따름(대기행렬 길이가 이보다 긴 경우, 고객이 부스를 방문하지 않음).
- 각 고객이 감내하는 최대 대기 시간: 95초에서 180초 사이의 이산 일양 분포를 따름(이 시간이 경과하면 고객이 음식물 구매 자체를 포기).
- 대기 시간이 90초가 경과한 시점에 고객이 치즈 스틱 판매 부스로 가버릴 확률은 40%이며, 계속 대기할 확률은 60%임.
- Doug의 부스를 방문한 고객 1명이 구매하는 튀김 도넛 개수: 방문한 고객 중 50%는 1개 구매, 35%는 2개 구매, 15%는 3개 구매.

아울러, 각 부스의 조리 능력은 아래와 같다:

- Doug의 튀김 기계: 한 번에 최대 3개의 도넛 조리가 가능하며, 셋업 시간은 20초, 조리 시간은 90초.
- 주문 접수 및 결제 등에 소요되는 시간: 30초
- 치즈 스틱 부스에서 고객 1명을 응대하는데 소요되는 시간: 60초

상기한 내용들을 고려했을 때, 고객들의 다양한 행태를 표현하기 위해 시뮬레이션 모형에 여러 가지 로직들이 반영되어야 한다는 점은 자명하다. 일부 로직들은 표준 로직이나 스크립트를 활용하여 구현할 수도 있을 것이다. 하지만, list를 잘 활용하면 이 같은 로직을 보다 손쉽게 구현할 수 있다. 동일한 로직을 다양한 방법으로 구현할 수 있다는 점에 유의하여라.

이번 시뮬레이션 모형에서는 고객들이 flowitem으로 표현되어야 할 것이다. 나아가, 동일한 상황에서 각 고객들이 서로 다른 행태를 보일 수도 있기 때문에, flowitem에는 고객 각각의 특성을 기록해두어야 할 것이다. 이러한 특성과 관련된 값들을 저장하기 위해, flowitem에는 몇 가지 label들이 부여되어 있으며, 이들의 값은 고객이 최초로 모형에 도착했을 때 설정된다. 세부적으로, 이번 모형에서 고객들이 갖는 label들은 다음과 같다:

- MaxLine – 고객이 감내하는 최대 대기행렬 길이

- MaxWait – 고객이 감내하는 최대 대기 시간
- WillSwitch – 치즈 스틱 판매 부스 앞이 한산해질 경우, 그리로 옮겨갈 것인지를 의미하는 이진 변수(1: 옮겨 감, 0: 옮겨가지 않음)

이 외에도 이번 모형에는 튀김 도넛 부스와 치즈 스틱 부스 각각의 고객 대기 장소를 의미하는 queue 개체들, 각 부스를 의미하는 processor 개체들, 튀김 도넛에 해당하는 flowitem을 발생시키는 source 개체, 완성된 튀김 도넛을 담은 바구니를 진열해 두기 위한 queue 개체, 고객들에게 각 고객이 원하는 만큼의 튀김 도넛을 전달하는 conveyor 개체 등이 포함될 것이다. 튀김 도넛 부스 앞에서 줄을 서 있다가 음식물의 구매를 포기하거나 치즈 스틱 판매 부스로 가 버리는 고객들의 이동 경로는 conveyor 개체를 이용하여 표현할 수 있다. 나아가, conveyor 개체들 앞에는 queue 개체가 하나씩 배치되어 있는데, 이는 특정 조건이 충족되었을 때에 한해서 고객들이 각 conveyor로 진입한다는 점을 표현하기 위해서이다. 정리하자면, 이번 예제에서는 그림 6.7과 같은 구성요소들을 가진 모형이 필요하다.

List를 이용하여 로직을 구현하기 위해서는 먼저, list를 생성하여야 한다. List를 생성하고 싶을 때는 메인 화면 좌측에서 도구상자 탭을 선택한 후, [+] 버튼을 클릭하여 드롭다운 메뉴를 펼친 다음, Global List ➡ Item List 항목을 선택했을 때 나타나는 속성 창에서 새로운 list의 이름과 속성들을 등록하면 된다. 참고로, 이 속성 창에는 처음부터 몇 가지 항목들이 이미 입력되어 있을 것이다. 예를 들어, 현재 모형에는 "Customers"라는

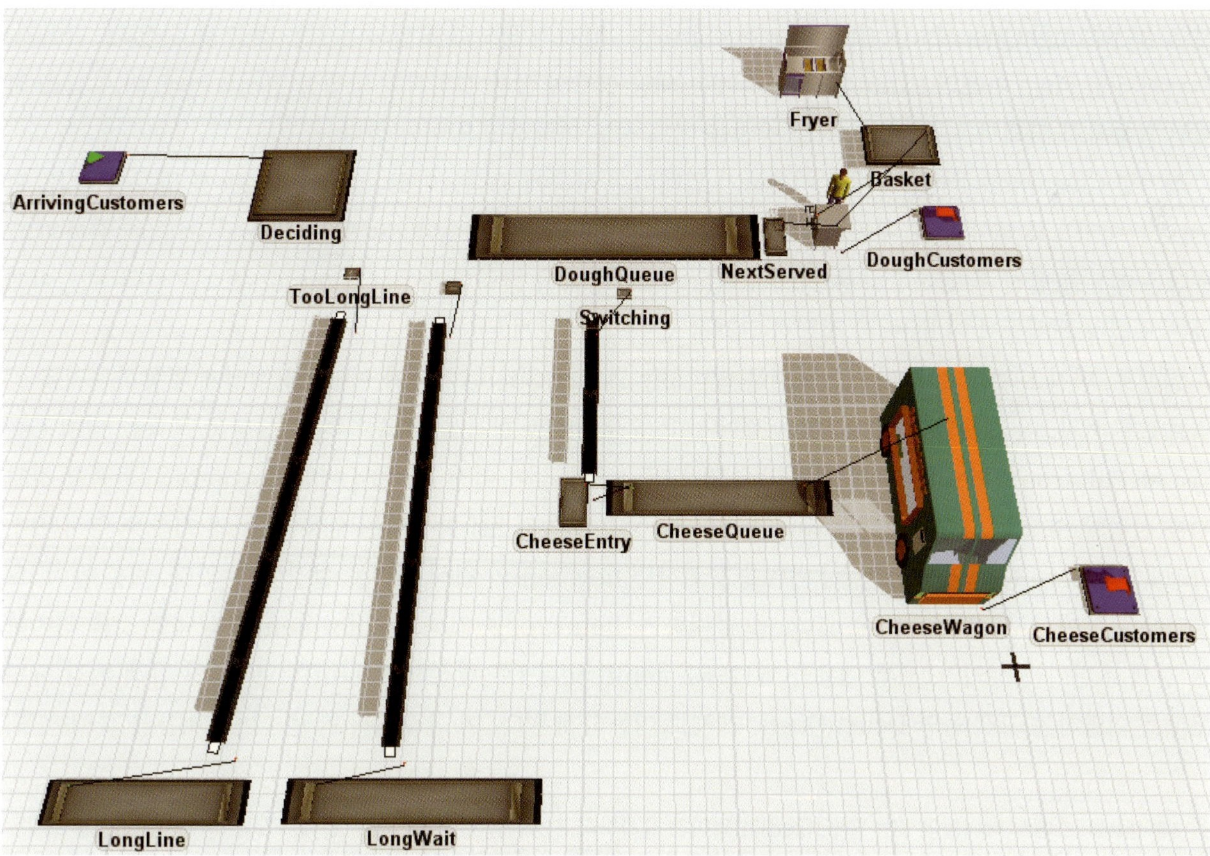

그림 6.7: 튀김 도넛 판매 부스 예제의 모형 구성

이름의 list가 등록되어 있으며, list의 속성 창에는 크게 두 종류의 필드(field)[3]를 추가할 수 있다. 먼저, Expression Field 항목에는 flowitem이나 모델링 개체들이 가질 수 있는 어떤 특성값들을 명시하는데, 만약, list 안에 있는 flowitem이나 모델링 개체들의 특성값이 변할 수 있는 경우에는 오른쪽의 Dynamic 항목을 체크해두어야 한다. 나아가, flowitem이나 모델링 개체가 가진 label 값을 이용하고 싶은 경우에는 속성 창 상단의 [+] 버튼을 클릭한 다음 Label을 선택하여 Label Field를 추가할 수도 있다. 필요 없는 필드들은 우측의 빨간색 X자 버튼을 클릭하여 삭제할 수 있으며, 현재 모형에서 Customers라는 이름의 list는 그림 6.8과 같은 필드들을 갖는다.

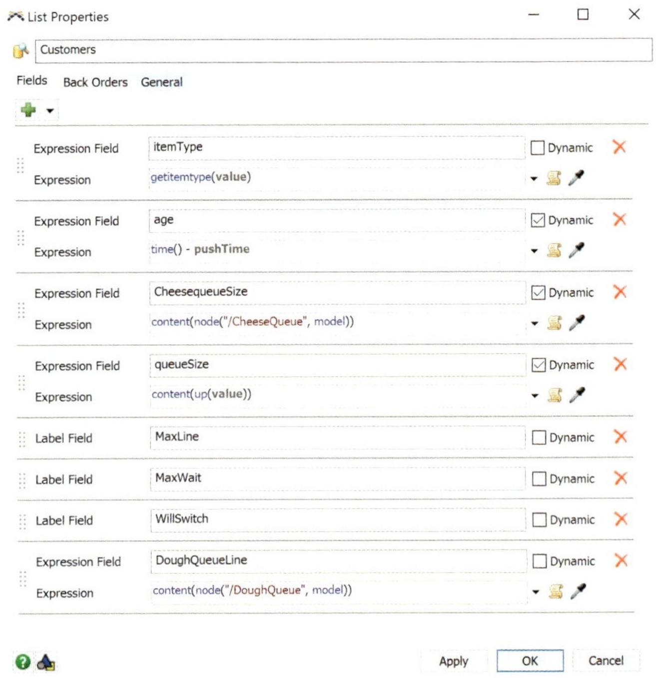

그림 6.8: Customers list의 필드 구성

예를 들어, 그림 6.8에서는 각 flowitem이 list 안에서 이때까지 대기한 시간(age)이나 특정 시점에서 관찰한 튀김 도넛 및 치즈 스틱 판매 부스 앞의 대기열 길이(DoughQueueLine, CheesequeueSize) 등이 list의 필드로 포함되어 있는 것을 볼 수 있다. 나아가, Expression Field 아래의 Expression 항목에는 해당 필드의 값을 결정하는 방법을 명시하는데, 이 항목을 적절히 활용하기 위해서는 스크립트 작성 방법을 어느 정도 이해하고 있어야 한다.

상기한 Customers list를 실제로 이용하기 위해서는 처음에 고객들이 Deciding queue를 방문한 다음, 이 list로 들어가도록 해야 한다. 구체적으로는 Deciding queue의 속성 창 Flow 탭에서 Send To Port 항목의 드롭다운 메뉴를 펼친 후, Use List ➡ Push to Item List 항목을 클릭한 다음, Customers list를 선택하면, 이제 다른 모델링 개체들이 이 list에서 적절한 고객을 선택할 수 있게 된다.

일례로, 튀김 도넛 부스 앞의 대기행렬을 의미하는 DoughQueue 개체가 이 list를 어떻게 활용하는지를 살펴보도록 하자. 이 개체의 속성 창 Flow 탭에서 Pull Strategy 항목을 체크한 후, 드롭다운 목록을 펼쳐 Use List ➡ Pull from Item List 항목을 클릭하면, 그림 6.9와 같이 어떤 list에서 어떤 flowitem을 선택할 것인지를 설정할 수 있는 대화상자가 나타난다. 이 대화상자 위쪽의 list 항목에는 사용할 list의 이름을 명시하며, 아래쪽의 Query 항목 옆에 있는 [+] 버튼을 클릭하면 flowitem의 검색 조건을 설정할 수 있다. 예를 들어, 드롭다운 목록에서 WHERE ➡ itemType을 클릭하면, ItemType을 기준으로 flowitem을 선택할 것을 의미하는 검색 조건이 생성되며, 세부 내용을 WHERE itemtype = 1로 편집하면 ItemType이 1인 고객(튀김 도넛 구매를 희망하는 고객)들만 DoughQueue 개체로 이동하게 된다. 이 상태에서 한 번 더 [+] 버튼을 클릭한 후,

3 데이터베이스에서 테이블이 갖는 필드(filed)와 의미가 유사하다고 생각할 수 있다. 다시 말해, *FlexSim*에서는 list에 포함된 flowitem이나 모델링 개체들이 다양한 필드들을 가질 수 있고, 이들을 이용하여 list를 정렬하거나, 특정 flowitem이나 모델링 개체를 선택할 수 있다.

WHERE ➡ DoughQueueLine을 선택하여, 앞의 조건식 뒤에 AND DoughQueueLine < MaxLine이라는 내용을 추가하면, 이제 튀김 도넛 구매를 희망하는 고객 중 감내할 수 있는 최대 대기행렬 길이가 현재 튀김 도넛 앞의 대기 인원보다 더 큰 고객들만 DoughQueue로 이동한다. 아울러, 이동한 고객들이 list에 계속 남아 있지 않도록 Remove from List on Success 항목에는 체크가 되어 있어야 한다. List와 Query 검색 조건의 활용법에 대해 좀 더 자세히 알고 싶은 경우에는 *FlexSim* 사용자 매뉴얼을 참조하여라.

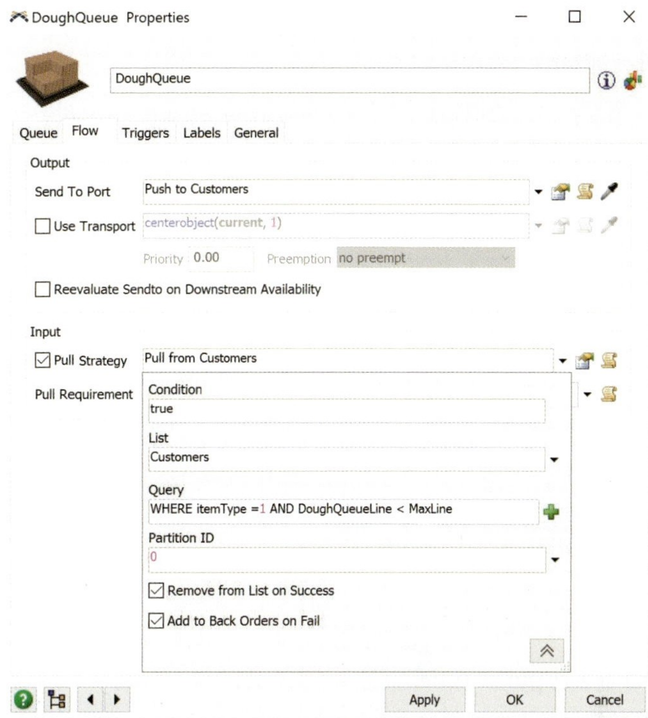

그림 6.9: Query 활용 예

CheeseEntry라는 이름의 작은 queue 개체의 경우에는 Customers list에서 치즈 스틱 구매 희망자들만을 골라서 받을 수 있도록, 속성 창 Flow 탭의 Pull Strategy 항목에 아래와 같은 Query 검색 조건이 등록되어 있다:

WHERE itemType = 2

나아가, 튀김 도넛 구매를 희망하는 고객들 중 대기자가 너무 많을 때 도착한 사람들은 Customers list에서 TooLongLine이라는 queue 개체로 이동하는데, 이 queue 개체는 아래와 같은 Query 검색 조건을 갖는다:

WHERE itemType = 1 AND DoughQueueLine >= MaxLine

상기한 Query 검색 조건들은 모두 현장에 막 도착한 고객들에게 적용되는 것들이며, 모든 고객들은 현장에 도착한 후 일단 Customers list로 들어가게 된다. 하지만 Customers list를 눈으로 볼 수 있는 것은 아니다. 또한, 고객들이 Customers list에 들어와도, 다른 개체들이 즉시 데려가 버리기 때문에, 이 list 안에 많은 고객들이 머무르게 되는 일도 없다.

그 밖의 로직들은 DoughQueue 개체 안에서 대기 중인 고객들에게 적용되는 것들이며, 이 고객들 역시 list를 이용하여 관리하는 것이 바람직하다. 이 경우에는 list를 적용하더라도 해당 고객들이 DoughQueue 개체에서 대기하는 모습을 볼 수 있다. 하지만 실제로는 이 고객들도 list 안에 들어가 있는 상태라는 점에 유의하여라. 나아가, 이번에도 이전의 Customers와 비슷한 list가 필요한데, 이 같은 경우에는 굳이 새로운 list를 만들지 않고, 기존의 Customer list에 새로운 partition을 추가하여 사용할 수도 있다.

Customers list를 재사용하고자 하는 경우에는 DoughQueue 개체의 속성 창 Flow 탭에서 Send To Port 항목의 값을 Push to Customers로 지정하되, Customers list를 선택할 때 대화상자의 하단에 있는 partition 항목을 0이 아닌 1로 설정하여야 한다. 그러면, 이제 DoughQueue 개체에 도착한 고객들은 모두 Customers list의 1번 partition에 들어가게 되고, 다른 개체에서 이 partition에 있는 고객들을 지정하여 데려가는 것도 가능해진다.

예를 들어, 기다리다 지쳐 음식물 구매 자체를 포기하는 고객들은 DoughQueue 개체를 떠나 TooLongWait 개체로 이동하는데, 이 개체는 다음과 같은 Query 검색 조건을 이용하여 Customers list의 1번 partition에 있는 고객들 중 자신의 최대 대기 시간보다 더 오래 기다린 사람들을 데리고 간다:

WHERE age >= MaxWait

한편, 튀김 도넛 부스의 대기행렬(DoughQueue)과 계산대(DoughSales) 사이에는 NextServed 라는 이름의 작은 queue 개체가 있는데, 이 개체는 Customers list의 1번 partition에 있는 고객들 중 가장 오래 기다린 사람을 1명씩 데려가는 역할을 하며, 이를 위해 다음과 같은 Query 검색 조건을 갖는다:

ORDER BY age DESC

끝으로, 기다리다 치스 스틱 부스로 가버리는 고객들은 Switching 개체로 이동하는데, 이 개체는 Customers list의 1번 partition에 있는 고객들 중, 다음 Query 검색 조건에 해당하는 사람들을 데려가야 한다:

WHERE WillSwitch=1 AND CheesequeueSize < queueSize AND age > 90

이 같은 로직들이 모두 반영되면, 그림 6.10과 같이 모형을 실행했을 때 긴 대기행렬을 보고 부스를 그냥 지나쳐 가는 사람, 튀김 도넛을 사기 위해 줄을 섰다가 기다림에 지쳐 다른 곳으로 가버리는 사람, 치즈 스틱 판매 부스로 옮겨 가는 사람 등을 볼 수 있을 것이다. 참고로, 튀김 기계, 계산대, 트럭 등과 같은 3D 이미지들은 모두 구글 3D 웨어하우스(Google 3D Warehouse)에서 다운로드한 것들이다.

모형이 실행되는 동안, 좌측 도구 상자에서 특정 list를 더블 클릭하여 속성 창을 띄운 다음, General 탭에서

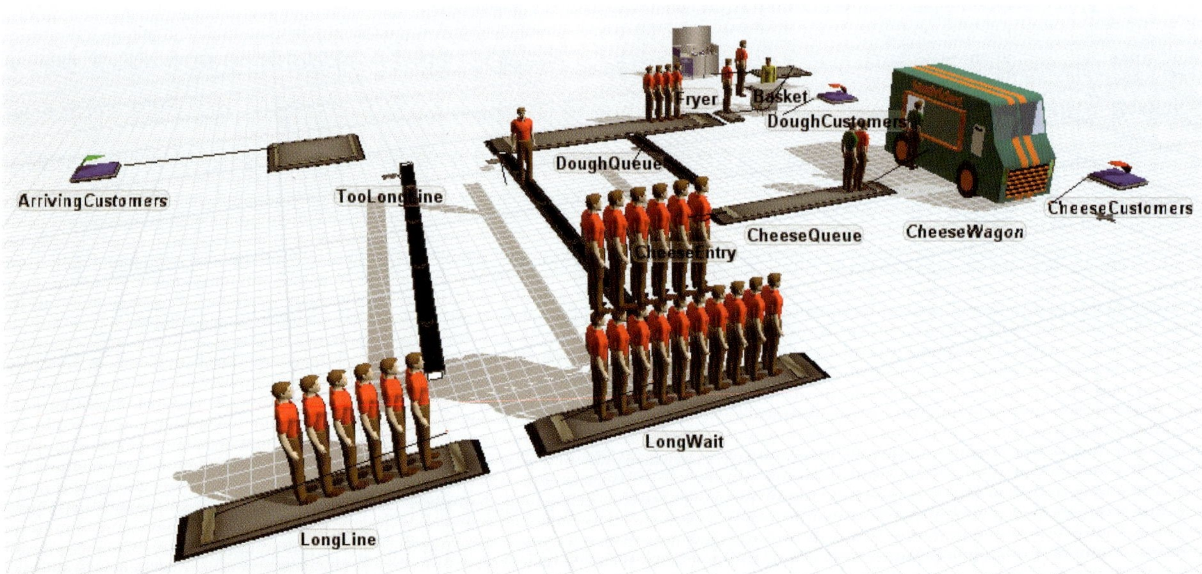

그림 6.10: 모형 실행 결과

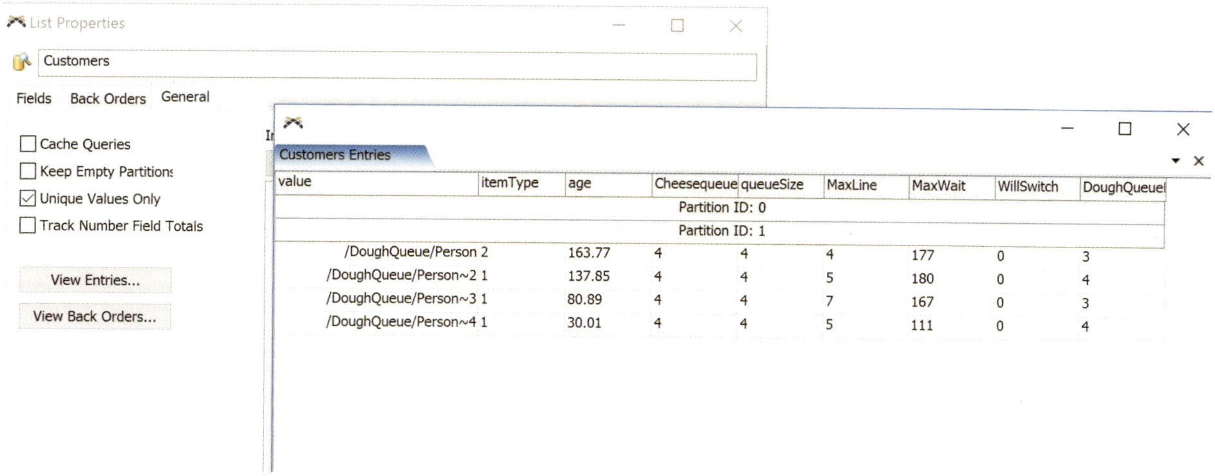

그림 6.11: Customers list 안의 flowitem들에 대한 실시간 관찰

View Entries 버튼을 클릭하면, 그림 6.11과 같이 해당 list 안에 있는 flowitem들과 관련된 정보들을 실시간으로 조회할 수 있다. 만약, list가 여러 개의 partition을 갖는다면 각 partition 안의 flowitem들이 별도로 표시된다. 다만, Customers list의 0번 partition같은 경우에는 들어온 고객들이 즉시 다른 개체로 이동하기 때문에 아무 내용도 표시되지 않는다.

List를 이용하여 operator 등과 같은 Task Executer 개체들을 제어할 수도 있다. 예를 들어, 도구 상자에서 Global List ➡ Task Sequence List를 생성한 다음, Fixed Resource 개체의 속성 창 Flow 탭에서 Use Transport 항목을 체크하고, 드롭다운 목록에서 Use List ➡ Push to Task Sequence List를 선택하면, 이 개체는 task sequence list에 운반 요청을 보내게 된다. 나아가, 어떤 Task Executer 개체의 속성 창 Triggers 탭의 OnResourceAvailable 항목에서 Use List ➡ Pull from Task Sequence List를 선택하면, 이 Task Executer가 지정된 task sequence list에 저장된 임무들을 수행하도록 할 수 있다.

Section 6-3 부가 정보 표시

*FlexSim*에서 모델링 개체 또는 flowitem에 대한 여러 가지 부가적인 정보들을 모형에 표시하고 싶은 경우에는 Visual 개체나 Dashboard를 이용한다. 이들은 시뮬레이션의 진행에 직접적으로 관여하지는 않지만, 모형이 실행되는 동안 어떤 값을 관찰해야 하거나, 또는 모형을 좀 더 예쁘게 꾸미고 싶을 때 매우 유용하다.

Visual 개체

메인 화면 좌측 라이브러리의 Visual 개체 그룹에는 다양한 개체들이 포함되어 있다. 이 개체들의 속성 창에는 공통적으로 Display 탭이 포함되어 있는데, 특정 개체의 형태를 바꾸고 싶은 경우에는 이 탭의 Visual Display 항목의 값을 조정하면 된다. 나아가, 이 항목은 다음과 같은 값들을 가질 수 있다:

- Plane, Cube, Column, Sphere: 각각 평면, 직육면체, 원기둥, 구체를 의미하며, Texture 항목에서 별도로 설정한 이미지 파일을 이들의 표면에 표시할 수도 있음.
- Imported Shape: 별도의 3D 이미지를 이용하여 개체의 외관을 표현.
- Text: 단일 행의 문자열을 표시.
    - 사용자가 직접 입력한 문자열
    - 모형과 관련된 정보(실행 시작 이후 경과 시간 등)
    - 특정 모델링 개체와 관련된 정보 등
- Presentation Slide: 여러 행의 문자열을 표시.

예를 들어, 그림 6.12에는 Visual 개체를 이용하여 processor 개체로부터 출력된 flowitem 개수, 즉, processor의 생산 실적을 시각화하는 과정이 나타나 있으며, 여기서 Visual 개체를 사용할 때는 주로 드롭다운 메뉴를 이용하여 필요한 내용을 설정한다는 점을 볼 수 있다.

또한, Visual 개체의 크기나 색깔 등과 같은 일반적인 속성들을 조정하고 싶은 경우에는 속성 창의 General 탭을 이용하면 된다.

경우에 따라서는 Visual 개체 위에 다른 모델링 개체들을 배치하여, Visual 개체를 일종의 컨테이너처럼 사용하기도 한다. 이렇게 하면 다양한 모델링 개체들을 좀 더 편리하게 관리할 수 있으며, 다른 모델링 개체들의 컨테이너 역할을 하는 Visual 개체를 사용자 라이브러리에 등록하면, 이를 일반적인 모델링 개체처럼 사용하거나, 다른 모형을 작성할 때 재사용하는 것도 가능하다.

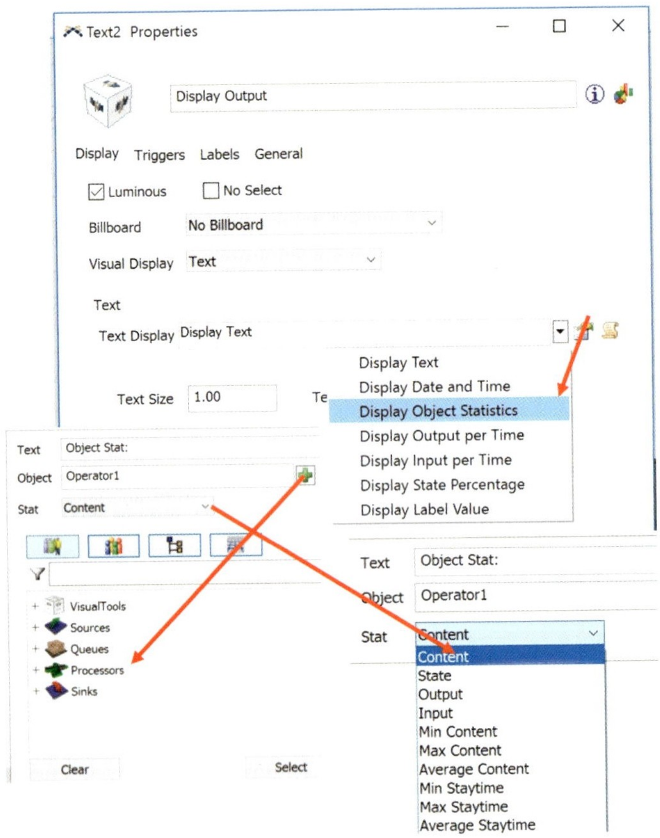

그림 6.12: Visual 개체 사용 예

Dashboard

Dashboard 개체들을 사용하면 모형으로부터 수집되는 다양한 정보들을 별도의 공간에 한데 모아 표시할 수 있다. Dashboard를 만들고 싶은 경우에는 먼저 메인 화면 좌측의 도구 상자에서 [+] 버튼을 클릭한 다음, Dashboard 항목을 선택한다. 그러면 화면 우측에는 빈 Dashboard가, 화면 좌측에는 Dashboard에 추가할 수 있는 다양한 Dashboard 개체들이 나타날 것이다. 그 다음에는 필요한 Dashboard 개체를 선택하여

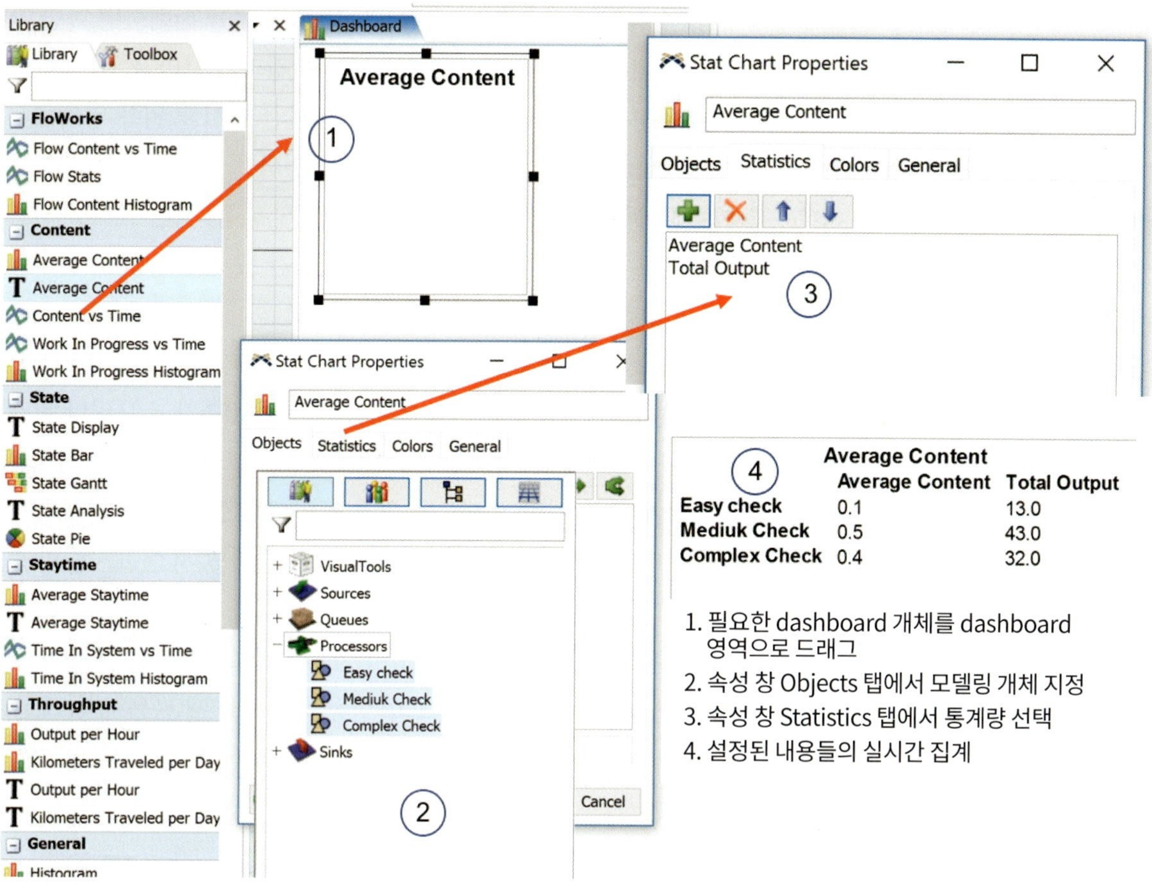

그림 6.13: Dashboard 사용 예

Dashboard에 추가한 후, 이 개체의 속성 창에서 시각화할 내용을 설정하면 된다. Dashboard 개체의 속성 창 Objects 탭에서 [+] 버튼을 클릭한 후, Select Objects 항목을 선택하면, 이 Dashboard 개체가 어떤 모델링 개체와 관련된 내용을 시각화해야 하는지를 지정할 수 있으며, 이 때 여러 개의 모델링 개체들을 지정할 수도 있다. 나아가, Statistics 탭에서는 표시할 통계량의 종류를 선택하며, 이러한 설정이 모두 완료된 후 모형을 실행시키면, Dashboard 개체에 원하는 값들이 실시간으로 집계되는 것을 볼 수 있을 것이다.

Dashboard 상에 있는 Dashboard 개체들의 위치나 크기는 자유로이 조정할 수 있으며, 경우에 따라서는 여러 개의 Dashboard들을 만들어 놓고, Dashboard 영역 상단에 있는 탭을 이용하여 필요한 Dashboard를 열어보도록 할 수도 있다. 아울러, 그림 6.13에는 Dashboard를 이용하여 processor 개체들과 관련된 통계량들을 시각화하는 과정이 요약되어 있다.

Flypath

*FlexSim*과 같은 3D 시뮬레이션 소프트웨어에서는 마우스를 이용하여 시점을 변경해가면서 여러 각도에서 모형을 관찰할 수 있다. 나아가, *FlexSim*에서는 flypath, 즉, 관찰 시점의 이동 경로를 별도로 만들어 둘 수도 있으며, flypath를 만드는 방법은 매우 간단하다.

먼저, 메인 화면 좌측의 도구 상자에서 [+] 버튼을 클릭한 다음, Visual ➡ Fly Path 항목을 선택하면 화면 아래 쪽에 그림 6.14와 같은 창이 하나 나타난다. 중간에 있는 시간 표시줄에는 시간의 경과가 나타나 있으며, 여기서 시간의 측정 단위는 현실 세계의 초(second)이다. 아울러, 필요한 경우에는 시간 표시줄 왼쪽 영역에서 [+] 버튼을 클릭하여 새로운 flypath를 추가하거나, flypath의 이름을 변경할 수도 있다.

Flypath의 내용을 작성할 때는 마우스를 이용하여 모델 뷰의 시점을 적절히 조정한 다음, 시간 표시줄 위의 [+] 버튼을 클릭하여 관찰 포인트를 추가하여야 한다. 처음에 이 버튼을 클릭하면 시간 표시줄의 0.0초 위치에 다이아몬드 아이콘이 하나 생기면서 커서는 2.0초 시점으로 이동해 갈 것이다.

마우스로 모델 뷰의 시점을 조정한 후 관찰 포인트를 추가하는 것을 반복하면, 그 때마다 커서가 2.0초 앞으로 이동하는데, 이는 이전 관찰 포인트에서 다음 번 관찰 포인트로 시점이 이동하는데 2.0초가 소요된다는 것을 의미한다. 나아가, 시간 표시줄에 다이아몬드 아이콘으로 표시된 관찰 포인트를 드래그하여 다른 시점으로 이동시키거나, 시간 표시줄 위의 커서를 조정하여 원하는 시점에 새로운 관찰 포인트를 삽입할 수도 있으며, 마우스 커서를 시간 표시줄 아래의 회색 영역에 둔 상태에서 마우스 휠을 아래위로 조작하면 시간 표시줄의 눈금 단위가 조정된다.

Flypath의 이름 오른쪽에 있는 초록색 실행 버튼을 클릭하면, 관찰 시점이 연속적으로 변화하는 모습을 볼 수 있으며, 주위의 다른 버튼들은 flypath를 중단하거나 다른 관찰 포인트로 이동하고 싶을 때 사용한다. 또한,

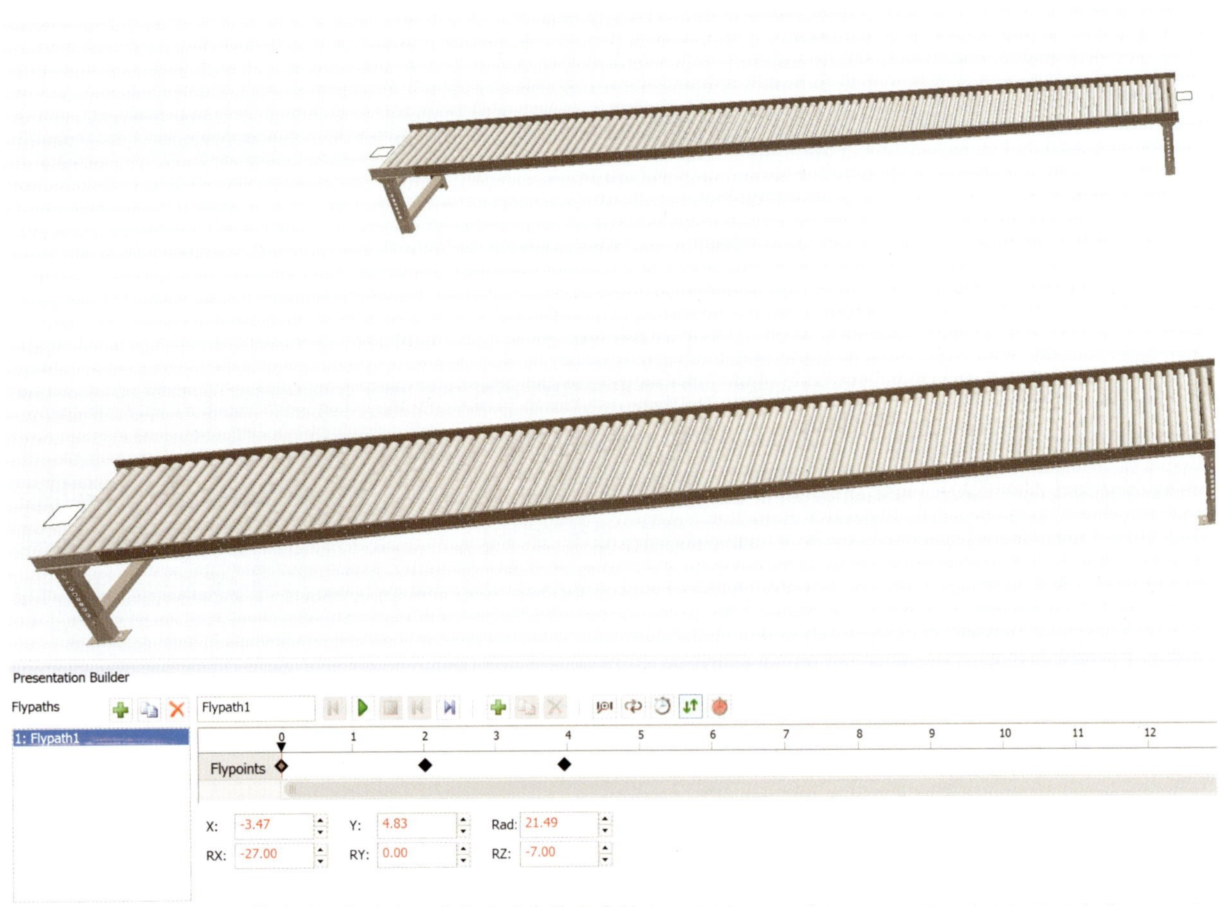

그림 6.14: Flypath의 작성 과정

flypath를 작성할 때는 관찰 포인트 간의 시간 간격을 적절히 설정하는 것이 바람직하며, 특히, 두 개의 관찰 포인트의 위치나 각도 차이가 클수록 이들 간의 시간 간격을 길게 설정해야 할 것이다. 작성된 flypath는 모형의 정지/실행 여부와 무관하게 언제든 실행할 수 있다. 나아가, flypath에 대해 좀 더 자세히 알고 싶은 경우에는 *FlexSim* 사용자 매뉴얼을 참조하여라.

참고로, *FlexSim*에는 모형이 실행되는 모습이 담긴 동영상 파일을 제작하는데 필요한 기능도 포함되어 있으며, 이를 이용하고 싶은 경우에는 도구 상자에서 [+] 버튼을 클릭한 다음, Visual ➡ Video Recorder 항목을 선택하면 된다. 이후에는 팝업 창을 이용하여 녹화 방법에 관한 다양한 옵션들을 설정해주어야 하는데, 이에 대해 좀 더 자세히 알고 싶은 경우에는 *FlexSim* 사용자 매뉴얼을 참조하여라. 물론, 좀 더 사용법이 익숙한 다른 소프트웨어를 이용하여 모형이 실행되는 모습을 녹화할 수도 있을 것이다.

참고 문헌

1. Patel, A. "Amit's A* Pages," http://theory.stanford.edu/~amitp/GameProgramming/index.html, accessed 31 May 2017.

Exercise 6-1 Steve's Stone Cutting

분석 배경

Steve Alpert는 그림 6.15와 같은 넓은 공간을 빌려 석재 가공 회사를 하나 차린 후, 큰 돌을 적당한 크기와 모양으로 가공하여 조경용 석재를 생산하는 일을 하고 있다. 아울러, 사업 초기에는 거래처를 확보하기 위해 도매 사업자들의 주문을 우선적으로 처리해 왔다.

그림 6.15 : Steve의 석재 가공 작업장

현재 Steve는 사업이 어느 정도 궤도에 오른 지금도 이러한 정책이 타당한지에 대해 의구심을 갖고 있다. 도매 사업자들은 보통 황삭에 소요되는 시간이 긴 큰 제품을 주문하는 반면, 개인 고객들은 크기는 작아도 좀 더 표면 처리가 꼼꼼하게 된 제품을 원한다. 한 가지 덧붙이자면, 개인 고객에게 판매되는 제품의 수익성이 더 좋은 편이다.

문제 정의

현재 도매 사업자 및 개인 고객들이 경험하는 대기 시간 길이의 파악 및 이러한 대기 시간 단축을 위한 작업장 개선안 도출에 활용할 수 있는 시뮬레이션 모형을 작성한다.

기존 운영 실태

개인 고객에 의한 주문들의 도착 간격은 평균이 50분인 지수 분포를 따르고, 도매 사업자들에 의한 주문들의 도착 간격은 평균이 60분인 지수 분포를 따른다. 나아가, 작업장 내의 자재 입고 장소에는 항상 충분한 양의 원자재가 있다고 가정하자.

작업장 내의 주요 지점들 간의 이동 거리를 측정한 결과는 아래와 같았다:

출발지	도착지	이동 거리(피트)
자재 입고 장소	황삭 기계	200
황삭 기계	표면 처리 기계	400
표면 처리 기계	제품 출고 장소	200
제품 출고 장소	자재 입고 장소	400

모든 제품들은 황삭 공정과 표면 처리 공정을 순차적으로 거쳐 완성되며, 작업장 내에서 자재나 반제품, 완제품을 이송할 때는 지게차를 사용한다.

아울러, 각 공정에 소요되는 시간은 아래와 같은 확률 분포를 따른다:

- **황삭 공정**
    - 도매 사업자가 주문한 제품: 최소값, 최대값, 최빈값이 각각 15분, 25분, 19분인 삼각 분포
    - 개인 고객이 주문한 제품: 최소값, 최대값, 최빈값이 각각 10분, 18분, 12분인 삼각 분포
- **표면 처리 공정**
    - 도매 사업자가 주문한 제품: 최소값, 최대값, 최빈값이 각각 10분, 15분, 12분인 삼각 분포
    - 개인 고객이 주문한 제품: 최소값, 최대값, 최빈값이 각각 15분, 25분, 19분인 삼각 분포

지게차는 작업장 내 주요 지점들을 잇는 순환형 이동 경로를 따라 초당 50피트의 속도로 이동하며, 이 지게차가 짐을 적재하거나 하역하는데 소요되는 시간은 각각 15초, 20초이다.

분석 목표

- 40시간(1주일 동안의 근무 시간에 해당) 동안 각 유형의 고객들로부터 몇 건 정도의 주문이 접수되며, 이들 중 실제로 출고가 이루어지는 것은 몇 건 정도씩인지를 파악한다.
- 도매 사업자 및 개인 고객의 평균 대기 시간(주문 접수 이후, 주문한 제품에 대한 작업이 시작될 때까지 기다려야 하는 시간)을 파악한다.
- 병목이 존재하는지를 조사하고, 이를 해소하기 위한 방안을 도출한다.
- 작업장 한 가운데로도 지게차가 지나다닐 수 있도록 했을 때, 또는, 지게차를 1대 추가로 투입했을 때 어떤 효과가 발생하는지를 분석한다.

분석을 하면서 생각해 볼 점들

- 도매 사업자들의 주문을 우선적으로 처리한다는 점을 어떻게 표현할 것인가? 모든 주문들을 선입선출 방식으로 처리한다면 모형을 어떻게 수정해야 하겠는가? 황삭 기계의 상류에 queue 개체 여러 개를 연결할 경우, 이들 각각이 서로 다른 번호의 입력 port에 연결되는 점에 유의하여라.
- NetworkNode가 반드시 필요한가? NetworkNode를 사용하는 경우, 이들 간의 거리는 어떻게 설정해야 하는가?
- 자재나 반제품, 완제품의 흐름을 보다 효과적으로 시각화할 수는 없겠는가?
- 도매 사업자 및 개인 고객이 주문한 제품들에 대한 출고 장소가 분리되어 있다면, 이를 어떻게 표현할 것인가?

Exercise 6-2 Treasures-4-U

분석 배경

Treasures-4-U사는 최근에 설립된 통신판매 업체로 항공기 기내 면세점 및 자사의 홈페이지를 통해 다양한 제품들을 판매하고 있다. 이 회사에서 판매하는 제품들은 모두 마지막에 검사 부서를 거친 후 고객에게 배송되며, 이 부서에서는 준비된 우편물에 대한 최종 검사를 담당한다. 아울러, 검사가 끝난 우편물들은 밀봉 후 무게와 배송 등급(일반 배송/익일 배송)을 기준으로 구분하여, 각각에 맞는 배송 대기 장소로 보낸다. 최근 Treasures-4-U사의 매출이 늘어나면서 이 부서는 업무를 처리하는데 상당한 어려움을 느끼고 있는데, 특히 문제가 되는 것은 고가의 배송 요금을 받는 익일 배송 서비스의 일정을 맞추는 것이다.

나아가, 그림 6.16에서 보듯이, Treasures-4-U사의 검사 부서에는 3개의 작업장이 존재하며, 이들 작업장은 각각 간소화 검사(우편물에 포함된 제품의 수량이 적은 경우), 일반 검사(우편물에 포함된 제품의 수량이 보통인 경우) 및 정밀 검사(우편물에 포함된 제품의 수량이 많은 경우)를 주로 담당한다.

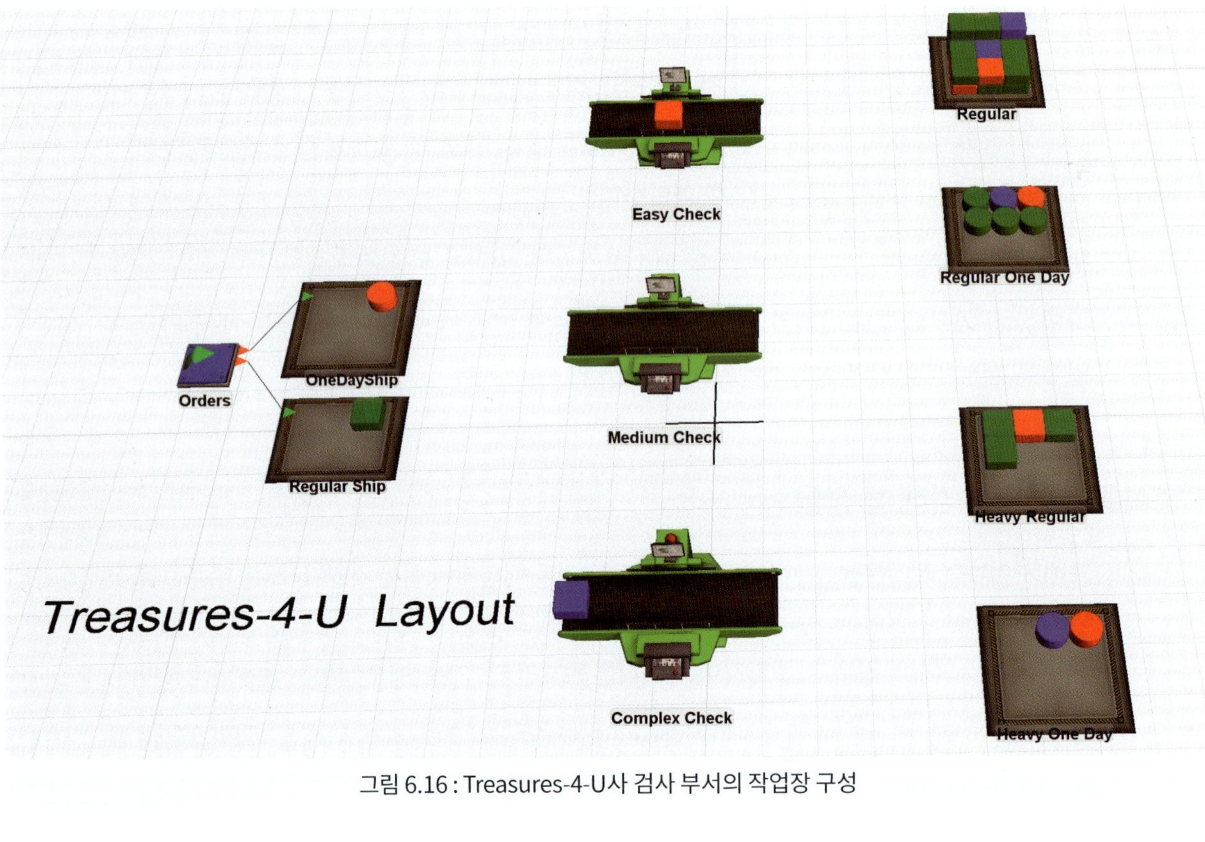

그림 6.16 : Treasures-4-U사 검사 부서의 작업장 구성

단, 우편물의 무게는 중량(15파운드 이상)과 경량으로 구분하는데, 중량에 해당하는 우편물의 경우에는 무조건 정밀 검사 작업장에서 처리해야 한다.

현재 이 부서의 흐름량을 높이기 위한 다양한 아이디어들이 제안되고 있으며, 이러한 예로는 각 작업장이 수행하는 검사의 종류를 변경하는 것, 중량 우편물을 전담할 작업장을 새로 추가하는 것, 작업장이나 근로자의 수를 전체적으로 늘리는 것 등을 들 수 있다. 이에 Treasures-4-U사의 경영진들은 실무자들에게 검사 부서에 대한 시뮬레이션 분석을 통해 늘어나는 주문들을 효과적으로 처리하는데 필요한 최적의 개선안이 무엇인지를 분석해보라고 지시한 상태이다.

기존 운영 실태

- 검사가 필요한 우편물들의 도착 간격: 평균이 15초인 지수 분포를 따름.
- 각 우편물의 무게: 평균이 10파운드인 지수 분포를 따름.
- 유형별 검사 업무의 비중: 우편물 중 30%는 간소화 검사, 45%는 일반 검사, 나머지 25%는 정밀 검사 대상.
- 배송 등급: 제품 중 15%는 익일 배송, 나머지 85%는 일반 배송.
- 검사에 소요되는 시간: 간소화 검사, 일반 검사, 정밀 검사에 각각 15초, 30초, 60초가 소요됨.

분석 목표

- 현재 상태에서 일일 우편물 출고량이 얼마나 되는지를 파악한다(단, 검사 부서에서는 24시간 내내 작업이 수행된다).
- 다양한 개선안들을 채택할 경우, 일일(24시간) 우편물 출고량이 얼마나 늘어나는지를 파악한다.
- 하루(24시간) 동안 작업을 한 시점에, 배송이 이루어지지 않고 검사 부서 안에 여전히 남아 있는 우편물들의 수량을 유형별로 파악한다.

분석을 하면서 생각해 볼 점들

- 얼마나 많은 list가 필요하겠는가?
- Task sequence list를 이용하여 operator 개체들이 검사 작업장에 있는 우편물들을 배송 대기 장소로 운반하도록 할 수 있겠는가?

Chapter 6 Review Questions

1. Task Executer 개체들의 역할을 간단히 설명하여라.

2. Task Executer가 어떤 Fixed Resource 개체에 있는 flowitem을 다른 곳으로 운반해야 하는 경우, 이 개체들을 어떤 식으로 연결하여야 하는가?

3. 어떤 Fixed Resource 개체가 flowitem을 내보낼 때 이를 운반할 Task Executer를 호출하도록 하고자 한다. Fixed Resource 개체의 어떤 탭에서 이러한 내용을 명시해야 하는가?

4. 상류 개체로부터 하류 개체로 flowitem을 운반하는데 Task Executer 개체를 사용하는 상황이라 가정하고, 상류 개체가 운반 요청을 해 왔을 때, Task Executer 개체가 순차적으로 수행해야 하는 임무들의 목록을 아래에서 완성하여라.

   a.상류 개체가 있는 곳으로 이동
   b.
   c.
   d.

5. Task Executer 개체들의 이동 경로가 별도로 명시되어야 하는 오퍼레이션 시스템의 예를 들어보아라.

6. Visual 개체들의 여러 가지 활용 방법에 대해 설명하여라.

7. Visual 개체들과 대비되는 Dashboard의 장점들을 이야기해보시오.

8. 어떤 시스템에 대한 모형을 작성할 때 list를 유용하게 사용할 수 있겠는지, 이번 장에서 소개한 것과 다른 예를 한 가지 들어보시오.

Chapter 7

자원의 가용성과 신뢰성 표현하기

학습목표

(1) 일반적인 오퍼레이션 시스템에서 가동 중단이 발생하는 원인이 무엇인지를 이해한다.
(2) 계획된 가동 중단 및 계획되지 않은 가동 중단이 반영된 시뮬레이션 모형을 작성할 수 있다.

때로는 복잡한 시스템이 가진 특성을 정확히 표현하기 위해 시뮬레이션 소프트웨어가 가진 좀 더 다양한 기능들을 활용해야 할 수도 있다. 특히, 오퍼레이션 시스템이 항상 가동되는 경우는 드물다. 따라서, 시뮬레이션 모형을 작성할 때는 시스템의 가동 중단을 어떤 식으로 표현할 것인지에 대해서도 생각해보아야 한다. 예를 들어, 기계나 설비를 다루는 근로자가 휴식을 취하거나 잠시 다른 작업에 투입되면 시스템은 일시적으로 가동 중단 상태에 들어갈 것이다. 근로자의 휴식처럼 가동 중단 일정이 미리 정해져 있는 경우도 있지만, 때로는 기계의 고장처럼 계획되지 않은 가동 중단이 발생할 수도 있다. 이 같은 경우에는 자원의 신뢰도가 시스템의 성능 평가지표에 많은 영향을 준다. 뿐만 아니라, 경우에 따라서는 자원의 신뢰도로 인해 설비 배치의 변경이 필요해질 수도 있다.

가동 중단은 크게 계획된 가동 중단과 계획되지 않은 가동 중단, 2가지로 구분할 수 있으며, 그림 7.1은 이들 각각의 특성을 보여준다. 뒤에서 좀 더 자세히 설명하겠지만, *FlexSim*에서 계획된 가동 중단과 계획되지 않은 가동 중단은 각각 Time table 및 MTBF(mean time between failure)[1] MTTR(mean

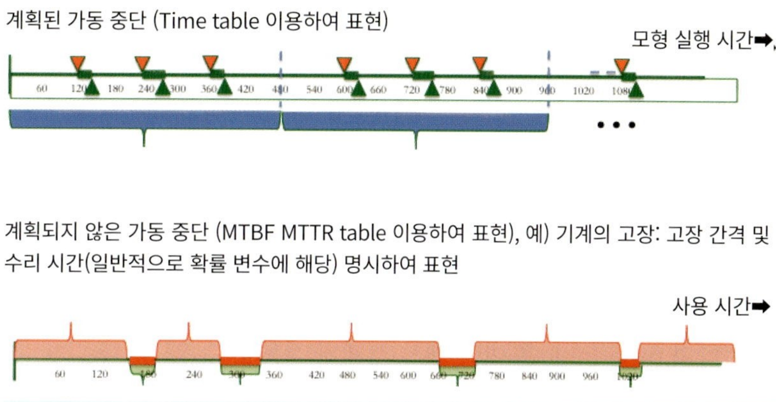

그림 7.1 : 계획된 가동 중단과 계획되지 않은 가동 중단

1 평균 고장 간격

time to repair)[2] table을 이용하여 표현하는데, 이들의 사용법은 크게 어렵지 않다.

계획된 가동 중단이란, 발생 시점과 지속 시간이 알려져 있는 가동 중단을 의미한다(예: 근로자의 휴식이나 근무 교대에 소요되는 시간 등). 그림 7.1 상단의 차트에서 보듯이, 계획된 가동 중단은 보통 일정한 시간이 경과할 때마다 반복적으로 발생한다. 계획된 가동 중단의 예로는 2시간마다 주어지는 15분 간의 휴식, 출근 이후 4시간이 경과한 시점에 주어지는 30분 간의 식사 시간 등을 들 수 있다. 아울러, Time table을 이용하여 계획된 가동 중단을 표현할 때는 모형 실행 시간을 기준으로 가동 중단의 발생 시점과 지속 시간을 명시하여야 한다(예: 모형 실행 시간이 2시간 경과할 때마다 근로자들의 휴식으로 인한 가동 중단이 발생).

계획되지 않은 가동 중단은 예정에 없던 불의의 가동 중단을 의미하며, 이들의 발생 간격은 보통 확률 변수에 해당한다. 마찬가지로, 이들의 지속 시간 역시 불확실성을 갖기 때문에 확률 변수로 나타내어야 하는 경우가 많다. 나아가, 계획되지 않은 가동 중단은 자원이 사용 중일 때 발생한다. 다시 말해, 계획되지 않은 가동 중단의 발생 시점을 정할 때는 모형 실행 시간이 아닌 자원의 사용 시간을 기준으로 삼아야 한다. 예를 들어, 평균적으로 2시간 사용할 때마다 고장이 발생하는 기계의 이용률이 50%라면, 모형 실행 시간 기준으로는 4시간에 한 번 꼴로 고장이 발생한다는 의미이다. 참고로, 계획되지 않은 가동 중단이 발생하는 원인으로는 기계적인 요인(예: 공구의 마모), 전기적인 요인(예: 정전) 및 자재 수급 관련 요인(예: 복사기의 복사 용지 부족) 등 다양한 것들을 들 수 있으며, 서로 다른 유형의 가동 중단을 개별적으로 관리하는 것은 매우 비효율적인 일이 될 수도 있다. 다행히, *FlexSim*에는 다양한 종류의 계획되지 않은 가동 중단을 쉽게 표현하고 관리하는데 필요한 기능이 포함되어 있다.

Section 7-1 Time Table 생성

경우에 따라서는 시뮬레이션 모형의 실행 도중, 다양한 개체들에서 가동 중단과 재개가 발생할 수도 있다. 예를 들어, 근로자의 휴식과 함께 기계의 정기 점검이 발생하는 제조 현장에 대한 모형을 작성할 때는 이 2가지 계획된 가동 중단을 모두 표현해주어야 한다. 계획된 가동 중단은 보통 가동 중단과 재개 일정을 명시하여 표현하며, 소프트웨어에 따라서는 이를 위해 어느 정도의 스크립트 작성이 필요할 수도 있다. 다만, *FlexSim*에서는 메인 화면 좌측의 도구상자(Toolbox)에서 [+] 버튼을 클릭한 다음, time table 항목을 선택하여 이 같은 일정을 손쉽게 표현할 수 있다.

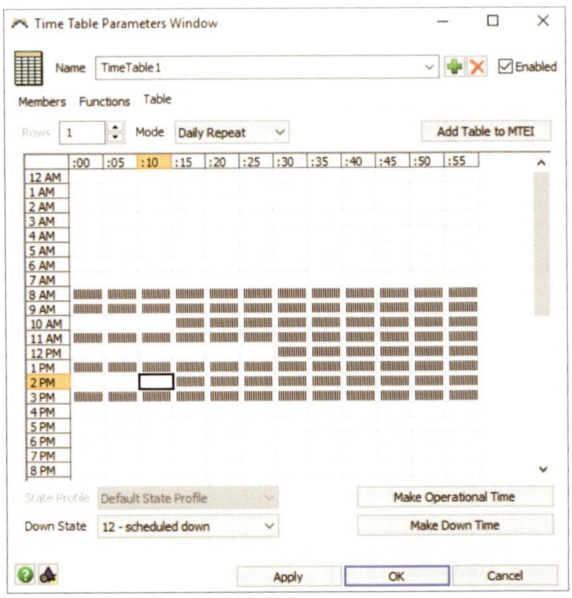

그림 7.2 : Daily Repeat mode로 표현한 계획된 가동 중단

하나의 time table은 여러 개의 개체에 적용될 수 있으며, 반대로 개체 1개에 여러 개의 time table이 적용

2 평균 수리 시간

되도록 하는 것도 가능하다. 도구상자에서 time table 항목을 선택했을 때 생성되는 설정 창에서 mode 항목은 가동 중단 및 재개 일정의 표현 및 반복 방식을 명시하는데 사용된다. mode를 변경하면, 기존에 입력되어 있던 내용은 무시된다. 즉, time table 1개에는 1가지 mode만 적용이 가능하다. Time table의 사용법에 대해 좀 더 자세히 알고 싶은 경우에는 도움말을 참조하여라.

예를 들어, 하루에 8시간(480분) 조업하는 생산 현장이 하나 있다고 가정해 보자. 하루 일과 시간이 끝나면 근로자들은 모두 작업을 멈추고 퇴근하며, 그 다음날 출근해서 전날에 끝내지 못했던 작업을 재개한다. 나아가, 이 현장에서는 매일 아래와 같은 3회의 계획된 가동 중단이 발생하며, 가동 중단 상태에서는 새로운 작업물이 작업장에 유입되지도 않는다:

- 일과 시작 후 2시간(120분)이 경과한 시점에 15분 간의 휴식 시간
- 일과 시작 후 4시간(240분)이 경과한 시점에 30분 간의 식사 시간
- 일과 시작 후 6시간(360분)이 경과한 시점에 15분 간의 휴식 시간

Daily Repeat mode를 선택하면 그림 7.2에서 보듯이, 24시간 동안의 일과표가 표시되고, 여기서 특정 시간대에 해당하는 칸에 가동 중단이 발생하는지 여부를 설정할 수 있다(음영이 있는 칸은 가동 상태, 음영이 없는 칸은 가동 중단 상태에 해당). 현재 이 그림에서는 오전 8시부터 오후 4시까지의 일과 시간 중 오전 10시 정각부터 15분 간의 휴식 1회, 12시 정각부터 식사 시간 1회, 오후 2시부터 15분 간의 휴식 1회가 예정되어 있는 것

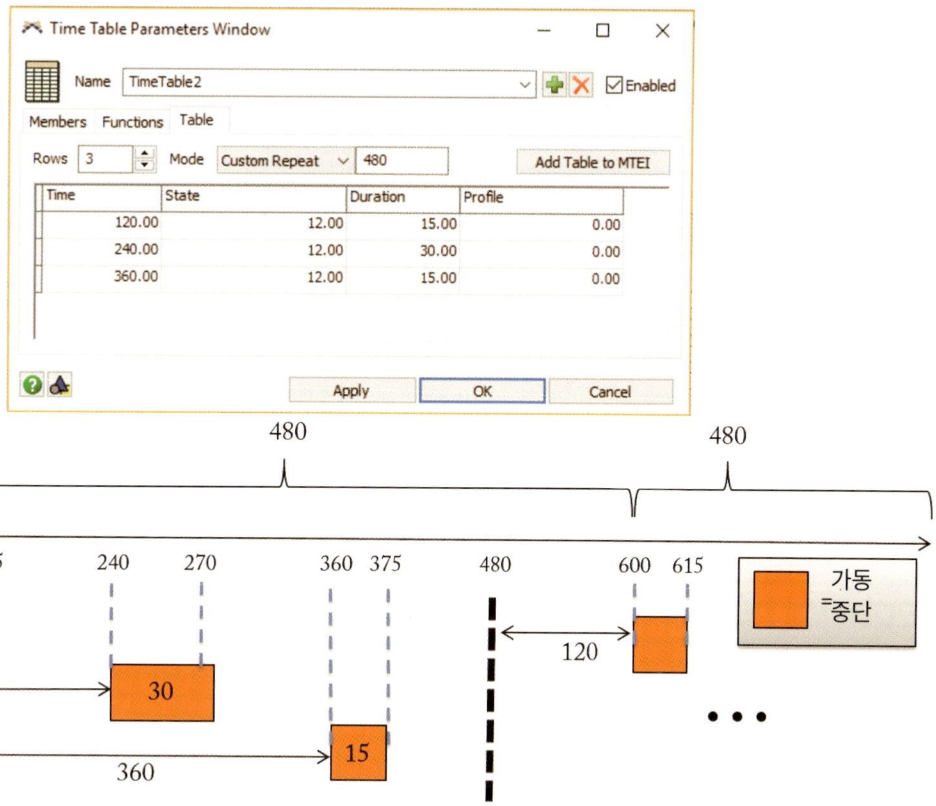

그림 7.3 : Custom Repeat mode로 표현한 계획된 가동 중단

을 볼 수 있다. 나아가, Daily Repeat라는 명칭에서 알 수 있듯이, 이 같은 일정은 매일 반복된다.

동일한 가동 중단 일정을 조금 다른 방식으로 표현할 수도 있다. 예를 들어, Custom Repeat mode에서는 각 가동 중단이 1개 행으로 표현되고, 각 행에 가동 중단의 발생 시점, 가동 중단 동안의 상태(예: 12번 상태는 계획된 중단(scheduled down)을 의미), 가동 중단의 지속 시간 등을 명시하여야 한다. 만약, 일과 시간 종료 이후의 가동 중단까지 고려하는 경우라면 오전 휴식, 점심 식사, 오후 휴식 및 일과 시간 이후의 가동 중단까지 총 4개의 행을 생성하고, 이들이 1440분(24시간)마다 반복되도록 해야 할 것이다.

하지만, 보통 시뮬레이션에서는 일과 시간 동안에 대해서만 분석하는 경우가 많으며, 이 같은 경우에는 그림 7.3과 같이 오전 휴식, 점심 식사, 오후 휴식의 3개 가동 중단이 480분(8시간)마다 반복되도록 설정한다.

만약, 24시간 내내 가동되는 시스템에서 2시간(120분)마다 15분 간의 계획된 가동 중단이 발생하는 경우에는 그림 7.4와 같이 1개의 행만으로 가동 중단을 표현하는 것도 가능하며, 이 때는 반복 주기를 135분으로 설정해야 할 것이다.

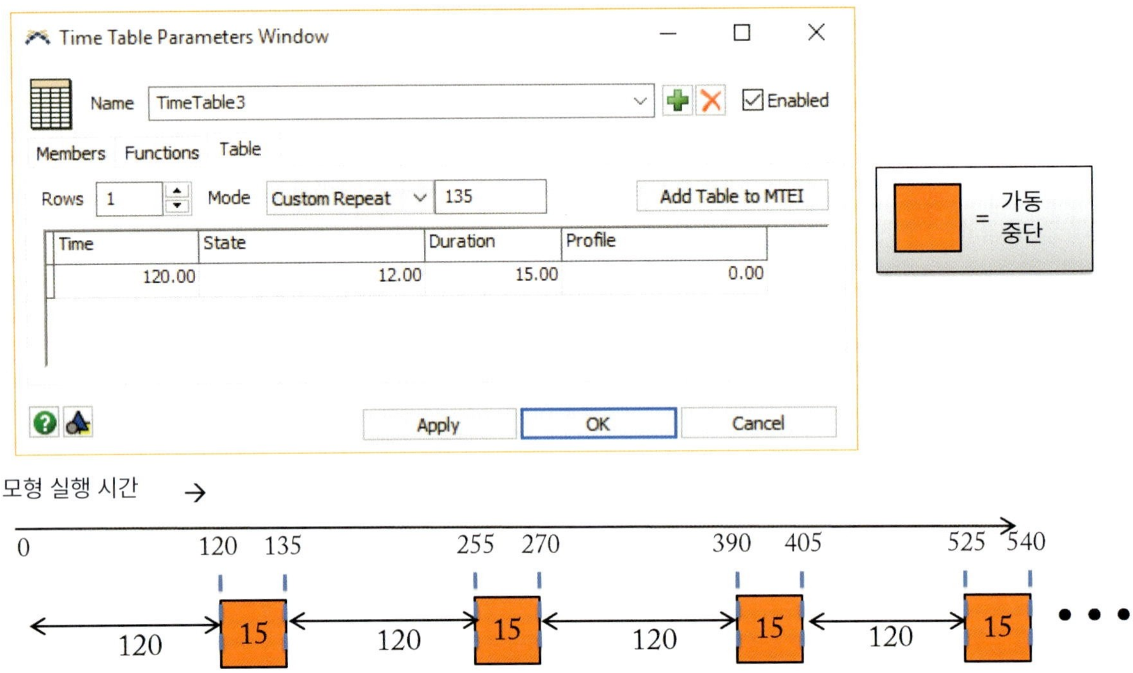

그림 7.4 : 2시간마다 발생하는 15분 간의 계획된 가동 중단(Custom Repeat mode)

Section 7-2 성능

일반적으로 시뮬레이션 분석의 목표는 불확실성을 갖는 시스템의 성능을 분석하는 것이다. 하지만, 경우에 따라서는 분석 대상 시스템의 성능을 어떤 식으로 측정할 것인지가 다소 애매할 수도 있다.

시스템의 성능은 성능 평가지표(performance measure)라 불리는 정량적인 값들로 표현되어야 하며, 성능 평가지표들의 종류와 계산 방법을 결정하는 것은 시뮬레이션 분석에서 매우 중요한 일이다. 모형을 만들어 실행하고 난 다음에는 결국, 이들의 값을 기준으로 의사결정을 내리게 되기 때문이다. 다시 말해, 시뮬레이션 분석에서는 보통 다양한 대안들 중 가장 우수한 성능 평가지표 값을 갖는 것을 선택하게 된다. 따라서, 시뮬레이션 분석을 할 때는 항상 분석 대상 시스템에 적합한 올바른 종류의 성능 평가지표들이 올바른 방식으로 계산되도록 해야 한다.

*FlexSim*과 같은 시뮬레이션 소프트웨어들은 보통 모형을 실행했을 때, 기본적으로 각 개체들에 대해 일반적으로 널리 사용되는 표준 성능 평가지표 값들을 자동으로 산출해 주며, 표준 성능 평가지표의 예로는 다음과 같은 것들을 들 수 있다:

- 흐름량(throughput) 관련 표준 지표: 개체에 입력되거나 개체로부터 출력된 flowitem 개수
- 수량(content) 관련 표준 지표: 시뮬레이션 모형이 실행되는 동안 특정 개체 내부에 동시에 머무르는 flowitem 개수의 최소값, 최대값 및 평균값
- 체류 시간(staytime) 관련 표준 지표: 시뮬레이션 모형이 실행되는 동안 flowitem 각각이 특정 개체에 머무른 시간의 최소값, 최대값 및 평균값

물론, 경우에 따라서는 시뮬레이션 소프트웨어가 자동으로 집계해 주는 표준 지표가 아닌 별도의 성능 평가지표들을 이용하여 시스템의 성능을 측정하기 위해 분석자가 직접 이와 관련된 스크립트를 작성해야 할 수도 있다.

때로는 개수나 시간 등과 무관한 특이한 성능 평가지표가 사용되기도 한다. 예를 들어, 일부 산업에서는 다양한 유형의 제품들의 출고 순서가 일정하게 반복되도록 유지하는 것을 중요시하는 경우가 있는데, 이 때는 정해진 순서로 출고된 제품들의 비율을 중요한 성능 평가지표로 취급해야 할 것이다. 이 같은 성능 평가지표는 특히, 적시 생산(just-in-time) 시스템에서 종종 활용된다.

일반적으로 시뮬레이션 분석을 통해 의사결정을 수행할 때는 서로 상충 관계를 갖는 여러 가지 성능 평가지표들의 값을 고려해야 하는 경우가 많다. 물론, 다양한 성능 평가지표들이 있는 경우에는 일단 그 중에서 가장 중요한 것들에 초점을 맞추어야 할 것이다. 유명한 말이지만, 측정할 수 없는 것은 관리할 수도 없으며, 사소한 다수의 성능 평가지표들보다는 중요한 소수의 성능 평가지표들에 집중하는 것이 바람직하다는 점에 유의하여라.

Section 7-3 신뢰성

시스템의 성능에 영향을 주는 중요한 요인들 중 하나로, 시스템 구성요소들의 신뢰성을 들 수 있다. 이 절에서는 특히 설비들의 신뢰성에 대해 집중적으로 논의할 것이다. 고장으로 인해 설비의 가동이 중단되었다가 수리 후 재가동되는 상황은 매우 흔하기 때문이다. 물론, 이 같은 예기치 않은 고장이 반드시 기계나 설비에서만 발생하는 것은 아니다. 예를 들어, 콜센터 상담원이 고객과의 통화 내용을 기록하다가 오타를 내서 통화가 끝난 후 이를

바로잡는 과정, 혹은 뭔가 실수를 저지른 은행 창구 직원이 이를 바로잡기 위해 관리자와 대화하는 과정 역시 넓은 의미로는 고장이 발생한 것으로 볼 수 있다.

문제는 신뢰성의 개념을 잘못 알고 있거나 그렇지 않더라도 신뢰성을 잘못된 방식으로 측정하는 경우가 많다는 것이다. 우선, 전체 시스템의 종합적인 신뢰성과 개별 구성요소의 신뢰성은 서로 구분되어야 한다. 또한, 신뢰성을 추정하기 위해서는 충분한 데이터를 수집하여야 한다. 즉, 특정 기계나 설비를 충분히 오랫동안 관찰하지 않으면 그 신뢰성을 과대평가하게 될 위험성이 있다.

우선, 신뢰성과 관련된 기본적인 용어들의 의미부터 살펴보기로 하자:

- 가용성(availability): 기계 또는 시스템 등이 정상적으로 가동되는 시간의 비율
- 신뢰성(reliability): 특정 시간 동안 명시된 조건 하에서 기계 또는 시스템 등을 가동하는 동안 고장이 전혀 발생하지 않을 확률
- 운용 시간: 기계나 시스템 등이 정상적으로 가동되어야 하는 내구 시한(우주 탐사선과 같이 운용 시간이 수년에 이르는 경우도 있는 반면, 일선 생산 현장에서 사용되는 작은 부품들 중에서는 1회 사용 후 교체해야 하는 것들도 있음)
- MTBF(mean time between failures, 평균 고장 간격): 고장 수리 완료 시점과 다음 번 고장 발생 시점 간의 평균적인 시간 간격
- MTTR(mean time to repair, 평균 수리 시간): 고장을 수리하는데 소요되는 평균 시간

기계나 시스템 등이 시간 t 동안 고장을 일으키지 않을 확률, 즉, t 시점의 신뢰성 R(t)는 다음과 같이 표현할 수 있으며, 여기서 f(x)는 고장 확률 밀도 함수를 의미한다:

$$R(t) = Pr\{T > t\} = \int_t^\infty f(x)\,dx$$

만약, 고장 발생 시간이 지수 분포를 따른다면[3] 시간이 경과해도 고장률이 항상 일정하게 유지된다. 이는 지수 분포가 무기억(memoryless property) 속성을 갖기 때문이다. 나아가, 고장률이 일정하다는 것은 안정화(고장률이 감소하는 현상)나 마모(고장률이 증가하는 현상)가 발생하지 않는다는 뜻이다.

결과적으로, 고장 발생 시간이 지수 분포를 따르는 경우에는 신뢰성 R(t)를 다음과 같이 계산할 수 있으며, 여기서 λ는 고장률 상수이다.

$$R(t) = e^{-\lambda t}$$

고장과 관련된 사항들을 따져볼 때는 약간의 주의가 필요하다. 일반적인 시간의 경과가 아닌 고장과 관련된 시간의 경과만을 고려하여야 하기 때문이다. 예를 들어, 간혹 포장 용지 걸림 현상이 발생하는 포장 기계가 1

3 즉, 고장 확률 밀도 함수 f(x)가 지수 분포의 확률 밀도 함수인 경우를 말한다.

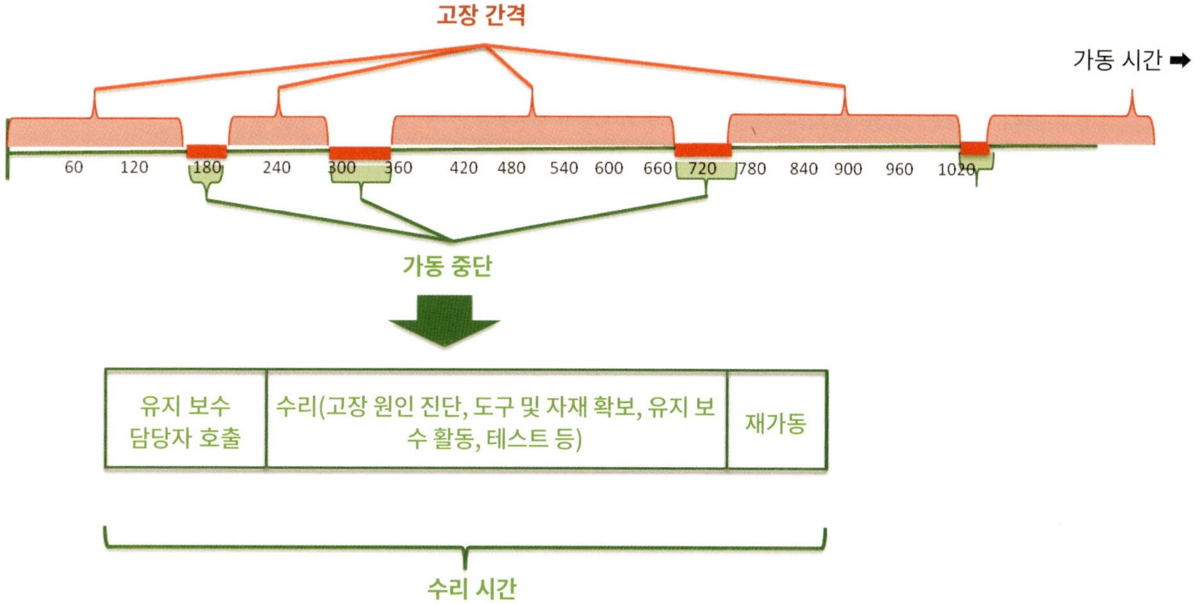

그림 7.5 : 고장과 수리로 인한 설비의 가동 중단 및 재개

대 있다고 가정해 보자. 이 기계의 고장 간격을 측정할 때는 두 고장 사이의 실제 시간 간격을 재는 것이 아니라, 두 고장 사이에 기계가 가동되었던 시간들을 합산하여야 한다. 다시 말해, 일과 종료 등과 같은 이유로 기계에 작업물이 투입되지 않았던 시간까지 고장 간격에 포함시켜서는 안 된다. 모형을 작성할 때 이를 명확히 구분하지 않으면, 모형 실행 도중 가동 상태가 아닌 기계에서 고장이 발생하는 식의 오류가 생길 수 있다. 따라서, 고장 발생 시점을 결정할 때는 일반적인 시간의 경과가 아닌 가동 시간의 경과만을 고려하여야 할 것이다.

그림 7.5에서 보듯이, 가동 중단이란 고장이 발생한 시점부터 이를 수리하여 재가동이 시작되는 시점까지의 시간을 말한다. 세부적으로는 작업자가 고장을 인지하는데 필요한 시간, 수리를 요청 받은 유지보수 담당자가 기존의 일을 마치고 수리를 하러 현장에 도착하기까지의 시간, 실제 고장 수리에 걸리는 시간(필요한 공구나 자재를 가져오는 시간 포함), 수리가 완료된 기계의 재가동에 소요되는 시간 등이 가동 중단에 포함될 것이다.

일반적으로 수리 시간이라고 하면 순수하게 기계나 설비의 고장을 "고치는데" 걸리는 시간을 말하는 경우가 많다. 하지만, 때로는 기계의 재가동을 위해 필요한 모든 활동들의 소요 시간을 합하여 수리 시간이라 지칭하기도 한다. 즉, 수리 시간이라는 용어는 다소 모호한 의미로 사용될 수 있다. 반면, 가동 중단이라는 용어는 고장이 한 번 발생하면서 이로 인해 기계나 설비가 가동되지 못했던 시간 전체를 의미한다는 뉘앙스가 좀 더 강하다. 다만, 시뮬레이션이나 생산운영관리에서는 보통 수리 시간이라고 하면 가동 중단처럼 가동 중단이 발생한 시점부터 재가동 시점까지의 시간을 말한다는 점에 유의하여라. 나아가, 시뮬레이션 모형 내에서 발생하는 고장은 다음과 같은 2가지 유형으로 구분할 수 있다:

- 수리에 임무 수행자(Task Executer, 근로자나 별도의 수리 장비 등)가 관여할 필요가 없는 고장: 고장 발생 즉시 실제 수리 시작 가능한 경우를 의미
- 수리에 임무 수행자(근로자나 별도의 수리 장비 등)가 관여해야 하는 고장: 고장 발생 이후 임무 수행자 개체가 도착해야 실제 수리 시작 가능한 경우를 의미

Section 7-4 MTBF와 MTTR 추정

고장 간격이나 수리 시간은 보통 불확실성을 갖는 확률 변수에 해당한다. 따라서 이들의 특성을 표현하기 위해서는 확률 분포를 사용해야 하는 경우가 많다. MTBF와 MTTR은 각각 고장 간격 및 수리 시간 확률 분포의 평균값을 의미한다. 일반적인 통계 분석이 그렇듯이, MTBF나 MTTR을 추정할 때도 가능하면 많은 데이터를 수집해 보는 것이 바람직하다. 하지만 현실적으로는 통계, 특히 신뢰성에 대한 이해 부족으로 인해, MTBF나 MTTR을 추정하는데 필요한 데이터를 충분히 수집하지 않는 경우도 많다.

보통 제조 현장에서는 특정 기간(1개 근무조 근무 시간, 1일, 1개 로트 생산 시간 등) 동안의 총 가동 중단 시간을 중요한 성능 평가지표로 생각하여, 이를 최소화하는데 초점을 맞추는 경우가 많다. 그러나 총 가동 중단 시간만으로는 기계나 장비들의 신뢰성에 대한 세부적인 사항들을 파악하는데 한계가 있으며, 따라서, 생산성 향상을 위한 개선안을 수립하기도 어렵다. 일부 공장들은 총 가동 중단 시간 외에도 가동 중단 발생 건수를 함께 기록하여 MTBF나 MTTR을 산출하는데 사용하기도 한다. 하지만, 불행히도 이런 식으로 산출한 MTBF 및 MTTR 값들 역시 분석에 큰 도움이 된다고 보기는 어렵다.

최근에는 제조 현장에 다양한 정보통신기술들을 적용하여 개별적인 기계나 설비들의 가동 중단과 관련된 정보를 실시간으로 수집하는 것도 가능해졌다. 이는 물론 부분적으로는 유용한 기능일 수도 있겠으나, 아직 문제가 완전히 해결된 것은 아니다.

우선, MTBF 및 MTTR 값만으로는 고장 간격이나 수리 시간의 정확한 확률 분포를 알 수가 없다. 뿐만 아니라, 기계의 가동 중단이 반드시 고장으로 인해 발생하는 것도 아니다. 예를 들어, 일부 생산 현장에서는 후속 공정 혼잡 시, 기계의 가동을 중단하는 것과 같은 특수한 운영 정책을 사용하기도 하는데, MTBF 및 MTTR에는 이 같은 가동 중단의 원인이 나타나 있지 않다.

물론, 다양한 센서 및 산업용 사물인터넷 기술의 발달로 인해 최근에는 가동 중단과 관련된 기본적인 정보뿐만 아니라, 어떤 기계에서 무슨 이유로 인해 가동 중단이 발생했는지까지 실시간으로 기록해 주는 기계 상태 추적 시스템도 조금씩 등장하는 추세이며, 이처럼 상세한 데이터가 축적된다면 MTBF와 MTTR 값을 좀 더 정확하게 산출할 수 있을 것이다.

다만, 기계의 가동 중단 이력과 관련된 데이터가 부족하다고 해서 신뢰성에 대한 분석이 전혀 불가능한 것은 아니다. 예를 들어, 과거의 가동 중단 이력이 전혀 없는 새로운 시스템의 경우에는 MTBF와 MTTR 값의 수준을 몇 가지 정해두고, 시뮬레이션을 통해 다양한 상황에 대한 민감도 분석을 실시하는 것을 고려해 볼 수 있다. 나아가, 이 같은 분석 결과는 보다 나은 시스템을 설계하는데 도움이 될 것이다.

기존 시스템에 대한 시뮬레이션 모형을 작성해야 하는데 과거 가동 중단 이력에 대한 데이터가 부족한 상황이라면 MTBF와 MTTR 값을 추정해야 한다. 가장 단순한 방법은 실무자들의 의견을 물어보는 것이다. 단, 이런 경우에는 '기계의 신뢰성이나 MTBF, MTTR 값이 얼마나 된다고 생각하는가'와 같은 질문보다는 '시간 당(경우에 따라서는 1일 또는 1주 당) 고장 발생 횟수나 평균적으로 중단된 기계가 재가동되기까지 소요되는 시간을 추정해 달라'와 같이 비교적 이해하기 쉬운 형태의 질문을 하는 것이 바람직하다. 나아가, 이후에는 가동 중단 시간 동안 어떤 작업을 수행하는지 등과 같은 추가적인 질문을 통해 기계의 신뢰성 추정에 필요한 좀 더 상세한 정보들을 얻을 수 있을 것이다.

일정 기간 T(예: 1시간, 1일 등) 동안의 총 가동 중단 횟수 N과 총 가동 중단 시간 TD가 파악되었다면, 아래와 같은 식들을 이용하여 MTBF와 MTTR을 계산할 수 있다:

$$MTTR = TD/N$$

$$MTBF = (T-TD)/N$$

실제로 이 같은 추정치들을 계산할 때는 앞에서 설명한 것처럼 일반적인 시간의 경과와 고장과 관련된 시간(실제 가동 시간 또는 수리 시간)의 경과를 명확히 구분하여 잘못된 추정치를 사용하지 않도록 주의해야 한다. 나아가, 가능하면 고장 간격과 수리 시간의 확률 분포에 대해서도 파악을 해 두는 것이 좋다. 참고로, 고장 간격이나 수리 시간의 특성을 표현할 때 자주 사용하는 확률 분포로는 지수 분포 및 Weibull 분포 등이 있다.

Section 7-5 기계나 설비의 고장 특성 파악

과거 가동 중단 이력 데이터가 부족하면 정밀한 시뮬레이션 모형을 작성하는 것이 어렵다. 한 가지 극단적인 예로, 다양한 기계들의 가동 중단 이력이 서로 구분되지 않는 경우에는 전체 시스템을 하나의 processor 개체로 간주하고, 이 개체에 대한 통합적인 가동 중단 이력이 파악된 것으로 가정해야 할 수도 있다. 경우에 따라서는 다양한 기계들의 고장을 일일이 표현하는 번거로움을 줄이기 위해 가장 첫 번째 기계에서만 고장이 발생하는 것으로 가정하기도 한다.

반대로, 때로는 기계 한 대에서 발생하는 여러 종류의 고장들을 세세하게 표현해야 할 수도 있다. 예를 들어, 완성된 제품을 상자 안에 담는 포장 기계에서는 다음과 같은 여러 종류의 고장들이 발생할 것이다:

- 포장할 제품 인식 기능 고장
- 상자 준비 기능 고장
- 제품 적재 기능 고장
- 상자 밀봉 기능 고장
- 밀봉된 상자의 배출 기능 고장

다양한 종류의 고장들을 각각의 발생 주기 길이에 따라 단기 고장(발생 빈도가 높은 고장), 중기 고장(발생 빈도가 중간 정도인 고장), 장기 고장(발생 빈도가 낮은 고장)으로 구분하기도 하며, 이처럼 한 가지 기계나 장비에서 여러 종류의 고장이 발생하는 경우에는 이들 각각의 확률 분포를 각각 따로따로 파악하여야 한다. 물론, 그러기 위해서는 각 고장 유형 별로 과거의 발생 이력이 정리되어 있어야 할 것이다.

그림 7.6의 위쪽에는 동일한 기계에서 발생하는 2가지 유형의 고장 각각이 갖는 고장 간격 확률 분포를 표시하였으며, 참고로 유형 A의 MTBF는 4분, 유형 B의 MTBF는 60분이다. 반면, 그림 7.6의 아래쪽 히스토그램은 유형 A와 B를 합한 전체 고장의 고장 간격 확률 분포를 보여주는데, 이 경우에는 고장 유형 각각이 서로 구

분되지 않는다.

종종, 이처럼 여러 가지 유형의 고장들을 하나로 뭉뚱그려 모든 고장들의 고장 간격 확률 분포와 MTBF 값이 동일한 것으로 간주하는 경우가 많다. 나아가, 이 때는 모든 고장들의 수리 시간 확률 분포 및 MTTR 값도 동일해질 것이다. 하지만 모형을 이런 식으로 작성하면 정확한 시뮬레이션 분석이 어려워질 수 있다. 다양한 유형의 고장들이 서로 다른 특성을 가질 수도 있기 때문이다(예: 특정 유형의 고장의 수리에는 근로자가 필요한 반면, 다른 유형의 고장은 그렇지 않은 경우 등).

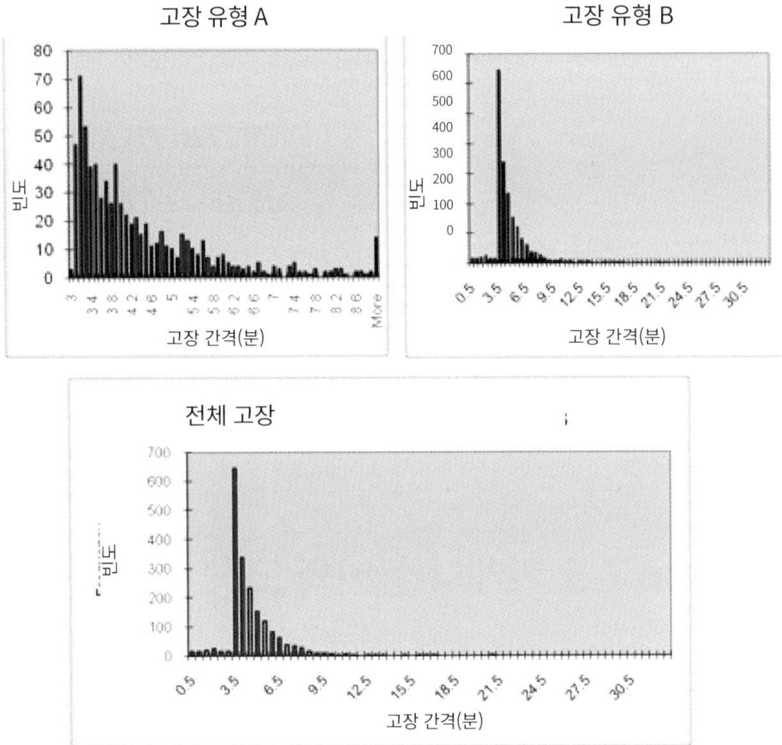

그림 7.6 : 동일한 기계에서 발생하는 2가지 유형의 고장들에 대한 고장 간격 확률 분포

고장이 아닌 외부 요인으로 인해 기계나 설비의 가동 중단이 발생할 수도 있으며, 이러한 외부 요인의 예로는 근로자들의 휴식, 갑작스런 회의 소집, 예방 정비 또는 점검 등을 들 수 있다. 정확한 분석을 위해서는 이처럼 다양한 유형의 가동 중단을 하나도 빠뜨리지 말고 올바르게 표현해 주어야 할 것이다. 그럼에도 불구하고, 한 개체에서 여러 가지 가동 중단이 발생하도록 설정하는 것이 불가능한 시뮬레이션 소프트웨어도 많다. 반면, *FlexSim*에서는 한 개체에서 발생할 수 있는 가동 중단 유형의 개수에 아무런 제한이 없다. 이에 대해서는 다음 절에서 좀 더 자세히 살펴보기로 하자.

참고로, *FlexSim*에서 계획되지 않은 가동 중단을 표현하고자 할 때는 다음과 같은 네 가지 사항들을 명시하여야 한다:

1. 가동 중단이 발생할 개체(동일한 가동 중단이 여러 개체에서 발생하도록 설정하는 것도 가능)
2. 고장 간격 및 수리 시간의 확률 분포
3. 가동 중단 발생 시 실행되어야 하는 작업(예: 수리 담당자 호출)
4. 고장 간격 및 수리 시간에 포함되는 상태(일반적으로 고장 간격을 계산할 때는 실제 처리 시간만 고려하고 개체의 유휴 상태나 담당 근로자를 기다리는 시간은 제외함)

Section 7-6 MTBF MTTR Table을 이용한 고장 특성 표현

대부분의 시뮬레이션 소프트웨어들은 계획되지 않은 가동 중단을 표현하는데 필요한 기능을 갖고 있다. 간단한 예제를 이용하여 계획되지 않은 가동 중단이 반영된 시뮬레이션 모형이 어떤 식으로 작동하는지를 살펴보기로 하자. 그림 7.7은 source, processor 및 sink 개체 1개씩으로 구성된 간단한 모형을 보여준다. 참고로, source 개체의 도착 간격과 processor 개체의 처리 시간을 간단한 상수, 예를 들어 1초로 설정하면 결과를 확인하기가 보다 용이해질 것이다.

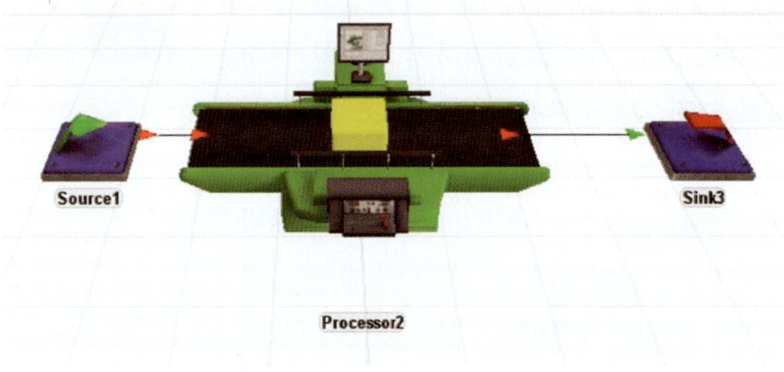

그림 7.7 : 계획되지 않은 가동 중단이 발생하는 간단한 모형

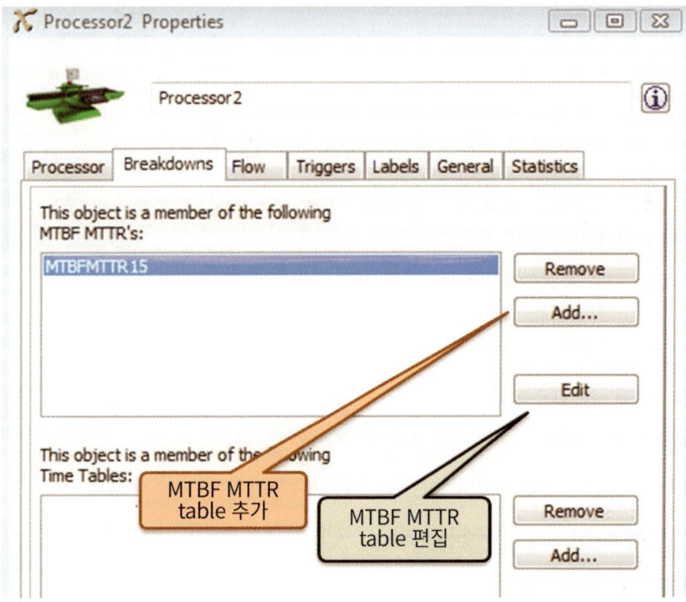

그림 7.8 : MTBF MTTR table 생성

FlexSim 모형에서 특정 개체의 계획되지 않은 가동 중단을 표현하고 싶은 경우에는 그림 7.8과 같이 해당 개체 속성 창의 Breakdowns 탭에서 Add 버튼을 클릭한 후, Add New MTBF MTTR 항목을 선택하면 된다. MTBF MTTR table은 특정 유형의 계획되지 않은 가동 중단을 표현하는데 사용되며, 하나의 MTBF MTTR table이 여러 개체에 적용되거나, 반대로 하나의 개체의 여러 MTBF MTTR table이 적용될 수도 있다.

MTBF MTTR table의 속성 설정 창에는 3개의 탭이 있는데, 이들을 적절히 활용하면 다양한 유형의 계획되지 않은 가동 중단을 폭넓게 표현하는 것이 가능하다. 먼저, Members 탭에서는 이 가동 중단이 어떤 개체들에 적용되는지를 명시하여야 한다. 나아가, 고장 간격이 상수인 경우에는 명시된 모든 개체들에서 동시에 가동 중단이 발생하지만, 고장 간격이 불확실성을 갖는 경우에는 각 개체의 가동 중단 발생 시점이 달라진다. Functions 탭에서는 고장 간격(Up Time 항목) 및 수리 시간(Down Time) 등의 값을 상수 또는 확률 분포 형태로 설정할 수 있다. 또한, Breakdowns 탭에서는 가동 중단의 발생 시점을 정할 때 개체의 어떤 상태들을 고려해야 하는지를 설정할 수 있으며, 이 때 여러 가지 상태를 동시에 선택하는 것도 가능하다. MTBF MTTR table의 속성을 설정하는 방법에 대해 보다 상세히 알고 싶은 경우에는 *FlexSim* 사용자 매뉴얼을 참조하여라.

모형을 잠시 동안 실행해 보면 개체들의 상태가 왜 중요한지를 금새 알 수 있다. 먼저, 상기한 모형의 메인 화면 좌측에서 도구상자를 선택하면 processor 개체에 적용되는 MTBFMTTR1이라는 이름의 MTBF MTTR table이 하나 보이는데, 이를 더블 클릭하여 속성 창을 연 다음, Breakdowns 탭에서 Apply MTBF to a set of states 항목의 체크를 해제하여라. 이제 모델 뷰에서 source 개체 - processor 개체 간 연결을 해제한 후 Reset 버튼을 누르고 다시 Run 버튼을 클릭하여 모형을 실행시켜 보자. MTBFMTTR1의 최초 발생 시점(Functions 탭, First Failure Time 항목)이 500초로 설정되어 있기 때문에, 그림 7.9와 같이 실행 시간이 500초 경과한 시점에 processor 개체에서 가동 중단이 발생(이 때 processor 개체 주위에 노란색 사각형 표시됨)하며, 이후에도 간헐적으로 가동 중단이 발생할 것이다. Source 개체와 연결되어 있지 않아 processor 개체로 유입되는 flowitem이 없고, 따라서 processor 개체가 실제로 가동되지 않는데도 말이다. 이는 분명 이상한 일임에 틀림없다.

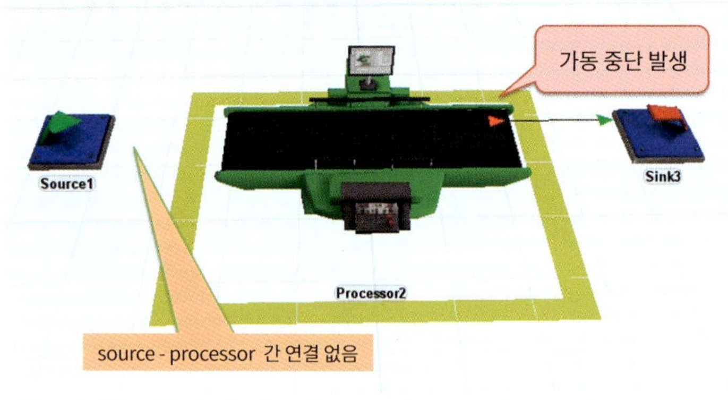

그림 7.9 : Processor 개체에서 가동 중단이 발생한 모습

앞과 같은 문제를 해결하기 위해서는 시뮬레이션 실행 시간의 경과가 아닌 개체의 실제 가동 시간의 경과를 고려하여 가동 중단의 발생 시점을 결정하여야 한다. 이를 위해서는 그림 7.10과 같이 먼저 MTBF MTTR table 속성 창 Breakdowns 탭의 Apply MTBF to a set of states 항목을 체크한 다음, 좌측 목록에서 적절한 상태를 선택하여 우측 목록으로 이동시키면 된다. 예를 들어, 그림 7.10에서는 개체가 처리(processing) 상태에 있을 때의 경과 시간만을 고려하도록 설정하였다.

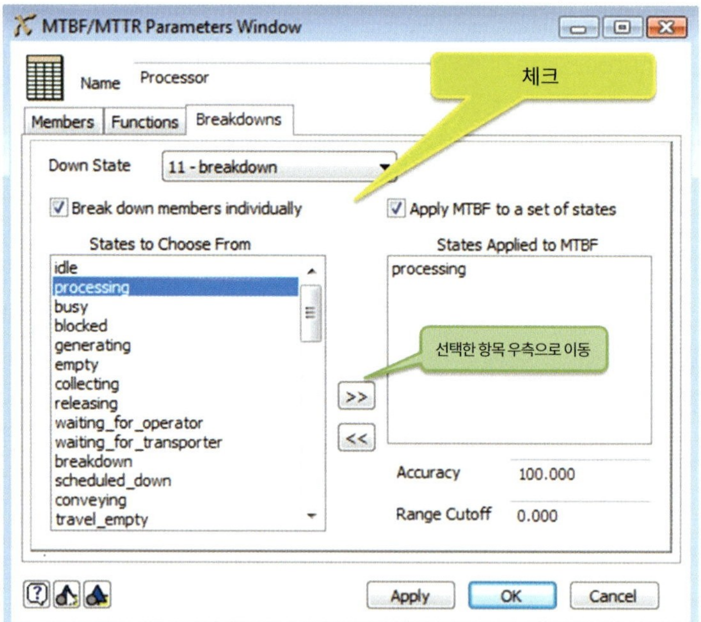

그림 7.10 : 가동 중단 발생 시점을 결정할 때 개체의 특정 상태만 고려하도록 설정한 모습

동일한 유형의 가동 중단을 여러 processor 개체들에 적용하고 싶은 경우에는 MTBF MTTR table 속성 창의 Members 탭에서 해당 개체들을 추가하면 된다. 단, 그래도 이들 개체들이 항상 동일한 시점에 가동 중단을 일으키는 것은 아니라는 점에 유의하여라.

모형 내에서 여러 가지 유형의 가동 중단이 발생하도록 하고 싶은 경우에는 새로운 MTBF MTTR table을 추가하여야 한다. 예를 들어, combiner 개체에 해당하는 기계에서는 결합할 작업물들을 투입하는 부분의 고장과 실제 결합을 수행하는 부분의 고장, 2가지 유형의 고장이 발생할 수 있으며, 이럴 때는 각각에 대한 MTBF MTTR table을 별도로 작성해주어야 할 것이다.

나아가, 다양한 유형의 가동 중단을 모형에 정확히 표현하기 위해서는 이들과 관련된 다양한 데이터들을 수집하고 분석하는 것이 필요하다.

Section 7-7 수리 담당자 명시

가동 중단이 발생하는 시스템에 대한 모형을 작성할 때는 가동 중단 그 자체에 대해서뿐만 아니라, 수리를 담당하는 인력의 행동 방식까지 묘사해주어야 하는 경우가 많다. 가동 중단 발생 시, 수리 담당자가 현장을 방문하도록 하기 위해서는 그림 7.11과 같이 MTBF MTTR table 속성 창의 Functions 탭에서 Down Function 항목을 Stop Object and Call Operators로 설정하여야 한다.

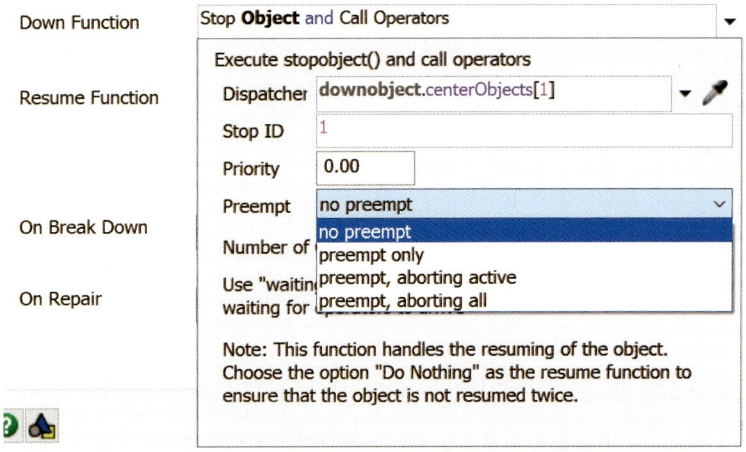

그림 7.11 : 가동 중단 발생 시 operator를 호출하도록 설정한 모습

그림 7.11과 같이 설정한 경우에는 Members 탭에 명시된 개체에서 가동 중단이 발생했을 때, 1번 중앙 포트에 연결된 개체(operator나 dispatcher 등)를 호출하게 된다. 물론, 필요한 경우에는 호출할 개체를 다른 방식으로 설정할 수도 있다. 나아가, 특정 기계의 수리 담당자가 1명으로 정해져 있는 경우에는 이에 해당하는 operator 개체와 해당 기계를 의미하는 개체 사이에 중앙 포트 연결을 만들어 두면 될 것이다. 반면, 특정 기계의 가동 중단 발생 시, 불특정 다수의 수리 담당자 중 1명을 호출하기 위해서는 해당 기계를 의미하는 개체를 dispatcher 개체와 연결하고, 이 dispatcher 개체에 여러 operator 개체들이 연결되도록 해야 할 것이다.

그림 7.11에서 볼 수 있는 Preempt 항목은 호출을 받은 operator의 대응 방식을 명시하는데 사용된다. 기본적으로(no preempt 항목이 선택된 경우), operator 등과 같은 Task Executer 개체들은 호출을 받아도 일단 기존에 하던 일을 마친 후 다음 작업을 수행한다. 즉, 이 같은 경우에는 가동 중단이 발생해도 다른 작업으로 인해 수리 담당자가 즉시 현장을 방문하지 못할 수도 있다.

Preempt only를 선택하면 호출을 받은 operator가 일단 현재 하던 일을 멈추고 다음 작업을 수행한다. 단, 현재 하던 일 외에도 다른 일들이 밀려 있는 경우에는 수리 요청에 즉시 응하는 것이 아니라, 밀려 있는 일들을 먼저 처리하게 된다. 만약, 밀려 있는 일들도 제쳐두고 수리 요청에 응하도록 하고 싶은 경우에는 preempt, aborting active 또는 preempt, aborting all을 택해야 한다. 이 둘의 차이점에 대해 자세히 알고 싶은 경우에는 *FlexSim* 사용자 매뉴얼을 참조하여라. 나아가, Down Function 항목을 Stop Object and Call Operators로 설정한 경우에는 수리 완료 시점에 가동 중단이 발생한 개체의 재가동과 수리를 담당하는 operator의 다른 작업 복귀가 자동으로 수행되므로, Resume Function 항목을 Do Nothing으로 설정하여야 한다.

Operator 개체가 여러 가지 유형의 작업을 수행해야 하는 경우에는 각 작업 유형 별로 우선 순위를 부여하여, 여러 작업들이 밀려 있을 때 우선 순위 값이 높은 것부터 처리하도록 할 수도 있으며, 그림 7.11의 Priority 항목은 현재 편집 중인 가동 중단의 우선 순위 값을 의미한다. 나아가, Use "waiting for operators" state while waiting for operators to arrive 항목을 No로 설정한 경우에는 수리 담당자의 방문을 기다리는 시간이 가동 중단 시간에 합산되나, 이 항목을 Yes로 설정하면 "waiting for operators"라는 상태(수리 담당자를 기다리는 상태)를 가동 중단과는 다른 별개의 상태로 간주하게 된다.

지금까지는 가동 중단 발생 시, operator가 수리를 담당하는 상황을 가정하고 논의를 진행해 왔으나, operator 이외에 transporter나 taskExecuter 등과 같은 다른 Task Executer 개체를 사용하여 고장을 수리할 수도 있으며, 이 같은 경우에도 앞과 동일한 방식으로 MTBF MTTR table의 속성을 설정하면 된다. 나아가, 실제 작업 현장에서는 고장 수리 작업에 특수한 우선 순위를 부여하는 경우가 종종 있는데, MTBF MTTR table을 잘 활용하면 이 같은 사항들도 충분히 표현할 수 있다는 점에 유의하여라.

Section 7-8 임시 보관 장소

경우에 따라서는 기계가 가동 중단 상태일 때 도착한 작업물들을 임시로 보관하는 장소가 필요할 수 있다. 물론 적시 생산(JIT)이나 Lean 생산 전략에서는 특정 공정에서 가동 중단이 발생했을 경우, 상류 공정에서도 작업을 중단하여 이 같은 임시 보관 장소의 사용을 최소화하기를 권장한다. 하지만, 현실적으로는 임시 보관 장소가 필요한 생산 현장도 얼마든지 존재한다.

임시 보관 장소를 사용하는 이유는 기계의 가동 중단으로 인해 흐름량이 저하되는 현상을 최소화하기 위해서이다. 다만, 임시 보관 장소를 활용할 때는 몇 가지 사항들에 대한 고려가 필요하다.

먼저, 임시 보관 장소가 유용하게 활용되기 위해서는 기본적으로 기계가 가동 중일 때 이 기계로 작업물이 유입되는 속도보다 이 기계에서 작업물이 유출되는 속도가 더 빨라야 한다. 즉, 아래와 같은 조건이 충족되어야 한다:

작업물 유출 속도 > 작업물 유입 속도

그렇지 않다면, 기계의 가동 중단이 발생했을 때 임시 보관 장소에 누적된 작업물들이 재가동 이후에도 줄어들지 않기 때문에, 임시 보관 장소를 사용하지 말고 기계 가동 중단 시, 상류 공정에서도 작업을 중단하는 것이 나을 것이다. 위 조건이 만족되는 경우, 그 다음으로 따져보아야 하는 것은 기계의 재가동 이후 누적된 작업물들을 모두 소진시키는데 소요되는 시간, 즉, 임시 보관 장소의 복구 시간(recovery time)이다. 중요한 것은 다음 번 고장이 발생하기 전까지 누적된 작업물들이 모두 소진되어야 한다는 점이다. 그렇지 않으면 장기적으로 임시 보관 장소에 누적되는 작업물의 양이 점차 증가할 것이기 때문이다. 즉, 복구 시간 RT가 아래와 같은 조건을 충족시켜야 한다:

$$RT < MTBF$$

나아가, 복구 시간 RT는 아래와 같이 계산할 수 있다:

$$\text{RT} = \frac{\text{유입 속도} \times \text{MTTR}}{(\text{유출 속도} - \text{유입 속도})}$$

아래와 같은 절차를 통해 간단한 모형을 작성하면, 시뮬레이션을 통해 임시 보관 장소의 효과성에 대한 분석을 실시할 수 있다:

1. Source, conveyor, processor 및 sink 개체 1개씩으로 구성된 모형을 작성한다. 여기서 conveyor 개체는 유한한 용량을 가진 임시 보관 장소에 해당한다.
2. Source 개체의 도착률(도착 간격의 역수, 작업물들의 유입 속도에 해당)과 processor 개체의 처리율(처리 시간의 역수, 작업물들의 유출 속도에 해당)을 적절히 설정한다.
3. Processor 개체에 적용될 MTBF MTTR table을 작성한다.

아울러, 가능하면 임시 보관 장소의 용량과 유입/유출 속도를 바꾸어가며 가장 적절한 운영 방안을 찾아보는 것이 바람직할 것이다.

Exercise 7-1 Keggler's Brew

분석 배경

Keggler's Brew사는 맥주 전용 용기에 담긴 맥주를 주로 주점이나 식당에 납품하는 주류 제조 업체이다. 최근 불경기가 계속되었음에도 불구하고 이 회사의 매출은 오히려 늘어난 것으로 나타났다. 아울러, 마케팅 부서에서는 앞으로 용량이 작은 제품의 수요가 증가할 것으로 보고 있다. 이에, 경영진에서는 두 종류의 제품들(소용량 및 미니 용량)을 새로 출시하는 것을 검토하고 있으며, 이에 대한 시장의 반응도 긍정적인 편이다.

기존에는 표준 용량 제품만 생산해 왔기 때문에, 신제품을 출시하기 위해서는 먼저, 3가지 제품(표준 용량 제품과 신제품 2가지)을 생산할 수 있도록 생산 라인을 개편하는 작업이 필요하다. 나아가, 기존 생산 라인의 작업 효율은 90%대였으나, 제품의 종류가 많아질 경우 어느 정도 비효율의 증가가 불가피할 것이다. 따라서, 경영진들은 3가지 제품을 생산하면서 85% 이상의 작업 효율을 유지하는 것을 목표로 삼고 있다.

문제 정의

실제로 3가지 제품을 생산하면서 85% 이상의 작업 효율을 유지하는 것이 가능하겠는지 판단하여라.

기존 운영 실태

그림 7.12에서 보듯이, 이 회사의 생산 현장에서는 제품의 생산을 위해 먼저 창고에서 가져온 빈 용기를 컨베이어 장치에 실어 충진 기계로 운반한다. 충진이 완료된 제품들은 다시 컨베이어 장치에 실어 자동 적재

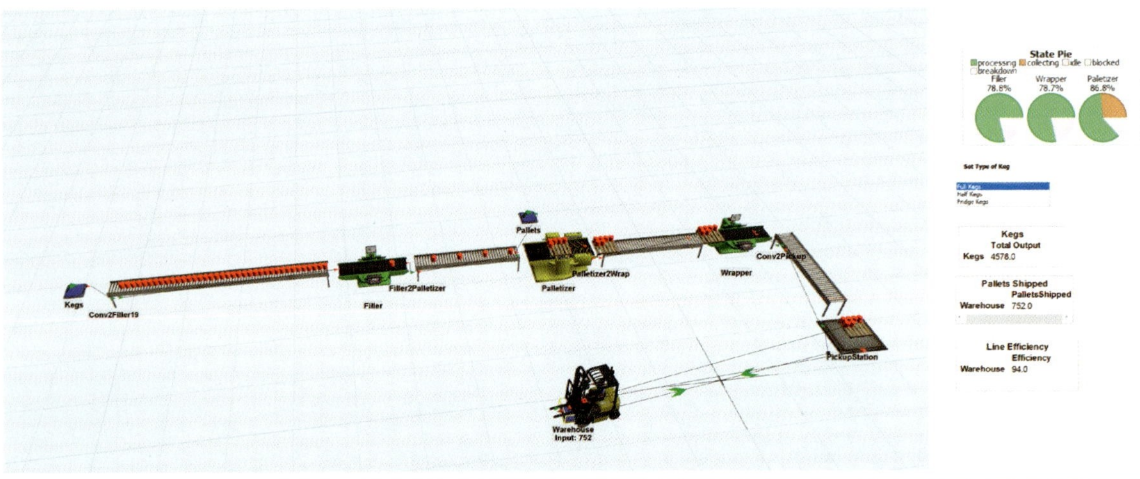

그림 7.12 : Keggler's Brew사 생산 현장

기로 운반하며, 이 기계는 팰릿에 제품들을 적재하는 기능을 수행한다. 이어, 제품들이 적재된 팰릿은 컨베이어 장치를 통해 포장 기계로 이동하게 된다.

포장 기계는 팰릿과 그 위에 적재된 제품들 전체에 비닐 랩을 씌우는 작업을 수행하며, 포장이 완료된 팰릿들은 컨베이어 장치를 이용하여 입고 대기 장소(용량=2)로 이동시킨다. 나아가, 이 현장에서는 대기 장소에 있는 팰릿들을 냉동 창고로 운반하기 위한 지게차 1대를 운용하고 있다.

제품 유형	빈 용기 도착률 (개/분)	충진 작업 처리율 (개/분)	팰릿 1개에 적재되는 제품 개수	자동 적재기 처리 시간 (초)	1일 최대 생산량 (처리 팰릿 개수)
표준 용량	10	12	6	23	800
소용량	16	18	8	28	960
미니 용량	24	30	12	30	960

표 7.1 : 각 제품 처리 시간 관련 정보

팰릿 위에 놓여 있는 제품의 개수와 무관하게 포장 작업 1회에는 항상 30초가 소요된다. 또한, 지게차는 한 번에 팰릿을 1개씩 운반하며, 제품 대기 장소와 냉동 창고 간의 이동에는 편도 당 15초가 소요된다.

그 외의 작업을 처리하는데 소요되는 시간이나 컨베이어 장치의 특성, 기계들의 신뢰성 등과 관련된 정보들은 표 7.1~표 7.3에 요약되어 있다.

컨베이어 장치 종류	길이 (피트)	용량	운반 속도 (피트/초)
빈 용기 운반용 컨베이어 장치	10	40	0.2
충진된 제품 운반용 컨베이어 장치	10	20	0.5
제품이 적재된 팰릿 운반용 컨베이어 장치	10	4	0.25
포장된 팰릿 운반용 컨베이어 장치	5	5	0.5

표 7.2 : 컨베이어 장치들의 규모 및 이송 속도

기계	MTBF (초)	고장 간격 확률 분포	MTTR (sec)	수리 시간 확률 분포
충진 기계	900	지수 분포	90	60초에서 120초 사이의 일양 분포
자동 적재기	1000	지수 분포	90	60초에서 120초 사이의 일양 분포
포장 기계	1200	지수 분포	120	80초에서 120초 사이의 일양 분포

표 7.3 : 각 기계들의 신뢰성 관련 정보

분석 목표

하루 일과 시간(8시간=28,800초) 동안에 대한 시뮬레이션을 실시하여, 냉동 창고로 유입되는 팰릿의 개수를 집계해 보고, 이를 토대로 목표 작업 효율(실제 총 생산량 / 총 최대 생산량)의 달성이 가능한지를 판단하여라.

분석을 하면서 생각해 볼 점들

- 시뮬레이션 시간의 단위를 어떻게 설정하는 것이 좋겠는가?
- 모형에 대한 입력값들을 어떻게 관리할 것인가? 어떤 테이블들을 사용하는 것이 좋겠는가?
- 세 가지 제품을 생산한다는 것을 어떻게 표현할 것인가?
- 다음과 같은 두 가지 시뮬레이션 방법 각각이 어떤 장단점을 갖겠는가?
    - 한 가지 유형의 제품만 만드는 생산 라인에 대한 시뮬레이션 모형을 작성한 후, 제품의 유형을 바꾸어 가면서 모형을 실행
    - 세 가지 유형의 제품을 만드는 생산 라인에 대한 시뮬레이션 모형을 작성하여 실행
- 제품의 유형에 따라 처리 시간이 달라지는 기계들의 경우, 처리 시간을 어떻게 설정해야 하겠는가?
- 제품의 유형에 따라 팰릿에 적재되는 제품의 수량이 달라진다는 점을 어떻게 표현할 것인가? (자동 적재기에 해당하는 combiner 개체의 OnEntry trigger를 이용하기 위해서는 combiner 개체에게 유입되는 제품의 유형을 알려주어야 할 것이다)
- 모형이 올바른 방식으로 작동하는지 여부를 어떻게 확인하는 것이 좋겠는가?
- 빈 용기를 생성하는 source 개체의 도착 간격을 어떻게 설정해야 하겠는가?
- 컨베이어 장치의 용량을 어떤 식으로 표현할 것인가?
- 모형에 시각적인 효과를 부여하는 것이 도움이 되겠는가? 어떤 효과를 부여하는 것이 좋겠는가?
- 지게차의 이동 속도를 어떻게 표현할 것인가?
- 작업장 내에서 병목 현상이 발생하는 곳은 어디인가? 어떻게 하면 이러한 병목 현상에 효과적으로 대응할 수 있겠는가?

Exercise 7-2 Chairs for Tots

분석 배경

Chairs for Tots사는 아동용 의자를 주문 제작하여 인터넷을 통해 판매하는 회사이다. 현재 주문 받은 물량을 제 때 생산하는 데는 큰 어려움이 없기 때문에, 이 회사의 생산 현장 관리자들은 주로 제조 원가를 낮추는데 집중하고 있다. 한 가지 문제가 있다면, 한 주간의 조업이 끝나는 시점에 생산 현장에 재공품이 남아 있는 경우, 이들을 그대로 방치해두었다가 그 다음 주에 남은 공정들을 진행한다는 점이다. 사실, 가능하면 재공품이 없는 상태에서 한 주간의 조업을 끝마치고 현장을 정리한 후, 그 다음 주에는 새로운 제품들에 대한 작업을 시작하는 것이 바람직하다. 특히, 재공품이 현장에 방치되어 있으면 주말에 정리정돈을 하는 것이 곤란하다. 나아가, 이 회사는 가급적이면 잔업을 실시하지 않는 것을 원칙으로 하고 있으며, 이에 따라 경영진들은 현장의 작업 속도를 높여 주말에 재공품이 방치되는 일을 방지하고, 현장 정리 및 기계 점검을 위한 시간을 확보하는 것을 고려 중이다.

문제 정의

작업 속도를 어느 정도로 높이는 것이 바람직하겠는지를 판단하여라.

기존 운영 실태

이 회사에 접수되는 주문들의 도착 간격은 평균이 25분인 지수 분포를 따른다. 다만, 성수기에는 평균 도착 간격이 20분이나 15분 정도로 짧아지기도 한다. 제품을 생산하는 공장은 매주 월요일 오전 8시에 조업을 시작하여 매일 24시간씩 가동되다가, 금요일 정오가 되면 주문 접수를 중단하고 그 때까지 마무리하지 못한 작업들의 처리 및 현장 정리 정돈을 실시한 후 오후 4시에 한 주간의 조업을 종료한다.

제품의 생산 과정은 크게 다음과 같은 4단계로 구성된다:

1. 주문 1건이 접수되면 제품을 만드는데 필요한 자재가 절단 기계 앞의 대기 장소로 이송된다. 대기 중인 자재는 절단 공정을 담당하는 근로자가 절단 기계에 투입해야 하며, 실제 절단 공정은 이 기계에 의해 자동으로 수행된다.

2. 절단 공정이 완료되면 절단 공정 담당 근로자가 가공된 자재를 컨베이어 장치에 실어 조립 및 도색 공정 대기 장소로 보낸다. 이후에는 조립 및 도색 공정을 담당하는 근로자가 자재들을 전달받아 기계를 이용하여 의자를 조립하고 색을 입히는 작업을 직접 수행한다.

3. 조립과 도색이 완료된 의자들은 컨베이어 장치에 실어 열처리 기계 앞의 대기 장소로 실어

보낸다. 열처리 기계는 한 번에 최대 5개의 의자들을 처리할 수 있다. 따라서, 보통은 5개의 의자들이 대기 장소에 모일 때까지 기다렸다가 열처리를 시작하나, 대기 시간이 150분에 도달한 의자가 있는 경우에는 대기 중인 의자들의 수가 5개 미만이라도 열처리 공정을 시작한다.

4. 열처리가 완료된 의자들은 컨베이어 장치에 실어 포장 공정 대기 장소로 운반하며, 포장 공정이 완료된 제품들에 대해서는 출고가 이루어진다.

주문 도착 간격 및 각 공정의 처리 시간은 표 7.4에 정리되어 있다:

공정	확률 분포
주문 도착 간격	평균이 25분인 지수 분포
절단	10분에서 20분 사이의 일양 분포
조립 및 도색	10분에서 20분 사이의 일양 분포
열처리	60분 (상수)
포장	평균과 표준 편차가 각각 20분, 5분인 정규 분포

표 7.4 : 도착 간격 및 처리 시간

아울러, 생산 현장에서는 다양한 가동 중단이 발생하곤 한다. 먼저, 절단 공정과 조립 및 도색 공정에서는 각각 고장과 부품 교체로 인한 가동 중단이 발생하는데, 경미한 고장의 경우 각 공정의 담당 근로자가 수리할 수 있으며, 해당 근로자들은 자신이 담당하는 공정에서 경미한 고장이 발생했을 때 하던 일을 멈추고 즉시 고장 수리를 수행하여야 한다. 이외의 가동 중단이나 고장은 전문 기술자 1인이 처리하는데, 이 기술자는 아동용 의자 생산 현장 뿐 아니라 다른 제품 생산 현장에서 발생한 고장에 대한 처리도 담당하고 있다.

고장 유형	고장 간격 확률 분포	수리 시간 확률 분포	수리 담당자
절단 공정의 경미한 고장	20분에서 80분 사이의 일양 분포	1분에서 4분 사이의 일양 분포	절단 공정 담당 근로자
조립 및 도색 공정의 경미한 고장	35분에서 55분 사이의 일양 분포	1.2분에서 3.0분 사이의 일양 분포	조립 및 도색 공정 담당 근로자
열처리 공정의 고장	평균과 표준 편차가 각각 420분, 20분인 정규 분포	평균과 표준 편차가 각각 5분, 2분인 정규 분포	전문 기술자
절단 기계 부품 교체	760분 (상수)	10분에서 15분 사이의 일양 분포	전문 기술자
조립 및 도색 기계 부품 교체	400분에서 560분 사이의 일양 분포	5분 (상수)	전문 기술자
다른 제품 생산 현장의 고장	평균이 100분인 지수 분포	평균과 표준 편차가 각각 20분, 5분인 정규 분포	전문 기술자

표 7.5 : 가동 중단 관련 데이터

작업물의 이송에 소요되는 시간은 아래와 같다:

- 주문 접수 시 자재를 절단 공정 대기 장소로 운반하는데 소요되는 시간: 3분
- 절단 공정 ➡ 조립 및 도색 공정: 3분
- 조립 및 도색 공정 ➡ 열처리 공정: 3분
- 열처리 공정 ➡ 포장 공정: 5분

아울러, 대기 장소나 컨베이어 장치들의 용량은 각각 아래와 같다:

- 절단 공정으로 향하는 컨베이어 장치의 용량: 10
- 절단 공정 대기 장소의 용량: 10
- 조립 및 도색 공정으로 향하는 컨베이어 장치의 용량: 10
- 조립 및 도색 공정 대기 장소의 용량: 5
- 열처리 공정으로 향하는 컨베이어 장치의 용량: 10
- 포장 공정으로 향하는 컨베이어 장치의 용량: 10

분석 목표

- 10주 간의 조업 기간에 대한 시뮬레이션을 실시하여라. 현실적으로는 지난 주에 끝내지 못했던 작업을 다음 주에 이어서 해야 하지만, 여기서는 매주 초에 남은 작업물이 없는 상태에서 조업이 시작되는 것으로 가정해도 무방하다. 나아가, 시뮬레이션 모형에 포함되어야 하는 작업자는 절단 공정 담당자, 조립 및 도색 공정 담당자, 전문 기술자의 3인이다.
- 작업 처리 속도를 바꾸어가면서 한 주간의 조업이 종료되었을 때 남아 있는 작업물의 수가 얼마나 되는지를 관찰하여라.

분석을 하면서 생각해 볼 점들

- 모형을 어느 정도로 정밀하게 작성해야 하겠는가? 의자 1개를 만드는데 필요한 여러 부품들을 일일이 표현할 필요가 있겠는가?
- 시뮬레이션 시간의 단위를 어떻게 설정하는 것이 좋겠는가?
- 시뮬레이션 모형의 실행 시간을 얼마로 할 것인가?

- 여러 개의 flowitem들이 그룹을 지어 함께 이동하는 것을 표현하기 위해 combiner 개체를 사용할 것인가?
    - 다른 개체를 사용하여 이를 표현할 수는 없겠는가?
    - 열처리 대기 장소의 최대 대기 시간을 어떻게 표현할 것인가?
- 어떤 성능 평가지표를 관찰해야 하는가?
- 금요일 오후 4시에 남아 있는 작업물이 없도록 하기 위해 공장을 어떤 식으로 개선하는 것이 좋겠는가?
    - 노조에서는 전문 기술자의 충원을 바라고 있다.
    - 절단 공정 담당자는 자재를 절단 기계에 자동으로 투입하는 장치가 필요하다고 주장한다.
    - 현장 관리자는 여러 작업물들을 모아서 한꺼번에 처리하기보다 각 작업물들을 따로따로 처리할 수 있는 열처리 기계를 도입하는 것이 바람직하다고 주장한다.
- 성수기에 주문 빈도가 늘어나는 것을 어떤 식으로 표현하면 되겠는가? 성수기에는 공장을 어떤 식으로 운영해야 하겠는가?

Chapter 7 Review Questions

1. 이 장에서 가장 기억에 남거나 흥미로웠던 점 세 가지를 이야기해보시오.

2. Time table에서 Daily Repeat mode와 Custom Repeat mode의 차이점을 간단히 설명하여라.

3. 표준 성능 평가지표의 종류를 몇 가지 이야기해 보시오.

4. 기계나 장비의 신뢰성이 시스템의 성능 평가지표에 어떤 영향을 주는지 간단히 설명하여라.

5. "가용성"과 "신뢰성"의 의미가 서로 어떻게 다른지 설명하여라.

6. MTBF와 MTTR 각각의 의미와 이들이 기계나 장비의 신뢰성을 표현하는데 필요한 이유를 설명하여라.

7. *FlexSim*에서 기계나 장비의 MTBF와 MTTR을 표현하는 방법을 설명하여라.

8. MTBF와 MTTR의 값을 추정하는 방법으로는 어떤 것들이 있는지 설명하여라.

9. 한 가지 기계 또는 장비에서 여러 가지 유형의 고장이 발생할 때 이를 어떤 식으로 표현해야 하는가?

10. 어떤 기계의 신뢰성이 아래와 같다고 가정하자.

$$R(t)=e^{-0.01t}$$

즉, 고장률 λ=0.01회/시간이다.

a. 신뢰성 R(t)의 의미를 설명하여라.
b. 이 기계가 앞으로 200시간 동안 고장을 일으키지 않을 확률은 얼마인가?
c. 직전 고장 수리 이후 이 기계가 현재까지 가동된 시간이 10시간일 때, 또는 300시간일 때 위 b 질문에 대한 답이 달라지겠는가?

11. 3대의 기계에서 동일한 유형의 고장이 발생할 때 이를 어떻게 표현해야 하겠는가?

12. 모형 실행 도중 processor 개체 주위에 가끔 나타나는 노란색 사각형은 무엇을 의미하는가?

13. 고장 발생 시 이를 처리해야 하는 operator가 하던 일을 멈추고 고장이 발생한 현장으로 즉시 오도록 설정하는 방법을 간단히 설명하여라.

14. 기계의 가동 중단에 대비하기 위한 임시 보관 장소의 역할을 간단히 설명하여라.

Chapter 8 불확실성에 대한 고려

학습목표

불확실성을 갖는 시스템을 분석하는데 필요한 다음과 같은 역량들을 습득한다:

(1) 시스템에 대한 배경 지식이나 실제 측정한 데이터를 이용하여 모형의 특성을 표현하는데 적합한 확률 분포를 선택할 수 있다.

(2) 선택한 확률 분포가 시뮬레이션 실행 도중 어떤 식으로 활용되는지를 설명할 수 있다.

지금까지 이 책의 내용을 잘 살펴본 독자들은 이미 파악했겠지만, 시뮬레이션 모형을 작성하는 과정에서 확률 분포(probability distribution)는 매우 빈번하게 사용된다. 특히, 고객의 도착 간격이나 처리 시간, 산출물의 품질 및 장비의 신뢰성 등이 갖는 변동성이나 불확실성을 표현하려면 확률 분포가 반드시 필요하다. 분석 대상 시스템의 특성 중, 불확실성을 갖는 것들은 특정 확률 분포를 따르는 확률 변수로 간주되며, 시뮬레이션이 실행되는 동안 이러한 확률 변수의 값은 명시된 확률 분포로부터 반복적으로 추출된다. 이는 시뮬레이션 분석을 하는데 컴퓨터가 필요한 이유 중 하나이기도 하다. 왜냐하면 확률 분포로부터 표본(sample)을 추출하기 위해서는 꽤 많은 계산이 필요하기 때문이다. 물론, *FlexSim*과 같은 시뮬레이션 소프트웨어들은 표본을 추출하는데 필요한 계산을 자동으로 수행해 준다. 하지만, 그렇다 하더라도 표본값들이 추출되는 과정에 대해 약간은 알아두는 것이 좋을 것이다.

불확실성을 갖는 변수의 특성을 표현하고자 할 때, 사용할 수 있는 확률 분포는 크게 연속(continuous) 확률 분포와 이산(discrete) 확률 분포의 두 가지로 구분할 수 있다. 나아가, 시간이나 거리와 같은 연속 확률 변수 X의 값을 추출할 때는 확률 밀도 함수(probability density function, 흔히 $f(x)$로 표현한다)를 이용하며, 대기 중인 고객의 수나 서버의 상태 등과 같은 이산 확률 변수 X의 값은 확률 질량 함수(probability mass function, 흔히 p(x)로 표현한다)를 이용하여 추출한다.

한편, 확률 분포를 모수적(parametric) 분포와 비모수적(nonparametric) 분포로 구분할 수도 있으며, 이 중 모수적 분포는 모수(parameter)를 갖는 함수를 이용하여 확률 분포의 특성을 표현할 수 있는 경우를 말한다. 나아가, 모수적 분포는 함수의 종류나 모수의 값에 따라 확률 분포의 형태나 산포도, 비대칭성 등의 특성이 달라진다. 대표적인 연속형 모수적 분포에는 정규 분포(normal distribution), 지수 분포(exponential distribution), Weibull(와이블) 분포 등이 있으며, 대표적인 이산형 모수적 분포의 예로는 Bernoulli(베르누이) 분포, 이항 분포(binomial distribution), Poisson(포아송) 분포 등을 들 수 있다. 단, 이 책에서는 확률 분포 각각의 특성에 대해서는 자세히 다루지 않을 것이므로, 이들에 대해 좀 더 자세히 알고 싶은 경우에는 공학 통계나 경영 통계 관련 서적을 참조하기 바란다. 비모수적 확률 분포의 경우, 그 특성이 함수 형태로 주어지지 않아, 표본을 추출하기 위해서는 실제 데이터가 필요하다.

시뮬레이션 모형에 적용할 확률 분포의 종류는 (1) 분석 대상 시스템의 특성에 대한 표본 데이터를 수집하여 이를 토대로 결정하거나, 아니면 (2) 분석자 개인의 판단에 근거하여 선택을 할 수도 있다. 나아가, 어느 쪽 방법을 사용하든 가장 중요한 것은 분석 대상 시스템의 특성에 맞는 확률 분포를 고르는 것이며, 이를 위해서는 확률 밀도 함수 또는 확률 질량 함수의 그래프나 히스토그램을 이용하여 확률 분포의 형태나 산포도 등을 미리 관찰해 보는 것이 바람직하다. 참고로, 히스토그램을 그리는 방법은 8-2절에서 잠깐 다룰 것이다.

이 장의 첫 번째 절에서는 먼저 시뮬레이션에서 확률 분포가 왜 중요한지를 설명할 것이며, 이후 절들에서는 적절한 확률 분포를 선택하는 방법과 확률 분포로부터 표본값을 추출하는 방법에 대해 살펴보고자 한다. 8-2, 8-3절에서는 이 중 확률 분포 선택 방법에 관해 논의하고자 하는데, 세부적으로는 이 2개 절에서 표본 데이터에 기반하여 적절한 확률 분포를 선택하는 방법과, 표본 데이터가 없을 때 확률 분포를 선택하는 방법을 순차적으로 소개할 것이다. 이후 절들에서는 무작위 표본(random sample)을 추출하는 방법을 설명할 것이며, 여기에는 연속 또는 이산 확률 분포로부터 무작위 표본을 추출하는 방법과 난수 생성기를 이용하여 무작위 표본을 추출하는 방법이 모두 포함된다. 몬테 카를로(Monte Carlo) 시뮬레이션이나 이산 사건 시뮬레이션에서 이러한 무작위 표본이 어떤 식으로 이용되는지는 다음 장에서 설명할 것이다.

Section 8-1 시뮬레이션에서 확률 분포의 중요성

시뮬레이션을 할 때는 반드시 적절한 확률 분포를 이용하여 대상 시스템의 특성을 올바르게 표현하여야 한다. Law [3]가 지적한 바와 같이, 종종 불확실성을 갖는 특성을 표현하는데 확률 분포가 아닌 평균값을 사용한다거나, 잘못된 확률 분포를 사용하기도 하는데, 이래서는 올바른 분석 결과를 얻을 수 없다. 하나의 time table을 여러 개체에 적용하거나, 한 개체에 여러 time table을 적용할 때도 주의가 필요하다. 하나의 time table에는 한 가지 반복 모드만 적용할 수 있기 때문이다. Time table의 사용법에 대해 좀 더 자세히 알고 싶은 경우에는 소프트웨어의 도움말을 참조하여라.

어떤 변수의 특성을 표현하는데 확률 분포 대신 평균값을 사용하면, 해당 변수는 불확실성을 갖지 않게 된다. 예를 들어, 단일 서버 대기행렬 시스템이 하나 있고, 이 시스템의 도착 간격은 평균이 1분인 지수 분포를 따른다고 가정해 보자. 처리 시간이 상수 0.9분이라면, 평균 대기 시간은 0.4분이 될 것이다[1]. 하지만 만약, 처리

1 처리 시간이 상수이므로, M/D/1 시스템에 해당하고, 그림 2.10의 계산식을 이용하여 평균 대기 시간을 구할 수 있다.

시간이 지수 분포를 따르는 경우에는 평균 처리 시간이 0.9분으로 동일하더라도 평균 대기 시간은 8.1분으로 두 배 이상 늘어난다[2]. 즉, 처리 시간의 불확실성을 배제한 채, 평균값만 고려하면 평균 대기 시간과 같은 주요 성능 평가지표의 값을 과소평가하여, 이로 인해, 의사 결정권자가 시스템이 가진 문제를 제때 인지하지 못하고 방치해 둘 위험성이 있다.

잘못된 확률 분포를 사용하는 것 역시 위험하기는 마찬가지이다. 앞서 2장에서 살펴보았던 단일 서버 시스템의 성능 평가지표 분석 결과를 통해, 단일 서버 대기행렬 시스템에서 처리 시간 확률 분포의 모수 값 변화가 평균 대기 시간에 어떤 영향을 미치는지를 좀 더 자세히 알아보기로 하자. 그림 8.1은 그림 2.14와 그림 2.15에 있는 그래프들의 일부 구간을 확대시킨 것이다. 각 영역에는 단일 서버 시스템의 성능 평가지표 변화 추이가 나타나 있으며, 양쪽 시스템 모두 도착 간격은 평균이 1분인 지수 분포를 따른다.

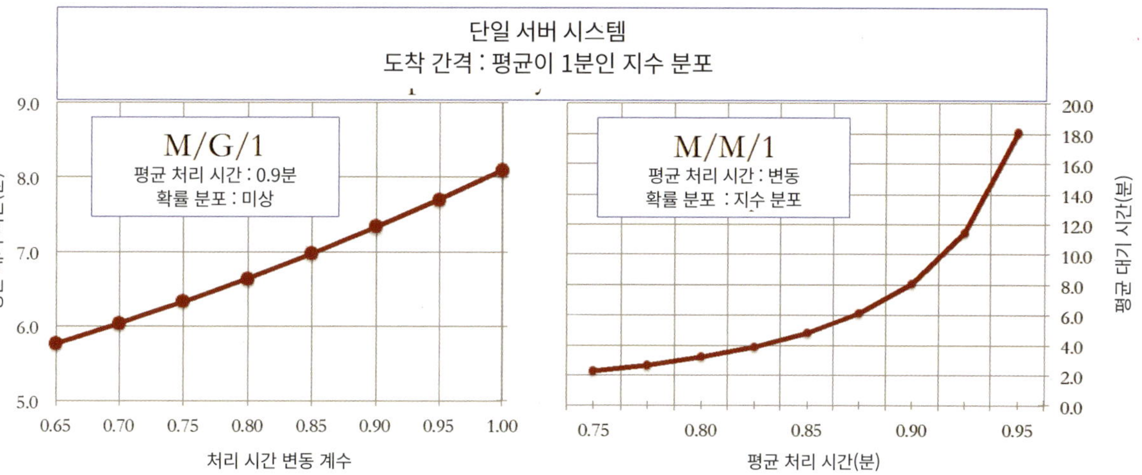

그림 8.1 : 단일 서버 시스템에서 확률 분포의 모수 값이 시스템의 성능 평가지표에 미치는 영향

그림 8.1 좌측 영역의 시스템은 평균 처리 시간이 0.9분으로 일정하나, 변동성의 크기, 즉, 변동계수(표준 편차/평균) C_v는 0.65에서 1.0사이의 다양한 값을 가지며, 이 때 평균 대기 시간은 최소 5분 후반에서 최대 8분 이상까지 증가하는 것을 볼 수 있다.

한편, 위 그림의 우측 영역의 시스템은 C_v의 값이 1.0으로 일정하나(이는 지수 분포의 특성이기도 하다), 평균 처리 시간이 0.75분에서 0.95분 사이의 값을 가지며, 평균 처리 시간이 0.75분일 때는 평균 대기 시간이 약 2분이나, 평균 처리 시간이 0.95분일 때는 평균 대기 시간이 약 18분까지 늘어난다. 지수 분포의 경우, 평균값이 약간만 변해도 시스템의 성능에 매우 큰 영향을 줄 수 있다는 점을 기억하여라. 앞의 예에서는 평균 처리 시간이 약 27% 증가했을 때, 평균 대기 시간이 무려 800% 가량이나 증가하였다!

뚜렷한 근거 없이 확률 분포의 특성이 어떠할 것이라고 지레짐작해버리는 경우에는 잘못된 확률 분포를 사용하게 될 가능성이 크다. 예를 들어, 모형을 작성할 때 어떤 확률 변수가 지수 분포를 따른다고 가정하는 경우가 많은데, 지수 분포가 대기행렬 이론에서 많이 활용되기는 하지만, 이는 성능 평가지표의 계산식을 간단히 유도하기 위해서일 뿐이다. 시뮬레이션에서는 지수 분포 이외의 다양한 확률 분포를 사용한다고 해서 분석 과

2 M/M/1 시스템에 해당하고, 그림 2.7의 계산식을 이용하여 평균 대기 시간을 구할 수 있다.

정이 더 복잡해지거나 하는 일이 없으며, 단지 모형을 작성할 때 필요한 확률 분포의 명칭을 정확히 입력하도록 신경쓰기만 하면 된다. 습관적으로 정규 분포를 이용하는 경우도 종종 있는데, 이는 아마도 정규 분포가 가장 대중적으로 잘 알려진 확률 분포이기 때문일 것이다. 나아가, 정규 분포는 기초 통계 과목에서도 많이 다루어진다. 하지만, Law [3]가 지적한 바와 같이, 정규 분포가 시뮬레이션 모형의 특성을 적절히 표현하지 못하는 경우도 종종 있다. 참고로, Law는 "약간의 과장을 섞어 말하자면, 정규 분포는 주로 통계학 서적을 쓰는데 이용된다"라고 덧붙였다.

한편, 모형 작성자가 상세한 로직의 구현이나 모형의 외관 치장에 지나치게 신경을 쓰다 보니, 데이터를 분석하거나 적절한 확률 분포가 무엇인지를 판단할 시간적, 정신적 여유가 부족한 경우도 종종 있다. 아무리 정교하고 멋진 모형이라도 확률 변수의 특성이 정확한 확률 분포로 표현되지 않으면 쓸모가 없다는 점에 유의하여라. 물론, 반대로 정확한 확률 분포를 선택하였으나, 필요한 로직이 충분히 구현되지 않은 모형도 쓸모 없기는 마찬가지이다. 다만, 일반적으로 후자와 같은 상황이 발생하는 일은 거의 없다. 정리하자면, 올바른 분석 결과를 얻기 위해서는 적절한 로직 구현과 올바른 확률 분포 선택이 이루어져야 하며, 둘 중 하나라도 소홀히 하면 분석 목표를 달성하기가 어려워진다.

실제로 확률 변수의 특성을 표현할 확률 분포를 선택할 때는, 먼저 해당 확률 변수 값이 유한한지 아니면 무한한지를 따져보는 것이 바람직하다. 특히, 정규 분포(무한히 큰 양수 또는 무한히 작은 음수 값을 가질 수 있음)나 지수 분포(무한히 큰 양수 값을 가질 수 있음)와 같은 무한(unbounded) 확률 분포를 사용할 때는, 혹시 실제 확률 변수의 값에 제한이 있지 않은지를 면밀히 검토하여야 한다. 시뮬레이션이 수행되는 동안 확률 분포로부터 무작위 표본을 반복적으로 추출하게 되는데, 간혹 낮은 확률로 매우 크거나 작은 극단적인 값이 추출되는 경우도 있기 때문이다. 예를 들어, 처리 시간이 지수 분포를 따르고 평균이 10분이라면, 처리 시간의 표본값을 추출했을 때, 30분 이상의 값이 얻어질 확률이 5%이며, 나아가, 평균의 10배에 달하는 100분 이상의 값이 얻어질 확률은 0.005%이다. 물론, 후자와 같은 값이 얻어질 확률은 매우 낮지만, 일단 이런 극단적인 값이 한번이라도 추출되면 시스템의 행태나 성능이 크게 왜곡될 수 있다. 따라서, 이러한 일을 방지하기 위해서는 유한(bounded) 확률 분포를 사용하거나, 추출된 표본값들 중 극단적인 것들을 배제하도록 하는 것이 바람직할 것이다.

결론적으로 말해, 시뮬레이션 프로젝트를 수행하기 위해서는 적절한 분석을 통해 모형에 적용할 확률 분포를 정확히 파악하는 능력을 갖추어야 한다. 그렇지 않으면, 시스템 성능 추정 결과가 부정확해지고, 이로 인해 잘못된 의사결정을 내리게 될 가능성이 크기 때문이다.

Section 8-2 표본 데이터에 기반한 확률 분포 선택

일반적으로는 먼저 분석 대상 시스템의 특성에 관한 실제 데이터를 수집한 후, 이에 대한 분석 결과를 토대로 시스템의 특성을 표현하는데 적합한 확률 분포를 선택하는 경우가 많다. 나아가, 여기서 말하는 분석이란, 간단한 시각적 관찰이 될 수도 있고, 보다 정교한 통계적 분석이 될 수도 있다. 수집된 표본 데이터를 활용하는 방법은 크게 모수적 접근법과 비모수적 접근법의 두 가지로 구분된다. 이 중, 모수적 접근법이란 먼저 표본 데이터가 특정 확률 분포를 따른다고 가정하고, 표본 데이터를 이용하여 해당 분포 함수의 모수를 추정하는 작업을 여러 확률 분포에 대하여 반복한 후, 이들 중 표본 데이터에 가장 적합한 확률 분포를 선택하는 과정을 말한다. 참고로, 여기서 "적합"이라는 말의 의미는 표본 데이터의 특성이 특정 확률 분포의 특성과 유사함을 의미한다. 반면, 비모수적 접근법이란 확률 분포의 특성을 함수로 표현하지 않고, 표본 데이터를 모집단처럼 사용하는 것을 말한다.

대부분의 데이터 분석이 그렇듯이, 모수적 접근법을 사용할 때는 충분한 분량의 표본 데이터를 확보하는 것이 중요하며, 표본 데이터가 많을수록 정확한 확률 분포를 택하게 될 가능성도 높아진다. 나아가, Law [2]는 표본 데이터를 기반으로 확률 분포를 선택하기 위해서는 최소 100개 이상의 포본값이 필요하며, 가급적이면 200개 가량의 표본값을 확보하는 것이 좋다고 조언한 바 있다. 그렇다고 표본값의 수를 무한정 늘릴 필요는 없으며, Law [2]에 따르면, 통상적으로 표본값의 수가 200개를 넘는 경우에는 더 이상 표본값을 늘리는 것이 큰 의미가 없다. 결과적으로, 적절한 확률 분포를 선택하기 위해서는 대략 100개 내지 200개의 표본값을 수집하는 것이 바람직하다. 다만, 현실적으로는 이 정도 분량의 표본 데이터를 확보하는 것이 어려워, 100개 미만의 표본값들을 이용하여 적절한 확률 분포가 무엇인지를 판단해야 하는 경우도 종종 있다. 이럴 때는 적은 데이터라도 최대한 분석을 해 보는 것이 좋다. 표본의 분량이 적다고 이를 무시해도 되는 것은 아니라는 점에 유의하여라.

표본 데이터가 확보된 이후에는 본격적으로 분석을 시작하기 전에 이상치(outlier)의 유무를 검토해 보아야 한다. 이상치란 다른 표본값들에 비해 지나치게 크거나 작은 값을 갖는 표본값을 말하며, 가능하면 데이터에서 제거해 주는 것이 바람직하다. 평균이나 표준 편차 등과 같은 모수들의 값을 왜곡하거나, 부적합한 확률 분포가 적합한 것처럼 보이게 할 수 있기 때문이다.

이 절에서는 주로 *ExpertFit*이라는 이름의 소프트웨어를 이용하여 논의를 진행할 것이다. *ExperFit*은 표본 데이터에 적합한 확률 분포가 무엇인지를 알아보는 데 사용할 수 있는 소프트웨어로, Averill Law[2] 박사에 의해 개발되었다. 또한, *ExpertFit*은 별도로 구매하는 것도 가능하나, *FlexSim*을 구매하면 그 안에 기본적으로 *ExpertFit* 모듈이 포함되어 있다. *FlexSim*에서 *ExpertFit*을 활용하고 싶은 경우에는 상단에 있는 메뉴의 *Statistics* ➡ *ExpertFit* 항목을 선택하면 된다.[3] *ExpertFit*의 사용법에 대해 좀 더 자세히 알고 싶은 경우에는 해당 소프트웨어의 사용자 매뉴얼[2]을 참조하여라. 통계적 검정을 포함하여, 확률 분포 선택에 필요한 다양한 기능들을 종합적으로 제공한다는 점에서 *ExpertFit*은 매우 유용한 소프트웨어이다. 아울러, 확률 분포 선택의 이론적 배경에 대해 알아보고 싶은 사람들은 Law 박사가 저술한 관련 서적[1]의 7장이나 2013년 Winter Simulation Conference 튜토리얼[3]을 참조해 보기 바란다.

모수적 및 비모수적 접근법 중 어느 쪽을 사용하더라도 처음에는 표본 데이터를 시각적으로 관찰해 보는 것이 좋으며, 가장 널리 사용되는 시각적 관찰 도구로는 히스토그램을 들 수 있다. 히스토그램이란 값의 범위를 일정한 크기의 계급들로 분할한 후, 각 계급에 속하는 표본값들의 개수, 다시 말해 도수(frequency)를 막대 그래프 형태로 나타낸 것을 말한다. 단, 표본값들의 분포를 히스토그램 형태로 표현하면 개별 표본값들의 상세한 값들은 소실되고, 각 계급에 속하는 표본값들의 도수만 관찰할 수 있다.

예를 들어, 시뮬레이션 모형을 작성하는 과정에서 처리 시간의 특성을 표현하는데 사용할 확률 분포를 선택하기 위해, 그림 8.2와 같이 처리 시간의 표본값 50개를 수집했다고 가정해 보자. 사실, 이 값들은 Microsoft

3 단, express 버전에서는 이 항목이 비활성화되어 있다.

Excel을 이용하여 평균이 10이고 표준 편차가 3인 정규 분포로부터 50개의 표본을 추출한 결과에 해당한다. 하지만, 실제로는 이러한 모집단의 확률 분포를 모르는 경우가 대부분이며, 모집단의 확률 분포가 알려져 있는 상황이라면 애초에 표본 데이터를 수집하여 확률 분포를 선택할 필요도 없었을 것이다. 잠시 후에 보다 상세히 논의하겠지만, 정규 분포로부터 값들을 추출했음에도 불구하고, 이 데이터는 정규 분포를 따르지 않는 것처럼 보인다. 이처럼, 표본을 이용한 통계적 추론은 틀릴 수도 있다는 점에 유의하여라. 다시 말해, 전체 모집단을 조사해 보지 않는 이상, 추론 결과가 틀릴 위험성은 항상 존재한다. 다만, 시간 또는 비용 상의 문제로 인해 전체 모집단을 조사하는 것은 보통 현실적으로 불가능하다.

1.25	7.51	14.20	9.85	7.00	5.76	12.81	9.62	8.78	12.62
6.91	13.32	5.95	4.69	11.49	11.24	7.29	7.21	9.45	12.08
11.84	12.61	9.32	5.68	7.85	5.47	12.35	5.89	6.57	11.73
10.95	13.65	10.58	8.22	12.14	9.28	6.10	13.68	7.67	11.40
12.02	8.52	9.46	12.80	9.35	11.69	14.01	11.28	3.63	11.18

그림 8.2 : 처리 시간의 확률 분포를 경정하기 위해 수집한 처리 시간 표본값 (n=50)

기본적인 히스토그램 작성 절차는 다음과 같다:

1. 계급의 개수 k를 결정한다. 가장 단순한 방법은 표본 크기 n의 제곱근을 사용하는 것이다. 즉, 보통 히스토그램을 그릴 때는 $k = \sqrt{n}$ 개의 계급을 사용하는 경우가 많다. 물론, k가 소수값을 가질 수는 없으므로, 실제로는 $\sqrt{n}$인근의 정수값을 사용해야 할 것이다. 앞의 예에서는 계급의 개수 $k = \sqrt{50} = 7.07$이므로, 이를 올림하여 8개의 계급을 사용하기로 하자.

2. 계급의 크기 w를 결정한다. 적절한 w 값을 사용하면 막대들의 상단 가운데를 서로 연결했을 때, 부드러운 곡선이 형성된다[3].[4] 적당한 계급 크기를 모르는 경우에는 $w = \frac{max - min}{k}$ 으로 정할 수도 있으며, 여기서 max와 min은 각각 표본의 최대값 및 최소값을 의미한다. 나아가, 해석의 편의성을 위해서는 계급의 크기 역시 정수로 정하는 것이 바람직하며, 따라서 실제로는 $\frac{max - min}{k}$ 인근의 정수를 계급의 크기로 정하는 경우가 많다. 앞의 예에서는 $\frac{14.20 - 1.25}{8} = 1.62$ 이므로, 계급의 크기를 2로 정하기로 하자.

3. 가로축의 시작값 s를 결정한다. 보통 표본의 최소값 이하의 정수를 시작값으로 사용하는 경우가 많은데, 반드시 그렇게 해야 하는 것은 아니다. 앞의 예에서는 표본의 최소값이 1.25이므로 s의 값을 0이나 1로 설정할 수 있을 것이다. 편의 상, 여기서는 s=0이라 하자.

4. 계급들을 생성한다. 첫 번째 계급은 s에서 $s+w$까지의 구간을 차지할 것이며, 여기서 첫 번째 계급의 상한값 s+w를 UL_1 (upper limit 1)이라 표현하기로 하자. 이후에는 i번째 계급 (i=2, 3, ⋯,

4 계급의 크기가 너무 작으면 들쭉날쭉한 톱니 모양이 형성되고, 계급의 크기가 너무 크면 막대들의 높이가 비슷비슷한 평면 형태가 나타난다.

k)이 각각 UL_{i-1}에서 $UL_{i-1}+w\,(=UL_i)$까지의 구간을 순서대로 점유해 나갈 것이다. 앞의 예에서는 첫 번째 계급이 0에서 2.00까지의 구간을 차지하고, 두 번째 이후 계급들은 각각 $2\times(i\text{-}1)$에서 $2\times(i\text{-}1)+2$까지의 구간을 차지하게 된다(i=2, 3, ⋯, k). 각 계급 간에는 중첩이 없어야 하며, 인접한 계급 사이에 빈 구간이 있어서도 안 된다. 따라서, 모든 표본값은 정확히 1개 계급에 속하게 될 것이다. 나아가, 현재 표본들의 값이 소수 둘째 자리까지 기록되어 있으므로, 각 계급의 구간을 0~1.99, 2.00~3.99, ⋯ 와 같이 표현할 수도 있다.

5. 표본값들을 적절한 계급에 할당한다. 예를 들어, 그림 8.2에서 첫 번째 값인 1.25는 첫 번째 계급에, 그 다음 값들인 7.51과 14.20은 각각 네 번째 계급과 여덟 번째 계급에 할당될 것이다.

6. 각 계급에 할당된 표본값들의 개수를 집계한 다음, 이를 그림 8.3과 같이 막대 그래프 형태로 표현한다. 이 그림의 가로축에는 각 계급의 경계가 아닌 중간 위치가 표시되어 있다는 점에 주의하여라. 결과적으로, 50개의 표본값들이 이제 8개의 계급별 도수로 요약되었으며, 이 외에도 그림 8.3에는 평균이나 중위수, 분산 등과 같은 기본적인 기술 통계량들이 함께 나타나 있다.

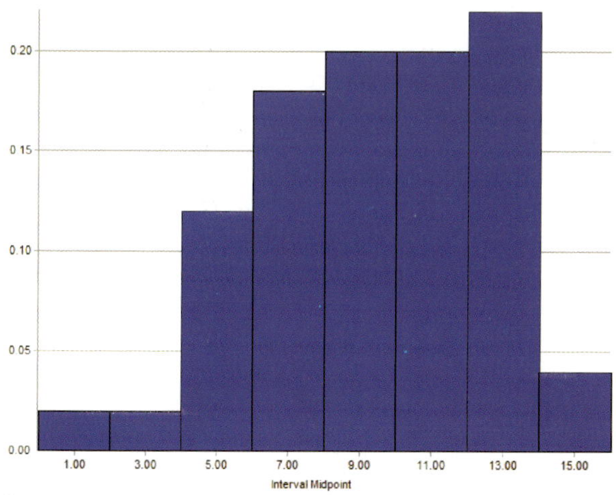

Data-Summary Table

Data Characteristic	Value
Source file	<edited>
Observation type	Real valued
Number of observations	50
Minimum observation	1.25100
Maximum observation	14.19900
Mean	9.51914
Median	9.54000
Variance	9.15778
Coefficient of variation	0.31790
Skewness	-0.48778

그림 8.3 : 표본 데이터에 대한 히스토그램 및 기술 통계량

앞의 히스토그램만 가지고 이 데이터에 어떤 확률 분포가 적합한지를 판단하기는 쉽지 않다. 그렇지만, 최소한 분포가 단봉형(unimodal, 봉우리가 1개)이고, 특별한 이상치는 없어보인다는 것 정도는 쉽게 파악이 가능할 것이다. 만약, 표본 중 30과 같은 매우 큰 값이 있었다면, 혹시 뭔가의 오류인지, 아니면 간혹 시스템에서 발생할 수 있는 상황인지 등에 대해 좀 더 조사를 할 필요가 있었을 것이다. 이 같은 문제를 방지하기 위해서는 가능한 많은 표본을 확보하여야 한다. 나아가, 현재 평균과 중위수의 값은 비슷하나, 왜도(skewness)의 값이 -0.48778이기 때문에 데이터의 분포 형태가 비대칭적임을 알 수 있다[5]. 물론, 앞에서 언급한 바와 같이, 표본은 모집단의 극히 일부에 지나지 않기 때문에, 실제 모집단의 특성이 우리의 생각과 다를 가능성도 존재한다.

5 평균과 중위수의 차이가 작을수록 분포가 대칭을 이룰 가능성이 커지나, 항상 그런 것은 아니다. 한편, 왜도는 값이 0인 경우 분포가 좌우대칭임을 의미하고, 음수는 봉우리가 오른쪽에, 양수는 봉우리가 왼쪽에 치우쳐 있음을 나타낸다.

모수적 접근법

모수적 확률 분포를 이용하여 확률 변수의 특성을 표현하기 위해서는 먼저, 확률 분포의 종류(예: 정규 분포 또는 지수 분포 등)를 선택한 다음, 해당 분포가 갖는 모수(예: 정규 분포의 평균과 표준 편차, 지수 분포의 평균 등)들의 값을 추정하여야 한다.

표본 데이터에 적합한 확률 분포 함수의 종류를 선택하는데 사용할 수 있는 분석 기법은 다양하며, 그 중 대표적인 것으로는 아래와 같은 것들을 들 수 있다. 그 밖의 기법에 대해 좀 더 자세히 알아보고 싶은 경우에는 Law [1]를 참조하여라.

1. 발견적 기법(heuristic, 히스토그램을 보고 판단하는 것을 의미)
2. 적합도 검정(goodness of fit test)
3. 분포 차이 그래프(probability difference graph)

어떤 기법을 사용하든, 기본적으로는 먼저 히스토그램 형태로 표현된 표본 데이터와 다양한 확률 분포들의 특성을 비교하여, 그 중 표본과 특성이 가장 비슷한 확률 분포를 선택하게 된다. 다만, 분석 절차가 얼마나 정형화되어 있는지, 그리고 특정 확률 분포의 적합성을 평가할 때 얼마나 다양한 정보를 고려하는지 등에 있어서는 기법마다 어느 정도 차이가 존재한다. 발견적 기법이란, 쉽게 말해 그림 8.3과 같은 표본 데이터의 히스토그램 위에 여러 가지 확률 분포의 밀도 함수를 겹쳐 놓고, 그 중 히스토그램과 모양이 가장 비슷한 함수가 무엇인지 찾아보는 것을 의미한다. 예를 들어, 그림 8.3의 히스토그램을 볼 때, 일양 분포(uniform distribution, 모든 값들의 발생 가능성이 동일하다고 가정하는 연속 확률 분포)는 현재 표본 데이터에 그다지 적합하지 않을 것이다. 일양 분포의 확률 밀도 함수 그래프와 히스토그램의 형태가 많이 다르기 때문이다.

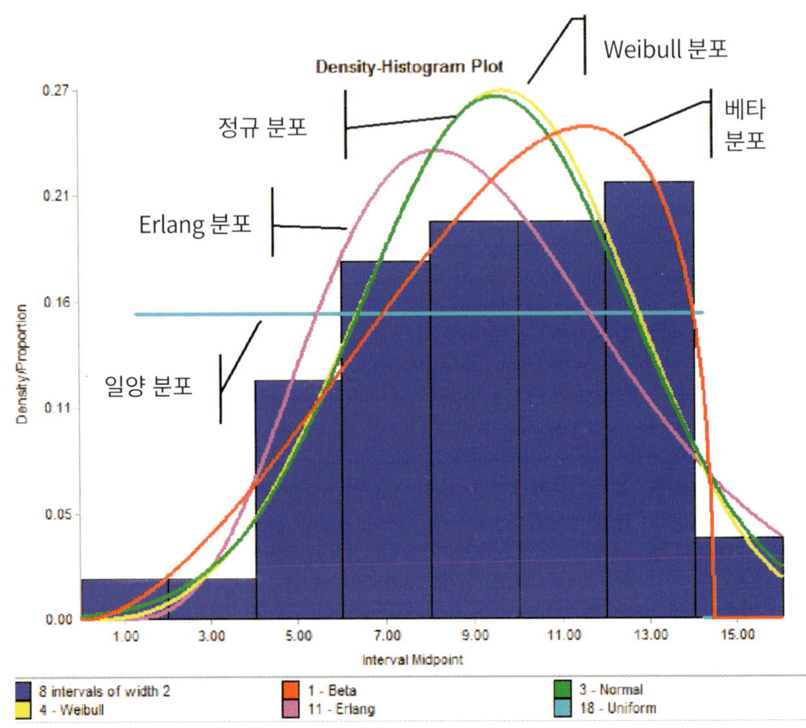

그림 8.4 : 표본 데이터의 분포와 잘 알려진 모수적 확률 분포들의 형태 비교

그림 8.4는 앞의 히스토그램에 몇 가지 잘 알려진 확률 분포들의 밀도 함수를 겹쳐놓은 모습을 보여주고 있으며, 일양 분포를 제외한 나머지 확률 분포들은 대체로 표본 데이터에 어느 정도 적합한 것처럼 보인다.

통계학에서 말하는 적합도 검정 기법을 사용하면, 다양한 확률 분포들과 표본 데이터 사이의 적합성을 보다 체계적으로 평가해 볼

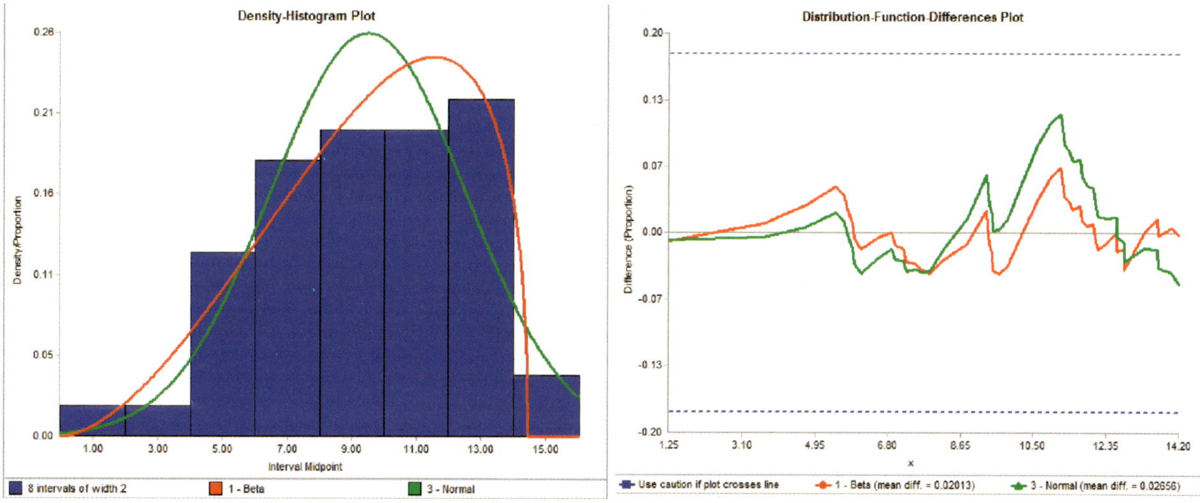

그림 8.5 : 분포 차이 그래프를 이용한 확률 분포 적합성 평가

수 있다. 적합도 검정의 기본적인 개념은 발견적 기법과 유사하다. 다만, 이 기법은 통계 이론에 바탕을 두고 있어, 발견적 기법에 비해 보다 정량적인 분석이 가능하다는 장점이 있다. 적합도 검정에서는 카이제곱 검정(Chi-Squared test), Anderson-Darling 검정 및 Kolmogorov-Smirnov 검정 등을 이용하여 확률 분포의 적합성을 평가하는데, 이 중 카이제곱 검정이 히스토그램처럼 요약된 데이터를 사용하는 반면, 나머지 두 검정은 원래의 표본값들을 그대로 사용한다. 이들 및 그 외 다양한 가설 검정들에 대해 좀 더 자세히 알고 싶은 경우에는 공학 통계나 경영 통계 관련 서적을 참조하여라. 상기한 가설 검정을 수행하는데 어려운 계산이 필요한 것은 아니나, 때로는 계산량이 많아질 수 있다. 따라서, 실제 분석을 할 때는 보통 소프트웨어(예를 들어, *ExprtFit* 과 같은)를 이용하는 경우가 많다.

특정 확률 분포의 적합성을 평가하는 또 다른 방법으로는 분포 차이 그래프를 들 수 있다. 분포 차이 그래프란 표본 데이터의 누적 분포 곡선과 모수적 확률 분포의 누적 분포 함수 곡선의 차이를 도식화한 것을 의미하며, 그림 8.5에서 분포 차이 그래프(우측 영역의 Distribution-Function-Differences Plot)의 예를 볼 수 있다. 이 그림의 좌측 영역에서는 표본 데이터의 히스토그램과 함께 베타 분포 및 정규 분포의 확률 밀도 함수 곡선이 그려져 있는 것을 볼 수 있으며, 우측 영역은 베타 분포 및 정규 분포 각각이 표본 데이터에 적합한지를 알아보기 위한 분포 차이 그래프를 보여준다. 대단히 드문 경우겠지만, 만약, 어떤 모수적 확률 분포와 표본 데이터의 분포 형태가 정확히 일치한다면, 이 분포는 분포 차이 그래프에서 세로축의 값이 0인 수평선(중심선)으로 표시된다. 반면, 분포 차이 그래프에서 특정 확률 분포를 나타내는 선이 중심선으로부터 많이 벗어나 있다면, 이는 해당 확률 분포의 적합도가 낮다는 것을 의미한다. 이 예에서는 그래프의 오른쪽으로 갈수록 베타 분포와 정규 분포의 적합도가 떨어지는 모습을 볼 수 있다. 나아가, 정규 분포보다는 베타 분포의 적합도가 좀 더 높아 보이기는 하나, 이들을 나타내는 선들이 모두 관리 한계선 내에 있으며, 대체로 중심선 근처에 머무르고 있어, 둘 중 어느 쪽을 사용해도 큰 문제는 없을 것이다.

표본 데이터와 다양한 확률 분포들 간의 적합성을 평가하기 위해 *ExpertFit*은 여러 가지 통계적 기법들을 활용한다. 결과적으로, 이 소프트웨어는 (1) 특정 표본 데이터와 가능한 많은 종류의 확률 분포 간의 적합성을 통계적으로 검증하고, (2) 각각의 확률 분포에 대한 분석 결과들을 취합하며, (3) 이를 바탕으로 각 확률 분포들의 상대적인 적합도를 비교하는데 매우 유용하다. 그림 8.6은 *ExpertFit*을 이용하여 그림 8.2의 표본 데이터에 가장 적합한 확률 분포 3가지를 선별해 본 결과를 보여주며, 여기에는 각 확률 분포의 모수값에 대한 추정치도 포함되어 있다. 뿐만 아니라, 그림 8.7의 오른쪽 영역 제일 아래 줄과 같이, *ExpertFit*은 선별된 확률 분포를 *FlexSim*에서 표현하는데 필요한 구문도 자동으로 생성해 준다.

대부분의 모수적 확률 분포들은 단봉형으로, 확률 밀도 함수의 곡선이 하나의 봉우리만을 갖는다는 점에 유의하여라. 이로 인해, 그림 8.8의 좌측에 있는 그래프와 같이 다봉형(multimodal) 분포를 나타내는 표본 데이터의 경우에는 적합한 모수적 확률 분포를 찾는 것이 쉽지 않으며, 이럴 때는 비모수적 접근법을 사용하기도 한다.

Relative Evaluation of Candidate Models

Model	Relative Score	Parameters	
1 - Beta	98.00	Lower endpoint	0.04303
		Upper endpoint	14.45215
		Shape #1	2.73506
		Shape #2	1.43259
2 - Johnson SB	98.00	Lower endpoint	0.11269
		Upper endpoint	14.93477
		Shape #1	-0.63629
		Shape #2	0.95206
3 - Normal	90.00	Location	9.51914
		Scale	3.02618

26 models are defined with scores between 0.00 and 98.00

Absolute Evaluation of Model 1 - Beta

Evaluation: Good

Suggestion: Additional evaluations using Comparisons Tab might be informative. See Help for more information.

Additional Information about Model 1 - Beta

"Error" in the model mean relative to the sample mean 0.01997 = 0.21%

그림 8.6 : 샘플 데이터에 적합한 모수적 확률 분포 선별 결과

반면, 경우에 따라서는, 다봉형 분포를 보이는 데이터에 대해 보다 심층적인 분석을 실시하는 것이 대상 시스템의 특성을 이해하는데 도움이 될 수도 있다. 일반적으로 여러 종류의 제품을 생산하거나, 여러 가지 유형의 고객들을 응대하는 시스템에서는 제품이나 고객의 유형에 따라 처리 시간도 달라지기 때문에, 각각의 작업 유형에 대한 처리 시간을 구분하여 따로따로 분석하는 것이 바람직하다. 예를 들어, 그림 8.8의 오른쪽 영역에서는 밝은 색깔의 막대와 어두운 색깔의 막대가 서로 다른 작업 유형을 의미한다. 편의 상 이들을 유형 1, 유형 2로 구분하기로 하자. 현재 그림 8.8에는 총 40개의 표본값들에 대한 히스토그램이 그려져 있는데, 이 중 10개(밝은 색깔)는 유형 1의 처리 시간들이며, 평균과 표준 편차가 각각 10분, 3분인 정규 분포를 따르는 반면, 나머지 30개(어두운 색깔)는 유형 2의 처리 시간들로, 평균과 표준 편차가 각각 20분, 5분인 정규 분포를 따른다. 즉, 한 가지 유형의 작업 처리 시간은 일반적인 단봉형 분포를 따르지만, 이들을 섞어놓으니 처리하기 까다로

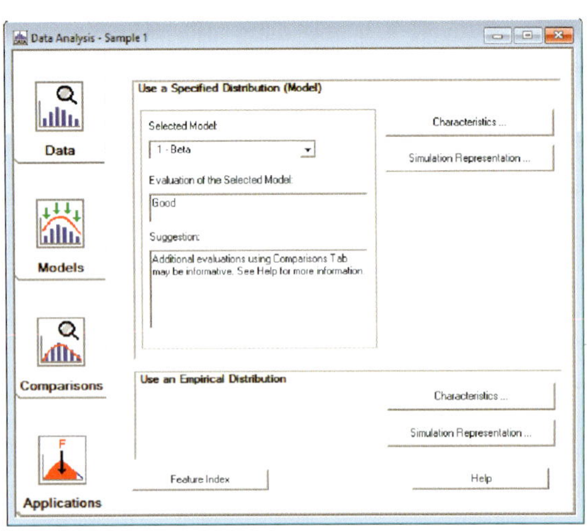

Simulation-Software Representation

Flexsim Representation of Model 1 - Beta

Use:

When using a picklist option:

Distribution	Beta
Minimum	0.043033
Maximum	14.452151
Shape1	2.735063
Shape2	1.432586

When using code:

beta(0.043033, 14.452151, 2.735063, 1.432586, <stream>)

그림 8.7 : 선별된 확률 분포(베타 분포)를 *FlexSim*에서 표현하는데 필요한 구문

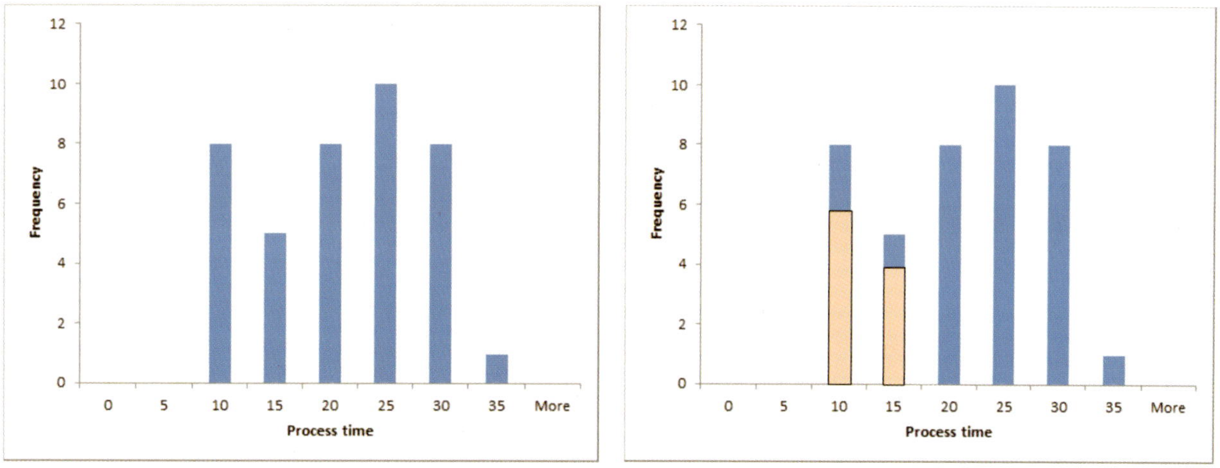

그림 8.8 : 작업 유형 구분의 필요성

운 다봉형 분포가 나타난 것이다. 나아가, 때로는 서로 다른 유형의 작업 처리 시간이 아예 종류가 다른 확률 분포들을 따를 수도 있다.

앞에서는 주로 연속 확률 분포들을 기준으로 논의를 진행하였지만, Poisson 분포나 이항 분포와 같은 이산 확률 분포의 적합성을 평가하는 절차도 기본적으로는 이와 동일하다.

나아가, 모수적 접근법을 활용하면 리드 타임이나 재고 수준, 서비스 팩터(service factor, 사전에 정한 기준 시간 이상의 대기를 경험하는 고객의 비율) 등과 같은 시뮬레이션 분석의 산출물들에 대한 확률 분포를 추정하는 것도 가능하다. 특히, 주요 성능 평가지표들의 경우에는 점 추정이나 구간 추정보다 확률 분포를 이용하여 그 특성을 표현하는 것이 훨씬 더 유용할 수 있다.

비모수적 접근법

적합한 모수적 확률 분포가 없거나, 그렇지 않더라도 모형 작성자가 이론적 확률 분포보다 실제 시스템에서 수집한 데이터를 이용하는 것을 선호하는 경우에는 비모수적 접근법을 사용할 수 있다. 표본 데이터의 실제 분포는 경험적 분포(empirical distribution)라고도 하는데, 경험적 분포의 특성은 보통 누적 확률 분포에 대한 구간 선형 근사(piecewise linear approximation)를 통해 표현하는 경우가 많다.

확률 변수 X의 누적 분포 함수(cumulative distribution function), $F(x)$는 X≤x인 구간에 대해 확률 밀도 함수 $f(x)$의 아래쪽 영역 면적을 산출하는데 사용된다. 다시 말해, $F(x)$는 확률 변수 X가 지정된 값 x 보다 작거나 같을 확률 $P(X \leq x)$에 해당하고, 0에서 1사이의 값을 갖는다. 그림 8.9는 표준 정규 분포(standard normal distribution)를 따르는 확률 변수 X의 확률 밀

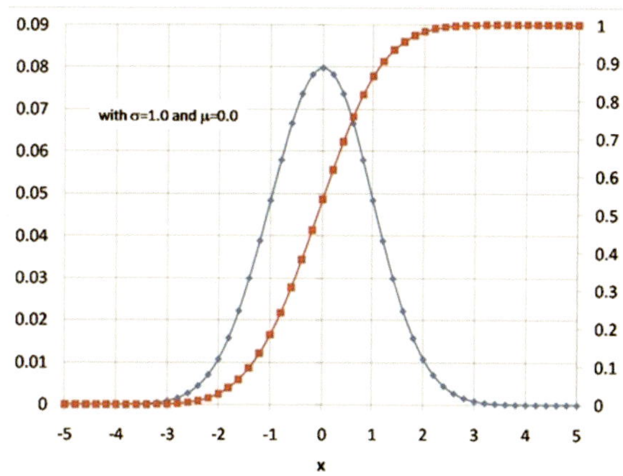

그림 8.9 : 표준 정규 분포의 확률 밀도 함수와 누적 분포 함수

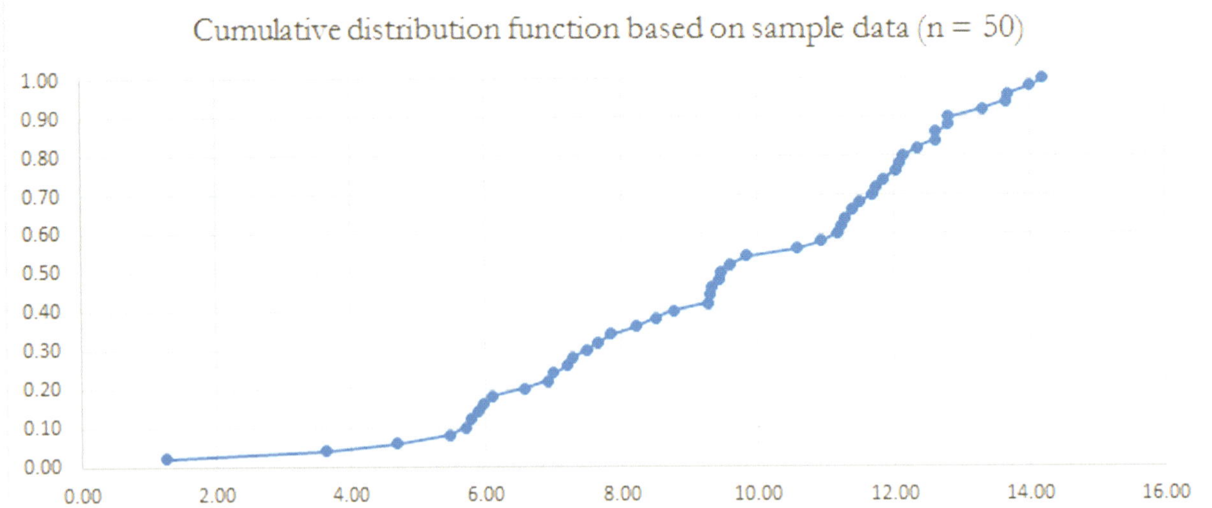

그림 8.10 : 표본 데이터의 누적 분포 (경험적 분포)

도 함수 f(x)와 누적 분포 함수 *F*(*x*)의 관계를 보여준다. 이 그림에서 종 모양의(bell-shaped) 곡선은 f(x)의 그래프이며, 좌측에 있는 세로축을 기준으로 함수값이 주어진다. 반면, S자 형태의 곡선은 *F*(*x*)의 그래프에 해당하고, 우측 세로축을 기준으로 함수값이 주어진다. 나아가, 잘 알려진 바와 같이, 표준 정규 분포는 평균이 0이고 표준 편차가 1이다.

그림 8.10은 앞의 그림 8.2에서 나왔던 50개의 표본값들에 대한 경험적 분포를 보여준다. 이 그림은 표본 데이터에 대한 누적 분포 함수에 해당하는데, 이를 작성하기 위해서는 먼저 표본값들을 오름차순으로 정렬하여야 하며, 이렇게 정렬된 표본값들을 s_i (i=1, 2, 3, ⋯, 50)로 표기하기로 하자. 그 다음에는 각 값들에 동일한 확률을 부여하는데, 이 예제에서는 총 50개의 표본값들이 있으므로, 각 값들에 1/50 = 0.02의 확률을 부여하게 된다. 끝으로, s_i 각각을 좌표가 (s_i, 0.02i)인 점으로 표현하고, 각 점들을 서로 이으면 그림 8.10과 같은 경험적 분포가 얻어진다. 나아가, 실제 표본값들 사이의 구간에서는 누적 분포 함수가 일정하게 증가하는 것으로 가정한다. *FlexSim*에서는 cempircal() 함수와 global table을 이용하여 경험적 분포를 표현할 수 있는데, 이에 대해서는 잠시 후 다시 설명하기로 하자.

개별 표본값들 대신 히스토그램을 이용하여 표본 데이터의 경험적 분포를 표현할 수도 있으며, 이 때는 각 계급의 누적 상대도수를 산출해야 한다. 예를 들어, 표 8.1에는 그림 8.3의 히스토그램에 대한 경험적 분포가 요약되어 있다.

*FlexSim*에서는 표 8.1과 같은 계급별 누적 상대도수를 이용하여 연속형 경험적 분포를 생성할 수 있으며, 이를 위해서는 먼저, 그림 8.11과 같이 global table에 각 계급의 누적 상대도수를 기록하여야 한다. 실제로 어떤 확률 변수에 경험적 분포를 적용할 때는 cempirical() 함수를 사용하며, 여기서는 global table의 이름이 MyEmpirical_1이므로, 해당 확률 변수의 값을

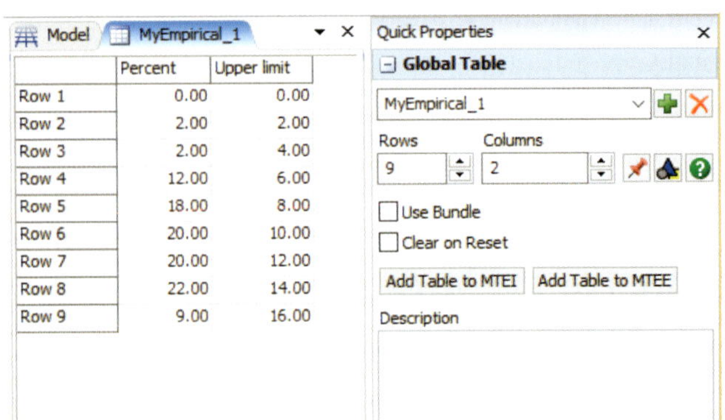

그림 8.11 : 각 계급의 상대도수를 기록한 global table

cempircal("MyEmpirical_1")로 입력하면 된다. Global table의 각 행에는 히스토그램 내 각 계급의 상대도수와 종료값을 기록하며, 그림 8.11에서는 global table의 첫 번째 열과 두 번째 열에 각각 상대도수와 종료값이 기록되어 있다. 한 가지 특기할 점은 global table의 제일 위에는 상대도수와 종료값이 모두 0인 행을 하나 추가해 둔다는 것이며, 나머지 행들에는 순서대로 히스토그램의 첫 번째, 두 번째, … 계급에 대한 정보를 기록하면 된다.

계급		데이터 분포		
시작값	종료값	도수	상대도수	누적 상대도수
0	2	1	2	2
2	4	1	2	4
4	6	6	12	16
6	8	9	18	34
8	10	10	20	54
10	12	10	20	74
12	14	11	22	96
14	16	2	4	100

표 8.1 : 히스토그램을 이용한 경험적 분포 표현

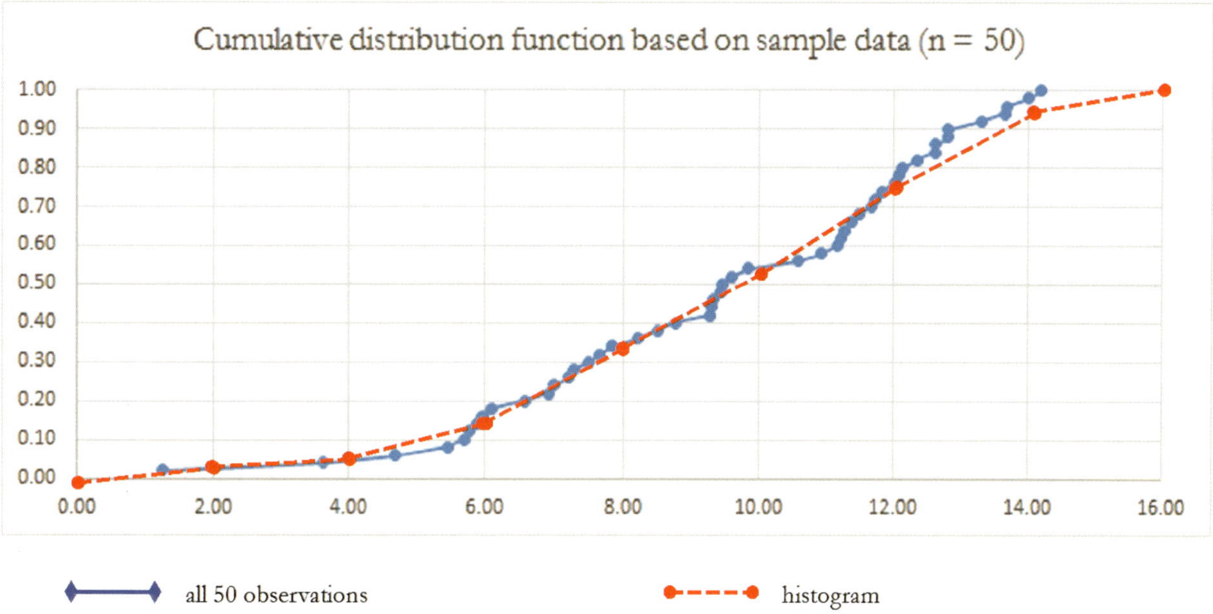

그림 8.12 : 개별 표본값을 이용하여 생성한 경험적 분포(파란색 그래프)와 계급별 상대도수를 이용하여 생성한 경험적 분포(빨간색 그래프)

그림 8.12는 동일한 표본 데이터를 이용하여 생성한 2개의 경험적 분포를 보여준다. 이들은 각각 개별 표본값 및 히스토그램을 이용하여 생성한 것들인데, 여기서 우리는 어느 쪽 방법을 사용하더라도 생성되는 경험적 분포의 모습에는 큰 차이가 없다는 점을 알 수 있다.

이산형 데이터 역시 연속형 데이터와 비슷한 방식으로 분석할 수 있다. 예를 들어, 어떤 가게에서 각 고객들이 구매한 물품의 수는 이산형 확률 변수에 해당할 것이다.[6] 그림 8.13은 고객 25명의 구매 물품 수를 상대도수 그래프로 요약한 결과인데, 이를 보면, 고객 중 8%가 단 1개의 물품만 구매하였으며, 2개의 물품을 구매한 고객들의 비율은 16%이다. 그림 8.14에서 보듯이, *ExpertFit*을 이용하여 분석을 해 보면, 이 표본 데이터에는 이항 분포가 가장 적합하다는 결론을 얻게 된다. 나아가, 이 그림의 아래 쪽에는 표본 데이터의 상대도수 그래프(파란색 그래프)와 함께 이항 분포를 사용할 경우 각각의 값이 관찰될 확률(빨간색 그래프)이 표시되어 있다. 실제로 *FlexSim*에서 어떤 확률 변수에 이항 분포를 적용할 때는 binomial() 함수를 사용하며, 그림 8.14의 모수 추정 결과에 따라, 해당 확률 변수의 값을 binomial(5, 0.688)로 입력하면 된다. 이 예는 이산형 표본 데이터에도 모수적 접근법을 적용하는 것이 가능하다는 점을 보여준다.

모수적 접근법을 선호하지 않거나, 모수적 접근법의 분석 결과가 마음에 들지 않는 경우에는 비모수적 접근법을 이용하여 표본 데이터의 분포를 이산형 경험적 분포로 나타낼 수도 있다. *FlexSim*에서 어떤 확률 변수에 이산형 경험적 분포를 적용하려면, 먼저 그림 8.15와 같이 global table에 표본 데이터의 확률 질량 함수 값을 기록해 두고, 해당 확률 변수의 값을 설정할 때 dempirical() 함수를 이용하여야 한다. 여기서는 global table의 이름이 DiscreteEmpirical이므로, dempircal("DiscreteEmpirical")이라 입력하면 될 것이다. Global table의 각 행에는 특정 값이 관찰될 확률을 기록하며, 그림 8.15에서는 global table의 첫 번째 열과 두 번째 열에 각각 관찰될 확률과 관찰될 수 있는 값이 기록되어 있다. 다시 말해, 이 global table은 구매한 물품이 1개, 2개, … 인 고객의 비율이 8%, 16%, … 임을

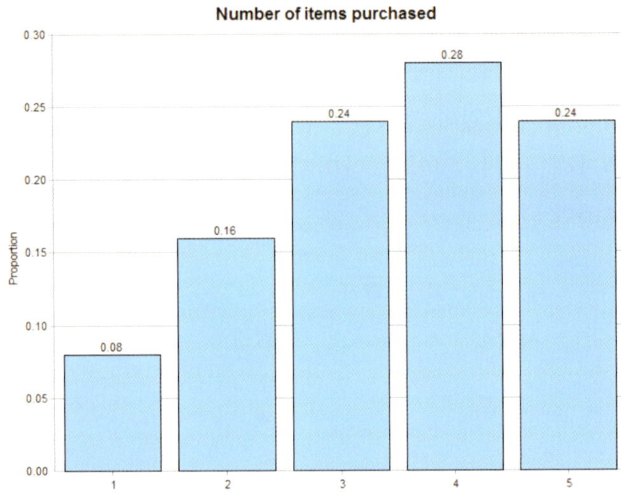

그림 8.13 : 이산형 표본 데이터 (개별 고객의 구매 물품 수)

Relative Evaluation of Candidate Models

Model	Relative Score	Parameters	
1 - Binomial	100.00	Probability	0.68800
		Trial	5
2 - Poisson	66.67	Lambda	3.44000
3 - Discrete Uniform	58.33	Lower endpoint	1
		Upper endpoint	5

5 models are defined with scores between 8.33 and 100.00

Absolute Evaluation of Model 1 - Binomial

Evaluation: Indeterminate
Suggestion: Additional evaluations using Comparisons Tab are strongly recommended. See Help for more information.

Additional Information about Model 1 - Binomial

"Error" in the model mean relative to the sample mean   4.4409e-16 = 0.00%

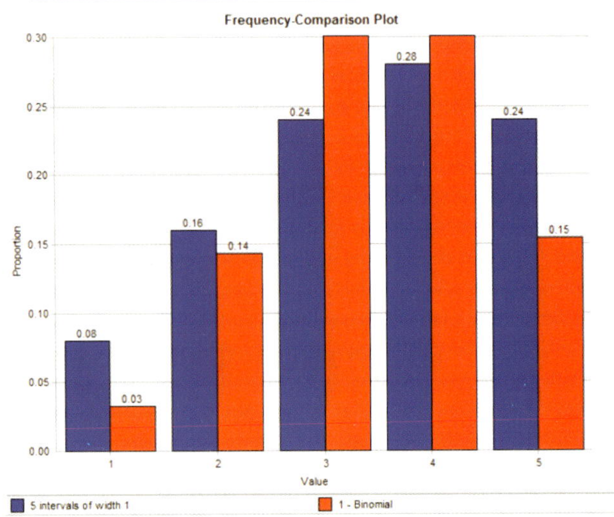

그림 8.14 : *ExpertFit*을 이용하여 이산형 표본 데이터와 이항 분포 간의 적합성을 분석한 결과

6 앞의 예에서 나온 처리 시간과 달리, 소수값을 가질 수 없기 때문이다.

의미한다.

일반적으로는 경험적 분포보다 모수적 확률 분포를 사용하는 것이 더 바람직한 경우가 많다. 모수적 확률 분포를 사용하면 보다 다양한 표본값을 추출할 수 있기 때문이다. 예를 들어, 어떤 확률 변수에 경험적 분포를 적용하면, 시뮬레이션 실행 시, 제한된 범위의 표본값들만이 추출된다. 다시 말해, 표본 데이터에 바탕을 둔 경험적 분포를 사용할 경우, 실제 시스템에서 발생할 가능성이 있는 극단적인 값들을 관찰하는 것이 어려워진다. 또한, 인접한 계급의 상대도수들 간 편차를 줄일 수 있다는 것도 모수적 확률 분포의 장점 중 하나이다.

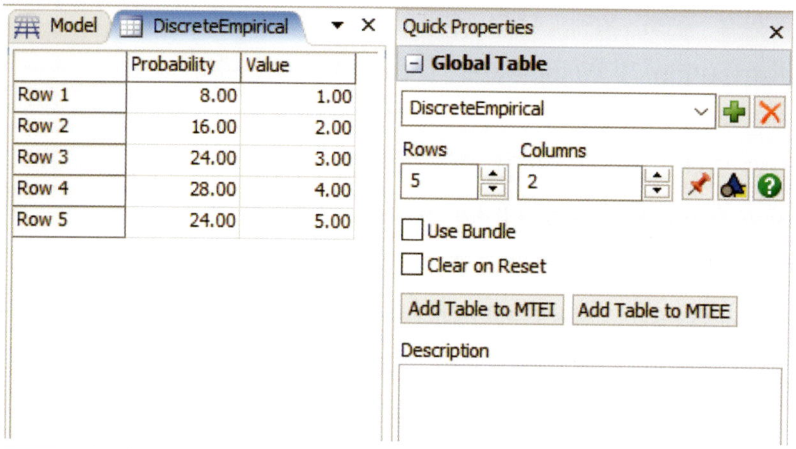

그림 8.15 : 이산형 경험적 분포를 생성하는데 필요한 global table

Section 8-3 표본 데이터가 없는 경우의 확률 분포 선택

때로는, 시스템의 특성과 관련된 표본 데이터를 수집하는 것이 곤란할 수도 있다. 예를 들어, 분석 대상 시스템이 아직 실제로 존재하지 않거나 하는 경우에는 어떤 확률 분포가 적합한지를 분석자가 주관적으로 판단할 수 밖에 없으며, 이를 위해 다른 유사한 시스템에 대한 배경 지식이 필요할 수도 있다.

기본적으로는 표본 데이터가 없더라도 모수적 및 비모수적 접근법을 사용하는 것이 가능하다. 표본 데이터가 없는 상태에서 모수적 접근법을 사용할 때는 분석자의 주관이나, 또는 다른 유사한 시스템으로부터 수집한 표본 데이터에 대한 분석 결과를 바탕으로 적합한 모수적 확률 분포의 종류 및 해당 분포의 모수값들을 정한다. 이와 유사하게, 표본 데이터가 없더라도 분석자의 주관이나 유사 시스템의 표본 데이터에 대한 분석 결과를 바탕으로 경험적 분포를 생성할 수 있으며, 이는 비모수적 방법을 활용하는 것에 해당한다.

삼각 분포(triangular distribution)와 같이 분포의 형태가 유연하고, 모수값의 추정이 비교적 쉬운 확률 분포를 적용하는 것도 한 가지 방법이 될 수 있다. 참고로, *ExpertFit*에 내장되어 있는 Distribution Viewer 기능을 이용하면, 지정된 모수값을 갖는 확률 밀도 함수의 형태를 편리하게 관찰할 수 있으며, 그림 8.16은 이러한 Distribution Viewer를 이용하여 삼각 분포의 확률 밀도 함수 그래프를 생성해 본 예이다. 삼각 분포는 최소값, 최대값 및 최빈값의 3가지 모수를 갖는다. 나아가, 정규 분포의 평균이나 표준 편차 등과 비교했을 때, 일반적으로 이 모수들의 값은 실무자들의 경험 등을 토대로 비교적 쉽게 추정할 수 있다.

모수들의 값에 따라, 삼각 분포의 확률 밀도 함수는 좌우 대칭을 이룰 수도 있고, 한 쪽으로 치우쳐 있을 수도 있다. 그림 8.16에서는 최소값, 최대값, 최빈값이 각각 2, 9, 4인데, 이는 이 분포를 따르는 확률 변수가 2에서 9 사이의 값을 가지며, 가장 빈번하게 관찰되는 값은 4라는 것을 의미한다. 또한, 삼각 분포를 따르는 확률 변수의 평균값은 세 모수들의 평균과 같다. 따라서, 이 삼각 분포의 평균은 5분이 될 것이다.

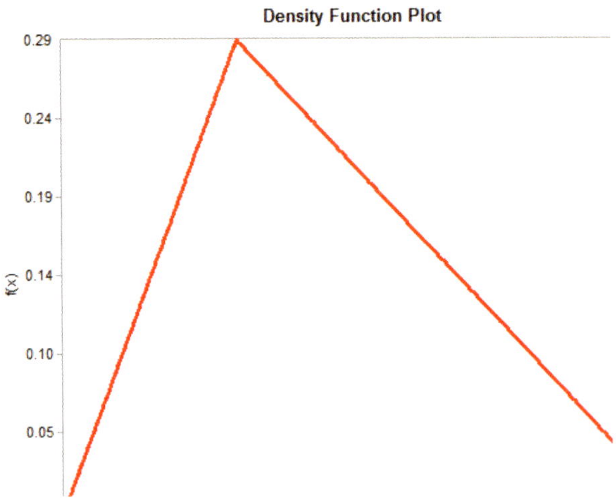

그림 8.16 : 삼각 분포의 확률 밀도 함수 예

삼각 분포 외에, 대수 정규 분포(lognormal distribution) 및 Weibull 분포 역시 표본 데이터를 수집할 수 없는 경우에 자주 사용되는 확률 분포들이다. 삼각 분포의 중요한 단점은 최대값을 정하는 것이 어려울 수 있다는 것이다. 나아가, 이 점을 보완하기 위해 Weibull 분포나 대수 정규 분포에서는 최대값을 제한하지 않는다. 그림 8.17에서 삼각 분포, 대수 정규 분포 및 Weibull 분포의 밀도 함수 그래프를 비교해볼 수 있는데, 이 그림의 분포들은 모두 최소값이 정확히 2.0이고, 최빈값과 90백분위수가 각각 대략 4.0, 7.1정도 된다는 공통점을 갖고 있다. 또한, 이 분포들의 평균(모두 대략 5.0)과 표준 편차(모두 대략 1.5) 역시 거의 비슷하다. 다만, 삼각 분포에서는 최대값 9.0을 초과하는 표본이 추출되지 않는데 비해, 대수 정규 분포나 Weibull 분포는 최대값에 제한이 없기 때문에, 낮은 확률로 매우 큰 값이 추출될 수도 있다.

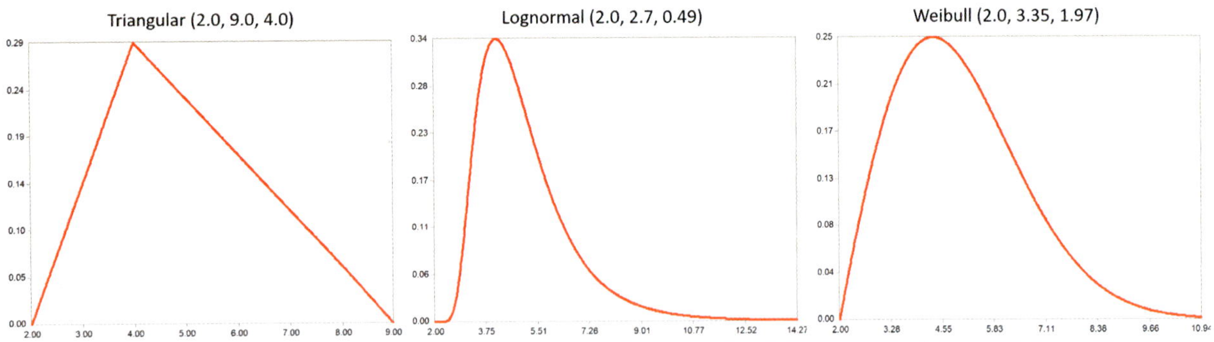

그림 8.17 : 표본 데이터가 없는 경우에 자주 활용되는 확률 분포들의 확률 밀도 함수 비교

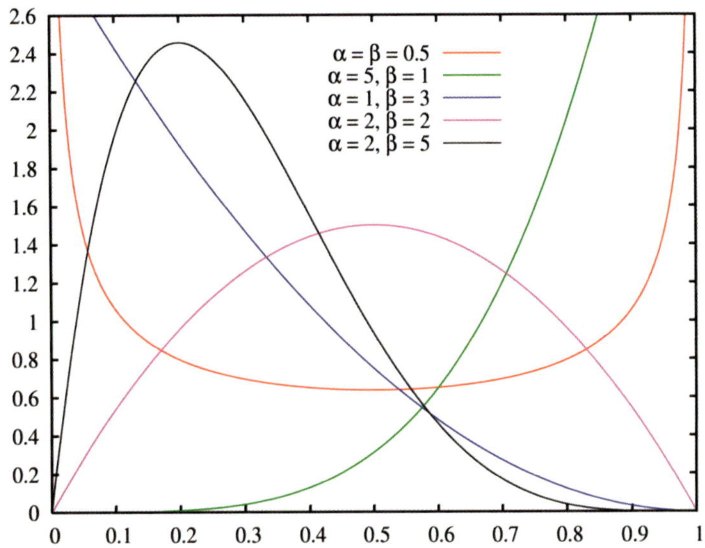

그림 8.18 : 다양한 형태의 베타 분포 [5]

대수 분포 정규 분포와 Weibull 분포의 단점으로는 이들이 갖는 위치(location) 모수, 척도(scale) 모수 및 형태(shape) 모수의 의미가 삼각 분포의 최소값, 최대값 및 최빈값에 비해 다소 생소하다는 점을 들 수 있다.

표본 데이터가 없는 경우에는 가능하면, 모수들의 값을 바꾸어가면서 민감도 분석을 실시하여 시뮬레이션 분석 결과에 큰 영향을 주는 모수가 있는지를 알아보는 것이 바람직하다. 이러한 모수들의 실제 값이 추정치와 다른 경우, 잘못된 의사 결정을 내리게 될 수 있기 때문이다. 나아가, 각각의 모수들이 분석 결과에 미치는 영향력은 서로 다를 수 있다. 특정 확률 변수의 모수가 시뮬레이션 결과에 매우 큰 영향을 주는 경우에는 해당 확률 변수의 분포에 대해 좀 더 자세히 조사해보는 것이 바람직하다. 실제 시뮬레이션 프로젝트에 투입되는 시간이나 자원에는 제한이 있기 때문에, 분석 결과에 가장 큰 영향을 주는 사안들에 역량을 집중할 필요가 있다는 점에 유의하여라.

베타 분포 역시 표본 데이터가 없는 경우에 종종 사용되는 모수적 확률 분포 중 하나이다. 베타 분포는 두 개의 모수(α, β)를 가지며, 이들의 값에 따라 그림 8.18과 같이 확률 분포의 형태가 크게 변한다. 나아가, 베타 분포의 값에는 상한이 있기 때문에, 극단적으로 큰 표본값이 추출되는 일은 없다. 앞의 8-2절에서 표본 데이터에 적합한 확률 분포로 베타 분포가 선택되었던 것을 다시 한 번 떠올려보아라.

Section 8-4 연속 확률 분포에서 표본을 추출하는 방법

지금까지 설명한 바와 같이, 시뮬레이션 모형이 갖는 불확실성은 연속 또는 이산 확률 분포 형태로 표현한다. 나아가, 시뮬레이션이 실행되는 동안, 이러한 확률 분포들은 모형의 실행에 필요한 표본값들을 추출하는데 이용된다. 이 절에서는 정규 분포나 일양 분포, 지수 분포 및 Erlang 분포 등과 같은 연속 확률 분포들로부터 표본값을 추출하는 방법에 대해 설명할 것이다. 이들은 보통 도착 간격이나 처리 시간, 고장 간격 등과 같은 연속 확률 변수가 가진 불확실성을 표현하는데 사용된다. 이어, 다음 절에서는 이산 확률 분포를 이용하여 표본값을 추출하는 방법에 대해 살펴볼 것이며, 특정 확률 변수에 적합한 확률 분포를 선택하는 방법은 이전 장에서 이미 다루었다.

앞에서 정의한 것처럼, 연속 확률 분포의 특성은 밀도 함수를 이용하여 표현한다. 히스토그램이 그렇듯이, 밀도 함수는 확률 변수가 가질 수 있는 값들의 상대적인 발생 빈도를 보여주며, 그림 8.19의 좌측 영역에서 볼 수 있듯이, 특정 값 x의 확률 밀도는 보통 $f(x)$로 표기한다. 현재 이 그림의 좌측에는 정규 분포 확률 밀도 함수의 그래프가 그려져 있으며, 이를 보면 왜 정규 분포를 종 모양(bell-shaped)이라 하는지 알 수 있을 것이다. 확률 분포의 평균은 보통 μ로 표기한다. 또한, 정규 분포는 확률 밀도가 좌우대칭을 이루기 때문에, μ 이상의 값이 관찰될 확률이나 μ 이하의 값이 관찰될 확률이 모두 0.5이다. 나아가, 정규 분포 확률 밀도 함수의 그래프는 평균 μ를 중심으로 하는 봉우리를 하나 갖고 있으며, 이는 대부분의 표본값들이 평균 근처에 분포한다는 것을

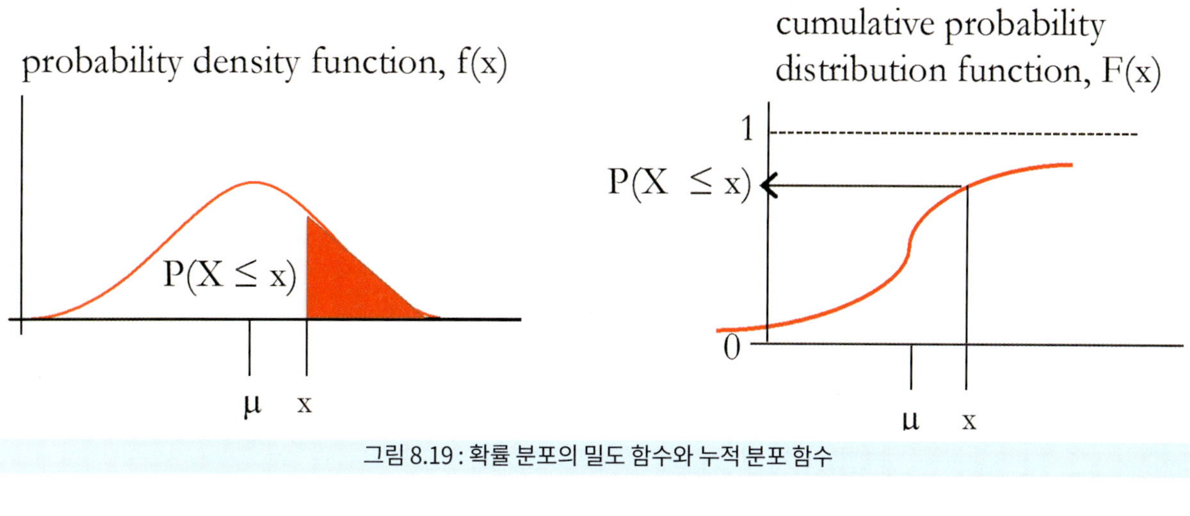

그림 8.19 : 확률 분포의 밀도 함수와 누적 분포 함수

의미한다. 반면, μ에서 멀리 떨어진, 매우 크거나 작은 값들의 비율은 상대적으로 적다.

누적 확률 분포 함수는 보통 $F(x)$로 표기하며, $F(x)$는 x이하의 구간에 해당하는 확률 밀도 함수 곡선 그래프 아래의 면적을 의미한다. 연속 확률 분포의 누적 확률 분포 함수 $F(x)$는 아래 수식과 같이 확률 밀도 함수를 적분하여 얻을 수 있는데, 그림 8.19의 우측 영역에서 보듯이 누적 확률 분포 함수는 증가 함수이다. $F(x)$는 확률 변수 X의 값이 x 이하일 확률, 즉, $P(X \leq x)$로 해석할 수 있으며, 누적 분포 함수라는 명칭 대신, 확률 분포 함수라고 부르기도 한다. 누적 분포 함수는 항상 0에서 1사이의 값을 갖는다. 나아가, 정규 분포와 같이 확률 밀도 함수를 적분하는 것이 곤란한 경우에는 $F(x)$의 근사값을 사용하기도 한다.

$$F(x) = \int_{l.l.}^{x} f(w)\, dw \qquad 0 \leq F(x) \leq 1$$

확률 분포에서 표본값을 추출할 때는 보통 역변환 기법(inverse transformation method)을 많이 사용한다. 이 방법은 매우 쉽고 단순하기 때문에, 다양한 시뮬레이션 소프트웨어에서 폭넓게 활용되고 있다. 역변환 기법에서는 누적 확률 분포 $F(x)$가 항상 0에서 1사이의 값을 갖는다는 점을 이용하여, 다음과 같은 절차를 통해 표본값을 추출한다:

1. 0에서 1사이의 난수 u_i를 하나 생성한다. 최소값과 최대값이 각각 0, 1인 일양 분포를 이용하면 u_i를 편리하게 생성할 수 있다.
2. $F(x_i)=u_i$로 둔다.
3. 위 방정식을 x_i에 대하여 풀이한다. 이렇게 얻어진 x_i는 $f(x)$에서 추출한 표본값에 해당한다.

흔히 활용되는 연속형 확률 분포인 일양 분포와 지수 분포에 실제로 역변환 기법을 적용하는 예를 살펴보기로 하자.

그림 8.20은 일양 분포의 확률 밀도 함수와 누적 분포 함수의 그래프를 보여준다. 아울러, 이 그림에는 이 확률 분포의 평균과 표준 편차에 대한 계산식들이 함께 표시되어 있으며, 2개의 모수, α, β는 각각 최소값과 최대값을 의미한다. 일양 분포는 α에서 β 사이의 값들이 모두 동일한 발생 확률을 가질 때 사용하는 확률 분포로, 이 범위를 벗어나는 값들이 추출되는 일은 없다.

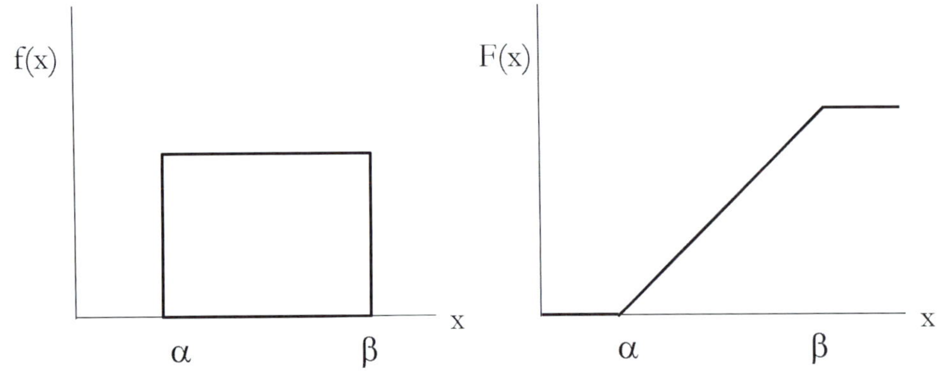

$$\mu = \frac{\alpha + \beta}{2} \qquad \sigma = \frac{\beta - \alpha}{\sqrt{12}}$$

그림 8.20 : 일양 분포의 확률 밀도 함수와 누적 분포 함수

일양 분포의 확률 밀도 함수 및 누적 분포 함수의 식은 아래와 같다:

$$f(x) = \frac{1}{\beta-\alpha}$$

$$F(x) = \int_{l.l.}^{x} f(w)\,dw = \int_{\alpha}^{x} \frac{1}{\beta-\alpha}\,dw = \left.\frac{w}{\beta-\alpha}\right|_{\alpha}^{x} = \frac{x-\alpha}{\beta-\alpha}$$

일양 분포의 경우 밀도 함수를 적분하여 누적 확률 분포를 구하는 것이 가능하기 때문에, 앞에서 소개한 역변환 기법을 아래와 같이 적용할 수 있다:

1. 최소값과 최대값이 각각 0, 1인 일양 분포를 이용하여, 0에서 1사이의 난수 u_i를 생성한다.
2. $F(x_i)=u_i$로 둔다.
   현재 $F(x) = \dfrac{x_i-\alpha}{\beta-\alpha}$ 이므로, $\dfrac{x_i-\alpha}{\beta-\alpha} = u_i$ 가 될 것이다.
3. 위 식을 x_i에 대하여 풀이하면 일양 분포의 표본값 x_i를 아래와 같이 얻을 수 있다.

$$x_i = \alpha + (\beta-\alpha)u_i$$

예를 들어, 어떤 작업물의 이송에 소요되는 시간이 일양 분포를 따르며, 최소값과 최대값은 각각 100초, 300초라고 가정하자. 즉, α=100, β=300이다. 0~1사이의 난수 u_i의 값이 0.67306이라면(이러한 난수를 어떻게 생성하는지에 대해서는 8-6절에서 설명할 것이다), 상기한 절차에 의해 표본값 x_i가 아래와 같이 계산될 것이다:

$$x_1 = \alpha + (\beta-\alpha)\,u_1 = 100 + (300-100)\,0.67306 = 234.6$$

이번에는 대기행렬 이론이나 시뮬레이션에서 빈번하게 활용되는 지수 분포로부터 표본값을 하나 추출해 보자. 지수 분포의 확률 밀도 함수 및 누적 분포 함수의 그래프는 그림 8.21에서 볼 수 있다. 이 그림 좌측에서 보듯이, 지수 분포의 확률 밀도 함수는 음의 승수를 갖는 지수 함수에 해당하며, 큰 값일수록 발생 빈도가 낮아진다. 또한, 지수 분포는 1개의 모수(β)만 갖는데, 이 모수는 확률 변수의 평균을 의미한다. 즉, 그림 8.21에서 확

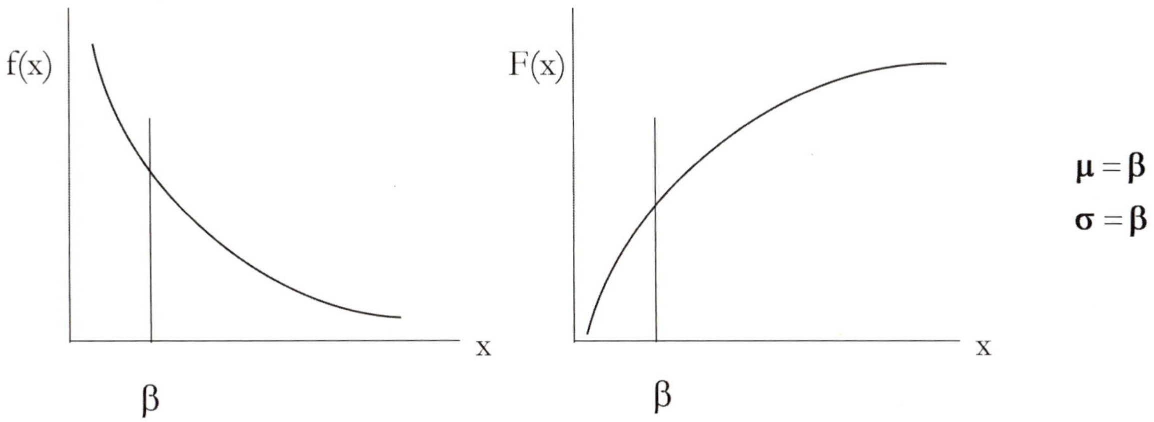

그림 8.21 : 지수 분포의 확률 밀도 함수와 누적 분포 함수

률 변수 X는 평균이 β인 지수 분포를 따르며, 이를 흔히 $X \sim exp(\beta)$로 표기한다. 지수 분포의 표준 편차는 평균과 같은 β이며, 이는 지수 분포가 상당히 큰 변동성을 갖는 확률 분포임을 의미한다.

지수 분포의 확률 밀도 함수 및 누적 분포 함수의 식은 아래와 같다:

$$f(x) = \frac{1}{\beta} e^{\frac{-x}{\beta}}$$

$$F(x) = \int_{l.l.}^{x} f(w)\, dw = \int_{0}^{x} \frac{1}{\beta} e^{\frac{-w}{\beta}}\, dw = -\frac{1}{\beta} e^{\frac{-w}{\beta}} \Bigg|_{0}^{x} = 1 - e^{\frac{-w}{\beta}}$$

지수 분포 역시 확률 밀도 함수의 적분이 가능하기 때문에, 아래와 같이 역변환 기법을 이용하여 표본값을 추출할 수 있다:

1. 최소값과 최대값이 각각 0, 1인 일양 분포를 이용하여, 0에서 1사이의 난수 u_i를 생성한다.
2. $F(x_i)=u_i$로 둔다.
   현재 $F(x)=1\text{-}e^{-x/\beta}$ 이므로, $1\text{-}e^{-x_i/\beta}=u_i$가 될 것이다.
3. 위 식을 x_i에 대하여 풀이하면 지수 분포의 표본값 x_i를 아래와 같이 얻을 수 있다.
   $x_i = -\beta\, ln(1\text{-}u_i)$

예를 들어, 어떤 작업물의 이송에 소요되는 시간이 지수 분포를 따르며, 평균은 200초, 즉, β=200이라 가정하자. 0~1사이의 난수 u_1의 값이 0.67306이라면(이러한 난수를 어떻게 생성하는지에 대해서는 8-6절에서 설명할 것이다), 상기한 절차에 의해 표본값 x_i을 아래와 같이 계산할 수 있다:

$$\mathbf{x_i = -\beta \ln(1\text{-}u_i) = -200 \ln(1\text{-}0.67306)=223.6}$$

역변환 기법은 누적 분포 함수 $F(x)$가 존재하는 경우에만 사용할 수 있다. 나아가, 앞의 일양 분포나 지수 분포처럼 확률 밀도 함수를 적분하여 누적 분포 함수를 얻을 수 있는 확률 분포도 많지만, 정규 분포와 같이 확률 밀도 함수를 적분할 수 없는 경우도 있다는 점에 유의하여라. 누적 분포 함수 $F(x)$가 없을 때는 다른 방법을 통해 표본값을 추출해야 한다. 확률 분포로부터 표본을 추출하는 방법은 크게 직접 추출법과 간접 추출법으로 구분되는데, 역변환 기법은 직접 추출법으로 분류된다. 이 외의 직접 추출법으로는 composition 기법, convolution 기법 등이 있으며, 간접 추출법의 예로는 acceptance-rejection 기법을 들 수 있다. 이러한 표본 추출 방법들에 대해 좀 더 자세히 알고 싶은 경우에는 Law의 저서[1]를 참조하여라.

표 8.2에는 시뮬레이션 소프트웨어들이 다양한 확률 분포로부터 표본을 추출할 때 일반적으로 사용하는 방법들을 정리하였다.

확률 분포	표본 추출 방법
일양 분포	역변환 기법
지수 분포	역변환 기법
Erlang 분포	역변환 기법, composition 기법
감마 분포	소프트웨어에 따라 다름
Weibull 분포	역변환 기법
정규 분포	소프트웨어에 따라 다름
베타 분포	Acceptance-Rejection 기법
대수 정규 분포	소프트웨어에 따라 다름
삼각 분포	역변환 기법

표 8.2 : 다양한 확률 분포에 적용되는 표본 추출 방법

Section 8-5 이산 확률 분포에서 표본을 추출하는 방법

개념적으로는 이산 확률 분포든, 연속 확률 분포든 표본을 추출하는 방법은 비슷하다. 여기서는 경험적 분포를 이용하여 이산 확률 분포의 표본을 추출하는 예를 살펴보기로 하자. 표 8.3은 어떤 매장을 방문한 고객들이 구매한 물품의 개수 X의 확률 분포이며, 여기서 구매 물품의 수가 1개, 2개, 3개, … 인 고객의 비율이 각각 10%, 15%, 40%, … 임을 볼 수 있다.

x	확률 분포 p(x)
1	0.10
2	0.15
3	0.40
4	0.25
5	0.10

표 8.3 : 고객의 구매 물품 수를 의미하는 확률 변수 X가 갖는 이산 확률 분포

표 8.3과 같은 이산 확률 분포로부터 표본을 추출하기 위해서는 먼저 누적 확률 분포를 정리하여야 한다. 이는 연속 확률 분포에서 누적 분포 함수를 이용했던 것과 유사하다. 이산 확률 분포의 누적 확률 분포는 표 8.4와 같이 특정 값 이하의 표본이 관찰될 확률을 정리하여 표현할 수 있다. 나아가, 이 표의 가장 오른쪽 열에서 보듯이, 0에서 1사이의 난수를 하나 생성하여 값이 0.000에서 0.099 사이에 있으면 표본값으로 1이, 0.100에서 0.249 사이에 있으면 표본값으로 2가 추출된 것으로 간주하면 된다. 나아가, 이 같은 방법을 이용하여 많은 표본값을 반복적으로 추출하면, 그 중 1, 2, … 의 비율이 각각 10%, 15%, … 가 될 것이다.

x	확률 분포 p(x)	누적 확률 분포 P(x)	난수
1	0.100	0.100	0.000 to 0.099
2	0.150	0.250	0.100 to 0.249
3	0.400	0.650	0.250 to 0.649
4	0.250	0.900	0.650 to 0.899
5	0.100	1.000	0.900 to 0.999

표 8.4 : 이산 확률 분포를 이용한 표본 추출

시뮬레이션에서는 먼저 표 8.4와 같이 확률 변수의 값들에 해당하는 난수 범위를 미리 정해두고, 0에서 1사이의 난수를 생성한 다음(이에 대해서는 다음 절에서 설명할 것이다), 생성된 난수에 해당하는 값을 찾아 표본값으로 이용한다. 예를 들어, 표 8.4와 같이 난수 범위가 정해졌다면, 난수 u_1=0.67306, u_2=0.25107, u_3=0.86151에 대하여 각각 x_1=4, x_2=3, x_3=4와 같은 표본값들이 추출될 것이다.

Section 8-6 난수 생성 방법

앞 절에서 본 것처럼, 확률 분포로부터 표본을 추출하기 위해서는 보통 0에서 1사이의 난수가 필요하며, 이 난수는 최소값과 최대값이 각각 0, 1인 일양 분포를 이용하여 생성한다. 이 절에서는 시뮬레이션 소프트웨어들이 이러한 난수를 어떤 식으로 생성하고 관리하는지에 대해 좀 더 자세히 알아보기로 하자.

가장 단순한 난수 생성 방법은 난수표(random number table)를 이용하는 것이다. 난수표란 많은 난수들

을 기록해 놓은 표를 의미하며, 대부분의 통계 관련 서적에는 난수표의 일부가 수록되어 있다. 그러나, 난수표는 매우 많은 표본값들을 추출해야 하는 시뮬레이션 소프트웨어에서 사용하기에는 다소 비효율적이다. 사실, 일반적인 상용 시뮬레이션 소프트웨어들은 엄밀히 말해 난수가 아니라 난수처럼 보이는 수, 즉 유사난수(pseudorandom number)를 이용하여 표본값을 추출한다. 하지만, 이 책에서는 편의 상 유사난수도 난수라고 부를 것이다.

0에서 1사이의 난수들을 재현가능한(reproducible) 방식으로 생성해 주는 난수 생성기(random number generator)는 시뮬레이션 소프트웨어의 핵심 구성요소 중 하나이다. 특히, 시뮬레이션 모형에 대한 디버깅, 검증 및 비교 분석을 위해서는 난수들의 재현이 가능해야 한다. 동일한 상황에서 여러 가지 모형이 어떤 식으로 작동하는지를 관찰해야 하기 때문이다. 난수 생성기들은 일반적으로 실행 속도가 빠르고, 저장 공간을 많이 차지하지 않으며, 이식성이 높아 다양한 환경에서 사용할 수 있다.

대부분의 시뮬레이션 소프트웨어들은 승법식 또는 혼합식 선형 합동 생성기(linear congruential generator, LCG)를 이용한다. 상용 시뮬레이션 소프트웨어들이 사용하는 난수 생성기들은 이미 오랜 시간에 걸쳐 그 성능이 검증된 것들로, 추출되는 값들이 독립적이고, 주기(period)가 길다는 특징을 갖는다. 여기서 주기란, 난수 생성기를 이용하여 난수들을 순차적으로 생성해 나갈 때, 이전에 나왔던 값들이 다시 반복되기까지 걸리는 횟수를 의미한다. 시뮬레이션 모형을 실행하기 위해서는 매우 많은 난수들이 필요하다. 따라서, 시뮬레이션 소프트웨어의 난수 생성기는 매우 긴 주기를 가져야 할 것이다. 잠시 후 보겠지만, 난수 생성기는 기본적으로 매우 간단한 구조를 갖지만, 난수 생성에 필요한 계수들의 값을 정하기가 까다로울 수 있다. 적절한 계수값을 정하는 방법에 대해서는 기존에 다양한 연구와 실험이 이루어진 바 있다.

LCG 이외에도 난수 생성기의 종류는 다양하며, 이들 각각의 특성 및 적절한 난수 생성기 선택 방법에 대해 보다 자세히 알고 싶은 경우에는 Law의 저서[1]를 참조하여라.

혼합식 LCG는 아래와 같은 재귀적인 관계식(점화식)을 이용하여 일련의 정수들을 생성한다:

$$N_i = (aN_{i-1} + c) \bmod (m)$$

여기서, a, c, m은 모두 비음(non-negative)의 정수이어야 하며, 최초의 N_0를 시드(seed)라 한다. 나아가, 앞서 언급한 바와 같이, 이들의 값은 LGC의 성능에 많은 영향을 주기 때문에, 신중하게 결정해야 한다. 아울러, 생성된 정수들과 시드를 Z_i, Z_{i-1}, Z_0으로 표기하는 문헌도 많으나, 이 책에서는 표준 정규 분포를 따르는 확률 변수와 구분하기 위해 N_i, N_{i-1}, N_0로 표기하였다.

상기한 난수 생성기가 정수 N_i를 생성하는 것과 달리, 실제로 시뮬레이션에서 필요한 것은 0에서 1사이의 일양 분포를 따르는 난수 u_i이며, 이는 아래와 같이 N_i를 m으로 나누어 얻는다:

$$u_i = \frac{N_i}{m}$$

예를 들어, a=5, c=3, m=8로 정한 경우에는 혼합식 LCG가 아래와 같은 점화식을 갖게 된다:

$$N_i = (5N_{i-1} + 3) \bmod (8)$$

물론, a, c, m의 값을 대강 정했기 때문에 그다지 좋은 난수 생성기는 아니겠지만, 여기서는 이 점화식을 이용하여 난수를 생성하는 방법에 대해 살펴보기로 하자. LGC의 가장 큰 단점은 주기가 m을 넘지 못한다는 점이다. 즉, 위와 같은 형태의 점화식을 사용할 경우, 8개 이하의 정수들로 구성된 수열이 반복적으로 등장하게 된다. 나아가, 그림 8.22에서 볼 수 있듯이, 시드 N_0의 값을 1로 주면, 이 난수 생성기는 N_1=0, N_2=3, N_3=2, … 와 같은 순서로 정수들을 생성하고, 결과적으로 우리는 0에서 1사이의 일양 분포를 따르는 난수 u_1=0.000, u_2=0.375, u_3=0.250, … 를 얻게 된다.

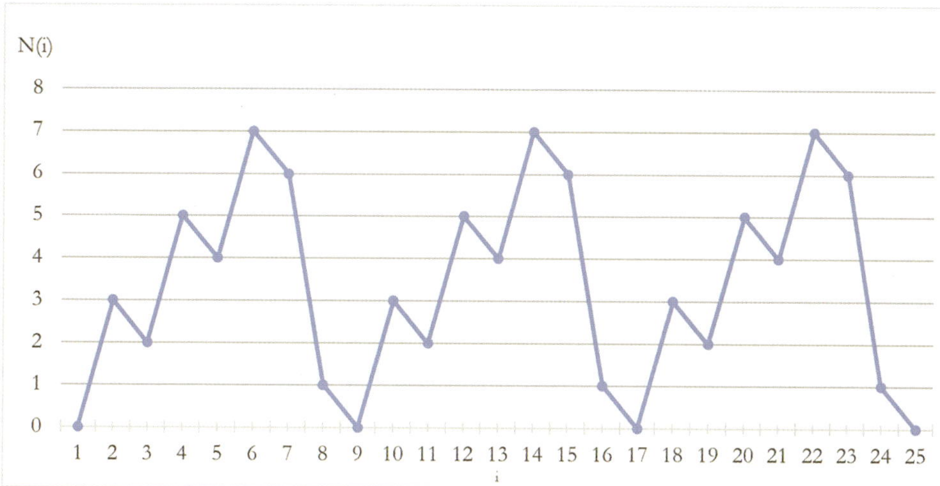

i	N(i)	u(i)
0	1	
1	0	0.0000
2	3	0.3750
3	2	0.2500
4	5	0.6250
5	4	0.5000
6	7	0.8750
7	6	0.7500
8	1	0.1250
9	0	0.0000
10	3	0.3750
11	2	0.2500
12	5	0.6250
13	4	0.5000
14	7	0.8750
15	6	0.7500
16	1	0.1250
17	0	0.0000
18	3	0.3750
19	2	0.2500
20	5	0.6250
21	4	0.5000
22	7	0.8750
23	6	0.7500
24	1	0.1250

그림 8.22 : 난수 생성기를 이용하여 얻은 난수들의 예

그림 8.22에서 N_i 항목의 경우, 0, 3, 2, 5, 4, 7, 6, 1의 8개 정수가 반복적으로 나타나고 있으며, 이 중 가장 큰 정수인 7이 m-1에 해당한다는 점에 유의하여라. 나아가, 7은 어떤 수를 8로 나누었을 때 얻을 수 있는 나머지 값 중 가장 큰 수이며, 이는 현재 난수 생성기가 제한된 범위 안에서 가장 큰 주기를 갖고 있음을 의미한다. 물론, 주기가 8인 난수 생성기는 현실적으로 활용도가 그다지 높지 않을 것이다. 또한, N_i 값이 반복되기 때문에, 이를 m으로 나눈 값 u_i에도 반복이 존재하는 것은 당연한 일이다.

또 한 가지 흥미로운 점은 1이 아닌 다른 시드값, 예를 들어, N_0=3을 사용할 경우, 값들의 순서는 동일하나 시작 값이 달라진다는 것이다. 좀 더 자세히 말하자면, N_0가 1일 때, N_1, N_2, …, N_7의 값이 0, 3, 2, 5, 4, 7, 6이었던 것과 달리, N_0가 3이면 N_1, N_2, …, N_7의 값이 2, 5, 4, 7, 6, 1, 0이 된다.

다음 장에서 좀 더 자세히 설명하겠지만, 모형 1개를 이용하여 다양한 운영 시나리오에 대한 시뮬레이션을 할 때는, 각 확률 변수마다 시드 값을 달리 해 주는 것이 바람직하다. 각 확률 변수에 상이한 난수들의 수열을 제공하기 위해서이다. 다만, 확률 변수 개수에 비해 난수 생성기의 주기가 매우 긴 경우에는 굳이 그렇게 하지 않아도, 난수들의 수열을 몇 개로 분할하여 이 같은 목적을 달성할 수 있다. 시뮬레이션 소프트웨어에 내장된 난수 생성기들은 보통 매우 긴 주기를 갖는다. 물론, *FlexSim*도 마찬가지이다. *FlexSim*에 내장된 난수 생성기는 20억 이

상의 주기를 갖는다. 즉, 난수를 20억 개 이상 생성하기 전에는 동일한 값들이 추출되지 않는다. 나아가, 난수 생성기에 의해 생성된 숫자들을 순서대로 모은 수열을 난수 스트림(stream)이라 하는데, 이상의 내용을 정리하면, *FlexSim*은 20억개 이상의 숫자들로 이루어진 반복 없는 난수 스트림을 가지고 있는 것이다. 필요한 경우에는 이 난수 스트림을 좀 더 잘게 분할하여 사용할 수도 있다. 예를 들어, 시뮬레이션 모형 안에 확률 변수 100개가 존재하는 경우, *FlexSim*은 쉽게 말해 20억 개의 숫자로 이루어진 난수 스트림을 분할하여 2천만 개의 숫자로 이루어진 '비교적 짧은' 난수 스트림 100개를 만든다. 이후에는 각 확률 변수에 서로 다른 '짧은' 난수 스트림을 할당할 수 있는데, 특정 변수에 할당할 '짧은' 난수 스트림을 지정하기 위해서는 적절한 시드값을 주거나, 해당 스트림의 식별 번호를 명시하여야 한다. 스트림 식별 번호란 각 스트림에 부여된 일종의 순번을 의미하며, 간단히 스트림 번호(stream number)라고도 한다. 스트림 번호는 보통 0에서 99사이의 값을 갖는데, *FlexSim*과 같은 시뮬레이션 소프트웨어들은 보통 확률 분포를 표현할 때, 스트림 번호를 함께 명시하도록 하는 경우가 많다. 예를 들어, *FlexSim*에서는 정규분포와 삼각분포를 각각 normal(mean, standard deviation, stream), triangular(min, max, mode, stream)과 같은 형식으로 표현하는데, 두 경우 모두, 마지막의 stream이 스트림 번호를 의미한다.

필요한 경우에는, *FlexSim*을 이용하여 100개 이상의 '짧은' 난수 스트림을 만드는 것도 가능하다. 다만, 다소 복잡한 주제이기 때문에, 이와 관련된 내용은 생략하고자 한다.

매우 많은 난수가 필요한 시뮬레이션을 할 때는 좀 더 정교한 난수 생성기를 사용할 수도 있다. 참고로, 기본적인 난수 생성기 외에도, *FlexSim*에는 주기가 1경에 달하는 '비교적 짧은' 난수 스트림을 최대 1만 개까지 만들어 낼 수 있는 고성능 난수 생성기가 내장되어 있다.

Section 8-7 무작위 표본 추출 방법 총정리

다시 한 번 강조하지만, 확률 분포는 시뮬레이션에서 매우 중요한 역할을 한다. 이 장에서는 처음에 시스템의 특성을 표현하는데 적합한 확률 분포를 선택하는 방법을 소개하였으며, 이후에는 실제로 시뮬레이션 소프트웨어들이 특정 확률 분포를 따르는 표본을 어떻게 추출하는지, 이 때 난수 생성기를 이용하는 이유는 무엇인지 등에 대해 설명하였다. 정리하자면, 이 장에서 소개한 무작위 표본 추출 방법은 아래와 같은 절차로 요약할 수 있다:

1. 분석 대상 시스템이 가진 확률 변수 X의 특성을 가장 잘 표현할 수 있는 확률 분포의 종류 및 그 확률 분포가 갖는 모수들의 값을 결정한다.

   표본 데이터가 있는 경우에는 이를 *ExpertFit*과 같은 소프트웨어로 분석하여 확률 분포의 종류 및 모수들의 값을 결정한다. 모수적 접근법을 사용하면 X가 평균이 μ이고 표준 편차가 σ인 정규 분포를 따른다거나, 평균이 β인 지수 분포를 따른다 등과 같은 결론이 얻어질 것이다. 반면, 비모수적 접근법을 사용하면 표본 데이터에 적합한 경험적 분포를 얻게 된다.

   표본 데이터가 없는 경우에는 실무자나 분석자의 판단에 근거하여 확률 분포의 특성을 정의한다. *ExpertFit*의 Distribution Viewer 기능을 이용하면 다양한 모수적 분포의 특성을 편리하게 관찰할 수 있어, 확률 분포의 종류나 모수값을 정하는데 도움이 될 것이다.

2. 시뮬레이션을 수행하는데 필요한 무작위 표본은 다음과 같이 추출한다.

3. 유사난수 생성기를 이용하여 0에서 1사이의 일양분포를 따르는 난수 u_i를 생성한다. 예를 들어, N_i=(aN_{i-1}+c)mod (m)과 같은 형태의 LGC를 사용하여 N_i를 생성한 경우에는, 이를 m으로 나누어 0에서 1사이의 일양분포를 따르는 난수 u_i=N_i/m을 얻을 수 있다.

4. 앞에서 얻은 u_i를 이용하여 특정 확률 분포를 따르는 표본값을 추출한다. 누적 확률 분포 함수 $F(x)$가 존재하는 경우에는 역변환 기법을 이용할 수 있다. 역변환 기법이란 방정식 $u_i=F(x_i)$를 x_i에 대해 풀이하여, $x_i=F^{-1}(u_i)$과 같이 표본값을 추출하는 것을 말한다. 예를 들어, 확률 변수 X가 평균이 β인 지수 분포를 따른다면, 난수 u_i에 대해 표본값 $x_i=\beta \ln(1-u_i)$가 얻어진다.

FlexSim 사용자 매뉴얼에는 *FlexSim*에 내장되어 있는 모든 통계 관련 함수 및 명령어들에 대한 자세한 설명과 예제가 수록되어 있다. 다만, 그 중 자주 사용되는 것들에 대해서는 이 장의 부록 (Appendix 8A)에도 따로 정리하였으므로, 필요한 경우 참조하기 바란다.

참고 문헌

1. Law, A. (2007) *Simulation Modeling and Analysis*, New York: McGraw-Hill.

2. Law, A. (2011) *Expert Fit Version 8 User's Guide*, Tuscon, AZ: Averill M. Law & Associates, Inc.

3. Law, A. (2013) "A Tutorial on How to Select Simulation Input Probability Distributions," *Proceedings of the 2013 Winter Simulation Conference*, R. Pasupathy, S. H. Kim, A. Tolk, R. Hill, and M. E. Kuhl, eds.

4. http://nsspi.tamu.edu/nssep/courses/introduction-to-statistics/probability-distributions/probability-distributions

5. http://stats.stackexchange.com/

Chapter 8 Review Questions

1. 이 장에서 가장 기억에 남거나 흥미로웠던 점 세 가지를 이야기해보시오.

2. 아래의 확률 분포들은 모두 평균이 동일하다. 이들을 변동성이 작은 것부터 큰 것 순으로 나열하여라.

   a. 평균이 100인 지수 분포

   b. 평균이 100, 표준 편차가 20인 정규 분포

   c. 최소값, 최대값, 최빈값이 각각 80, 130, 90인 삼각 분포

   d. 최소값, 최대값이 각각 50, 150인 일양 분포

3. 주위에서 오퍼레이션 시스템의 예를 하나 찾은 후, 이 시스템이 가진 특성 중 확률 변수에 해당하는 것을 두 개 찾아보아라. 나아가, 시뮬레이션 모형 작성 시, 이들 각 확률 변수를 표현하는데 적합한 확률 분포를 결정하는 방법을 설명하여라.

4. 고장 간격이 지수 분포를 따르며, 평균 고장 간격은 1000시간인 기계가 한 대 있다. 0에서 1사이의 일양 분포에서 난수 0.1209가 얻어졌다고 가정하고, 고장 간격의 표본값을 하나 생성하여라.

5. 어떤 기계의 고장 수리에 소요되는 시간이 5분에서 15분 사이의 일양 분포를 따른다. 0에서 1사이의 일양 분포에서 난수 0.7344가 얻어졌다고 가정하고, 고장 수리 시간의 표본값을 하나 생성하여라.

6. 한 지점으로부터 다른 지점으로 이동하는데 소요되는 시간이 정규 분포를 따르며, 이동 시간의 평균은 5분, 표준 편차는 2분이다. 0에서 1사이의 일양 분포에서 난수 0.9506이 얻어졌다고 가정하고, 이동 시간의 표본값을 하나 생성하여라.

7. 어떤 서비스를 처리하는데 소요되는 시간 x의 확률 밀도 함수가 아래와 같다. 0에서 1사이의 일양 분포에서 난수 0.7344가 얻어졌다고 가정하고, 서비스 시간의 표본값을 하나 생성하여라.

$$f(x) = \frac{x}{12}\ ,\quad 1 \le x \le 5$$

8. 어떤 병원에서 진료한 환자들의 병원 방문 횟수 x가 아래 표와 같은 확률 분포를 따른다. 0에서 1사이의 일양 분포에서 얻은 난수 u_1=0.2483, u_2=0.3637, u_3=0.0977, u_4=0.6424를 이용하여 환자 4명의 방문 횟수에 대한 표본값들을 생성하여라.

x	p(x)
1	0.10
2	0.35
3	0.35
4	0.20

9. 어떤 대학의 상담실에 상담 요청을 해 온 학생들의 소속 전공 x가 아래 표와 같은 확률 분포를 따른다. 0에서 1 사이의 일양 분포에서 얻은 난수 u_1=0.0977, u_2=0.6424를 이용하여 상담 요청을 한 학생 2명의 소속 전공에 대한 표본값들을 생성하여라.

x	p(x)
Arts & Sciences	0.35
Business	0.25
Engineering	0.25
Other	0.15

10. a=13, c=5, m=32인 LGC와 시드 값 N_0=4를 이용하여 0에서 1사이의 일양 분포를 따르는 난수를 2개 생성하여라.

11. 위 문제 10의 난수 생성기를 이용할 경우, 반복 없이 생성되는 정수의 개수는 최대 몇 개인가?

12. 어떤 온라인 서점에 접수되는 고객 주문의 도착 간격이 지수 분포를 따르며, 평균 주문 도착 간격은 15분이다. 마지막 주문이 10시 정각에 접수되었다고 가정하고, 아래의 난수 생성기와 시드 값 N_0=10을 이용하여, 다음 번 주문 2건이 도착하는 시각의 표본값들을 구하여라.

$$N_i = (27N_{i-1} + 4) \bmod (64) \quad \text{and} \quad N_0 = 10$$

13. 어떤 제품의 조립에 소요되는 시간이 10초에서 20초 사이의 일양 분포를 따른다. 아래의 난수 생성기와 시드 값 N_0=16을 이용하여, 다음 번 2개 제품의 조립 시간에 대한 표본값들을 구하여라.

$$N_i = (10N_{i-1} + 2) \bmod (32) \quad \text{and} \quad N_0 = 16$$

Appendix 8A - Statistical Distributions in FlexSim

FlexSim 에는 다양한 통계 관련 함수들이 내장되어 있으며, 여기서는 그 중 특히 자주 사용되는 것들의 기능과 활용법을 소개하고자 한다. 이 외의 명령어나 함수에 대해 알고 싶은 경우에는 *FlexSim* 사용자 매뉴얼을 참조하여라.

참조 : 각 함수의 괄호 안에서 num과 str은 각각 number와 string의 약어로, 바로 다음에 나오는 매개 변수의 값이 숫자 또는 문자열이어야 함을 의미한다. 문자열 값은 항상 큰 따옴표(" ")로 묶어 표현해야 하며, 대부분의 함수에서 볼 수 있는 마지막 매개 변수 stream은 난수 생성기에 전달할 스트림 번호를 의미한다. 다음 장에서 보다 자세히 논의하겠지만, 단일 시나리오에 대한 분석을 실시하는 경우에는 매개 변수 stream의 기본값을 변경하지 않아도 된다. 다양한 시나리오에 대한 비교 분석이 필요한 경우에는 각각의 확률 변수에 부여되는 스트림 번호를 달리 하는 것이 바람직하다.

이산 확률 분포

bernoulli(num percent-prob, num succeed-value, num fail-value, num stream)

percent-prob에 해당하는 확률로 succeed-value 값을 갖고, (1 – percent-prob)의 확률로 fail-value 값을 갖는 이산 확률 변수의 확률 분포(bernoulli 분포)를 표현할 때 사용하는 함수.

활용 예 : 제품에 대한 검사 결과 양품과 불량품이 나올 확률이 각각 90%, 10%이고, 양품과 불량품을 각각 0, 1로 표현하는 경우, 검사 1회의 결과 X의 확률 분포를 bernoulli(90, 0, 1, 2)와 같이 표현. 마지막 매개 변수 2는 스트림 번호로, 다른 값을 사용할 수도 있음.

검사 결과를 양품, 불량품, 재처리와 같이 세 가지 이상으로 분류하는 경우에는 dempirical() 함수를 이용.

binomial(num n, num percent-prob, num stream)

성공 확률이 percent-prob, 실패 확률이 (1 – percent-prob)인 시행을 n회 반복했을 때 관찰되는 성공 횟수를 의미하는 이산 확률 변수 *X*의 확률 분포(이항 분포)를 표현할 때 사용하는 함수.

활용 예 : 주사위를 20번 던졌을 때, 1의 눈이 나오는 횟수 X의 확률 분포를 binomial(20, 16.67, 2)로 표현. 마지막 매개 변수 2는 스트림 번호로, 다른 값을 사용할 수도 있음.

duniform(num min, num max, num stream)

정수 min, min+1, min+2, …, max 중 임의의 1개를 선택했을 때(각 값들이 선택될 확률은 모두 동일) 관찰되는 값을 의미하는 이산 확률 변수 X의 확률 분포(이산 일양 분포)를 표현할 때 사용하는 함수.

활용 예 : 주사위 1개를 1번 던졌을 때 관찰되는 값 X의 확률 분포를 duniform(1, 6, 3)으로 표현(1, 2, 3, …, 6의 눈이 나올 확률은 모두 1/6=16.67%). 마지막 매개 변수 3은 스트림 번호로, 다른 값을 사용할 수도 있음.

참고로, min에서 max사이의 정수 값이 아닌 실수 값을 추출하고 싶은 경우에는 uniform() 함수를 이용.

dempirical(str tablename, num stream)

이산형 경험적 분포를 표현할 때 사용하는 함수. 이 함수를 사용하기 위해서는 이름이 tablename인 global table을 생성하여 두 번째 열에 관찰될 수 있는 값을, 첫 번째 열에는 각 값이 관찰될 확률을 기록해두어야 함. 나아가, 첫 번째 열에 기록된 값들의 총합은 100이 되어야 함.

활용 예 : n개의 출력 port를 갖는 개체에서 flowitem의 출력 port를 확률적으로 정하고 싶은 경우, 먼저 이름이 SendToTable인 global table을 생성하여 두 번째 열에 1, 2, 3, …, n과 같은 출력 port 번호를, 첫 번째 열에는 출력 port 번호 각각이 선택될 확률을 기록한 다음, flowitem의 출력 port를 dempirical("SendToTable", 4)와 같이 표현. 마지막 매개 변수 4는 스트림 번호로, 다른 값을 사용할 수도 있음.

연속 확률 분포

cempirical(str tablename, num stream)

값의 상한이 있는 연속형 경험적 분포를 표현할 때 사용하는 함수. 이 함수를 사용하기 위해서는 이름이 tablename인 global table을 생성하여 두 번째 열에 계급 종료값을, 첫 번째 열에는 각 계급에 속하는 값이 관찰될 확률을 기록해두어야 함. 나아가, 첫 번째 열에 기록된 값들의 총합은 100이 되어야 하며, 계급의 구분을 위해 두 번째 열에는 값들이 오름차순으로 기록되어야 함.

활용 예 : 어떤 processor 개체의 처리 시간을 연속형 경험적 분포를 이용하여 결정하고 싶은 경우, 먼저 이름이 ProcessTimes인 global table을 생성하여 두 번째 열에 각 계급의 상한을, 첫 번째 열에는 각 계급에 속하는 값이 관찰될 확률을 기록한 다음, 이 개체의 처리 시간을 empirical("ProcessTimes", 1)과 같이 표현. 마지막 매개 변수 1은 스트림 번호로, 다른 값을 사용할 수도 있음.

exponential(num location, num scale, num stream)

지수 분포를 표현할 때 사용하는 함수. 매개 변수 중 location은 추출되는 값의 하한을 의미하며 대개 0으로 설정함. 매개 변수 scale은 평균값을 의미. 지수 분포에는 추출되는 값의 상한이 없기 때문에, 때로 매우 큰 값이 추출될 수도 있음.

활용 예 : 평균이 120분인 지수 분포를 따르는 도착 간격 X의 확률 분포를 exponential(0, 120, 2)로 표현. 이 경우 0~∞ 범위의 값이 추출되며, 마지막 매개 변수 2는 스트림 번호로, 다른 값을 사용할 수도 있음.

erlang(num location, num scale, num shape, num stream)

Erlang 분포를 표현할 때 사용하는 함수. 기본적으로 Erlang 분포는 동일한 지수 분포를 따르는 확률 변수 여러 개를 합한 값의 확률 분포로 정의되며, erlang() 함수는 여기서 지수 분포의 평균값 scale과 지수 분포를 따르는 확률 변수들의 개수 shape를 매개 변수로 가짐. 원래 지수 분포의 하한값은 0이나, exponential() 함수에서 필요한 경우 하한값을 변경할 수 있는 것처럼, erlang() 함수의 매개 변수 location도 하한값을 의미함. Erlang 분포에는 추출되는 값에 상한이 없기 때문에, 때로 매우 큰 값이 추출될 수도 있음.

Erlang() 함수를 이용하여 추출한 값의 평균은 location + scale×shape, 최빈값은 location + scale×(shape – 1)이며, 분산은 shape×scale^{2}으로 주어짐.

활용 예 : 어떤 조립 공정이 4단계 작업으로 구성되고, 각 단계 작업의 소요 시간이 모두 평균이 20초인 지수 분포를 따를 때, 이 공정의 총 소요 시간 X의 확률 분포를 erlang(0, 20, 4, 3)으로 표현. 마지막 매개 변수 3은 스트림 번호로, 다른 값을 사용할 수도 있음.

normal(num mean, num stddev, num stream)

그림 A.8.1과 같은 정규 분포를 표현할 때 사용하는 함수. 매개 변수 mean, stddev는 각각 평균과 표준 편차를 의미.

활용 예 : 평균이 100이고, 표준 편차가 10인 정규 분포를 따르는 확률 변수 X의 확률 분포를 normal(100 ,10, 4)로 표현. 마지막 매개 변수 4는 스트림 번호로, 다른 값을 사용할 수도 있음. 일반적으로 평균 근처의 값들이 많이 추출되나, 추출되는 값의 상한 및 하한이 없는 정규 분포의 특성상, 때로 매우 작거나 큰 값이 추출될 수도 있음.

triangular(num min, num max, num mode, num stream)

삼각 분포를 표현할 때 사용하는 함수. 매개 변수 min, max, mode는 각각 최소값, 최대값 및 최빈값을 의미. 평균과 최빈값의 의미가 서로 다르다는 점에 주의할 것. 삼각 분포에서 평균은 (min+mode+max)/3으로 계산할 수 있음. 즉, 삼각 분포의 경우에는 평균값, 최소값, 최대값을 알고 있을 경우, 이들을 이용하여 최빈값을 구하는 것이 가능함.

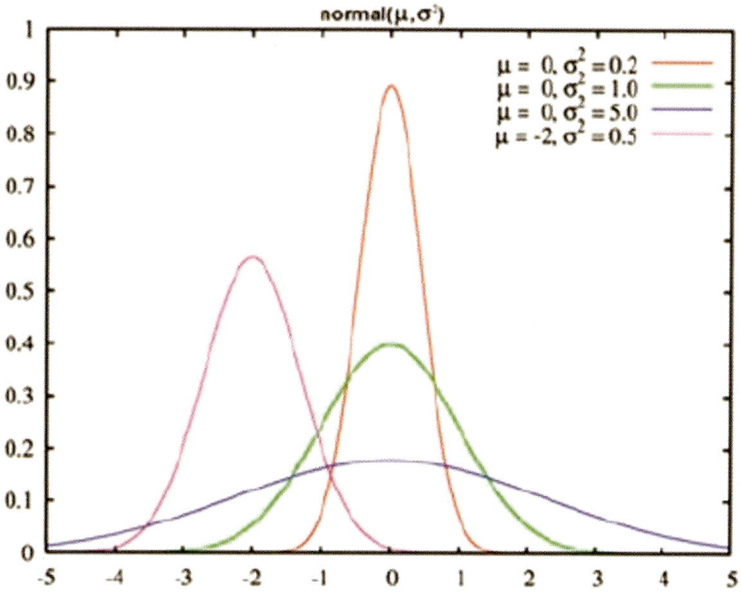

그림 A.8.1 : 정규 분포의 확률 밀도 함수 예

활용 예 : 어떤 작업을 처리하는데 소요되는 시간의 최소값, 최대값 및 최빈값이 각각 3.5분, 10분, 5분일 때, 이 작업의 소요 시간 X의 확률 분포를 triangluar(3.5, 10, 5, 5)로 표현. 마지막 매개 변수 5는 스트림 번호로, 다른 값을 사용할 수도 있음.

uniform(num min, num max, num stream)

일양 분포를 표현할 때 사용하는 함수. 매개 변수 min, max는 각각 최소값과 최대값을 의미.

활용 예 : 한 지점으로부터 다른 지점까지 이동하는데 소요되는 시간이 1초에서 7초 사이의 일양 분포를 따를 때, 이동 시간 X의 확률 분포를 uniform(1, 7, 6)으로 표현. 마지막 매개 변수 6은 스트림 번호로, 다른 값을 사용할 수도 있음. 지정된 범위 내에서 실수값이 아닌 정수값을 추출해야 하는 경우에는 duniform() 함수를 이용.

beta(num min, num max, num shape1, num shape2, num stream)

베타 분포를 표현할 때 사용하는 함수. 매개 변수 min, max는 각각 최소값과 최대값을 의미. 이 함수는 항상 min~max 범위의 값을 추출하며, 비음의 매개 변수 shape1, shape2의 값에 따라 베타 분포의 확률 밀도 함수는 그림 A.8.2와 같이 그 형태가 크게 달라질 수 있음.

베타 분포의 평균은 min + (max – min)×shape1/(shape1 + shape2)로 계산할 수 있으며, 아래와 같이 매개 변수 shape1, shape2의 값을 적절히 조정할 경우, 일양 분포나 삼각 분포가 얻어지기도 함.

- beta(min, max, 1, 1, stream) = uniform(min, max, stream)
- beta(min, max, 1, 2, stream) = triangular(min, max, min, stream) (좌측에 치우친 삼각 분포)
- beta(min, max, 2, 1, stream) = triangular(min, max, max, stream) (우측에 치우친 삼각 분포)

그림 A.8.2에서 베타 분포의 확률 밀도 함수가 다양한 형태를 갖는다는 점을 확인할 수 있음.

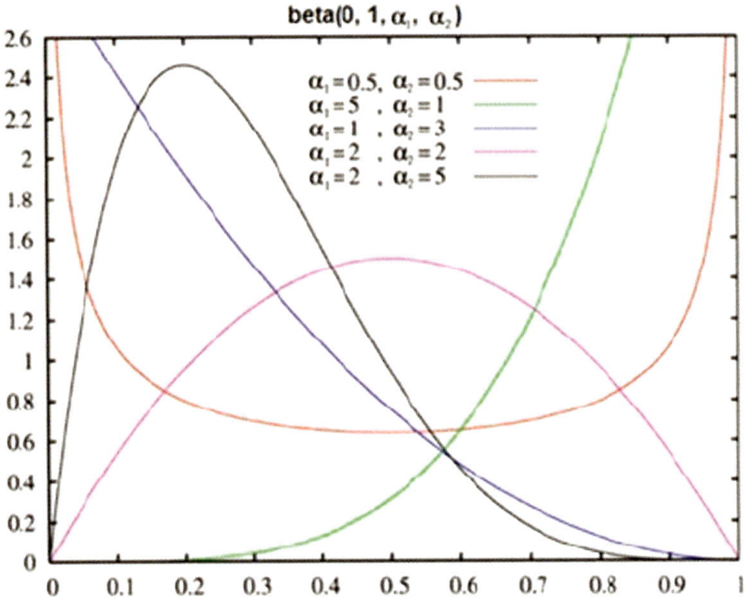

그림 A.8.2 : 베타 분포의 확률 밀도 함수 예

gamma(num location, num scale, num shape, num stream)

감마 분포를 표현할 때 사용하는 함수. 매개 변수 scale, shape의 값에 따라 감마 분포의 확률 밀도 함수는 그림 A.8.3과 같이 그 형태가 크게 달라질 수 있으며, 아래와 같이 매개 변수 scale, shape의 값을 적절히 조정할 경우, 지수 분포나 Erlang 분포가 얻어지기도 함.

- gamma(location, scale, 1, stream) = exponential(location, scale, stream)
- 매개 변수 shape의 값이 정수인 경우, gamma(location, scale, shape, stream) = Erlang(location, scale, shape, stream)

weibull(num location, num scale, num shape, num stream)

Weibull 분포를 표현할 때 사용하는 함수. 매개 변수 scale, shape의 값에 따라 Weibull 분포의 확률 밀도 함수는 그림 A.8.4와 같이 그 형태가 크게 달라질 수 있으며, 아래와 같이 매개 변수 shape의 값이 1인 Weibull 분포는 지수 분포와 동일함.

- weibull(location, scale, 1, stream) = exponential(location, scale, stream)

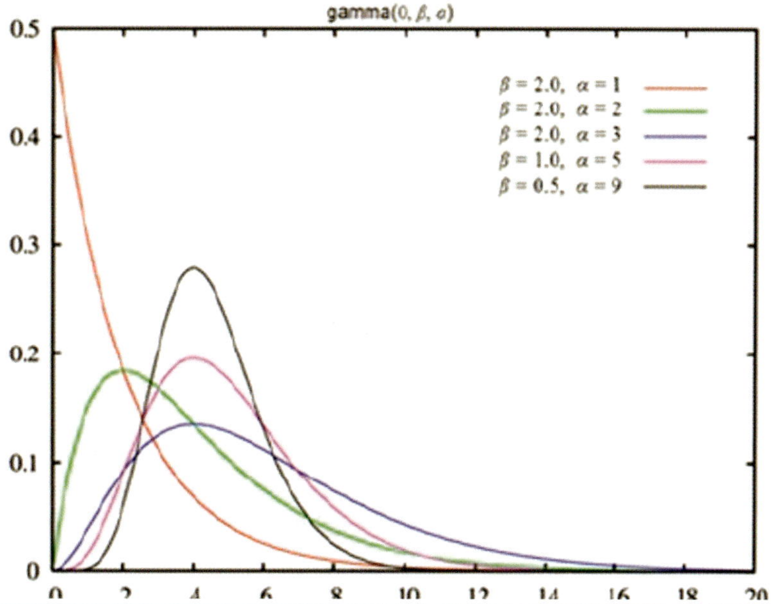

그림 A.8.3 : 감마 분포의 확률 밀도 함수 예

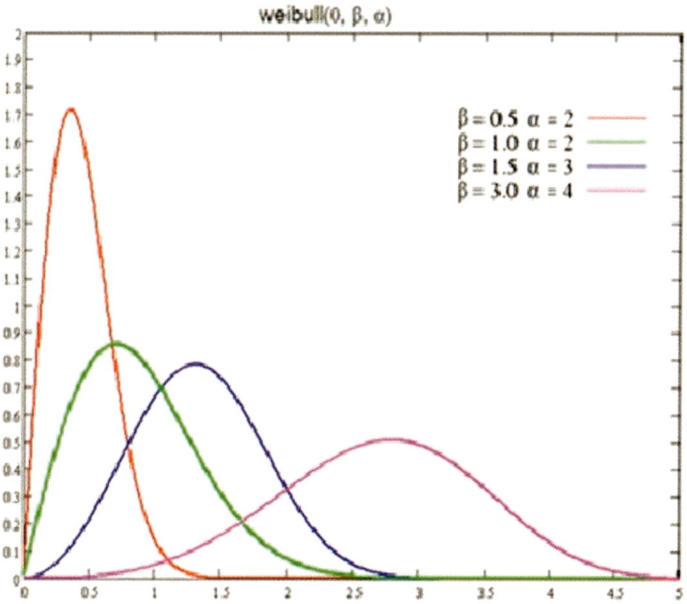

그림 A.8.4 : Weibull 분포의 확률 밀도 함수 예

Chapter 9 시뮬레이션의 원리-몬테 카를로 시뮬레이션 및 이산 사건 시뮬레이션 수행 방법

학습목표

(1) 시뮬레이션의 기본 원리를 이해한다.
(2) 몬테 카를로 시뮬레이션과 이산 사건 시뮬레이션을 수행하는 방법에 대해 설명할 수 있다.

1장에서 설명한 바와 같이, 오퍼레이션 시스템에 대한 시뮬레이션을 수행하는 방법은 크게 그림 9.1과 같은 네 가지로 구분되며, 시뮬레이션을 할 때는 이들 중 분석 목적이나 시스템의 특성에 가장 적합한 것을 선택하여야 한다. 일반적으로 오퍼레이션 시스템의 분석에 가장 많이 활용되는 것은 이산 사건 시뮬레이션이기 때문에, 이 책에서는 이를 중점적으로 다루고 있다. 하지만, 그 외의 시스템을 분석할 때는 좀 더 이해하기 쉽고 편리한 몬테 카를로(Monte Carlo) 시뮬레이션을 이용하는 경우가 많다.

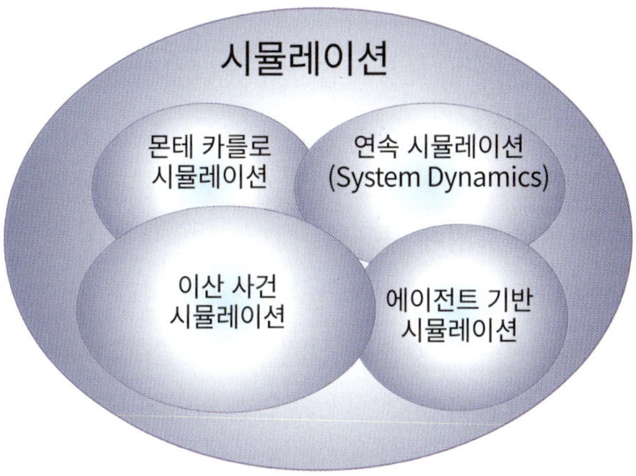

그림 9.1 : 오퍼레이션 시스템 분석에 사용할 수 있는 시뮬레이션 방법

잠시 후 설명하겠지만, 몬테 카를로 시뮬레이션과 이산 사건 시뮬레이션의 수행 방법에는 많은 차이점이 존재한다. 물론, 몇 가지 공통점도 있으며, 무엇보다 중요한 것은 두 가지 시뮬레이션 방법 모두 (1) 더 나은 의사결정을 위해 여러 가지 대안들을 평가하고, (2) 시스템이 가진 다양한 특성 및 이들이 시스템 성능에 미치는 영향을 이해하며, (3) 시스템이 가진 잠재적인 문제점들을 식별하는데 사용된다는 점이다. 또한, 어느 쪽 방법을 사용하든, 확률 분포는 시뮬레이션의 수행에 매우 중요한 역할을 한다. 앞의 8장에서 설명한 바와 같이 특정 확률 분포로부터 반복적으로 표본값들을 추출하는 과정이 필요하기 때문이다.

이 장에서는 몬테 카를로 시뮬레이션과 이산 사건 시뮬레이션의 기본 원리를 설명하고, 이를 바탕으로 시뮬레이션에서 표본추출이 왜 중요한지를 알아볼 것이다. 세부적으로, 9-1, 9-2절에서 각각 몬테 카를로 시뮬레이션과 이산 사건 시뮬레이션의 수행 방법을 다룰 것이며, 각 절에는 독자들의 이해를 돕기 위한 사례 연구가 함께 제시되어 있다.

Section 9-1 몬테 카를로 시뮬레이션

기본적으로 몬테 카를로 시뮬레이션이란 무작위 표본을 이용하여 어떤 수치적인 결과값을 산출하는 과정을 말한다. 오퍼레이션 시스템에서는 주로 시스템의 성능 평가지표들이 수치적인 결과값에 해당할 것이다. 이러한 수치적인 결과값을 얻기 위해서는 먼저 어떤 확률 분포를 따르는 표본값들을 추출한 후, 이들을 적절히 취합(단순한 사칙 연산을 이용할 수도 있고, 때로는 복잡한 수학적 변환 과정을 거쳐야 할 수도 있다)하는 것이 필요하다. 예를 들어, 어떤 제품의 판매 수익은 그 상품의 판매 가격과 판매량을 곱한 값이며, 만약, 판매 가격과 판매량이 모두 확률 변수라면, 판매 수익 역시 이들 두 확률 변수의 곱을 의미하는 또 하나의 확률 변수가 된다. 이 경우, 판매 가격과 판매량의 표본값 추출은 시뮬레이션을 수행하는 과정으로, 나아가, 이들의 곱을 의미하는 판매 수익은 시뮬레이션을 통해 얻은 수치적인 결과값으로 볼 수 있다. 표본 추출과 결과값 산출을 여러 번 반복하면, 다양한 결과값들에 의해 판매 수익에 대한 확률 분포가 형성될 것이며, 이로부터 평균 등과 같은 통계량들을 집계해볼 수도 있을 것이다.

확률 분포로부터 무작위 표본을 추출하는 방법에 대해서는 8장에서 설명하였다. 잠시 복습을 해보자면, 확률 분포는 크게 모수적 확률 분포(예: 정규 분포, 지수 분포, Weibull 분포 등)와 비모수적 확률 분포(예: 경험적 분포)로 구분되며, 특정 확률 변수에 적합한 확률 분포의 종류는 표본 데이터에 대한 분석 또는 전문가의 판단을 바탕으로 결정할 수 있다.

간단한 예제를 통해 몬테 카를로 시뮬레이션이 어떤 식으로 작동하는지를 살펴보기로 하자. 그림 9.2는 단순한 조립 공정에 사용되는 부품들의 모습을 보여주며, 여기서 조립이란 S라 표기된 샤프트를 H라 표기된 블록에 나 있는 홈에 끼워 넣는 것을 말한다. 샤프트는 선삭 가공에 의해 만들어지며, 표준 직경이 1.49인치에, ±1%의 공차를 갖도록 설계되었다. 블록의 홈은 드릴링 공정에 의해 만들어지며, 표준 직경이 1.50인치이고, ±0.5%의 공차를 갖는다. 당연한 이야기지만, 이들 두 부품이 조립되려면, 샤프트의 직경이 홈의 직경보다 커서는 안 될 것이다. 하지만, 부품들의 규격이 위와 같은 경우에는, 샤프트의 직경이 홈의 직경보다 최대 0.0024인치(=1.49×1.01 – 1.50×0.995) 가량 더 커질 수도 있다. 이로 인해 샤프트가 블록의 홈에 적절히 결합되지 않은 완제품은 불량품으로 간주한다. 나아가, 우리의 목표는 이러한 완제품의 불량률을 추정하는 것이다. 만약, 불량률이 매우 높을 것으로 예상된다면, 공차를 줄이기 위한 공정 개선안을 찾아보아야 한다. 뿐만 아니라, 개선안을 찾은 후에는 개선 후의 공정 불량률을 다시 추정하여 이 개선안의 타당성에 대해서도 검토해보아야 할 것이다.

분석을 시작하기에 앞서, 먼저 다음과 같은 몇 가지 사항들을 가정하기로 하자.

- 샤프트 및 홈의 직경은 정규 분포를 따른다.
- 모든 표본들의 직경은 서로 독립이다.

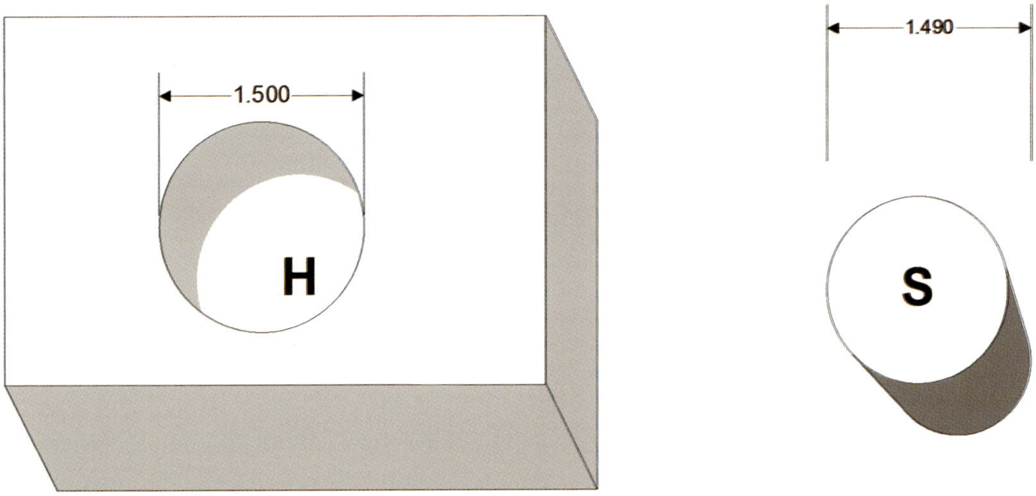

그림 9.2 : 간단한 조립 공정의 예

- 현재 공차는 6σ에 해당한다. 즉, 표본 중 99.87%는 공차 범위 내의 직경을 갖는다.
- 양품이 만들어지기 위해서는 샤프트의 직경이 홈의 직경보다 작으면서, 둘의 차이가 0.020인치 미만이어야 한다(0<(홈의 직경 – 샤프트의 직경)<0.020). 한 번 조립을 시도했을 때 이 조건이 만족되지 않는 경우, 해당 샤프트와 블록은 재사용되지 않는다.

가장 먼저 할 일은, 샤프트와 홈의 직경이 따르는 정규 분포의 모수값, 즉, 평균과 표준 편차를 결정하는 것이다. 샤프트의 직경은 공차(1.49인치±1%)가 6σ 범위에 해당한다고 했으므로, 평균은 1.49인치이고, 공차의 상한 = 1.49+1.49×0.01=1.5049, 공차의 하한 = 1.49-1.49×0.01=1.4751에서, 6σ=1.5049-1.4751=0.0298이 될 것이다. 따라서, 샤프트 직경의 표준 편차 = 0.0298/6 = 약 0.005인치이다. 마찬가지로, 홈의 직경은 공차가 1.50인치±0.5%이므로, 평균은 1.50인치이고, 공차의 상한 = 1.50+1.50×0.005=1.5075, 공차의 하한 = 1.50-1.50×0.005=1.4925에서, 표준 편차 = (1.5075 – 1.4925)/6 = 0.0025인치가 된다.

앞서 8장에서 설명한 바와 같이, 역변환 기법을 이용하여 특정 확률 분포를 따르는 확률 변수 X의 표본값을 추출하기 위해서는 누적 분포 함수 $F(x)$가 필요하다. $F(x)$는 $X \leq x$인 구간에 대해 확률 밀도 함수 f(x)를 적분한 결과에 해당하며, X의 값이 x이하일 확률, 즉, 누적 확률 $P(X \leq x)$를 의미한다. 나아가, 그림 9.3에서 연속 확률 분포의 확률 밀도 함수 $f(x)$ 및 이에 대한 누적 분포 함수 $F(x)$의 예를 볼 수 있다. 다만, 정규 분포의 경우에는 $f(x)$를 적분하여 $F(x)$를 얻는 것이 곤란하여, 누적 분포 함수의 근사값을 사용하는 것이 일반적이다. 다시 말해, 여기서는 8장에서 설명한 것과 같은 역변환 기법을 적용할 수 없으며, 조금 다른 방법으로 표본값을 추출해야 한다.

정규 분포를 따르는 확률 변수의 표본값을 추출할 때는 $F(x)$ 대신 그림 9.4와 같은 표준 정규 분포표를 이용할 수 있다. 표준 정규 분포표는 정규 분포를 따르는 확률 변수의 누적 분포에 대한 근사값을 구하는데 사용할 수 있으며, 이 그림과 동일한 표가 이 장의 부록(Appendix 9A)에도 수록되어 있다. 표준 정규 분포표를 사용하는 방법은 여기서 따로 설명하지 않을 것이므로, 필요한 경우에는 통계학 관련 서적 등을 참조하기 바란다.

표준 정규 분포란 평균이 0이고 표준 편차가 1인 정규 분포를 의미하며, 평균이 μ이고 표준 편차가 σ인 정규 분

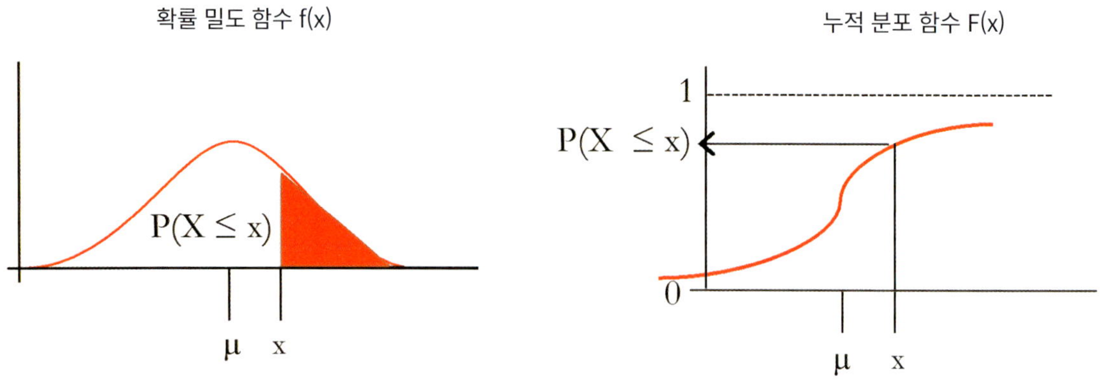

그림 9.3 : 확률 밀도 함수 f(x)와 누적 분포 함수 F(x)의 예

포를 표준 정규 분포로 변환하는 과정을 "표준화(standardization)"이라 한다. 나아가, 정규 분포를 따르는 확률 변수 X를 표준 정규 분포를 따르는 확률 변수 Z로 변환하고자 할 때는 아래의 식을 이용하여 X의 표본값 x_i 각각을 z_i로 변환하면 된다. 예를 들어, 정규 분포를 따르는 확률 변수 X의 표본값 x가 90백분위수(즉, $P(X \le x)=0.90$인 상황이다)에 해당한다고 가정해 보자. 이 값은 평균 μ보다 약 1.28σ 더 큰 값일 것이다. 왜냐하면 그림 9.3의 표준 정규 분포표에서 0.90에 가장 가까운 값 0.8997에 해당하는 z값이 1.28이기 때문이다. 이를 앞의 예제에 적용해 보면, 현재 홈의 직경은 평균이 1.50인치이고 표준 편차가 0.0025인치인 정규 분포를 따르므로, 90백분위수에 해당하는 값 $x=1.50+1.28\times0.0025=1.5032$가 된다. 다시 말해, 블록 중 90%는 홈의 직경이 1.5032인치 이하이다. 표준 정규 분포표에서 z값을 찾을 때는 먼저 필요한 $P(X \le x)$ 값(앞에서는 0.90)을 표에서 찾은 다음, 이에 해당하는 행의 값(앞에서는 1.2)과 열의 값(앞에서는 0.08)을 더하면 된다. 단, 앞에서는 표에서 정확한 $P(X \le x)$ 값, 0.90을 찾을 수 없기 때문에 이와 가장 유사한 값 0.8997을 기준으로 z값을 결정하였으며, 경우에 따라서는 가장 유사한 두 개의 값 0.8997, 0.9015에 내삽(interpolation)을 적용하여 z값을 구하기도 한다.[1]

$$x_i=\mu+z_i\sigma \ \rightarrow \ z_i=\frac{x_i-\mu}{e}$$, 여기서 z_i는 표준 정규 분포의 표본값에 해당.

기본적으로 정규 분포의 표본값을 추출하는 방법은 앞에서 z값을 구하는 절차와 동일하다. 다만, 사전에 명시된 누적 확률값(앞에서는 0.90)이 아닌 임의의 누적 확률값을 사용한다는 차이점이 있을 뿐이다. 나아가, 누적 확률 $P(X \le x)$가 0에서 1사이의 값을 가지므로, 8장에서 설명한 난수 생성기를 이용하여 0에서 1사이의 난수를 하나 생성한 다음, 이를 누적 확률값으로 사용하면 될 것이다. 예를 들어, 점화식 $N_i=(5N_{i-1}+3) \bmod (8)$과 시드 값 $N_0=3$을 이용한다면, 난수 $u_1=0.250$, $u_2=0.625$가 얻어지며, 표준 정규 분포표에서 이에 해당하는 z값은 $z_1=-0.675$, $z_2=0.32$이다. 현재 홈의 직경은 평균이 1.50인치, 표준 편차가 0.0025인치인 정규 분포를 따르므로, 결과적으로 z_1, z_2 각각에 대해 $x_1=1.4983$, $x_2=1.5008$과 같은 2개의 표본값이 얻어질 것이다.

이러한 개념들을 응용하면 앞의 예제에서 요구하는 불량률, 즉, 조립에 문제가 있는 샤프트와 블록의 비율을 추정하는 것도 가능하며, 실제 계산은 수작업으로 할 수도 있고, MS-Excel같은 소프트웨어를 이용할 수도

1 확률 0.8997에 해당하는 z값이 1.28, 확률 0.9015에 해당하는 z값이 1.29이므로, 내삽을 이용하면 확률 0.90에 해당하는 z값은 $1.28+0.01\times\frac{0.90-0.8997}{0.9015-0.8997}$ = 약 1.2817이 된다.

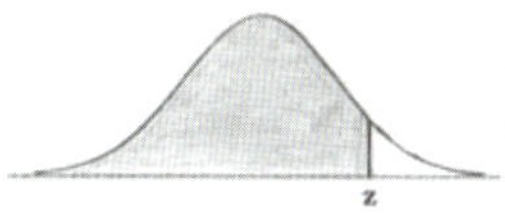

Probability Content
from -oo to Z

z	0.00	0.01	0.02	0.03	0.04	0.05	0.06	0.07	0.08	0.09
0.0	0.5000	0.5040	0.5080	0.5120	0.5160	0.5199	0.5239	0.5279	0.5319	0.5359
0.1	0.5398	0.5438	0.5478	0.5517	0.5557	0.5596	0.5636	0.5675	0.5714	0.5753
0.2	0.5793	0.5832	0.5871	0.5910	0.5948	0.5987	0.6026	0.6064	0.6103	0.6141
0.3	0.6179	0.6217	0.6255	0.6293	0.6331	0.6368	0.6406	0.6443	0.6480	0.6517
0.4	0.6554	0.6591	0.6628	0.6664	0.6700	0.6736	0.6772	0.6808	0.6844	0.6879
0.5	0.6915	0.6950	0.6985	0.7019	0.7054	0.7088	0.7123	0.7157	0.7190	0.7224
0.6	0.7257	0.7291	0.7324	0.7357	0.7389	0.7422	0.7454	0.7486	0.7517	0.7549
0.7	0.7580	0.7611	0.7642	0.7673	0.7704	0.7734	0.7764	0.7794	0.7823	0.7852
0.8	0.7881	0.7910	0.7939	0.7967	0.7995	0.8023	0.8051	0.8078	0.8106	0.8133
0.9	0.8159	0.8186	0.8212	0.8238	0.8264	0.8289	0.8315	0.8340	0.8365	0.8389
1.0	0.8413	0.8438	0.8461	0.8485	0.8508	0.8531	0.8554	0.8577	0.8599	0.8621
1.1	0.8643	0.8665	0.8686	0.8708	0.8729	0.8749	0.8770	0.8790	0.8810	0.8830
1.2	0.8849	0.8869	0.8888	0.8907	0.8925	0.8944	0.8962	0.8980	0.8997	0.9015
1.3	0.9032	0.9049	0.9066	0.9082	0.9099	0.9115	0.9131	0.9147	0.9162	0.9177
1.4	0.9192	0.9207	0.9222	0.9236	0.9251	0.9265	0.9279	0.9292	0.9306	0.9319
1.5	0.9332	0.9345	0.9357	0.9370	0.9382	0.9394	0.9406	0.9418	0.9429	0.9441
1.6	0.9452	0.9463	0.9474	0.9484	0.9495	0.9505	0.9515	0.9525	0.9535	0.9545
1.7	0.9554	0.9564	0.9573	0.9582	0.9591	0.9599	0.9608	0.9616	0.9625	0.9633
1.8	0.9641	0.9649	0.9656	0.9664	0.9671	0.9678	0.9686	0.9693	0.9699	0.9706
1.9	0.9713	0.9719	0.9726	0.9732	0.9738	0.9744	0.9750	0.9756	0.9761	0.9767
2.0	0.9772	0.9778	0.9783	0.9788	0.9793	0.9798	0.9803	0.9808	0.9812	0.9817
2.1	0.9821	0.9826	0.9830	0.9834	0.9838	0.9842	0.9846	0.9850	0.9854	0.9857
2.2	0.9861	0.9864	0.9868	0.9871	0.9875	0.9878	0.9881	0.9884	0.9887	0.9890
2.3	0.9893	0.9896	0.9898	0.9901	0.9904	0.9906	0.9909	0.9911	0.9913	0.9916
2.4	0.9918	0.9920	0.9922	0.9925	0.9927	0.9929	0.9931	0.9932	0.9934	0.9936
2.5	0.9938	0.9940	0.9941	0.9943	0.9945	0.9946	0.9948	0.9949	0.9951	0.9952
2.6	0.9953	0.9955	0.9956	0.9957	0.9959	0.9960	0.9961	0.9962	0.9963	0.9964
2.7	0.9965	0.9966	0.9967	0.9968	0.9969	0.9970	0.9971	0.9972	0.9973	0.9974
2.8	0.9974	0.9975	0.9976	0.9977	0.9977	0.9978	0.9979	0.9979	0.9980	0.9981
2.9	0.9981	0.9982	0.9982	0.9983	0.9984	0.9984	0.9985	0.9985	0.9986	0.9986
3.0	0.9987	0.9987	0.9987	0.9988	0.9988	0.9989	0.9989	0.9989	0.9990	0.9990

그림 9.4 : 표준 정규 분포표[1]

있다.

먼저, 수작업을 통해 3회의 조립 작업에 대한 시뮬레이션을 실시해 보기로 하자. 이를 위해서는 아래와 같이 0에서 1사이의 일양 분포로부터 추출한 난수 6개가 필요하다. 이 중, 맨 처음 2개는 1회째 조립 작업에 투입된 블록의 홈과 샤프트의 직경을 정하는데 사용할 것이며, 그 다음 2개는 2회째 조립 작업, 마지막 2개는 3회째 조립 작업에서 사용되는 부품들의 직경을 정하는데 필요하다.

0.389, 0.692, 0.896, 0.799, 0.077, 0.984

그림 9.5는 조립 공정에 대한 단기적인 몬테 카를로 시뮬레이션을 실시한 결과를 보여준다. 이를 보면, 앞의 난수들을 이용하여 블록의 홈과 샤프트의 직경에 대한 표본값들이 추출된 것을 볼 수 있다. 세부적으로는 표

준 정규 분포표를 이용하여 각각의 난수에 해당하는 z값들을 찾은 다음, 이들을 변환하여 블록의 홈 및 샤프트의 직경에 대한 표본값들을 결정하였다. 아울러, 각 회차의 조립에 대해 (블록 홈 직경(DiaH) – 샤프트 직경(DiaS))의 값(Diff) 및 양품 판정 기준 충족 여부(OK?)가 함께 기록되어 있는데, 양품으로 판정되기 위해서는 (1) 블록 홈 직경(DiaH) – 샤프트 직경(DiaS) > 0.0, (2) 블록 홈 직경(DiaH) – 샤프트 직경(DiaS) < 0.020의 두 가지 조건을 동시에 충족시켜야 한다. 즉, 양품을 만들기 위해서는 블록 홈의 직경이 샤프트의 직경보다 커야 하며, 둘의 직경 차이는 0.02인치 이내여야 한다. 1회째 조립에서는 직경 차이가 0.02미만의 양수 값을 가지므로, 양품이 만들어졌을 것이다. 이는 2회째 조립도 마찬가지이다. 하지만, 3회째 조립에서는 샤프트의 직경이 블록 홈의 직경보다 크기 때문에 불량이 발생하였다. 결과적으로, 3회 중 불량이 1회 발생하였기 때문에, 불량률의 추정치는 33%가 될 것이다. 물론, 이 같은 결론을 내리기에는 표본의 수가 너무 적은 것이 사실이다. 따라서, 이번에는 컴퓨터를 통해 보다 많은 표본을 생성하여 분석에 이용하는 사례를 살펴보기로 하자.

몬테 카를로 시뮬레이션을 수행할 때는 컴퓨터, 특히, 스프레드시트 프로그램을 사용하는 것이 일반적이다. 그림 9.6은 스프레드시트 프로그램(MS-Excel)을 이용하여 상기 조립 공정에 대한 시뮬레이션 모형을 작성한 사례를 보여주며, 이 모형은 크게 세 가지 영역으로 구성되어 있다. 먼저, 그림의 상단에는 확률 분포의 모수값들을 입력하는 부분이 있으며, 이를 적절히 이용하면 다양한 상황에 대한 시뮬레이션이 가능할 것이다. 나아가, 중간의 메인 영역은 각 회차 별로 조립 작업이 어떤 식으로 진행되었는지를 보여주며, 그림 하단에는 종합적인 분석 결과가 요약되어 있다.

그림 9.6에도 표시되어 있듯이, 이 모형은 MS-Excel의 내장 함수를 몇 가지 이용한다. 예를 들어, 0에서 1 사이의 일양 분포로부터 난수값들을 생성하는 데는 RAND() 함수가 이용되었다. RAND() 함수는 컴퓨터의 시계를 기반으로 난수를 생성하기 때문에, 난수들의 추출을 재현하는 것이 곤란하다는 특징을 갖는다. 또한, RAND() 함수는 MS-EXCEL에서 어떤 계산을 한 번 수행할 때마다 그 값이 갱신되므로, 이를 원하지 않는 경우에는 RAND() 함수를 입력하고 F9키를 눌러 수식을 난수값으로 변경해 둘 수도 있다. MS-Excel에서 보다 효과적으로 난수값들을 관리하고 싶은 경우에는 "분석 도구" 추가 기능(Add-in)을 설치한 후, 분석 도구 항목 중 "난수 생성" 기능을 이용하면 된다. 이 기능은 앞서 8장에서 설명한 것과 같이 재현과 스트림 번호 지정이 가능한 유사난수를 생성해 준다는 장점을 갖는다. 다시 말해, 스트림 번호를 변경하지 않으면 최초에 생성한 난수값들을 유지하는 것이 가능하다.

RAND() 함수를 이용하여 생성한 난수값들이 0에서 1사이의 일양 분포를 따른다는 점을 설명하기 위해,

	Hole			Shaft		Gap	
Mean =	1.5		Mean =	1.49		V	
Toler, % Dia	0.500%		Toler, % Dia	1.000%		0.025	
Std Dev =	0.0025		Std Dev =	0.004967			
RandNo	**Z**	**DiaH**	**RandNo**	**Z**	**DiaS**	**Diff**	**OK?**
0.389	-0.28	1.4993	0.692	0.50	1.4925	0.0068	TRUE
0.896	1.26	1.5031	0.799	0.84	1.4942	0.0089	TRUE
0.077	-1.43	1.4964	0.984	2.14	1.5007	-0.0043	FALSE

그림 9.5 : 조립 공정에 대한 몬테 카를로 시뮬레이션 사례

Kyd[2]는 그림 9.7의 좌측과 같이 RAND() 함수가 생성한 난수값 10,000개에 대한 히스토그램을 제시하고 있다. 이 그림의 우측에 보이는 것은 이 난수값들을 갱신하여 얻은 새로운 10,000개의 난수값들에 대한 히스토그램이며, 예상대로 양쪽 히스토그램 모두 일양 분포에 가까운 형태를 갖고 있다. 물론, 엄밀히 말해 이 같은 유사난수 생성기들의 성능을 체계적으로 검증하기 위해서는 이보다 더 엄격한 테스트를 실시해 보아야 한다. 이 점에 대해 좀 더 자세히 알고 싶은 경우에는 Law의 저서[4]를 참조하여라.

앞의 MS-Excel 모형에는 NORMINV()라는 함수(NORM.INV()로 표기하는 것도 가능)도 적용되어 있다. 이 함수는 정규 분포의 역함수를 의미하며, 지정된 평균과 표준 편차를 갖는 정규 분포에서 특정 누적 확률에 해당하는 표본값을 추출해 준다. 따라서, RAND() 함수가 생성한 난수 값을 누적 확률로 사용할 경우, 정규 분포로부터 무작위 표본값을 얻게 되는 것이다. 나아가, MS-Excel에는 이외에도 다양한 확률 분포들의 역함수가 내장되어 있다.

	Mean dia	Tol limits, +/- % dia				Max gap V	N(Mn)	N(StDev)
Shaft, S	1.4900	1.0000%					1.49000	0.00497
Hole, H	1.5000	0.5000%				0.025	1.50000	0.00250

Case	RAND()	Shaft(N)	RAND()	Hole(N)	Gap(N)	OK?
1	0.6401	1.49178	0.77180	1.50186	0.01008	1
2	0.6233	1.49156	0.51074	1.50007	0.00851	1
3	0.3051	1.48747	0.76325	1.50179	0.01432	1
4	0.3498	1.48808	0.90531	1.50328	0.01520	1
5	0.4602	1.48950	0.43172	1.49957	0.01007	1
6	0.2096	1.48599	0.68195	1.50118	0.01519	1
7	0.5984	[illegible]	[illegible]	1.49839	0.00716	1
8	0.5918	[illegible]	[illegible]	1.50145	0.01029	1
9	0.5045	1.49006	0.23153	1.49817	0.00811	1
10	0.8659	1.49550	0.11941	1.49706	0.00156	1
11	0.638	[illegible]	[illegible]	[illegible]	[illegible]	[illegible]
12	0.8406	1.49495	0.64386	1.50092	0.00597	1
13	0.1312	1.48443	0.89720	1.50316	0.01873	1
14	0.4435	1.48929	0.53468	1.50022	0.01092	1
15	0.3623	1.48825	0.30583	1.49873	0.01048	1
16	0.4282	1.48910	0.26423	1.49842	0.00932	1
17	0.7577	1.49347	0.56379	1.50040	0.00693	1
18	0.9984	1.50469	0.09947	1.49679	-0.00790	0
19	0.0936	1.48345	0.39190	1.49931	0.01586	1
20	0.3408	1.48796	0.81133	1.50221	0.01425	1
Cases 1-20	0.50917	1.49048	0.53127	1.50022	0.00974	0.95000
n=20					0.00577	
Cases 1-5	0.47570	1.48968	0.67656	1.50131	0.01163	1.00000
n=5					0.00294	
Cases 16-20	0.52373	1.49173	0.42614	1.49943	0.00769	0.80000
n=5					0.00943	

=NORMINV(B7,H3,I3)

=IF(AND(IF(H7>0,TRUE(),FALSE()), IF(H7<G4,TRUE(),FALSE())), 1,

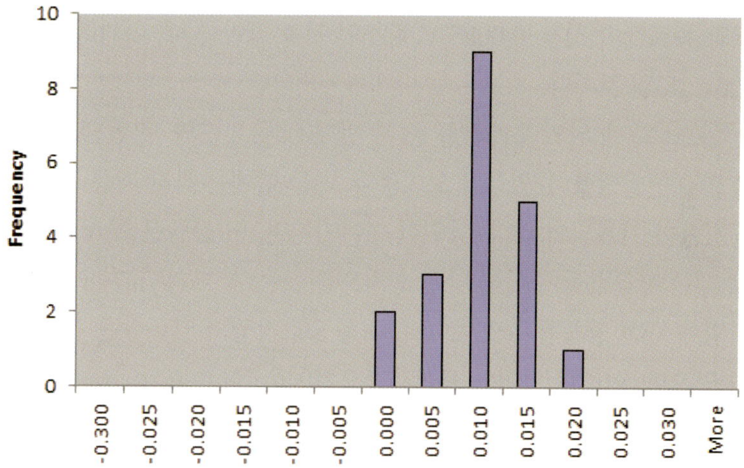

그림 9.6 : 스프레드시트를 이용한 조립 공정 몬테 카를로 시뮬레이션 사례

그림 9.6의 MS-Excel 모형 역시 간단한 예시에 불과하다는 점에 유의하여라. 실제로는 20회보다 훨씬 많은 조립 횟수에 대한 분석이 필요할 것이다. 물론, 이 모형에서는 메인 영역의 각 행에 조립 작업의 내용이 회차 별로 기록되므로, 이 행들을 복사하여 붙여 넣는 방식으로 분석할 조립 횟수를 쉽게 늘릴 수 있다.

이번에는 그림 9.6의 모형 아래 쪽에 있는 몬테 카를로 시뮬레이션 분석 결과를 살펴보도록 하자. 회차 별 조립 작업 내역 아래에는 여러 가지 요약 통계량들이 집계되어 있다. 첫 번째 행(Case1-20)에는 전체 표본을 대상으로 집계한 평균값들이 기록되어 있는데, 이 중 왼쪽 네 개 값들은 모형을 검증하는데 사용할 수 있다. 왜

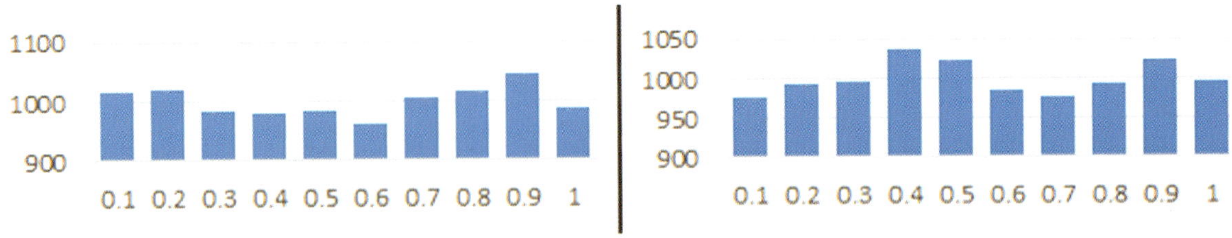

그림 9.7 : MS-Excel의 RAND() 함수를 이용하여 난수값들을 생성한 결과

냐하면, 모든 평균값들은 기대값에 근접해야 하기 때문이다. 예를 들어, 샤프트 직경의 표본을 추출하기 위해 RAND() 함수를 이용하여 생성한 난수 20개의 평균은 0.50917인데, 이는 0에서 1사이의 일양 분포 기대값 0.5에 근접해야 하고, 마찬가지로 샤프트 평균 직경의 기대값은 1.49인데 현재 관측된 평균 직경은 1.49048이다. 이 외에도 그 다음 열들의 난수값 평균 및 홈 직경 평균을 보았을 때, 현재 모형에 특별한 문제는 없는 것으로 생각된다. 한편, 이 모형의 제일 오른쪽 열에는 회차별 작업 결과물의 양품 여부를 나타내는 지시 변수(indicator variable)의 값이 기록되어 있는데, 이 값이 1이면 해당 회차의 결과물이 양품, 0이면 불량품임을 의미한다. 나아가, 이 값들의 평균을 계산하면 양품들의 비율, 즉, 양품률[2]이 얻어지며, 결과적으로 이 예제에서는 양품률이 95%로 산출되었음을 볼 수 있다.

그림 9.6의 가장 아래에는 메인 영역에 Gap으로 표시되어 있는 (블록 홈 직경 – 샤프트 직경) 값의 분포가 히스토그램 형태로 나타나 있다. 이를 보면, 가장 왼쪽 막대에 해당하는 계급의 도수가 2인데, 이 계급의 시작값과 종료값이 각각 -0.0025, 0.0025인 것을 감안할 때, 여기에 속하는 관측치 2개 중 1개가 불량품(그림 9.6의 Case 18)일 것이다.

히스토그램 위의 통계량들 중 두 번째(Case 1-5)와 세 번째(Case 16-20) 행들은 표본의 크기에 따라 표본추출오차가 발생할 수 있음을 보여준다. 이들 행에는 각각 처음 5회, 그리고 마지막 5회의 작업 내역들에 대한 평균값들이 기록되어 있다. 당연한 이야기지만, 이 값들은 첫 번째 행(Case1-20)에 기록된 전체 20회 작업 내역에 대한 평균값들에 비해 낮은 신뢰도를 갖는다. 표본의 수가 훨씬 적기 때문이다. 예를 들어, 현재 전체 20회 작업에 대한 양품률은 95%이나, 처음 5회 작업의 양품률은 100%, 마지막 5회 작업의 양품률은 80%로 차이가 있으며, 이러한 차이를 표본추출오차(sampling error)라 한다. 나아가, 표본의 수가 많을수록 일반적으로 표본추출오차는 줄어든다.

이 절에서는 흔히 볼 수 있는 스프레드시트 프로그램인 MS-Excel을 이용하여 몬테 카를로 시뮬레이션을 수행하는 방법에 대해 설명하였다. 이 외에, Minitab[6]과 같은 범용 통계 분석 소프트웨어나, 다른 시뮬레이션 전용 소프트웨어들을 이용하여 몬테 카를로 시뮬레이션 분석을 실시할 수도 있다. 몬테 카를로 시뮬레이션 전용 소프트웨어 중, MS-Excel에 추가 기능으로 설치하여 사용할 수 있는 것들로는 Palisades Software사의 @RISK[11], Oracle사의 Crystal Ball[10], Frontline Solvers사의 Risk Solver 등이 있으며, 이들은 MS-Excel에서 몬테 카를로 시뮬레이션 모형을 보다 편리하게 작성하고 실행해볼 수 있도록 해 준다. 이 소프트웨어들의 장단점을 비교해보고 싶은 경우에는 참고 문헌 [7]을 참조하여라. 나아가, 독립형(stand-alone) 몬테 카를로 시뮬레이션 소프트웨어로는 Goldsim사의 Goldsim[9] 등이 있다.

2 수율이라고도 한다.

사례 연구 – 인질 구출 작전

지금부터 소개할 시뮬레이션 응용 사례 연구는 Savage[5]가 작성한 것으로, 미국 해군 대학원에서는 이를 위험성 평가나 평균값의 단점을 가르치는데 사용하고 있다. 참고로, 이 사례 연구에 대한 몬테 카를로 시뮬레이션 모형은 [12]에서 다운로드할 수 있는 MS-Excel 파일에 포함되어 있다.

1979년 11월, 이란의 반정부 세력에 의해 미국인 인질 52명이 억류되는 사건이 발생하였고, 당시 미국의 Jimmy Carter 대통령은 인질들의 구출을 지시하였다. 그러나, 1980년 4월에 개시한 인질 구출 작전은 결국 실패로 돌아갔다. 주된 원인은 사막 한 가운데의 재급유 장소에서 구조 헬기 고장이 발생했기 때문이었다. 여기서는 몬테 카를로 시뮬레이션을 이용하여 이 인질 구출 작전에 대해 분석해보기로 하자.

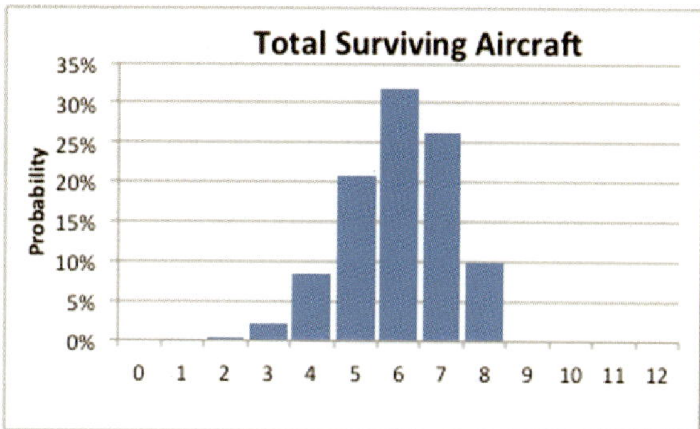

그림 9.8 : 몬테 카를로 시뮬레이션을 이용하여 관찰한 생환 헬기 수의 확률 분포 (최초 구조 헬기 8대 투입하는 경우)

작전의 성공(작전에 투입된 모든 미군 대원들 및 인질들의 무사 귀환)을 위해서는 총 6대의 구조 헬기가 필요한 것으로 추정되었다. 나중에 밝혀진 사실이지만, 이 추정치는 평균값을 기준으로 산출된 것이었으며, 산출 과정에서 구조 헬기 각각의 신뢰도나 이들이 작전 실패 확률에 미치는 영향 등은 전혀 고려되지 않았다. 예를 들어, 구조 헬기 1대의 신뢰도가 75%라고 하자. 당시 실무자는 단순히 0.75×8=6이므로, 8대의 구조 헬기만 있으면 작전에 문제가 없을 것으로 판단한 것이다. 그러나, 몬테 카를로 시뮬레이션을 실시해 보면, 8대의 구조 헬기를 투입했을 때 구출 작전이 성공(생환 헬기 수가 6이상)할 확률은 68%에 불과하다! 8대의 헬기를 투입했을 때, 그 중 생환에 성공하는 헬기들의 수가 그림 9.8과 같은 확률 분포를 따르기 때문이다.

한편, 그림 9.9에는 총 12대의 구조 헬기를 투입했을 때 무사 귀환하는 헬기들의 수를 10,000번에 걸쳐 시뮬레이션 해 본 결과가 요약되어있으며, 여기서 12대의 헬기가 투입되면 작전에 성공할 확률이 99%까지 올라간

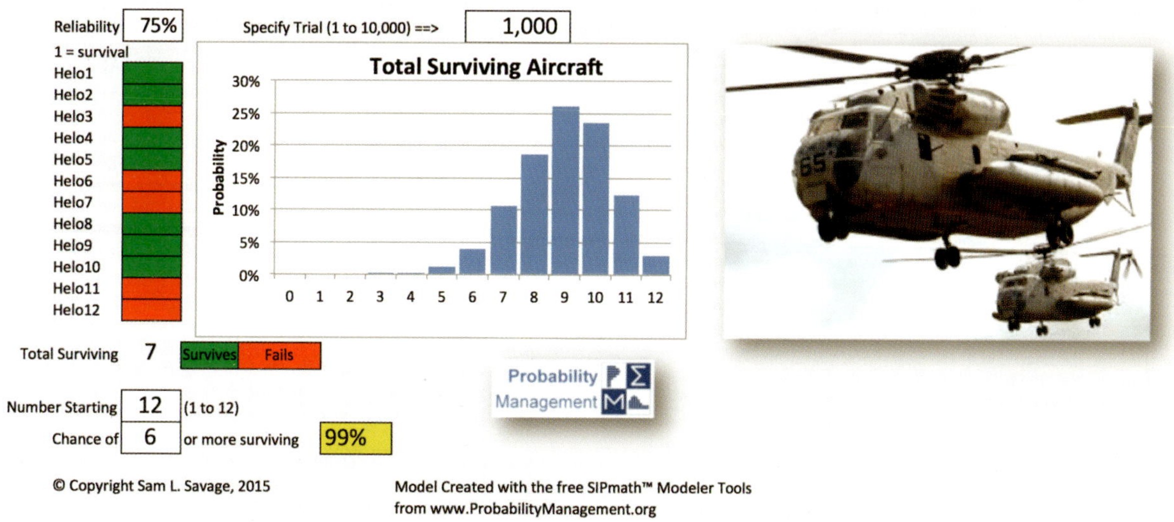

그림 9.9 : 몬테 카를로 시뮬레이션을 이용하여 관찰한 생환 헬기 수의 확률 분포 (최초 구조 헬기 12대 투입하는 경우) [12]

다는 점을 볼 수 있다. 물론, 작전이 실패(생환 헬기 수가 5이하)할 확률도 여전히 존재한다. 한편, 그림 9.9의 좌측 영역에는 투입한 12대의 구조 헬기 중 7대가 생환한 1,000회차 시뮬레이션 결과가 표시되어 있다.

이 사례 연구는 시뮬레이션이 효과적인 의사 결정을 내리는데 도움을 준다는 점을 보여주는 매우 좋은 예이다. 결과적으로, 8대의 구조 헬기를 투입하기로 한 결정은 미국의 위신과 인질들의 인명에 심각한 손상을 입혔다. 실제로, Jimmy Carter 전 대통령은 2015년 8월, 한 기자 회견에서 당시 자신이 구조 헬기를 1대만 더 보냈더라도 재선에 성공했을 것이라고 회고한 바 있다.

Section 9-2 이산 사건 시뮬레이션

몬테 카를로 시뮬레이션의 경우, 모형을 작성하고 실행하여 분석하기까지의 과정이 매우 단순한 반면, 이산 사건 시뮬레이션을 활용하는 방법은 다소 까다롭다. 이는 이산 사건 시뮬레이션이 좀 더 복잡한 시스템, 즉, 오퍼레이션 시스템을 다루기 때문이다. 4장에서 설명한 바와 같이, 대다수의 오퍼레이션 시스템들은 구성요소들 간의 상호 작용, 불확실성 및 역동성으로 인해 상당히 복잡한 구조를 갖는다.

그림 9.10은 일반적인 상용 전문 시뮬레이션 소프트웨어들이 공통적으로 가지고 있는 기본적인 구성요소들을 보여준다. 이 중 좌측 상단에 있는 난수 생성기(0에서 1사이의 일양 분포를 따르는 난수를 생성하는 기능)와 무작위 표본 추출기(지정된 연속 또는 이산 확률 분포로부터 표본값을 추출하는 기능)에 대해서는 앞서 8장에

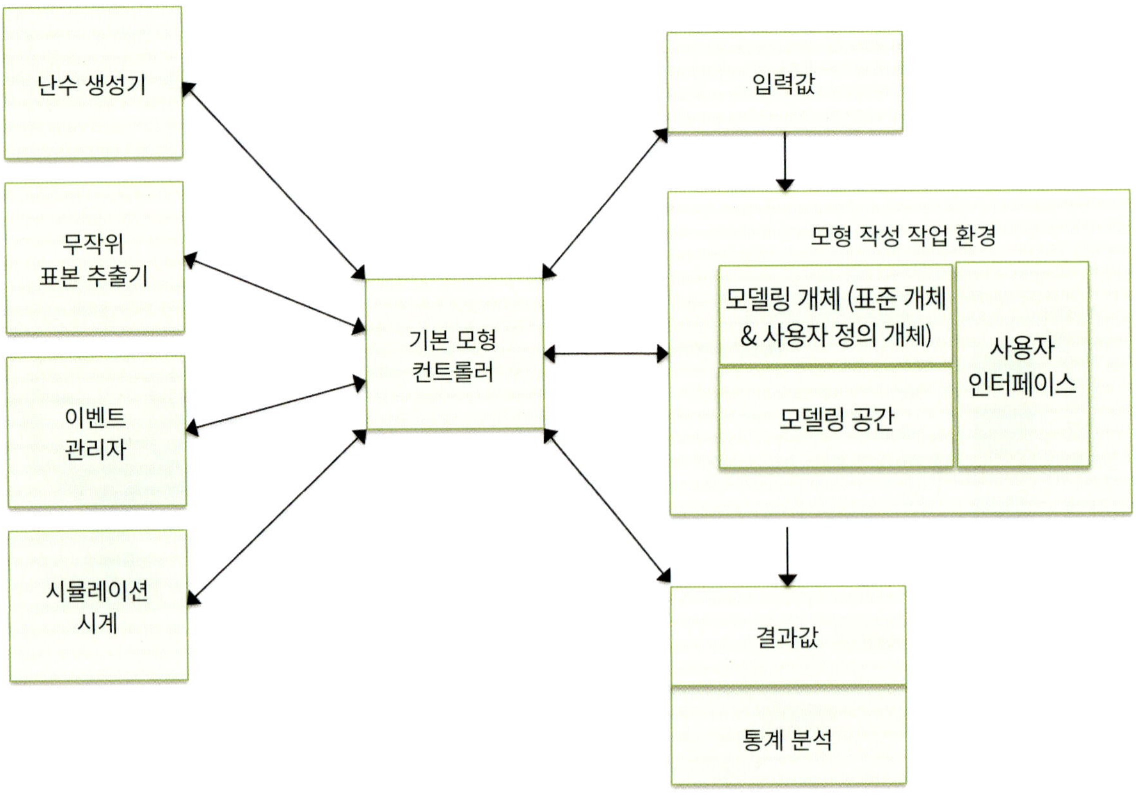

그림 9.10 : 이산 사건 시뮬레이션 소프트웨어의 주요 구성요소.

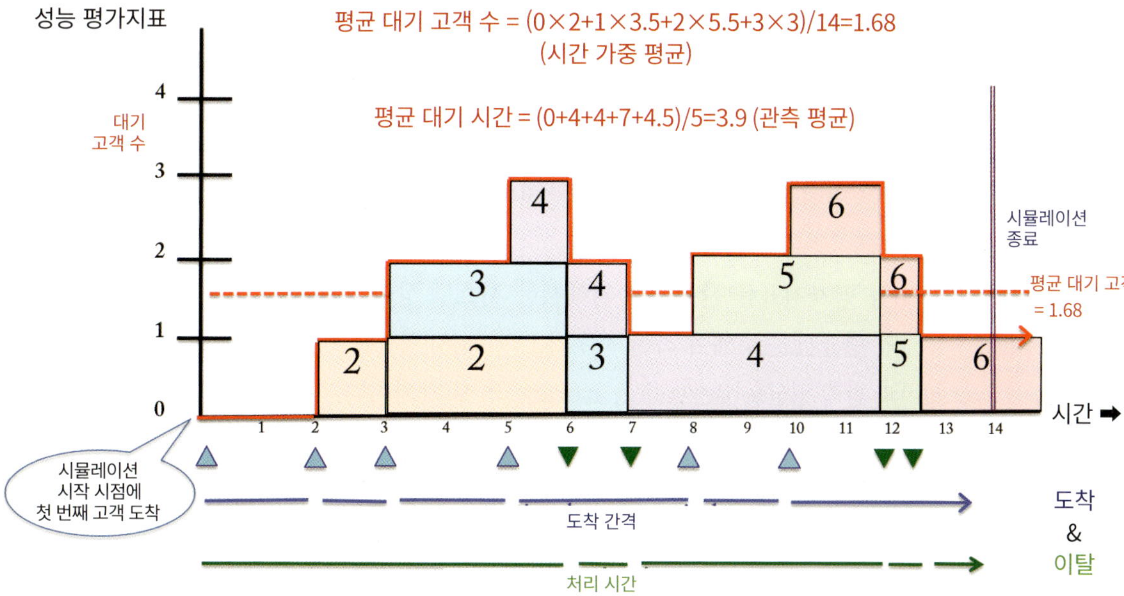

그림 9.11 : 이산 사건 대기행렬 시스템의 동적인 상태 변화 예시

서 이미 설명한 바 있다. 나아가, 이 절에서는 그림 좌측 아래에 있는 이벤트 관리자(event manager) 및 시뮬레이션 시계(simulation clock)에 대해 설명할 것이다.

8장에서 배운 내용을 잠시 복습해 보자. 일반적으로 시뮬레이션 소프트웨어들은 다음과 같은 절차를 거쳐 지정된 확률 분포로부터 무작위 표본값들을 추출한다:

1. 분석 대상 시스템이 가진 확률 변수의 불확실성을 표현하는데 가장 적합한 확률 분포의 종류와 그 모수값들을 결정한다. 이를 위해 표본 데이터에 대한 분석(*ExpertFit*과 같은 소프트웨어를 이용한)이나, 표본 데이터가 없는 경우에는 분석자의 판단이 필요할 수 있다.

2. 시뮬레이션 도중 명시된 확률 분포로부터 무작위 표본을 추출해야 하는 경우에는, 먼저 유사난수 생성기를 이용하여 0에서 1사이의 일양 분포를 따르는 난수를 생성한 다음, 역변환 기법 등을 이용하여 표본값을 추출한다.

확률 분포에서 추출된 표본값들은 시뮬레이션을 진행시키는데 사용된다. 예들 들어, 시스템의 상태 변화를 야기하는 다양한 사건들의 발생 시각을 결정하기 위해서는 이러한 표본값들이 필요하며, 따라서, 이들에 의해 시스템에 여러 가지 동적인 변화가 나타나게 된다. 이 점은 앞서 2장에서도 살펴본 바 있는 그림 9.11에도 잘 나타나 있다. 이 그림에는 간단한 단일 서버 대기행렬 시스템의 동적인 상태 변화가 표현되어 있으며, 여기서 상태란 대기행렬에 줄을 서 있는 고객의 수를 의미한다. 세부적으로는 첫 번째 고객이 시뮬레이션 시작 시점(t=0)에 도착하고, 이 때 대기행렬은 비어 있다. 나아가, 모든 고객은 선입선출 방식으로 응대를 받는다.

그림 9.11에서 우리는 시간이 경과하면서 고객의 도착 및 이탈과 같은 사건들이 발생할 때마다 시스템의 상태가 변화하는 것을 볼 수 있다. 시간의 경과를 의미하는 가로축 아래의 정삼각형들은 고객의 도착을 의미하는데, 이 사건은 대기 고객 수를 증가시키는 반면, 역삼각형으로 표시된 고객의 이탈이 발생하면 대기 고객 수가

감소한다. 이러한 사건들의 발생 시점을 결정하기 위해서는 먼저 도착 간격이나 처리 시간의 무작위 표본값을 추출해 두어야 하며, 어떤 사건의 발생 시점이 되었을 때에만 시스템의 상태 변화가 나타나고 있다. 고객의 도착 및 이탈 외에도 그림 9.11에는 시뮬레이션의 종료라는 또 다른 유형의 사건이 표시되어 있는데, 이 사건은 시뮬레이션을 시작한 다음 14분이 경과한 시점에 발생한다. 물론, 불과 14분 동안의 시뮬레이션만으로 의미 있는 분석 결과를 도출하는 것은 현실적으로 어려울 것이다. 하지만, 비록 짧은 예제라 하더라도 이산 사건 시뮬레이션의 개념을 살펴보는 데는 충분하다.

일반적으로 시스템의 성능 평가지표를 산출하기 위해서는 시스템 상태의 변화를 적절히 요약하는 것이 필요하다. 특히, 시스템 상태의 평균값을 구해야 하는 경우가 많은데, 이를 계산하는 방법은 크게 시간 가중 평균(time-weighted average)과 관측 평균(observation average)의 두 가지이다. 나아가, 그림 9.11에서는 평균 대기 고객 수를 시간 가중 평균 방식으로, 평균 대기 시간은 관측 평균 방식으로 산출하였다.

이 예제에서는 14분의 시뮬레이션이 진행되는 동안 평균 대기 고객 수가 1.68명이었으며, 이는 관찰된 각각의 상태(대기 고객 수가 0명, 1명, 2명, …)에 해당 상태가 유지된 시간(2분, 3.5분, 5.5분, …)을 곱하여 총합한 값을 전체 시뮬레이션 시간(14분)으로 나눈 시간 가중 평균에 해당한다.

시간 가중 평균은 조금 다른 방법으로 계산할 수도 있는데, 이 방법을 이용하면 앞과 동일한 결과를 보다 효율적으로 얻을 수 있다. 여기서 중요한 것은 시뮬레이션이 진행되는 동안 어떤 이벤트가 발생할 때마다 누적 합을 갱신하는 것이며, 결과적으로 시스템의 상태 X에 대한 시간 가중 평균의 계산식은 아래와 같이 주어진다. 앞서 2-8절에서 설명한 바와 같이, 누적 합을 이용하여 시간 가중 평균을 구할 때는 *j*번째 사건 발생 시점의 시스템 상태(여기서는 대기 고객 수)를 X_j, *j*번째 사건의 발생 시점을 t_j로 표현한 다음, 관찰된 상태에 각 상태의 지속 시간을 곱하여 총합한 가중합을 총 시뮬레이션 시간으로 나누면 된다.[3] 나아가, 시뮬레이션이 진행되는 동안 이전 사건 발생 시점까지의 시스템 상태 누적합 *Total*(*j*-1)를 기록해 두면, 다음 번의 *j*번째 사건이 발생했을 때, *Total*(*j*-1)에 마지막으로 관찰된 상태에 대한 항 $X_{j-1} \times TSLE$를 더하여 가중합을 쉽게 얻을 수 있어 편리하며, 여기서 *TSLE*은 마지막으로 관찰된 상태의 지속 시간(time since the last event)을 의미한다. 또한, 이 같은 방법을 사용하면, 시뮬레이션 종료 시점 뿐만 아니라, 시뮬레이션이 진행되는 도중 임의의 시점에 대한 시간 가중 평균도 쉽게 구할 수 있다.

$$\bar{X}_{TW} = \frac{\sum_{j=1}^{J} X_{j-1}(t_j - t_{j-1})}{t_J} = \frac{\sum_{j=1}^{J-1} X_{j-1}(t_j - t_{j-1}) + X_{J-1}(t_J - t_{J-1})}{t_J}$$

$$= \frac{Total(J-1) + X_{J-1}(t_J - t_{J-1})}{t_J} = \frac{Total(J-1) + X_{J-1} \times TSLE}{t_J}$$

한편, 관측 평균이란, 일반적으로 기초 통계 과정에서 배우는 산술 평균, 즉, 관측치들의 총합을 관측치 개수로 나눈 값을 의미하며, 계산식은 아래와 같다. 예를 들어, 그림 9.11에서 평균 대기 시간은 이 시스템을 방문한 고객 5명 각각의 대기 시간 총합을 방문한 고객들의 인원수 5로 나누어 구하였다.

3 시뮬레이션의 종료는 *J*번째 사건에 해당한다.

$$\bar{X}_{obs} = \frac{\sum_{i=1}^{n} X_i}{n} = \frac{\sum_{i=1}^{n-1} X_i + X_n}{n} = \frac{Total(n-1) + X_n}{n}$$

시간 가중 평균처럼 관측 평균 역시 누적 합을 이용하면 보다 효과적으로 구할 수 있으며, 여기서는 누적 합이 이전 관측치들의 총합 *Total*(*n*-1)을 의미한다. 다시 말해, 대기 중이던 고객에 대한 처리가 시작될 때마다 해당 고객이 경험한 대기 시간의 길이를 누적 합에 더하고, 시뮬레이션 종료 시점에 그 때까지의 누적 합을 방문 고객 인원 수로 나누면 평균 대기 시간이 얻어질 것이다. 물론, 시간 가중 평균과 마찬가지로 시뮬레이션 도중 특정 시점까지의 관측 평균을 구하는 것도 얼마든지 가능하다.

그림 9.12는 그림 9.11과 같은 그래프를 작성하는 절차를 보여준다. 비록 여기서는 단순한 시스템(선입선출 방식의 단일 서버 시스템)의 평균 대기 시간 및 평균 대기 고객 수에 대해서만 고려하고 있지만, 기본적으로 이산 사건 시뮬레이션은 이와 같은 방식으로 수행한다.

이름에서도 알 수 있듯이, 이산 사건 시뮬레이션은 사건에 의해 진행된다. 다시 말해, 이산 사건 시뮬레이션을 수행하기 위해서는 여러 가지 사건들을 발생시킨 다음, 이들을 발생한 순서대로 처리해 나가야 한다. 사건의 발생은 시스템의 상태에 여러 가지 영향을 준다. 예를 들어, 고객의 도착은 대기 고객 수의 증가나 서버의 바쁜 기간 시작과 같은 일들을 야기하는 반면, 고객의 이탈은 대기 고객 수의 감소나 서버의 유휴 기간 시작 등을 야기한다. 그림 9.12는 시뮬레이션의 종료를 빼면, 고객의 도착과 이탈, 단지 두 가지 사건만 고려하고 있으며, 이는 그림 9.11도 마찬가지이다. 여기서 도착이란 고객이 시스템을 방문하여 대기행렬에 합류하는 사건을 의미하고, 이탈은 고객이 서버 및 시스템으로부터 떠나는 사건을 말한다. 나아가, 시스템에 따라서는, 고장이나 수리 혹은 식사 시간 등으로 인해 서버의 가동이 중단되거나 재개되는 사건이 발생하는 경우도 있다.

그림 9.12에서 볼 수 있듯이, 이산 사건 시뮬레이션을 진행하기 위해서는 먼저 이전의 진행 결과를 바탕으로 앞으로 발생할 사건들의 종류와 각각의 발생 시점을 결정하여야 한다. 이러한 미래 사건들의 목록이 생성되면, 발생 시점 기준으로 이들을 오름차순 정렬한 후, 그 중 발생 시점이 가장 빠른 사건, 즉, 다음 번에 처리할 사건을 선택하고, 선택한 사건은 목록에서 삭제한다. 처리가 완료된 과거 사건이 미래 사건 목록에 남아 있는 것을 방지하기 위해서이다. 그 다음으로 할 일은 시뮬레이션 시계를 선택된 사건의 발생 시점으로 맞추는 것이다. 이산 사건 시뮬레이션은 사건들에 기반하여 진행되며, 어떤 사건의 발생 시점이 아니면 상태의 변화가 일어나지 않는다. 따라서, 매 초마다 시계 바늘이 움직이는 실제 시계와 달리, 이산 사건 시뮬레이션의 시뮬레이션 시계는 항상 다음 번 사건 발생 시점으로 움직여 나가게 된다.

시뮬레이션 시계가 조정된 후에는 직전 상태의 지속 시간, 즉, *TSLE*를 계산하는데, 이 값은 (현재 시뮬레이션 시계의 시각 – 직전 시뮬레이션 시계의 시각)에 해당한다. *TSLE*는 시간 가중 평균을 계산하는데 필요한 누적 합을 갱신할 때 필요하다. 예를 들어, 앞에서는 평균 대기 고객 수를 계산하기 위해 어떤 사건이 발생할 때마다 기존의 누적 합에 (직전에 관찰된 대기 고객 수× *TSLE*)를 더해 주었고, 마지막에 이 누적 합을 시뮬레이션 실행 시간으로 나누어 평균 대기 고객 수를 산출하였다.

현재 선택된 사건의 유형이 도착인 경우, 그 다음으로 할 일은 다음 번 도착 사건을 생성하는 것이다. 그림 9.12의 단계 A-1에서 볼 수 있듯이, 이를 위해서는 먼저 도착 간격의 확률 분포로부터 무작위 표본값을 하나 추출한 다음, 이를 기준으로 다음 번 도착의 발생 시점을 결정하고, 이에 해당하는 새로운 도착 사건을 미래 사건 목록에

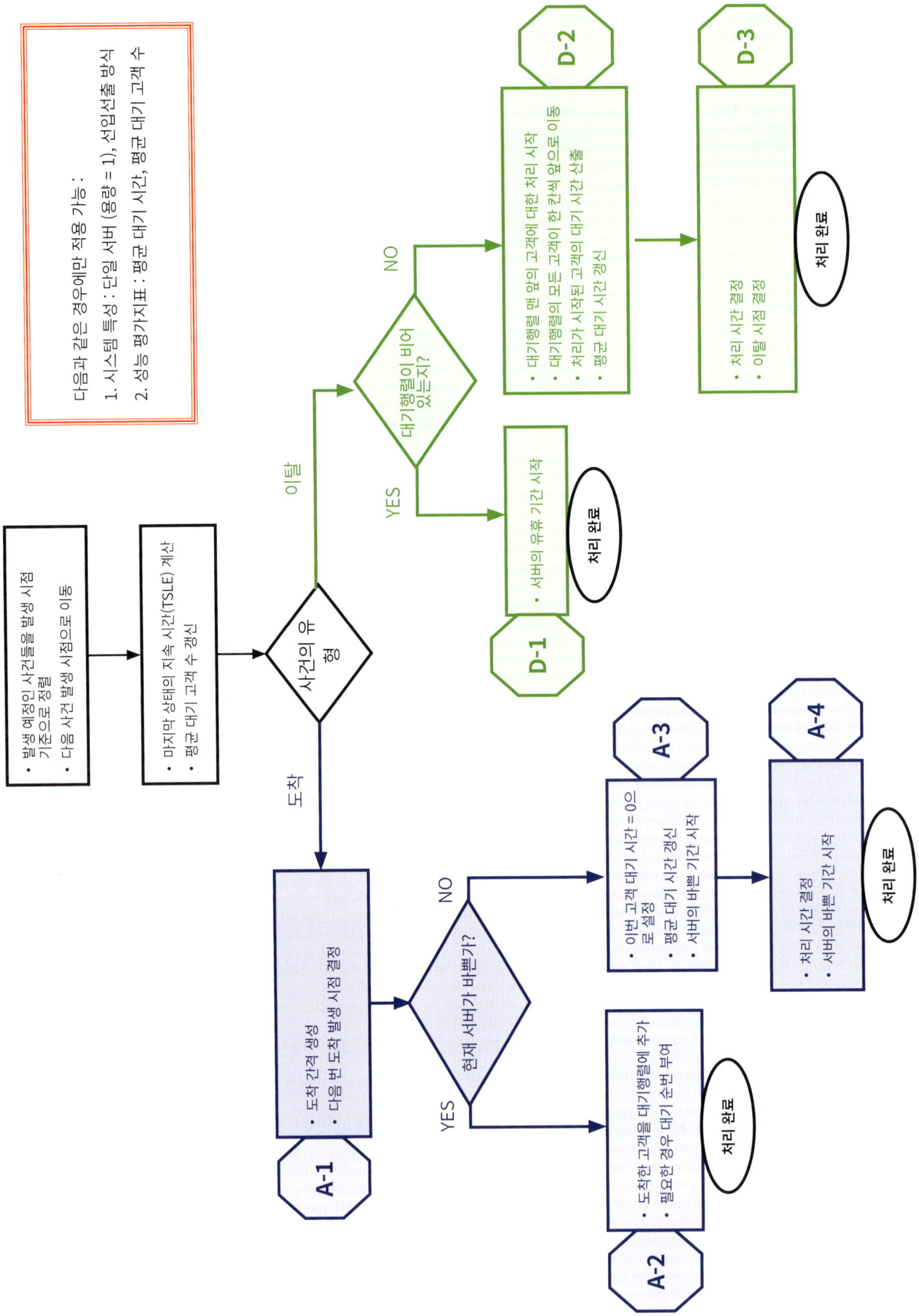

그림 9.12 : 단순한 형태의 이산 사건 시뮬레이션 수행 절차

추가하여야 한다. 이후에 어떤 작업을 할 지는 현재 시점이 서버가 바쁜 기간에 해당하는지 여부에 따라 달라진다. 만약, 서버가 바쁜 기간이라면, 절차 A-2, 즉, 새로 도착한 고객을 대기행렬에 추가하고 필요한 경우 대기 순번을 조정하는 작업이 필요하다(선입 선출 방식일 때는 대기 순번을 별도로 조정할 필요 없음). 반면, 서버가 유휴 중인 경우에는 절차 A-3, A-4를 수행하여 도착한 고객에 대한 응대가 즉시 시작되도록 해야 한다. 먼저 절차 A-3에서는 (1) 새로 도착한 고객의 대기 시간을 0으로 설정, (2) 평균 대기 시간 갱신 (대기 시간 누적 합에 0을 더하고, 고객의 수를 1증가시켜 평균 대기 시간을 다시 구하면 된다), (3) 서버의 유휴 기간 종료 및 바쁜 기간 시작의 3가지 작업이 수행된다. 이어, 절차 A-4에서는 다음 2가지 작업을 수행한다: (1) 처리 시간 확률 분포에서 무작위 표본값을 하나 추출하여 이번 고객의 처리 시간 결정, (2) 이번 고객의 처리 종료 및 이탈 시점을 결정하고 이를 바탕으로 미래 사건 목록에 새로운 이탈 사건 추가.

한편, 현재 선택된 사건이 이탈인 경우에는 대기행렬이 비어 있는지 여부에 따라 처리 방법이 달라진다. 만약 대기행렬이 비어 있다면 절차 D-1을 실행하여 서버의 유휴 기간이 시작되도록 하면 된다. 반면, 대기행렬에 이미 대기 중인 고객이 있는 경우에는 절차 D-2와 D-3을 순차적으로 수행한다. 이 중 절차 D-2에서는 (1) 대기행렬 맨 앞의 고객에 대한 처리 시작, (2) 대기행렬에 남아 있는 고객들을 한 칸씩 앞으로 이동, (3) 처리가 시작된 고객의 대기 시간 산출(현재 시각 – 해당 고객의 도착 시각), (4) 평균 대기 시간 갱신 (대기 시간의 누적 합에 이 고객의 대기 시간을 더하고, 고객의 수를 1증가시켜 평균 대기 시간을 다시 구하면 된다)의 4가지 작업을 수행한다. 이어, 절차 D-3에서는 다음과 같은 2가지 작업이 이루어진다: (1) 처리 시간 확률 분포로부터 무작위 표본값을 추출하여 처리가 시작된 고객의 처리 시간 결정, (2) 처리 시간을 이용하여 이 고객의 이탈 시점을 결정하고, 이를 바탕으로 미래 사건 목록에 새로운 이탈 사건 추가.

하나의 사건에 대한 처리가 완료되면, 다시 그림 9.12의 가장 위로 되돌아가서 미래 사건 목록을 사건 발생 시점 기준으로 정렬한 후, 다음 번 사건에 대한 처리를 반복한다. 이러한 이산 사건 시뮬레이션 수행 절차에 대해서는 다음에 소개할 사례 연구에서 좀 더 자세히 설명할 것이다.

이벤트 관리자는 하나의 사건에 대한 처리가 끝났을 때, 미래 사건 목록에서 다음 번에 처리할 사건을 결정하고, 이를 바탕으로 시뮬레이션 시계를 조정하는 역할을 수행한다. 나아가, 상기한 사건 처리 절차는 미래 사건 목록이 텅 비어 있거나, 시뮬레이션 종료 사건이 발생할 때까지 계속 반복된다.

사례 연구 – 직원 1명이 근무하는 복사실

대학에서 흔히 볼 수 있는 복사실을 간단한 대기행렬 시스템으로 표현해 보자. 그림 9.13에 나타나 있듯이, 이 복사실에는 1명의 직원이 근무하고 있으며, 사용할 수 있는 복사기는 1대이다. 고객이 복사를 신청할 경우, 직원은 접수된 주문 내역을 컴퓨터에 입력하는데, 이 때 입력된 내용은 복사기에 실시간으로 전송된다. 이번 사례 연구에서 우리가 다룰 시스템은 이 복사기이다. 복사기 입장에서 주문 내역이 입력되는 것은 고객의 도착에 해당한다. 나아가, 복사가 완료되면 원본과 사본이 정해진 보관 장소로 자동 이송되는데, 이는 고객의 이탈이 발생한 것으로 볼 수 있을 것이다. 복사 주문이 몰릴 경우, 복사기 내부에서는 접수된 주문들에 의해 대기행렬이 생성될 것이다. 하지만 물리적인 공간에 고객이나 작업물이 늘어서는 것은 아니라는 점에 유의하여라. 복사기를 방문하는 고객, 즉, 복사 주문은 단지 디지털 정보의 형태로만 존재한다. 반면, 고객의 이탈 시에는 유형의 서류 뭉치가

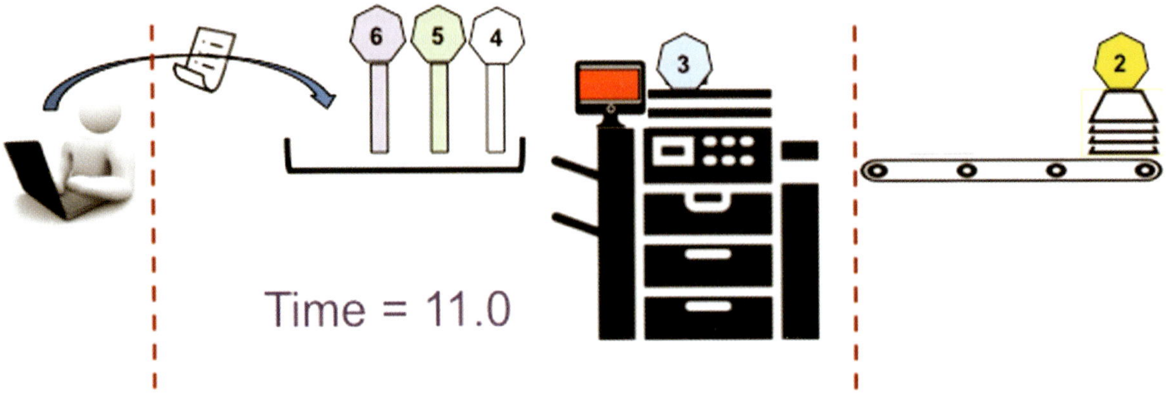

그림 9.13 : 1인 복사실의 대략적인 구조

산출된다. *FlexSim*을 이용하면 4가지 개체(source, queue, processor 및 sink)를 가지고 이 복사실에 대한 모형을 매우 쉽게 작성할 수 있다.

8장에서 설명한 것처럼, 복사 주문의 도착 간격이나 각 주문의 처리 시간은 확률 분포와 난수 생성기를 이용하여 결정할 수 있다. 또한, 여기서는 모든 주문의 유형이 동일하며, 선입선출 방식으로 처리가 이루어진다고 가정하자.

물론, 실제 복사실의 업무는 일반적으로 이보다 더 복잡할 것이다. 여러 가지 유형의 복사 주문(예를 들어, 처리 시간이 오래 걸리는 단체 고객의 주문과 개인 고객의 주문을 구분할 수 있을 것이다)이나 별도의 우선 순위(예: 급속 복사와 일반 복사)가 존재할 수 있기 때문이다. 또한, 이 예제에서는 직원과 복사기가 항상 이용 가능하다고 가정할 것이다. 즉, 직원은 휴식 없이 쉬지 않고 근무하며, 복사기가 고장을 일으키거나, 복사기의 소모품을 교체할 일도 전혀 없다. 물론, *FlexSim* 같은 전문 시뮬레이션 소프트웨어를 이용하는 경우에는 이 같은 사항들을 모형에 반영하는 것이 크게 어렵지 않다. 하지만, 여기서는 수작업을 통해 이산 사건 시뮬레이션을 진행해 보기 위해, 다소 단순한 형태의 시스템에 대해 살펴보기로 하자.

그림 9.13은 상기한 복사실의 시뮬레이션을 시작한 후 11분이 경과한 시점의 모습을 보여준다. 나아가, 각 주문에는 접수된 순서대로 번호가 매겨져 있는데, 현재 주문3(세 번째로 접수된 주문)에 대한 처리가 진행 중이고, 주문4, 주문5, 주문6은 접수 이후 대기 중인 것을 볼 수 있다. 다시 말해, 이 시점의 대기 고객 수는 3이고, 이탈 고객 수는 2이며, 서버는 현재 사용 중(바쁜 기간)이다.

표 9.1은 앞서 그림 9.12에서 보았던 분석 절차를 이용하여 이 복사실에 대한 이산 사건 시뮬레이션을 수작업으로 진행해 본 결과를 보여준다. 이 표의 왼쪽 8개 열은 시뮬레이션에 필요한 입력 정보에 해당하며, 오른쪽 6개 열에는 시뮬레이션을 통해 산출된 출력 값들에 대한 정보가 나타나 있는데, 특히, 가장 오른쪽 열에는 각 사건에 대한 세부적인 처리 내용이 설명되어 있다. 나아가, 여기서는 평균 대기 시간(관측 평균 방식으로 산출)과 평균 대기 고객 수(시간 가중 평균 방식으로 산출)의 2가지 성능 평가지표를 고려한다.

각각의 사건들에 대해 순차적으로 살펴보기로 하자. 표 9.1에서 맨 처음 3개의 사건들은 모두 경과 시간 t=0.0(분)인 시점에 발생하며, 표 9.2에 이 사건들의 처리 내역을 별도로 나타내었다. 사건 1에 의해 시뮬레이션이 시작되었을 때 최초로 미래 사건 목록에 추가되는 사건은 시뮬레이션 종료이며, 비교적 짧은 시간 동안의 이산 사건 시뮬레이션을 다루는 이 예제의 특성 상, 이 사건의 발생 시점은 t=14.0(분)으로 설정되었다. 사건 2

사건	발생 시점	발생한 사건	처리 절차	도착 간격 생성	처리 시간 생성	후속 사건	미래 사건 목록	대기 시간	평균 대기 시간	대기 고객 수	TSLE	평균 대기 고객	사건 처리 내역
1	0.0	시뮬레이션 시작				종료(14.0)	종료(14.0)						시뮬레이션 종료 사건 발생 시점 결정
2	0.0	고객 도착 시작				도착(0.0)	도착(0.0) 종료(14.0)						주문1 도착 시점 결정
3	0.0	주문1 도착(0.0)	A-1, A-3, A-4	2.0 (A-1)	6.0 (A-4)	도착(2.0)	도착(2.0), 이탈(6.0), 종료(14.0)	0.0	0.0	0	0.0	0.0	평균 대기 고객 수 갱신, 도착 간격 생성하여 주문2 도착 시점 결정, 서버 바쁜 기간 시작, 처리 시간 결정하여 주문1 이탈 시간 결정
4	2.0	주문2 도착(2.0)	A-1, A-2	1.0 (A-1)		이탈(6.0)	도착(3.0) 이탈(6.0) 종료(14.0)			1	2.0	0*2.0/2.0 = 0.0	평균 대기 고객 수 갱신, 도착 간격 생성하여 주문3 도착 시점 결정, 대기행렬에 주문2 추가
5	3.0	주문3 도착(3.0)	A-1, A-2	2.0 (A-1)		도착(3.0)	도착(5.0) 이탈(6.0) 종료(14.0)			2	1.0	누적 합= 0.0+1*1.0=1.0, 1.0/3.0=0.33	평균 대기 고객 수 갱신, 도착 간격 생성하여 주문4 도착 시점 결정, 대기행렬에 주문3 추가
6	5.0	주문4 도착(5.0)	A-1, A-2	3.0 (A-1)		도착(5.0)	이탈(6.0) 도착(8.0) 종료(14.0)			3	2.0	누적 합= 1.0+2*2.0=5.0, 5.0/5.0=1.0	평균 대기 고객 수 갱신, 도착 간격 생성하여 주문5 도착 시점 결정, 대기행렬에 주문4 추가
7	6.0	주문1 이탈(6.0)	D-2, D-3		1.0 (D-3)	도착(8.0)	이탈(7.0) 도착(8.0) 종료(14.0)	6.0-2.0=4.0 (주문2)	누적 합= 0.0+4.0=4.0, 4.0/2=2.0	2	1.0	누적 합= 5.0+3*1.0=8.0, 8.0/6.0=1.33	평균 대기 고객 수 갱신, 주문1 이탈, 주문2 처리 시작, 주문2 대기 시간 계산, 주문2 처리 시간 생성하여 주문2 이탈 시점 결정
8	7.0	주문2 이탈(7.0)	D-2, D-3		5.0 (D-3)	이탈(7.0)	도착(8.0) 이탈(12.0) 종료(14.0)	7.0-3.0=4.0 (주문3)	누적 합= 4.0+4.0=8.0, 8.0/3=2.67	1	1.0	누적 합= 8.0+2*1.0=10.0, 10.0/7.0=1.43	평균 대기 고객 수 갱신, 주문2 이탈, 주문3 처리 시작, 주문3 대기 시간 계산, 주문3 처리 시간 생성하여 주문3 이탈 시점 결정
9	8.0	주문5 도착(8.0)	A-1, A-2	2.0 (A-1)		이탈(12.0)	도착(10.0) 이탈(12.0) 종료(14.0)			2	1.0	누적 합= 10.0+1*1.0=11.0, 11.0/8.0=1.38	평균 대기 고객 수 갱신, 도착 간격 생성하여 주문6 도착 시점 결정, 대기행렬에 주문5 추가
10	10.0	주문6 도착(10.0)	A-1, A-2	6.0 (A-1)		도착(10.0)	이탈(12.0) 종료(14.0) 도착(16.0)			3	2.0	누적 합= 11.0+2*2.0=15.0, 15.0/10.0=1.50	평균 대기 고객 수 갱신, 도착 간격 생성하여 주문7 도착 시점 결정, 대기행렬에 주문6 추가
11	12.0	주문3 이탈(12.0)	D-2, D-3		0.5 (D-3)	도착(16.0)	이탈(12.5) 종료(14.0) 도착(16.0)	12.0-5.0=7.0 (주문4)	누적 합= 8.0+7.0=15.0, 15.0/4=3.75	2	2.0	누적 합= 15.0+3*2.0=21.0, 21.0/12.0=1.75	평균 대기 고객 수 갱신, 주문3 이탈, 주문4 처리 시작, 주문4 대기 시간 계산, 주문4 처리 시간 생성하여 주문4 이탈 시점 결정
12	12.5	주문4 이탈(12.5)	D-2, D-3		3.5 (D-3)	이탈(12.5)	종료(14.0) 도착(16.0) 이탈(16.0)	12.5-8.0=4.5 (주문5)	누적 합= 15.0+4.5=19.5, 19.5/5=3.90	1	0.5	누적 합= 21.0+2*0.5=22.0, 22.0/12.5=1.76	평균 대기 고객 수 갱신, 주문4 이탈, 주문5 처리 시작, 주문5 대기 시간 계산, 주문5 처리 시간 생성하여 주문5 이탈 시점 결정
13	14.0	시뮬레이션 종료(14.0)				이탈(16.0)	도착(16.0) 이탈(16.0)				1.5	누적 합= 22.0+1*1.5=23.5, 23.5/14.0=1.68	

표 9.1 : 복사실에 대한 이산 사건 시뮬레이션을 14분 동안 진행한 내역

에서는 고객 도착 과정을 개시하고, 첫 번째 도착 사건을 미래 사건 목록에 추가하는 작업이 이루어지는데, 여기서는 첫 번째 고객의 도착 시점을 t=0.0으로 설정하였다. 사건 1과 사건 2는 시뮬레이션을 시작했을 때 한 번씩만 발생한다. 나아가, 사건 2가 발생한 시점에 미래 사건 목록에 포함된 사건들을 정렬하면 다음 번에 처리할 사건은 발생 시점 t=0.0인 첫 번째 고객의 도착 사건이다. 나아가, 어떤 사건에 대한 처리를 시작할 때는 항상 미래 사건 목록에서 해당 사건을 제거하여야 한다.

사건	발생 시점	발생한 사건	처리 절차	도착 간격 생성	처리 시간 생성	후속 사건	미래 사건 목록		대기 시간	평균 대기 시간	대기 고객 수	TSLE	평균 대기 고객
1	0.0	시뮬레이션 시작				종료(14.0)	종료(14.0)						
2	0.0	고객 도착 시작				도착(0.0)	도착(0.0) 종료(14.0)						
3	0.0	주문1 도착(0.0)	A-1, A-3, A-4	2.0 (A-1)	6.0 (A-4)	도착(2.0) 이탈(6.0)	도착(2.0), 이탈(6.0), 종료(14.0)		0.0	0.0	0	0.0	0.0

표 9.2 : 복사실에 대한 시뮬레이션 – 사건 1 ~ 사건 3

사건 3에 대한 처리는 그림 9.12의 절차에 의해 수행된다. 가장 먼저 할 일은 직전 사건 이후의 경과 시간, 즉, *TSLE*를 계산하는 것이며, 여기서는 이 값이 0.0이 된다. 나아가, 아직까지 대기를 경험한 고객이 없으므로, 평균 대기 고객 수 역시 0.0이다.

사건 3은 첫 번째 고객의 주문, 즉, 주문 1의 도착을 의미하며, 이 사건의 발생 시점 t=0.0이다. 첫 번째 도착 시점을 반드시 0으로 설정해야 하는 것은 아니다. 경우에 따라서는 다른 시점을 지정하거나, 무작위로 주문 1의 도착 시점이 정해지도록 할 수도 있다. 사건의 유형이 도착이기 때문에, 여기서는 그림 9.12의 좌측에 있는 작업들을 수행해야 한다. 도착이 발생한 경우에는 절차 A-1에 의해 다음 번 도착 시점을 결정한다. 이를 위해서는 난수 생성기와 도착 간격 확률 분포를 이용하여 이번 도착과 다음 도착 사이의 도착 간격을 생성해야 하는데, 현재 생성된 도착 간격의 값은 2.0이다. 따라서, t=2.0일 때 주문 2의 도착이 발생하도록, 발생 시점 t=2.0인 도착 사건을 미래 사건 목록에 추가한다. 사건 3은 서버가 유휴 기간일 때 발생했으므로, 이에 대해 그림 9.12의 절차 A-3과 A-4를 수행하여야 한다.

절차 A-3에서는 다음과 같은 세 가지 작업을 수행한다:

1. 현재 고객의 대기 시간을 계산한다. 주문 1의 경우에는 도착 즉시 처리가 시작되므로 대기 시간은 0.0이다.
2. 평균 대기 시간을 갱신한다. 이 경우에는 유일한 고객인 주문 1의 대기 시간이 0.0이므로 평균 대기 시간 역시 0.0이다.
3. 서버의 상태를 유휴에서 바쁜 상태로 변경하여, 다른 고객에 대한 처리가 불가능하도록 한다(이 예제에서는 서버의 용량이 1이다).

절차 A-4에서는 아래 두 가지 작업이 수행된다:

1. 난수 생성기 및 처리 시간 확률 분포를 이용하여 현재 고객의 처리 시간을 결정한다. 표 9.2에서는 주문 1의 처리 시간이 6.0으로 결정되었다.

2. 현재 고객의 처리 종료 시점에 발생할 이탈 사건을 미래 사건 목록에 추가한다. 여기서는 주문 1의 이탈 시점이 t=6.0이 된다.

이제 미래 사건 목록에는 3개의 미래 사건들이 포함되어 있을 것이며, 이들을 발생 시점 기준으로 정렬한 결과는 { 도착(발생 시점=2.0), 이탈(발생 시점=6.0), 종료(발생 시점=14.0) }이다. 따라서, 다음 번에 처리해야 하는 사건은 이 중 발생 시점이 현재와 가장 가까운 도착 사건이며, 이 사건의 발생 시점 t=2.0이기 때문에 시뮬레이션 시계를 t=2.0(분)에 맞추어야 한다. t=0.0인 시점과 t=2.0인 시점 사이에는 도착이나 이탈 사건이 발생하지 않으므로, 시스템의 상태에도 아무런 변화가 일어나지 않는다는 점에 유의하여라.

표 9.1에서 그 다음 3개의 사건들은 모두 도착에 해당한다. 이는 주문 1에 대한 처리가 진행되는 도중에 다음 3건의 주문이 접수된다는 점을 의미한다. 이들에 대한 상세 처리 내역은 표 9.3에 별도로 정리하였다.

사건	발생 시점	발생한 사건	처리 절차	도착 간격 생성	처리 시간 생성	후속 사건	미래 사건 목록		대기 시간	평균 대기 시간	대기 고객 수	TSLE	평균 대기 고객
4	2.0	주문2 도착(2.0)	A-1, A-2	1.0 (A-1)		도착(3.0)	도착(2.0), 이탈(6.0), 종료(14.0)				1	2.0	0*2/2 = 0.0
5	3.0	주문3 도착(3.0)	A-1, A-2	2.0 (A-1)		도착(5.0)	도착(5.0) 이탈(6.0) 종료(14.0)				1	2.0	누적 합= 0.0+1*1.0=1.0, 1.0/3.0=0.33
6	5.0	주문4 도착(5.0)	도착(5.0)	3.0 (A-1)		도착(8.0)	이탈(6.0) 도착(8.0) 종료(14.0)				3	2.0	누적 합= 1.0+2*2.0=5.0, 5.0/5.0=1.0

표 9.3 : 복사실에 대한 시뮬레이션 – 사건 4 ~ 사건 6

사건 4를 처리할 때도 가장 먼저 할 일은 직전 사건 이후의 경과 시간 *TSLE*를 계산하는 것이며, 여기서는 *TSLE*가 2.0이다. 이 시간 동안 대기 고객 수는 계속 0이었으므로, 현재 누적 합은 (0.0 + 0*2.0) = 0.0이고, 이를 시뮬레이션 경과 시간 2.0으로 나누면 평균 대기 고객 수는 0.0 / 2.0 = 0.0이 될 것이다.

발생 시점 t=2.0인 사건 4는 주문 2의 도착에 해당한다. 따라서, 이번에도 그림 9.12의 왼쪽에 있는 도착 사건에 대한 처리 절차들을 수행하게 된다. 처음에 절차 A-1에서는 난수 생성기와 도착 간격 확률 분포를 이용하여 지금 도착한 주문 2와 다음 번에 도착할 주문 3 사이의 도착 간격을 생성하게 되는데, 표 9.3에서 생성된 도착 간격의 값이 1.0(분)임을 볼 수 있다. 즉, 다음 번 도착은 현재(t=2.0인 시점)로부터 1.0분의 시간이 경과한 후(t=3.0인 시점)에 발생하며, 이에 따라, 미래 사건 목록에 발생 시점 t=3.0인 도착 사건을 하나 추가하게 된다. 현재 처리 중인 주문 2의 경우, 서버가 바쁜 상태일 때 도착했으므로, 그림 9.12의 절차 A-1이 끝난 후에는 절차 A-2만 수행하면 된다. 절차 A-2에서는 주문 2를 대기행렬에 추가하기만 하면 되며, 접수된 주문들은 선입선출 방식으로 처리되므로, 별도로 대기 순번을 조정하거나 할 필요는 없다.

여기까지 처리가 이루어지면, 미래 사건 목록에는 여전히 3개의 미래 사건들이 포함되어 있을 것이다. 이들을 발생 시점 기준으로 오름차순 정렬하면 {도착(발생 시점=3.0), 이탈(발생 시점=6.0), 종료(발생 시점=14.0)}

순이 되며, 이번에도 이 중 가장 발생 시점이 이른 것을 다음 번에 처리하기 위해, 시뮬레이션 시계를 다음 사건의 발생 시점인 t=3.0에 맞추어야 한다. 또한, t=2.0인 시점부터 t=3.0인 시점 사이의 기간 동안에는 시스템의 상태에 아무런 변화도 일어나지 않는다.

사건 5와 사건 6은 앞의 사건 4와 동일한 방법으로 처리한다. 단지, 여기서부터는 이제 평균 대기 고객 수가 0.0이 아니라는 점에 조금 주의할 필요가 있다. 예를 들어, 사건 5는 직전 사건의 발생 시점 이후 1.0분의 시간이 경과한 시점에 발생하므로, *TSLE*는 1.0이고, 이 시간 동안 대기 고객 수는 1이었다. 따라서, 이 시점의 누적 합은 (0.0 + 1*1.0) = 1.0이며, 이를 현재까지의 시뮬레이션 경과 시간 3.0으로 나누면, 평균 대기 고객 수는 0.33이 된다. 특정 시점의 대기 고객 수는 항상 정수이겠지만, 평균 대기 고객 수는 소수점 이하의 값이 나올 수도 있다는 점에 유의하여라.

사건 6 이후에 발생하는 사건 7, 사건 8은 각각 맨 처음에 도착했던 2명의 고객, 즉, 주문 1과 주문 2의 이탈에 해당하며, 사건의 유형이 같은 만큼, 이들을 처리하는 방법도 동일하다. 나아가, 표 9.4에서 보듯이, 사건 7의 발생 시점이 되었을 때, 평균 대기 고객 수는 이제 1.33명까지 늘어난다.

사건	발생 시점	발생한 사건	처리 절차	도착 간격 생성	처리 시간 생성	후속 사건	미래 사건 목록		대기 시간	평균 대기 시간	대기 고객 수	TSLE	평균 대기 고객
7	6.0	주문1 이탈(6.0)	D-2, D-3		1.0 (D-3)	이탈(7.0)	이탈(7.0) 도착(8.0) 종료(14.0)		6.0-2.0=4.0 (주문2)	누적 합= 0.0+4.0=4.0, 4.0/2=2.0	2	1.0	누적 합= 5.0+3*1.0=8.0, 8.0/6.0=1.33
8	7.0	주문2 이탈(7.0)	D-2, D-3		5.0 (D-3)	이탈 (12.0)	도착(8.0) 이탈(12.0) 종료(14.0)		7.0-3.0=4.0 (주문3)	누적 합= 4.0+4.0=8.0, 8.0/3=2.67	1	1.0	누적 합= 0.0+1*1.0=1.0, 1.0/3.0=0.33

표 9.4 : 복사실에 대한 시뮬레이션 – 사건 7 ~ 사건 8

이탈 사건들을 처리하는 방법은 그림 9.12의 오른쪽에서 볼 수 있다. 예를 들어, 사건 7의 경우에는 발생 시점 당시 대기행렬이 비어 있지 않기 때문에, D-2, D-3의 2가지 절차를 수행해야 한다.

이 중 절차 D-2에서는 다음과 같은 4가지 작업이 수행된다:

1. 선입선출 정책에 따라 대기행렬 맨 앞의 주문 2를 서버에 진입시키고, 주문 2에 대한 처리를 시작한다.
2. 선입선출 정책에 따라 대기 중인 나머지 주문들을 대기행렬 내에서 1칸씩 앞으로 이동시킨다.
3. 서버에 새로 진입한 고객의 대기 시간을 계산한다. 주문 2의 경우, 도착 시점이 t=2.0이었고, 현재 시점은 t=6.0이므로, 대기 시간은 6.0 – 2.0 = 4.0(분)이 될 것이다.
4. 이번 고객의 대기 시간을 고려하여 평균 대기 시간을 갱신한다. 여기서는 누적 합이 0.0 + 4.0 = 4.0이고, 이를 지금까지 서버에 진입한 고객의 인원수 2로 나누면, 평균 대기 시간은 4.0 / 2 = 2.0(분)이다.

절차 D-3에는 아래와 같은 2가지 작업들이 포함된다:

1. 난수 생성기와 처리 시간 확률 분포를 이용하여 주문 2의 처리 시간을 결정한다. 표 9.4에서는

주문 2의 처리 시간이 1.0(분)으로 결정된 것을 볼 수 있다.

2. 현재 고객의 이탈 사건을 미래 사건 목록에 추가한다. 여기서는 주문 2의 이탈 시점이 t =7.0이므로, 이에 해당하는 이탈 사건을 추가하면 된다.

사건 7에 대한 처리가 완료되었을 때, 미래 사건 목록에 남아 있는 미래 사건은 3개이며, 이들을 발생 시점 기준으로 오름차순 정렬하면 {이탈(발생 시점=7.0), 도착(발생 시점=8.0), 종료(발생 시점=14.0)} 순이 된다. 이 중 다음 번에 처리해야 하는 것은 발생 시점 t=7.0인 이탈 사건이므로, 이제 시뮬레이션 시계를 t=7.0(분)에 맞추어야 한다. 또한, t=6.0인 시점부터 t=7.0인 시점 사이의 기간 동안에는 시스템의 상태에 아무런 변화도 일어나지 않는다. 나아가, 다음의 사건 8 역시 고객(주문 2)의 이탈에 해당하므로, 사건 7과 동일한 방법으로 처리하면 된다.

사건 8 이후에는 두 개의 도착 사건, 사건 9와 사건 10이 발생하며, 이들에 대한 상세 처리 내역은 표 9.5에 요약되어 있다. 이 도착 사건들을 처리할 때는 먼저 평균 대기 고객 수를 갱신한 다음, 절차 A-1과 절차 A-2를 수행하여 도착 간격 확률 분포로부터 추출한 표본값을 바탕으로 다음 번 도착 사건의 발생 시점을 결정하여야 한다. 나아가, 서버가 바쁜 기간인 경우에는, 도착한 고객을 대기행렬의 맨 끝에 합류시킨다.

사건	발생 시점	발생한 사건	처리 절차	도착 간격 생성	처리 시간 생성	후속 사건	미래 사건 목록	대기 시간	평균 대기 시간	대기 고객 수	TSLE	평균 대기 고객
9	8.0	주문5 도착(8.0)	A-1, A-2	2.0 (A-1)		도착 (10.0)	도착(10.0) 이탈(12.0)			2	1.0	누적 합= 10.0+1*1.0=11.0, 11.0/8.0=1.38
10	10.0	주문6 도착(10.0)	A-1, A-2	6.0 (A-1)		도착 (16.0)	이탈(12.0) 종료(14.0) 도착(16.0)			3	2.0	누적 합= 11.0+2*2.0=15.0, 15.0/10.0=1.50

표 9.5 : 복사실에 대한 시뮬레이션 – 사건 9 ~ 사건 10

표 9.6에서 보듯이, 그 다음 사건 11, 사건 12는 모두 고객의 이탈에 해당한다. 이들을 처리할 때는 먼저 평균 대기 고객 수를 갱신한 다음, 현재 대기행렬이 비어 있는 상태가 아니므로 절차 D-2와 절차 D-3을 수행하여야 한다. 따라서, 대기행렬 맨 앞의 고객은 서버에 진입하고 대기 중인 나머지 고객들은 대기행렬 내에서 1칸씩 앞으로 이동하게 될 것이다. 이후에는 서버에 진입한 고객의 대기 시간을 계산한 후 평균 대기 시간을 갱신하고, 처리 시간 확률 분포로부터 추출한 표본값을 바탕으로 현재 고객의 처리 시간을 결정한 다음, 이에 해당하는 이탈 사건을 미래 사건 목록에 추가하여야 한다.

사건	발생 시점	발생한 사건	처리 절차	도착 간격 생성	처리 시간 생성	후속 사건	미래 사건 목록	대기 시간	평균 대기 시간	대기 고객 수	TSLE	평균 대기 고객
11	12.0	주문3 이탈(12.0)	D-2, D-3		0.5 (D-3)	이탈 (12.5)	이탈(12.5) 종료(14.0) 도착(16.0	12.0-5.0=7.0 (주문4)	누적 합= 8.0+7.0=15.0, 15.0/4=3.75	2	2.0	누적 합= 15.0+3*2.0=21.0, 21.0/12.0=1.75
12	12.5	주문4 이탈(12.5)	D-2, D-3		3.5 (D-3)	이탈 (16.0)	종료(14.0) 도착(16.0) 이탈(16.0)	12.5-8.0=4.5 (주문5)	누적 합= 15.0+4.5=19.5, 19.5/5=3.90	1	0.5	누적 합= 21.0+2*0.5=22.0, 22.0/12.5=1.76

표 9.6 : 복사실에 대한 시뮬레이션 – 사건 11 ~ 사건 12

표 9.6에서 사건 12에 대한 처리가 종료되었을 때, 미래 사건 목록에 포함되어 있는 사건들 중 발생 시점이 가장 이른 것은 시뮬레이션의 중단을 의미하는 종료 사건이며, 이 사건의 발생 시점은 t=14.0이다. 만약, 이 시점에 종료 사건이 발생하지 않는 경우에는 t=16.0인 시점에 도착 사건 1개와 이탈 사건 1개를 동시에 처리해야 할 것이다. 시뮬레이션 소프트웨어의 이벤트 관리자는 보통 한 번에 사건 1개씩을 처리하도록 설계되어 있기 때문에, 이처럼 2개 이상의 사건이 같은 시점에 발생하는 경우에는 이들의 처리 순서를 적절히 결정해주어야 한다. 통상적으로, 도착 사건과 이탈 사건의 발생 시점이 겹치는 경우에는 도착보다 이탈 사건을 먼저 처리한다. 그래야만 발생 시점이 같은 도착 사건이 일어났을 때, 새로 도착한 고객이 불필요하게 대기행렬에 진입하거나 하는 일을 방지할 수 있기 때문이다. 단, 실제 시뮬레이션 소프트웨어에 포함된 시뮬레이션 시계는 보통 매우 높은 정밀도를 갖기 때문에 두 사건의 발생 시점이 겹치게 되는 일은 거의 일어나지 않는다. 물론, 설사 두 사건의 발생 시점이 겹치더라도 시뮬레이션 소프트웨어들은 이들을 적절히 처리할 수 있도록 설계되어 있으므로, 큰 문제는 되지 않는다.

표 9.7에서 우리는 시뮬레이션 종료 사건이 발생할 경우, (1) 시간 가중 평균 방식의 통계량(여기서는 평균 대기 고객 수) 갱신과 (2) 사건 처리의 중단이라는 2가지 작업이 이루어진다는 점을 볼 수 있다. 이 예에서는 맨 처음에 도착한 4명의 고객, 즉, 주문 1~주문 4가 이탈하고, 5번째 고객인 주문 5에 대한 처리가 시작된 후 1.5분이 경과한 시점에 시뮬레이션 종료 사건이 발생한다.

사건	발생 시점	발생한 사건	처리 절차	도착 간격 생성	처리 시간 생성	후속 사건	미래 사건 목록		대기 시간	평균 대기 시간	대기 고객 수	TSLE	평균 대기 고객
13	14.0	시뮬레이션 종료(14.0)					도착(16.0) 이탈(16.0)					1.5	누적 합= 22.0+1*1.5=23.5, 23.5/14.0=1.68

표 9.7 : 복사실에 대한 시뮬레이션 – 사건 13

시뮬레이션 종료 사건이 발생한 이후에는 모형을 초기화하는 것이 일반적이다. 모형이 초기화되면 시스템 내부의 모든 고객들은 삭제되고, 통계량들의 값들도 초기화되며, 시뮬레이션 시계는 t=0.0 시점을 가리키게 된다.

한 가지 특기할 만한 점은, 그림 9.12에 포함된 처리 절차들 중 유일하게 절차 D-1 만은 이번 예제에서 실행된 적이 전혀 없었다는 것이다. 물론, 시뮬레이션을 좀 더 오래 진행하다 보면 절차 D-1을 실행하게 되기도 한다. 그림 9.12에 나오듯이, 절차 D-1은 이탈 사건이 발생했는데 대기행렬은 비어 있는 경우에 실행한다. 나아가, 절차 D-1이 실행되면 서버의 상태가 유휴로 바뀌고, 서버의 이용률이 갱신된다.

그림 9.11과 같은 도시법을 사용하든, 그림 9.12의 절차를 바탕으로 표 9.1과 같이 이산 사건 시뮬레이션을 진행하든 항상 평균 대기 시간과 평균 대기 고객 수의 값은 각각 3.9분과 1.68명으로 동일하다는 점에 유의하여라. 이는 우연의 일치가 아니다. 즉, 앞으로도 어느 쪽 방법을 쓰든 항상 동일한 결과가 얻어질 것이다. 차이가 있다면, 도시법의 경우 사람이 시각적으로 내용을 이해하기 쉬운 반면, 이산 사건 시뮬레이션은 컴퓨터로 처리하기에 더 효과적이라는 점 정도이다.

그림 9.14에는 시뮬레이션이 진행되는 동안 평균 대기 시간과 평균 대기 고객 수의 값이 어떻게 변해 왔는지를 그래프로 나타내었다. 가장 먼저 눈에 띄는 것은 양쪽 모두 값이 증가하고 있다는 점으로, 이는 아직까지 시스템이 안정 상태에 진입하지 못하였음을 의미한다. 일반적으로 시뮬레이션 실행 초기에는 이 같은 현상이 나

타나는 경우가 많으며, 특히, 최초에 시스템이 비어 있고(대기행렬에 대기 중인 고객이 없음을 의미), 서버가 유휴인 상태로 시뮬레이션을 시작한 경우에는 더더욱 그러하다. 따라서, 모형에 대한 분석을 할 때는 이렇게 시스템의 상태가 불안정한 기간을 감안하여 시뮬레이션 실행 기간을 충분히 길게 잡는 것이 필요하다. 이에 대해서는 다음 장에서 좀 더 자세히 논의할 것이다. 이전에 언급했던 것처럼, 앞의 예제의 경우, 시뮬레이션의 기본 원리를 설명하기 위해 일부러 실행 기간을 매우 짧게 잡았다는 점을 다시 한번 상기하여라.

비록 단순하긴 해도 앞의 예제는 이산 사건 시뮬레이션의 기본 원리를 매우 잘 보여준다. 이보다 더 복잡한 시스템에 대한 모형을 작성하고 시뮬레이션 분석을 실시하고 싶을 때는 시뮬레이션 소프트웨어를 사용하면 된다. 물론, 시뮬레이션 소프트웨어마다 모형의 구성요소나 모형 작성 방법은 조금씩 다르다. 나아가, 경우에 따라 가장 적합한 시뮬레이션 소프트웨어의 종류가 달라질 수도 있다. 결국, 개별 소프트웨어가 시뮬레이션에 필요한 다양한 요소들을 어떤 식으로 구현하고 있는지를 이해하는 것이 가장 중요할 것이다. 때로는 불확실성이 없는 단순한 모형을 만들어 보는 것이 특정 시뮬레이션 소프트웨어의 구조를 이해하고 작성한 모형을 검증하는데 도움이 될 수도 있다.

한편, 앞의 복사실 예제에서 분석자가 t=10.0일 때 도착한 주문 6의 대기 시간을 관찰해보기로 했다고 가정하자. 표 9.1과 그림 9.11에서 보듯이, 시뮬레이션 종료 시점이 되었을 때, 이 고객은 4분의 대기를 경험한 상태이다. 평균 대기 시간을 계산할 때, 아직 대기가 끝나지 않은 이러한 고객도 함께 고려해야 할까(다시 말해, 대기 시간의 누적 합에 4분을 더하고, 총 고객의 수를 6으로 해야 할까)? 일반적인 답은 "아니오"이다. 시뮬레이션이 계속 진행될 경우, 주문 6은 t=16.0이 되어서야 처리를 받게 되어 총 6분의 대기 시간을 경험하게 되는데, 4분만 대기하는 것으로 간주하면 평균 대기 시간을 과소평가하게 되기 때문이다. 물론, 시뮬레이션 실행 시간이 매우 긴 경우에는 이 같이 대기 중인 고객이 평균 대기 시간에 그다지 큰 영향을 주지 못할 것이다

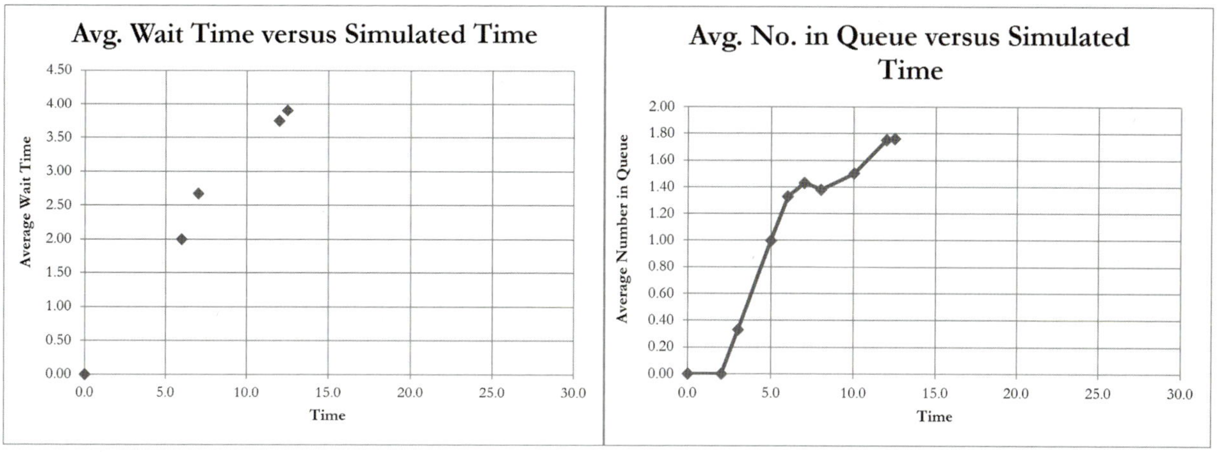

그림 9.14 : 복사실에 대한 시뮬레이션 도중 성능 평가지표 값들의 변화 추이

그림 9.15는 *FlexSim*을 이용하여 앞의 복사실 예제에 대한 모형을 작성한 다음 14분 동안 시뮬레이션을 실행해본 결과를 보여준다. 앞에서도 언급했다시피, *FlexSim*을 비롯한 상용 시뮬레이션 소프트웨어를 사용하면 이 같은 모형을 쉽게 작성할 수 있다. 여기서는 queue 개체에 하이라이트 표시가 보이는데, 이는 이 개체가 선택된 상태이기 때문이다. 나아가, 개체 아래 및 우측의 Quick Properties 영역에는 이 개체에 대한 몇 가지 통계량들이 나타나 있는데, 여기서도 평균 대기 시간(개체 아래 AvgStaytime 항목)과 평균 대기 고객 수

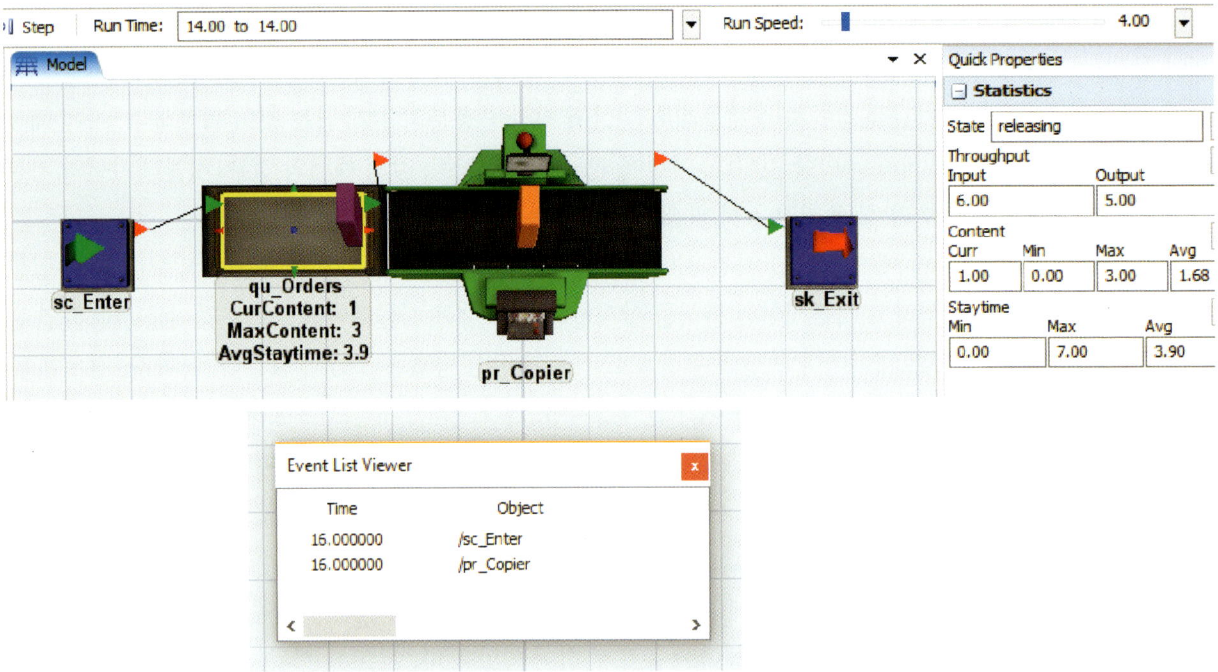

그림 9.15 : 복사실에 대한 시뮬레이션 분석을 수행하기 위해 작성한 간단한 *FlexSim* 모형

(Quick Properties 영역 Content – Avg 항목)는 각각 3.90분, 1.68명으로, 앞의 표 9.1 및 그림 9.11과 동일한 값들이 얻어진 것을 볼 수 있다.

한편, 그림 9.15의 아래 쪽에는 시뮬레이션 시작 후 경과 시간이 t=14.0(분)인 시점의 미래 사건 목록이 표시되어 있으며, 앞에서 논의한 것처럼 이 목록에는 2개의 사건이 포함되어 있다. 이 중 하나는 발생 시점이 t=16.0인 도착 사건으로 source 개체(sc_Enter)에서 발생한다. 다른 하나는 발생 시점이 역시 t=16.0인 이탈 사건인데, 이는 processor 개체(pr_Copier)에서 발생할 예정이다. 하지만, 현재 모형의 시뮬레이션 종료 시점이 t=14.0이므로, 이들 두 사건이 처리되는 일은 없을 것이다. *FlexSim*에서 이 같은 사건 목록을 확인하고 싶은 경우에는 메뉴의 Debug ➡ Event List 항목을 클릭하면 된다. 뿐만 아니라, 메뉴의 Debug ➡ Event Log 항목을 이용하면 시뮬레이션이 실행되는 동안 모든 사건들의 발생 내역을 기록하는 것도 가능하다. 다만, 기본 설정을 그냥 사용하는 경우에는 도착과 이탈 이외에도 여러 개체에서 발생하는 다양한 유형의 사건(예: OnEntry, OnExit, SendToPort trigger 등)들이 모두 기록되기 때문에, 사건 발생 내역이 매우 장황해질 수 있다. 따라서, 이 기능을 사용할 때는 보통 짧은 시간 동안만 모형이 실행되도록 하는 경우가 많다.

정리하자면, 여러 사건들의 처리 순서는 확률 분포로부터 추출한 표본값이나 모형이 가진 로직에 따라 달라진다. 다시 말해, 시뮬레이션 분석을 통해 올바른 결과값들을 얻기 위해서는 올바른 확률 분포와 로직을 사용하여 모형을 작성하여야 한다. 예를 들어, 확률 분포의 종류나 모수값이 변한다거나, 선입선출 방식이 아닌 다른 대기 정책을 사용하면 결과값도 달라질 것이다. 따라서, 모형을 작성할 때는 항상 적절한 확률 분포와 로직이 적용되었는지를 철저히 검증해 보는 것이 중요하다. 앞의 예제에서 한 가지 더 눈여겨 볼 것은 이산 사건 시뮬레이션의 시뮬레이션 시계가 작동하는 방식이다. 일정한 간격으로 움직이는 일반적인 시계와 달리, 시뮬레이션 시계는 항상 미래 사건 목록에서 발생 시점이 가장 이른 사건, 즉, 다음 번에 처리할 사건의 발생 시점으로 움직여 간다는 점에 유의하여라.

참고 문헌

1. Knight, W., accessed at: http://www.math.unb.ca/ knight/utility/NormTble.htm
2. Kyd, C. "Introduction to Probabilistic Simulations in Excel," http://www.exceluser.com/reports/introduction-to-probabilistic-simulations-in-excel.htm
3. Kyd, C. "How to Create Monte Carlo Models and Forecasts Using Excel data Tables," http://www.exceluser.com/reports/monte-carlo-models-forecasts-with-data-tables.htm
4. Law, A. (2007) *Simulation Modeling and Analysis*, New York: McGraw-Hill.
5. Savage, S. "Embracing the Uncertainty of the Iran Nuclear Deal," September 19, 2015, http://probabilitymanagement.org/library/Embracing%20Uncertainty%20in%20Iran%20Deal%209-19.pdf
6. Sheehy, P. and Martz, E. "Doing Monte Carlo Simulation in Minitab Statistical Software," https://www.minitab.com/en-us/Published-Articles/Doing-Monte-Carlo-Simulation-in-Minitab-Statistical-Software/
7. Sugiyama, S. "Monte Carlo Simulation/Risk Analysis on a Spreadsheet: Review of Three Software Packages," *Foresight*, Issue 9, Spring 2008.
8. www.edition.cnn.com/2015/08/20/politics/jimmy-carter-iran-hostages/
9. www.goldsim.com
10. www.oracle.com/us/products/applications/crystalball/overview/index.html
11. www.palisade.com/risk/
12. www.probabilitymanagement.org/index.html
13. www.solver.com/Monte-Carlo

Chapter 9 Review Questions

1. 어떤 국내 기업체의 경영자가 몬테 카를로 시뮬레이션을 이용하여 미국 시장 진출의 타당성을 분석해보고자 한다. 단, 미국 시장 진출 시 주간 매출은 NS×SP×EXR로 계산하며, 여기서 NS는 주간 판매량, SP는 제품 단가(단위: $)이고, EXR은 달러 환율을 의미한다. NS가 평균=1,000, 표준 편차=300인 정규 분포를 따르고, SP=$5,000로 고정되어 있으며, EXR은 평균=1,100, 표준 편차=25인 정규 분포를 따른다고 가정하자. 부록(Appendix 9A)의 표준 정규 분포표를 이용하여 다음 각각을 산출하여라.

   a. 1주차 주간 매출 표본값(0에서 1사이의 일양 분포로부터 난수 0.5691, 0.8862가 얻어졌다고 가정)

   b. 2주차 주간 매출 표본값(0에서 1사이의 일양 분포로부터 난수 0.4410, 0.6664가 얻어졌다고 가정)

   c. 3주차 주간 매출 표본값(0에서 1사이의 일양 분포로부터 난수 0.9903, 0.1234가 얻어졌다고 가정)

   d. 평균 주간 매출(앞의 주간 매출 표본값들을 이용)

2. 직육면체 모양의 상자에 담긴 화물을 취급하는 물류 센터가 하나 있다. 화물 상자의 무게는 상자의 크기와 담긴 화물의 밀도(제곱피트 당 파운드로 계산, 파운드/피트^2)에 따라 달라지는데, 밀도가 0.5파운드/피트^{2}인 가벼운 화물이 담긴 상자의 비율이 30%이며, 나머지 상자에는 밀도가 이보다 더 큰 화물이 담겨 있다. 나아가, 상자의 높이는 모두 1피트로 동일하지만, 가로, 세로 길이는 모두 평균=1피트, 표준 편차=0.5피트인 정규 분포를 따른다. 또한, 무게가 5파운드를 초과하는 화물 상자의 경우, 별도의 처리 절차가 필요하다.

   a. 상자 5개에 대한 무게 표본값들을 추출한 후, 이를 바탕으로 별도의 처리 절차가 필요한 무거운 화물 상자의 비율을 추정하여라. 0에서 1사이의 일양 분포를 따르는 난수 값이 필요한 경우에는 아래의 값들을 상단 왼쪽부터 순서대로 필요한 만큼 사용하여라.

0.185	0.289	0.028	0.006	0.349
0.899	0.482	0.905	0.653	0.854
0.873	0.548	0.921	0.015	0.773
0.081	0.571	0.110	0.097	0.196
0.469	0.692	0.073	0.124	0.643

   b. MS-Excel을 이용하여 상자 100개의 무게 표본값들을 추출한 후, 이를 바탕으로 별도의 처리 절차가 필요한 무거운 화물 상자의 비율을 추정하여라.

3. 이산 사건 시뮬레이션에서 도착 사건을 처리할 때 가장 먼저 해야 할 일은 무엇인가?

4. 이산 사건 시뮬레이션에서 시뮬레이션 시계가 어떤 식으로 움직여가는지 간단히 설명하여라.

5. 이산 사건 시뮬레이션에서 미래 사건 목록에 포함된 사건들은 어떤 순서로 정렬되어야 하는가?

6. 아래 그림을 보고, 다음 물음들에 답하여라.

   a. 그래프 아래에 표시된 도착 및 이탈 사건들을 이용하여 시뮬레이션이 종료되는 t=10.0시점까지의 대기 고객수 변화 추이를 그래프로 나타내어라.

   b. 시뮬레이션 종료 시점의 평균 대기 고객 수를 산출하여라.

   c. 시뮬레이션 종료 시점의 평균 대기 시간을 산출하여라.

   d. 시뮬레이션 종료 시점이 되었을 때, 서버는 어떤 상태(바쁜 기간 또는 유휴 기간)인가? 또, 대기 중인 고객 수는 얼마인가?

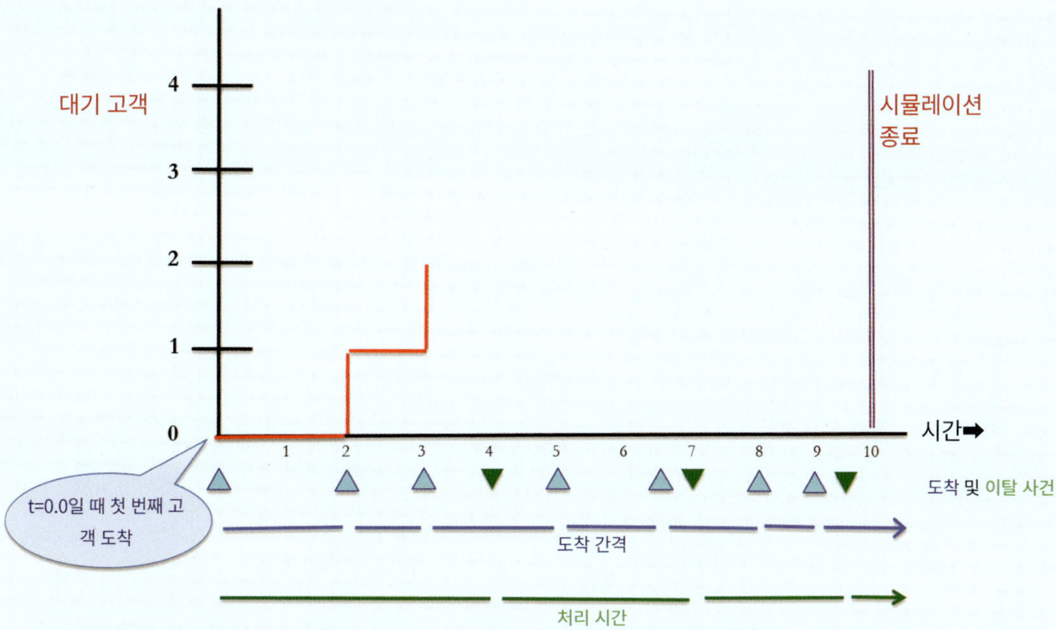

7. 다음 페이지의 양식을 이용하여 표 9.1의 이산 사건 시뮬레이션을 t=30.0인 시점까지 계속 진행하여라. 도착 간격 및 처리 시간의 표본값으로는 아래의 값들을 왼쪽에 있는 것부터 필요한 만큼 사용하여라.

   도착 간격 : 4.0 4.0 1.5 5.0

   처리 시간 : 3.0 2.0 1.5 3.0 4.0

8. 앞의 문제에서 작성한 양식의 내용을 바탕으로 아래의 평균 대기 시간 및 평균 대기 고객 수 그래프를 완성하여라. 이번에는 시뮬레이션을 충분히 오래 실행했다고 생각되는가?

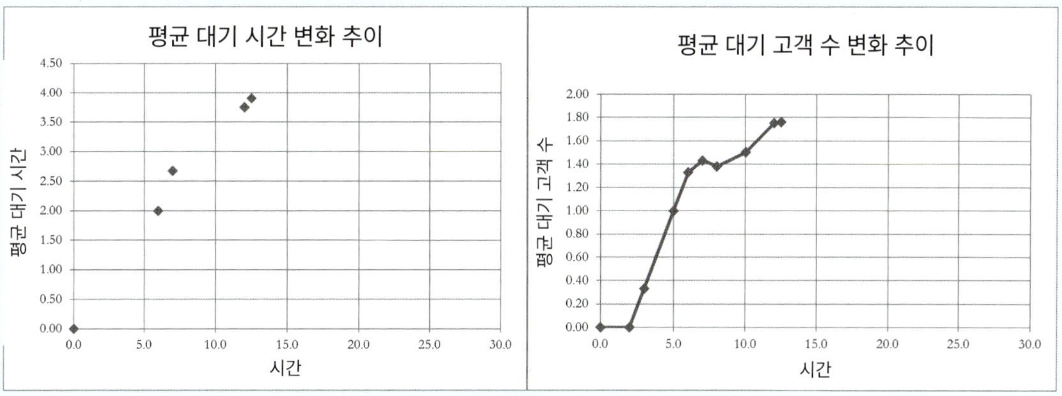

사건	발생 시점	발생한 사건	처리 절차	도착간격 생성	처리시간 생성	후속사건	미래 사건 목록	대기 시간	평균 대기 시간	대기 고객 수	TSLE	평균 대기 고객
12	12.5	주문4 이탈(12.5)		D-2, D-3	3.5 (D-3)	이탈(16.0)	종료(14.0) 도착(16.0) 이탈(16.0)	12.5-8.0=4.5 (주문5)	누적 합= 15.0+4.5=19.5, 19.5/5=3.90	1	0.5	누적 합= 21.0+2*0.5=22.0, 22.0/12.5=1.76
13	16.0	주문5 이탈(16.0)										
14												
15												
16												
17												
18												
19												
20												
21												
22												
23												

Appendix 9A – Standard Normal Distribution Table

아래 표의 내용 및 사용법에 대해서는 Statistics How To 웹 사이트,
http://www.statisticshowto.com/tables/z-table 을 참조하여라.

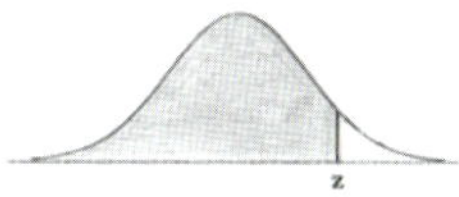

Probability Content
from -oo to Z

Z	0.00	0.01	0.02	0.03	0.04	0.05	0.06	0.07	0.08	0.09
0.0	0.5000	0.5040	0.5080	0.0120	0.0160	0.0199	0.5239	0.0279	0.0319	0.0359
0.1	0.5398	0.5438	0.5478	0.5517	0.5557	0.5596	0.5636	0.5675	0.5714	0.5753
0.2	0.5793	0.5832	0.5871	0.5910	0.5948	0.5987	0.6064	0.1064	0.6103	0.6141
0.3	0.6179	0.6217	0.6255	0.6293	0.6331	0.6368	0.6406	0.6443	0.6480	0.6517
0.4	0.6554	0.6591	0.6628	0.6664	0.6700	0.6736	0.6772	0.6808	0.6844	0.6879
0.5	0.6915	0.6950	0.6985	0.7019	0.7054	0.7088	0.7123	0.7157	0.7190	0.7224
0.6	0.7257	0.7291	0.7324	0.7357	0.7389	0.7422	0.7454	0.7486	0.7517	0.7549
0.7	0.7580	0.7611	0.7642	0.7673	0.7704	0.7734	0.7764	0.7794	0.7823	0.7852
0.8	0.7881	0.7910	0.7939	0.7967	0.7995	0.8023	0.8051	0.8078	0.8106	0.8133
0.9	0.8159	0.8186	0.8212	0.8238	0.8264	0.8289	0.8315	0.8340	0.8365	0.8389
1.0	0.8413	0.8438	0.8461	0.8485	0.8508	0.8531	0.8554	0.8577	0.8599	0.8621
1.1	0.8643	0.8665	0.8686	0.8708	0.8729	0.8749	0.8770	0.8790	0.8810	0.8830
1.2	0.8849	0.8869	0.8888	0.8907	0.8925	0.8944	0.8962	0.8980	0.8997	0.9015
1.3	0.9032	0.9049	0.9066	0.9082	0.9099	0.9115	0.9131	0.9147	0.9162	0.9177
1.4	0.9192	0.9207	0.9222	0.9236	0.9251	0.9265	0.9279	0.9292	0.9306	0.9319
1.5	0.9332	0.9345	0.9357	0.9370	0.9382	0.9394	0.9406	0.9418	0.9429	0.9441
1.6	0.9452	0.9463	0.9474	0.9484	0.9495	0.9505	0.9515	0.9525	0.9535	0.9545
1.7	0.9554	0.9564	0.9573	0.9582	0.9591	0.9599	0.9608	0.9616	0.9625	0.9633
1.8	0.9641	0.9649	0.9656	0.9664	0.9671	0.9678	0.9686	0.9693	0.9699	0.9706
1.9	0.9713	0.9719	0.9726	0.9732	0.9738	0.9744	0.9750	0.9756	0.9761	0.9767
2.0	0.9772	0.9778	0.9783	0.9788	0.9793	0.9798	0.9803	0.9808	0.9812	0.9817
2.1	0.9821	0.9826	0.9830	0.9834	0.9838	0.9842	0.9846	0.9850	0.9854	0.9857
2.2	0.9861	0.9864	0.9868	0.9871	0.9875	0.9878	0.9881	0.9884	0.9887	0.9890
2.3	0.9893	0.9896	0.9898	0.9901	0.9904	0.9906	0.9909	0.9911	0.9913	0.9916
2.4	0.9918	0.9920	0.9922	0.9925	0.9927	0.9929	0.9931	0.9932	0.9934	0.9936
2.5	0.9938	0.9940	0.9941	0.9943	0.9945	0.9946	0.9948	0.9949	0.9951	0.9952
2.6	0.9953	0.9955	0.9956	0.9957	0.9959	0.9960	0.9961	0.9962	0.9963	0.9964
2.7	0.9965	0.9966	0.9967	0.9968	0.9969	0.9970	0.9971	0.9972	0.9973	0.9974
2.8	0.9974	0.9975	0.9976	0.9977	0.9977	0.9978	0.9979	0.9979	0.9980	0.9981
2.9	0.9981	0.9982	0.9982	0.9983	0.9984	0.9984	0.9985	0.9985	0.9986	0.9986
3.0	0.9987	0.9987	0.9987	0.9988	0.9988	0.9989	0.9989	0.9989	0.9990	0.9990

Chapter 10 시뮬레이션 결과 분석 개요

학습목표

(1) 모형을 실행했을 때 산출되는 출력값들을 적절히 분석할 수 있다.
(2) 시뮬레이션 모형이 가진 변동성을 고려하여, 출력값들을 적절히 해석하고 이를 바탕으로 타당한 결론을 도출할 수 있다.

시뮬레이션 모형을 사용하는 이유는 실제 시스템의 특성을 이해하고, 이를 바탕으로 의사결정을 내리거나 어떤 문제를 해결하기 위해서이다. 특히, 시스템의 특성이 수시로 변하는 경우에는 시뮬레이션이 매우 유용한 분석 도구가 될 수 있다. 나아가, 시뮬레이션 모형은 결국 시스템의 모의 실행, 즉, 실험을 하는데 사용되기 때문에 하나의 실험실에 비유할 수도 있다. 이러한 실험을 수행할 때는 흔히 의사결정 변수라 부르는 입력 값들을 다양하게 조정하면서 입력 값들이 시스템의 성과에 어떤 영향을 주는지를 관찰 및 분석하여야 하며, 이를 위해서는 여러 가지 성능 평가지표나 분석 결과값들과 같은 시뮬레이션 모형의 출력값들을 적절히 해석할 수 있어야 할 것이다.

시뮬레이션 모형의 출력값에 대한 분석을 할 때는 모형이나 분석 대상 시스템이 갖는 구성요소들의 작동 방식, 불확실성 및 이들 간의 상호 작용 등을 면밀히 고려하여야 한다. 이 책에서는 먼저 출력값 분석의 이론적 배경과 단일 시나리오에 의한 분석 방법을 설명한 후, 다중 시나리오에 의한 분석 방법도 다룰 것이다. 여기서 시나리오란, 구체적인 의사결정 변수 값들의 조합을 말하며, 의사결정 변수들은 시뮬레이션 모형의 출력값에 영향을 주는 다양한 요인들을 의미한다.

구체적으로는 이번 장에서 출력값 분석의 이론적 배경과 단일 시나리오에 의한 분석 방법을 소개하고, 다중 시나리오에 대해서는 다음 장에서 다룰 것이다. 특히, 이번 장에서는 먼저 산출물에 대한 분석이 왜 중요한지를 설명한 다음, 아래와 같은 사항들에 대해 소개하고자 한다:

- 시뮬레이션 모형의 출력값을 분석하는데 필요한 통계적인 기법

- 분석 목적에 맞는 실험 조건을 설정하는 방법
- *FlexSim*의 Experimenter 기능을 이용하여 실험을 수행하고 산출물을 분석하는 방법

보통 산출물에 대한 분석은 시뮬레이션 프로젝트의 막바지, 즉, 모형의 개발과 검증 및 승인이 완료된 이후에 실시하게 된다. 하지만, 분석 계획은 프로젝트 수행 초기에 수립해 두는 것이 좋다. 16장에서 좀 더 자세히 설명하겠지만, 시뮬레이션 모형을 작성하고 이를 통해 분석을 실시하는 과정은 그림 10.1과 같은 수행 절차를 갖는 일종의 프로젝트처럼 관리되어야 하며, 이러한 시뮬레이션 관련 프로젝트를 이 책에서는 SMA(simulation modeling and analysis) 프로젝트라 부른다. SMA 프로젝트를 수행할 때는 처음에 시뮬레이션을 이용하여 무엇을 할 것인지, 즉, 분석 목표를 설정하는 것이 필요하다. 분석 목표가 설정되면, 이제 어떤 모형을 작성해야 하는지, 어떤 성능 평가지표들을 바탕으로 의사결정을 내려야 하는지 등이 명확해질 것이며, 이러한 성능 평가지표들은 시뮬레이션 모형의 중요한 출력값들에 해당한다.

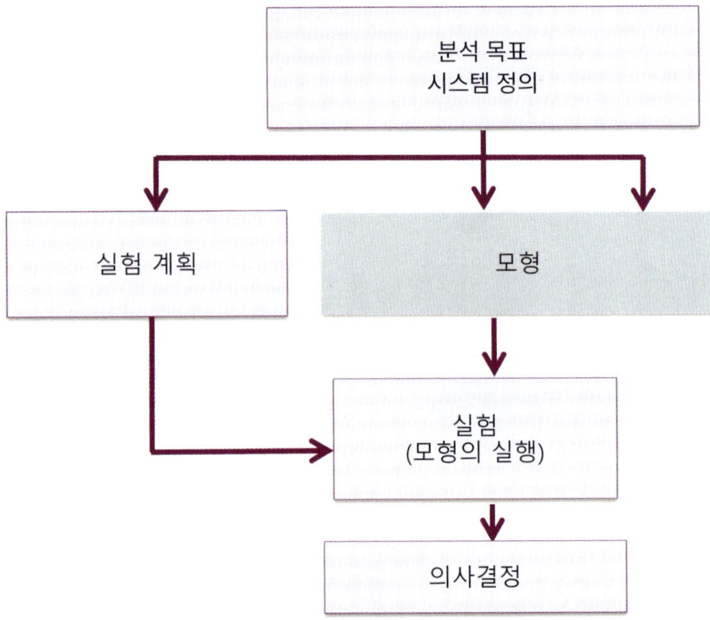

그림 10.1 : 시뮬레이션 모델링 및 분석(SMA) 프로젝트의 수행 절차 일부

또한, 그림 10.1에도 나와 있듯이, 모형이 완성되기 전에 미리 실험 계획을 수립하는 것이 바람직하며, 실험 계획에는 (1) 시뮬레이션 모형의 출력값, 즉, 성능 평가지표들의 종류와 (2) 시뮬레이션 모형의 입력값, 즉, 의사결정 변수들의 종류가 명시되어야 한다.

Section 10-1 모형 실행 결과에 대한 통계 분석

앞의 장들에서 설명한 바와 같이, 시뮬레이션 모형에서는 실제 시스템이 갖는 다양한 특성(처리 시간, 장비의 신뢰도, 고객들의 도착 간격 등) 중 상당수가 확률 분포 형태로 표현된다. 이는 분석 대상 시스템의 작동 방식을 모방하는데 지정된 확률 분포로부터 추출한 무작위 표본값들이 필요하다는 점을 의미한다. 특히, 분석 대상 시스템이 불확실성을 갖는 경우에는 시뮬레이션 모형 역시 당연히 불확실성을 가져야 할 것이다. 아울러, 그림 10.2에서 보듯이, 입력값에 불확실성이 존재하면, 출력값에도 불확실성이 존재한다. 즉, 모형의 입력값 중 확률 변수인 것이 하나라도 있으면, 모형의 출력값(성능 평가지표 등)도 확률 변수이다. 따라서, 시뮬레이션 모형의 출력값을 분석할 때는 통계적인 기법을 사용하여야 한다. 실험을 통해 얻은 출력값들은 시스템의 특성에 대한 일부 표본값에 지나지 않기 때문에, 시스템의 특성에 대해 올바르게 평가하기 위해서는 이러한 표본값들을 이용

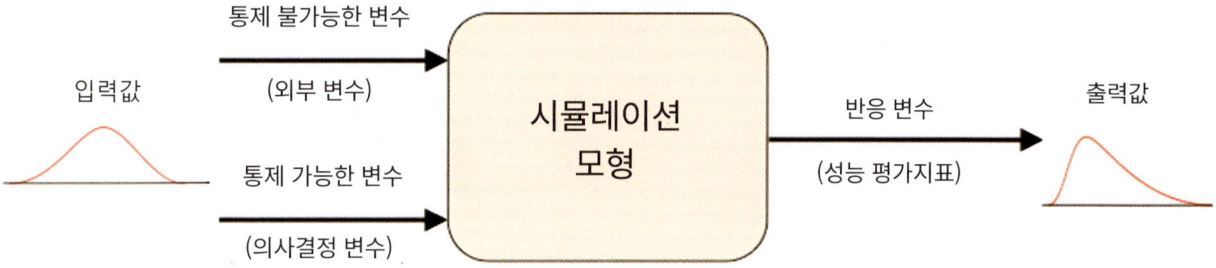

그림 10.2 : 입력값의 불확실성이 야기하는 출력값의 불확실성

한 추론이 필요하다는 의미이다. 지정된 확률 분포로부터 무작위 표본을 추출하는 방법은 8장에서 설명하였으며, 잠시 복습을 해 보자면, 확률 분포는 크게 모수적 분포(예: 정규 분포, 지수 분포, Weibull 분포 등)와 비모수적 분포(예: 경험적 분포)의 2가지로 구분된다. 아울러, 어떤 값을 표현하는데 적합한 확률 분포의 종류를 결정할 때는 표본 데이터를 이용하거나, 표본 데이터가 없는 경우에는 분석자가 직접 확률 분포를 선택할 수도 있었다.

그림 10.2를 보면, 시뮬레이션 모형에 대한 입력값들은 기본적으로 통제 가능한 변수와 통제 불가능한 변수의 2가지로 구분된다. 통제 가능한 변수는 분석자가 그 값을 직접 조정할 수 있는 변수들을 의미하며, 보통 의사결정 변수라 부른다. 특히, 여러 가지 대안들의 타당성을 비교할 때는 각 대안마다 의사결정 변수들의 값을 적절히 달리 해 주는 것이 필요하며, 시뮬레이션 분석에서 자주 사용되는 의사결정 변수들의 예로는 기계나 근로자의 수, 대기 정책(예: 선입 선출 등), 설비나 기타 자원들의 위치 등이 있다. 일반적으로 통제 가능한 변수들은 확률 변수가 아닌 반면, 통제 불가능한 변수들은 구체적인 값을 지정하기가 곤란한 확률 변수에 해당하는 경우가 많다(예: 처리 시간, 신뢰도, 도착 간격 등). 물론, 어떤 값이 통제 가능한지 아닌지는 상황에 따라 달라질 수도 있다. 예를 들어, 어떤 작업을 처리하는 방법이 일반 처리와 급속 처리의 2가지이고, 각각의 소요 시간이 항상 일정하다면, 이 작업의 처리 시간은 의사결정 변수에 해당할 것이다.

실제로 의사결정을 할 때는 분석 대상 시스템의 특성을 정확히 파악한 후, 이를 근거로 판단을 내려야 하며, 여기서 중요한 것은 시스템이 가진 특성값의 전체 모집단 분포를 파악하는 것이다. 하지만, 어떤 시스템의 특성이 가질 수 있는 모든 값들을 일일이 다 파악하는 것은 보통 불가능하다. 따라서, 현실적으로는 일부 값들을 파악한 다음, 이를 이용하여 시스템의 특성을 추정해야 할 것이다. 나아가, 이러한 추정치들을 계산할 때는 추출된 표본에 대한 통계량들을 이용하는 경우가 많다. 어떤 변수가 가질 수 있는 모든 값들의 집합을 모집단, 그 모집단의 부분 집합을 표본이라 부른다는 점에 유의하여라.

이 책의 2장에서 소개한 간단한 예제를 통해 출력값 분석의 기본적인 개념에 대해 살펴보기로 하자. 도착 간격과 처리 시간이 각각 평균이 1.0분, 0.9분인 지수 분포를 따르는 단순한 단일 서버 대기행렬 시스템의 평균 이용률은 90%(=0.9/1.0)이다. 만약, 이 시스템에서 대기 중인 고객들을 선입선출 방식으로 처리하고, 대기행렬의 용량에 제한이 없으며, 서버가 항상 이용가능하다면(즉, 가동 중단이 발생하지 않는다면), 이 시스템은 기본적인 M/M/1 대기행렬 시스템에 해당한다. 이 같이 M/M/1 대기행렬 시스템의 가정이 충족되는 경우에는 따로 시뮬레이션을 해보지 않고도 2장에서 소개한 계산식들을 이용하여 여러 가지 성능 평가지표들을 구할 수 있을 것이다. 하지만, 여기서는 다양한 실험 파라미터들의 중요성을 설명하고, 실험을 통해 얻은 결과와 계산식들을 이용하여 얻은 결과를 비교해보기 위해 이 모형에 시뮬레이션을 적용해보기로 하자.

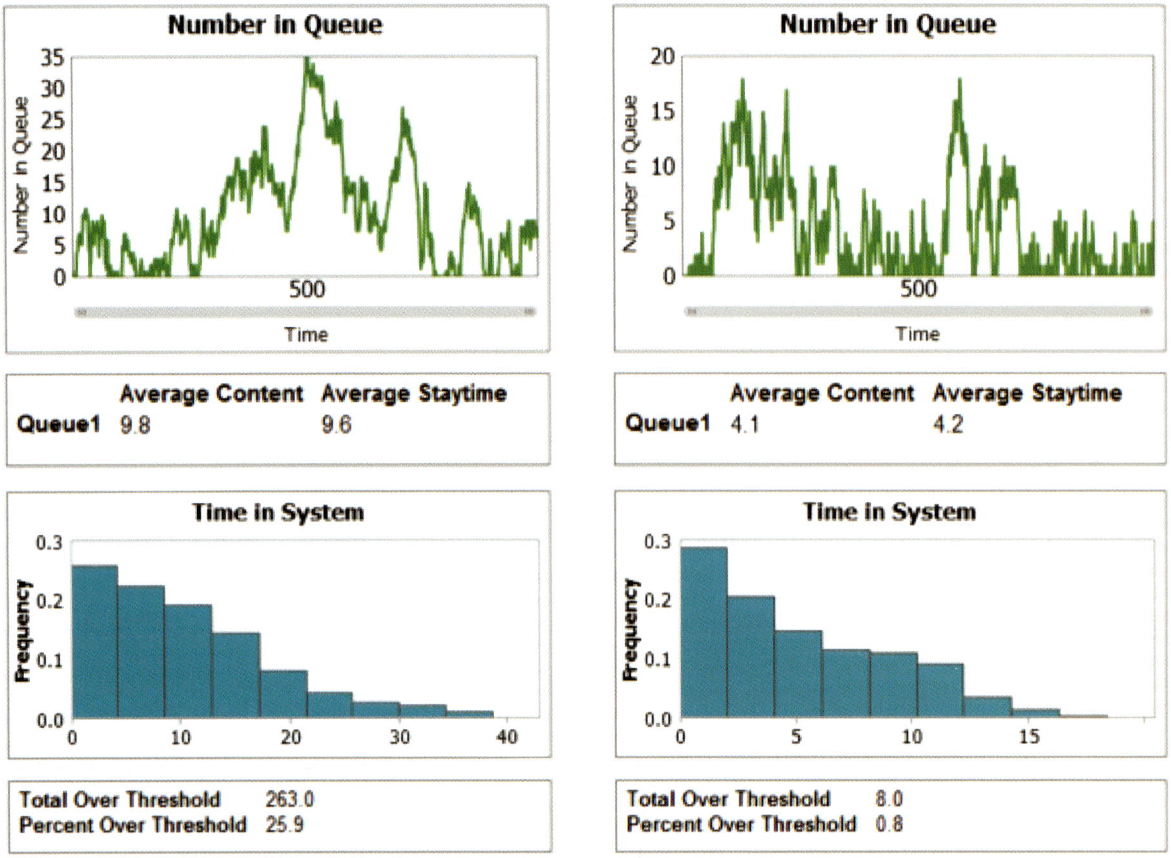

그림 10.3 : M/M/1 시스템에 대한 시뮬레이션을 2회 반복한 결과 (실행 시간=1,000분)

그림 10.3에는 상기한 M/M/1 시스템에 대한 시뮬레이션을 2회 반복한 결과가 나타나 있으며, 여기서 각 반복의 실행 시간은 1,000분이다(평균 도착 간격이 1.0분이므로, 대략 1,000명의 고객들이 도착했을 시간에 해당한다). 이 그림에서 우리는 각 반복에서 매우 상이한 분석 결과가 도출되었음을 볼 수 있는데, 이는 분석 대상 시스템이 불확실성을 갖는다는 것을 의미한다. 물론, 도착 간격과 처리 시간이 확률 변수임을 감안하면, 각 반복의 실행 결과가 달라질 수도 있다는 것은 지극히 당연한 일이다. 나아가, 1,000분은 16시간이 조금 넘는 시간이라는 점을 생각해보면, 상기한 실험 결과는 2교대 근무(8시간씩 일하는 근무조가 2개인 상황)를 하는 작업장을 하루 동안 관찰한 결과일 수도 있다. 어쨌든, 대부분의 시스템에서는 이처럼 업무 진행 결과가 매일매일 달라지는 현상이 발생할 것이다.

그림 10.3의 상단에 있는 그래프들은 1,000분의 시간이 경과하는 동안 대기행렬 길이가 어떤 식으로 변화하였는지를 보여주는데, 좌측과 우측의 그래프 형태에는 상당한 차이가 있다. 이 같은 차이가 발생하는 이유는 도착 간격과 처리 시간에 불확실성이 존재하기 때문이다. 같은 이유로, 그림 10.3의 하단에 있는 고객 대기 시간의 분포에도 양쪽 간에 상당한 차이가 존재한다. 아울러, 그래프의 아래쪽에 있는 통계량들을 보면, 좌측의 고객 대기 시간 분포에서는 기준치(15분) 이상의 대기 시간을 경험한 고객들의 비율이 25.9%인 반면, 우측의 고객 대기 시간 분포에서는 이 비율에 불과 0.8%밖에 되지 않는다(평균 처리 시간이 0.9분이기 때문에 15분이라는 대기 시간은 고객 입장에서 상당히 길게 느껴질 것이다). 그림 중간의 통계량들을 보면 각 반복의 대기행렬

길이와 평균 대기 시간 역시 좌측이 훨씬 길다는 점을 볼 수 있다.

그림 10.3의 좌측과 우측은 모두 동일한 시뮬레이션 모형을 실행하여 얻은 결과들이다. 하지만, 이들 중 하나를 사용하여 어떤 의사결정을 내리는 것은 매우 위험한 일이다. 분석 대상 시스템을 실제로 운영했을 때, 이와 똑같은 결과가 얻어지는 경우는 거의 없을 것이기 때문이다. 아울러, 그림 10.3에는 전체 시뮬레이션 실행 시간(1,000분)에 걸쳐 취합한 평균값들이 표시되어 있는데, 이 중 평균 대기행렬 길이는 시간 가중 평균 방식으로, 평균 대기 시간은 관측 평균 방식으로 산출되었으며, 이러한 평균 산출 방식은 9장에서 설명하였다. 이 그림의 좌측과 우측 중 한 쪽의 평균값들을 실제 시스템의 성능 평가지표에 대한 추정치로 사용하는 것은 곤란하며, 그보다는 여러 번의 반복을 통해 얻은 평균값들을 종합하여 성능 평가지표에 대한 추정치를 계산하는 것이 좋을 것이다. 한 가지 방법은 이 같은 평균값들의 평균을 계산해 보는 것이다. 단, 그렇다 하더라도 2회의 반복은 너무 적어 보인다. 적절한 반복 횟수를 정하는 방법은 이 장의 후반부에서 다시 설명할 것이다.

반복이란, 동일한 시뮬레이션 모형을 여러 번 실행하는 것을 말하며, 그림 10.3은 2회 반복의 결과를 보여주고 있다. 나아가, 시스템의 성능 평가지표 값을 추정하기 위해서는 충분히 큰 반복 횟수가 필요할 것이며, 여기서 말하는 반복 횟수는 통계학에서 말하는 표본의 크기와 유사한 의미를 갖는다.

그림 10.4는 표본을 이용한 모집단 모수 추정의 기본적인 개념을 보여준다. 다만, 모집단 모수를 추정하는 방법에 대해서는 일반적인 기초 통계학 서적에 잘 설명되어 있기 때문에, 여기서는 핵심만 간단히 설명하고 넘어갈 것이다. 처음에는 분석할 모집단의 범위와 추정할 모수의 종류를 정해야 하는데, 그림 10.4의 예에서는 275가지 물품들의 평균 중량이 추정할 모수에 해당한다. 참고로, 통계학에서는 보통 모집단의 평균을 μ로 표기하며, 이 그림도 이러한 표기법을 따르고 있다(2장의 평균 처리율과 혼동하지 않도록 주의하여라). 각 물품의 중

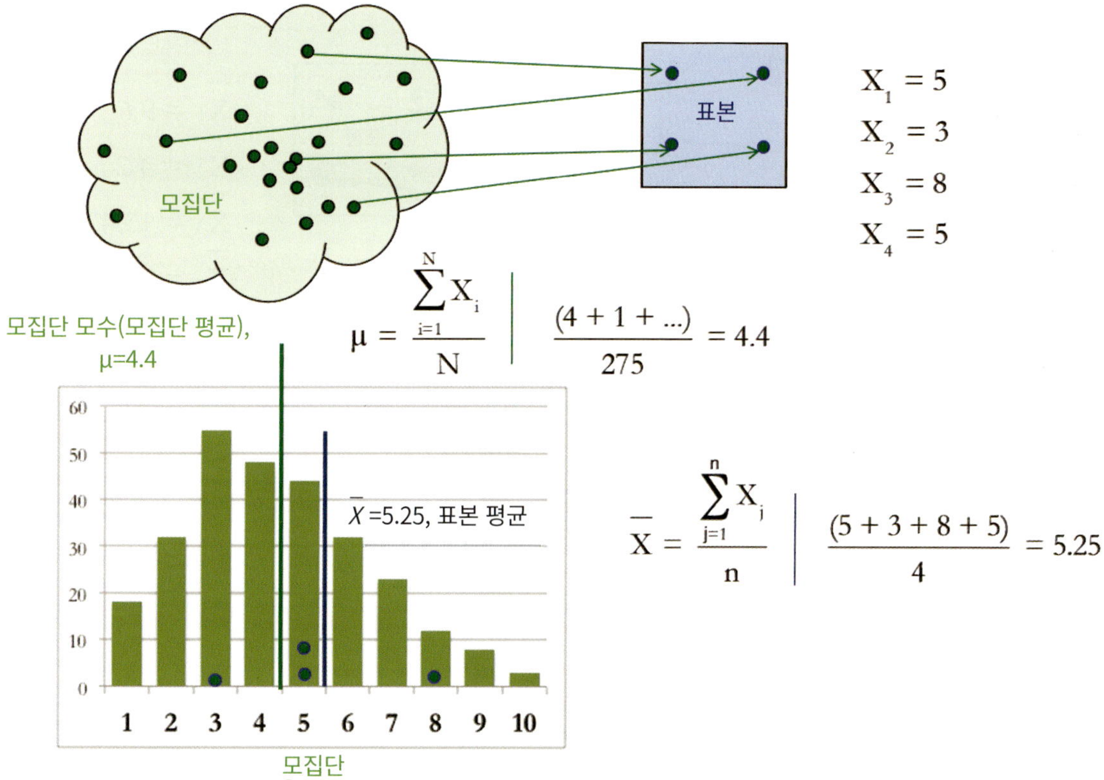

그림 10.4 : 표본을 이용한 모집단 모수 추정 예

량은 1, 2, 3, …, 10kg 범위의 값을 갖는데, 이 예에서는 모집단의 크기(275개)가 유한하므로, 물품들의 중량을 일일이 측정하여 정확한 모수 값을 구할 수도 있을 것이다. 하지만, 경우에 따라서는 모든 물품들의 중량을 확인하는데 시간이 오래 걸리거나, 중량을 확인하는 과정에서 물품이 파손될 위험성이 있어, 일부 물품들의 중량만 확인한 후 이를 이용하여 모집단의 모수를 추정해야 할 수도 있다. 물론, 물품들의 중량이 어떤 확률 분포를 따르는지를 알고 있다면, 먼저 총 중량을 구한 다음 이를 275로 나누어 전체 물품들의 평균 중량을 구할 수도 있다. 특히, 물품들의 중량이 일양 분포(즉, 1kg에서 10kg 사이의 일양 분포)를 따른다면 이 같은 방법을 사용해도 좋다. 하지만, 그림 10.4의 히스토그램을 보면, 이 예제에서는 물품의 중량이 일양 분포를 따른다고 가정하는 것이 타당하지 않다는 것을 알 수 있다.

그림 10.4에는 4개의 물품을 표본으로 추출하여 각각의 중량을 측정한 후, 이들의 평균을 이용하여 전체 물품들의 평균 중량을 추정하는 과정이 나타나 있다. 세부적으로는, 표본들의 평균 중량 $\bar{X}$가 5.25kg이기 때문에 전체 물품들의 평균 중량에 대한 추정치도 5.25kg이다. 다만, 그림 10.4에서 모집단을 구성하는 전체 물품들의 실제 평균 중량, 즉, 모집단 평균 μ는 4.4kg이라는 점에 유의하여라. 이처럼 표본의 크기 $n(=4)$이 모집단 크기 $N(=275)$보다 매우 작은 경우에는 $\bar{X}$와 μ의 값이 비슷할 가능성이 높지 않다.

반면, 그림 10.5에서는 시뮬레이션을 이용한 모집단 모수 추정의 기본적인 개념을 볼 수 있다. 사실, 표본을 이용하든, 시뮬레이션을 이용하든 모집단 모수를 추정하는 과정은 거의 비슷하나, 이들 사이에는 몇 가지 중요한 차이점들이 존재한다. 우선, 처음에 분석할 모집단의 범위와 추정할 모수의 종류를 정해야 한다는 점은 동일하며, 이 그림에서는 고객의 평균 대기 시간이 추정할 모수에 해당한다. 그림 10.4의 예제와 다른 점이 하나 있다면, 시뮬레이션에서는 실제 시스템이나 사물이 아닌, 모형을 이용하여 시스템의 특성(예: 고객들의 대기 시

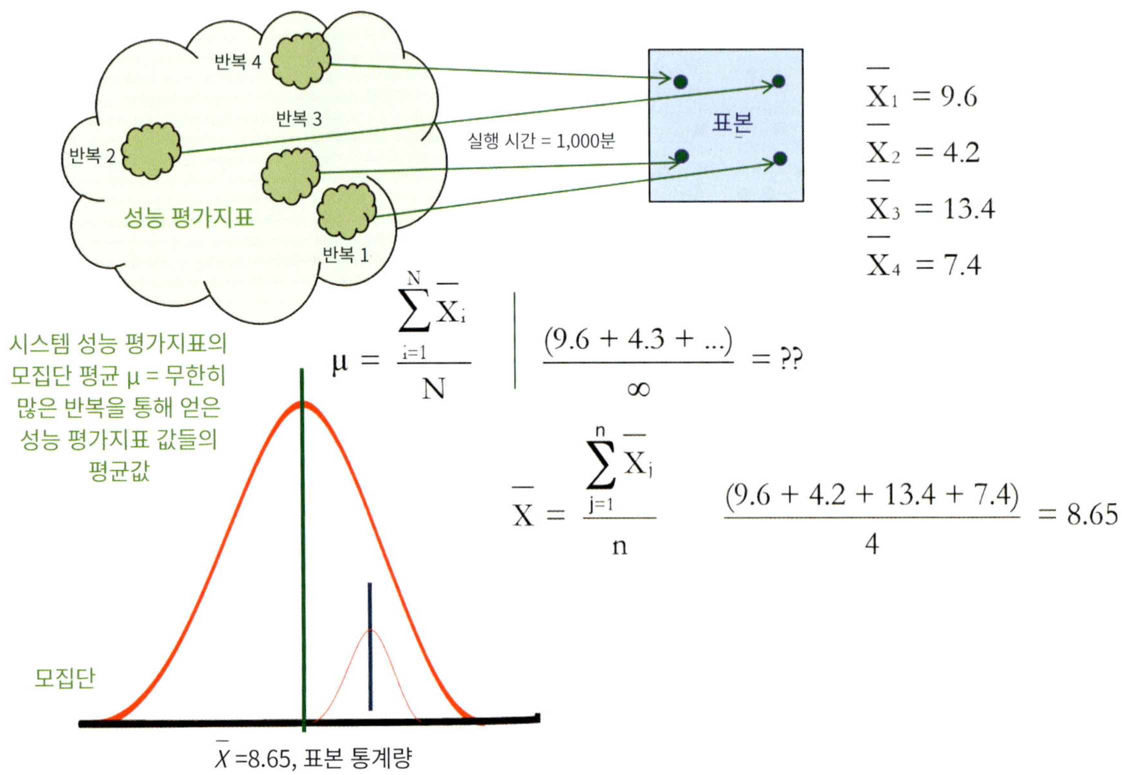

그림 10.5 : 시뮬레이션을 이용한 모집단 모수 추정 예

간이나 리드 타임, 재고 수준, 서버의 이용률 및 시스템의 흐름량 등)에 대한 표본값들을 추출한다는 점이다. 또 다른 차이점으로는 각 예제에 등장하는 확률 변수의 유형을 들 수 있다. 그림 10.4에서는 물품들의 중량이 유한한 범위의 정수값을 가졌다. 물론, 실제로는 어떤 물품들의 중량이 연속 확률 변수인 경우도 있겠으나, 적어도 앞의 예제에서는 물품들의 중량이 1, 2, ⋯, 10kg 범위를 갖는다고 가정하였다. 반면, 그림 10.5의 아래쪽 그래프를 보면 대기 시간은 연속 확률 변수이며, 따라서, 간혹 매우 큰 값을 갖는 경우도 있을 것이다.

간혹, 시뮬레이션 모형을 1번 실행한 다음 각 고객들 경험한 대기 시간의 총합을 고객 인원수로 나누면, 시스템의 평균 대기 시간이 구해질 것이라고 생각하는 경우가 있는데, 이는 올바르지 못한 계산 방법이며, 그 이유는 다음과 같은 두 가지를 들 수 있다. 첫째, 그림 10.4의 예제에서는 각 물품들의 중량이 서로 독립이라고 가정해도 큰 무리가 없는 반면, 그림 10.5의 예제에서 각 고객의 대기 시간은 높은 상관관계를 갖는다. 이 같은 차이는 분석 대상 시스템의 특성에서 기인하며, 특히, 대기가 발생하는 시스템의 경우에는 각 고객들이 서로 높은 상관관계를 갖는다는 점에 유의할 필요가 있다. 어떤 고객이 오랜 대기 시간을 경험한 경우, 그 전 고객이나 그 다음 고객 역시 오랜 대기 시간을 경험했을 가능성이 크다는 의미이다. 모형을 1회 실행하여 얻은 평균 대기 시간을 분석 대상 시스템의 평균 대기 시간에 대한 추정치로 사용하면 안 되는 두 번째 이유는 앞의 그림 10.3에서 살펴보았듯이, 모형을 실행할 때마다 시스템의 행태나 성능 평가지표의 값들이 크게 달라질 수 있기 때문이다. 앞에서 우리는 M/M/1 대기행렬 시스템에 대한 1,000분(약 1,000명의 고객들이 시스템을 방문했을 시간) 동안의 시뮬레이션을 2회 반복했을 때, 각 반복의 평균 대기 시간이 9.6분, 4.2분으로 크게 달라진다는 점을 보았다.

시뮬레이션을 이용하여 모집단의 모수값을 추정할 때는 모형을 여러 번 실행(즉, 여러 번 반복)해보아야 하며, 이 점은 그림 10.5에도 나타나 있다. 예를 들어, i번째 반복의 j번째 고객이 경험한 대기 시간을 X_{ij}, i번째 반복에서 관찰된 고객 $X_{i1}, X_{i2}, X_{i3}, \cdots$ 의 평균 대기 시간을 $\bar{X}_i$라 하자. 중요한 사실은, 이 $\bar{X}_i$들이 1,000분 동안 도착하는 고객들이 경험하는 평균 대기 시간에 대한 표본값이라는 점이다.

$$\begin{array}{llllll} X_{11}, & X_{12}, & X_{13}, & \cdots & X_{1m_1} & \rightarrow \bar{X}_1 \\ X_{21}, & X_{22}, & X_{23}, & \cdots & X_{2m_2} & \rightarrow \bar{X}_2 \\ \cdots \\ X_{n1}, & X_{n2}, & X_{n3}, & \cdots & X_{nm_n} & \rightarrow \bar{X}_n \end{array}$$

그림 10.5에서는 M/M/1 대기행렬 시스템에 대한 시뮬레이션 모형의 실행을 4회 반복하여, 4개의 서로 독립적인 표본값들, 즉, $\bar{X}_1, \bar{X}_2, \bar{X}_3, \bar{X}_4$가 얻어졌다. 이 중, $\bar{X}_1$과 $\bar{X}_2$는 그림 10.3에 나왔던 값들이며, 4개 표본값들의 평균은 8.65분이다. 따라서, 1,000분 동안의 시뮬레이션을 4회 반복한 결과가 그림 10.5와 같은 경우에는 평균 대기 시간을 8.65분으로 추정하게 될 것이다.

각 반복에서 개별 고객들이 경험하는 대기 시간들이 일반적으로 서로 무관하지 않은 반면, 각 반복 별 평균 대기 시간, 즉, $\bar{X}_i$들은 서로 독립적이어야 한다는 점에 유의하여라. 따라서, 모형의 실행을 여러 번 반복하는 경우, 이산 사건 시뮬레이션 소프트웨어들은 각 반복에서 서로 다른 난수값들을 사용한다. 대부분의 통계 기법들이 표본값들의 독립성을 가정한다는 점에서 이는 매우 중요한 기능이다.

모수의 값을 추정하는데 시뮬레이션을 이용하는 이유는, 정확한 모수값을 모르기 때문이며, 모수의 값이 정확히 알려져 있다면, 처음부터 값을 추정할 필요도 없을 것이다. 다만, 이 예제에서 다루는 M/M/1 대기행렬 시스템의 경우에는 2장에서 소개한 계산식을 이용하여 정확한 평균 대기 시간 W_q가 8.1분임을 알 수 있고, 이 값은 앞에서 4회 반복을 통해 얻은 추정치 8.65분과 꽤 비슷하다. 하지만, 다음과 같은 점들을 감안할 때, 이는 우연일 뿐이다: (1) 표본의 크기(4개)가 너무 작아 추정치를 신뢰하기가 어렵다. (2) 시뮬레이션 모형의 1회 실행 시간은 1,000분(약 1,000명의 고객이 도착할 시간)으로 제한되어 있지만, 대기행렬 이론에서는 시스템이 매우 오랜 시간 동안 운영되는 것으로 가정한다. (3) 대기행렬 이론에서는 분석 대상 시스템이 안정 상태에서 작동하는 것으로 가정하는데, 그림 10.3의 그래프를 보면, 시뮬레이션 모형이 안정 상태에 진입했다고 보기 어렵다. 안정 상태에 대해서는 이 장의 뒤 쪽에서 좀 더 자세히 설명할 것이다.

이제 "그렇다면 시뮬레이션을 이용하여 시스템의 성능 평가지표에 대한 정확한 추정치를 얻는 것이 가능하긴 한가?"라는 의문이 생길 것이다. 일반적으로는 모수의 정확한 값을 알 수가 없기 때문에, 이 질문에 예 또는 아니오라고 답하기는 어렵다. 단, 추정치가 얼마나 정밀한지를 가늠해보는 것은 가능하다. 평균은 통계학에서 말하는 점 추정치(point estimate)에 해당하며, 이의 정밀도를 따져보기 위해서는 구간 추정치(interval estimate), 즉, 신뢰 구간(confidence interval)을 함께 구해보아야 한다. 나아가, 구간 추정치를 사용하면 "실제 평균값이 일정 범위 안에 있을 확률이 90%정도 된다"와 같은 결론을 내리는 것이 가능하다.

그림 10.6에는 앞에서 나온 M/M/1 대기행렬 시스템의 평균 대기 시간에 대한 점 추정치와 구간 추정치의 산출 과정이 나타나 있으며, 여기서 다음과 같은 점들을 볼 수 있다. (1) 추정할 모수는 평균 대기 시간이다. (2) 모형의 실행을 10회 반복(n=10)하였다. (3) 각 반복의 실행 시간은 1,000분이며, 이는 약 1,000명의 고객이 도착하는 시간에 해당한다.

각 반복에서 얻은 평균 대기 시간의 표본값들은 그림 좌측에 있는 표와 box-and-whisker plot에 정리되어 있으며, 이 값들은 4.0분에서 11.3분 사이의 범위에 분포하고 있다. 나아가, 표본값들의 평균은 7.6분인데, 이는 모수, 즉, 평균 대기 시간에 대한 점 추정치에 해당한다(평균 처리 시간이 0.9분인데도 평균 이용률이 90%에 달해 상대적으로 대기 시간이 긴 편이다).

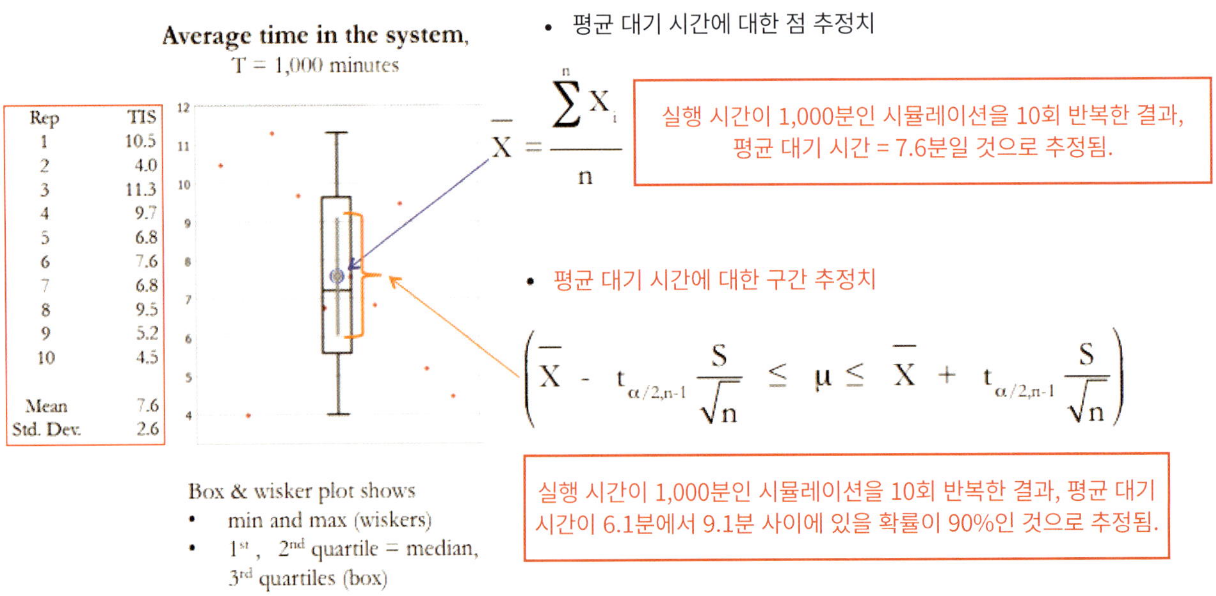

그림 10.6 : 점 추정과 구간 추정

구간 추정치, 즉, 신뢰 구간은 얼마나 정밀하게 추정이 이루어졌는지를 보여준다. 현재 그림 10.6에서는 모수의 값이 6.1분에서 9.1분 사이에 있을 확률이 90%인 것으로 추정하고 있으며, 여기서 신뢰 구간의 너비(신뢰 구간의 상한 – 신뢰 구간의 하한)이 좁을수록 정밀한 추정이 이루어진 것이다. 물론, 실제 모수값이 이 범위에 있지 않을 확률도 존재한다. 전체 모집단(n= N)에 대해 조사해 보지 않고, 일부 표본값들만 고려하는 경우에는 추정치가 틀릴 가능성도 언제나 존재한다는 점에 유의하여라.

아울러, 신뢰 구간의 너비는 다음과 같은 사항들에 영향을 받는다:

1. 신뢰 구간의 너비와 신뢰도는 정비례한다. 즉, 높은 신뢰도가 요구되는 경우에는 신뢰 구간의 너비도 넓어진다.

2. 신뢰 구간의 너비는 관측된 표본값들의 변동성과도 정비례한다. 표본값들의 변동은 아래와 같이 표본표준편차 S로 측정하며, 이 값이 클수록 신뢰 구간의 너비는 넓어지고, 추정의 정밀도는 떨어진다.

$$S = \sqrt{\frac{\sum_{i=1}^{n} \left(X_i - \bar{X}\right)^2}{n-1}}$$

3. 신뢰 구간의 너비는 표본의 크기, 즉, 반복 횟수 n과는 반비례 관계에 있다. 즉, n이 클수록 신뢰 구간의 너비는 좁아진다.

이산 사건 시뮬레이션을 통해 얻은 출력값들을 이용하여 의사결정을 내릴 때는 먼저, 이들에 대한 통계 분석을 적절히 실시하는 것이 중요하다. 또한, 합리적인 추론을 통해 타당한 결론을 이끌어내기 위해서는 시뮬레이션 모형을 반복적으로 실행해보아야 한다. 모형을 반복 실행하면, 신뢰 구간 형태로 각 출력값 또는 성능 평가 지표들의 일반적인 수준을 추정해 볼 수 있다. 다음 절에서는 모형의 반복 실행과 관련된 실험 계획을 수립하는 방법을 소개할 것이다. 나아가, 이 장의 나머지 부분과 다음 장에서는 계속해서 실험을 통해 얻어진 출력값들을 분석하는 방법에 대해 다루고자 한다.

Section 10-2 실험 계획 수립

앞에서 논의한 바와 같이, 시뮬레이션 모형은 분석과 실험에 사용되며, 실험을 어떤 식으로 실시할 것인지에 대한 계획은 시뮬레이션 프로젝트 수행 초기에 수립해두어야 한다. 실험 계획은 보통 다음과 같은 절차들을 통해 수립한다:

1. 실험 변수의 식별 및 정의:

   a. 성능 평가지표: 여러 대안들의 타당성을 평가하는 기준으로 사용될 값들을 의미하며, 모형의 출력값, 반응 변수, 종속 변수 및 통계량 등으로도 지칭함.

b. 의사결정 변수: 시스템의 특성을 변경하기 위해 분석자가 직접 조정할 수 있는 통제 가능한 입력값들을 의미하며, 독립 변수라고도 지칭함.

2. 시스템 유형 결정(유한 실행 시간 시스템 또는 무한 실행 시간 시스템)
3. 반복 횟수 결정
4. 시작 조건(초기 조건) 정의
5. 실행 시간(1회 반복에서 모형이 실행되는 시간) 정의

아래에서 각각에 대해 좀 더 상세히 살펴보도록 하자.

실험 변수 (experimentation variable)

성능 평가지표, 즉, 출력값의 종류는 반드시 시뮬레이션 프로젝트 수행 초기에 명확히 정의하여, 분석 목적에 부합하는 모형이 작성될 수 있도록 하여야 한다. 대부분의 시뮬레이션 소프트웨어에는 널리 사용되는 성능 평가지표들의 값을 자동으로 집계해주는 기능이 포함되어 있으며, 이러한 지표들의 예로는 흐름량이나 특정 위치에서의 평균 대기 시간 등을 들 수 있다. 따라서, 이 같은 표준 지표들만으로도 당면한 문제를 해결하거나 의사결정을 내리는 것이 가능한 경우에는 필요한 모형을 작성하기가 그리 어렵지 않을 것이다.

다양한 개선안들의 타당성을 비교하기 위해 소프트웨어가 지원하는 표준 지표 이외의 성능 평가지표들을 사용해야 하는 경우에는, 소스 코드, 즉 스크립트를 어느 정도 작성해야 한다. 예를 들어, 납기 준수가 중요한 생산 현장에서 품목들 간의 우선 순위 차이 또는 품질 문제 등으로 인해 납기 지연이 빈번하게 발생하는 경우라면, 각 품목들의 납기와 관련된 성능 평가지표들의 값을 집계해야 하는데, 이는 일반적인 시뮬레이션 소프트웨어에 내장되어 있지 않기 때문에 별도로 산출 방법을 정하여 모형에 반영해야 한다. 즉, 실제 모형을 작성할 때 별도의 성능 평가지표들의 값을 집계하는데 필요한 스크립트를 작성해야 할 것이다.

또한, 모형을 작성할 때는 통제 가능한 입력값, 즉, 의사결정 변수들을 쉽게 변경할 수 있도록 하는 것도 중요하다. 입력값을 설정하거나 변경할 때는 시뮬레이션 소프트웨어에 포함된 GUI를 이용하거나, 경우에 따라서는 외부의 스프레드시트 파일 또는 데이터베이스 등을 이용할 수도 있는데, 어느 쪽이든, 모형을 작성할 때 데이터 입출력과 관련된 기능을 구현해두어야 한다는 점은 같다.

시스템 유형

시뮬레이션 프로젝트 수행 초기에 결정해야 할 또 다른 사항으로는 시스템 유형(유한 실행 시간 시스템 또는 무한 실행 시간 시스템)을 들 수 있다. 시스템 유형은 모형에 직접적으로 반영되는 것은 아니지만, 실험과 분석을 수행하는 방법에는 많은 영향을 준다. 단, 이 절에서는 시스템 유형과 관련된 용어들의 의미 및 유한 실행 시간 시스템과 무한 실행 시간 시스템의 차이점 정도만을 설명하고, 시스템 유형이 구체적으로 실험과 분석에 어떤 영향을 주는지에 대해서는 추후에 좀 더 자세히 살펴보기로 하자.

유한 실행 시간 시스템이란 모형 실행의 시작 시점과 종료 시점이 모두 명시되어 있는 시스템을 말한다. 시

작 시점과 종료 시점 사이의 시간은 분석 대상 기간에 해당하며, 이 기간이 경과하는 동안 명시된 성능 평가지표의 집계가 진행될 것이다. 통상적으로, 시작 시점과 종료 시점은 특수한 사건이 발생하는 시각을 의미하는 경우가 많다. 예를 들어, 병원에서 환자들의 대기 시간을 분석할 때는 진료 시작 시각과 접수 마감 시각이 각각 시작 시점 및 종료 시점에 해당할 가능성이 크다. 식당에서 손님들이 몰리는 점심 시간대의 고객 대기 시간을 분석하고자 하는 경우라면 12시 전후의 약 2.5시간 정도를 분석 대상 기간으로 정할 수도 있을 것이다. 경우에 따라서는 종료 시점을 정할 때, 시간과 시스템의 상태를 함께 고려해야 할 수도 있으며, 이러한 예로는 병원에서 접수 마감 시간이 지난 후 처음으로 시스템의 유휴 상태가 시작된 시각을 종료 시점으로 정하는 것 등을 들 수 있다. 접수 마감 시각 이후에도 마지막 환자가 이탈할 때까지는 병원 문을 닫지 않을 것이기 때문이다. 이 같은 경우에는 종료 시점이 확률 변수에 해당하며, 필요하다면, 시뮬레이션을 이용하여 특정 시각(예: 오후 6시)에 병원 문을 닫기 위해서는 접수 마감 시간을 언제로 설정해야 하는지를 알아볼 수도 있을 것이다. 물론, 이와 같은 방식으로 접수 마감 시간을 정했다 하더라도, 병원 문을 닫을 시각이 되었을 때 일부 고객이 여전히 병원 안에 남아 있을 가능성을 완전히 배제할 수는 없다.

그림 10.7은 앞에서 나왔던 M/M/1 시스템(도착 간격과 처리 시간이 각각 평균이 1.0분, 0.9분인 지수 분포를 따르는 경우)의 체류 고객 수 변화 추이를 보여준다. 다만, 여기서는 480분(8시간)이 경과한 이후에는 더 이상 고객이 도착하지 않으며, 그렇다 하더라도 마지막 고객이 이탈할 때까지는 시스템이 운영되어야 한다. 이 그림 위쪽의 그래프에서는 488분이 경과한 시점에 마지막 고객이 이탈한 반면, 아래쪽 그래프에서는 510분에 시스템의 운영이 종료되었다. 즉, 아래쪽 그래프에서는 고객의 도착이 중단된 이후에도 30분 동안 시스템이 계속 운영되었다.

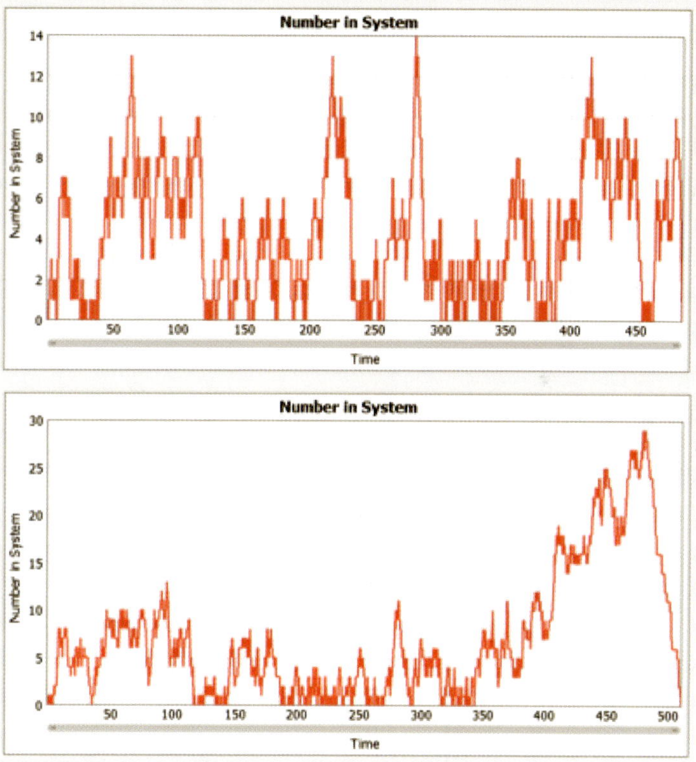

그림 10.7 : 유한 실행 시간 시스템의 예 (480분에 고객 도착 중단)

일반적으로, 유한 실행 시간 시스템은 종료 시점이 도래해도 안정 상태에 진입하지 못 하는 경우가 많다. 안정 상태란, 성능 평가지표들의 값이 수렴하여 더 이상 크게 변하지 않는 상태를 말한다. 안정 상태에 진입한 이후에도 성능 평가지표들의 값이 약간씩은 변할 수도 있다는 점에 유의하여라. 다시 말해, 안정 상태가 되었어도 시간이 경과하면서 평균 대기 시간 같은 지표들의 값이 미세하게 변하기도 한다. 아울러, 앞에서 나온 예제들에서는 시스템이 안정 상태에 진입할 수 있을 정도로 모형을 충분히 오랫동안 실행시키지 않았었다. 대기행렬 이론을 사용하거나 또는 모형을 매우 오랫동안 실행시켜 산출한 안정 상태 성능 평가지표들을 유한 실행 시간 시스템에 적용하는 것은 매우 부적절한 일이다.

그림 10.8은 그림 10.7의 아래쪽 경우에 대한 평균 대기 시간 변화 추이를 보여준다(480분이 경과한 시점에 고객의 도착이 중단되지만, 마지막 고객의 이탈은 510분 경과 시점에 발생). 이 그래프를 보면 평균 대기 시간이 계속 큰 폭으로 변하고 있고, 특히 후반부로 갈수록 평균 대기 시간이 계속 증가하고 있어, 시스템이 안정 상태에 진입하지 못한 것으로 보인다. 또한, 2장에서 소개한 계산식을 적용해 보면, 안정 상태에 진입했을 때 이 M/M/1 시스템의 평균 대기 시간 W_q는 8.1분이 되어야 하는데, 그래프의 내용과 이 값에 상당한 차이가 존재한다는 점 역시 480분(약 480명의 고객이 도착했을 시간에 해당)이 경과한 시점에 안정 상태가 도래하지 않았다는 사실을 뒷받침한다.

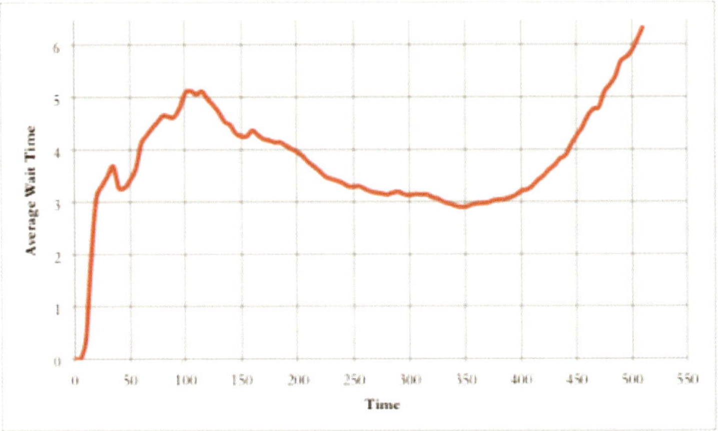

그림 10.8 : 평균 대기 시간의 변화 추이

무한 실행 시간 시스템이란, 그 이름에서 알 수 있듯이, 종료 시점이 따로 정해져 있지 않고, 매우 오랜 기간에 걸쳐 실행되는 시스템을 말한다. 그림 10.9에서 보듯이, 무한 실행 시간 시스템은 시간이 경과하면서 일시 상태를 거쳐 안정 상태에 접어들며, 무한 실행 시간 시스템을 분석할 때는 일반적으로 안정 상태 성능 평가지표들을 구하는데 초점을 맞춘다. 앞에서 설명한 것처럼 안정 상태에 진입한 이후에는 성능 평가지표들의 값이 크게 변하지 않으며, 이 점은 그림 10.9에도 나타나 있다. 이 그림 상단의 예열 시간은 뒤쪽에서 시뮬레이션 실행 시간을 다룰 때 함께 설명할 것이다.

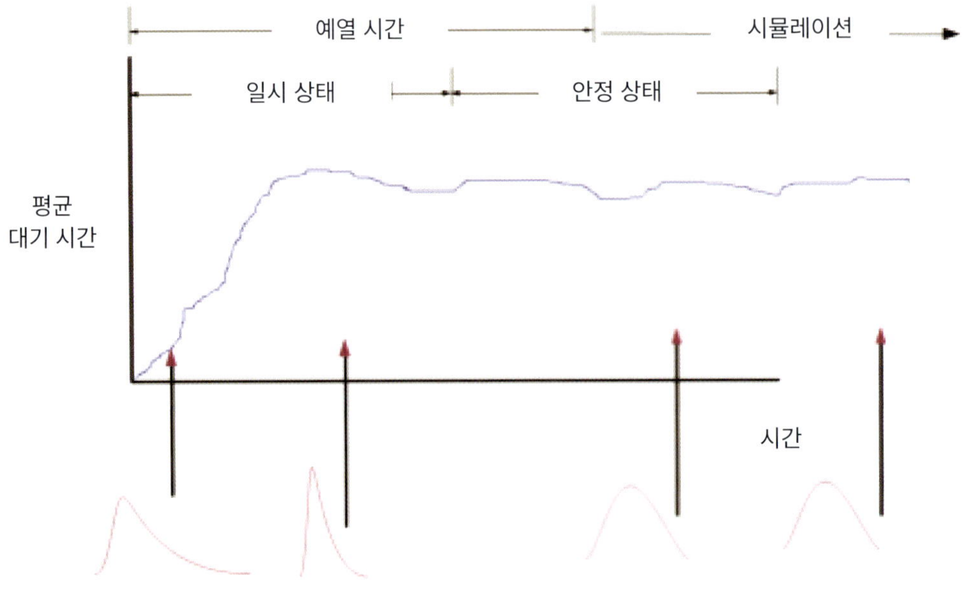

그림 10.9 : 무한 실행 시간 시스템에 대한 안정 상태 성능 평가지표 추정

반복 횟수

앞에서 설명한 것처럼, 한 가지 극단적인 사례를 기준으로 의사결정을 내리게 되는 일을 피하기 위해서는 모형을 여러 번 반복 실행한 후, 각 반복에서 얻어진 성능 평가지표 값들의 평균을 관찰해보아야 한다. 다시 말해, 성능 평가지표들의 값을 추정할 때는 일부 표본값들을 이용하여 전체 모집단의 모수값을 추정하는 것이 필요하다.

일반적으로 모집단의 모수값을 정확히 파악하기는 어렵지만, 반복 횟수를 늘릴수록 추정치의 정확도는 높아진다. 앞서 10-1절에서 논의한 바와 같이, 표본의 크기가 클수록 정밀한 추정이 가능해지기 때문이다. 하지만, 경우에 따라서는 많은 표본값을 얻기 위해 모형을 여러 번 반복 실행하는데 상당한 시간이나 비용이 투입되어야 할 수도 있다. 이 같은 경우에는 무턱대고 반복 횟수를 늘리기가 어렵다. 게다가, 비교해야 할 개선안의 수까지 많다면 더더욱 그러할 것이다.

모형 실행의 반복 횟수를 결정하고자 할 때는 그림 10.6에도 나왔던 아래와 같은 신뢰 구간 공식을 응용할 수 있다:

$$\left(\bar{X} - t_{\alpha/2,n-1}\frac{S}{\sqrt{n}} \;\le\; \mu \;\le\; \bar{X} + t_{\alpha/2,n-1}\frac{S}{\sqrt{n}}\right)$$

보통, 상기한 신뢰 구간의 상한과 하한을 구할 때는 먼저 신뢰 구간 너비의 절반, 즉, hw를 구한 다음, 이를 표본 평균 $\bar{x}_1$에 더하거나 빼서, 아래와 같은 관계가 성립하도록 한다.

$$P\left(\bar{x} - hw \;\le\; \mu \;\le\; \bar{x} + hw\right) = 1 - \alpha$$

따라서, 모집단 평균을 추정하는데 필요한 hw의 값은 아래와 같이 정해진다:

$$hw = \frac{\left(t_{\alpha/2,n-1}\right)S}{\sqrt{n}}$$

여기서, $t_{\alpha/2,n-1}$의 값은 부록(Appendix 10A) [2]의 t 분포표를 이용하여 결정할 수 있다.

hw의 값을 e로 만들고 싶은 경우에는, 위 방정식을 n에 대해 풀이하여야 하나, 우변의 분모와 분자가 모두 n을 포함하고 있으므로, t 분포를 표준 정규 분포로 근사하여, 반복 횟수 n을 아래와 같이 구하는 경우가 많다:

$$n = \left(\frac{z_{1-\alpha/2}\,S}{e}\right)^2$$

아울러, $z_{1-\alpha/2}$의 값은 Appendix 10B [3]의 표준 정규 분포표를 이용하여 결정하며, 상기한 식은 일반적으로 통계학에서 표본의 크기를 결정할 때 사용하는 공식과도 동일하다.

또한, 표본 표준 편차 S는 사전에 별도로 시뮬레이션 모형을 몇 번 실행하여 미리 구해놓아야 한다.

상기한 모형 실행 반복 횟수 결정 절차를 그림 10.6의 예제에 적용해보자. 먼저, 기존에 모형을 10번 실행한 것은 표본 표준 편차를 산출하기 위한 예비 분석에 해당하며, 현재 표본 표준 편차 S=2.6이다. 신뢰도 90%의 구간 추정치를 구한다고 가정하면, α=0.10이고, 이에 해당하는 표준 정규 분포 통계량을 이 장의 부록(Appendix

10A)에 수록된 표준 정규 분포표에서 찾아보면, $z_{0.95}$=1.645이다. 나아가, 신뢰 구간의 너비를 2로 하고 싶다고 가정하면, e=2/2=1에서, 반복 횟수 n을 아래와 같이 계산할 수 있다:

$$n = \left(\frac{(1.645)\,2.6}{1}\right)^2 = 18.29 \rightarrow 20$$

즉, 최소 19회 이상의 반복이 필요할 것이다. 다만, 반복 횟수의 값을 간단한 정수로 만들기 위해 여기서는 n을 20회로 정하였고, 25회나 30회로 결정해도 무방하다. 사실, 반복 횟수는 클수록 바람직하며, 그 이유는 (1) 표본 표준 편차를 구하기 위한 예비 분석의 반복 횟수가 다소 적었던 데다, (2) t 분포를 표준 정규 분포로 근사하였는데, 표본의 개수가 많을수록 이들 두 분포가 서로 유사해지기 때문이다.

신뢰 구간의 너비를 절반으로 줄여 1(e=0.5)로 하고 싶은 경우에는 반복 횟수가 최소 74회 이상이 되어야 한다는 점에 유의하여라. 다시 말해, 신뢰 구간의 너비를 절반으로 줄이기 위해서는 반복 횟수 n이 4배로 늘어야 하며, 반대로 반복 횟수를 줄이기 위해서는 신뢰 구간의 너비를 넓혀야 할 것이다.

경우에 따라서는 e를 구체적인 값이 아닌, 상대적인 비율로 표시하는 것이 편리할 수도 있다. 예를 들어, 신뢰 구간의 너비를 2(절대 오차)로 지정하기보다는 신뢰 구간의 상한과 하한이 각각 실제 모수의 ±5%(상대 오차)에 해당하는 값이 되도록 지정하는 것이 나을 수도 있다는 의미이다. 실제 모수값이 알려져 있지 않기 때문에, 이럴 때는 표본 평균과 상대 오차 re를 사용하여 e를 다음과 같이 설정한다:

$$e = \left(\frac{re}{(1-re)}\right)\bar{X}$$

앞의 예제에서는 표본 평균이 7.6이므로, 실제 모수값의 ±5%에 해당하는 구간 추정치가 필요하다고 가정하면, e=0.4가 되고, 아래와 같은 반복 횟수가 산출될 것이다:

$$n = \left(\frac{z_{1-\alpha/2}S}{\frac{re}{1-re}\bar{X}}\right)^2 = \left(\frac{1.645 \times 2.6}{\frac{0.05}{1-0.05} \times 7.6}\right)^2 = 114.33$$

만약, 여러 가지 성능 평가지표들의 값을 추정해야 하는 경우라면, 각각의 지표들을 기준으로 필요한 반복 횟수를 산출한 다음, 이들 중 가장 큰 값을 선택하여 실험을 수행하여야 한다.

반복 횟수와 관련된 중요한 사항들은 아래와 같이 요약할 수 있다:

- 시뮬레이션 모형은 n회 반복 실행해보아야 한다. n값을 결정하기 위해서는 (1) 표본 표준 편차(예비 분석을 통해 산출), (2) 신뢰 구간의 너비, (3) 신뢰도의 목표 수준이 사전에 명시되어야 한다.
- 모형을 n회 반복 실행한 후에는 이를 바탕으로 모수값에 대한 구간 추정치, 즉, 신뢰 구간을 얻을 수 있으며, 실제 모수값이 이 범위 안에 있을 확률, 즉, 신뢰도는 100(1-α)%이다. 신뢰 구간의 너비를 줄이기 위해서는 반복 횟수를 늘려야 한다.

시작 조건

별 다른 설정이 없으면, 보통 시스템이 "텅 빈" 상태, 즉, 시스템의 운영이 가능해졌으나, 아직까지 첫 번째 고객이 도착하지 않아 서버가 유휴 상태인 상황에서 시뮬레이션이 시작된다. 그러나, 경우에 따라서는 시뮬레이션 실행 시작 직후의 초기 시스템 상태를 별도로 명시해야 할 수도 있으며, 특히 실행 시간이 짧은 유한 실행 시간 시스템이라면 더더욱 그러하다. 예를 들어, 문을 열기도 전에 아침 일찍부터 문 앞에서 기다리는 환자들이 있는 병원, 또는 오전에 브런치를 제공하는 식당의 점심 시간대에 대한 분석을 할 때는 시작 조건을 적절히 설정해주어야 할 것이다. 시뮬레이션 시작 시점에 기다리던 고객들이 입장하거나, 시작 시점 이전부터 시스템이 가동 중인 경우에는 t=0 시점에 해당하는 체류 고객 수 및 시스템의 상태가 모형에 반영되어야 한다. 아울러, 시작 시점의 체류 고객 수는 확률 변수가 될 수도 있을 것이다.

그림 10.10은 시작 조건이 간단한 M/M/1 시스템(도착 간격과 처리 시간이 각각 평균이 1.0분, 0.9분인 지수분포를 따름)의 성능 평가지표에 어떤 영향을 주는지를 보여준다. 이 그림의 좌측과 우측은 각각 모형을 100분(약 100명의 고객이 도착했을 시간) 동안 실행하여 얻은 결과에 해당하는데, 좌측의 경우 시작 시점의 체류 고객 수가 0명인 반면, 우측은 시작 시점의 체류 고객 수가 10명이다. 나아가, 시작 시점의 체류 고객 수가 0명일 때는 처음에 시스템이 유휴 상태인 상황에서 시뮬레이션이 시작되는 반면, 그렇지 않을 때는 처음부터 시스템이 바쁜 상태인 것을 볼 수 있다. 그림 상단에 있는 대기행렬 길이의 변화 추이를 보면, 시작 조건에 따라 시스템의 행태가 달라진다는 점은 명확하다. 구체적으로는 시작 시점에 체류 고객 10명이 존재하는 경우 평균 대기행렬 길이 및

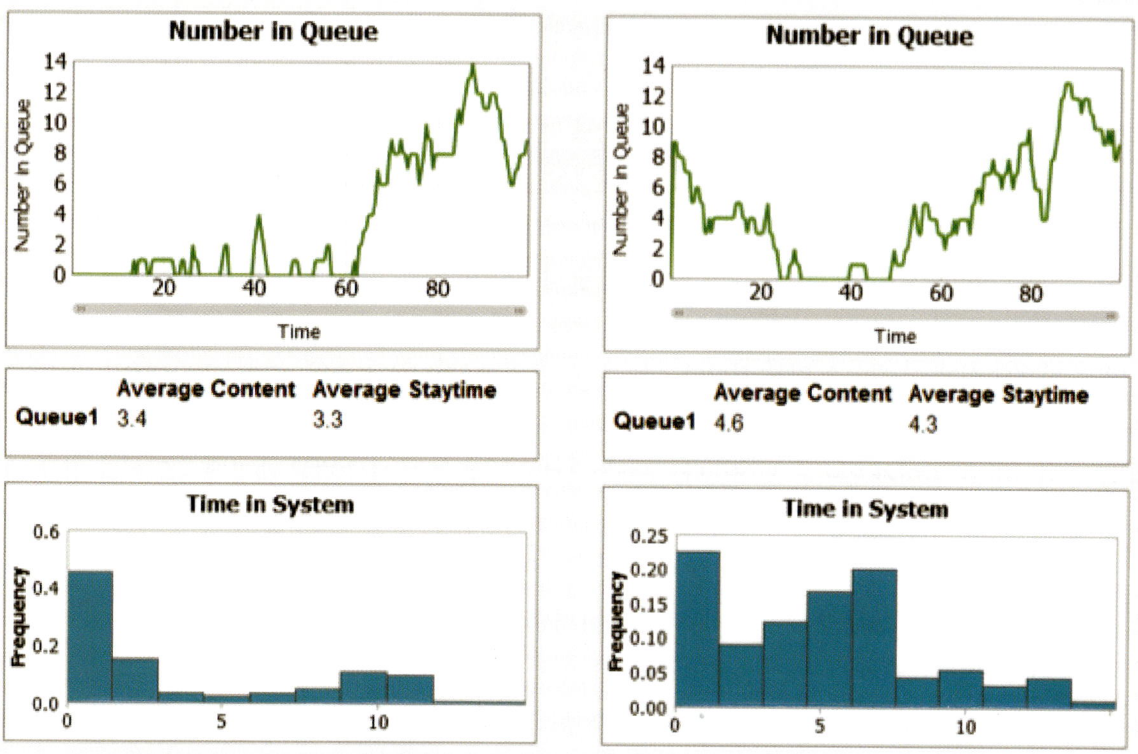

그림 10.10 : 실행 시간이 100분인 M/M/1 시스템의 시작 조건(좌측: 고객 0명, 우측: 고객 10명)

평균 대기 시간이 약 25% 정도 더 늘어나며, 그림 하단의 고객 체류 시간에도 많은 차이가 있는 것을 볼 수 있다. 물론, 여기서는 각각의 경우에 대한 시뮬레이션을 1번씩만 실행해보았다는 한계가 있긴 하지만, 그럼에도 불구하고, 시작 조건이 성능 평가지표에 영향을 준다는 점만은 틀림없는 사실이다.

시뮬레이션 실행 시간이 길어질수록 시작 조건이 성능 평가지표에 미치는 영향은 점점 작아진다. 하지만, 그렇다 하더라도 유한 실행 시간 시스템에 대한 분석을 할 때는 항상 시작 조건을 고려하는 것이 바람직하다. 반면, 모형을 오랫동안 실행하여 무한 실행 시간 시스템의 안정 상태 성능 평가지표를 구하고자 하는 경우에는 시작 조건이 출력값에 딱히 영향을 주지 않는다. 다만, 이 때는 시작 조건에 따라 안정 상태에 도달하는데 필요한 시간이 달라질 수 있다는 점을 염두에 두어야 하며, 이에 대해서는 아래에서 시뮬레이션 실행 시간과 함께 좀 더 자세히 살펴보기로 하자.

1회 반복의 실행 시간

시뮬레이션의 길이, 즉, 실행 시간을 정하는 방법은 시스템의 유형이 유한 실행 시간인지 아니면 무한 실행 시간인지에 따라 달라진다.

우선, 유한 실행 시간 시스템의 경우에는 실행 시간을 정하는 것이 어렵지 않다. 시스템의 운영이 끝나는 시각을 모형의 종료 시점으로 정하면 되기 때문이다. 시스템의 운영이 끝나는 시각의 예로는 병원의 접수 종료 시각, 식당의 점심 시간대가 끝나는 시각 등을 들 수 있으며, 경우에 따라서는 일정 시간 경과 이후 최초로 시스템이 텅 비는 시각과 같이 특수한 사건의 발생 시점에 시스템의 운영을 끝낼 수도 있을 것이다. 아울러, 대부분의 시뮬레이션 소프트웨어는 더 이상 처리할 사건이 없는 경우 그냥 모형의 실행이 중단된다는 점에 유의하여라.

유한 실행 시간 시스템과 달리, 무한 실행 시간 시스템의 실행 시간을 결정하는 것은 간단한 일이 아니다. 물론, 그 동안 다양한 방법들이 제안된 바 있으나, 대부분 실행 절차가 상당히 복잡할 뿐만 아니라, 그 중 어느 것도 완벽한 방법이라고 하기는 어렵다. 따라서, 앞으로 더 나은 방법이 개발될 수도 있겠으나, 현재로서는 그림 10.8이나 그림 10.9와 같은 그래프들을 반복적으로 생성해보면서 무한 실행 시간 시스템의 실행 시간을 결정하는 것을 권장한다. 무한 실행 시간 시스템의 1회 반복 실행 시간을 결정하는 방법에 대해 좀 더 자세히 알고 싶은 경우에는 Cheng [1], Law [4], Robinson [5] 등을 참조하여라.

매우 긴 시간 동안 실행되는 모형이라 하더라도 반복 실행이 필요하다는 점에는 변함이 없다. 그림 10.11을 보면 그 이유를 쉽게 이해할 수 있을 것이다. 이 그림은 동일한 M/M/1 시스템에 대한 100,000분(약 100,000명의 고객이 도착했을 시간) 동안의 시뮬레이션을 2회 반복했을 때에도, 각 반복에서 얻어지는 성능 평가지표들의 값에 여전히 큰 차이가 있음을 보여준다. 구체적으로는 좌측 반복에서 평균 대기행렬 길이와 평균 대기 시간이 각각 8.7명, 8.7분인 반면, 우측 반복의 경우, 평균 대기행렬 길이가 7.8명, 평균 대기 시간은 7.8분이다. 참고로, 2장에서 소개한 M/M/1 시스템 성능 평가지표 계산식을 이용하면, 안정 상태에 진입했을 때, 이 시스템의 평균 대기행렬 길이 및 평균 대기 시간은 각각 8.1명, 8.1분이 되어야 한다.

개별 성능 평가지표들의 값이 안정 상태로 접어들었는지를 판단하고자 할 때는 해당 지표의 시계열 그래프를 이용하는 것이 좋다. 예를 들어, 그림 10.12는 간단한 M/M/1 시스템에 대한 시뮬레이션 모형을 4회 반복 실행한 후, 각 반복의 평균 체류 시간 변화 추이를 시계열 그래프로 나타낸 결과를 보여준다. 참고로, 각 반복의

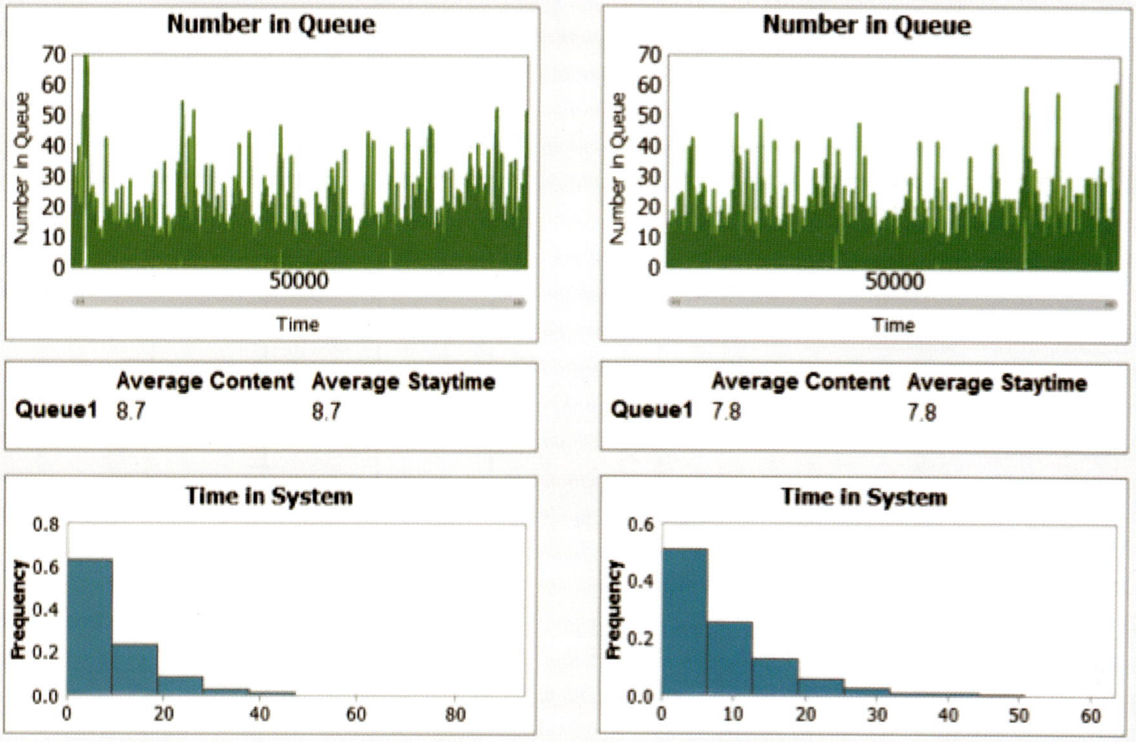

그림 10.11 : M/M/1 시스템에 대한 모형을 2회 반복 실행한 결과(1회 실행 시간=100,000분)

실행 시간은 50,000분(약 50,000명의 고객이 도착했을 시간)이며, 시작 시점의 체류 고객 수는 모두 0명이었다. 아울러, 각 그래프의 세로축 범위가 모두 다르기는 하지만, 모든 반복에서 시간의 경과와 함께 평균 체류 시간도 지속적으로 변화하는 것을 볼 수 있다. 안정 상태 성능 평가지표 값을 추정하는데 필요한 실행 시간을 결정하고자 할 때는 기본적으로 이 같은 시계열 그래프에서 성능 평가지표 값의 변동이 작아지는 시점을 찾아야 한다. 여기서는 이를 위해 각 그래프에서 경과 시간이 20,000분, 30,000분 및 40,000분인 시점들에 해당하는 위치에 수직으로 점선을 그어놓고, 각 시점의 평균 체류 시간 ±1분에 해당하는 오차 범위를 별도로 표시하였다. 만약, 이 같은 오차 범위들이 비슷한 수준에서 형성된다면, 안정 상태에 접어든 것으로 판단해도 큰 문제가 없을 것이다. 물론, 같은 그래프를 놓고 사람마다 서로 다른 판단을 내릴 수도 있겠지만, 여기서는 일단 20,000분 정도의 실행 시간이 경과한 이후에는 오차 범위가 크게 변하지 않는 것으로 보인다. 따라서, 안정 상태의 평균 체류 시간을 추정하기 위해서는 실행 시간이 최소 20,000분 이상이어야 한다는 결론을 내릴 수 있을 것이다.

한편, 지금까지 이 장에서 출력값 분석에 대해 설명하면서, 실행 시간의 길이는 주로 시간 단위(예: 분)로 나타내었으나, 이와 함께 괄호 안에 해당 시간 동안 대략 몇 명 정도의 고객이 도착하는지를 함께 명시한 경우가 많았다. 이는 안정 상태가 보통 충분히 긴 시간의 경과 이후가 아닌, 충분히 많은 고객의 도착 이후에 도래하는 경우가 많기 때문이다.

아울러, 그림 10.12의 그래프 각각에 수평으로 그어진 짧은 점선들은 2장에서 소개한 계산식을 이용하여 구한 M/M/1 시스템의 안정 상태 평균 체류 시간 W=0.9분을 의미한다. 물론, 실제 시뮬레이션 프로젝트에서는 이처럼 실제 평균값을 알 수 있는 경우가 많지 않다.

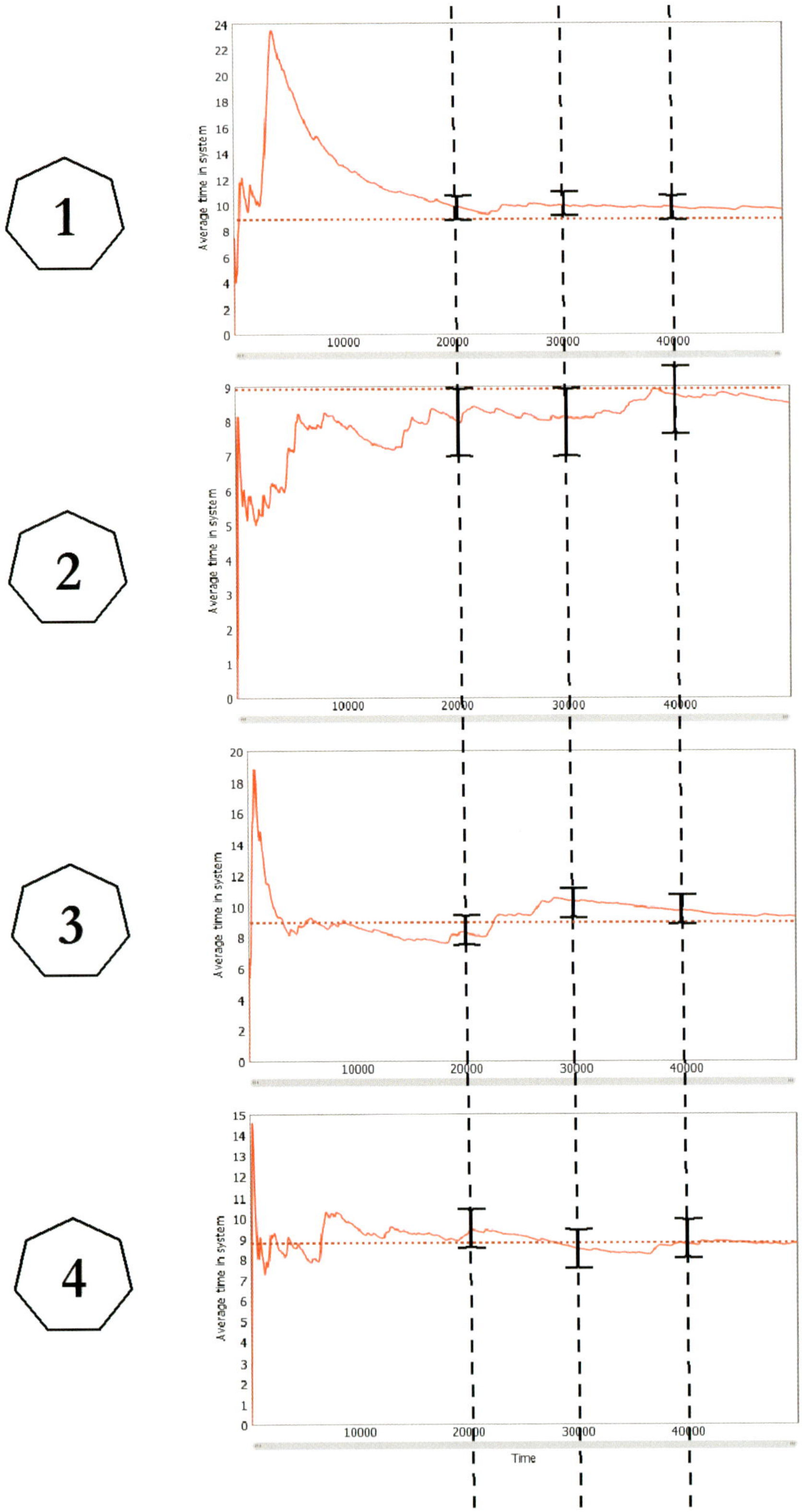

그림 10.12 : M/M/1 시스템의 평균 체류 시간 변화 추이를 4회 관찰한 결과(1회 실행 시간=50,000분)

그림 10.9에서도 보았지만, 시스템이 안정 상태에 도달하기 위해서는 그 전에 일시 상태를 거쳐야 하며, 일시 상태일 때의 성능 평가지표 값은 시작 조건이나 실행 초기의 진행 경과에 많은 영향을 받는다. 이러한 영향을 제거하는 한 가지 방법은 실행 초기의 일부 관측치들을 제거하고, 이후 관측치들만을 이용하여 성능 평가지표를 계산하는 것이다. 초기 관측치들의 경우 당연히 안정 상태가 아닐 때 발생하였을 것이기 때문이며, 이처럼 그 동안의 관측치들이 성능 평가지표 계산에서 배제되는 초기 기간을 예열 기간(warmup time)이라 부른다.

예열 기간이 설정된 경우에는, 예열 기간의 종료 시점이 도래했을 때, 모든 통계량들의 값을 초기화한 후, 예열 기간의 종료 시점부터 시뮬레이션 모형의 실행 종료 시점까지에 해당하는 관측치들만으로 출력값들을 계산하게 된다. 예열 시간의 종료 시점이 되었을 때, 모형의 상태나 체류 고객 수 등은 그대로 둔 채로 통계량들의 값만 초기화된다는 점에 유의하여라. 나아가, 대부분의 시뮬레이션 소프트웨어에는 예열 기간을 설정하는 데 필요한 기능이 포함되어 있으며, 보통 예열 기간의 길이만 명시하면, 소프트웨어가 통계량들의 초기화나 예열 기간 종료 이후의 관측치들만을 이용하여 성능 평가지표들을 산출하는 등의 세부적인 부분들을 모두 자동으로 처리해 준다. 다만, 소프트웨어에서 기본적으로 지원하는 표준 지표들에 대해서는 이 같은 예열과 관련된 처리가 자동으로 이루어지는 것과 달리, 스크립트를 이용하여 모형 작성자가 별도로 사용자 정의 성능 평가지표들을 추가한 경우에는 예열 기간을 직접 스크립트에 반영해주어야 한다.

예열 기간을 적용하고자 할 때, 문제가 되는 것은 삭제 대상인 초기 관측치들의 수(즉, 예열 기간을 얼마나 길게 해야 하는지)와 예열 기간이 끝난 이후의 데이터 수집 기간 길이를 정하는 것이다. 다만, 앞에서 설명했던 무한 실행 시간 시스템의 실행 시간과 마찬가지로, 예열 기간이나 이후의 데이터 수집 기간의 길이를 정하는데 일반적으로 사용되는 방법은 존재하지 않으며, 그 동안 제안되었던 방법들은 대부분 매우 복잡하다. 다양한 연구자들이 제안한 예열 기간 및 데이터 수집 기간 길이 결정 방법에 대해 보다 자세히 알고 싶은 경우에는 Law [4]를 참조하여라.

현실적으로는 모형을 여러 번 반복 실행해보면서 예열 기간 및 데이터 수집 기간의 적절한 길이를 정하는 것이 효과적이다. 지금까지 이 장에서 살펴보았던 간단한 M/M/1 시스템에 이 같은 접근법을 적용해보기로 하자. 그림 10.13과 그림 10.14에는 M/M/1 시스템의 대기행렬 길이 및 평균 체류 시간의 변화 추이가 나타나 있으며, 이 중 그림 10.13은 실행 시간과 예열 기간을 각각 20,000분, 5,000분으로 하여 모형을 2회 반복 실행한 결과를 보여준다. 다시 말해, 이 그림에서는 데이터 수집 기간의 길이가 15,000분이다. 한편, 그림 10.14는 실행 시간과 예열 기간을 각각 10,000분, 1,000분으로 설정한 채로 모형을 2회 반복 실행한 결과를 보여주며, 여기서는 데이터 수집 기간의 길이가 9,000분이다. 아울러, 각 그래프의 세로축 범위에 약간씩의 차이가 있다는 점에 유의하여라.

시뮬레이션 모형의 실행 시간을 정할 때는 시뮬레이션 시간의 경과 방식에 대해서도 반드시 생각을 해보아야 한다. 만약, 분석 대상 시스템이 상시적으로 가동된다면(즉, 하루에 24시간씩 일주일 내내 가동된다면), 그림 10.15의 상단에 있는 시스템 A의 경우처럼 실제 시간과 시뮬레이션 시간의 경과 방식이 동일할 것이며, 이러한 시스템의 예로는, 근로자들은 출근과 퇴근을 반복하나, 기계나 설비들이 상시적으로 가동되는 생산 현장 등을 들 수 있다. 아울러, 이 같은 경우에는 만약 실제 시간 기준으로 2일 동안의 시뮬레이션이 필요하다면 실행 시간도 2일, 즉, 48시간이 되어야 할 것이다.

반면, 그림 10.15의 시스템 B는 하루에 8시간씩만 운영되는 시스템을 의미한다. 즉, 이 경우에는 8시간의 하

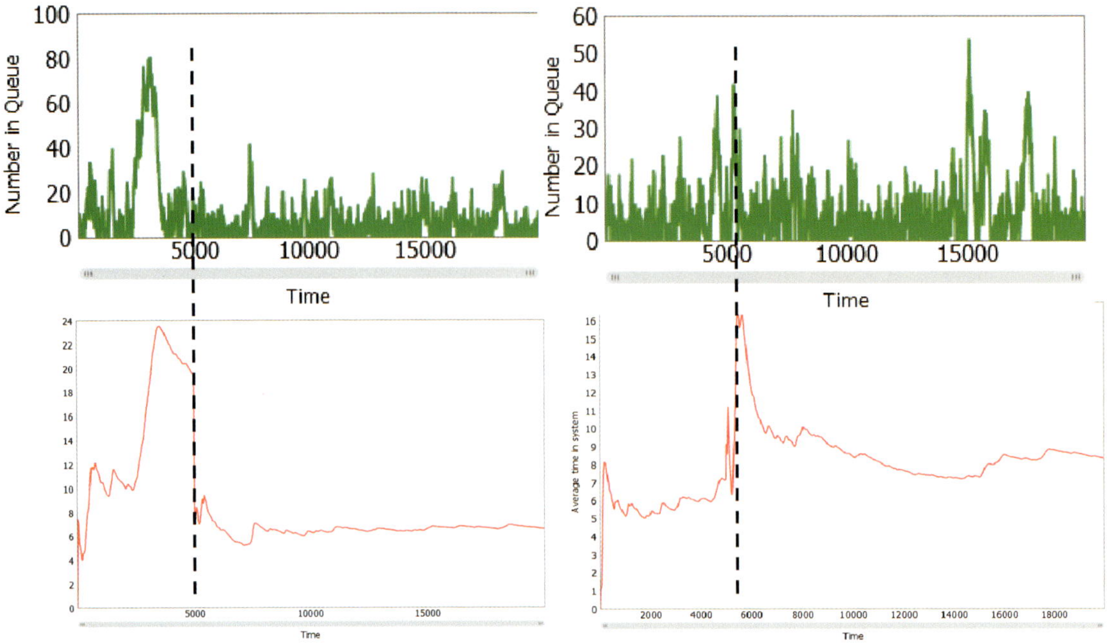

그림 10.13 : M/M/1 시스템에 대한 모형을 2회 반복 실행한 결과(1회 실행 시간=20,000분, 예열 기간=5,000분)

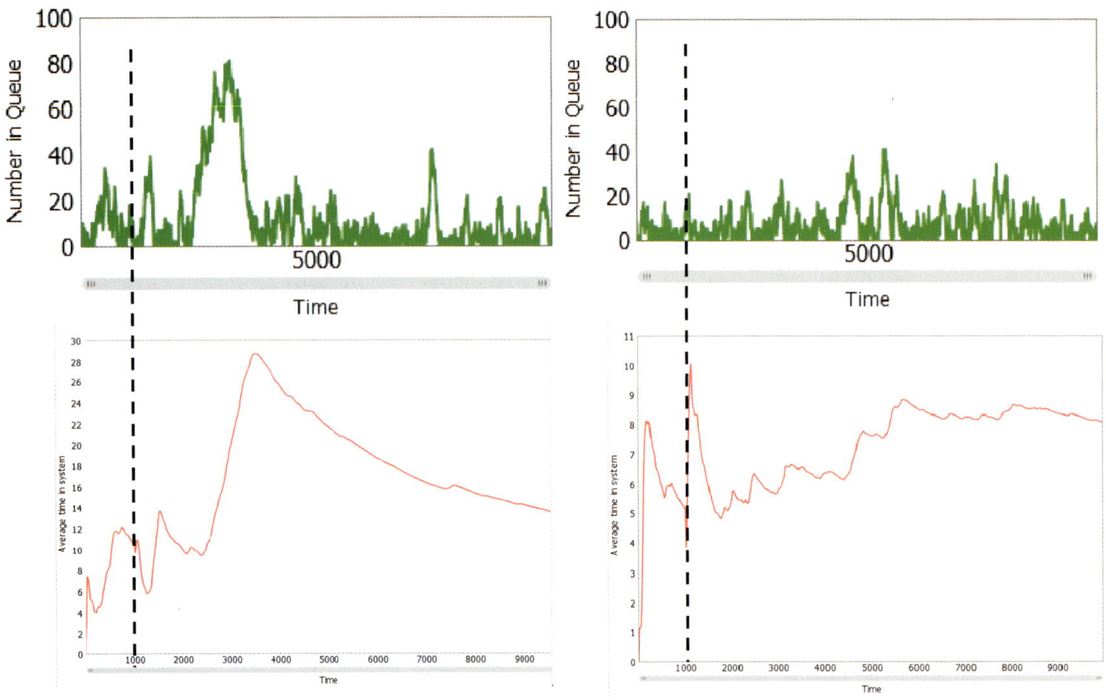

그림 10.14 : M/M/1 시스템에 대한 모형을 2회 반복 실행한 결과(1회 실행 시간=10,000분, 예열 기간=1,000분)

루 일과가 끝나면 시스템의 운영이 종료되고, 다음 날 아침에 다시 일과가 시작된다. 보통, 시스템이 운영되지 않는 시간에 대해 시뮬레이션을 해볼 필요는 없으므로, 이럴 때는 일과 시간들에 대해서만 연속적으로 시뮬레이션을 진행해도 무방하다. 다시 말해, 시스템 B의 경우에는 시뮬레이션 시간의 8시간 경과가 실제 시간의 24시간 경과에 해당하며, 만약 실제 시간 기준으로 2일 동안의 시뮬레이션이 필요하다면 실행 시간을 8×2=16시간으로 설정해야 할 것이다.

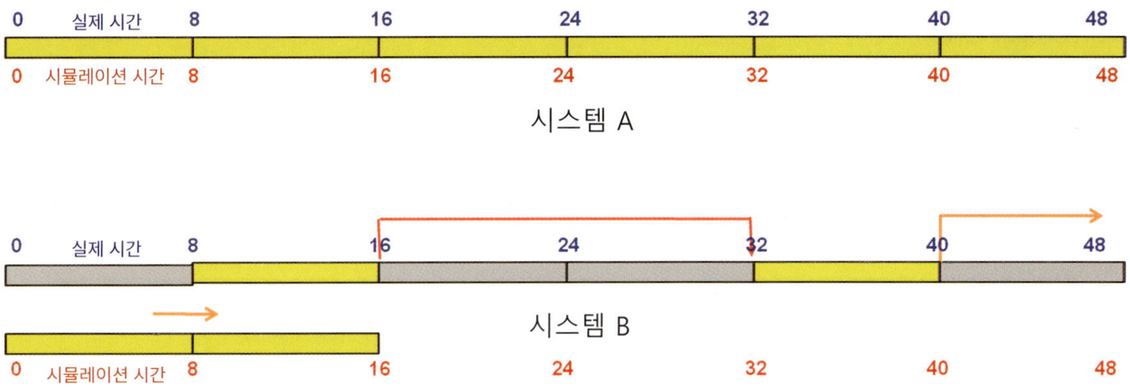

그림 10.15 : 유한 실행 시간 시스템의 시간 경과 방식

Section 10-3 *Flexsim* Experimenter를 이용한 실험 생성

일반적으로 시뮬레이션 프로젝트에서 실험은 그림 10.16과 같이 구성된다. 이를 보면, 실험은 여러 가지 시나리오들로 구성되며, 각각의 시나리오에 대해 여러 차례의 반복이 이루어져야 한다. 나아가, 반복이란 특정 실험 조건 하에서 지정된 시간 동안 시뮬레이션 모형을 한 번 실행하여 성능 평가지표들의 값을 측정하는 과정이며, 여기서 말하는 특정 실험 조건이 바로 시나리오이다. 시나리오를 정의할 때는 통제 가능한 입력값, 즉, 의사결정 변수들의 구체적인 값을 명시하여야 한다. 또한, 여러 개의 시나리오를 정의하는 경우에는 각각이 갖는 의사결정 변수들의 값을 조금씩 달리해주어야 하며, 각각의 시나리오에 대해 여러 번의 반복을 실행하여야 한다. 이상의 내용을 종합해보면, 한 번의 실험을 수행할 때, 다양한 시나리오 각각에 대한 여러 차례의 반복이 일괄적으로 실행되어야 할 것이다. 이 장에서는 먼저 단일 시나리오 실험을 수행하는 방법을 소개할 것이며, 다중 시나리오 실험을 수행하는 방법은 다음 장에서 살펴보기로 하자.

그림 10.16 : 시뮬레이션 실험의 일반적인 구성

이 책에 나오는 모형들은 모두 *FlexSim*을 이용하여 작성한 것들이다. 따라서, 특별한 일이 없는 한은 실험도 *FlexSim*의 Experimenter 기능을 이용하여 수행할 것이다. Experimenter 기능을 이용하고 싶은 경우에는 *FlexSim* 메인 화면 상단의 메뉴에서 Statistics ➡ Experimenter 항목을 선택하면 된다. 그러면, 화면에 Simulation Experiment Control 대화 상자가 생성되며, 그림 10.17은 이 대화 상자의 Experiment Run 탭을 보여준다. 아울러, Experiment 기능을 활용하기 위해서는 각 탭에서 아래와 같이 필요한 사항들을 설정하여야 한다:

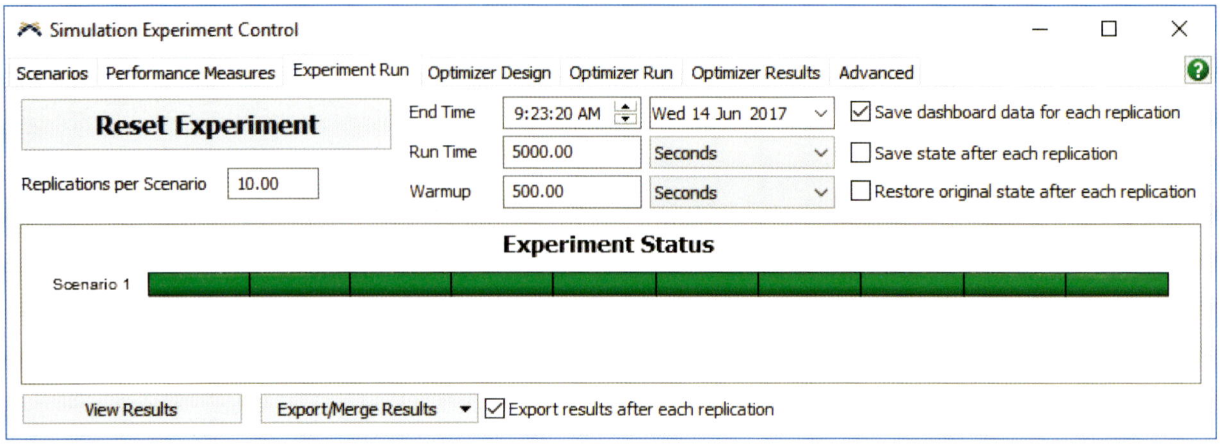

그림 10.17 : *Flexsim*의 Simulation Experiment Control 대화 상자

- Scenarios 탭: 여러 가지 실험 조건들을 명시한다. 단, 이 장에서는 단일 시나리오만 고려할 것이기 때문에, 이 탭의 사용법에 대해서는 다음 장에서 좀 더 구체적으로 설명할 것이다.
- Performance Measures 탭: 각 시나리오들의 성능을 비교하는 기준으로 사용할 성능 평가지표들을 명시한다.
- Experiment Run 탭: 실행 시간 및 반복 횟수를 명시한다. 예열 기간을 사용하는 경우에는 예열 기간의 길이를 명시할 수도 있다.
- Optimizer Design, Optimizer Run, Optimizer Results 탭: 특정 성능 평가지표값을 최대화 또는 최소화하는 최적의 시나리오를 찾을 때 사용한다. 단, 이들의 경우, 별도의 모듈을 구매해야 사용할 수 있기 때문에, 이 책에서는 다루지 않는다.
- Advanced 탭: 필요한 경우, 시나리오나 반복과 관련된 부가적인 로직을 명시한다.

Performance Measures 탭에서는 시뮬레이션 모형의 출력값이 될 성능 평가지표들의 종류를 명시한다. 구체적으로는 이 탭의 좌측에서 [+] 버튼을 클릭하여 새로운 성능 평가지표를 추가한 후, 오른쪽에서 각 성능 평가지표의 이름이나 내용을 설정하는데, 성능 평가지표의 내용을 설정할 때는 드롭다운 목록에서 특정 개체에 대한 표준 지표(평균 대기행렬 길이, 평균 대기 시간, 이용률 등)나 특정 개체가 가진 label, global table에 포함된 값 등을 선택할 수 있다. 나아가, 복잡한 알고리즘을 이용하여 특수한 성능 평가지표를 측정해야 하는 경우에는 관련 스크립트를 직접 작성할 수도 있는데, 이에 대해서는 13장과 14장에서 설명할 것이다.

그림 10.17에서 볼 수 있는 Experiment Run 탭에서는 기본적으로 반복 횟수(Replications per Scenario)와 1회 반복의 실행 시간(Run Time)을 명시하며, 경우에 따라서는 예열 기간의 길이(Warmup)를 함께 명시할 수도 있다. 현재 이 그림에서는 반복 횟수가 10회, 실행 시간은 5,000분, 예열기간의 길이가 500분으로 설정되었는데, 이는 모형의 실행을 시작한 이후 처음 500분 동안의 관측치는 제외하고, 이후 4,500분 동안의 관측치를 이용하여 성능 평가지표들의 값을 집계한다는 것을 의미한다.

상기한 사항들을 명시한 이후 Run Experiment 버튼을 클릭하면 실험이 수행되고, 그 결과, 각 시나리오에 대해 명시된 성능 평가지표들의 값이 반복 회차별로 집계된다. 아울러, 이 때 Experiment Run 탭 하단의 상태 표시줄에는 실험 진행 상태(Experiment Status)가 가로 막대 그래프 형태로 표시되는데, 한 번의 반복이 완료될 때마다 이에 해당하는 칸이 빨간색에서 초록색으로 변하는 것을 볼 수 있다. 나아가, 컴퓨터의 CPU가 여러 개의 코어를 가진 경우, 여러 회차의 반복을 동시에 수행할 수도 있다는 점에서 *FlexSim*의 Experimenter는 매우 강력한 기능이다.

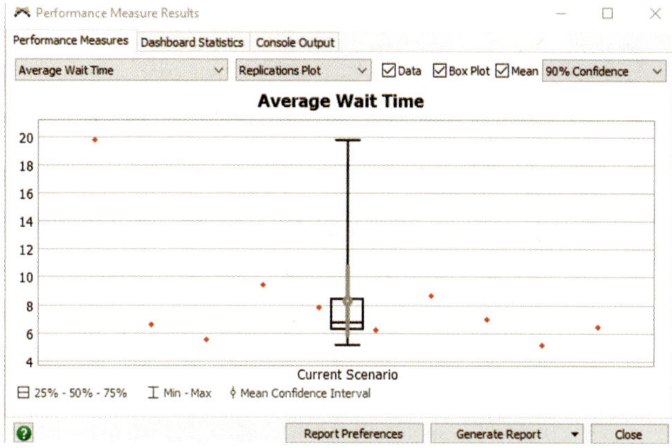

그림 10.18 : *FlexSim*의 Experimenter에 의해 생성된 실험 결과 예(Replication Plot, 단일 시나리오)

실험에 필요한 모든 반복이 완료된 후, Experiment Run 탭 하단의 View Results 버튼을 클릭하면 자세한 실험 결과를 보여주는 창이 생성된다. 예를 들어, 그림 10.18에는 단일 시나리오에 대한 10회 반복 결과가 Replications Plot 형태로 나타나 있으며, 여기서 관찰 대상 성능 평가지표는 평균 대기 시간이다. 이 그래프는 그림 10.6의 그래프와도 매우 유사하다. 우선, 그래프 상의 점들은 각 반복에서 관찰된 표본값들을 의미하며, 가운데의 box-and-whisker plot에는 전체 표본값들의 최소값과 최대값(수염의 아래쪽 끝과 위쪽 끝), 25백분위수와 75백분위수(상자의 아래쪽 끝과 위쪽 끝), 50백분위수 등이 표시되어 있다. 그래프 위의 Mean 항목을 체크하면 두꺼운 회색 실선 형태로 성능 평가지표에 대한 신뢰 구간이 나타나며, 그래프 위의 가운데 드롭다운 메뉴를 이용하여, Replications Plot이 아닌 다른 형태(예: Frequency Histogram, Correlation Plot, Data Summary, Raw Data)의 그래프를 생성하는 것도 가능하다.

실험 결과를 별도의 파일로 저장하고 싶은 경우에는 하단의 Generate Report 버튼을 클릭하여 HTML 형식의 보고서를 생성할 수 있다. Experimenter의 세부적인 사용법에 대해 좀 더 자세히 알고 싶은 경우에는 *FlexSim* 사용자 매뉴얼을 참조하여라.

참고 문헌

1. Currie, C. and Cheng, R. (2013) "A Practical Introduction to Analysis of Simulation Output Data," *Proceedings of the 2013 Winter Simulation Conference*, R. Pasupathy, S. H. Kim, A. Tolk, R. Hill, and M. E. Kuhl, eds.

2. Knight, W., accessed at: http://www.math.unb.ca/ knight/utility/t-table.htm

3. Knight, W., accessed at: http://www.math.unb.ca/ knight/utility/NormTble.htm

4. Law, A. (2007) *Simulation Modeling and Analysis*, New York: McGraw-Hill.

5. Robinson, S. (2004) *Simulation: The Practice of Model Development and Use*, New York: John Wiley & Sons.

Chapter 10 Review Questions

1. 이 장에서 가장 기억에 남거나 흥미로웠던 점 세 가지를 이야기해보시오.
2. 시뮬레이션 분석에서 반복이라는 말이 어떤 의미를 갖는지 설명하여라.
3. 시뮬레이션 모형을 여러 번 실행해보아야 하는 이유를 간단히 설명하여라.
4. 반복과 시나리오의 차이점을 설명하여라.
5. 유한 실행 시간 시스템과 무한 실행 시간 시스템의 차이점을 설명하여라.
6. 다음 각각의 성능 평가지표 값을 추정할 때, 분석 대상 시스템의 유형이 유한 실행 시간 시스템과 무한 실행 시간 시스템 중 어느 쪽에 해당하겠는지를 판단하여라.

   a. 어떤 패스트푸드 매장을 점심 시간대(오전 11시~오후 1시)에 방문한 고객들의 평균 대기 시간
   b. 소비재를 생산하는 공장의 평균 완제품 재고 수준
   c. 음료 생산 공장의 주간 생산량
   d. 주문 생산 방식으로 운영되는 공장의 주간 생산량
   e. 정해진 수량만큼의 제품을 생산하는데 소요되는 시간
   e. 한 명의 의사가 근무하는 작은 병원을 방문한 환자들의 평균 대기 시간
   f. 공항의 보안 검색대 앞의 평균 대기 인원수
   h. 항공기 착륙 후 탑승객들의 수하물이 수하물 찾는 곳에 도착하는데 걸리는 시간
   i. 산업용 알루미늄 자재 생산에 사용되는 설비의 이용률

7. 실제 평균 대기 시간에 대하여, 너비가 2인 90% 신뢰 구간을 구하고자 한다. 아래 그림을 볼 때, 반복 횟수는 최소 몇 번이 되어야 하겠는가?

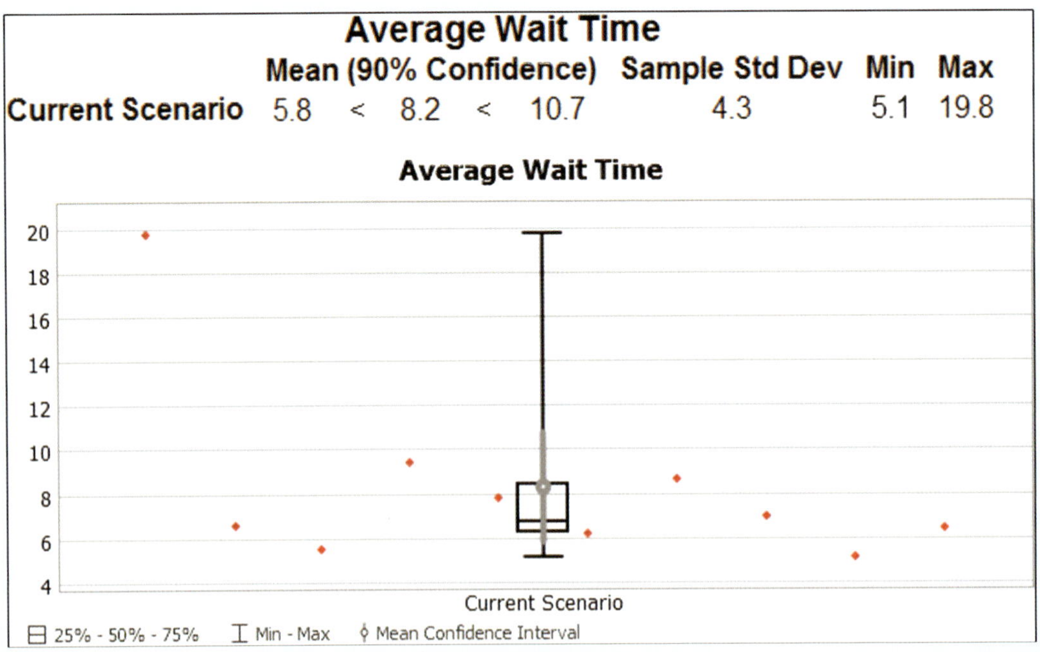

8. 어떤 병원의 의료 영상 촬영실을 방문한 환자들의 평균 대기 시간을 추정하기 위하여, 시뮬레이션 모형을 작성한 후 15회 반복 실행해 본 결과, 아래와 같은 데이터를 얻었다.

a. 실제 평균 대기 시간에 대한 95% 신뢰 구간을 구하여라.

b. 너비가 10분인 95% 신뢰 구간을 구하는데 필요한 최소한의 반복 횟수를 결정하여라.

반복 횟수	평균 대기 시간(분)
1	50.8
2	63.8
3	51.2
4	98.2
5	123.5
6	63.8
7	47.8
8	33.5
9	43.0
10	112.5
11	59.5
12	52.7
13	109.6
14	95.2
15	21.8
평균	68.5
표준 편차	31.3

9. 직원 1명이 근무하는 복사실이 하나 있는데, 이 복사실의 정규 일과 시간은 하루에 8시간이다. 즉, 정규 일과는 업무 시작 후 480분이 경과한 시점에 종료된다. 다만, 직원은 정규 일과가 끝나더라도 그날 접수 받은 주문을 모두 처리한 후 퇴근한다. 이 복사실에 대한 시뮬레이션을 20회 반복 실행한 결과, 아래와 같은 데이터를 얻었다.

   a. 평균 잔업 시간에 대한 95% 신뢰 구간을 구하여라.

   b. 너비가 실제 평균 잔업 시간의 20%에 해당하는 95% 신뢰 구간을 구하는데 필요한 최소한의 반복 횟수를 결정하여라.

반복 횟수	실제 근무 시간(분)	잔업 시간(분)
1	562.11	82.1
2	565.83	85.8
3	480	0.0
4	480	0.0
5	512.8	32.8
6	524.71	44.7
7	485.37	5.4
8	535.36	55.4
9	483.22	3.2
10	527.29	47.3
11	480	0.0

반복 횟수	실제 근무 시간(분)	잔업 시간(분)
12	480	0.0
13	541.81	61.8
14	579.75	99.8
15	523.88	43.9
16	498.58	18.6
17	480	0.0
18	575.43	95.4
19	514.93	34.9
20	549.49	69.5
평균	519.0	39.0
표준 편차	35.0	35.0

Appendix 10A – t-Distribution Table

아래 표의 내용 및 사용법에 대해서는 Statistics How To 웹 사이트,
http://www.statisticshowto.com/tables/t-distribution-table 을 참조하여라.

Tail Probabilities								
One Tail		0.10	0.05	0.025	0.01	0.005	0.001	0.0005
Two Tails		0.20	0.10	0.05	0.02	0.01	0.002	0.001
DEGREE OF FREEDOM	1	3.078	6.314	12.706	31.821	63.656	318.289	636.578
	2	1.886	2.920	4.303	6.965	9.925	22.328	31.600
	3	1.638	2.353	3.182	4.541	5.841	10.214	12.924
	4	1.533	2.132	2.776	3.747	4.604	7.173	8.610
	5	1.476	2.015	2.571	3.365	4.032	5.894	6.869
	6	1.440	1.943	2.447	3.143	3.707	5.208	5.959
	7	1.415	1.895	2.365	2.998	3.499	4.785	5.408
	8	1.397	1.860	2.306	2.896	3.355	4.501	5.041
	9	1.383	1.833	2.262	2.821	3.250	4.297	4.781
	10	1.372	1.812	2.228	2.764	3.169	4.144	4.587
	11	1.363	1.796	2.201	2.718	3.106	4.025	4.437
	12	1.356	1.782	2.179	2.681	3.055	3.930	4.318
	13	1.350	1.771	2.160	2.650	3.012	3.852	4.221
	14	1.345	1.761	2.145	2.624	2.977	3.787	4.140
	15	1.341	1.753	2.131	2.602	2.947	3.733	4.073
	16	1.337	1.746	2.120	2.583	2.921	3.686	4.015
	17	1.333	1.740	2.110	2.567	2.898	3.646	3.965
	18	1.330	1.734	2.101	2.552	2.878	3.610	3.922
	19	1.328	1.729	2.093	2.539	2.861	3.579	3.883
	20	1.325	1.725	2.086	2.528	2.845	3.552	3.850
	21	1.323	1.721	2.080	2.518	2.831	3.527	3.819
	22	1.321	1.717	2.074	2.508	2.819	3.505	3.792
	23	1.319	1.714	2.069	2.500	2.807	3.485	3.768
	24	1.318	1.711	2.064	2.492	2.797	3.467	3.745
	25	1.316	1.708	2.060	2.485	2.787	3.450	3.725
	26	1.315	1.706	2.056	2.479	2.779	3.435	3.707
	27	1.314	1.703	2.052	2.473	2.771	3.421	3.689
	28	1.313	1.701	2.048	2.467	2.763	3.408	3.674
	29	1.311	1.699	2.045	2.462	2.756	3.396	3.660
	30	1.310	1.697	2.042	2.457	2.750	3.385	3.646
	60	1.296	1.671	2.000	2.390	2.660	3.232	3.460
	120	1.289	1.658	1.980	2.358	2.617	3.160	3.373
	1000	1.282	1.646	1.962	2.330	2.581	3.098	3.300

Appendix 10B – Standard Normal Distribution Table

아래 표의 내용 및 사용법에 대해서는 Statistics How To 웹 사이트, http://www.statisticshowto.com/tables/z-table 을 참조하여라.

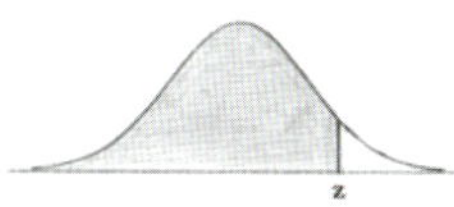

Probability Content from -oo to Z

Z	0.00	0.01	0.02	0.03	0.04	0.05	0.06	0.07	0.08	0.09
0.0	0.5000	0.5040	0.5080	0.0120	0.0160	0.0199	0.5239	0.0279	0.0319	0.0359
0.1	0.5398	0.5438	0.5478	0.5517	0.5557	0.5596	0.5636	0.5675	0.5714	0.5753
0.2	0.5793	0.5832	0.5871	0.5910	0.5948	0.5987	0.6064	0.1064	0.6103	0.6141
0.3	0.6179	0.6217	0.6255	0.6293	0.6331	0.6368	0.6406	0.6443	0.6480	0.6517
0.4	0.6554	0.6591	0.6628	0.6664	0.6700	0.6736	0.6772	0.6808	0.6844	0.6879
0.5	0.6915	0.6950	0.6985	0.7019	0.7054	0.7088	0.7123	0.7157	0.7190	0.7224
0.6	0.7257	0.7291	0.7324	0.7357	0.7389	0.7422	0.7454	0.7486	0.7517	0.7549
0.7	0.7580	0.7611	0.7642	0.7673	0.7704	0.7734	0.7764	0.7794	0.7823	0.7852
0.8	0.7881	0.7910	0.7939	0.7967	0.7995	0.8023	0.8051	0.8078	0.8106	0.8133
0.9	0.8159	0.8186	0.8212	0.8238	0.8264	0.8289	0.8315	0.8340	0.8365	0.8389
1.0	0.8413	0.8438	0.8461	0.8485	0.8508	0.8531	0.8554	0.8577	0.8599	0.8621
1.1	0.8643	0.8665	0.8686	0.8708	0.8729	0.8749	0.8770	0.8790	0.8810	0.8830
1.2	0.8849	0.8869	0.8888	0.8907	0.8925	0.8944	0.8962	0.8980	0.8997	0.9015
1.3	0.9032	0.9049	0.9066	0.9082	0.9099	0.9115	0.9131	0.9147	0.9162	0.9177
1.4	0.9192	0.9207	0.9222	0.9236	0.9251	0.9265	0.9279	0.9292	0.9306	0.9319
1.5	0.9332	0.9345	0.9357	0.9370	0.9382	0.9394	0.9406	0.9418	0.9429	0.9441
1.6	0.9452	0.9463	0.9474	0.9484	0.9495	0.9505	0.9515	0.9525	0.9535	0.9545
1.7	0.9554	0.9564	0.9573	0.9582	0.9591	0.9599	0.9608	0.9616	0.9625	0.9633
1.8	0.9641	0.9649	0.9656	0.9664	0.9671	0.9678	0.9686	0.9693	0.9699	0.9706
1.9	0.9713	0.9719	0.9726	0.9732	0.9738	0.9744	0.9750	0.9756	0.9761	0.9767
2.0	0.9772	0.9778	0.9783	0.9788	0.9793	0.9798	0.9803	0.9808	0.9812	0.9817
2.1	0.9821	0.9826	0.9830	0.9834	0.9838	0.9842	0.9846	0.9850	0.9854	0.9857
2.2	0.9861	0.9864	0.9868	0.9871	0.9875	0.9878	0.9881	0.9884	0.9887	0.9890
2.3	0.9893	0.9896	0.9898	0.9901	0.9904	0.9906	0.9909	0.9911	0.9913	0.9916
2.4	0.9918	0.9920	0.9922	0.9925	0.9927	0.9929	0.9931	0.9932	0.9934	0.9936
2.5	0.9938	0.9940	0.9941	0.9943	0.9945	0.9946	0.9948	0.9949	0.9951	0.9952
2.6	0.9953	0.9955	0.9956	0.9957	0.9959	0.9960	0.9961	0.9962	0.9963	0.9964
2.7	0.9965	0.9966	0.9967	0.9968	0.9969	0.9970	0.9971	0.9972	0.9973	0.9974
2.8	0.9974	0.9975	0.9976	0.9977	0.9977	0.9978	0.9979	0.9979	0.9980	0.9981
2.9	0.9981	0.9982	0.9982	0.9983	0.9984	0.9984	0.9985	0.9985	0.9986	0.9986
3.0	0.9987	0.9987	0.9987	0.9988	0.9988	0.9989	0.9989	0.9989	0.9990	0.9990

Chapter 11 다중 시나리오 실험

학습목표

(1) 다중 시나리오를 갖는 실험을 적절히 설계하고 분석할 수 있다.
(2) 다중 시나리오 실험을 이용하여 최적의 대안을 선택할 수 있다.

이번 장에서는 시뮬레이션 모형을 이용하여 다중 시나리오 실험을 실시하는 방법을 설명하고자 한다. 잠시 복습을 해 보면, 앞서 10장에서는 시뮬레이션을 이용하여 시스템의 성능 평가지표 값을 추정할 때 통계 분석이 필요한 이유와 실험 계획을 수립할 때 결정해야 하는 사항들, 그리고 *FlexSim*의 Experimenter 기능의 사용법 등을 설명하였다. 만약, 이 같은 사항들에 대해 명확히 이해하지 못한 상태라면, 먼저 10장을 다시 한번 차근차근히 읽어보기 바란다.

시뮬레이션 모형을 가지고 실험을 하기 위해서는 다음과 같은 실험 파라미터들이 미리 정의되어 있어야 하며, 이들은 모두 10장에서 이미 소개한 것들이다:

1. 의사결정 변수 및 성능 평가지표
2. 시스템 유형(유한 실행 시간 또는 무한 실행 시간)
3. 1개 시나리오의 반복 실행 횟수
4. 시뮬레이션 시작 조건
5. 각 반복의 실행 시간 길이

나아가, 이번 장에서는 다중 시나리오 실험을 할 때 필요한 다음과 같은 추가적인 사항들을 다룰 것이다:

- 2개 시나리오의 출력값들을 비교하는 방법

- CRN(Common Random Number)과 같은 분산 감소 기법
- 3개 이상의 시나리오들의 출력값들을 비교하는 방법

구체적으로는 제조 현장의 작업장 설계와 관련된 예제를 통하여 각각의 개념과 세부 내용을 설명하고자 하는데, 앞 장에서 나왔던 M/M/1 시스템에 비해 이번 예제는 다소 복잡하므로, 먼저 11-1절에서 분석 대상 시스템의 구조와 해당 시스템에 대한 예비 분석 결과부터 살펴보기로 하자.

Section 11-1 분석 대상 시스템 소개 및 예비 분석

이 장에서는 다중 시나리오 실험을 수행하여 특정 작업장에 대한 개선안을 탐색하는 과정을 살펴볼 것이다. 분석 대상 시스템과 시뮬레이션 모형의 구성 및 초기 모형을 이용한 예비 분석 결과는 아래와 같다.

분석 대상 시스템 구성

Good Vibrations사는 현재 제품 검사 작업장의 자동화를 추진 중이다. 이 작업장에서는 2단계의 테스트가 순차적으로 이루어지며, 경우에 따라서는 각 단계의 테스트를 실시하기 전에, 작업물이 대기해야 할 수도 있다. 단, 공간의 제약으로 인해 1단계 및 2단계 테스트 대기 장소 용량들의 합은 10으로 제한된다. 즉, 예를 들어, 1단계 테스트 대기 장소의 용량이 2인 경우, 2단계 테스트 대기 장소의 용량은 8이 되어야 한다. 새로운 작업물이 도착했으나, 1단계 테스트 대기 장소에 남는 자리가 없는 경우에는 해당 작업물을 일단 그 옆의 컨베이어 장치에 싣는다. 이 컨베이어 장치는 입구와 출구가 모두 1단계 테스트 대기 장소에 연결되어 있으며, 길이가 38m이고, 분당 10m의 속도로 작업물을 운반한다. 나아가, 컨베이어 장치의 출구에 도달한 작업물들은 여유 공간이 있으면 1단계 테스트 대기 장소에 진입할 수 있으나, 그렇지 않은 경우에는 여유 공간이 생길 때까지 컨베이어 장치 위에서 기다려야 한다.

이 작업장에서는 A, B, C, D 네 가지 타입의 제품에 대한 테스트를 실시하며, 새로 도착한 작업물이 특정 타입에 해당할 확률은 25%로 모두 동일하다. 아울러, 각 제품 타입에 대한 1단계 테스트 및 2단계 테스트를 수행하는데 소요되는 시간은 아래와 같은 확률 분포를 따른다:

- A 타입 제품 1단계 테스트 및 2단계 테스트 소요 시간: 최소값, 최대값, 최빈값이 각각 1.95분, 2.05분, 2.00분인 삼각 분포
- B 타입 제품 1단계 테스트 및 2단계 테스트 소요 시간: 최소값, 최대값, 최빈값이 각각 3.95분, 4.05분, 4.00분인 삼각 분포
- C 타입 제품 1단계 테스트 및 2단계 테스트 소요 시간: 최소값, 최대값, 최빈값이 각각 5.95분, 6.05분, 6.00분인 삼각 분포
- D 타입 제품 1단계 테스트 및 2단계 테스트 소요 시간: 최소값, 최대값, 최빈값이 각각 7.95분,

8.05분, 8.00분인 삼각 분포

대기 장소에 있는 제품을 테스트 기계로 운반하는 데는 무인 이송차를 사용하며, 이 때 무인 이송차는 먼저 대기 장소에 있는 제품 중 다음 번에 처리할 것을 선택하여 적재한 다음, 테스트 기계로 이동하여 제품을 하역하게 된다. 또한, 무인 이송차가 제품 1개를 적재 및 하역하는데 소요되는 시간은 각각 20초, 5초이고, 이 무인 이송차의 이동 속도는 분당 20m이다.

한편, 테스트 기계가 직전에 검사한 제품과 다른 타입의 제품을 검사하는 경우에는 셋업이 필요한데, 셋업은 자동으로 수행되며, 셋업에 소요되는 시간은 30초이다.

이 검사 작업장에 전달되는 제품들은 모두 공장 내 다른 작업장에서 만든 것들이다. 나아가, 검사할 제품들의 도착 간격은 평균이 8분이며, 정확한 분포를 알 수는 없지만 아마도 지수 분포를 따르는 것으로 추정된다. 앞에서 언급한 바와 같이, 도착한 제품 1개가 A, B, C, D 타입일 확률은 모두 25%이다.

테스트 기계에서는 때때로 고장 및 유지보수로 인한 가동 중단이 발생한다. 현재 고장 간격은 평균이 2시간이고, 정확한 분포를 알 수는 없으나, 지수 분포를 따르는 것으로 추정되며, 수리 시간은 6분에서 14분 사이의 일양 분포를 따르는 것으로 보이는 상황이다. 나아가, 테스트 기계에는 자가 수리 기능이 있어, 고장이 발생해도 이를 수리하는데 별도의 근로자나 장비가 필요하지는 않다. 테스트 기계에 대한 유지보수 작업은 4시간에 한 번씩 실시하며, 1회의 유지보수에 소요되는 시간은 3분에서 7분 사이의 일양 분포를 따른다. 또한, 유지보수 역시 테스트 기계가 자동으로 수행한다.

시뮬레이션 모형 구성

*FlexSim*을 이용하면 상기한 검사 작업장을 그림 11.1과 같은 모형으로 표현할 수 있다. 이 그림의 영역 A에서 작업장의 전체적인 구성을 볼 수 있으며, 영역 B와 C는 각각 1단계 테스트 기계에서 고장이 발생한 모습과, 무인 이송차가 1단계 테스트 대기 장소에 있던 제품을 1단계 테스트 기계로 이송하는 모습을 보여준다. 각각의 세부 내용에 대해서는 아래에서 좀 더 자세히 설명할 것이다. 나아가, 이처럼 시스템의 구성요소 및 작동 방식을 3D 그래픽으로 표현하면, 말이나 글로 설명할 때보다 시스템의 특성을 이해하기가 훨씬 쉬울 것이다.

그림 11.1의 영역 A에서 우리는 이 작업장이 2대의 테스트 기계 및 각 기계 옆의 대기 장소, 무인 이송차 1대, 그리고 1단계 테스트 대기 장소가 혼잡할 때 사용되는 컨베이어 장치 등으로 구성되어 있는 것을 볼 수 있다. 컨베이어 장치는 영역 A의 좌측에 타원형으로 배치되어 있으며, 총 길이는 38m이다. 아울러, 이 화면을 캡쳐할 당시에는 1단계 테스트 대기 장소의 용량을 4로 설정하여, 현재 1단계 대기 장소가 혼잡한 상태이다. 따라서, 이후에 도착한 3개의 제품이 컨베이어 장치에 진입하였는데, 이 중 2개는 컨베이어 장치의 출구에서 대기 중이고, 나머지 1개는 컨베이어 장치에 진입한 후 출구로 이동 중이다.

대기 장소의 용량을 변경하더라도 모형 내에서 이에 해당하는 queue 개체의 크기가 변하지는 않는다. 즉, 예를 들어, 1단계 테스트 대기 장소의 용량을 늘린다 하더라도 이 개체가 커지면서 옆에 있는 1단계 테스트 기계를 밀어내거나 하지는 않으며, 단지 해당 개체의 작동 방식만 변할 뿐이다. 물론, 대기 장소의 물리적인 크기가 성능 평가지표에 큰 영향을 주는 경우에는 이를 모형에 반영해야 할 것이다. 하지만, 그렇지 않은 경우라면 이처럼 세세한 사항들까지 모형에 정확하게 반영할 필요가 없다. 모형은 실제 시스템을 단순화된 형태로 표현

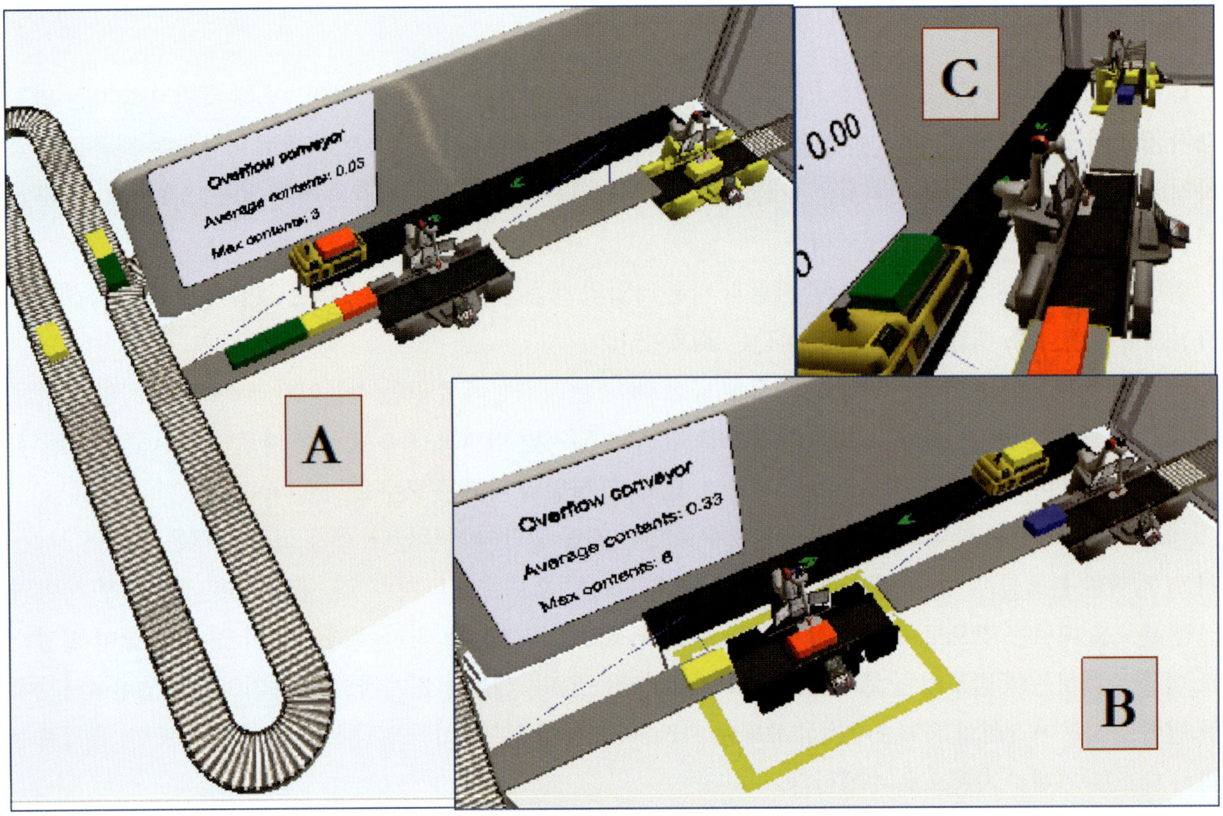

그림 11.1 : Good Vibrations사 검사 작업장에 대한 모형 작성 결과

한 것이며, 불필요하게 복잡한 모형을 작성하는 것은 바람직하지 않다는 점에 유의하여라.

빨간색, 초록색, 파란색 및 노란색 flowitem은 각각 A, B, C, D 타입 제품을 의미한다. 이처럼 flowitem이나 개체들에 적절한 색상을 부여하면 모형의 실행 결과를 보다 효과적으로 관찰할 수 있을 것이다. 아울러, 이 모형에서 각 테스트 기계들은 특정 제품에 대한 검사를 수행할 때 해당 제품과 같은 색상을 띠게 된다. 즉, 그림 11.1의 영역 A에서 2단계 테스트 기계가 노란색으로 표시되는 이유는 노란색 제품(D 타입)을 검사 중이기 때문이다.

모형이 실행되는 동안 각 기계들은 제품 타입을 의미하는 색상 이외에도 다양한 색상들을 띠게 된다. 먼저, 고장이 발생한 경우에는 기계가 검은색으로 변하면서 그 주위에 노란색 박스가 표시되며(예: 그림 11.1의 영역 B에 있는 1단계 테스트 기계), 고장 수리가 완료된 후 다음 제품을 기다리는 기계는 색상이 보라색으로 바뀐다. 또한, 하늘색은 기계가 유지보수 중임을 의미하며, 유지보수가 완료된 후 다음 제품을 기다리는 기계의 색상은 갈색으로 바뀐다. 나아가, 유휴 상태인 기계는 회색으로 표시된다. 예를 들어, 그림 11.1의 영역 A와 영역 C의 1단계 테스트 기계는 현재 유휴 상태일 것이다.

참고로, 그림 11.1의 영역 C에는 무인 이송차가 초록색 제품(B 타입) 1개를 1단계 테스트 기계로 이송하는 모습이 나타나 있다.

한편, 그림 11.2는 이 모형에 포함된 Dashboard 내용의 일부를 보여주는데, 이 중 Content vs Time 그래프를 보면, 현재 1단계 및 2단계 테스트 대기 장소들의 용량이 각각 8, 2로 설정되었음을 알 수 있을 것이다. 또한, State Pie 차트는 각 기계들의 상태 변화 내역을 보여주는데, 여기서 실제로 검사 작업을 수행한 시간(processing)의 비율은 두 기계 모두 약 65%이며, 나머지 시간에는 기계들이 유휴(idle), 차단(blocked) 또는 고장(breakdown) 상태였거나, 셋업(setup)이 진행 중이었음을 알 수 있다.

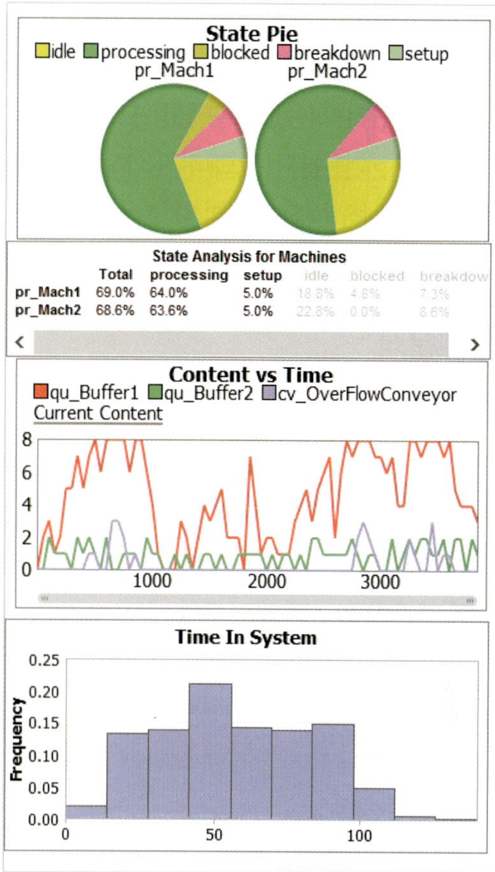

그림 11.2 : Dashboard를 이용한 성능 평가지표 관찰

주요 실험 파라미터 설정 내역

이번 예제의 분석 목표는 제품들의 평균 체류 시간을 최소화하기 위해 1단계 및 2단계 테스트 대기 장소의 용량을 어떻게 배분해야 하는지를 결정하는 것이다.

10장에서 소개했던 단일 시나리오 분석처럼, 실제로 실험을 수행하기 위해서는 먼저 몇 가지 실험 파라미터들을 정의하여야 하며, 이번 예제의 실험 파라미터 설정 내역은 다음과 같다:

1. **실험 변수**
   - a 성능 평가지표: 작업장 내 평균 체류 시간(제품이 최초로 검사 작업장에 도착한 시점부터 2단계 테스트가 완료되는 시점까지의 시간).
   - b 의사결정 변수
     - i 주요 의사결정 변수: 1단계 테스트 대기 장소 및 2단계 테스트 대기 장소의 용량(각각 B1, B2로 표기)
     - ii 보조 의사결정 변수 1: 대기 정책, 즉, 대기 중인 제품들 중 다음 번에 처리할 것을 선택하는 방법. 선입선출(먼저 도착한 것부터 처리) 정책과 SPT(shortest process time, 처리 시간이 짧은 것을 우선적으로 선택하는 것을 의미) 정책의 두 가지를 고려. 예를 들어, SPT 정책을 사용하는 경우에는 대기 중인 제품 중 빨간색(타입 A) 제품을 항상 최우선적으로 선택함.
     - iii 보조 의사결정 변수 2: 무인 이송차의 이동 속도. S1(20m/분)과 S2(40m/분)의 두 가지를 고려.

2. **시스템 유형**: 유한 실행 시간 시스템으로 가정. 이는 Good Vibrations사가 2주 단위로 생산 일정 계획을 수립하는데다, 2주마다 공장 전체 유지보수를 실시하기 위해 해당 시점에 진행 중인 작업들만 완료하고 공장의 가동을 잠시 중단하기 때문임.
3. **반복 횟수**: 아래에서 별도로 설명.
4. **시작 조건(초기 조건)**: 체류 작업물이 없고, 기계들이 유휴 상태인 상황에서 모형의 실행이 시작됨. 이는 상기한 공정 전체 유지보수를 마친 후, 공장이 재가동될 때의 상황과 동일함.

5. **1회 반복의 실행 시간**: 80시간(4,800분). Good Vibrations사는 하루에 8시간씩 주당 5일간 공장을 가동한다. 즉, 전체 유지보수가 한 번 끝난 시점부터 다음 번 전체 유지보수 시점까지 총 10일, 즉, 80시간 동안 공장이 가동하는 셈이다. 따라서, 1회 반복의 실행 시간도 80시간(4,800분)이 되어야 할 것이다. 나아가, 하루 일과가 끝나는 시점이 되었을 때, 작업장에 남아 있는 제품들이 있는 경우에는 그대로 두었다가 다음 날에 작업을 계속한다.

예비 분석

시나리오별 반복 횟수를 결정하기 위해서는 예비 분석이 필요하다. 구체적으로는, *FlexSim* Experimenter를 가지고 기본 시나리오(B1=2, B2=8, 대기 정책: 선입선출, 무인 이송차 속도: S1)에 대한 모형을 10회 반복 실행하여 예비 분석을 실행하였다.

그림 11.3은 Experimenter를 이용하여 예비 분석에 필요한 실험 파라미터들을 설정한 모습과, 예비 분석 수행 결과의 일부를 보여준다. 참고로, 이번 예비 분석은 시나리오가 한 개뿐이므로 10장에서 소개한 단일 시나리오 분석과 동일한 방식으로 진행되었다. 나아가, 예비 분석을 해 본 결과, 평균 체류 시간에 대한 점 추정치는 69.6분이고, 90% 신뢰 구간의 하한과 상한은 각각 39.4분, 99.9분이었다.

이러한 예비 분석 결과에 대하여 경영진들은 추정치 값이 너무 크고 정밀도도 떨어진다는 반응을 보였다. 나아가, 예비 분석 결과에 10장에서 소개한 반복 횟수 계산식을 적용하면, 너비가 10분인 90% 신뢰 구간을 얻는 데 무려 418회 이상의 반복이 필요하다는 결론이 나온다. 따라서, 시뮬레이션 분석팀은 모형을 보완하여 좀 더 개선된 추정치를 구해보기로 하였다.

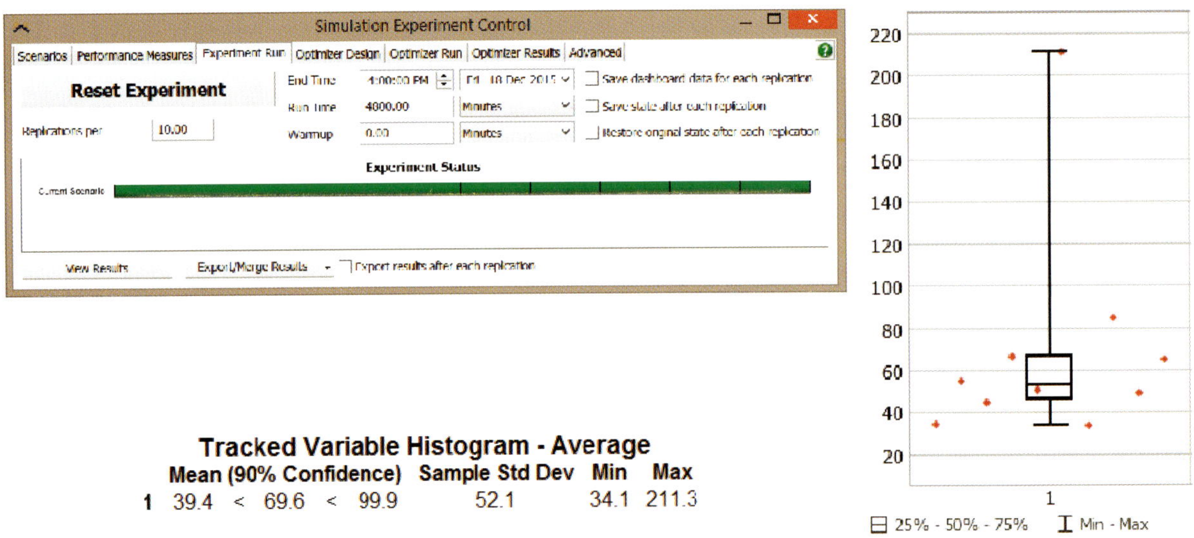

그림 11.3 : 예비 분석 결과

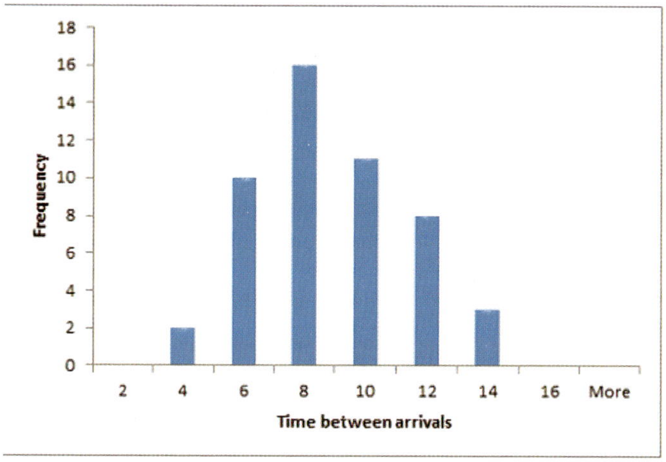

Time between arrivals	*Frequency*	*Expected frequency if exponenial*
2	0	11.1
4	2	8.6
6	10	6.7
8	16	5.2
10	11	4.1
12	8	3.2
14	3	2.5
16	0	1.9
More	0	6.8

그림 11.4 : 실제 도착 간격 관측 결과 (50회 관측)

예비 분석 결과에 따른 조치 사항

경영진들의 의견을 듣고, 시뮬레이션 분석팀은 먼저 모형과 관련된 가정들이 올바른지부터 다시 검토해보기로 하였다. 특히, 도착 간격의 확률 분포가 정확하지 않은 것 같다고 판단한 분석팀은 이를 확인하기 위해 실제 제품들의 도착 간격을 몇 번 측정해 보았으며, 그림 11.4는 측정된 값들과 이들을 히스토그램으로 정리한 결과를 보여준다. 히스토그램만 봐도, 도착 간격이 지수 분포를 따른다고 보기는 어려울 것 같다. 나아가, 그림 우측의 표에는 실제 도착 간격 관측치들의 계급별 도수와 도착 간격이 지수 분포를 따를 때의 계급별 기대 도수가 나와 있는데, 이들 간에도 상당한 차이가 존재한다. 적합도 검정을 해 보면 보다 정확한 판단이 가능하겠지만, 굳이 그렇게까지 하지 않아도 도착 간격이 지수 분포를 따른다는 가정은 잘못된 것으로 보인다.

도착 간격의 특성을 좀 더 잘 표현할 수 있는 확률 분포가 무엇인지를 결정하기 위해 분석팀은 8장에서 소개한 *ExpertFit*을 이용하여 도착 간격 관측치 데이터를 분석해보았으며, 그 결과, 도착 간격이 최소값, 최대값 및 최빈값이 각각 3분, 15분, 6분인 삼각 분포를 따른다는 결론을 내렸다. 이 분포의 평균값은 8분으로, 기존에 사용했던 지수 분포의 평균값과 동일하다. 하지만 두 분포의 세부적인 특성에는 상당한 차이가 존재한다는 점에 유의하여라.

삼각 분포와 지수 분포의 중요한 차이점으로는 분포의 형태와 함께, 삼각 분포가 유한(bounded) 확률 분포인 반면 지수 분포는 무한(unbounded) 확률 분포라는 점, 2가지를 들 수 있다. 분포의 형태에 대해 이야기해보면, 지수 분포는 0에 가까운 값들일수록 확률 밀도가 높다. 따라서, 도착 간격이 지수 분포를 따른다고 가정하면, 0에 가까운 짧은 도착 간격들이 많아져서, 결과적으로 제품들이 비슷한 시간에 한꺼번에 몰려오게 될 수 있다. 예를 들어, 그림 11.3에서 6회차 반복의 평균 체류 시간은 210분 가량으로 상당히 높은 반면, 다른 회차들의 평균 체류 시간은 30분~80분 수준인 것을 볼 수 있는데, 이는 6회차 반복에서 제품들이 몰리는 현상이 나타났기 때문일 가능성이 크다. 반면, 무한 확률 분포인 지수 분포의 특성 상, 간혹 도착 간격이 매우 길어져, 위와 반대로 평균 체류 시간을 실제보다 과소평가하게 되는 결과를 야기할 수도 있다. 8장에서 가급적이면 유한 확률 분포를 사용하기를 권장했던 것은 이러한 이유에서였다.

아울러, 분석팀은 추정치의 정밀도를 향상시키기 위해 시뮬레이션 모형에 Common Random

Numbers(CRN, 공통 난수법)라는 이름의 분산 감소 기법을 적용하기로 하였다. 분산 감소 기법을 사용하면 동일한 횟수의 반복을 통해 보다 정밀한 추정치를 얻거나, 동일한 정밀도의 추정치를 얻는데 필요한 반복 횟수를 줄이는 것이 가능하다. 다만, CRN 기법은 주로 여러 시나리오들 간의 비교 분석 시에 활용되므로, 이에 대해서는 뒤쪽에서 보다 자세히 설명하기로 하자.

두 번째 예비 분석

모형의 수정(도착 간격의 확률 분포 변경 및 CRN 기법 적용)이 완료된 후에는 이를 이용하여 두 번째 예비 분석을 실시하였다. 이전처럼 *FlexSim* Experimenter를 이용하여 4,800분 간의 모형 실행을 10회 반복해 본 결과, 이번에는 평균 체류 시간에 대한 점 추정치가 29.6분(최초 예비 분석에서는 69.6분)이었으며, 90% 신뢰 구간의 하한과 상한이 각각 26.4분, 33.2분(최초 예비 분석에서는 39.4분, 99.9분)이었다. 나아가, 두 번째 예비 분석 결과에 10장에서 소개한 반복 횟수 계산식을 적용하면, 너비가 4분인 95% 신뢰 구간을 얻는데 필요한 최소한의 반복 횟수가 불과 33회에 지나지 않는다. 즉, 더 적은 횟수의 반복만으로도 보다 정밀한 추정치를 얻을 수 있게 된 것이다!

숫자를 약간 간단하게 만들 겸 해서, 분석팀은 이후 분석 작업에 적용할 반복 횟수를 35회로 정하였다. 다만, 향후 대기 장소들의 용량이나 대기 정책, 무인 이송차의 이동 속도 등과 같은 의사결정 변수 값들의 변화가 추정치의 정밀도를 떨어뜨릴 수도 있으므로, 실제로는 40회나 50회와 같이 더 큰 반복 횟수를 사용하는 것이 좋을 수도 있다.

Section 11-2 두 개의 시나리오에 대한 비교 분석

여러 가지 대안들이 있는 경우에는 이들 중 '통계적으로' 가장 우수한 것을 선택하는 것이 중요하다. 이 절에서는 2개의 시나리오들 간에 통계적으로 유의미한 차이가 있는지를 확인하는 방법을 설명할 것이다.

앞의 예제에서 본 것처럼 시스템을 개선하고자 할 때는 다양한 시나리오, 즉, 개선안들의 타당성을 비교해 보아야 한다. 실제 프로젝트에서는 앞의 예제보다 비교할 시나리오의 개수가 많은 것이 일반적이지만, 여기서는 2개 시나리오의 비교 방법에 대해서만 설명하고, 3개 이상의 시나리오들을 비교하는 방법은 뒤에서 다룰 것이다.

먼저, 다음과 같은 2가지 대기 정책들의 타당성을 비교해보기로 하자:

1. 선입선출 정책
2. SPT 정책

나아가, 여기서는 무인 이송차가 대기 중인 제품들 중 적절한 것을 자동으로 선택할 수 있는 기능을 갖고 있어, 무인 이송차의 설정만 바꾸면 대기 정책을 쉽게 조정할 수 있는 것으로 가정할 것이다.

2개 시나리오 간의 통계적인 비교

2번의 시뮬레이션을 통해 얻은 출력값들을 비교하기 전에, 시뮬레이션에서 사용하는 용어들과 실험 계획법(Design of Experiment, DoE)에서 사용되는 용어들 간의 연관성을 잠깐 소개할 필요가 있을 듯 하다. 단, 이 책에서는 DoE와 시뮬레이션 간의 관계를 개괄적으로만 설명할 것이므로, 보다 자세한 내용을 알고 싶은 경우에는 Barton [2]이나 Sanchez [8] 등을 참조하여라.

시뮬레이션 실험에서는 보통 하나 이상의 의사결정 변수 값을 바꾸어가며 이러한 변화가 시스템의 성능 평가지표에 어떤 영향을 주는지를 관찰해야 하는 경우가 많다. 이러한 성능 평가지표들은 시뮬레이션 모형의 출력값에 해당한다. DoE에서는 의사결정 변수와 같은 입력값들을 요인(factor), 성능 평가지표 같은 출력값들을 반응 변수(response variable)라 하며, 각 요인들이 가질 수 있는 값의 종류들을 수준(level)이라 부른다. 예를 들어, 시뮬레이션을 이용하여 간단한 대기행렬 시스템에서 서버 수의 변화가 고객 대기 시간에 어떤 영향을 주는지를 분석한다고 가정해 보자. 이 경우, 서버 수는 의사결정 변수, 즉, 요인이며, 이 요인은 4개, 5개, 6개, … 등과 같은 수준을 가질 수 있을 것이다. 나아가, 평균 대기 시간은 이 실험의 유일한 출력값, 즉, 반응 변수이다.

통계학적인 관점에서 보았을 때, 2개 시나리오의 성능 평가지표 값들을 비교하는 것은 양쪽 모집단 평균값들의 동일성을 검정해 보는 과정에 해당한다. 여기서, 귀무 가설은 '양쪽 모집단 평균이 동일하다(즉, 양쪽 표본이 모두 동일한 모집단으로부터 추출되었다)'는 것이며, 이는 '양쪽 모집단 평균의 차이 d가 0이다'라고 표현할 수도 있다. 나아가, 아래에서 보듯이, 대립 가설은 '양쪽 모집단 평균의 차이 d가 0이 아니다'가 될 것이다.

$$H_0 : \mu_1=\mu_2 \rightarrow \mu_1-\mu_2=d=0$$
$$H_1 : \mu_1 \neq \mu_2 \rightarrow \mu_1-\mu_2=d \neq 0$$

만약, H_0(귀무 가설)가 기각된다면, 2개 시나리오의 성능 평가지표 값에 유의미한 차이가 존재한다는 결론을 내리게 된다. 가설 검정은 일반적인 기초 통계 관련 서적들에 잘 설명되어 있으므로, 이 책에서는 세세하게 다루지 않을 것이다. 다만, 모집단 평균의 동일성에 대한 검정 방법 몇 가지는 간단히 보고 넘어가기로 하자.

표 11.1에는 두 모집단 평균값들의 동일성을 검정하고자 할 때 일반적으로 널리 사용되는 방법 세 가지의 특성을 요약하였다. 다시 한 번 말하지만, 이들에 대해 자세히 알고 싶은 경우에는 통계 관련 서적을 참조하기

Characteristic	2표본 t 검정 (2-sample t test)	Welch 검정 (Welch's t test)	쌍체 t 검정 (Paired t test)
동일한 모집단에서 추출한 표본값	정규 분포를 따르며 서로 독립	정규 분포를 따르며 서로 독립	정규 분포를 따르며 서로 독립
양쪽 모집단들의 독립성	독립이어야 함	독립이어야 함	반드시 독립일 필요 없음
모집단 분산	동일해야 함	반드시 동일할 필요 없음	반드시 동일할 필요 없음
표본 크기	반드시 동일할 필요 없음	반드시 동일할 필요 없음	동일해야 함

표 11.1 : 모집단 평균의 동일성을 검정하는 방법

바란다. 참고로, 2표본 t 검정은 대부분의 통계 서적에서 기본적인 가설 검정 방법 중 하나로 다루어지는 반면, Welch 검정이나 쌍체 t 검정은 책에 따라 간혹 생략되기도 한다.

표에서 보듯이, 양쪽 모집단이 서로 독립이 아닐 때 사용할 수 있는 검정 방법은 쌍체 t 검정 뿐이다. 이는 매우 중요한 특성일 뿐만 아니라, 일반적으로 시뮬레이션 프로젝트에서 쌍체 t 검정이 가장 많이 활용되는 이유이기도 하다. 앞에서 언급한 바와 같이, 이 장의 뒤쪽에서 설명할 CRN 기법을 사용하면 일반적으로 예측의 정밀도가 크게 향상되는데, 이 같은 분산 감소 기법들은 대부분 인위적으로 2개 모집단이 약간의 종속성(상관 관계)을 갖게 만든다. 따라서, CRN 기법을 사용할 때는 모집단들이 서로 독립임을 가정하는 2표본 t 검정이나 Welch 검정이 적합하지 않다.

쌍체 t 검정의 한 가지 단점은 표본들의 크기가 반드시 같아야 한다는 것이다. 물리적인 시료나 인간 피실험자를 대상으로 실험을 하는 경우에는 간혹 이 점이 문제가 되기도 한다. 예를 들어, 실험을 진행하는 도중 시료 중 일부가 오염되거나, 피실험자 중 일부가 실험을 중도에 포기하는 경우가 있기 때문이다. 반면, 시뮬레이션 프로젝트에서는 각 시나리오의 반복 횟수를 동일하게 하는 것이 그리 어렵지 않으므로, 표본들의 크기가 같아야 한다는 점이 크게 문제가 되지는 않는다.

일반적으로 쌍체 t 검정에서는 모집단 평균값들의 동일성을 검정하기 위해, 먼저 아래와 같은 가설들을 수립한다:

$$H_0 \;:\; \mu_1 - \mu_2 = d = 0$$
$$H_1 \;:\; \mu_1 - \mu_2 = d \neq 0$$

최종적으로 판정을 내릴 때는 d의 신뢰 구간을 이용한다. 즉, 아래와 같은 신뢰 구간이 기준값 0을 포함하는 경우에는 귀무 가설을 기각할 수 없으며, 따라서 2개 시나리오들 사이에 유의미한 차이가 없다는 결론을 내리게 된다:

$$\bar{d} \pm t_{\frac{\alpha}{2},n-1} \frac{S_d}{\sqrt{n}}$$

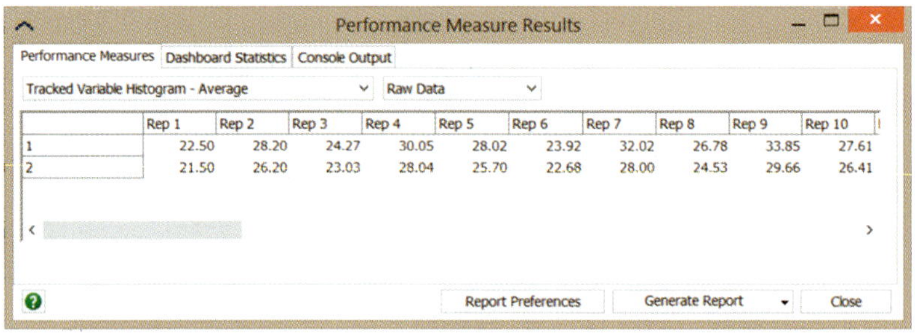

	Rep 1	Rep 2	Rep 3	Rep 4	Rep 5	Rep 6	Rep 7	Rep 8	Rep 9	Rep 10
1	22.50	28.20	24.27	30.05	28.02	23.92	32.02	26.78	33.85	27.61
2	21.50	26.20	23.03	28.04	25.70	22.68	28.00	24.53	29.66	26.41

Rep	FIFO	SPT	diff
1	22.5	21.5	1.0
2	28.2	26.2	2.0
3	24.3	23.0	1.2
4	30.1	28.0	2.0
5	28.0	25.7	2.3
6	23.9	22.7	1.2
7	32.0	28.0	4.0
8	26.8	24.5	2.3
9	33.9	29.7	4.2
10	27.6	26.4	1.2
Mean	27.7	25.6	2.1 ← $\bar{d}$
Std Dev	3.6	2.6	1.1 ← S_d
t-value			2.262
LCIL			1.3
UCIL			3.0

LCIL, UCIL ← $\bar{d} \pm t_{\alpha/2,n-1} \frac{S_d}{\sqrt{n}}$

그림 11.5 : 대기 정책(선입선출/SPT)에 따른 평균 체류 시간 차이 유무 검정 결과 (n=10)

세부적으로는 n회의 반복 각각에 대해 분석할 성능 평가지표의 차이 d_i (i=1, 2, ⋯, n)를 계산한 다음, 이들의 평균 및 표준 편차 $\bar{d}$, S_d를 이용하여 상기한 신뢰 구간을 도출하여야 한다.

Good Vibrations사 예제에 쌍체 t 검정을 적용해보기로 하자. 여기서는 대기 정책을 선입선출 방식에서 SPT 방식으로 바꾸었을 때, 제품들의 평균 체류 시간에 유의미한 변화가 생기는지를 알아볼 것이다.

그림 11.5는 선입선출 정책을 사용하는 모형과 SPT 정책을 사용하는 모형을 각각 10회 반복 실행한 결과를 보여준다. 이 그림에서는 편의 상 반복 횟수를 10회로 하였지만, 실제로는 앞 절에서 설명한 것처럼 최소 35회의 반복이 필요하다는 점에 유의하여라.

첫 번째 반복에서는 선입선출 정책을 사용할 때의 평균 체류 시간이 SPT 정책을 사용할 때보다 1.0분 더 긴 것으로 나타났다. 10회 반복을 모두 완료한 후, 각 반복의 평균 체류 시간 차이 d_i의 평균 $\bar{d}$와 표준 편차 S_d를 계산한 결과는 각각 2.1분, 1.1분이었다. 다시 말해, 현재까지의 결과만 놓고 보면, SPT 정책을 사용했을 때, 평균적으로 제품들의 체류 시간이 2.1분 감소하는 것처럼 보인다. 실제로 평균 체류 시간이 줄어드는지를 확인하기 위해서는 d에 대한 신뢰 구간을 구해보아야 하는데, 그림 11.5에서는 95% 신뢰 구간의 하한과 상한이 각각 1.3분, 3.0분으로, 기준값 0이 이 구간에 포함되지 않는다. 따라서, 선입선출 정책을 사용할 때와 SPT 정책을 사용할 때의 평균 체류 시간에 유의미한 차이가 존재하며, 평균 체류 시간이 짧은 SPT 정책을 사용하는 것이 바람직하다는 결론을 내리게 될 것이다.

만약, CRN과 같은 분산 감소 기법을 사용하지 않아, 두 모집단이 서로 독립인 경우에는 이와 다른 결론에 도달하게 된다는 점에 유의하여라. 모집단이 서로 독립이고, 모집단 분산이 알려져 있지 않은 경우에는 아래와 같은 신뢰 구간을 이용하여 2표본 t 검정을 실시한다:

$$\bar{Y}_1 - \bar{Y}_2 \pm t_{\frac{\alpha}{2},n*}\sqrt{\frac{S_1^2}{n_1}+\frac{S_2^2}{n_2}}$$

단, $n_1=n_2=n$인 경우 $n*=n-1$

결과적으로, 이 때는 신뢰 구간의 하한과 상한이 2.1±3.2, 즉, -1.1과 5.3이 되어, 기준값 0이 이 구간에 포함된다. 즉, 대기 정책을 바꾸어도, 평균 체류 시간에는 통계적으로 유의미한 차이가 없다는 결론이 나온다. 추가

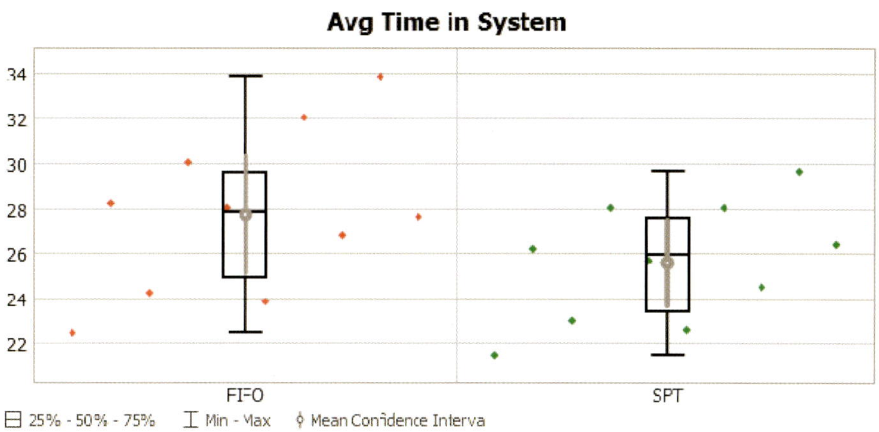

Avg Time in System

	Mean (95% Confidence)	Sample Std Dev	Min	Max
FIFO	25.2 < 27.7 < 30.3	3.6	22.5	33.9
SPT	23.7 < 25.6 < 27.5	2.6	21.5	29.7

그림 11.6 : 각 대기 정책(선입선출/SPT)을 사용하는 시스템의 평균 체류 시간에 대한 신뢰 구간 (두 모집단이 서로 독립인 경우)

적으로 여기서 한 가지 눈여겨볼 점은 쌍체 t 검정을 사용했을 때보다 신뢰 구간의 정밀도가 떨어졌다는 것이다(즉, 신뢰 구간의 너비가 넓어졌다).

나아가, 각 대기 정책을 사용하는 시스템의 평균 체류 시간에 대한 신뢰 구간을 개별적으로 구해보아도 위와 동일한 결론에 도달하게 된다. 예를 들어, 그림 11.6에서 알 수 있듯이, 두 모집단이 서로 독립인 경우에는 각 대기 정책을 사용할 때의 평균 체류 시간 신뢰 구간들이 상당 부분 겹치기 때문에, 이들 간에 통계적으로 유의미한 차이가 존재하지 않는 것으로 보인다. 물론, 반복 횟수를 늘려 표본의 크기를 좀 더 크게 하면 결론이 달라질 수도 있을 것이다.

통계적인 유의성 vs. 실무적인 유의성

Banks 등 [1]이 지적한 바와 같이, 통계적으로 유의미한 차이가 없다는 말이 두 시나리오들의 성능 평가지표 값이 완전히 동일함을 뜻하는 것은 아니다.

나아가, 가설 검정 결과가 통계적인 유의성을 갖기 위해서는 성능 평가지표 값의 차이가 무작위 표본 추출로 인해 야기된 우연이 아닌, 시스템 특성의 변화에서 기인한 것이어야 한다. 또한, 통계적 유의성은 데이터가 가진 변동성의 크기나 표본의 크기(반복 횟수) 등과 같은 실험 조건에 따라 달라질 수도 있다. 예를 들어, 그림 11.6에서 우리는 SPT 정책을 사용해도 평균 체류 시간이 통계적으로 유의미할 정도로 감소하지는 않는다는 결론을 내렸다.

하지만, 때로는 통계적으로 유의미하지 않은 차이가 실무적인 유의성을 가져, 의사결정 시에 이를 반영해야 할 수도 있다. 실무적인 유의성의 유무를 따져볼 때는 시뮬레이션 실행 결과보다 당면한 문제와 분석 대상 시스템의 특성을 고려하여야 한다. 예를 들어, 그림 11.6에서 $\bar{d}$=2.1분인데, 경우에 따라서는 이 값이 실무적인 유의성을 가질 수도 있는 것이다(즉, 이 정도의 차이가 매우 중요할 수도 있다). 특히, 예상되는 편익에서 예상되는 비용을 차감하여 각 시나리오들의 재무적인 성과를 비교해야 하는 경우에는 통계적으로는 유의미하지 않다 하더라도 이 같은 $\bar{d}$값을 무시해서는 안 된다.

Section 11-3 CRN(Common Random Numbers) 기법을 이용한 변동성 감소

Good Vibrations사 예제에 CRN 기법을 적용하기 전에 먼저 간단한 단일 서버 대기행렬 시스템을 통해 CRN 기법의 개념을 살펴보기로 하자. 이 대기행렬 시스템은 선입선출 방식으로 작업물을 처리하며, 도착 간격과 처리 시간은 모두 확률 변수이다. 나아가, 처리가 완료된 작업물 중 양품으로 판정된 것들은 시스템을 이탈하지만, 불량품들은 재처리를 위해 대기행렬에 재합류한다고 가정하자. 즉, 이 시스템은 크게 두 가지 유형의 작업물(최초 처리 대상 작업물과 재처리 대상 작업물)을 처리한다. 다만, 작업물의 유형이 작업의 내용에 영향을 주지는 않는다(즉, 작업물 유형에 따라 처리 시간이나 불량율이 달라지지는 않는다). 그림 11.7은 이 시스템에 대한 시뮬레이션 모형을 4회 반복 실행한 결과의 일부를 보여준다.

앞에서 말한 것처럼, 작업물의 유형에 따라 처리 방법이 달라지는 것은 아니지만, 일단 최초 처리 대상 작업물과 재처리 대상 작업물을 각각 유형 1, 유형 10으로 표기한다고 가정해 보자. 그림 11.7의 좌측 상단에는 모형에 포함된 모든 확률 변수(도착 간격, 처리 시간, 불량 여부 등)에 동일한 난수 스트림 번호를 부여한 채로 최초 작업물 10개에 대한 시뮬레이션을 진행한 결과가 나타나 있다. 8장에서 소개한 바 있는 난수 스트림 번호에 대해서는 아래에서 약간 더 보충 설명할 것이다.

그림 11.7의 좌측 하단에 있는 것은 모형에 확률 변수를 1개 추가한 후, 최초 작업물 10개에 대한 시뮬레이션을 진행한 결과이다. 여기서도 모든 확률 변수에 동일한 난수 스트림 번호를 부여하였으며, 새로 추가한 확률 변수는 최초 처리 대상 작업물의 소분류이다. 세부적으로는 최초 처리 대상 작업물들이 유형 3과 유형 4, 두 가지로 구분되어 있으며, 작업물 1개가 유형 3또는 4에 해당할 확률은 동일하다(즉, 일양 분포를 이용하여 작업물의 소분류를 결정한다). 나아가, 재처리 대상 작업물들은 이번에도 유형 10으로 표기한다. 새로 추가한 확률 변수, 즉, 작업물의 소분류 역시 작업물의 처리 방법에 영향을 주지는 않는다. 다만, 한 가지 특기할 만한 점은, 모형의 작동 방식이나 로직과는 관련이 없는 이 변수를 추가했을 때, 시뮬레이션 진행 경과가 크게 달라진다는 점이다. 즉, 그림 11.7 좌측 상단과 하단에 있는 실험 결과들을 보면 값들이 전체적으로 많이 바뀌어 있다. 작업물의 소분류라는 확률 변수를 하나 추가했다고 해서, 이렇게 도착 간격이나 처리 시간, 불량 여부 등과 같은 다른 확률 변수의 값들이 전체적으로 바뀌는 것은 분명 바람직한 일은 아니다.

이처럼 부가적인 확률 변수를 하나 추가한다고 해서 시뮬레이션 모형의 실행 결과가 크게 바뀌어서는 곤란하다. 이런 일이 벌어지는 이유는 모든 확률 변수에 동일한 난수 스트림 번호를 부여했기 때문이다. 다시 말해, 상기한 예에서 새로운 확률 변수(작업물의 소분류)에는 다른 난수 스트림 번호를 부여해야 한다. 그렇지 않을 경우, 특정 작업물에 대한 확률 변수를 생성하는데 사용되는 난수 값이 바뀌어, 모형 실행 결과에 불필요한 변화가 생기기 때문이다.

그림 11.7의 우측에는 모형에 CRN을 적용한 다음, 실행을 2회 반복한 결과가 나타나 있는데, 여기서는 새로운 확률 변수(작업물의 소분류)를 추가해도 도착 간격이나 처리 시간, 불량 여부 등의 값이 유지되는 것을 볼 수 있다. 사실 이것이 정상적인 상황일 것이다.

모형 실행 결과의 변동성을 줄이기 위해서는 시뮬레이션 모형에 포함된 확률 변수 각각에 서로 다른 난수 스트림 번호를 부여하는 것이 바람직하다. *FlexSim*에서는 확률 변수의 확률 분포를 명시할 때마다 서로 다른 난수 스트림 번호를 매개 변수로 넣어주기만 하면 된다. 나아가, *FlexSim*에 내장된 확률 분포 함수들이 가진 매개 변수 중 마지막 항목은 항상 스트림 번호를 의미한다(예: normal(mean, stddev, stream), uniform(min, max, stream) 등). 예를 들어, normal(10, 2, 8)은 평균이 10이고 표준 편차가 2인 정규 분포로부터 표본값을 1개 추출하되, 난수 스트림 번호는 8을 사용하라는 의미이다. 서로 다른 난수 스트림으로부터 추출되는 난수들은 서로 독립이다. 따라서, 각 확률 변수에 서로 다른 스트림 번호가 부여되기만 한다면, 구체적으로 특정 확률 변수의 스트림 번호가 몇 번인지는 중요하지 않다. *FlexSim*의 스트림 번호는 0에서 99까지의 정수값을 가질 수 있으며, 따로 설정하지 않을 경우에는 스트림 번호가 0이 된다. 간혹, 기본적으로 제공되는 100개(0~99번)보다 많은 스트림 번호가 필요할 수도 있는데, 이럴 때는 적절한 스크립트를 작성하여 100개 이상의 스트림 번호를 사용하는 것도 가능하다. 다만, 이는 다소 심화된 내용에 해당하므로 이 책에서는 다루지 않는다.

지금까지 설명한 것은, CRN이라고 불리는 분산 감소 기법을 활용하는 방법 중 하나이다.

단일 난수 스트림 사용

작업물 번호	도착 간격	작업물 유형	처리 시간	체류 시간	도착 시점	재처리 여부
1	12.3	1	12.16	12.16	12.3	0
2	8.3	1	13.91	17.77	20.6	0
3	11.01	1	1.48	8.24	31.61	0
4	1.08	1	12.78	19.94	32.7	0
5	0.05	1	3.98	23.87	32.75	0
6	3.53	1	0.76	21.09	36.28	0
7	5.39	1	9.98	25.69	41.67	0
8	0.54	1	3.27	28.41	42.21	0
9	14.27	10	10.88	30.02	56.48	1
10	39.64	1	14.43	14.43	96.12	0

작업물 번호	도착 간격	작업물 유형	처리 시간	체류 시간	도착 시점	재처리 여부
1	12.3	3	9.91	9.91	12.3	0
2	10.85	4	0.04	0.04	23.16	0
3	15.45	4	1.48	1.48	38.61	0
4	5.39	3	12.85	12.85	44	0
5	14.2	10	13.58	60.82	58.2	1
6	4.42	4	0.4	9.56	62.62	0
7	5.52	3	14.43	18.47	68.13	0
8	0.95	10	27.41	105.06	69.09	1
9	25.34	3	11.27	35.87	94.43	0
10	0.79	4	25.48	60.56	95.22	0

CRN 사용

작업물 번호	도착 간격	작업물 유형	처리 시간	체류 시간	도착 시점	재처리 여부
1	12.3	10	7.78	12.78	12.3	1
2	8.3	1	3.38	7.86	20.6	0
3	10.85	1	9.55	9.55	31.46	0
4	13.51	1	17.72	17.72	44.97	0
5	11.01	1	4.8	11.52	55.98	0
6	6.3	1	0.18	5.4	62.28	0
7	15.45	1	0.81	0.81	77.73	0
8	1.08	10	11.71	105.2	78.82	1
9	0.05	1	18.73	30.39	78.87	0
10	3.53	1	32.9	59.76	82.4	0

작업물 번호	도착 간격	작업물 유형	처리 시간	체류 시간	도착 시점	재처리 여부
1	12.3	10	7.78	12.78	12.3	1
2	8.3	3	3.38	7.86	20.6	0
3	10.85	4	9.55	9.55	31.46	0
4	13.51	3	17.72	17.72	44.97	0
5	11.01	4	4.8	11.52	55.98	0
6	6.3	4	0.18	5.4	62.28	0
7	15.45	4	0.81	0.81	77.73	0
8	1.08	10	11.71	105.2	78.82	1
9	0.05	4	18.73	30.39	78.87	0
10	3.53	3	32.9	59.76	82.4	0

그림 11.7 : 단일 난수 스트림과 CRN을 이용한 시뮬레이션 실험 진행 경과 비교

CRN과 같은 분산 감소 기법을 사용하면 시뮬레이션 모형의 출력값이 갖는 변동성이 감소하여, 특정 수준의 정밀도를 가진 추정치를 얻는데 필요한 반복 횟수를 줄이거나, 동일한 횟수의 반복을 통해 보다 정밀한 추정치(즉, 폭이 좁은 신뢰 구간)를 얻을 수 있다. 나아가, CRN를 사용하는 경우에는 반복 회차별 실행 결과가 더 이상 독립이 아니게 되므로, 모집단 평균값의 동일성을 검정할 때 쌍체 t 검정을 실시하여야 한다. 시뮬레이션 프로젝트를 수행할 때 활용할 수 있는 분산 감소 기법으로는 CRN 이외에도 다양한 것들이 있으나, 이들은 대부분 이 책의 범위를 벗어난다. 다른 분산 감소 기법들에 대해 보다 자세히 알고 싶은 경우에는 Law [5]를 참조하여라.

변동성을 감소시키기 위해 표본값들이 서로 상관관계를 갖도록 만든다는 점에서 CRN을 상관 표본추출법(correlated sampling)이라 부르기도 한다. 아래에서 보듯이, 일반적으로 두 모집단이 있을 때, 이들의 평균값 차이의 분산은 모집단 간의 공분산(cov) 또는 상관계수(ρ)의 값에 따라 달라진다. 만약, 두 모집단이 서로 독립인 경우에는 양쪽 모집단 분산의 합으로 평균값 차이의 분산을 계산할 수 있다(두 모집단이 서로 독립인 경우에는 공분산과 상관계수의 값이 0이다).

$$V(\bar{Y}_1 - \bar{Y}_2) = \sigma_1^2 + \sigma_2^2 - 2cov(\bar{Y}_1, \bar{Y}_2) = \sigma_1^2 + \sigma_2^2 - 2\rho\sigma_1\sigma_2$$

CRN 기법을 사용할 경우, 위 식에서 상관계수 ρ가 양의 값을 가져, 결과적으로 분산이 감소하며, 여기서 상관계수가 양이라는 말은 한 쪽 시나리오에서 성능 평가지표의 값이 높게 나타날 경우, 다른 시나리오에서도 그러한 일이 발생할 가능성이 크다는 점을 의미한다. 나아가, Robinson [7]이 지적한 바와 같이 CRN의 효과를 확인하고 싶은 경우에는 아래와 같은 가설들에 대한 검정을 실시해볼 수도 있다[1]:

$$H_0 : V(\bar{Y}_1 - \bar{Y}_2) = \sigma_1^2 + \sigma_2^2$$
$$H_1 : V(\bar{Y}_1 - \bar{Y}_2) < \sigma_1^2 + \sigma_2^2$$

상기한 가설 검정에서 귀무 가설이 기각되는 경우에는 양쪽 모집단이 서로 독립이 아니기 때문에 쌍체 t 검정을 이용하여 d의 신뢰 구간을 산출해야 하며, 그렇지 않은 경우에는 2표본 t 검정을 이용한다. 나아가, 앞의 그림 11.5, 그림 11.6에서는 $V(\bar{Y}_1-\bar{Y}_2)=1.1^2=1.21$, $\sigma_1^2=3.6^2=12.96$, $\sigma_2^2=2.6^2=6.76$으로, 평균값 차이의 분산이 각 모집단 분산의 합에 비해 확연히 작으므로, 귀무 가설을 기각하고, CRN으로 인한 분산 감소 효과가 있다는 결론을 내리게 될 것이다.

따라서, 여기서는 쌍체 t 검정을 이용하여 d의 신뢰 구간을 산출하여야 한다.

CRN 기법의 기본적인 개념을 소개하였으므로, 이번에는 Good Vibrations사 예제에서 이 기법이 어떤 역할을 하였는지를 살펴보기로 하자. 앞서 그림 11.5에서는 d의 95% 신뢰 구간이 1.3분~3.0분 범위에 분포하기 때문에, SPT 정책을 사용하면 선입선출 정책을 사용할 때보다 평균 체류 시간이 현저히 줄어든다는 결론이 도출되었다. 반면, 그림 11.8에는 나머지 사항들은 모두 동일하나, CRN이 적용되지 않은 모형을 이용하여 2가지 대기 정책 하에서의 평균 체류 시간을 비교해 본 결과가 나와 있는데, 여기서는 d의 95% 신뢰 구간이 -3.6

1 분산에 대한 가설 검정이므로 카이제곱 검정을 활용할 수 있을 것이다.

분~9.6분 범위에 분포하는 것을 볼 수 있다. 신뢰 구간의 너비가 더 넓다는 점에서 이 추정치는 그림 11.5의 추정치에 비해 정밀도가 떨어진다. 뿐만 아니라, 그림 11.8의 신뢰 구간에는 기준값 0이 포함되기 때문에, 어느 쪽 대기 정책을 사용하든 평균 체류 시간에는 큰 차이가 없다는 결론을 내리게 될 것이다. 단일 기계 작업 순서 결정 문제에서 SPT 정책을 사용할 시, 평균 체류 시간이 최소화된다는 점을 감안할 때, 이는 잘못된 결론일 가능성이 크다.

한 가지 덧붙이자면, 이처럼 대기 정책을 고려해야 하는 경우에는 각 flowitem의 처리 시간이 processor 개체에서 처리가 시작되기 직전에 정해지도록 하기보다, source 개체에서 생성된 flowitem 각각에 처리 시간을 부여하도록 하는 것이 좋다. Processor 개체에 진입하기 전에 각 flowitem의 처리 시간이 미리 정해져 있어야 하기 때문이다. Flowitem 각각에 처리 시간을 저장하기 위한 label을 부여한 다음, source 개체에서 이 label의 값을 설정하고, processor 개체가 그 값을 읽어들이도록 하면, 여러 가지 대기 정책을 쉽게 구현할 수 있다.

Rep	FIFO	SPT	diff
1	26.45	29.21	-2.8
2	29.73	27.8	1.9
3	21.54	23.38	-1.8
4	25.42	27.92	-2.5
5	30.03	28.97	1.1
6	26.04	25.2	0.8
7	26.15	23.95	2.2
8	55.32	26.91	28.4
9	26.18	27.6	-1.4
10	27.28	23.5	3.8
Mean	29.4	26.4	3.0
Std Dev	9.4	2.2	9.2
t-value			2.262
LCIL			-3.6
UCIL			9.6

그림 11.8 : CRN을 적용하지 않은 상태에서 대기 정책(선입선출/SPT)에 따른 평균 체류 시간 차이 유무를 검정한 결과

Section 11-4 Bonferroni 방법을 이용한 다수 시나리오 비교 분석

다수(3개 이상)의 시나리오들을 비교하는 방법은 여러 가지가 있다. 하지만, 여기서는 그 중에서도 가장 널리 사용되는 방법만 소개할 것이다. 다수 시나리오들에 대한 다양한 비교 분석 방법들에 대해 좀 더 자세히 알고 싶은 경우에는 Hsu [3]나 Law [5], 또는 여러 가지 기초 통계 관련 서적들을 참조하여라. 참고로, 미국 상무부 산하 기관인 NIST(National Institute of Standards)에서 발간한 Engineering Statistics Handbook [6] 같은 자료는 무료로 다운로드하거나, 온라인 상에서 조회해볼 수도 있다.

신뢰 구간을 구하거나, 가설 검정을 실시할 때는 먼저 유의 수준 α의 값을 정해야 한다. 통계학에서 유의 수준이란 1종 오류를 범할 확률, 즉, 참인 귀무 가설을 잘못 기각할 확률을 말한다[2]. 시나리오들 간의 비교 분석에서는 '각 시나리오들의 성능 평가지표에 큰 차이가 없다'는 명제가 귀무 가설이 된다.

다수의 시나리오들에 대한 비교 분석을 할 때는 Bonferroni 방법을 이용하여 개별 신뢰 구간들의 유의 수준을 정하는 것이 바람직하다. 예를 들어, 95%(유의 수준 5%) 신뢰 구간이 2개 있을 때, 이들의 종합적인 신뢰도, 즉, 둘 중 어느 쪽에서도 1종 오류가 발생하지 않을 확률의 하한은 90%이다[3]. 마찬가지로, 95% 신뢰 구간

2 반대로, 신뢰도(신뢰 수준=1 – 유의 수준)는 1종 오류를 범하지 않을 확률이다.

3 양쪽 신뢰 구간에서 동시에 1종 오류가 발생할 확률이 0인 경우에 해당한다.

이 10개 있다면 이들의 종합적인 신뢰도의 하한은 50%밖에 되지 않는다. 다시 말해, 10회의 비교 분석에 대한 종합적인 신뢰도를 95%로 하고 싶은 경우에는 각 비교 분석에서 사용할 신뢰 구간들의 신뢰 수준을 이 보다 더 높게, 정확하게는 99.5%로 설정하여야 한다.

Bonferroni 방법의 한 가지 단점은, 유의 수준 α가 높아질수록, d의 신뢰 구간이 넓어지기 때문에, 결과적으로 개별 신뢰 구간의 정밀도가 떨어지게 된다는 것이다. 예를 들어, 95% 신뢰 구간을 구할 때는 표준 정규 분포를 따르는 확률 변수 z의 값이 $z_{0.025}$=1.96인 반면, 신뢰도가 99.5%인 경우에는 $z_{0.0025}$=2.807을 사용하게 되어, 신뢰 구간의 너비가 40% 이상 넓어진다. 따라서, 다수의 시나리오들에 대한 비교 분석을 할 때는 개별 신뢰 구간의 정밀도가 지나치게 떨어지지 않도록, 반복 횟수를 늘려야 할 수 있다.

아래에서, (1) 기본 시나리오와 나머지 시나리오들을 비교하는 경우와 (2) 다수의 시나리오들을 일일이 쌍대 비교하는 경우에 개별 신뢰 구간들에 대한 유의 수준 α의 값이 어떻게 정해지는지 살펴보기로 하자.

먼저, K개의 시나리오들 중 1개가 기본 시나리오[4]이고, 나머지 시나리오 각각을 기본 시나리오와 비교해야 하는 경우에는 K-1회의 비교가 수행되어야 한다. 예를 들어, K개의 시나리오 SO_1, SO_2, ⋯, SO_k가 있고, 각각의 성능 평가지표 평균값이 μ_1, μ_2, ⋯, μ_K라면, μ_1-μ_2=d_{12}, μ_1-μ_3=d_{13}, ⋯, μ_1-μ_K=d_{1K}에 대해 총 K-1개의 신뢰 구간을 만들어보아야 할 것이다. 만약, 이들의 종합적인 신뢰도를 1-α로 하고 싶은 경우에는 개별 신뢰 구간의 신뢰도를 아래와 같이 설정하여야 한다:

$$1 - \frac{\alpha}{(K-1)}$$

다르게 표현하자면, 개별 신뢰 구간 각각의 유의 수준이 아래와 같아질 것이다:

$$\frac{\alpha}{(K-1)}$$

즉, 기본 시나리오 1개와 나머지 시나리오 4개를 비교해야 하는데(전체 시나리오 개수 K=5), 종합적인 신뢰도를 95%(종합적인 유의 수준=5%)로 하고 싶다면, 개별적인 유의 수준이 5%/4 = 약 1%인 신뢰 구간 4개가 필요할 것이다.

반면, K개의 시나리오들 중 기본 시나리오가 없고, 모든 시나리오들을 2개씩 쌍대 비교해야 하는 경우에는 총 K(K-1)/2개의 신뢰 구간이 생성된다. 나아가, 이들의 종합적인 신뢰도를 1-α로 하기 위해서는 개별 신뢰 구간의 신뢰도를 아래와 같이 설정하여야 한다:

$$1 - \frac{\alpha}{\frac{K(K-1)}{2}}$$

즉, 개별 신뢰 구간 각각의 유의 수준은 아래와 같이 계산된다:

$$\frac{2\alpha}{K(K-1)}$$

4 가장 일반적인 시스템 구성을 의미하는 시나리오. 보통 현재 시스템 구성을 의미하는 경우가 많다.

예를 들어, 4개의 시나리오 각각을 서로 쌍대 비교하는데, 종합적인 신뢰도를 95%(종합적인 유의 수준=5%)로 하고 싶다면, 총 6회(=4×3÷2)의 쌍대 비교가 수행되고, 개별 신뢰 구간의 신뢰도는 5%/6 = 약 1%가 될 것이다.

Good Vibrations사의 다수 시나리오 비교 분석 방법 응용 사례

Good Vibrations사 예제에서는 2개 의사결정 변수(요인)가 각각 다음과 같은 수준들을 갖는다:

- 테스트 대기 장소들의 용량: 1) 2/8, 2) 5/5, 3) 8/2 (1단계 테스트 대기 장소 용량(B1)/2단계 테스트 대기 장소 용량(B2))
- 대기 정책: 1) 선입선출(FIFO), 2) SPT

따라서, 이 예제에서는 그림 11.9의 좌측에서 보는 것처럼 총 6개의 시나리오가 존재하며, 이들 각각을 서로 쌍대 비교한다면, 이 그림 우측에 노란색 셀로 표시된 것과 같이 총 15회의 비교 분석이 필요한 상황이다. 나아가, 앞서 11-2절에서는 B1=2, B2=8인 상황에서 선입선출 정책을 사용하는 시나리오와 SPT 정책을 사용하는 시나리오를 비교하였는데, 이는 그림 11.9의 우측 표에 별표로 표시한 것처럼 시나리오 1과 시나리오 4의 비교에 해당한다.

당연한 이야기지만, 시나리오의 개수가 늘어나면 쌍대 비교 횟수도 급격히 증가할 것이다. 예를 들어, 의사결정 변수 중 테스트 대기 장소들의 용량이 4가지 수준을 갖는 경우에는 시나리오의 개수가 8개(=4×2)로 늘어나면서, 쌍대 비교 횟수는 28회(=8×7/2)로 증가한다. 시나리오가 10개인 경우에는 45(=10×9/2)회의 쌍대 비교가 필요할 것이다.

		Buffer capacities, 1/2		
		2/8	**5/5**	**8/2**
Queue discipline	**FIFO**	1	2	3
	SPT	4	5	6

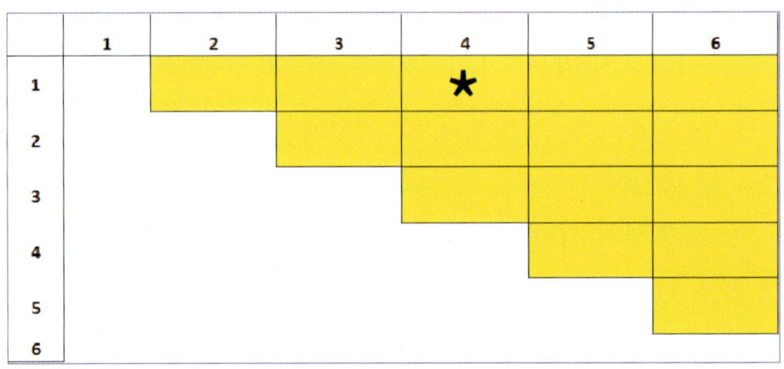

그림 11.9 : Good Vibrations사 예제에서 고려하는 시나리오와 이들 각각에 대한 쌍대 비교 절차

그림 11.10은 그림 11.9의 6가지 시나리오들을 가지고 15회의 쌍대 비교를 실시하여 얻은 결과를 보여준다. 여기서는 6개 시나리오에 각각에 대해 4,800분 간의 시뮬레이션을 35회 반복 실행하였으며, 그림 위쪽의 표에는 각 시나리오별 평균 체류 시간이 요약되어 있고, 아래쪽 표는 세부적인 쌍대 비교에서 도출된 d의 신뢰 구간들을 보여준다. 아울러, 쌍대 비교 시에는 종합적인 유의 수준을 5%로 맞추기 위해 개별 신뢰 구간의 유의 수준을 5%/15 = 약 0.3%로 설정하였다.

그림 11.10을 보면, 우선 동일한 대기 정책을 사용하는 시나리오들의 성능 평가지표들이 거의 유사하다는 점

Means	2 / 8	5 / 5	8 / 2
FIFO	16.6	16.6	16.7
SPT	16.2	16.2	16.3

Cofidence Intervals	FIFO 2/8	FIFO 5/5	FIFO 8/2	SPT 2/8	SPT 5/5	SPT 8/2
FIFO 2/8		0.0 +/- 0.0	-0.1 +/- 0.1	0.4 +/- 0.1	0.4 +/- 0.1	0.3 +/- 0.1
FIFO 5/5			-0.1 +/- 0.1	0.3 +/- 0.1	0.4 +/- 0.1	0.3 +/- 0.1
FIFO 8/2				0.4 +/- 0.1	0.5 +/- 0.1	0.4 +/- 0.1
SPT 2/8					0.0 +/- 0.0	-0.1 +/- 0.1
SPT 5/5						-0.1 +/- 0.1
SPT 8/2						

그림 11.10 : Good Vibrations사 예제에 대한 쌍대 비교 수행 결과

을 알 수 있다. 예를 들어, 평균 체류 시간이 가장 짧은 시나리오는 시나리오 4(B1=2, B2=8, SPT 정책 사용)와 시나리오 5(B1=5, B2=5, SPT 정책 사용)인데, 이들과 같은 대기 정책(SPT 정책)을 사용하는 시나리오 6(B1=8, B2=2)의 평균 체류 시간도 시나리오 4 및 시나리오 5와 거의 대등한 수준이다. 마찬가지로, 선입선출(FIFO) 정책을 사용하는 시나리오들(시나리오 1~3)의 평균 체류 시간 역시 거의 비슷하다. 한편, 그림 11.10의 아래쪽 표에서 통계적으로 유의미한 차이가 있음을 의미하는 값들이 기록된 칸들에는 음영을 표시하였는데, 이들을 보면 대체적으로 SPT 정책을 사용하는 시나리오들(시나리오 4~6)의 평균 체류 시간이 선입선출(FIFO) 정책을 사용하는 시나리오들(시나리오 1~3)에 비해 약간 짧다는 점을 알 수 있다. 덧붙이자면, 이는 11-2절에서 나왔던 그림 11.5의 내용과 일치하는 분석 결과이기도 하다.

하지만, 실무적인 관점에서는 전체적으로 각 시나리오들의 성능 평가지표에 큰 차이가 없다는 결론을 내릴 수도 있다. 이 같은 결론을 내릴 때는 시뮬레이션 결과에 대해 보다 심층적으로 분석해 보는 것이 필요하다. 이 예제에서는 사실 제품 1개를 검사하는데 소요되는 시간이 평균 10분임을 감안할 때(A, B, C, D 타입 각각의 1단계 및 2단계 검사에 소요되는 시간이 평균 2, 4, 6, 8분이므로), 평균 체류 시간이 16분대 정도면 양호한 수준이다. 아마도 자원(테스트 기계 및 무인 이송차)들의 이용률도 그리 높지 않을 것이다. 실제로 시뮬레이션을 실행해 본 결과, 테스트 기계들이 실제로 제품에 대한 검사를 수행하는 시간의 비율은 60% 정도였으며, 셋업 시간과 가동 중단 시간의 비율이 각각 5%, 7% 가량이었다. 나머지 28%는 유휴 시간인 것이다. 무인 이송차의 유휴 시간 비율은 무려 75% 가량에 이른다. 따라서, 테스트 기계나 무인 이송차의 성능을 높인다 하더라도 성능 평가지표의 개선 효과가 크지 않을 것이다.

이 와중에 분석 팀은 모형에 중대한 문제가 있음을 깨달았다. 최근 일부 제품들에 대한 검사 내용이 추가되면서 테스트 기계의 검사 소요 시간이 늘어났는데, 이를 모형 작성자에게 알려주지 않았던 것이다. 현재 A, B, C, D 타입 제품 각각의 1단계 및 2단계 검사에 소요되는 시간은 평균적으로 3, 4, 8, 9분이다. 분석 팀은 기존 시

Means	2 / 8	5 / 5	8 / 2
FIFO	107.7	116.6	170.3
SPT	98.8	93.2	131.5

Cofidence Intervals	FIFO 2/8	FIFO 5/5	FIFO 8/2	SPT 2/8	SPT 5/5	SPT 8/2
FIFO 2/8		-8.9 +/- 5.5	-62.6 +/- 14.1	8.9 +/- 6.7	14.6 +/- 5.3	-23.7 +/- 11.9
FIFO 5/5			-53.7 +/- 12.1	17.8 +/- 8.8	23.4 +/- 7.3	-14.9 +/- 9.9
FIFO 8/2				71.5 +/- 15.7	77.2 +/- 13.9	38.9 +/- 6.2
SPT 2/8					5.7 +/- 6.6	-32.6 +/- 13.5
SPT 5/5						-38.3 +/- 11.4
SPT 8/2						

그림 11.11 : 수정된 시뮬레이션 모형을 이용한 쌍대 비교 수행 결과

뮬레이션 모형의 검사 소요 시간을 수정한 후 다시 한 번 분석을 진행하였으며, 이번에는 각 시나리오의 반복 횟수를 50회로 설정하였다. 기존의 반복 횟수 35회는 단일 시나리오 분석을 기준으로 정했던 것이기 때문이다. 그림 11.11은 수정된 모형을 이용한 분석 결과를 보여준다.

수정된 모형을 이용한 분석에서 평균 체류 시간이 가장 짧은 것은 시나리오 5(B1=5, B2=5, SPT 정책 사용)이다. 다만, 이 시나리오의 평균 체류 시간은 93.2분으로 이전 분석에 비해서는 많이 높은 수준이다. 나아가, 그림 11.11의 아래쪽 표에서는 대부분의 쌍대 비교에서 2개 시나리오들의 성능 평가지표에 통계적으로 유의미한 차이가 있다는 결론이 도출되었으나, 시나리오 4와 시나리오 5의 비교(음영이 없는 칸에 해당)에서만은 그렇지 않았다. 이는 SPT 정책을 사용하는 경우에는 대기 장소들의 용량을 B1=2, B2=8로 하든, B1=5, B2=5로 하든 평균 체류 시간이 크게 달라지지 않는다는 것을 의미한다. 다시 말해, 현재의 분석 결과만으로는 시나리오 4와 시나리오 5의 평균 체류 시간(각각 98.8분, 93.2분) 차이가 시스템의 특성에서 기인한 것인지, 아니면 우연에 의해 발생한 것인지를 명확히 판단하기 어렵다. 이 두 시나리오들의 차이점을 분석하고 싶은 경우에는 이들에 대해서만 추가적인 실험을 실시해 보아야 할 것이다.

요약

이번 장에서는 이전 장에 이어 이산 사건 시뮬레이션 모형을 실행하여 얻은 출력값들을 통계적으로 분석하는 방법을 설명하였다. 아무리 보기 좋고 실제 시스템의 특성이 잘 반영된 모형을 작성했다 하더라도 모형의 출력값들을 적절히 해석할 능력이 없다면 잘못된 의사결정을 내리게 될 가능성이 크다. 따라서, 시뮬레이션에서 통계 분석은 매우 중요한 역량이다. 이번 장과 이전 장의 본문에서 언급한 바와 같이, 시뮬레이션 모형의 출력값을 분석하는데 사용할 수 있는 기법들은 다양하다. 다만, 이 책에서는 복잡한 통계 분석 기법들을 세세하게 소개하기보다는 기본적인 통계 기법들의 개념과 사용법을 설명하는데 초점을 맞추었다.

시스템의 유형(유한 실행 시간 시스템 또는 무한 실행 시간 시스템)에 따라 시뮬레이션 모형을 실행하고 그

출력값을 분석하는 방법은 달라진다. 중요한 것은 시스템의 유형이 어느 쪽이든 간에 시뮬레이션 모형을 여러 번 반복 실행해보아야 한다는 점이다. 일반적으로 시뮬레이션 모형에는 확률 변수들이 포함되어 있기 때문이다. 아울러, 각 반복의 실행 시간이나 시작 조건 역시 신중하게 결정하여야 한다.

일반적인 실험과 마찬가지로, 시뮬레이션 모형을 이용하여 실험을 수행하고자 하는 경우에는 먼저 의사결정 변수와 성능 평가지표를 명확하게 정의하여야 한다. 보통 시뮬레이션 분석을 할 때는 여러 대안, 즉, 시나리오들 중 가장 우수한 것을 선택해야 하는 경우가 많다. 따라서, 이 장에서는 여러 가지 시나리오들의 출력값을 통계적으로 비교하는 방법을 소개하였다. 아울러, 보다 정밀한 통계 분석을 위해서는 CRN과 같은 분산 감소 기법을 사용하는 것이 바람직하다. 나아가, 경우에 따라서는 통계적으로 유의미하지 않은 결과가 실무적인 관점에서는 유의미할 수도 있다.

참고 문헌

1. Banks, J., Carson, J, Nelson, B., & Nicol, D. (2010) *Discrete-Event System Simulation* 5th Ed. NJ: Upper Saddle River, Prentice Hall, Pearson Education, Inc.

2. Barton, R. "Designing Simulation Experiments," *Proceedings of the 2013 Winter Simulation Conference*, R. Pasupathy, S.-H. Kim, A. Tolk, R. Hill, and M. E. Kuhl, eds., pp. 342-353.

3. Hsu, J. (1996) *Multiple Comparisons: Theory and Methods*. New York: Chapman and Hall.

4. Statistics How To, http://www.statisticshowto.com/tables/z-table

5. Law, A. (2007) *Simulation Modeling and Analysis*, New York: McGraw-Hill.

6. NIST/SEMATECH *e-Handbook of Statistical Methods*, http://www.itl.nist.gov/div898/handbook/, October 2013.

7. Robinson, S. (2004) *Simulation: The Practice of Model Development and Use*, Chichester, England: John Wiley & Sons, Ltd.

8. Sanchez, S. "Work Smater, Not Harder: Guidelines for Designing Simulation Expreiments," *Proceedings of the 2005 Winter Simulation Conference*, M. E. Kuhl, N. M. Steiger, F. B. Armstrong, and J. A. Joines, eds., pp. 69-82.

Chapter 11 Review Questions

1. 이 장에서 가장 기억에 남거나 흥미로웠던 점 세 가지를 이야기해보시오.
2. 시뮬레이션 모형을 이용하여 실험을 수행하기 전에 미리 정해두어야 하는 실험 파라미터들을 이야기해보시오.
3. 이 장의 예제에서, 처음에는 도착 간격이 지수 분포를 따른다고 가정하였다. 이 때 어떤 문제점들이 발생하였는지를 설명하여라.
4. 이 장의 예제에서, 도착 간격의 확률 분포를 삼각 분포로 변경한 이후, 모형 실행 결과가 어떻게 바뀌었는지를 설명하여라.
5. 분석 결과가 통계적으로는 유의미하지 않더라도 실무적으로는 유의미할 수 있다. 이 말의 뜻을 간단히 설명하여라.
6. 시뮬레이션 모형을 작성할 때 CRN 기법을 적용하는 것이 바람직한 이유는 무엇인가?
7. CRN 기법을 시뮬레이션 모형에 적용하는 방법을 설명하여라.
8. 시뮬레이션 모형을 이용한 실험에서 3가지 요인들이 각각 4가지 수준을 갖는다면 몇 개의 시나리오가 존재하는 것인가? 이들 각각에 대한 쌍대 비교를 실시하는 경우, 총 몇 번의 비교 분석이 이루어져야 하는가?
9. 6개의 대안 시나리오들 각각에 대해 기본 시나리오와의 비교 분석을 실시하고자 한다. 종합적인 유의 수준 α를 10%로 하고 싶은 경우, 개별 신뢰 구간들의 유의 수준은 얼마가 되어야 하는가?
10. 누군가 10장의 8번 문제에 나왔던 의료 영상 촬영실의 성능 평가지표 개선을 위한 개선안 1개를 제안했다고 가정하자. 기존의 운영 방식(기본 시나리오)에 해당하는 모형과 개선안(대안 시나리오)에 해당하는 모형을 각각 15회씩 반복 실행하면서 환자들의 평균 대기 시간을 집계해 본 결과는 아래 표와 같았다. 이 개선안은 통계적으로 유의미한 대기 시간 감소 효과를 발생시키는가? 분석 결과가 실무적으로 유의미한지에 대해서도 생각해보아라.

반복 횟수	기본 시나리오 평균 대기 시간(분)	대안 시나리오 평균 대기 시간(분)	차이
1	50.8	93.3	-43.1
2	63.8	62.4	1.4
3	51.2	111.4	-60.2
4	98.2	51.5	46.6
5	123.5	29.3	94.2
6	63.8	37.6	26.2
7	47.8	60.7	-12.9
8	33.5	171.6	-88.1
9	43	85.5	-42.5
10	112.5	22.1	90.4
11	59.5	52	7.5
12	52.7	78.8	-25.1
13	109.6	61	48.6
14	95.2	35.6	59.7
15	21.8	60.5	-38.6
평균	68.5	64.3	4.2
표준 편차	31.3	29.2	55.4

Appendix 11A – t-Distribution Table

아래 표의 내용 및 사용법에 대해서는 Statistics How To 웹 사이트, http://www.statisticshowto.com/tables/t-distribution-table 을 참조하여라.

Tail Probabilities							
One Tail	0.10	0.05	0.025	0.01	0.005	0.001	0.0005
Two Tails	0.20	0.10	0.05	0.02	0.01	0.002	0.001
DEGREE OF FREEDOM							
1	3.078	6.314	12.706	31.821	63.656	318.289	636.578
2	1.886	2.920	4.303	6.965	9.925	22.328	31.600
3	1.638	2.353	3.182	4.541	5.841	10.214	12.924
4	1.533	2.132	2.776	3.747	4.604	7.173	8.610
5	1.476	2.015	2.571	3.365	4.032	5.894	6.869
6	1.440	1.943	2.447	3.143	3.707	5.208	5.959
7	1.415	1.895	2.365	2.998	3.499	4.785	5.408
8	1.397	1.860	2.306	2.896	3.355	4.501	5.041
9	1.383	1.833	2.262	2.821	3.250	4.297	4.781
10	1.372	1.812	2.228	2.764	3.169	4.144	4.587
11	1.363	1.796	2.201	2.718	3.106	4.025	4.437
12	1.356	1.782	2.179	2.681	3.055	3.930	4.318
13	1.350	1.771	2.160	2.650	3.012	3.852	4.221
14	1.345	1.761	2.145	2.624	2.977	3.787	4.140
15	1.341	1.753	2.131	2.602	2.947	3.733	4.073
16	1.337	1.746	2.120	2.583	2.921	3.686	4.015
17	1.333	1.740	2.110	2.567	2.898	3.646	3.965
18	1.330	1.734	2.101	2.552	2.878	3.610	3.922
19	1.328	1.729	2.093	2.539	2.861	3.579	3.883
20	1.325	1.725	2.086	2.528	2.845	3.552	3.850
21	1.323	1.721	2.080	2.518	2.831	3.527	3.819
22	1.321	1.717	2.074	2.508	2.819	3.505	3.792
23	1.319	1.714	2.069	2.500	2.807	3.485	3.768
24	1.318	1.711	2.064	2.492	2.797	3.467	3.745
25	1.316	1.708	2.060	2.485	2.787	3.450	3.725
26	1.315	1.706	2.056	2.479	2.779	3.435	3.707
27	1.314	1.703	2.052	2.473	2.771	3.421	3.689
28	1.313	1.701	2.048	2.467	2.763	3.408	3.674
29	1.311	1.699	2.045	2.462	2.756	3.396	3.660
30	1.310	1.697	2.042	2.457	2.750	3.385	3.646
60	1.296	1.671	2.000	2.390	2.660	3.232	3.460
120	1.289	1.658	1.980	2.358	2.617	3.160	3.373
1000	1.282	1.646	1.962	2.330	2.581	3.098	3.300

Appendix 11B – Standard Normal Distribution Table

아래 표의 내용 및 사용법에 대해서는 Statistics How To 웹 사이트,
http://www.statisticshowto.com/tables/z-table 을 참조하여라.

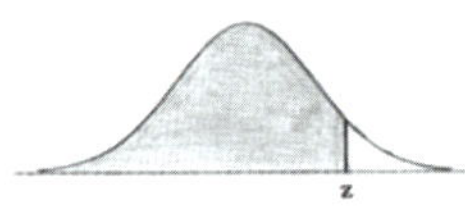

Probability Content
from -oo to Z

Z	0.00	0.01	0.02	0.03	0.04	0.05	0.06	0.07	0.08	0.09
0.0	0.5000	0.5040	0.5080	0.0120	0.0160	0.0199	0.5239	0.0279	0.0319	0.0359
0.1	0.5398	0.5438	0.5478	0.5517	0.5557	0.5596	0.5636	0.5675	0.5714	0.5753
0.2	0.5793	0.5832	0.5871	0.5910	0.5948	0.5987	0.6064	0.1064	0.6103	0.6141
0.3	0.6179	0.6217	0.6255	0.6293	0.6331	0.6368	0.6406	0.6443	0.6480	0.6517
0.4	0.6554	0.6591	0.6628	0.6664	0.6700	0.6736	0.6772	0.6808	0.6844	0.6879
0.5	0.6915	0.6950	0.6985	0.7019	0.7054	0.7088	0.7123	0.7157	0.7190	0.7224
0.6	0.7257	0.7291	0.7324	0.7357	0.7389	0.7422	0.7454	0.7486	0.7517	0.7549
0.7	0.7580	0.7611	0.7642	0.7673	0.7704	0.7734	0.7764	0.7794	0.7823	0.7852
0.8	0.7881	0.7910	0.7939	0.7967	0.7995	0.8023	0.8051	0.8078	0.8106	0.8133
0.9	0.8159	0.8186	0.8212	0.8238	0.8264	0.8289	0.8315	0.8340	0.8365	0.8389
1.0	0.8413	0.8438	0.8461	0.8485	0.8508	0.8531	0.8554	0.8577	0.8599	0.8621
1.1	0.8643	0.8665	0.8686	0.8708	0.8729	0.8749	0.8770	0.8790	0.8810	0.8830
1.2	0.8849	0.8869	0.8888	0.8907	0.8925	0.8944	0.8962	0.8980	0.8997	0.9015
1.3	0.9032	0.9049	0.9066	0.9082	0.9099	0.9115	0.9131	0.9147	0.9162	0.9177
1.4	0.9192	0.9207	0.9222	0.9236	0.9251	0.9265	0.9279	0.9292	0.9306	0.9319
1.5	0.9332	0.9345	0.9357	0.9370	0.9382	0.9394	0.9406	0.9418	0.9429	0.9441
1.6	0.9452	0.9463	0.9474	0.9484	0.9495	0.9505	0.9515	0.9525	0.9535	0.9545
1.7	0.9554	0.9564	0.9573	0.9582	0.9591	0.9599	0.9608	0.9616	0.9625	0.9633
1.8	0.9641	0.9649	0.9656	0.9664	0.9671	0.9678	0.9686	0.9693	0.9699	0.9706
1.9	0.9713	0.9719	0.9726	0.9732	0.9738	0.9744	0.9750	0.9756	0.9761	0.9767
2.0	0.9772	0.9778	0.9783	0.9788	0.9793	0.9798	0.9803	0.9808	0.9812	0.9817
2.1	0.9821	0.9826	0.9830	0.9834	0.9838	0.9842	0.9846	0.9850	0.9854	0.9857
2.2	0.9861	0.9864	0.9868	0.9871	0.9875	0.9878	0.9881	0.9884	0.9887	0.9890
2.3	0.9893	0.9896	0.9898	0.9901	0.9904	0.9906	0.9909	0.9911	0.9913	0.9916
2.4	0.9918	0.9920	0.9922	0.9925	0.9927	0.9929	0.9931	0.9932	0.9934	0.9936
2.5	0.9938	0.9940	0.9941	0.9943	0.9945	0.9946	0.9948	0.9949	0.9951	0.9952
2.6	0.9953	0.9955	0.9956	0.9957	0.9959	0.9960	0.9961	0.9962	0.9963	0.9964
2.7	0.9965	0.9966	0.9967	0.9968	0.9969	0.9970	0.9971	0.9972	0.9973	0.9974
2.8	0.9974	0.9975	0.9976	0.9977	0.9977	0.9978	0.9979	0.9979	0.9980	0.9981
2.9	0.9981	0.9982	0.9982	0.9983	0.9984	0.9984	0.9985	0.9985	0.9986	0.9986
3.0	0.9987	0.9987	0.9987	0.9988	0.9988	0.9989	0.9989	0.9989	0.9990	0.9990

Chapter 12 모델링 개체의 논리적인 구조

학습목표

(1) *FlexSim* 소프트웨어의 기본적인 구조를 이해한다.
(2) 대상 시스템의 논리적 특성을 정확히 표현하기 위해 필요한 경우 개체들의 특성이나 기능을 적절히 편집할 수 있다.

중급 사용자들은 다양한 시스템에 시뮬레이션을 적용하는 과정에서 종종 *FlexSim*이 제공하는 기본 기능만을 가지고 대상 시스템을 표현하는데 한계를 느끼곤 한다. 자신만의 로직을 개발하고 복잡한 시스템을 분석하는데 필요한 고급 기능을 활용하기 위해서는 먼저, *FlexSim* 소프트웨어의 특성을 잘 이해하고 있어야 한다. *FlexSim*은 단순하고 일관된 구조를 가지고 있어 소프트웨어에 대한 전문 지식이 없는 사람도 쉽게 그 특성을 이해할 수 있다.

고급 사용자들은 보통 시뮬레이션 분석이 자신의 주요 업무이거나, 그렇지는 않더라도 시뮬레이션을 상당히 자주 사용하는 사람들이다. 고급 사용자들은 대상 시스템에 대한 도메인 지식(domain knowledge)과 함께, *FlexSim* 소프트웨어의 고급 기능에 대해서도 잘 이해하고 있어야 한다. 특히, 고급 사용자가 반드시 잘 알아두어야 하는 것은 *FlexSim* 소프트웨어의 구조와 스크립트를 이용하여 사용자 정의 로직을 작성하는 방법이며, 이 장에서는 이들에 대해 집중적으로 알아보고자 한다.

이 외에도 *FlexSim*에는 차트나 보고서를 생성하거나, 모형을 좀 더 보기 좋게 꾸미고자 할 때 사용할 수 있는 다양한 기능들이 포함되어 있다. 이러한 기능들의 사용법에 대해 좀 더 자세히 알고 싶은 경우에는 소프트웨어의 도움말이나 개발사의 사용자 매뉴얼을 참조하여라.

Section 12-1 모형 구성요소들의 계층 구조

*FlexSim*은 다른 시뮬레이션 소프트웨어들과 차별화되는 몇 가지 특성을 가지고 있다. 그 중에서도 가장 중요한 것은 개체 지향식(object—oriented) 구조를 가지고 있다는 점이다. 개체 지향이란, 본디 컴퓨터 하드웨어와 소프트웨어가 점점 복잡해져 감에 따라 대규모 소프트웨어의 품질과 가독성, 유지보수성 등을 개선하기 위해 개발된 프로그래밍 방법론이다. 개체 지향식으로 설계된 프로그램은 서로 상호작용하는 여러 개체들의 집합으로 볼 수 있으며, 여기서 개체란 제각기 고유한 역할이나 기능을 수행하면서 이에 필요한 데이터를 저장하기도 하는 일종의 소프트웨어 모듈에 해당한다.

참고로, 개체 지향 프로그래밍이 등장하기 전에는 소프트웨어가 구동하는데 필요한 기능과 데이터가 서로 분리되고, 많은 명령어들을 순차적으로 나열하여 컴퓨터 프로그램을 개발하는 경우가 많았다.

*FlexSim*이 개체 지향식 구조를 갖는다는 말의 의미는 여러 가지 구성요소들의 계층적인 결합에 의해 모형이 생성된다는 것이다. 결국, *FlexSim* 모형은 여러 구성요소들로 이루어진 트리(tree) 구조로 표현할 수 있다. 여기서 트리란, 데이터의 구조를 표현하는 방식 중의 하나로, 뿌리(root) 노드에서 분기를 시작하여 마지막에 잎새(leaf) 노드에서 분기가 끝난다는 특징을 갖는다(단, 실제 나무와 달리 트리 구조에서는 보통 뿌리 노드를 가장 위에 배치하는 경우가 많다). 예를 들어, 그림 12.1은 4개의 구성요소를 포함하는 간단한 시뮬레이션 모형을 트리 형식으로 표현한 예를 보여준다. 나아가, 이 같은 트리 구조는 흔히 볼 수 있는 Windows 탐색기에서도 여러 폴더와 파일들의 구조를 나타내는데 사용되는 등, 다양한 분야에서 폭넓게 활용되고 있다. 또한, *FlexSim*에서는 그림 12.1에서와 같이 모형의 구성요소들이 트리 구조를 이룬다.

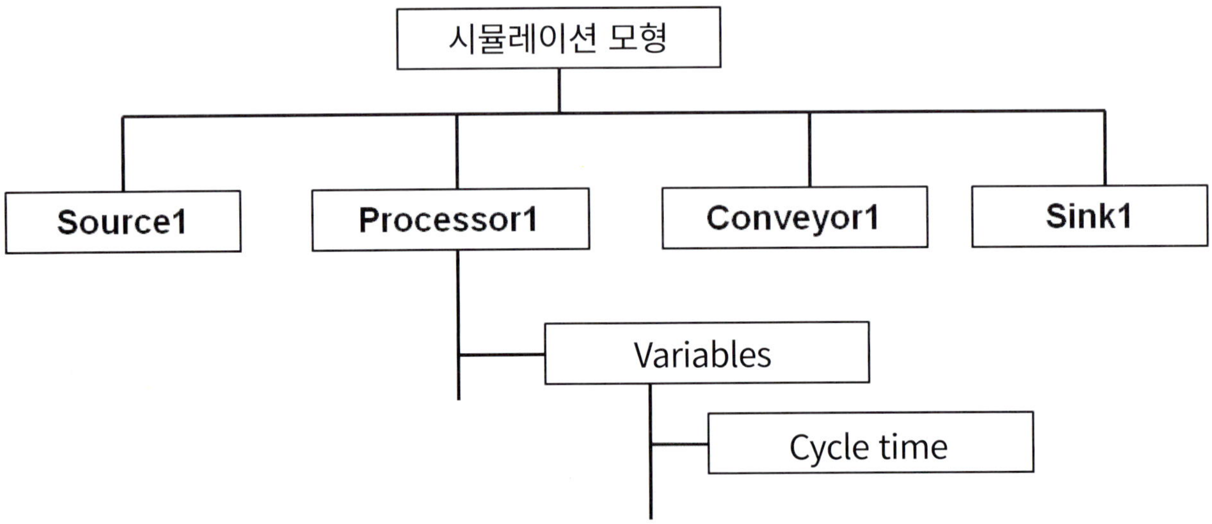

그림 12.1 : 트리 형식으로 표현한 시뮬레이션 모형의 예

*FlexSim*은 다양한 변수나 특정 소스 코드의 위치를 편리하게 찾아볼 수 있도록 모형의 구조를 나타내는 트리를 자동으로 생성해 준다. 이는 *FlexSim*모형이 현대적인 구조, 즉, 개체 지향식의 구조를 갖기 때문에 가능한 일이다. 단순히 많은 명령어들을 순차적으로 나열하여 컴퓨터 프로그램을 작성하던 시절에는 반복적으로 수행되어야 하는 구문들을 서브 루틴 형태로 표현하였다. 그 당시에는 특정 변수와 관련된 소스 코드를 수정하

는 작업이 만만찮은 일이었다. 방대한 소스 코드와 서브 루틴에서 해당 변수가 등장하는 부분들을 일일이 찾아가면서 수정해주어야 했기 때문이다. 반면, 개체 지향식 프로그래밍에서는 특정 변수를 한 개체가 관리하도록 할 수 있는데다, 전체적인 구조를 트리 형식으로 표현할 수 있어, 이 같은 작업을 좀 더 편리하게 수행할 수 있다.

*FlexSim*이 제공하는 트리는 다음과 같은 특성들을 갖는다:

- 트리의 구분
  - 메인 트리(main tree) : 소프트웨어 작업 환경이나 프로젝트와 관련된 개체 및 데이터들의 계층 구조를 표현
  - 뷰 트리(view tree) : GUI 요소들의 계층 구조를 표현
  - 모델 트리(model tree) : 메인 트리의 하위 트리로서, 모형의 구성요소들 및 이와 관련된 데이터들의 계층 구조를 표현
- 트리를 구성하는 노드
  - 모형의 구성요소 중 특정 항목을 의미한다.
  - 이름을 갖는다.
  - 숫자나 문자열 형식의 데이터 또는 연관된 개체를 하위 항목으로 포함할 수 있다.

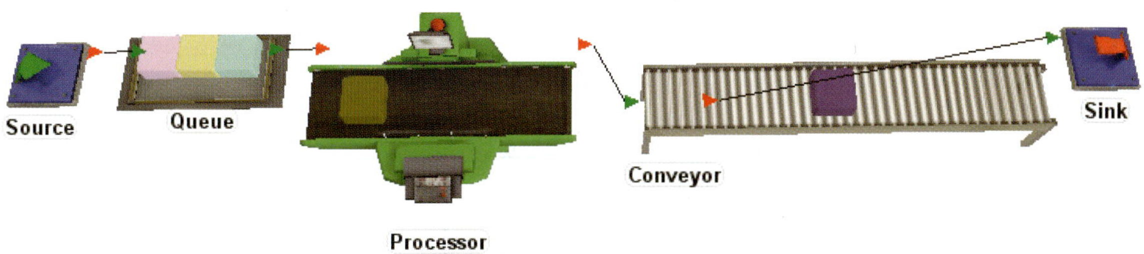

그림 12.2 : 간단한 구조의 모형 예

그림 12.2는 source, queue, processor, conveyor 및 sink 개체 1개씩으로 구성된 간단한 모형을 보여준다. *FlexSim*에서 이 모형의 구조를 트리 형태로 관찰하려면 모델 뷰의 빈 공간을 마우스 오른쪽 버튼으로 클릭한 다음, 팝업 메뉴에서 Explore Tree 항목을 선택하면 된다.[1] 그러면 그림 12.3과 같이 전체 모형을 의미하는 model이라는 이름의 뿌리 노드를 갖는 트리와 함께 우측에는 이 트리에 대한 Quick Properties 영역이 나타날 것이다.

FlexSim 트리에서 노드 1개를 선택하면 해당 노드와 관련된 모든 정보를 조회해볼 수 있다. 따라서, 트리를 이용하면 모델링 개체나 GUI, 이벤트 등과 관련된 매개 변수나 속성들의 값을 편리하게 확인할 수 있다. 트리에 포함된 노드들 중 모델링 개체를 의미하는 것들을 개체 노드라고 한다. 나아가, 개체 노드들은 데이터 노드

1 또는 메인 화면 상단에서 Tree 버튼을 클릭해도 된다

와 함수 노드를 하위 노드로 포함하며, 이들에 의해 해당 개체의 모양이나 기능이 정해진다. 노드들 중 좌측에 [+] 모양의 펼침 버튼이 보이는 경우, 이는 해당 개체가 하위 개체를 갖는다는 의미이며, 이 버튼을 클릭하여 하위 개체들을 조회할 수 있다. 예를 들어, 어떤 모델링 개체 안에 존재하는 플로우아이템은 해당 모델링 개체의 하위 개체이다.

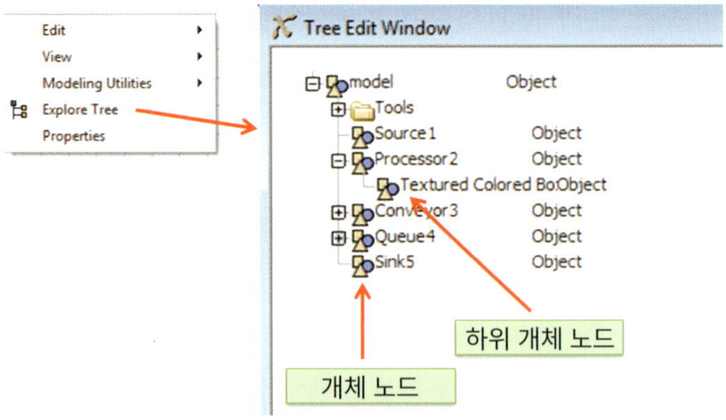

그림 12.3 : 간단한 모형의 트리 구조

개체 노드의 하위 노드들에는 일반적으로 classes, super classes 등과 같이 데이터나 함수의 유형을 의미하는 명칭이 붙어 있다. 예를 들어, classes 및 super classes 노드에는 해당 개체가 어떤 개체들로부터 속성이나 함수를 상속받는지에 대한 정보가 포함되어 있다. Visual 및 special 노드는 개체의 외관이나 위치에 대한 정보를, 나아가, label 노드는 해당 개체가 가진 label과 관련된 정보를 하위 노드로 갖는다.

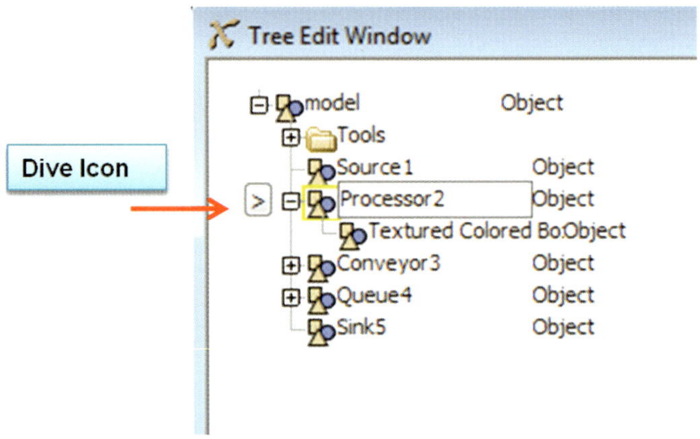

그림 12.4 : [>] 아이콘 사용 예

트리 상에 있는 노드 좌측의 [>] 아이콘을 클릭하면 해당 노드의 하위 노드들을 펼쳐볼 수 있다. 예를 들어, 그림 12.4에서는 Processor2 개체 노드를 클릭하여 좌측에 [>] 아이콘을 표시한 모습을 볼 수 있으며, 이를 클릭하면 해당 개체와 관련된 데이터 노드와 함수 노드들이 하위 노드로 펼쳐지게 된다.

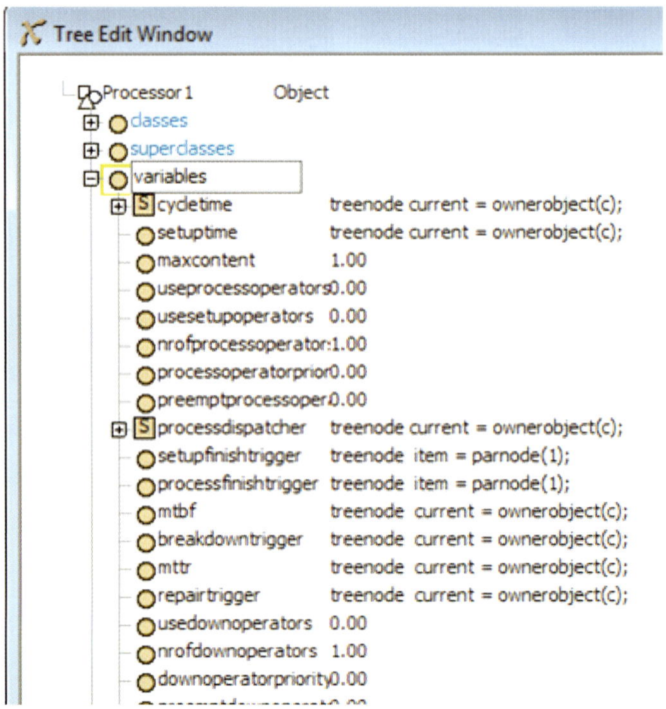

그림 12.5 : Variables 노드의 하위 노드

데이터 노드 중 variables 노드는 해당 개체의 작동 방식이나 로직과 관련된 대부분의 변수들을 포함한다는 점에서 특히 중요하다. 그림 12.5는 variables 노드의 하위 노드들을 펼친 모습을 보여준다. 나아가, 이 그림에서 다른 항목들과 달리, cycletime 항목은 S가 표기된 사각형으로 나타나 있는데, 이는 해당 항목과 관련된 스크립트가 작성되어 있다는 것을 의미한다.

특정 데이터 노드의 위치를 정확히 명시하기

만 하면, 언제 어디서든 FlexScript 언어를 이용하여 해당 데이터 노드의 값을 편집할 수 있으며, 노드의 위치는 일반적인 파일 경로와 같은 형식으로 명시하거나 아니면 FlexScript 명령어를 이용하여 명시할 수도 있다.

그림 12.6에는 *FlexSim* 트리에서 사용되는 기호들의 의미를 요약하였다.

- 일반 폴더
- 개체
- 개체 데이터
- 함수 (C++)
- 함수 (FlexScript)

그림 12.6 : 트리에서 사용되는 노드 기호들

이처럼 모델링 개체와 데이터 및 함수들이 계층적인 트리 구조를 이루고 있기 때문에, *FlexSim*에서는 모형을 보다 효과적으로 작성 및 수정할 수 있다. 모델 뷰에서 속성 창을 이용할 때와 마찬가지로, 트리 상에서 모델링 개체들의 특성을 편집할 수도 있으며, 어느 쪽 방법을 사용해도 결과는 동일하다는 점에 유의하여라.

Section 12-2 모델링 개체들의 작동 방식에 대한 이해

이때까지 이 책에서는 모델링 개체들의 일반적인 작동 방식에 대한 논의를 생략한 채로 개별적인 모델링 개체의 사용법에 대해서만 소개하였다. 이번 절에서는 flowitem이 유입되었을 때, 모델링 개체에서 일반적으로 어떤 일들이 일어나는지를 좀 더 자세히 살펴보기로 하자.

그림 12.7은 flowitem이 유입된 processor 개체에서 어떤 이벤트들이 발생하는지를 보여주며, 약간씩의 차이는 있지만 다른 종류의 개체들도 이와 비슷한 방식으로 유입된 flowitem을 처리한다. Flowitem이 개체에 유입되면 제일 먼저 OnEntry trigger가 실행된다. 즉, flowitem을 전달받은 개체가 이 시점에서 어떤 기능을 수행하도록 하고 싶은 경우에는 이 trigger를 활용하여야 한다.

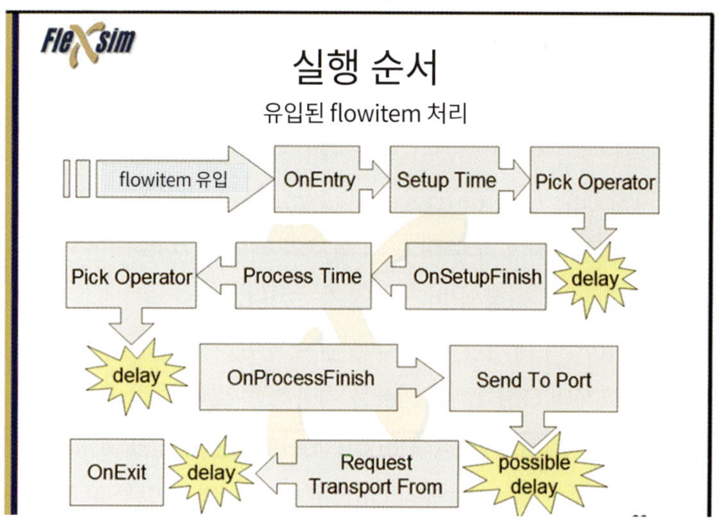

그림 12.7 : 프로세서 개체의 실행 순서

Processor 개체가 그 다음으로 할 일은 셋업 시간을 의미하는 Setup Time 항목[2]의 값을 정하는 것이다. Setup Time 항목은 구체적인 상수값이나 수식 또는 함수의 형태로 명시되며, 이 항목의 값이 0일 경우에는 셋업을 거치지 않고 곧바로 처리를 실시하게 된다. 모든 flowitem에 대해 processor 개체들이 항상 Setup Time을 결정하는 과정을 거친다는 점에 유의하여라. 이는 일반적인 trigger[3]들이 특정 사건에 대한 대응 방법을 명시

2 속성 창 Processor 탭에 있다.

3 개체 속성 창의 triggers 탭에 있는 것들을 의미한다.

한 경우에만 실행되는 것과 대비되는 점이다.

셋업을 하는데 operator 개체가 관여해야 하는 경우에는 Pick Operator 속성의 내용을 참조하여 어떤 operator 개체를 호출할 것인지를 결정한 후, 호출을 받은 operator가 개체로 이동하는데 소요되는 시간 및 앞에서 정한 Setup Time이 경과할 때까지 flowitem의 진행을 지연시킨다. 셋업이 완료되면 OnSetupFinish trigger가 호출되며, 이 trigger를 이용하여 모형 작성자는 셋업 완료 시점에 수행되어야 할 작업이 무엇인지를 표현할 수 있다.

Process Time 단계에서는 flowitem의 실제 처리 시간을 산출하며, 이러한 과정은 앞의 Setup Time 단계와 유사한 방식으로 진행된다. 만약 operator 개체가 처리에 관여해야 하는 경우라면, 적절한 operator 개체를 선택하여 호출해야 할 것이다. 이후에는 호출을 받은 operator가 개체로 이동하는데 소요되는 시간 및 앞에서 정한 Process Time에 해당하는 시간이 경과할 때까지 flowitem을 지연시키고, 이러한 지연이 끝나는 시점에 OnProcessFinished trigger가 호출된다. 이 trigger는 처리가 완료된 후, flowitem을 내보내기 전에 수행해야 하는 작업(예: 후속 공정을 담당하는 하류의 processor 개체가 새로운 flowitem을 처리할 준비를 하도록 지시)을 표현하는데 사용할 수 있다.

처리 시간이 종료되면, Send to Port 속성을 참조하여 현재의 flowitem을 몇 번 출력 port로 내보낼 지를 결정해야 한다. 경우에 따라서는 이 때, 그림 12.7에서 possible delay라고 표현된 예기치 않은 지연이 발생할 수도 있다는 점에 유의하여라. 예기치 않은 지연은 하류 개체가 포화 상태이거나, 선행 flowitem을 처리 중이어서 새로운 flowitem이 유입될 수 없을 때 발생하며, 이 같은 문제가 없는 경우에는 발생하지 않는다. 즉, Setup Time이나 Process Time과 같이 항상 발생하는 지연은 아니다.

그 다음으로 할 일은 Flow 탭의 Use Transport 항목을 확인하는 것이며, 이 항목은 앞에서 살펴보았던 Pick Operator 항목과 유사하게, 출력 port로 내보낸 flowitem을 운반할 Task Executer 개체를 결정하여 호출하는데 사용된다. 이후에는 호출을 받은 Task Executer 개체가 기존에 하던 일을 마치고 해당 개체로 이동하는데 걸리는 시간 동안 flowitem의 지연이 발생할 것이다. 나아가, Task Executer 개체의 이동에는 항상 시간이 소요되기 때문에, 이 같은 지연은 예기치 않은 지연에 해당하지 않는다.

마지막으로, OnExit trigger는 flowitem이 개체를 이탈하기 직전에 호출된다. 이 시점에는 현재 flowitem을 내보내는데 사용할 출력 port 번호와 해당 flowitem을 운반할 Task Executer 개체(필요한 경우)가 이미 정해진 상태로, 더 이상의 변경이 불가능하다.

Flowitem이 상기한 바와 같은 절차에 따라 처리되기 때문에, flowitem에 ItemType을 부여하고자 할 때는 source 개체의 OnExit trigger를 이용하는 것이 바람직하다. OnCreation trigger 등을 사용할 경우에는 이후에 호출되는 trigger에 의해 ItemType이 다시 변경될 수도 있기 때문이다.

종종 Send to Port 항목과 OnExit trigger의 역할을 혼동하는 경우가 있는데, 이들은 실행되는 시점과 방식이 서로 다르다. 특히, Send to Port 항목은 OnExit trigger 보다 이른 시점에 flowitem을 내보낼 출력 port 번호를 결정하는데 사용되는 반면, OnExit trigger는 flowitem이 개체를 이탈하는 바로 그 시점에 호출되기 때문에 여기서 출력 port 번호를 변경할 수는 없다는 점에 유의하여라.

Section 12-3 *FlexSim* 스크립트 작성

FlexScript 기초

중급 사용자 수준에서는 *FlexSim*이 제공하는 다양한 선택 목록(picklist)들을 이용하여 별도의 소스 코드(스크립트) 작성 없이 모형을 제어하는데 필요한 다양한 로직을 표현하기도 한다. 그러나, 시뮬레이션을 이용하여 시스템에 혁신을 가져다 줄 수 있는 새로운 운영 방식이나 전략을 탐구하고자 하는 경우에는 어느 정도의 소스 코드를 작성하는 것이 불가피하다.

FlexSim 모형에는 FlexScript라는 이름의 언어를 사용하여 소스 코드를 추가할 수 있으며, 이 언어의 문법과 특성은 널리 사용되는 프로그래밍 언어인 C/C++과 유사하다. 따라서, C/C++에 익숙한 사람이라면 FlexScript를 쉽게 익힐 수 있으며, 이를 이용하여 소스 코드를 작성하고자 할 때는 보통 개체의 속성 창에서 스크롤(scroll) 버튼( )을 클릭하면 된다.

FlexScript의 기본적인 특성은 다음과 같다:

- 대소문자를 구분한다 : "A"는 "a"와 다른 문자이다. 마찬가지로, Processor1은 processor1과 다른 개체이다.
- 공백 문자들은 무시된다 : 보다 가독성이 높은 소스 코드를 작성하기 위해서는 스페이스 바나 탭 키 및 엔터 키 등을 적절히 사용하는 것이 바람직하다.
- 텍스트 문자열은 따옴표를 이용하여 표현한다 : 예를 들어, "sometext"는 문자열로 취급되지만, sometext는 문자열이 아니다. 나아가, *FlexSim*에 내장된 코드 오류 검사기가 철자의 정확성을 확인해주지는 않는다는 점에 유의하여라. 반면, 변수의 이름이나 FlexScript에 내장된 키워드들은 따옴표를 사용하지 않으며, picklist를 사용할 때는 해당 picklist에 명시된 형식을 따라야 한다.
- 함수 이름 다음에는 괄호를 표시하며, 필요한 경우 그 안에 해당 함수의 인수를 명시한다. 인수가 여러 개인 경우에는 쉼표로 이들을 구분한다. 예) moveobject(object1, object2);
- 하나의 구문은 항상 세미콜론(;)으로 끝나야 한다.
- 필요한 경우에는 수식이나 논리식을 작성할 때 괄호를 자유롭게 사용할 수 있다. (예:((x+3)*2)). 괄호는 항상 여는 괄호와 닫는 괄호가 짝을 이루어야 하며, 커서를 여는(닫는) 괄호 옆에 놓으면 *FlexSim*이 이에 대응되는 닫는(여는) 괄호를 하이라이트해 준다.
- 중괄호 { } 는 구문들의 블록을 정의하는데 사용된다. 블록은 변수의 scope를 명시하거나 if, for, switch 문 등을 작성할 때 필요하다.
- 1줄짜리 주석은 // 뒤에 작성한다. 주석은 녹색 문자로 표시되며 소스 코드 실행 과정에서 무시된다. 이 같은 주석은 행이 바뀌면 끝난다.

- 여러 줄짜리 주석은 /* 로 시작하여 */ 로 끝난다.
- 개체나 변수의 이름에는 공백이나 특수 문자를 사용하지 않는 것이 좋다. 단, 밑줄 문자(_)만 은 예외이다.
- 개체나 변수의 이름은 숫자를 포함할 수 있지만, 숫자가 첫 문자로 사용될 수는 없다. 예를 들어 machine_9라는 이름은 허용되지만 9machine이라는 이름은 허용되지 않는다.

FlexScript를 이용한 소스 코드 작성 방법을 익히기 위한 한 가지 좋은 방법은, picklist의 항목을 이용하여 개체의 특성을 설정한 다음, 이에 대응되는 소스 코드를 살펴보는 것이다. 예를 들어, 그림 12.8는 picklist를 이용하여 flowitem이 source 개체를 벗어날 때 해당 flowitem의 색상을 빨간색으로 변경하도록 설정하는 모습을 보여준다.

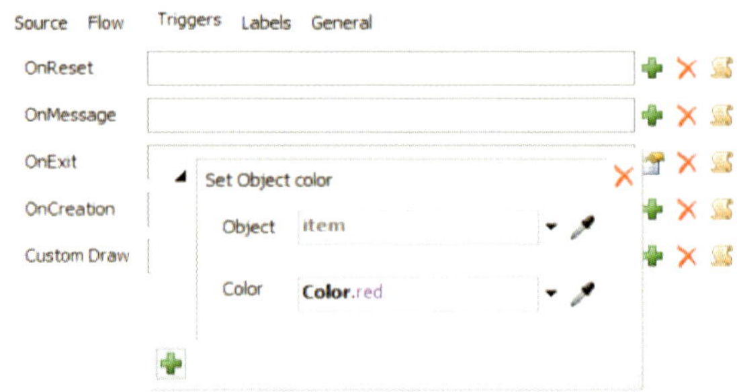

그림 12.8 : Picklist를 이용한 플로우아이템 색상 변경

Picklist 우측의 스크롤 버튼을 클릭하면 이 같은 기능에 대응되는 소스 코드가 그림 12.9a와 같다는 점을 알 수 있다. 참고로, 회색으로 표시된 일부 내용들은 속성 창에서 설정할 수 있는 항목을 표시하는데 사용되는 마크업 주석이며, 이들은 직접 작성할 필요가 없다. 나아가, 코드 편집기 좌측 하단의 마크업 지우기 버튼(물음표와 체크 버튼 사이의 버튼)을 누르면 마크업 주석이 제거되어, 그림 12.9b와 같이 소스 코드가 정리된다. 아울러, 필요한 경우에는 초록색으로 표시된 일반 주석들을 수동으로 삭제할 수도 있다.

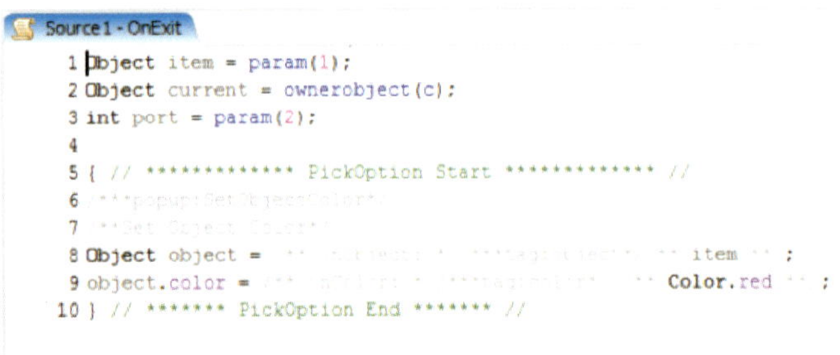

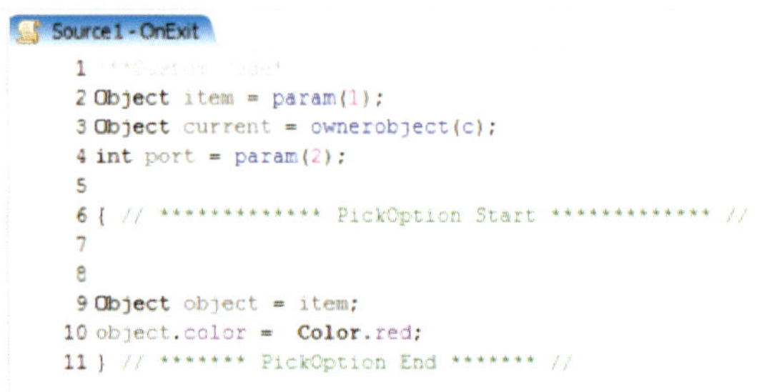

그림 12.9 : (a, 왼쪽) 마크업 주석이 있는 소스 코드, (b, 오른쪽) 마크업 주석을 지운 소스 코드

한편, 이 예제에서 우리는 소스 코드를 작성할 때 빈번하게 사용되는 아래의 몇 가지 변수들을 볼 수 있다:

- current : 편집 중인 코드를 소유한 개체, 즉, 현재 편집 중인 개체를 의미한다.
- item : 현재 개체에서 이 소스 코드의 실행을 야기하는 flowitem, 즉, 현재 처리 중인 flowitem 을 의미한다.
- port : 대응이 필요한 사건과 관련된 port 번호를 의미한다.

FlexScript 변수 (variable)

소스 코드 내에서 변수를 사용하기 위해서는 먼저 해당 변수의 이름과 자료형(data type)을 선언하여야 한다. 특정 변수에 대한 선언은 한 번만 하면 되며, 앞의 예제에서 item과 current는 모두 개체형(object형) 변수에 해당한다. 반면, port는 정수형(int) 변수이다. *FlexSim*의 원시 자료형(primitive data type)은 아래와 같다:

- 정수(Integer): int 키워드를 이용하여 선언한다. 자연수, 음수, 0을 포함한 정수 값만 가질 수 있다.
- 실수(Double): double 키워드를 이용하여 선언하고, 3.14159, -6.1등의 실수 값을 가질 수 있다. 즉, int 형 변수보다 double 형 변수는 보다 정밀한 값을 저장할 수 있다. 나아가, double 형 변수에는 정수 값이 저장될 수 있는 반면, int 형 변수에는 실수 값을 저장할 수 없다.
- 문자열(String): string 키워드를 이용하여 선언하며, 따옴표로 둘러싸인 문자열(예: `"my Text"`)을 저장할 수 있다.
- 개체(Object): object 키워드를 이용하여 선언하며, 모형을 구성하는 개체들을 저장할 수 있다.
- 트리노드(Treenode): treenode 키워드를 이용하여 선언하며, 앞의 자료형들과 달리, *FlexSim*에만 존재하는 독특한 자료형이다. *FlexSim*의 트리 구조 내 노드를 저장하는데 사용한다.

변수를 사용하려면 미리 변수를 선언해 두어야 한다. 변수를 선언할 때는 변수의 이름과 자료형을 명시해야 하지만, 이 단계에서 반드시 변수에 값을 대입해야 하는 것은 아니다. 예를 들어, result라는 이름의 double 형 변수에 0에서 10사이의 일양 분포로부터 추출한 값을 대입하고자 하는 경우에는 아래의 두 가지 소스 코드 중 어느 쪽을 사용해도 무방하다.

```
double result;
result = uniform(0, 10);
```

또는

```
double result = uniform(0, 10);
```

즉, 첫 번째의 두 줄짜리 소스 코드나 두 번째의 한 줄짜리 소스 코드나 기능은 동일하다. 나아가, 아래 구문들은 모두 변수 선언과 동시에 값을 대입하는 예들이다.

```
int index = 1;
double weight = 175.8;
string category = "groceries";
treenode MyProcessor = node("/processor2", model());
```

소스 코드들은 아래와 같은 흐름 제어 관련 구문이 없는 한, 위에서부터 한 줄씩 순차적으로 실행된다:

- **if/else** : 조건식이 참이면 if 블록을, 그렇지 않으면 else 블록을 실행한다.
- **switch** : 스위치 변수의 값에 따라 적절한 구문 또는 블록을 실행한다.
- **while 루프** : 지정된 조건식이 거짓일 때까지 블록을 반복적으로 실행한다.
- **for 루프** : 지정된 횟수만큼 블록을 반복적으로 실행한다.

FlexScript 구문 (statement)

FlexScript 구문들은 종종 개체에 대한 정보를 확인하거나 편집하기 위한 목적으로 사용되며, 이 같은 경우에는 구문을 작성할 때 변수나 개체가 가진 속성을 함께 명시해야 한다. 기본적으로 *FlexSim*에서 소스 코드를 작성할 때는 아래 세 가지 형식의 구문을 작성하는 경우가 많으며, 이 중 처음 두 가지 형식은 도트(.) 표기법에 기반한 구문들인 반면, 마지막 형식은 *FlexSim* 내장 함수 형식에 해당한다. 참고로, 도트 표기법의 사용법은 일반적인 개체 지향 프로그래밍과 동일하다.

1. 개체명.속성명 : 특정 개체가 가진 속성을 지칭할 때 사용한다. 대입 연산자 '='의 좌변에 이 같은 구문이 있는 경우에는 해당 속성에 우변의 값을 대입하게 된다.
2. 개체명.메소드명 : 특정 개체가 가진 메소드를 호출한다.
3. 함수명(인수1, 인수2, ...) : 괄호 안의 인수들을 넘겨주면서 지정된 내장 함수를 호출한다.

1. 개체명.속성명 형식 구문

이 구문 형식은 특정 개체(예: current 또는 item 등) 다음에 도트를 표기한 후, 해당 개체의 속성(예: 개체의 크기, 위치, 색상 등)이나 label 이름을 명시한다는 특징을 갖는다. 예를 들어, flowitem이 어떤 개체를 이탈하는 시점에 해당 flowitem의 색상을 변경하려면, 해당 flowitem의 색상을 의미하는 속성을 지칭할 수 있어야 한다. 아래는 flowitem이 개체를 이탈할 때 빨간색으로 색상을 변경하기 위한 소스 코드이다.

```
item.color = Color.red;
```

대입 연산자의 좌우변에서 모두 도트 표기법이 사용되었다는 점에 유의하여라. 상기 구문은 현재 처리 중인 flowitem, 즉, item이 가진 color라는 속성의 값을 Color 개체가 가진 red 속성(*FlexSim*에서 빨간색을 의미한다)으로 설정하라는 의미를 갖는다. 나아가, 이 구문을 적절한 trigger에 추가하면 원하는 시점에 flowitem의 색상이 빨간색으로 변하는 것을 볼 수 있을 것이다.

물론, 앞의 그림 12.8에서 본 것처럼 picklist를 이용하여 특정 trigger에 flowitem의 색상을 변경하는 기능을 부여할 수도 있는데, 이 때는 상기한 소스 코드가 자동으로 생성되어 해당 trigger에 추가된다.

개체명.속성명 형식의 표기법은 모델링 개체나 flowitem이 가진 기본 속성 뿐만 아니라, 사용자가 정의한 label에도 적용될 수 있다. 나아가, 이 표기법의 앞 부분에는 current나 item이 오는 경우가 많으나, 필요한 경우에는 다른 개체를 명시할 수도 있다. 또한, 흔히 사용되는 속성명으로는 아래와 같은 것들이 있으며, 이외의 속성들에 대해 좀 더 자세히 알고 싶은 경우에는 *FlexSim* 도움말을 참조하여라.

```
개체명.name
개체명.color
개체명.location.x, 개체명.location.y, 개체명.location.z
개체명.size.x, 개체명.size.y, 개체명.size.z
개체명.rotation.x, 개체명.rotation.y, 개체명.rotation.z
개체명.label명
개체명.subnodes.length     (명시된 개체 내부에 있는 flowitem 개수)
개체명.centerObjects[port number](지정된 번호의 중앙 포트를 통해 연결된 개체를 의미)
개체명.inObjects[port number](지정된 번호의 입력 포트를 통해 연결된 개체를 의미)
개체명.outObjects[port number](지정된 번호의 출력 포트를 통해 연결된 개체를 의미)
```

참고로, 3차원 벡터나 구체적인 색상을 반환하는 Vec3(x성분, y성분, z성분), Color(red, green, blue) 함수를 이용하여 개체의 크기나 색상을 아래와 같이 지정할 수도 있다.

```
item.location = Vec3(0, 0, 0); // 개체의 위치를 원점으로 설정한다.
Color myColor = Color(0, 1, 0); // myColor라는 이름의 변수에 순수한 초록색을 저장한다.
```

2. 개체명.메소드명 형식 구문

두 번째 구문 형식 역시 도트 표기법을 사용하며, 이 형식에서는 특정 개체(예: current 또는 item) 다음에 도트 기호를 표기한 후, 해당 개체가 가진 메소드 이름을 명시한다. 예를 들어, 어떤 개체의 x, y, z 좌표 값을 개별적인 구문을 사용하여 설정하는 대신, setLocation() 메소드를 사용하면 한 개의 구문만으로 해당 개체의 위치를 설정할 수 있다. 아래는 현재 편집 중인 개체의 위치를 (2, -2, 1)로 설정하기 위한 소스 코드이다.

```
current.setLocation(2.0, -2.0, 1.0);
```

흔히 사용되는 모델링 개체의 메소드로는 다음과 같은 것들이 있으며, 이 중 처음 4개의 구문들은 flowitem에도 적용이 가능하다. 기타 다른 메소드들에 대해 좀 더 자세히 알고 싶은 경우에는 *FlexSim* 도움말을 참조하여라.

```
개체명.setLocation(x, y, z);
개체명.setSize(x, y, z);
개체명.setRotation(x, y, z);
개체명.labels.assert("labelName").value;(개체에 새로운 레이블을 부여할 때 사용)
model().find(개체명) (현재 모형 내에서 명시된 이름을 가진 개체를 의미) 예) model().find("Processor1");
```

실제로 코드 편집기에서 소스 코드를 작성할 때는 도트 기호를 입력했을 때 해당 개체가 가진 속성이나 label 및 메소드들의 목록이 표시되기 때문에, 여기서 필요한 항목을 선택할 수도 있다.

개체명.메소드명 형식의 구문을 이용하여 테이블의 값을 참조하거나 편집할 수도 있는데, 이를 위해서는 테이블 이름을 개체명으로 명시하여야 한다. 아래는 myTable이라는 이름의 변수에 이름이 GlobalTable1인 테이블을 대입하는 소스 코드이다.

```
Table myTable = reftable("GlobalTable1");
```

테이블의 주요 속성으로는 다음과 같은 것들이 있다.

```
myTable.numRows     (행 개수)
myTable.numCols     (열 개수)
```

나아가, 테이블의 메소드로는 다음과 같은 것들이 많이 활용된다.

```
myTable[row][column]   (row행, column열의 셀에 기록된 값)
myTable.clear()          (테이블 내용 삭제)
myTable.setSize(rows, columns)      (테이블의 크기 설정)
```

3. 내장 함수 호출 구문

*FlexSim*에서 많이 사용되는 세 번째 구문 형식은 내장 함수의 이름 다음에 괄호를 표기하고 그 안에 인수들을 나열하는 것으로, 2017 버전 이전의 *FlexSim* 소프트웨어에서는 기본적으로 이 같은 형식으로 스크립트를 작성하였다. 예를 들어, 현재 편집 중인 개체에 시뮬레이션 실행 이후 얼마나 많은 flowitem들이 유입되었는지를 확인하기 위해서는 아래와 같은 구문을 작성하면 된다:

```
getinput(current);
```

다음은 자주 사용되는 내장 함수들의 목록이며, 기타 다양한 내장 함수들에 대해 좀 더 자세히 알고 싶은 경우에는 *FlexSim* 도움말을 참조하여라.

모델링 개체 관련 내장 함수

- 입출력 flowitem 수 : getinput(object) (입력된 개수) 또는 getinput(object) (출력된 개수).
- port 제어 : closeinput(object), openinput(object), closeoutput(object), openoutput(object).
  개체가 가진 모든 입력 또는 출력 port를 동시에 제어. 개별 port에 대한 제어는 fluid 개체만 가능.
- 상태 확인 : getstatenum(object), getstatestr(object)

- 변수 참조 및 편집 : getvarnum(object, “variablename”), setvarnum(object, “variablename” value)
- 메시지 전달 : senddelayedmessage(toobject, delaytime, fromobject, param1, param2, param3)

Flowitem 처리 시각 관련 내장 함수

- 개체에 진입한 시각 : getentrytime(item)
- 생성된 시각 : getcreationtime(item)

모델링 개체 및 Flowitem 관련 내장 함수

- 외관 : getobjectshapeindex(object), setobjectshapeindex(object, indexnum)
- 질감 : getobjecttextureindex(object), setobjecttextureindex(object,indexnum)

연산 및 통계 처리 관련 내장 함수

- 산술 연산 함수 : 삼각 함수(예: cos(), acos() 등), log(), exp(), log10(), fmod(), maxof(), minof(), pi(), pow(), round(), abs(), factorial(), sqrt() 등.
- 통계 분포 관련 함수 : bernoulli(...), poisson(...), exponential(...), normal(...), uniform(...), duniform(...), weibull(...), gamma(...), beta(...), empirical(...), dempirical(...) 등.

Section 12-4 스크립트 작성 팁

스크립트 작성 기초

1. 마크업 주석을 제거하고 싶은 경우에는 코드 편집기 아래쪽의 마크업 지우기 버튼을 클릭한 다음, 소스 코드를 편집한다. 이 경우 코드 편집기 상단에는 Custom code라는 주석이 표시된다. 만약 이 문구를 수정한 경우에는 소스 코드 편집을 완료했을 때, 속성 창에 해당 문구가 표시될 것이다. 뿐만 아니라, 직접 주석을 삭제하는 것도 가능하다.
2. 코드 편집기 하단의 체크 표시 버튼을 클릭하여 문법 오류를 검사할 수 있다. 오류가 있는 경우에는 코드 편집기 하단에 오류의 내용과 오류가 발생한 줄 번호가 표시된다.

또한 코드 편집기는 각 단어들에 그 특성에 맞는 색상을 부여하기 때문에, 이를 유심히 보면 소스 코드를 실행하기 전에 문법 오류를 쉽게 찾아내는 것이 가능하며, 각 단어에 부여되는 색상은 메뉴의 File -> Global Preferences에서 변경할 수도 있다. 예를 들어, current라는 단어를 올바르게 입력한 경우에는 두꺼운 폰트로 표시되지만, curent나 Current와 같이 잘못 입력한 경우에는 일반 폰트로 입력된다.

따옴표 안에 작성한 문자열 값에 대해서는 문법 오류를 검사하지 않으므로 이를 잘못 입력해도 오류 메시지가 표시되지는 않지만, 실행 시 정상적으로 기능이 수행되지 않을 수 있다. 예를 들어, queue 개체의 최대 용량을 확인하기 위해 getvarnum(current,"maxcotent") 라는 ("maxcontent"에서 'n'이 빠져 있다) 소스 코드를 작성한 경우, 오류 메시지는 나타나지 않으나, 항상 결과값으로 0이 반환될 것이다.

가능하면 소스 코드를 작성할 때 주석을 적절히 활용하는 것이 바람직하다. 1줄짜리 주석은 // 이후에 작성하고, 여러 줄짜리 주석은 /* 와 */ 사이에 작성하면 된다.

다양한 로직을 구현하다 보면 if문이나 for문을 사용할 일이 종종 있으므로, 이들의 사용법은 정확하게 익혀두는 것이 좋다. 중괄호 { }는 이들 구문과 관련된 블록을 설정하는데 사용된다. 나아가, 소스 코드의 행을 적절히 분리하고, 탭 키를 이용하여 들여쓰기를 하는 것은 소스 코드를 읽고 수정하는데 도움이 된다. 참고로, if문, for문, switch문 등과 같은 흐름 제어문 자체에는 종결자 세미콜론을 쓰지 않는다.

If문

```
/* 현재 개체에 포함된 flowitem 수가 5보다 크면 구문1, 구문2를 실행한다. 그렇지 않다면
구문3, 구문4를 실행한다. */
if(content(current) > 5)
{
Statement1;
Statement2;
}
else
{
Statement3;
Statement4;
}
```

만약, if문 뒤에 중괄호 ({ })가 생략되면, 조건식이 충족될 때 바로 그 다음 줄만 실행된다.

For문

```
// 구문1과 구문2를 5회 반복
for(x=1; x<=5; x++)
```

```
{
Statement1;
Statement2;
}
```

Switch 문

```
// 변수 값에 따라 적절한 작업을 수행한다.
switch(variable)
{
// 변수 값이 1인 경우 구문1, 구문2를 실행
case 1:
{
Statement1;
Statement2;
// 현재의 경우에 대한 작업 완료 시 break 문을 사용한다.
break;
}
// 변수 값이 2인 경우 구문3, 구문4를 실행
case 2:
{
Statement3;
Statement4;
break;
}
// 앞에서 명시되지 않은 경우에 대한 제어가 필요한 경우 default 블록에 명시
default:
{
break;
}
```

오류 확인하기

소스 코드 작성을 마친 후에는 코드 편집기 아래쪽의 체크 버튼이나 Apply 또는 OK 버튼을 클릭한다. 오류가 있다면 코드 편집기 아래 쪽에 오류의 내용과 줄 번호가 표시될 것이다. 가장 일반적인 오류로는 괄호나 중괄호의

누락, 종결자(세미콜론) 누락, 명령어의 철자 오류 및 쉼표 사용 오류 등을 들 수 있다.

앞에서 언급했듯이, 일부 오류는 이 단계에서 발견되지 않을 수도 있으며, 이들을 적절히 수정하지 않으면 올바른 결과를 얻을 수 없다. 이러한 오류의 예로는 따옴표 안의 문자열 철자 오류나 쉼표 사용 오류, 잘못된 테이블에 대한 참조 등을 들 수 있다.

오류 확인을 마쳤으면 코드 편집기 하단의 OK 버튼을 클릭하여 변경 내용을 저장한다. Cancel 버튼이나 우측 상단의 닫기 버튼을 클릭할 경우 작성 내용이 저장되지 않는다는 점에 유의하여라.

수식을 작성할 때는 0으로 다른 값을 나누지 않도록 주의하는 것이 필요하다. 수학적으로는 무한대라는 결과가 나와야겠지만, 컴퓨터에서는 보통 0으로 나누는 것을 오류로 처리하기 때문이다.

FlexScript를 이용한 소스 코드 작성 방법에 대해 좀 더 자세히 알고 싶은 경우에는 메뉴의 Help ➡ Commands 항목이나 사용자 매뉴얼의 스크립트 작성 요령 관련 부분을 참조하여라.

전역 변수 (global variable)

여러 스크립트에서 사용되는 변수들은 global variable(전역 변수)로 선언해 두는 것이 바람직하다. Global Variable은 메인 화면 좌측의 도구상자(Toolbox)에서 생성할 수 있다.

그림 12.10에서 보듯이, global variable을 생성하기 위해서는 다음과 같은 절차들이 필요하다.

1. 메인 화면 좌측에서 도구상자를 클릭한다.
2. [+] 버튼을 클릭한 다음, Modeling Logic -> Global Variable 항목을 선택한다.
3. 변수의 이름과 자료형을 설정한다.
4. 초기값을 할당한다.

변수의 자료형이 treenode인 경우에는 browse 버튼을 클릭한 후, 트리에서 적절한 노드를 선택하여 초기 값을 할당하여야 한다. 나아가, 모형을 초기화해도 global variable의 값은 초기화되지 않으므로 필요한 경우에는 OnReset trigger를 이용하여 global variable을 초기화한다. Global variable 설정 창에서 핀 버튼을 클릭하면 해당 변수를 Dashboard에 추가하여, 시뮬레이션이 수행되는 동안 그 값을 관찰해볼 수도 있다.

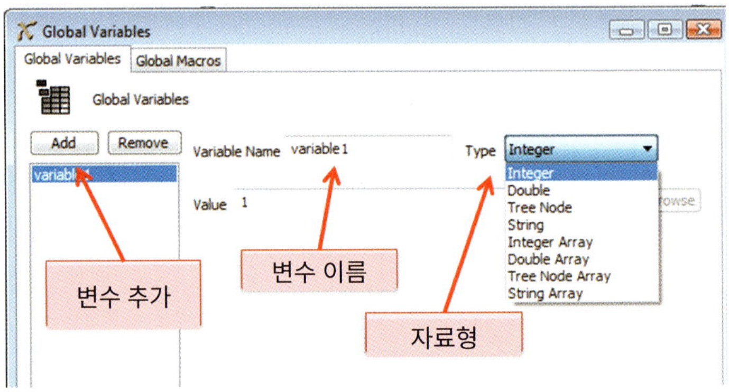

그림 12.10 : Global variable 생성하기

Global variable이 등록된 후에는 모형의 어느 곳에서든 소스 코드를 이용하여 이 변수의 값을 참조하거나 편집할 수 있다. 예를 들어, project라는 이름의 정수형 global variable이 등록되어 있다면 다음과 같이 해당 변수를 사용할 수 있을 것이다.

```
project = 7;
x = project + 2;
```

마찬가지로, Processor1 이라는 이름의 treenode형 global variable은 아래와 같이 사용할 수 있다.

```
getoutput(Processor1); // global variable 사용
```

디버그

간혹 문법 오류가 없는데도 시뮬레이션 모형이 의도한 대로 작동하지 않을 수 있다. 문법 상의 오류가 없더라도 소스 코드에 논리적 오류가 존재할 수 있기 때문이다. 아울러, 소스 코드의 어느 부분에서 논리적 오류가 발생했는지를 찾는 것은 좀 더 까다로운 경우가 많다.

한 가지 방법은 소스 코드 실행 도중 작업 수행 내역을 별도의 파일에 출력해보거나, 아니면 메뉴의 Debug -> Output Console 항목을 선택하여 *FlexSim* 소프트웨어 내부에서 작업 수행 내역을 관찰해보는 것이다. 콘솔에 어떤 내용을 표시할 때는 다음과 같은 내장 함수들을 사용한다:

- pt("text string") : 문자열을 출력한다.
- pf(number) : 숫자값을 부동 소수점 형식으로 출력한다.
- pd(number) : 숫자값을 정수 형식으로 출력한다.
- pr() : 빈 문장을 출력하고 줄을 바꾼다.

작업이 의도한 대로 진행되고 있는지 확인하기 위해 **pt()**, **pf()** 등과 같은 함수를 이용하여 모형이 실행되는 동안 작업 처리 경과를 콘솔에 표시해 보는 것은 매우 일반적이고 유용한 방법이다.

명령문을 출력하는 것 외에도, **stop()** 함수를 사용하여 특정 시점에 시뮬레이션의 수행을 중단시켜볼 수도 있으며, 실행 중인 모형을 중단한 후 시뮬레이션 제어판의 Step 버튼을 이용하여 모형을 단계적으로 실행할 수도 있다. 나아가, **time()** 함수는 현재 시뮬레이션 실행 경과 시간을 반환하는 함수이다.

시뮬레이션 제어판에서 중단 시점(Stop Time)을 설정한 후 실행 속도를 높이면 모형 실행 이후 특정 시점에 신속히 도달하도록 하는데 도움이 될 것이다.

예제

예제를 통해 *FlexSim* 모형에서 소스 코드를 활용하는 방법을 살펴보기로 하자. 이 예제에서는 picklist 항목이 아닌 소스 코드 작성을 통해 몇 가지 trigger의 기능을 설정해 볼 것이다.

시스템 특성

A와 B, 두 가지 타입의 제품을 처리하는 검사 시스템이 있다고 가정하자. 도착 간격은 평균이 10분인 지수 분포

를 따르되, 최대 25분을 넘지 않는다. 각 제품 타입의 비율은 정확하지는 않으나, A타입의 비율이 75% 정도인 것으로 추정된다. 검사 대기 장소의 용량은 5개로 제한되며, 대기 장소가 가득 차 있을 때 도착한 제품들은 다른 검사장으로 보내는데, 이 경우 상당한 비용이 발생한다. 검사에 통과한 제품들 중 A타입은 부서1로, B타입은 부서2로 이송하며, 검사에 불합격한 약 10%의 제품들은 재처리 작업장으로 보낸다. 검사에 소요되는 시간은 정규 분포를 따르며, A, B타입 제품의 평균 검사 소요 시간은 각각 7분, 15분이다. 아울러, 검사 시간의 표준 편차는 평균의 3분의 1이다.

이 모형은 제품들의 비율이나 검사 대기 장소의 용량, 평균 검사 소요 시간 등이 변했을 때 시스템의 성능이 어떻게 변하는지를 분석하기 위해 작성한 것이다. 나아가, 주요 성능 평가지표는 대기 장소에 빈 공간이 없을 때 도착하여 다른 검사장으로 이관된 제품의 비율이다.

그림 12.11은 해당 시스템에 대한 모형 작성 예이며, ①~⑥은 소스 코드를 이용하여 구현한 기능들이다.

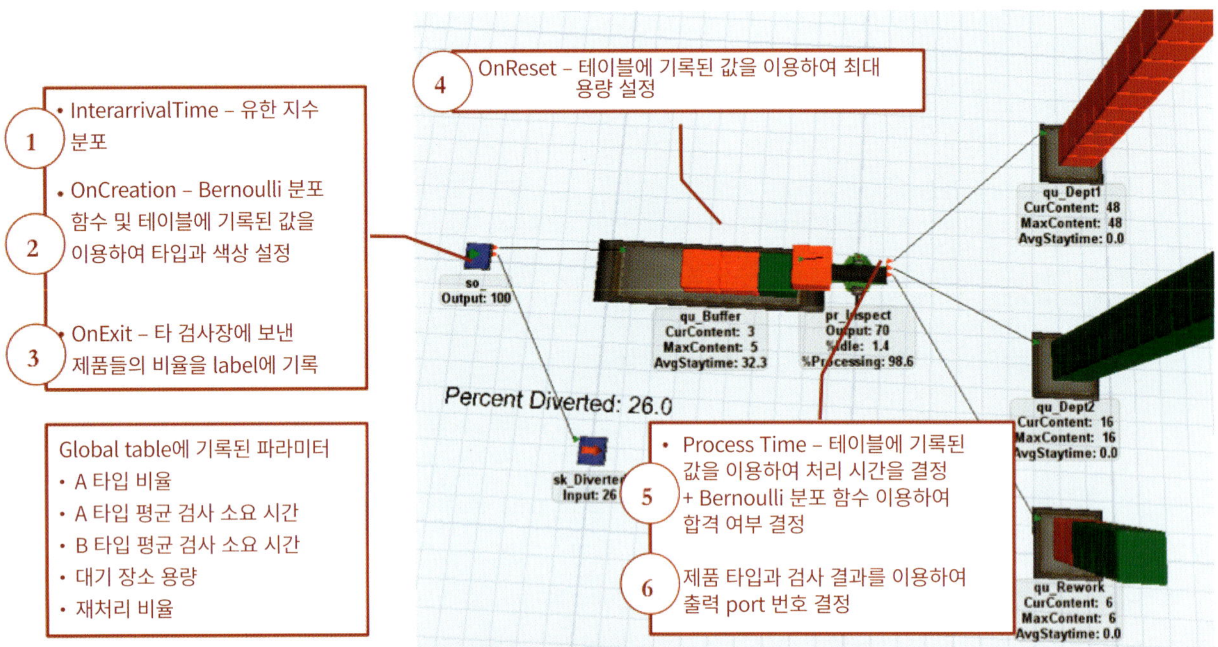

그림 12.11 : 검사 시스템에 대한 모형

참고로, 그림 12.11에서는 현재 100개의 제품이 검사장에 유입되었고, 이 중 26개가 다른 검사장으로 이관되었으므로, 이관율은 26%이다. 또한, 총 70개의 제품이 검사를 통과하여 그 중 48개는 부서1로, 16개는 부서2로, 나머지 6개는 재처리 작업장으로 보내졌다. 여기서, 재처리 작업장으로 보내진 제품의 비율은 8.6%인데, 이는 이 검사장의 불량률 10%와 유사한 값이다.

한 가지 특기할 만한 점은, 하류의 부서 및 재처리 작업장들을 queue 개체들로 표현하였다는 것이다. 이는 제품들이 올바른 경로로 이동하는지를 확인하기 위해서이며, 이동 경로가 올바르다는 점을 확인한 후에는 queue 개체 대신 sink 개체를 사용해도 무방하다.

Model | Parameters

	Col 1
Percent A	75.00
Mean inspection time - A	7.00
Mean inspection time - B	15.00
Max Content of Buffer	5.00
Percent Rework	10.00

그림 12.12 : global table을 이용한 변수 값 설정

필요한 값들을 global table에 저장하면, 모형의 특성을 변경해가면서 Experimenter로 통계량을 산출하는 것이 좀 더 수월해진다. 이 예제에서는 그림 12.12에서 보는 것과 같이 Parameters라는 이름의 global table에 5개의 값을 저장하였다.

세부적으로 이 모형에서 소스 코드를 이용하여 구현된 기능들은 다음과 같다.

1. **도착 간격은 평균이 10분인 지수 분포를 따르되, 최대 25분을 넘지 않는다. 이를 확인하기 위해 도착 간격을 콘솔에 출력한다.**

이 기능은 그림 12.13과 같은 소스 코드를 source 개체의 Inter-Arrivaltime trigger에 작성하여 구현하였다. 실제 사용자 정의 소스 코드는 4번 라인부터이며, 상단의 헤더 부분은 1번 라인에 일부 문구를 추가한 것 외에는 변경하지 않았다.

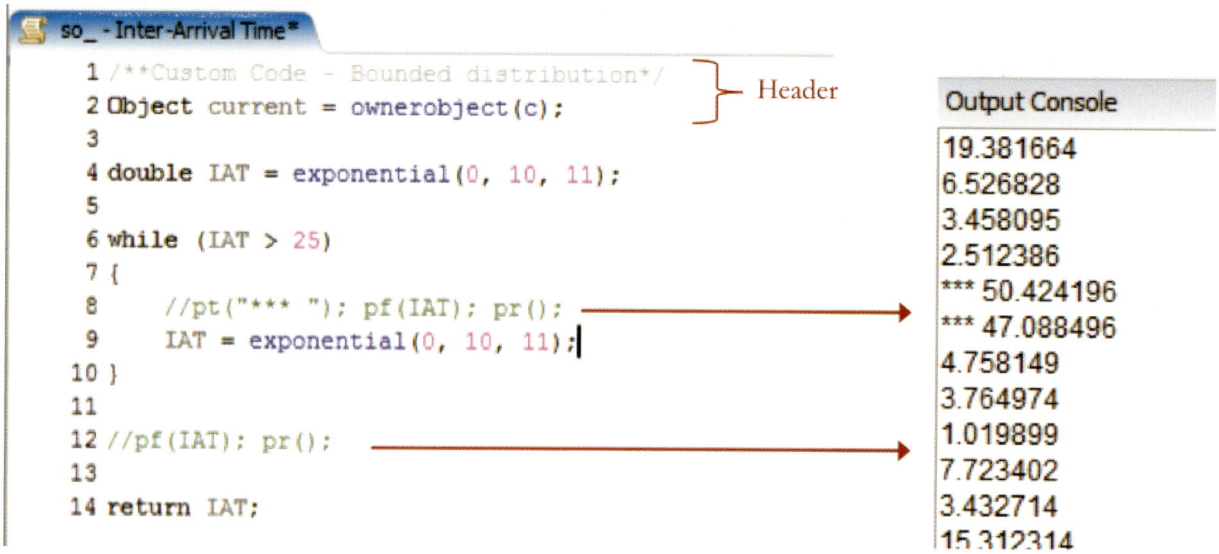

그림 12.13 : Inter-Arrivaltime trigger 소스 코드

4번 라인에서는 지수 분포 함수를 이용하여 생성한 값을 IAT라는 이름의 double형 지역 변수에 대입한다. 그 다음에는 while 블록이 나오는데, 여기서는 생성된 값이 기준치 25보다 큰 경우, 기준치 이내의 값이 나올 때까지 값을 다시 추출한다. 8번 라인의 함수들은 생성된 값을 콘솔에 출력하며, 그림에서는 기준값을 초과하는 값이 연달아 2회 생성된 것을 볼 수 있다. 하지만, 그 후에는 기준치 이내의 값, 4.758149가 추출되어 도착 간격으로 반환된다. 참고로, 기준치 이내의 값들은 12번 라인에 의해 '***' 표시 없이 출력된다. 한편, 원하는 기능이 정상적으로 작동하는 것을 확인한 후에는 그림 12.13의 8번, 12번 라인처럼 콘솔 출력 구문들을 주석 처리하기도 한다.

끝으로, IAT의 값이 확정되면, 14번 라인에 의해 해당 값을 *FlexSim*에 반환한다. 이 경우에는 *FlexSim*이 결과 값을 기다리고 있기 때문에 반드시 return 문을 사용하여 값을 반환하여야 한다. 도착 간격 뿐만 아니라, 처리 시간이나 출력 port 번호를 결정하는 trigger들도 마찬가지이다. 반면, 개체 속성 창의 Triggers 탭에 있는 trigger들처럼 반환값을 갖지 않는 trigger도 존재한다. Trigger 탭의 trigger들은 항상 실행되는 것이 아니라는 점에 유의하여라. 나아가, return 문이 실행된 이후에는 남은 구문들이 있더라도 항상 소스 코드의 실행이 종료된다.

평균 도착 간격과 기준값을 global table에 저장하여 좀 더 개선된 형태의 소스 코드를 작성할 수도 있으며, 이 경우 Experimenter를 이용하여 시스템의 특성을 변경해 가면서 분석을 실시하는 것이 좀 더 편리해진다.

나아가, while 문을 사용하지 않고, 기준값을 넘는 값들을 모두 25로 설정하여, 기준값 이내의 값들이 생성되도록 할 수도 있다. 다만, 이렇게 하면 25라는 값이 너무 빈번하게 발생할 것이다. 따라서, 이 예제에서는 이 같은 방식을 택하지 않았다. 반면, 25분 간 작업을 시도해도 작업이 완료되지 않는 경우 해당 작업을 중단하고 작업물을 폐기하는 작업장과 같은 경우에는 기준값을 넘는 값들을 모두 기준값으로 변경하는 것이 타당할 것이다.

2. A타입과 B타입, 두 종류의 제품을 처리하며, A타입의 비율은 75%이다.

이 기능은 그림 12.14의 소스 코드를 source 개체의 OnCreation trigger에 작성하여 구현하였다. 실제 새로 작성된 소스 코드는 6번 라인부터이며, 상단의 헤더 부분은 1번 라인에 일부 문구를 추가한 것 외에는 변경하지 않았다.

A타입 제품의 비율은 Parameters라는 이름의 global table 1행, 1열에 기록된다. 따라서, 6번 라인에서 해당 테이블을 의미하는 변수를 생성한 다음, 7번 라인에서 테이블에 기록된 값을 PercentA라는 이름의 double 형 지역 변수에 대입하였다.

so_ - OnCreation

```
1 /**Custom Code - set type and color*/
2 Object current = ownerobject(c);
3 Object item = param(1);
4 int rownumber = param(2);  //row number of the schedule/seq
5
6 Table Parameters = reftable("Parameters");
7 double PercentA = Parameters[1][1];
8
9 item.Type = bernoulli(PercentA,1,2,10);
10 item.color = Color.byNumber(item.Type);
```

Header (1–4)

그림 12.14 : OnCreation trigger 소스 코드

제품의 종류가 두 가지이기 때문에 여기서는 제품에 타입 번호를 부여하는데 Bernoulli 분포 함수를 이용하였다. 7번 라인에서 PercentA에 대입해 둔 A타입 제품의 비율은 이 함수의 인수로 사용된다. 따라서, flowitem 중 75%는 1번 타입, 나머지는 2번 타입이 될 것이다. 또한, 9번 라인에서 보듯이 타입 번호는 flowitem이 가진 Type 속성에 저장된다. 여기서는 이 속성을 도트 표기법을 이용하여 item.Type이라 표기하였다.

10번 라인에서는 flowitem에 부여될 타입 번호를 이용하여 해당 flowitem의 색상을 설정하였으며, 설정할 색상의 종류는 도트 표기법을 이용하여 Color.byNumber(item.type)으로 표시하였다. 참고로, Color 개체의 byNumber() 메소드는 인수가 1, 2, 3, 4, … 일 때 빨간색, 초록색, 파란색, 노란색, … 등을 반환한다.

3. 타 검사장으로의 이관율을 산출한다.

이 기능은 그림 12.15의 소스 코드를 source 개체의 OnExit trigger에 작성하여 구현하였다. 실제 새로 작성한 소스 코드는 6번 라인부터이며, 상단의 헤더 부분은 1번 라인에 일부 문구를 추가한 것 외에는 변경하지 않았다.

대기 장소에 빈 자리가 없는 경우, source 개체는 2번 출력 port를 통해 flowitem을 sink 개체로 보낸다. 따라서, 이관된 제품의 개수(TotalDiverted라는 이름의 지역 변수)는 6번 라인에서처럼 2번 출력 port로 나

간 flowitem 개수일 것이다. 세부적으로는 이관된 제품의 개수를 조사하는데 getinput() 함수와 current.outObjects[] 속성이 사용되었다.

이 trigger의 실행을 야기한 flowitem의 출력 port 번호가 2번으로 결정되면, 9번 라인에 의해 TotalDiverted의 값은 1 증가한다.

나아가, 지금까지 도착한 제품의 개수(TotalArrived라는 이름의 지역 변수)는 현재 편집 중인 source 개체에서 출력된 flowitem의 총 개수를 의미하며, 12번 라인에서처럼 기존에 출력된 제품 개수에 1을 더하여 산출한다. 여기서는 getoutput() 함수가 사용되었다.

14번 라인에서는 이관된 제품 개수에 100을 곱한 다음, 이를 지금까지 도착한 제품의 개수로 나누어 이관율을 산출하여 현재 편집 중인 source 개체가 가진 PercentDiverted라는 이름의 label에 저장한다. 수식을 0으로 나누는 오류를 방지하기 위해 maxof() 함수를 사용하였다는 점에 유의하여라. 분모가 0이 될 가능성이 있는 경우에는 이처럼 maxof() 함수를 사용하는 것이 도움이 된다.

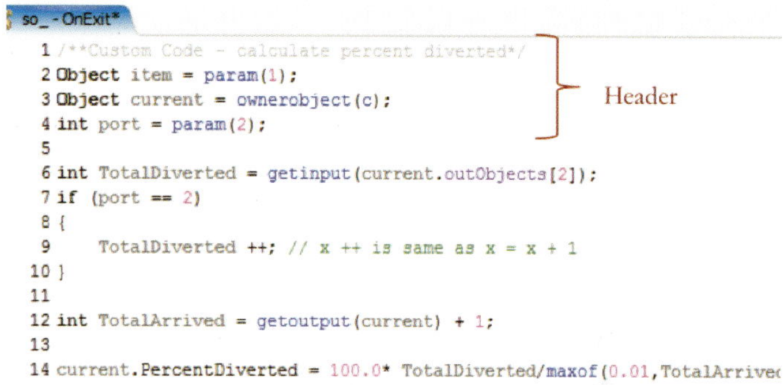


```
1 /**Custom Code - calculate percent diverted*/
2 Object item = param(1);
3 Object current = ownerobject(c);
4 int port = param(2);
5
6 int TotalDiverted = getinput(current.outObjects[2]);
7 if (port == 2)
8 {
9     TotalDiverted ++; // x ++ is same as x = x + 1
10 }
11
12 int TotalArrived = getoutput(current) + 1;
13
14 current.PercentDiverted = 100.0* TotalDiverted/maxof(0.01,TotalArrive
```

그림 12.15 : 이관율 산출

4. Parameters 테이블에 기록된 값을 이용하여 대기 공간의 용량을 설정한다.

이 기능은 qu_Buffer라는 이름의 queue 개체가 가진 OnReset trigger에 그림 12.16의 소스 코드를 작성하여 구현한다. 이 소스 코드는 모형 실행 도중이 아닌, 모형 초기화 시점에 실행되며, Experimenter를 사용하는 경우에는 새로운 반복이 시작될 때마다 이 소스 코드가 실행된다.

실제 새로 작성한 소스 코드는 4번 라인부터이며, 상단의 헤더 부분은 1번 라인에 일부 문구를 추가한 것 외에는 변경하지 않았다.

4번 라인에서는 Parameters라는 이름의 global table을 지역 변수 Parameters에 저장하며, 이 변수는 6번 라인에서 사용된다. 6번 라인에서는 setvarnum() 함수를 이용하여 Parameters 테이블의 4행, 1열에 저장된 값을 qu_Buffer라는 이름의 queue 개체가 가진 속성 maxcontent에 대입한다.

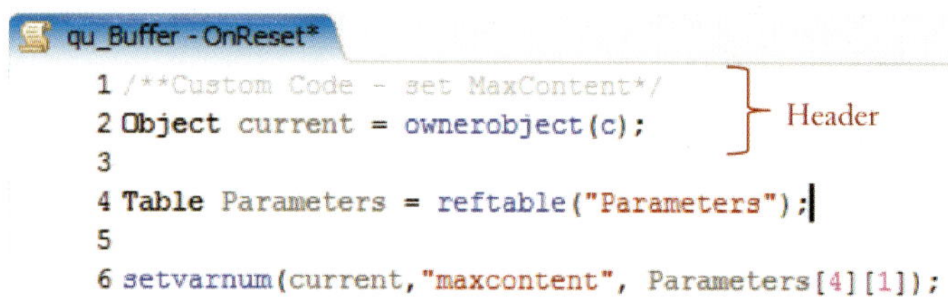


```
1 /**Custom Code - set MaxContent*/
2 Object current = ownerobject(c);
3
4 Table Parameters = reftable("Parameters");
5
6 setvarnum(current,"maxcontent", Parameters[4][1]);
```

그림 12.16 : 대기 공간 용량 설정

5. 검사 소요 시간은 정규 분포를 따르며, A타입, B타입의 평균 검사 소요 시간은 각각 7분, 15분이고, 표준 편차는 평균 소요 시간의 1/3이다. 평균 검사 소요 시간은 Parameters 테이블에 저장한다.

이 기능은 그림 12.17에서 보듯이, pr_Inspect라는 이름의 processor 개체가 가진 Process Time 트리거를 이용하여 구현한다. 실제 새로 작성한 소스 코드는 5번 라인부터이며, 상단의 헤더 부분은 1번 라인에 일부 문구를 추가한 것 외에는 변경하지 않았다.

Parameters라는 이름의 global table은 5번 라인에서 지역 변수 Parameters에 대입되며, 9번 라인에서 평균 검사 소요 시간을 참조하는데 사용된다. 나아가, 7번 라인에서 선언된 정수형 변수 Type에는 현재 처리 중인 flowitem의 타입 번호가 저장되며, 이는 Parameters 테이블에서 올바른 값을 검색하는데 사용된다. 평균 검사 소요 시간은 테이블의 2, 3행에 저장되어 있고, 제품 타입 번호는 1 아니면 2이므로, Type+1행의 값을 이용해야 한다. 물론, 각 제품 타입에 대한 global table을 따로 만들면 이러한 작업이 보다 용이할 것이다. 테이블 구조에 따라, 이를 이용하는 소스 코드의 작성 방법도 달라지므로, 적절한 구조의 테이블을 설계하는 것이 바람직하다는 점에 유의하여라.

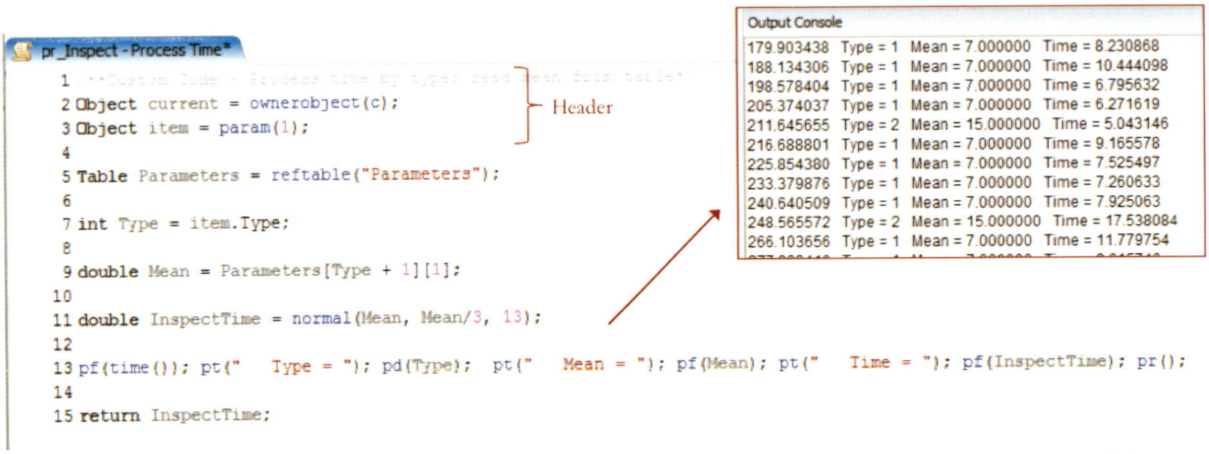

그림 12.17 : 검사 소요 시간 설정

11번 라인에서는 정규 분포 함수(인수로 평균과 표준 편차 모두 명시)를 이용하여 검사 소요 시간을 추출한 다음, 추출된 값을 Mean이라는 이름의 지역 변수에 저장한다.

소스 코드가 의도한 대로 작동하는지 확인하기 위해 13번 라인에서는 처리 시간이 산출되었을 때, 처리 시간과 함께 현재 시뮬레이션 시간, flowitem 타입 번호, 평균 검사 소요 시간 등의 값을 콘솔에 출력하며, 그림 12.17의 오른쪽에서 출력된 값들의 예를 볼 수 있다. 마지막으로, 15번 라인에서 산출된 처리 시간을 반환하면 소스 코드가 종료된다.

6. **검사가 완료된 제품은 부서1, 부서2 및 재처리 작업장 중 한 곳으로 운반한다. 검사에 불합격하여 재처리 작업장으로 운반될 확률은 Parameters 테이블에 저장한다.**

이 기능은 제품의 검사 합격 여부와 그에 맞는 적절한 출력 port를 결정하는데 필요하며, pr_Inspect라는 이름의 processor 개체가 가진 SendToPort 또는 Process Time trigger를 이용하여 구현할 수 있다. 여기서는 Process Time trigger를 이용하기로 하자. 물론, 최종적으로는 SendToPort trigger에서 출력 port 번호를 정해야 한다.

그림 12.18의 15~22번 라인을 보면, pr_Inspection 개체의 Process Time trigger에 새로운 소스 코드가 추가되었고, 1번 라인의 문구도 약간 수정된 것을 볼 수 있다.

15번 라인에서는 Parameters 테이블의 5행, 1열에 있는 값을 PercentRework라는 이름의 지역 변수에 대입하며, 이 변수는 재처리 확률을 의미한다. 이어, 17번 라인에서는 성공 확률이 PercentRework이고, 성공 시 불합격을 의미하는 0을, 실패 시 합격을 의미하는 1을 반환하는 Bernoulli 분포 함수를 이용하여 현재 처리 중인 flowitem의 합격 여부를 의미하는 지역 변수 Quality의 값을 설정한다.

pr_Inspect - Process Time*

```
1 /**Custom Code - Process time by type; read mean from table; set quality*/
2 Object current = ownerobject(c);
3 Object item = param(1);
4
5 Table Parameters = reftable("Parameters");
6
7 int Type = item.Type;
8
9 double Mean = Parameters[Type + 1][1];
10
11 double InspectTime = normal(Mean, Mean/3, 13);
12
13 pf(time()); pt("   Type = "); pd(Type);  pt("   Mean = "); pf(Mean); pt("   Time = "); pf(InspectTime); pr();
14
15 double PercentRework = Parameters[5][1];
16
17 int Quality = bernoulli(PercentRework,0,1,11);
18
19 if (Quality == 0)
20     {
21     item.Quality = 0;
22     }
23
24 return InspectTime;
```

Header (lines 1–5)

New code (lines 15–22)

그림 12.18 : 합격 여부 설정

만약 Quality의 값이 0(불합격)인 경우에는 21번 라인이 실행되어, 현재 flowitem이 가진 Quality label의 값을 0으로 설정한다. 참고로, 이 label의 초기값은 1이기 때문에, 검사 결과가 합격인 경우에는 해당 label의 값을 변경할 필요가 없다.

검사를 마친 제품을 적절한 곳으로 운반하기 위해서는 SendToPort trigger에서 출력 port 번호를 적절히 정해주어야 한다. 세부적으로는 flowitem의 타입 번호 및 검사 합격 여부에 따라 출력 port 번호가 부여되어야 할 것이다. 물론 SendToPort 항목의 picklist에서 적절한 옵션을 선택하여 이 같은 로직을 구현할 수도 있지만, 여기서는 소스 코드를 이용하기로 하자. picklist를 이용하는 방법은 이 절의 마지막 부분에서 설명할 것이다.

그림 12.19의 SendToPort trigger 소스 코드에서 실제 새로 작성한 소스 코드는 5번 라인부터이며, 상단의 헤더 부분은 1번 라인에 일부 문구를 추가한 것 외에는 변경하지 않았다.

pr_Inspect - Send To Port

```
1 /**Custom Code - Route based on quality and type*/
2 Object item = param(1);
3 Object current = ownerobject(c);
4
5 int ToPort = item.Type;
6
7 if (item.Quality == 0)
8     {
9     ToPort = 3;
10    }
11
12 return ToPort;
```

Header (lines 1–3)

그림 12.19 : SendToPort trigger 소스 코드

5번 라인에서는 지역 변수 ToPort에 현재 처리 중인 flowitem의 타입 번호를 대입한다. 따라서, 검사에 합격한 제품들 중 A타입에는 1번 출력 port가, B타입에는 2

번 출력 port가 할당될 것이다.

Flowitem이 가진 Quality라는 이름의 label 값이 0(불합격)인 경우에는 9번 라인이 실행되어 ToPort의 값이 3으로 변경된다. 마지막으로, 12번 라인에서 이렇게 정해진 출력 port 번호를 *FlexSim*에 반환하면 소스 코드가 종료된다.

한편, 그림 12.20은 picklist를 이용하여 출력 port 번호를 결정하는 모습을 보여주고 있으며, 이 경우에는 그림 12.19와 같은 소스 코드를 작성하지 않고도 동일한 기능을 구현할 수 있다.

여기서는 먼저 flowitem의 Quality label 값에 따라 Case 0, Case 1 중 어느 것을 실행할 지가 결정되며, Quality label의 값이 0인 경우에는 Case 0이 실행되어 3번 출력 port가 할당된다. 반면, Quality label의 값이 1이면 Case 1이 실행되어 flowitem의 타입 번호와 같은 출력 port가 할당될 것이다. 일반적으로 picklist의 사용법이 익숙한 경우에는 이와 같이 굳이 소스 코드를 작성하지 않고도 필요한 기능을 보다 간단히 구현하는 것이 가능하다.

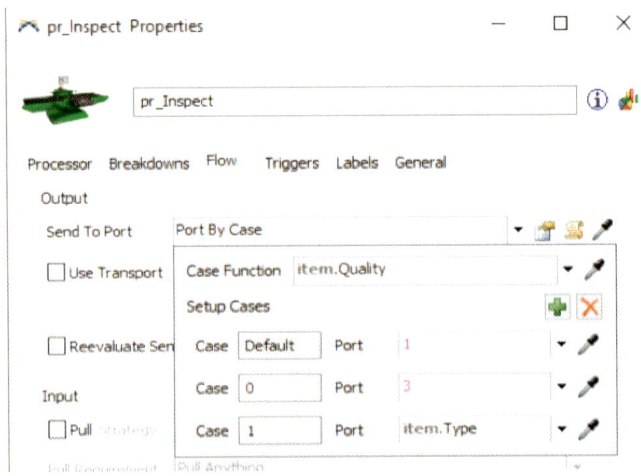

그림 12.20 : SendToPort 항목 picklist 사용

참고 문헌

1. Currie, C. and Cheng, R. (2013) "A Practical Introduction to Analysis of Simulation Output Data," *Proceedings of the 2013 Winter Simulation Conference*, R. Pasupathy, S. H. Kim, A. Tolk, R. Hill, and M. E. Kuhl, eds.

2. Knight, W., accessed at: http://www.math.unb.ca/ knight/utility/t-table.htm

3. Knight, W., accessed at: http://www.math.unb.ca/ knight/utility/NormTble.htm

4. Law, A. (2007) *Simulation Modeling and Analysis*, New York: McGraw-Hill.

5. Robinson, S. (2004) *Simulation: The Practice of Model Development and Use*, New York: John Wiley & Sons.

Exercise 12-1 Hilltop Steel Works

분석 배경

금속제 부품을 생산하는 Hilltop사는 최근 Alabama주 남부에 공장을 신설하였다. 신축 공장에는 조선기 자재 제조 업체에 납품할 특수한 대형 볼트를 생산할 수 있는 밀링 가공 라인이 설치되어 있다. 현재 대형 볼트에 대한 수요는 기대 이상으로 많아, 당초 시간 당 600개 생산을 목표로 했던 것과 달리, 시간 당 650~700개 정도를 생산해야 할 정도로 주문이 몰리는 상황이다. 문제는 이처럼 작업 속도를 높일 경우 밀링 기계에서 병목 현상이 발생하여 심할 경우 밀링 공정의 앞 단계인 성형 공정의 작업을 중단해야 하는 상황이 빚어질 수 있다는 점이다. 현재 이 문제에 대해 다음과 같은 두 가지 해결 방안이 제안된 상태이다.

1. 밀링 공정 대기 장소의 용량을 증설하여 성형 공정의 중단을 줄인다.
2. 밀링 기계의 작업 속도를 동적으로 변화시킨다.

최적의 개선안을 모색하기 위해 이 기업은 시뮬레이션을 이용하기로 결정하였다.

문제 정의

어떻게 하면 대형 볼트에 대한 수요에 적절히 대응할 수 있겠는가?

기존 운영 실태

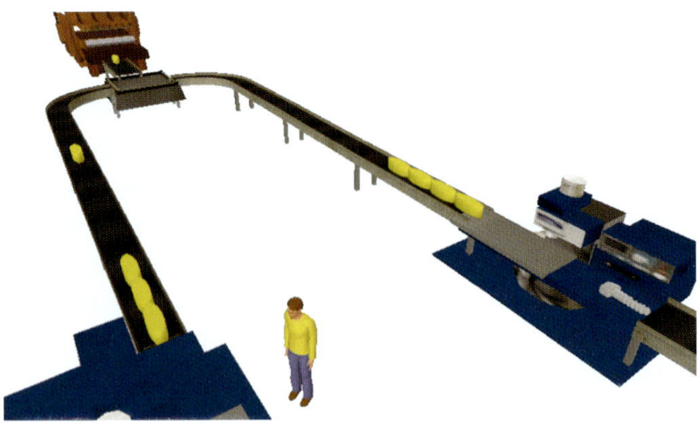

그림 12.21 : Hilltop사의 밀링 가공 라인

그림 12.21에서 보듯이, 이 공장은 대형 볼트를 가공하는데 사용할 수 있는 밀링 기계를 2대 보유하고 있다. 성형 공정에서 초기 가공을 마친 볼트는 대기 장소로 이송된 후, 밀링 기계들 중 대기 작업 수가 적은 쪽으로 투입된다. 당초에는 시간 당 600개의 생산 속도에 맞춰 밀링 가공 라인을 설계하였으나, 필요한 경우에는 생산 속도를 높이는 것도 가능하다. 아울러, 과거 데이터에 따르면, 기계들의 MTBF와 MTTR은 각각 평균이 900초인 지수 분포와 평균이 200초인 Weibull 분포(Weibull(200, 1, 2))를 따른다.

대기 공간과 밀링 기계 사이의 컨베이어 장치에는 최대 20개의 작업물이 적재될 수 있으며, 이 컨베이어 장치는 초당 1피트의 속도로 작업물을 운반한다. 나아가, 대기 공간에서 밀링 기계까지 작업물이 이동하는 데는 30초가 소요되며, 대기 공간의 용량은 10이다. 밀링 가공이 완료된 볼트는 다시 컨베이어 장치에 실어 내보낸다.

밀링 기계들은 최신 기종이며, 속도 조절이 가능한 서보 모터에 의해 구동된다. 나아가, 평소에는 1회 가공에 9.5초가 소요되지만, 필요한 경우 이 시간을 7초까지 단축할 수 있다. 단, 이 같은 상태를 오랫동안 유지할 경우 기계에 무리가 생길 수도 있다.

분석 목표

두 가지 문제 해결 방안들의 효과를 분석하고, 이를 토대로 밀링 가공 라인에 대한 개선 방안을 제시한다. 특히, 작업 속도가 보통일 때와 작업 속도를 높였을 때, 각 해결 방안들 중 어느 쪽이 더 효과적인지를 별도로 분석한다.

분석을 하면서 생각해 볼 점들

- 모형의 시간 단위를 어떻게 설정하는 것이 좋겠는가? 다양한 값들을 종합적으로 고려하여 판단하여라.
- 어떻게 하면 작업 속도를 쉽게 조정할 수 있겠는가? Dashboard를 이용할 수도 있겠는가?
- 기계의 고장을 모형에 반영하기 전에 모형을 실행하여 작동방식이 올바른지를 확인하려면 어떻게 해야 하겠는가?
- 이 예제에서는 기계의 가공 시간이 가변적이다. 이를 고려했을 때, Process Time을 어떻게 설정하는 것이 좋겠는가? Global variable을 사용하는 것이 도움이 되겠는가?
- 어떨 때 작업 속도를 높여야 하겠는가? 작업 속도를 높여야 하는지를 판단하는 로직을 어디에 추가해야 하겠는가?
- Experimenter를 이용하여 40시간 동안의 시뮬레이션을 여러 번 반복하여라.

Exercise 12-2 The Crafty Framer

분석 배경

맞춤형 액자를 제작 및 판매하는 Crafty Framer라는 이름의 매장이 있다. 이 매장의 사업주는 다가오는 크리스마스 시즌에 맞추어 효과적인 매장 운영 방안을 모색하는 중이다. 매장을 방문한 고객들은 진열된 액자 중 마음에 드는 것을 고를 수도 있지만, 원하는 디자인의 액자를 주문 제작할 수도 있으며, 이 매장은 주문 제작 제품을 판매했을 때 더 많은 이윤을 남기게 된다.

주문 제작 과정은 간단하고 시간도 많이 걸리지 않으며, 제품의 가격이 높을수록 이윤이 더 커진다. 이 매장의 사업주는 시뮬레이션을 이용하여 효과적인 매장 운영 방안을 수립하고자 한다. 참고로, 평소 이 매장에는 계산대 담당 직원 1명과 주문 제작 담당자 1명이 근무하고 있지만, 방문객이 증가하는 크리스마스 시즌 동안에는 직원 1명을 추가로 고용할 계획이다.

문제 정의

10시간 동안의 시뮬레이션을 통해 이 매장에서 3명의 직원을 가장 효율적으로 활용하는 방법이 무엇인지를 결정한다.

기존 운영 실태

이 매장은 오전 9시부터 오후 7시까지 영업하며, 오후 7시가 되면 더 이상의 입장 고객을 받지 않고, 매장 내부의 고객만 응대한 후 오후 9시까지 매장을 정리한다.

그림 12.22와 같이 매장 안에는 두 개의 창구가 있는데, 한 곳은 계산대이고, 다른 한 곳은 맞춤형 액자의 주문 및 제작에 활용된다. 3명의 직원들은 계산대 또는 맞춤형 액자 전용 창구에서 근무하게 된다. 크리스마스 연휴 기간 동안 이 매장에는 평균적으로 시간 당 56명의 고객이 방문하며, 도착 간격은 지수 분포를 따르는 것으로 가정한다.

그림 12.22 : CraftyFramer 매장 내부

나아가, 매장을 방문하는 고객들은 다음과 같이 3가지 유형으로 구분된다.

1. 구경만 하고 제품을 구입하지 않는 고객 : 시간 당 평균 22명 방문

2. 진열된 제품을 구입하는 고객 : 시간 당 평균 20명 방문
3. 주문 제작 제품을 구입하는 고객 : 시간 당 평균 14명 방문

매장의 크기와 소방안전법규로 인해 이 매장에는 동시에 20명을 초과하는 고객이 입장할 수 없다. 단, 직원이나 창구 앞에서 대기하는 고객들은 이 20명에 포함되지 않는다.

입장한 고객들은 평균이 15분인 지수 분포를 따르는 시간 동안 매장을 둘러본 후, 그냥 나가거나, 진열된 제품을 구입하거나 또는 주문 제작을 요청한다. 고객이 요청한 제품을 주문 제작하는데 소요되는 시간과 계산대에서 결제를 하는데 소요되는 시간은 각각 평균이 5분, 2분인 지수 분포를 따른다고 가정한다.

과거 데이터에 따르면, 주문 제작 창구에서 4명 이상의 다른 고객이 대기 중일 때 입장한 고객들은 주문 제작 의뢰를 포기하고 진열된 제품을 구매하는 경향이 있다. 또한, 계산대에서 10명 이상의 다른 고객이 대기 중일 때 입장한 고객들은 입장을 포기하고 그냥 가게를 나가버린다.

분석 목표

- 시뮬레이션을 통해 5일 간의 영업 성과를 평가한다.
- 추가로 고용된 직원을 계산대와 주문 제작 창구 중 어디에 배치하는 것이 좋겠는가?
- 얼마나 많은 고객들이 입장을 포기하게 되는가?
- 주문 제작 대기자가 많아 진열된 제품을 구매하는 고객들은 얼마나 많은가?

분석을 하면서 생각해 볼 점들

- 개체들 간의 연결 없이 list를 이용하여 모형을 작성할 수 있는가? 이러한 모형은 어떤 이점을 갖겠는가?
- Experimenter를 이용하여 계산대와 주문 제작 창구에 배치된 직원 수를 변경해 가면서 모형을 실행하려면 어떻게 해야 하겠는가?
- 새로운 개체를 추가하지 않고 계산대 또는 주문 제작 창구에 배치된 직원 수를 늘릴 수 있겠는가?
- 매장 내에서 고객들은 어떤 활동들을 어떤 순서로 수행하게 되는가?
- 오후 7시에 고객의 입장을 중단한 상태로 시뮬레이션 모형이 계속 실행되도록 하려면 어떻게 해야 하겠는가?
- 5일 동안의 영업 성과를 평가하기 위해 시뮬레이션 실행 시간은 어떻게 설정할 것인가?
- List에 있는 고객들을 다른 개체에서 끌어오도록 하는 경우, 이 로직이 언제 실행되도록 해야 하겠는가?

Chapter 12 Review Questions

1. 이 장에서 가장 기억에 남거나 흥미로웠던 점 세 가지를 이야기해보시오.

2. 고급 사용자가 가져야 할 중요한 역량에 대해 설명하여라.

3. *FlexSim* 소프트웨어의 계층적인 구조에 대해 설명하고, 이 구조가 왜 중요한지를 이야기해보시오.

4. *FlexSim* 트리 구조를 구성하는 노드들을 유형별로 구분하여라.

5. Flowitem이 유입된 시점부터 처리 완료 시점까지 processor 개체에서 어떤 trigger들이 실행되는지 설명하여라.

6. FlexScript와 가장 유사한 문법을 가진 프로그래밍 언어는 무엇인가?

7. FlexScript에서 구문의 종결자로 사용되는 기호는 무엇인가?

8. 변수 Carspeed와 carspeed가 같지 않은 이유를 설명하여라.

9. 변수 A와 B가 같은지 확인하기 위한 조건식을 작성하여라.

10. 도트 표기법을 사용하여 현재 개체의 중앙 port 1번에 연결되어 있는 개체를 표현하여라.

11. 도트 표기법을 사용하여 현재 개체의 입력 port 2번에 연결되어 있는 개체를 표현하여라.

12. 도트 표기법을 사용하여 현재 개체의 출력 port 3번에 연결되어 있는 개체에 이때까지 입력된 flowitem의 개수를 표현하여라.

13. 현재 시뮬레이션 시간을 콘솔에 출력하는 구문을 작성하여라.

14. global variable의 생성 절차를 간단히 설명하여라.

Chapter 13 맞춤형 모형 작성

학습목표

(1) 모형 구성요소들 간의 메시지 교환이 필요한 이유를 설명할 수 있다.
(2) 개체 간 메시지 교환 기능을 적절히 활용할 수 있다.
(3) 시뮬레이션 모형이 실행되는 동안 여러 가지 정보들을 동적으로 관리하는데 사용할 수 있는 추가적인 방법들을 살펴본다.
(4) 시각적으로 보다 이해하기 쉬운 시뮬레이션 모형을 작성할 수 있다.

대부분의 시뮬레이션 언어에는 다양한 개체들이 서로 정보를 주고받도록 하는데 필요한 기능이 포함되어 있으며, 이는 복잡한 로직을 손쉽게 구현하는데 큰 도움이 된다. *FlexSim*에서는 모형의 구성요소들이 메시지를 주고받도록 하여 이 같은 정보 교환이 이루어지도록 할 수 있다. 복잡한 시뮬레이션 모형을 작성할 때는 여러 가지 정보들을 효과적으로 관리하고 표시하는 것이 중요하다. 또한, 시각적으로 이해하기 쉬운 시뮬레이션 모형을 작성하기 위해서는 모델링 개체들에 보다 적절한 형태의 외관을 부여해야 하는 경우도 종종 있다.

Section 13-1 개체 간 정보 전달

종종, 시뮬레이션 모형의 구성요소들이 일사불란하게 작동하도록 하기 위해, 개체들이 어떤 정보나 신호를 주고받도록 해야 하는 경우가 있다. *FlexSim*에서는 trigger를 이용하여 모형 실행 도중 특정 사건 발생 시점에 한 개체가 다른 개체에 메시지를 보내도록 하는 것이 가능하다. 이 때, 메시지를 수신하는 개체에서는 속성 창 Triggers 탭에 포함되어 있는 OnMessage trigger가 실행된다.

다른 개체에 메시지를 송신하고 싶은 경우에는 기본적으로 아래 두 가지 내장 함수를 사용한다:

```
sendmessage(to_object, from_object, param1, param2, param3)
senddelayedmessage(to_object, delay_time, from_object, param1, param2, param3)
```

이 중 첫 번째 함수가 호출 즉시 메시지를 송신하는 반면, 두 번째 함수는 delay_time에 해당하는 시간이 경과한 후 메시지를 송신한다는 차이가 있다.

sendmessage() 함수는 호출 즉시 메시지를 송신하여, 이 함수를 호출한 이후 소스 코드의 다음 줄에 있는 구문을 실행하기 전에, 해당 메시지를 수신한 개체의 OnMessage trigger가 실행된다. 따라서, 상대 개체가 즉각적으로 응답해야 하는 경우에는 이 함수를 사용하는 것이 좋을 것이다.

반면, 경우에 따라서는 메시지를 송신한 개체에서 소스 코드의 다음 줄에 있는 구문들을 실행하고 난 후에 메시지 수신 개체가 반응하도록 해야 할 수도 있는데, 이 때는 지연 시간이 0인 senddelayedmessage() 함수를 사용한다. 지연 시간이 0인 경우에는 메시지를 송신하는 개체가 남아 있는 구문들을 모두 수행한 다음에 메시지가 전송된다. 메시지를 가급적 신속하게 송신해야 하지만, 그 전에 관련된 개체들의 상태나 속성 값을 먼저 적절히 설정해야 하는 경우에는 이 함수를 사용하는 것이 바람직할 것이다.

각 메시지에는 최대 3개의 메시지 파라미터들을 포함시킬 수 있다.

메시지를 수신하는 개체에서는 OnMessage trigger를 이용하여 수신된 메시지에 적절히 대응하도록 하는 데 필요한 로직을 구현할 수 있다. 참고로, OnMessage trigger의 스크립트 헤더에는 treenode형 변수를 정의하는 1개 행만이 포함되며, 메시지와 함께 전달된 파라미터 값을 참조하고 싶은 경우에는 **msgparam(n)** 함수를 사용한다. 여기서 n은 파라미터의 번호를 의미하며, 1, 2, 3 중 하나의 값을 갖는다. 이 함수는 **double** mp1 = **msgparam(1)**; 과 같이 대입문에서 사용하거나, **switch(msgparam(3))**과 같이 조건문에서 사용할 수도 있다.

메시지 송수신 예제

메시지 송수신 기능을 잘 활용하면 보다 정교한 시뮬레이션 모형을 작성할 수 있다. 특히, 개체 간의 동기화가 필요한 경우에는 이 기능이 매우 유용하다. 예를 들어, 그림 13.1과 같이 몇 개의 부품들을 조립하여 완제품을 주문 생산하는 공장이 있다고 가정해 보자. 만약, 새로운 주문이 접수되어 핵심 부품의 생산을 개시한 상황이라면, 나중에 이 부품과 결합될 다른 부품들의 생산도 동시에 진행되는 것이 바람직할 것이다.

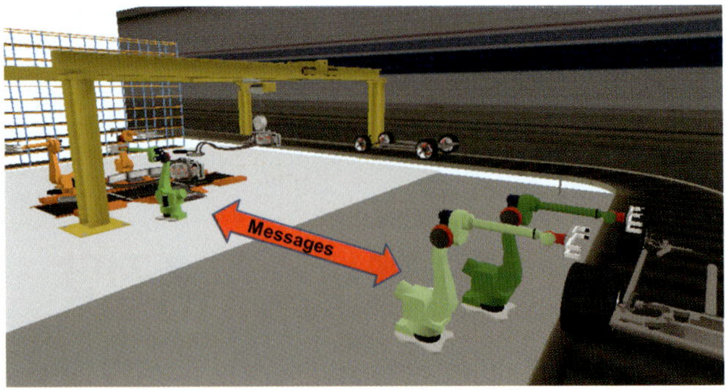

그림 13.1: 조립 생산 시스템

따라서, 핵심 부품의 생산을 담당하는 작업장에서 현재 작업이 개시되었다는 사실을 다른 부품 작업장들에 알려줄 필요가 있으며, 이러한 경우에는 핵심 부품 담당 작업장에서 작업을 개시할 때 다른 작업장에 메시지를 송신하고, 다른 작업장에서는 OnMessage trigger를 이용하여 메시지를 수신했을 때 작업이 시작되도록 설정할 수 있다.

작업물 처리 속도가 단계적으로 변하는 기계를 표현할 때도 이 같은 메시지 송수신 기능을 활용할 수 있다. 예를 들어, 그림 13.2에서 아래쪽 정육면체(shape 개체)가 기계(processor 개체)의 처리 속도를 조정하는 제어 장치라고 가정하자. 이 제어 장치는 trigger를 이용하여 기계에 가동 및 가동 중단 메시지를 송신하며, 기계는 가동을 의미하는 메시지를 받은 후, 일정 시간이 경과할 때마다 단계적으로 자기 자신에게 처리 속도를 증가시키라는 메시지를 보낸다.

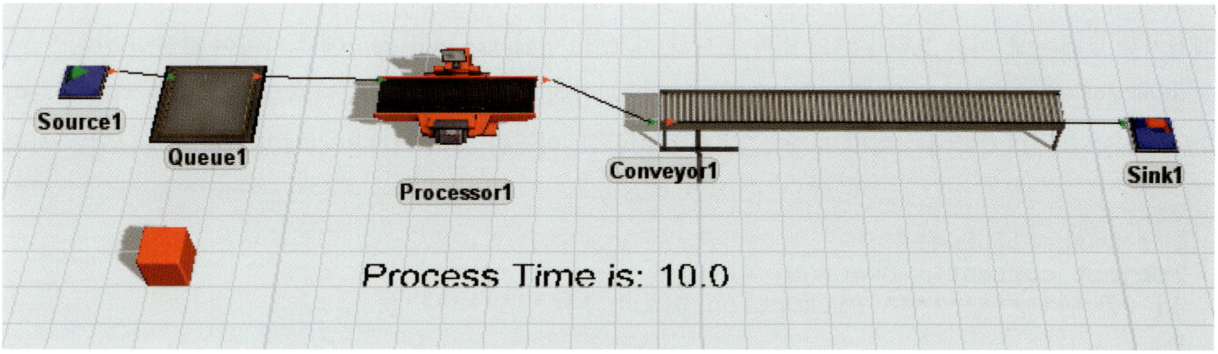

그림 13.2: 처리 속도가 단계적으로 변하는 기계

그림 13.3은 시간의 경과에 따라 상기 모형의 제어 장치와 기계가 어떤 식으로 메시지를 주고 받는지를 보여준다. 이 모형이 초기화되었을 때, 제어 장치는 OnReset trigger를 이용하여 기계에 가동 중단 신호를 보내고, 자기 자신에게는 30초 후 기계에 가동 신호를 보낸다. 따라서 처음에 모형을 실행했을 때 기계는 가동 중단 상태이고, 30초가 경과한 시점에 제어 장치로부터 가동 신호를 받게 된다. 기계는 처리 시간을 의미하는 ProcessTime이라는 label을 가지고 있으며, 처음 가동이 시작되었을 때 기계는 자기 자신에게 처리 시간을 1

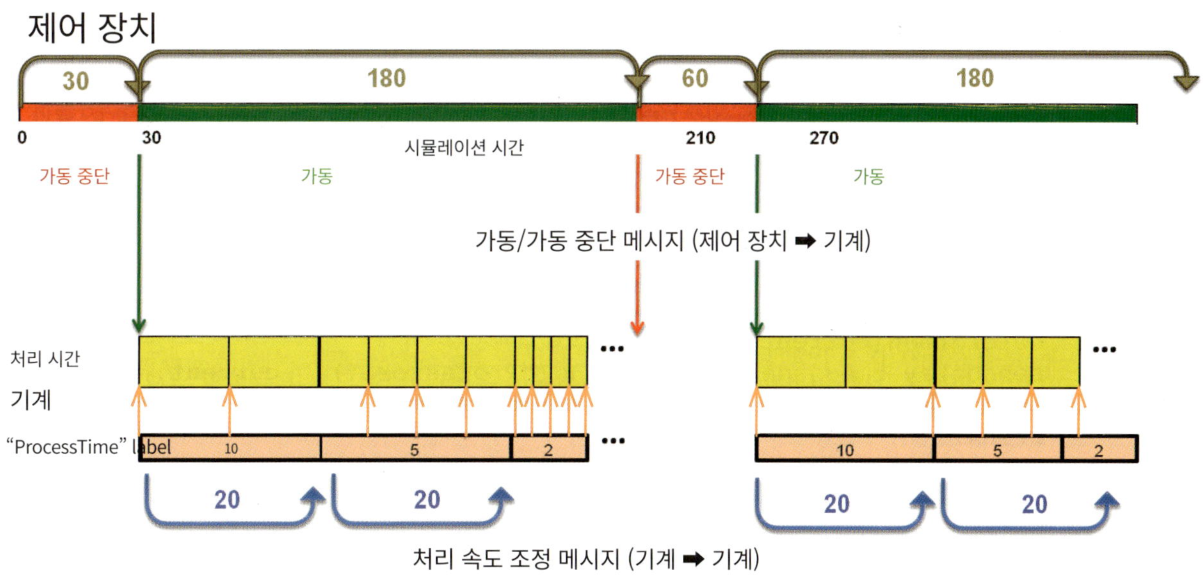

그림 13.3: 개체들의 메시지 송수신

단계(10초)로 설정하라는 메시지를 보낸 다음, 이후에는 20초마다 처리 시간을 2단계(5초), 3단계(2초)로 설정하라는 메시지를 보낸다. 나아가, 기계 가동 후 180초가 경과하면 제어 장치가 기계에 가동 중단 메시지를 보내고, 가동 중단 이후 60초가 경과하면 다시 가동 메시지를 보내게 되어 있다.

따라서, 이 모형에서 기계는 시뮬레이션 실행 후 최초 30초가 경과한 시점에 가동이 시작되며, 이후에는 180초 가동 후 60초 가동 중단을 반복한다. 이는 그림 13.4의 소스 코드를 제어 장치의 OnMessage trigger에 추가하여 구현한 것이다.

기계 역시 자신이 가진 ProcessTime label의 값을 재설정하여, 처리 속도를 조정하기 위해 자기 자신에게 메시지를 보내는데, 이는 그림 13.5의 소스 코드를 기계의 OnMessage trigger에 추가하여 구현되었다.

이 예제에서는 최초 가동 후 20초 동안 기계의 처리 시간이 10초로 설정되며, 이후 20초 동안은 처리 시간이 5초로 조정된다. 마지막에는 처리 시간이 2초로 줄어들고, 이러한 처리 시간은 기계의 가동이 중단되는 시점

```
/**Control Line*/
Object current = ownerobject(c);
{ // ************* PickOption Start ************* //

int step = msgparam(3);


switch (step)
{
    case 1:   //start the machine
    {
      colorgreen(current);
      senddelayedmessage(model().find("Processor1"),0,current,0,0,1);
      senddelayedmessage(current,180,current,0,0,2);
      break;
    }

    case 2:  // stop the machine
    {
       colorred(current);
       senddelayedmessage(model().find("Processor1"), 0, current, 0,0,4);
       senddelayedmessage(current,60,current, 0,0,3);
       break;
    }

    case 3:  // restart the machine and keep cycle going
    {
       colorgreen(current);
       senddelayedmessage(model().find("Processor1"),0,current,0,0,1);
       senddelayedmessage(current, 180, current, 0,0,2);
       break;
    }

    default: stop();

}
```

그림 13.4: 제어 장치의 OnMessage trigger 소스 코드

```
/**MachineStartUpControls*/
treenode current = ownerobject(c);


int step = msgparam(3);

switch(step)
{
    case 1:  // Start machine up for first sstartup cycle
    openinput(current);
    colorgreen(current);
    current.ProcessTime = 10;
    senddelayedmessage(current,20,current,0,0,2);

    break;

    case 2:    // second startup cycle
    current.ProcessTime = 5;
    senddelayedmessage(current,20,current,0,0,3);
    break;

    case 3: // at final speep
    current.ProcessTime = 2;

    break;

    case 4:    // stop machine
    closeinput(current);
    colorred(current);
    break;

    default:stop();break; // stop because something is wrong in logic
}

```

그림 13.5: 기계의 OnMessage trigger 소스 코드

까지 유지된다. 기계의 처리 시간이 ProcessTime이라는 label에 저장된다는 점에 유의하여라.

이 예제에서는 3번 파라미터를 이용하여 메시지의 내용을 구분하였다. 세부적으로는 제어 장치로부터 가동 또는 가동 중단 메시지를 받았을 때, 기계는 자신의 입력 port를 개방 또는 폐쇄한다. stopobject() 함수로 작동을 중단시킨 개체들의 경우 메시지를 송수신할 수 없기 때문에 이번 예제에서는 stopobject() 및 resumeobject() 함수를 사용하지 않았다는 점에 유의하여라.

그림 13.6은 이 모형에 도착한 flowitem들의 이동 경과를 Gantt 차트 형식으로 보여주고 있으며, 각 막대에서 파란색 영역은 해당 flowitem이 기계에 투입되기 전 대기 장소에서 보낸 시

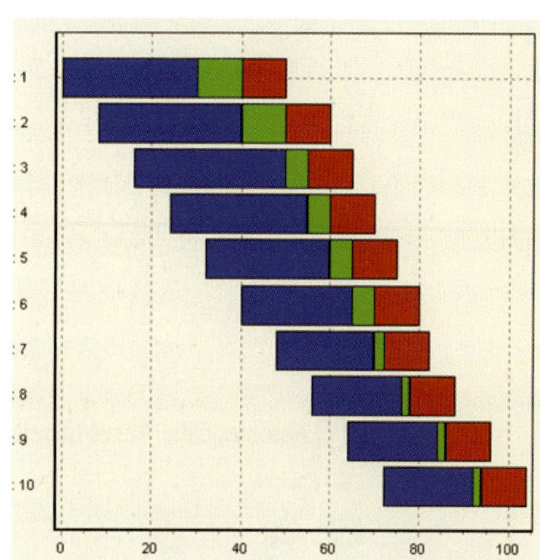

그림 13.6: Flowitem 이동 경과

간을, 가운데의 초록색 영역은 기계의 처리 시간을 의미한다. 나아가, 오른쪽의 빨간색 영역은 처리가 완료된 후 각 flowitem이 컨베이어 장치에 의해 이동하는데 걸린 시간을 나타낸다. 앞에서 설명한 바와 같이, 아래쪽 flowitem일수록 처리 시간이 짧아지며, 이에 따라 가공 전 대기 시간도 감소하고 있다는 점에 유의하여라.

Section 13-2 Label Table

기본적으로 label은 단편적인 값을 저장하는데 사용되지만, 경우에 따라서는 여러 값들의 배열을 저장하는 label이 필요할 수도 있다. 이러한 경우에는 label table을 활용해야 하며, 이는 *FlexSim*이 제공하는 고급 기능 중의 하나이다.

Label table은 개체 속성 창의 Labels 탭에서 생성할 수 있으며, 세부적으로는 (1) 먼저 숫자 또는 텍스트형 label를 등록한 다음, (2) 특정 label을 선택한 후 우측 하단의 Label Table 버튼을 클릭하여 배열을 생성하고, (3) 생성된 배열의 행과 열 개수를 설정한 후 SetSize 버튼을 클릭하면 된다.

Label table에 저장된 값을 참조하거나 편집할 때는, global table과 마찬가지로 아래 함수들을 사용한다.

gettablenum() / settablenum()

예를 들어, 어떤 개체가 자신이 가진 label table의 특정 행, 특정 열에 저장된 값을 참조해야 하는 경우에는

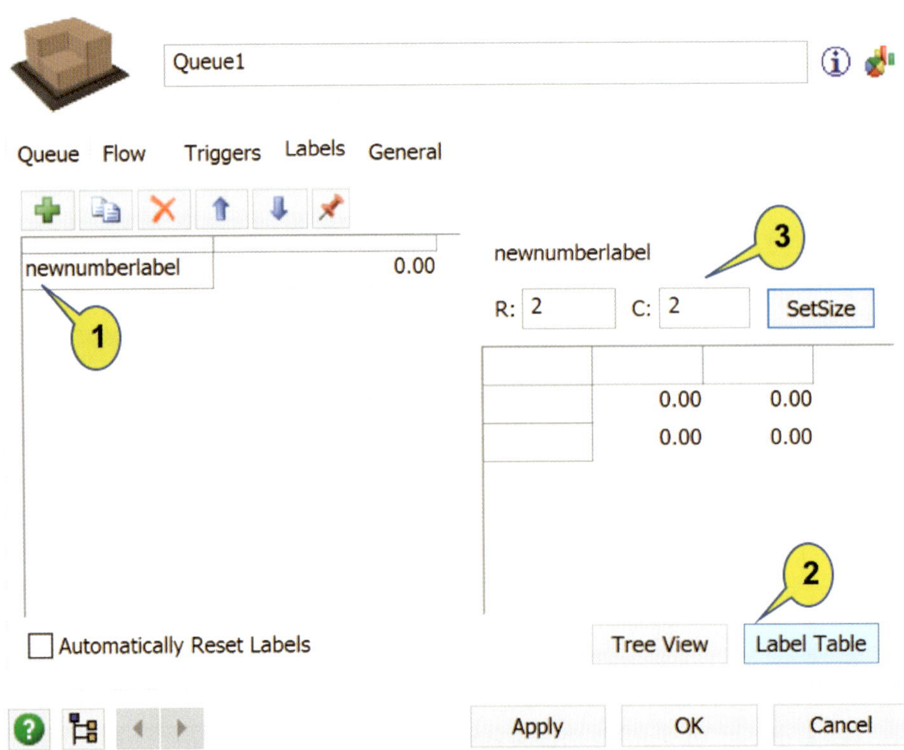

그림 13.7: Label table 생성

그림 13.8: 여러 종류의 제품을 1상자에 담아 판매하는 와인 생산 공장

다음과 같은 구문을 사용하면 된다.

```
gettablenum(label(current, "labelname"), row, column);
```

개체 자신이 아닌, flowitem이 가진 label table에 기록된 값을 참조해야 하는 경우에는 앞의 구문에서 current 대신 item을 사용해야 할 것이다. 나아가, queue 개체나 combiner 개체 내부의 맨 앞 또는 맨 마지막에 있는 flowitem이 가진 label table에 기록된 값을 참조해야 하는 경우에는 아래와 같은 구문을 사용할 수 있다.

```
gettablenum(label(first(current), "labelname"), row, column);      또는
gettablenum(label(last(current), "labelname"), row, column);
```

Label table은 여러 가지 데이터를 동적으로 관리해야 할 때 특히 유용하다. 예를 들어, 여러 가지 물품들을 상자에 담아 판매하는데, 고객 별로 각 물품들에 대한 요구량이 다르다면, 상자 1개를 의미하는 flowitem에 물품별 요구량을 기록해두어야 할 것이다. 그림 13.8은 이와 같은 방식으로 운영되는 와인 주문 생산 공장에 대한 모형을 보여준다.

```
treenode thelist = getvarnode(current, "componenlist");
treenode thesum = getvarnode(current, "targetcomponentsum")'
setnodenum(thesum, 0);

for(int index = 1; index <= nrows(thelist); index++)
{
  setnodenum(cellrowcolumn(thelist, index,1);
  gettablenum(label(item, "Wines"), "index, 1));
  inc( thesum, gettablenum(label(item, "Wines"), index, 1)):
}
```

그림 13.9: Combiner 개체의 OnEntry trigger 소스 코드

이 공장은 4종류의 와인을 생산하며, 고객 1명이 주문한 와인들을 팰릿 1개에 담아 운반한다. 팰릿을 의미하는 flowitem들은 Wines라는 이름의 label table을 갖는데, 이 label table은 4개 행, 1개 열로 구성되어 있다. 아울러, 팰릿을 생성하는 source 개체는 팰릿을 내보낼 때, 각 팰릿의 lable table에 4가지 와인 각각을 몇 개씩 담아야 하는지를 기록한다.

Combiner 개체에 팰릿이 유입되면 해당 팰릿에 기록된 값들을 참조하여 Components List를 갱신하는 OnEntry trigger가 실행되며, 그림 13.9는 이 trigger의 소스 코드를 보여준다.

Section 13-3 맞춤형 모델링 개체 사용하기

*FlexSim*의 모델링 개체들은 대부분 각각의 역할에 맞는 적절한 외관을 가지고 있다. 하지만, 경우에 따라서는 모델링 개체들의 시각적 특성을 변경하는 것이 바람직할 수도 있다. 예를 들어, processor 개체에 유입된 flowitem들은 기본적으로 처리가 진행되는 동안 processor 개체 위를 이동한다. 하지만, processor 개체와

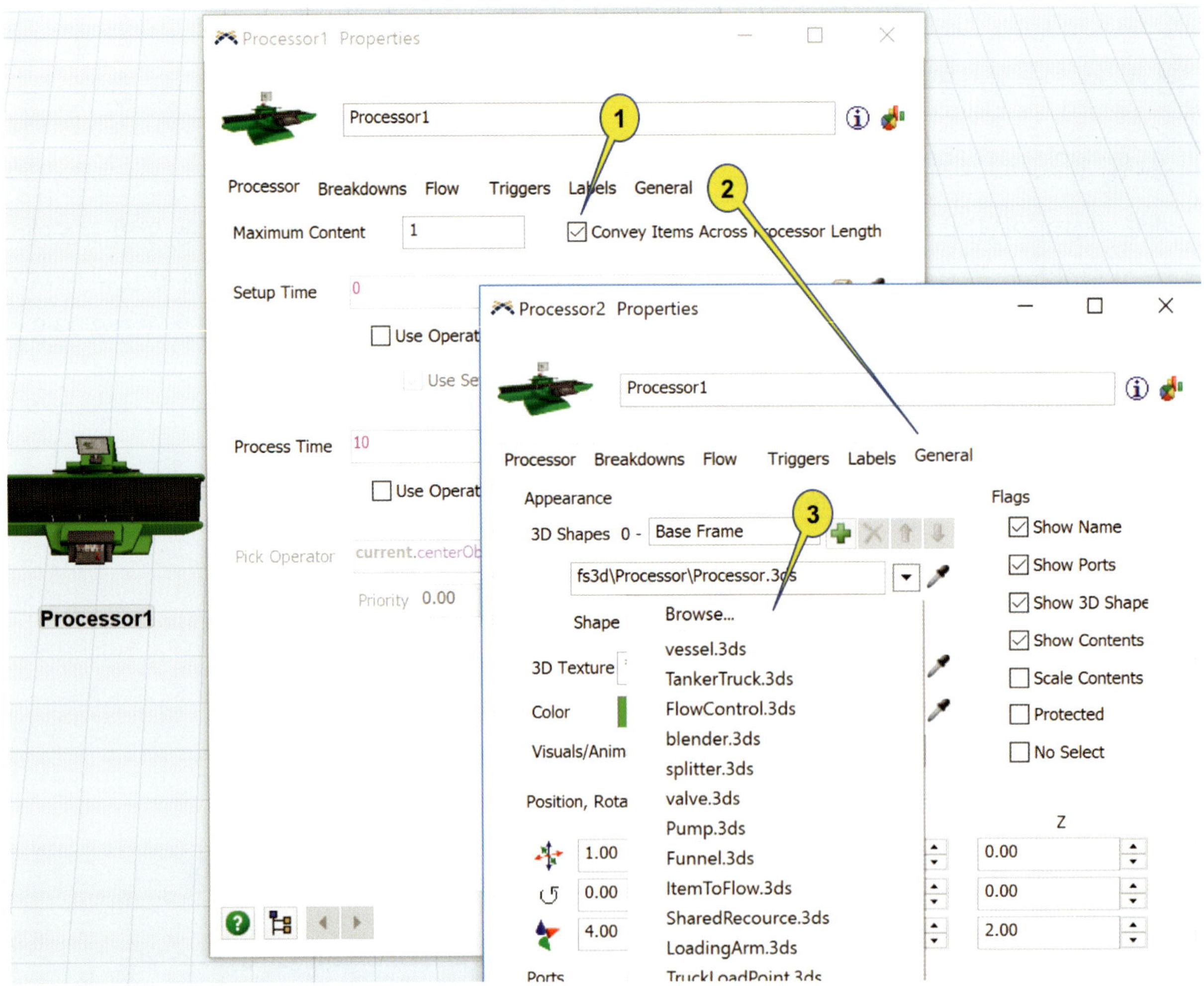

그림 13.10: 개체의 시각적 특성 변경

flowitem이 각각 은행의 창구와 은행을 방문한 고객들을 의미하는 경우에는 이 같은 모습이 다소 혼란스러울 수 있을 것이다.

이처럼, 필요한 경우에는 모델링 개체나 flowitem의 시각적 특성을 변경하는 것을 고려하는 것이 좋다. 여기서는 processor 개체에 새로운 시각적 효과를 부여하는 과정을 살펴보기로 하자.

그림 13.10에서 보듯이, processor개체의 모습을 은행 창구처럼 변경하고 싶은 경우에는 다음과 같은 작업을 수행하면 된다:

1. Processor 개체 속성 창 Processor탭에서 Convey Items Across Processor Length 항목의 체크를 해제한다.
2. General탭에서 3D Shapes 항목 아래의 드롭다운 메뉴를 펼친다.
3. Browse 버튼을 클릭한 다음, 현재의 모습과 다른 3D 이미지를 선택한다. *FlexSim*이 제공하는 기본적인 3D 이미지들은 *FlexSim* 설치 폴더 아래의 /fs3d/general 폴더에 있다. 필요한 경우에는 다른 폴더에 있는 3D 이미지나, Google 3D Warehouse와 같은 웹사이트에서 다운로드한 3D 이미지를 선택할 수도 있다.
4. General 탭에서 개체를 크기를 적절히 수정한다.

나아가, 은행을 방문한 고객들을 의미하는 flowitem을 사람 형태로 표현하고, 그림 13.11에서처럼 창구에서 응대를 받을 때 flowitem이 창구 앞에 서 있도록 하고 싶다면, 아래와 같이 모형을 수정한다:

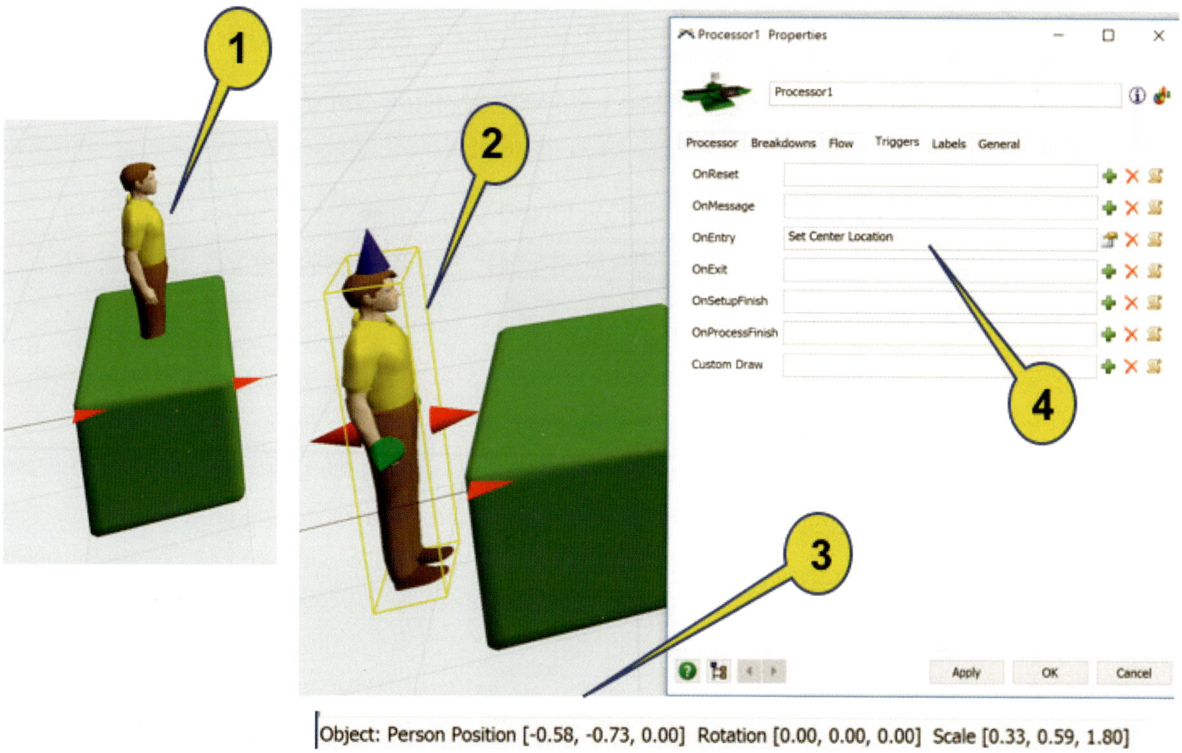

그림 13.11: 처리 중인 flowitem의 위치 변경

1. 고객에 해당하는 flowitem을 생성하는 source 개체의 속성 창에서 FlowItem Class 항목으로 Person을 선택한 다음, 모형을 실행한 후, 사람 모양 flowitem이 processor 개체에 진입한 상태일 때 모형을 중단시킨다.
2. 마우스로 flowitem을 processor 앞 위치로 옮겨 놓는다.
3. 메인 화면의 하단, 또는 해당 flowitem의 속성 창 General 탭에서 현재의 위치를 확인한다. 이 위치는 processor 개체에 대한 flowitem의 상대적인 위치를 의미한다.
4. Processor 개체의 OnEntry trigger에 대한 picklist에서 Visual ➡ Set Location 항목을 선택하고, 앞에서 확인한 위치의 좌표값을 등록한다.

때로는 operator와 같은 Task Executer 개체가 flowitem을 들지 않고, 밀면서 운반하도록 하고 싶을 수도 있을 것이다. 예를 들어, operator가 손수레를 들고 가는 것보다는 미는 것이 더 자연스럽다. 참고로, 그림 13.12의 손수레는 Google 3D Warehouse에서 다운로드한 3D 이미지로 표현하였다.

그림 13.12: 운반 중인 flowitem의 위치 변경

그림 13.12와 같이 사람이 손수레를 밀고 가는 모습을 표현하는 방법은 아래와 같다:

1. 모형을 실행한 후, Operator 개체가 손수레 (flowitem)을 운반 중일 때 모형을 중단시킨다.
2. 마우스나 속성 창의 General 탭을 이용하여 손수레의 위치를 적절히 조정한 후, 이 때의 좌표값을 확인한다.
3. Operator 개체의 OnLoad trigger에 대한 picklist에서 Visual ➡ Set Location 항목을 선택하고, 앞에서 확인한 값들을 등록한다. 필요한 경우에는 손수레가 올바른 방향을 향하도록 각도를 함께 조정할 수도 있다.

Exercise 13-1 Fister's Express

분석 배경

Fister's Frozen Food사는 다양한 냉동 식품들로 구성된 1주일 분량의 식자재를 고객들의 가정에 공급하고 있다. 고객들은 각자의 기호에 따라 육류, 치킨, 생선, 야채 및 후식 등을 선택할 수 있으며, 이 회사는 고객이 주문한 식자재를 주문 접수 당일 출고하는 것을 원칙으로 한다.

나아가, 효율적인 운영을 위해 주문이 접수되었을 때 필요한 냉동 식품들을 모아 출고 대기 장소로 운반하는 과정은 모두 자동화된 상태이며, 이 자동화 시스템의 관리는 외부 업체가 담당한다.

기존 운영 실태

마케팅 부서에서는 고객들로부터 접수되는 주문량이 현재는 평균적으로 시간 당 5건 정도이나, 추후 9분 당 1건 꼴로 주문량이 증가할 가능성도 있는 것으로 예상하고 있다. 고객들이 선택할 수 있는 냉동 식품은 크게 5종류이며, 주문을 접수하고자 하는 고객은 먼저 요일 별로 육류, 치킨, 생선 중 하나를 주 메뉴로 고르고, 원한다면 해당 요일에 야채나 후식을 추가할 수도 있다. 특정 메뉴를 선택할 확률은 일양 분포를 따르는 것으로 가정하자.

이 회사는 냉동 식품들을 종류별로 구분하여 냉동 창고 안의 서로 다른 진열대에 보관하고 있으며, 각 진열대에는 제품을 꺼내오기 위한 로봇이 배치되어 있다. 로봇이 제품을 꺼내오는 데는 기본 이동 시간 이외에도 꺼낼 제품의 양이 많은 경우, 추가적인 시간이 소요될 수 있으며, 각 제품을 꺼내는데 소요되는 시간은 아래 표와 같다:

냉동 식품 종류	기본 이동 시간 (분)	추가 시간 평균 (분)	추가 시간 표준 편차 (분)
육류	0.5	0.6	0.3
치킨	0.7	0.4	0.2
생선	0.85	0.8	0.4
야채	0.6	0.5	0.3
후식	0.5	0.3	0.15

참고로, 추가 시간은 정규 분포를 따른다.

주문이 접수되면, 먼저 팰릿 대기 장소에 있는 팰릿 중 1개에 해당 주문의 세부 내역을 기록한 카드를 부착한다. 이후 해당 주문을 처리할 준비가 완료되면 팰릿을 적재 대기 장소로 이동시키고, 냉동 창고의 로봇들에게 각 냉동 식품들의 필요량을 전달한다.

로봇들이 꺼내 온 냉동 식품들은 상자에 담아 적재 작업장으로 이송하며, 적재 작업에 소요되는 시간은 평균이 15초인 지수 분포를 따른다. 적재가 완료된 팰릿은 출고 대기 장소로 운반하고, 이후에는 다음 주문을 처리하는데 필요한 팰릿을 적재 대기 장소로 이동시킨다.

운반 및 이송에는 컨베이어 장치를 사용하고 있으며, 운반 및 이송에 소요되는 시간은 오른쪽 표와 같다:

컨베이어	이송 시간 (분)
육류 진열대 적재 작업장	1
치킨 진열대 적재 작업장	0.8
생선 진열대 적재 작업장	0.8
야채 진열대 적재 작업장	1
후식 진열대 적재 작업장	0.8
적재 대기 장소 적재 작업장	2
적재 작업장 출고 대기 장소	2

분석 목표

적절한 모형을 작성한 후, 7일(매일 24시간 운영됨) 간의
운영 실태를 시뮬레이션하여 다음과 같은 성능 평가지표들의 현재 수준을 평가한다:

- 주문 1건을 처리하는데 소요되는 시간
- 출고 완료 주문 건수
- 미출고 주문 건수
- 처리 가능한 시간 당 주문량

분석을 하면서 생각해 볼 점들

- 실제 시스템을 얼마나 세세하게 표현할 것인가? 어떤 시간 단위를 사용할 것인가?
- 접수된 주문에 각 냉동 식품들의 필요량을 언제 부여할 것인가?
- 컨베이어 장치를 이용한 이동에 소요되는 시간을 어떻게 표현할 것인가?
- 여러 가지 데이터를 어떻게 관리할 것인가? 테이블을 사용할 것인가? Label table을 사용할 것인가?
- 각각의 로봇에 언제, 어떤 정보를 보내주어야 하는가? 이 정보는 누가 보내주어야 하는가?
- 냉동 식품 각각에 적절한 외관을 새로이 부여할 것인가? 모든 냉동 식품들이 상자 모양으로 표현되어도 무방한가?
- 각 개체들의 초기 상태를 어떻게 설정할 것인가?
- 주문 1건을 처리하는데 소요된 시간을 어떻게 계산할 것인가?
- 팰릿마다 적재되는 냉동 식품들의 양이 다르다는 점을 어떻게 표현할 것인가?
- 모형에 어떤 추가적인 시각적 효과를 부여할 것인가?

Exercise 13-2 Peoples Surgery Center

분석 배경

정부의 의료 정책이 개편되면서, Carson Memorial 병원은 외래 환자들을 위한 수술 센터를 확충하기로 결정하였다. 아울러, 병원의 효과적인 운영을 위해, 수술 센터가 완공되면 주로 큰 수술이나 장기간의 요양이 필요한 환자들이 이를 이용하도록 할 계획이다.

공사를 시작하기 전에, 병원의 경영진들은 시뮬레이션을 이용하여 환자들의 대기 시간(특히, 접수 및 검사 대기 시간)을 적절히 통제하기 위해 새로운 수술 센터에 얼마나 많은 의료진을 배치해야 하는지를 분석해보고자 한다.

문제 정의

시뮬레이션을 이용하여 접수 창구 및 검사실의 효과적인 운영 방안을 수립한다.

기존 운영 실태

새로운 수술 센터는 크게 다음과 같은 세 가지 유형의 환자들을 응대할 예정이다:

1. 예약된 수술을 받고자 내원한 환자
2. 사전 검사와 예약된 수술을 한꺼번에 받기 위해 내원한 환자
3. 당장 수술이 필요하지는 않으며 일반적인 검사를 받기 위해 내원한 환자

병원에 도착하는 환자들은 먼저 접수 후 중앙 대기실에서 담당자가 부를 때까지 기다려야 한다. 수술이 예약된 환자는 접수 담당자가 수술 대기실로 안내하며, 이후에는 보조원과 함께 수술실로 이동한다. 한편, 검사 대상자들은 접수 담당자의 안내를 받아 관련 검사장으로 이동한 후, 거기서 검사 접수를 하고 검사 대기실에서 기다리다가 검사원이 부르면 검사를 받는다. 검사가 완료되면 3번 유형의 환자들은 귀가 조치되나, 2번 유형의 환자들은 수술을 받기 위해 중앙 대기실로 돌아가야 한다.

새로운 수술 센터의 접수 가능 시간은 다음과 같다:

- 수술 예약 환자(1번 및 2번 유형)들을 고려하여 이 센터는 오전 7시에 접수를 시작한다.
- 2번 유형 환자들은 오전 10시부터 오후 3시 사이에 방문한다.
- 오후 3시 이후에는 접수를 받지 않는다.
- 중앙 대기실 및 검사장은 당일 오전 7시부터 오후 3시 사이에 접수를 마친 모든 환자들에 대한 응대가 완료될 때까지 개방하나, 가급적이면 오후 7시 이내에 모든 환자들에 대한

응대를 완료하는 것을 목표로 하고 있다.

평상 시 내원 환자들의 도착 간격은 평균이 10분인 지수 분포를 따르나, 간혹 평균 도착 간격이 8분, 나아가 5분까지 감소하기도 한다. 환자 유형별 접수 신청 비율 및 접수 처리에 소요되는 시간은 아래 첫 번째 표와 같고, 이동 및 검사에 소요되는 시간은 아래 두 번째 표에서 볼 수 있다. 참고로, 모든 시간은 분 단위로 기록되었다.

환자 유형	10시 이전 비율 (%)	10시 이후 비율 (%)	접수 처리 시간 평균	분포
1	85	40	40	정규 분포(표준 편차=3.5)
2 (검사 전)	15	10	10	정규 분포(표준 편차=4)
2 (검사 후)			40	정규 분포(표준 편차=3)
3	0	50	15	정규 분포(표준 편차=2)

이동 시간

이동 경로	**분포**
중앙 대기실 → 수술 대기실	3분에서 8분 사이의 일양 분포
중앙 대기실 ↔ 검사장	2분에서 5분 사이의 일양 분포
수술 대기실 →수술실	3분 (상수)

검사 시간

절차	**분포**
검사 접수	최소값=2분, 최대값=5분, 최빈값=3.3분인 삼각 분포
검사	최소값=6분, 최대값=12분, 최빈값=5.1분인 삼각 분포

나아가, 이 수술 센터의 인력 배치 계획은 다음과 같다:

- 중앙 대기실 접수 담당자 1명
- 수술 보조원 2명
- 검사장 접수 담당자 1명
- 검사원 1명

분석 목표

- 20일 동안에 대한 시뮬레이션을 실행한 후 다음과 같은 성능 평가지표들의 수준을 분석한다.
    - 각 대기실의 평균 대기 시간

    - 하루에 응대할 수 있는 환자 인원수
    - 오후 7시 이후까지 남아 있는 환자 인원수
    - 환자들의 평균 체류 시간
    - 배치 인원 등의 변화가 시스템에 미치는 영향

분석을 하면서 생각해 볼 점들

- 전체 시스템을 구축하기 전에 하부 시스템들에 대한 모형을 별도로 만들어 그 기능을 테스트해 볼 수 있겠는가?
- 환자들의 내원
    - 유형이 다른 환자들의 내원 및 접수 가능 시간을 어떻게 표현할 것인가?
    - 2번 유형의 환자 중 검사를 받지 않은 사람과 검사를 받은 사람을 어떻게 구분할 것인가?
    - 중앙 대기실의 환자들을 올바른 장소로 이동시키려면 어떤 로직이 필요하겠는가?
    - 유형별 환자 수와 전체 환자 수를 어떻게 집계할 것인가?
    - 환자 개개인의 체류 시간을 어떻게 집계할 것인가? 이를 위해 환자를 의미하는 flowitem에 어떤 label을 부여해야 하겠는가?
- 수술이 예약되어 있는 환자
    - 보조원의 임무를 어떻게 표현할 것인가?
    - 동일한 경로의 이동 시간이 이동 방향에 따라 달라지도록 할 수 있겠는가?
    - 수술실로 환자를 안내한 후, 보조원이 수술 대기실로 복귀한다는 것을 어떻게 표현할 것인가?
    - 검사장으로 이동하는 환자들의 이동 속도를 어떻게 표현할 것인가?
    - 검사 대기실에 있는 환자들 중 검사 접수를 마친 사람과 그렇지 않은 사람을 어떻게 구분하고 적절한 장소로 이동시킬 것인가?
    - 보조원이나 검사원이 환자를 안내할 때 환자와 나란히 걸어가는 것처럼 보이도록 할 수 있겠는가?
    - 1회 반복의 실행 시간을 어떻게 설정할 것인가?
    - 그 날 내원한 모든 환자들에 대한 응대가 완료되었는지를 어떻게 확인할 것인가?
    - 인력을 추가하려면 어떻게 해야 하겠는가?

Chapter 13 Review Questions

1. 이 장에서 가장 기억에 남거나 흥미로웠던 점 세 가지를 이야기해보시오.

2. 개체 간 메시지 송수신이 필요한 이유를 간단히 설명하여라.

3. 개체가 메시지를 수신했을 때 수행해야 하는 작업은 어떤 trigger를 이용하여 구현해야 하는가?

4. 메시지의 즉시 송신과 지연 송신의 차이점을 설명한 후, 각각이 필요한 예를 들어보시오.

5. 개체가 자기 자신에게 메시지를 보내야 하는 경우가 있음을 사례를 통해 설명하여라.

6. Label table의 용도를 설명한 후, label table이 필요한 예를 들어보시오.

7. Processor 개체에 새로운 3D 이미지를 부여하는 방법 및 처리 중인 flowitem이 이 개체의 외부에 표현되도록 하는 방법을 간단히 설명하여라.

Chapter

14 로직 표현을 위한 고급 기능

학습목표

논리적인 요소들을 시각적으로 조합하여 시뮬레이션 모형에 필요한 로직을 작성하고, 이러한 방식으로 생성한 로직을 시뮬레이션 모형에 적용할 수 있다.

종종 시뮬레이션 모형을 작성하는 것이 다소 까다롭게 느껴지는 이유는 보통 실제 시스템을 표현하는데 복잡한 로직이 필요하기 때문이다. 앞의 2개 장에서는 스크립트 및 기타 고급 기능들을 이용하여 이 같은 로직을 작성하는 방법을 설명하였다. 물론, 소스 코드를 직접 작성하지 않고, 소프트웨어에 내장된 옵션을 적절히 선택하여 이 같은 로직을 구현할 수 있다면, 모형을 좀 더 손쉽게 작성할 수 있을 것이다.

시뮬레이션 모형을 작성할 때, 로직의 작성을 고려해야 하는 다음과 같다. 첫째, 혁신적인 시스템을 구상하는 경우에는 기존의 시스템과 다른 새로운 특성이 모형에 반영되어야 한다. 따라서, 소프트웨어가 제공하는 기본 기능만으로는 적절한 모형을 작성하는 것이 어려울 것이다. 둘째, 로직은 본질적으로 정량적인 값들을 다루는데, 모형을 작성할 때는 항상 실제 시스템의 특성에 맞는 적절한 값이 로직에 반영되도록 해야 한다. 나아가, 가능하면 이러한 로직을 손쉽게 구현할 수 있어야 할 것이다.

때로는 모형에 시각적으로 드러나지 않는 부분들과 관련된 로직이 필요할 수도 있으며, 이러한 예로는 분석 대상 시스템에 영향을 주는 외부 개체들을 고려해야 하는 경우 등을 들 수 있다.

사실, *FlexSim*에는 picklist에서 선택할 수 있는 다양한 내장 로직들이 있어, 이들과 약간의 소스 코드를 적절히 조합하면 꽤 복잡한 로직의 구현도 가능하다. 다만, 경우에 따라서는 소스 코드를 작성하는 것이 어렵거나 번거로울 수도 있다. 이 문제를 해결하기 위해 *FlexSim*에는 최근 Process Flow라는 새로운 기능이 추가되었으며, 이를 통해 복잡한 로직을 보다 쉽고 효율적으로 구현할 수 있게 되었다. Process Flow는 시각적인 논리 요소들에 기반한 고차원적인 프로그래밍 방법으로도 볼 수 있다.

이 장에서는 Process Flow의 기본적인 활용법과 이를 응용하는 예제들을 소개할 것이다. Process Flow

에 대해 좀 더 자세히 알고 싶은 경우에는 *FlexSim* 사용자 매뉴얼을 참조하여라. 특히, 매뉴얼에는 Process Flow의 보다 상세한 사용법과 함께, Process Flow만으로 시뮬레이션 모형을 작성하는 방법이 설명되어 있다. 물론, 경영진이나 시뮬레이션에 대한 배경 지식이 없는 사람들에게 모형과 관련된 내용을 설명할 때는 기존과 같은 3D 형태의 모형을 이용하는 것이 보다 효과적일 것이다.

Section 14-1 Process Flow 기본 개념

Process Flow를 이용하여 로직을 구현하기 위해서는 먼저 메인 화면 상단 툴바의 Process Flow 버튼을 클릭하여, Process Flow 영역을 열어야 한다. 세부적으로, Process Flow 버튼을 클릭하면 여러 가지 옵션들의 목록이 나타나는데, 여기서는 이 중 가장 일반적인 옵션인 Add a General Process Flow를 기준으로 설명을 진행할 것이다. Process Flow 영역이 생성된 후 이를 클릭하여 활성화하면 그림 14.1과 같이 메인 화면 좌측에 Process Flow activity 라이브러리가 나타나고, 3D 모델링 개체들과 동일한 방식으로 이들 중 적절한 것을 선택하여 Process Flow 영역에 배치할 수 있게 된다. 아울러, Process Flow 영역에서 특정 activity를 선택하면 메인 화면 우측의 Quick Properties 영역에 해당 activity와 관련된 정보들이 나타난다.

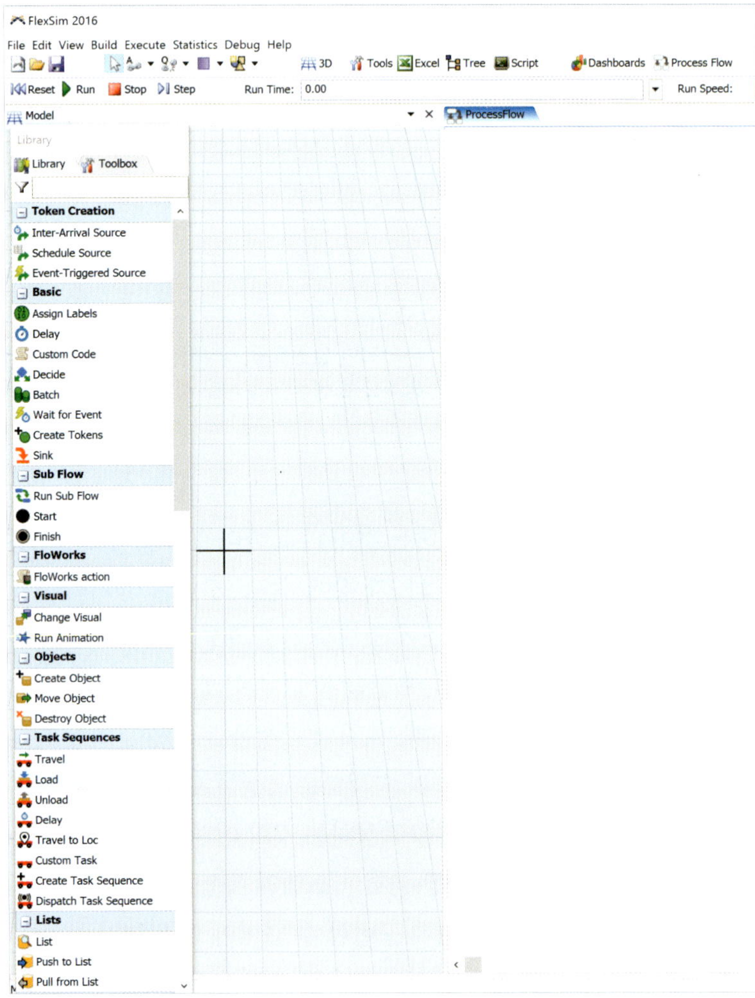

그림 14.1 : Process Flow 영역과 라이브러리.

Process Flow에서는 token(●)이라는 개체가 모델 뷰에서의 flowitem과 유사한 역할을 한다. 다시 말해, 올바른 로직이 구현되었는지를 확인하고 싶은 경우에는 token의 움직임을 면밀히 살펴보아야 한다. Token이 생성되고 나면, 고유한 ID 번호가 부여되기 때문에, Process Flow 안에 복수의 token이 있는 경우에는 이를 이용하여 특정 token을 지칭할 수 있다. 나아가, 필요한 경우에는 label을 추가하여, token이 로직의 실행에 필요한 변수를 갖도록 할 수도 있다.

Process Flow 영역 내부를 탐색하는 방법은 모델 뷰 내부를 탐색하는 방법과 동일하다. 마찬가지로,

Process Flow 영역 내에서 activity를 이동시키거나 내용을 확대 및 축소하는 것도 가능하고, Process Flow 영역 전체를 메인 화면의 다른 위치로 이동시키고 싶은 경우에는 상단의 탭을 드래그하면 된다.

Process Flow는 token이 생성되었을 때 시작되고, token이 sink 개체에 도달하면 종료된다. 또한, 모델 뷰와 마찬가지로 Reset 및 Stop 버튼을 사용할 수도 있다. Token이 activity들을 거쳐 가는 과정은 Process Flow 영역에서 시각적으로 관찰할 수 있으며, Step 버튼을 이용하여 이 같은 움직임을 한 단계씩 실행하는 것도 가능하다. 나아가, 1개의 모형이 2개 이상의 Process Flow를 갖거나, 특정 Process Flow가 하위 Process Flow를 갖는 경우도 있다.

Section 14-2 Process Flow Activity

Activity란 Process Flow를 구성하는 세부 단계들을 의미한다. Process Flow 라이브러리 가장 위에는 token 생성 기능을 가진 Token Creation 그룹 activity들이 있으며, 이 중 Inter-arrival Source와 Schedule Source의 기능은 모델 뷰에서의 source 개체와 동일하다. 세 번째의 Event-Triggered Source의 기능은 앞의 둘과 약간 다른데, 이 개체는 3D 모형에서 어떤 사건이 발생했을 때 token을 생성한다. 특정 사건을 지정하기 위해서는 스포이드 버튼을 클릭한 후 모델 뷰에서 특정 모델링 개체를 선택한 다음, 해당 개체와 관련된 사건을 목록에서 선택하면 된다.

Basic 그룹의 activity들은 일반적으로 Process Flow에서 가장 많이 사용되는 것들로, 이들 중 처음 두 가지는 token이나 개체에 label을 할당하거나, 일정 시간 동안 token을 지연시키는 역할을 수행한다. Custom Code라는 activity는 FlexScript 소스 코드를 추가할 때 사용하며, Decision activity는 token을 전달할 다음 번 activity를 결정하는데 사용된다. Wait for Event는 3D 모형에서 특정 사건이 발생할 때까지 token을 지연시키는 역할을 하며, 모델링 개체들의 속성을 편집할 수 있다는 점에서 매우 유용한 activity이다. 이 그룹의 나머지 activity들은 token의 생성 및 삭제 등에 활용된다. 나아가, activity를 클릭하여 활성화시키면 메인 화면 우측의 Quick Properties 영역에 해당 개체의 속성이 나타나며, 필요한 경우 이를 편집할 수 있다.

Visual, Objects 및 Task Sequences 그룹의 activity들은 3D 모형에 직접적인 영향을 준다. 또한, Resources 및 Lists 그룹의 activity들은 시뮬레이션 모형 내 flowitem을 관리하는데 사용할 수 있다. 참고로, list의 사용법은 6장에서 설명하였다.

Section 14-3 Process Flow 작성

Process Flow를 언제 어떻게 활용할 수 있는지 간단한 예제를 통해 살펴보기로 하자. 그림 14.2에서 우리는 source, queue, processor, conveyor 및 sink 개체들로 이루어진 단순한 모형 1개를 볼 수 있다. Source 개체는 3분마다 flowitem을 1개씩 생성하며, processor 개체의 처리 시간은 2분으로, 시간 당 30개의 flowitem을 처리할 수 있다. 나아가, 이 processor 개체에서는 300분마다 가동 중단(고장)이 발생하며, 1회 고장 시간은 20

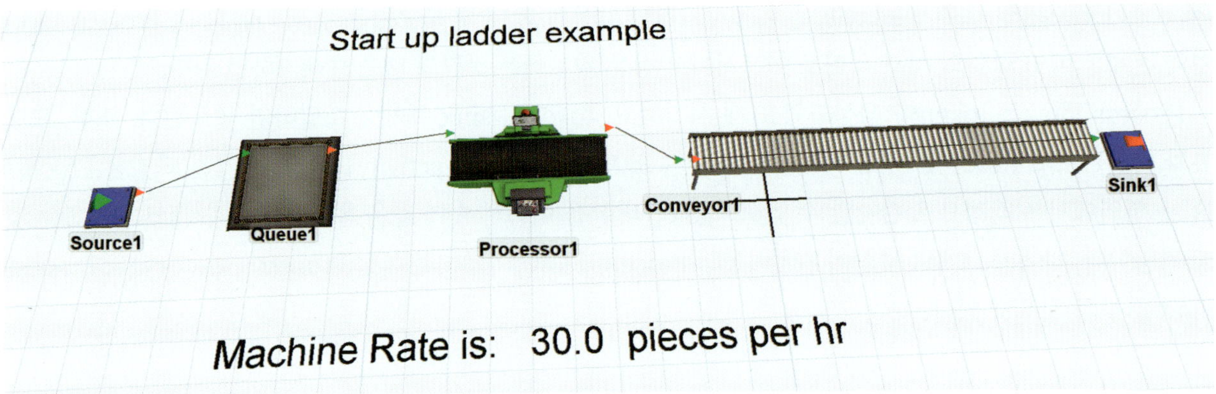

그림 14.2 : 처리 속도가 가변적인 기계에 대한 시뮬레이션 모형

분이고, 최초 고장은 모형 실행 후 50분 경과 시점에 발생한다.

고장이 복구되고 재가동된 processor의 처리 속도는 아래 표와 같이 20분마다 단계적으로 증가하여, 4단계일 때 최고 속도에 도달한다:

단계	처리 속도
1	최고 속도의 25%
2	최고 속도의 50%
3	최고 속도의 75%
4	최고 속도의 100%

처리 속도를 편리하게 참조 및 변경하기 위해 위 내용은 global table에 저장하였고, 편의 상, 이 예제에서는 대부분의 개체 속성들을 상수로 설정하였다.

앞서 13장에서 논의한 것과 같이, processor 개체 및 MTBF MTTR table에 적절한 로직을 추가하여 이처럼 처리 속도가 변하는 기계를 표현할 수도 있다. 먼저, processor에는 현재의 처리 시간(ProcessTime)과 최고 속도일 때의 처리 시간(OldSpeed)을 기록하기 위한 2개의 label이 부여된다. 이 때, processor 개체의 속성 창에서 Process Time 항목의 값은 아래와 같이 명시하여야 할 것이다.

```
current.ProcessTime
```

나아가, MBTF MTTR table은 그림 14.3과 같이 설정하였다.

고장이 복구되었을 때 실행되는 OnRepair trigger가 아래와 같은 구문을 이용하여 processor 개체에 메시지를 송신한다는 점에 유의하여라:

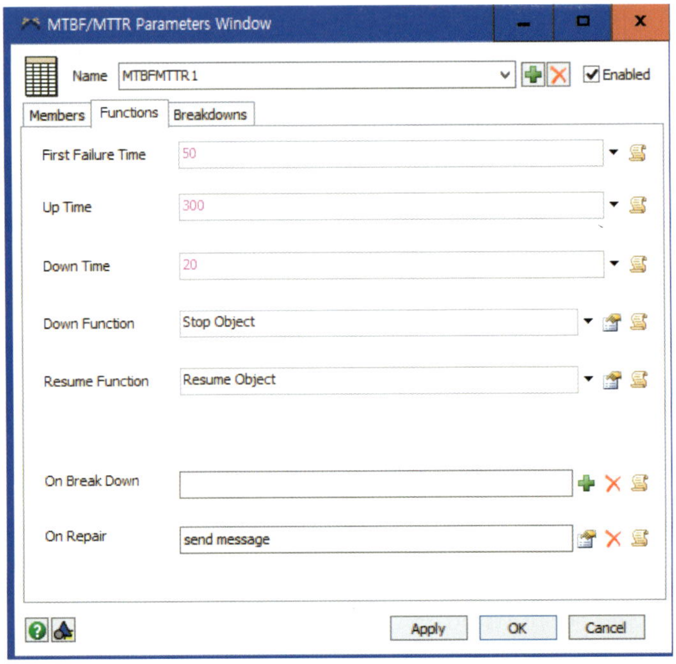

그림 14.3 : MBTF/MTTR 테이블

```
sendmessage(involved,current,1,0,0);
```

이 구문에서 첫 번째 메시지 파라미터 1은 1단계 처리 속도를 의미한다.

한편, processor 개체의 속성 창 Triggers 탭에서는 OnMessage trigger에 처리 속도 조정을 위한 로직이 추가되어야 할 것이다. 세부적으로는 현재 단계를 의미하는 메시지 파라미터를 확인한 후, 이에 맞는 처리 시간을 ProcessTime label에 기록하여야 한다. 또한, 아직 4단계에 도달하지 않은 경우에는 20분 후에 단계를 높이도록 자기 자신에게 메시지를 보내야 한다. 이에 필요한 소스 코드는 다음과 같다:

```
int step = msgparam(1);
double newcycletime = current.OldSpeed;
gettablenum("StartUpLadder",step,1);
current.ProcessTime = newcycletime;
if(step < 4)
{
step = step + 1;
senddelayedmessage(current,20,current,step,0,0);
double multiplier = 100 / gettablenum(
"StartUpLadder",step,1);
double newcycle = current.OldSpeed * multiplier;
current.ProcessTime = newcycletiem;
}
```

두 개의 개체에 여러 줄의 소스 코드가 작성되어 있어, 이 예제는 Process Flow의 작동 방식을 살펴보는데 적합하다.

Process Flow를 잘 활용하면 앞에서 설명한 것과 똑같은 로직을 작성할 수 있다. 먼저, processor 개체의 ProcessTime label에 현재의 처리 시간을 저장하고, StartUpLadder라는 이름의 global table에 처리 속도의 증가 추이를 기록한다는 점은 동일하다. 그 다음에는 Process Flow 영역을 생성한다. 이를 활성화하면 메인 화면 좌측에 Process Flow 라이브러리가 보일 것이다.

고장 복구 시점에 processor 개체의 처리 속도 조정을 시작해야 하므로, 먼저 Process Flow 영역에 Event-Triggered Source를 1개 배치하자. 그 다음에는 Assign Labels activity를 이용하여 token에 OldSpeed 및 Step이라는 이름의 label들을 할당한다. 세 번째로는 새로운 처리 시간을 계산하여 processor 개체의 ProcessTime label을 갱신하는 Assign Labels activity를 배치한다.

처리 시간을 갱신한 후에는 Decision activity를 이용하여 최고 속도에 도달하였는지를 확인하고, 만약 그렇지 않다면, token을 새로운 Assign Labels activity로 넘겨 token의 Step label을 갱신하고, 일정 시간 지연 후 token이 처리 시간 산출 및 갱신 단계로 되돌아가도록 한다.

Process Flow 영역에 배치된 activity의 속성을 편집하고자 할 때는 activity 좌측의 아이콘을 클릭하여 속성 편집 창을 생성하거나, 아니면 그냥 activity를 클릭하여 Quick Properties 영역을 이용할 수도 있다. 각 activity의 역할을 명확히 표시하기 위해서는 적절한 이름을 부여하는 것이 좋다. Sink가 아닌 다른 activity의 가장자리에 마우스 커서를 갖다 대면 커서가 사슬 모양으로 변하는데, 이 때 마우스를 클릭하여 다른 activity로 드래그하면 그림 14.4와 같이 activity들이 연결되며, 화살표의 방향은 activity들의 순서를 의미한다.

그림 14.5는 Wait for Startup activity의 속성을 편집하는 모습을 보여준다. 먼저, Object 항목 우측의 스포이드 버튼을 클릭한 후, 모델 뷰의 processor 개체를 선택하면 해당 개체가 가진 사건들의 목록이 생성되고, 여기서 OnResume 항목을 선택하여 이 activity가 어떤 사건에 반응해야 하는지를 설정할 수 있다.

그 밑에 있는 Assign Labels activity에서는 token에 2개의 label을 부여하는데, 이 중 Step에는 기본값 1을, OldSpeed에는 processor 개체가 가진 label의 값을 대입한다. 그림 14.6은 이러한 설정이 완료된 모습을 보여주고 있으며, OldSpeed label의 경우 Value 항목 우측의 스포이드 버튼을 클릭한 다음, 모델 뷰에서 processor 개체를 선택했을 때 보여지는 팝업 메뉴에서 ProcessTime label을 클릭하여 대입할 값을 명시할 수 있다.

상기한 두 번째 activity가 완료되면, 이제 새로운 처리 시간을 계산하여 등록하며, 이번에도 Assign Labels activity를 사용한다. 다만, 이 activity는 Process Flow 구성요소가 아닌 모델 뷰의 모델링 개체가 가진 label에 값을 부여한다는 차이점이 있다.

이 activity의 속성 설정 방법은 그림 14.7과 같다. 먼저, Assign Labels To 항목 우측의 스포이드 버튼을 클릭한 후 모델 뷰에서 processor 개체를 선택한 다음, Labels 항목 아래 [+] 버튼을 클릭하고 Name 항목에 label 이름을 입력하면 어떤 개체의 label을 편집할 것인지를 명시할 수 있다. 그 다음에는 Value 항목 우측의 스크롤 버튼을 클릭한 다음, 아래 소스 코드를 작성하여 할당할 값을 표현한다.

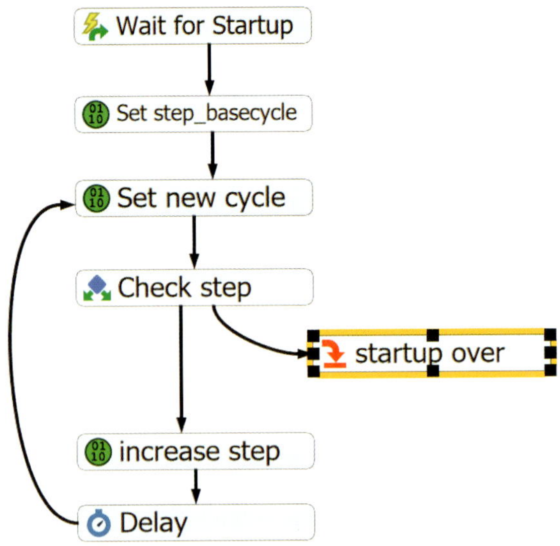

그림 14.4 : Process Flow 구성

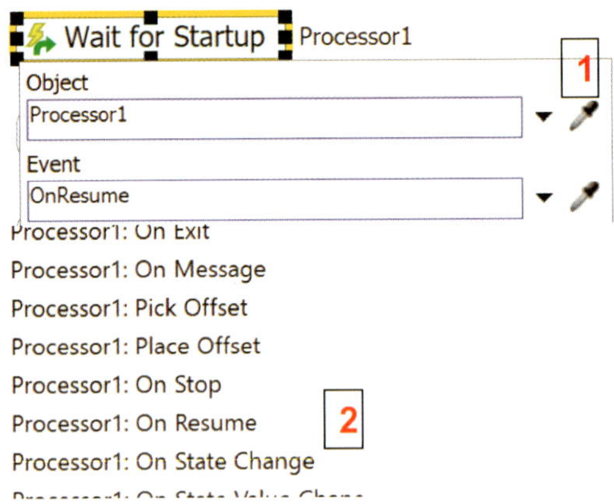

그림 14.5 : Event-Triggered Source activity가 반응할 사건 등록

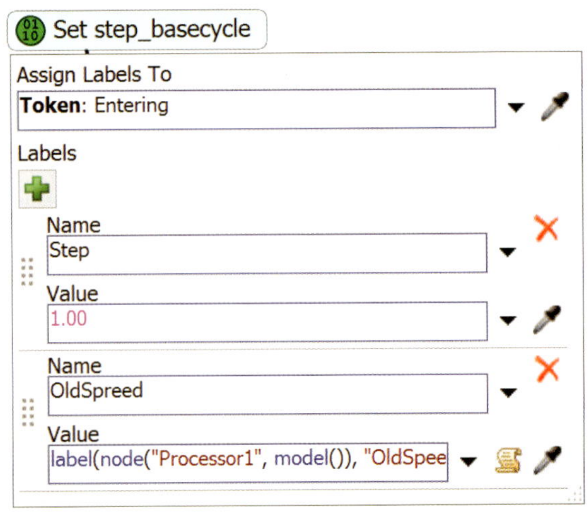

그림 14.6 : Token에 label을 할당하는 Assign Labels activity

```
int step = getlabel(token, "Step");
double multiplier = 100/gettablenum("StartUpLadder",step,1);
double newcycle = getlabel(token, "OldSpeed") * multiplier;
return newcycle;
```

그 다음으로 할 일은 Decision activity를 이용하여 최고 처리 속도에 도달하였는지를 확인하는 것이다. 세부적으로는 그림 14.8에서 보듯이, Send Token To 항목의 picklist에서 Conditional Decide를 선택한 다음, token이 가진 Step이라는 이름의 label 값에 따라 경우를 나누어주면 된다.

최고 처리 속도에 도달하지 못한 경우에는 약간의 지연 후 다음 단계로의 조정을 계속해야 한다. 한 activity에서 항상 다른 activity로 이동하는 경우에는 14.9와 같이 한 쪽 activity를 다른 쪽으로 드래그하여 1개의 activity로 합칠 수도 있으며, 이들을 다시 분리하고 싶은 경우에는 합쳐진 activity 좌측의 가위표 아이콘을 클릭하면 된다. 분리된 activity들의 경우 연결선이 필요하다는 점에 유의하여라.

처리 시간을 갱신할 때 약간의 소스 코드가 필요하긴 했지만, 기본적으로 Process Flow에서는 이처럼 필요한 activity들을 시각적으로 구성하여 로직을 표현한다. 이를 잘 활용하면 많은 processor 개체에 범용적으로 적용되는 로직을 만들 수도 있을 것이다.

나아가, Process Flow를 이용하여 소스 코드의 작성을 줄일 수 있는 것은 사실이나, 그렇다 하더라도 실제 시스템에 존재하는 로직에 대해 명확히 파악해야 한다는 점에는 변함이 없다.

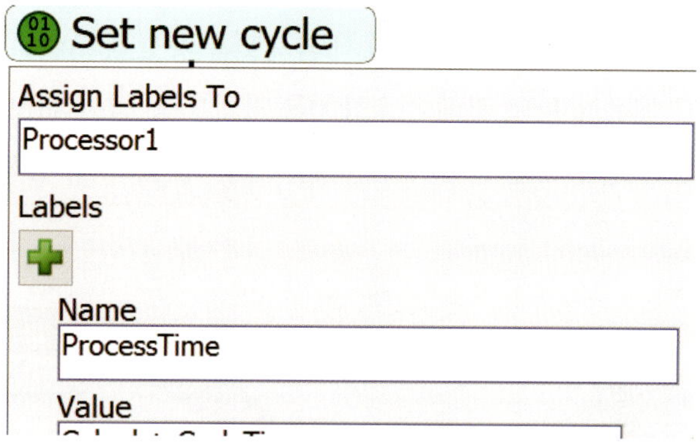

그림 14.7 : 처리 시간을 갱신하는 Assign Labels activity

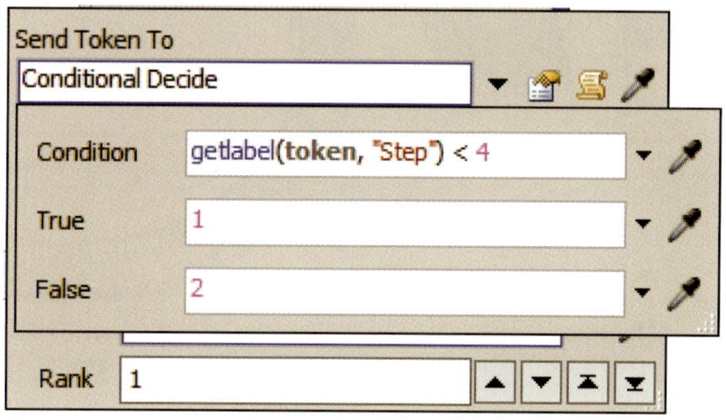

그림 14.8 : 최고 처리 속도 도달 여부 확인

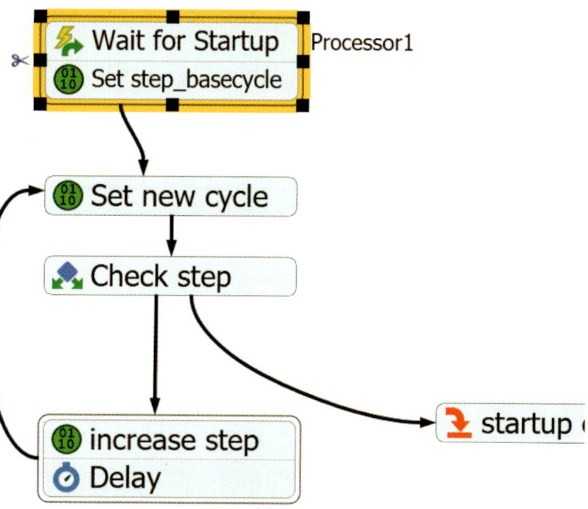

그림 14.9 : Activity들의 결합과 분리

Section 14-4 Process Flow 개체들을 이용한 Zone 형성

이 외에도 Process Flow에는 다양한 고급 기능들이 포함되어 있으며, 이들에 대해서는 *FlexSim* 사용자 매뉴얼에 잘 설명되어 있다. 그 중 특기할 만한 것으로는 Process Flow 내에서 특정 구역만을 별도로 관찰 및 관리하는데 사용할 수 있는 Zone 관련 기능을 들 수 있다.

Zone이란 기본적으로 Process Flow 상의 특정 구역을 의미하며, 해당 구역과 관련된 통계량을 집계하거나 해당 구역으로의 token 진입을 제어하는데 사용할 수 있다. 이와 관련하여 그림 14.10의 예제를 살펴보기로 하자. 이 모형은 어떤 공장에서 완제품을 창고로 운반하는 과정을 표현하고 있으며, 완제품을 의미하는 flowitem은 처음에 원형 컨베이어 장치를 거쳐 최종 검사대(processor 개체)로 이동하는데, 검사 대기 장소에 빈 공간이 없는 경우에는 컨베이어 장치를 나갈 수 없으며, 검사 소요 시간은 제품의 종류에 따라 다르다.

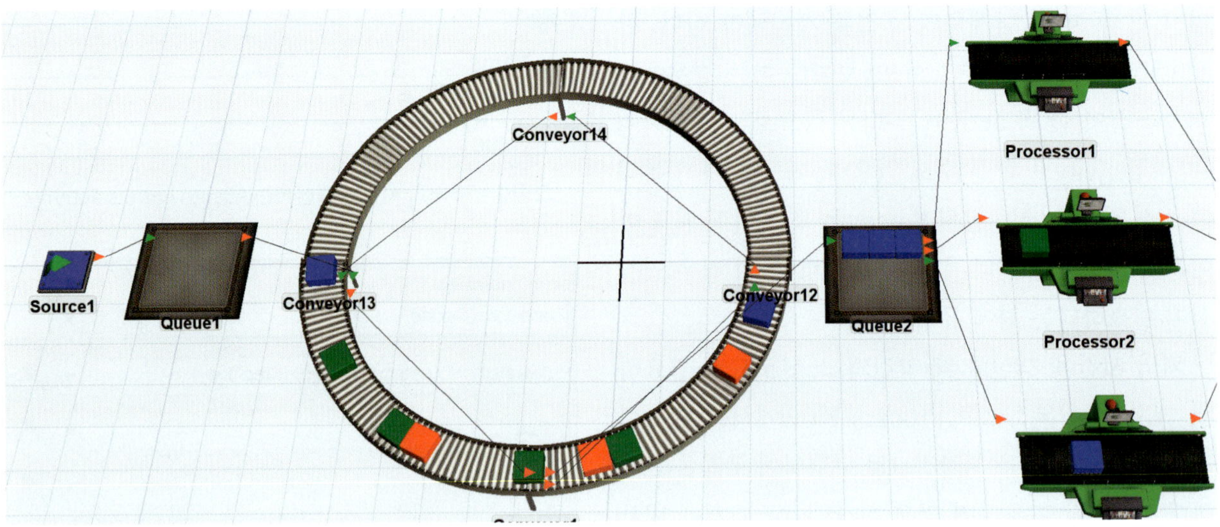

그림 14.10 : 완제품 운반 과정에 대한 모형 작성 예

현재 이 공장은 검사 전의 대기 시간을 최소화하기 위해 노력 중이다. 기존에는 검사원 교육훈련이 용이하다는 이유로 한 검사대에서 동일한 종류의 제품에 대한 검사만 수행하였다. 반면, 앞으로는 한 검사대에서 여러 종류의 제품을 검사하도록 하는 것을 고려 중이다.

서로 다른 유형의 완제품들을 보다 손쉽게 관찰하기 위해 Zone 기능을 활용해보기로 하자. 먼저, 그림 14.11과 같이 Process Flow 영역에 Event-Triggered Source, Assign Labels, Enter Zone, Wait for Event, Exit Zone, Sink activity들을 배치한 후 연결한다. 적절한 이름을 부여하여 각 activity의 역할을 명시하면 더욱 좋을 것이다.

그림 14.12와 같이, 첫 번째 activity가 대응할 사건으로는 완제품들이 컨베이어 장치에 진입하기 전에 거쳐 가는 queue 개체의 이탈을 명시하고, Label Assignment 항목을 이용하여 token에 현재 queue 개체를 이탈 중인 flowitem을 의미하는 item이라는 label을 할당한다.

두 번째 Assign Labels activity는 token에 Type이라는 label을 할당하는 역할을 수행하며, 그림 14.13과 같이 이 label의 값으로는 token이 가진 item label에 해당하는 flowitem의 타입 번호를 대입한다.

여기까지의 과정이 수행된 이후에는 검사 대기 장소에 빈 공간이 생길 때까지 기다려야 하는데, 이를 의미하는 Wait for Event activity 앞뒤에는 Enter Zone 및 Exit Zone에 의해 Zone이 형성되어 있다.

그림 14.14와 같이 Wait for Event activity는 검사 대기 장소의 OnExit 사건을 기다리다가 이 사건의 발생 시, 검사 대기 장소를 이탈 중인 flowitem에 해당하는 item label을 가진 token을 찾는다. 이는 해당 flowitem과 관련된 통계량을 집계하기 위해서이다. Zone을 벗어나 Sink activity에 도달하면 token의 흐름이 종료된다.

Enter Zone 및 Exit Zone activity들은 Zone Reference라는 속성을 갖는데, 이 속성 우측에는 해당 activity들을 Zone activity에 연결하여 Zone을 생성하는데 사용할 수 있는 스포이드 버튼이 있다. 필요한 경우에는 Zone 개체가 가진 속성들 중 Use Max Content 항목을 이용하여 특정 Zone에 동시에 입장

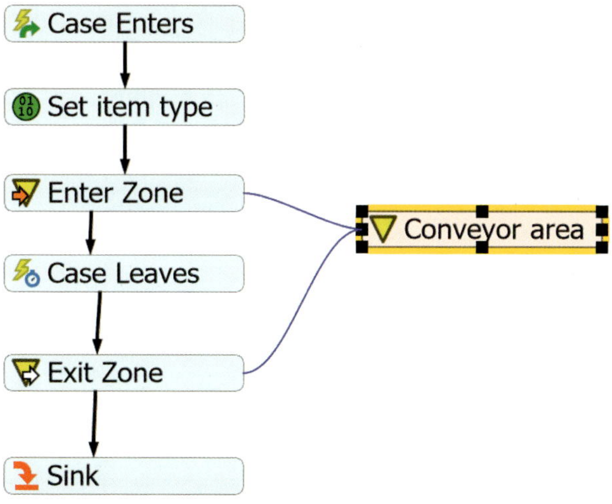

그림 14.11 : Zone activity를 포함하는 Process Flow

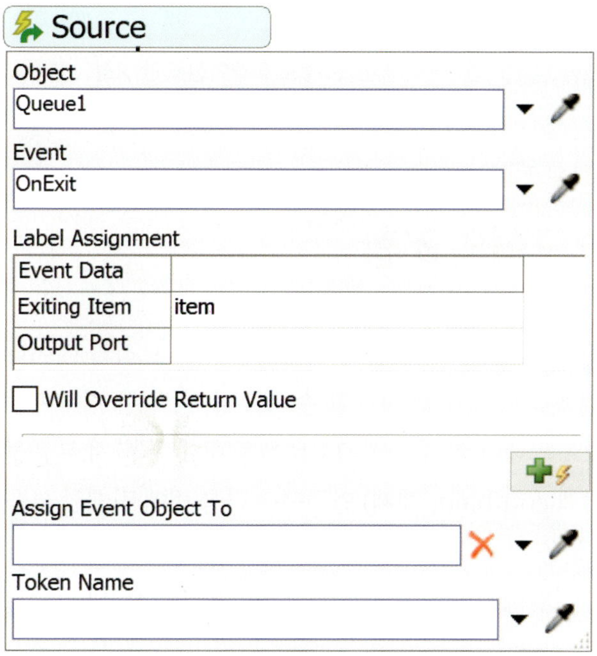

그림 14.12 : Event-Triggered Source activity 속성 설정

그림 14.13 : Flowitem 타입 확인

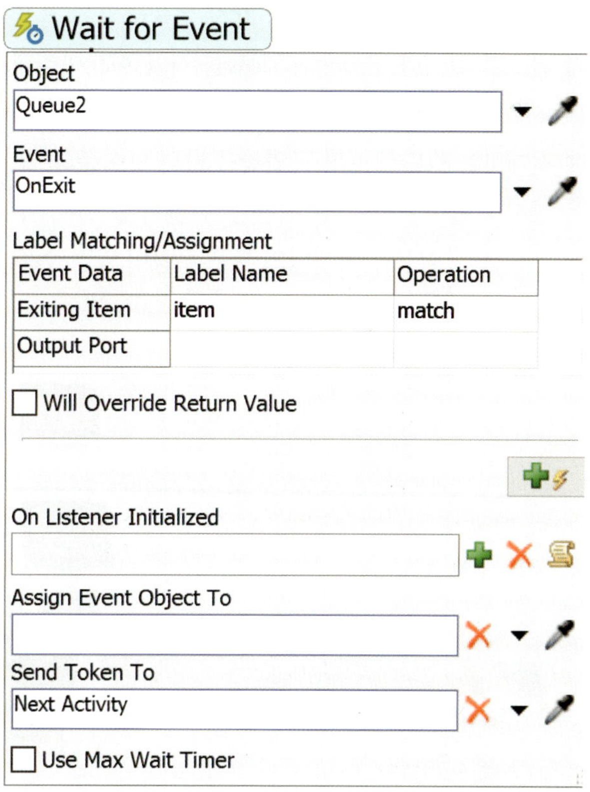

그림 14.14 : Wait for Event activity 속성 설정

가능한 token의 개수를 제한할 수도 있는데, 이로 인해 해당 Zone으로의 입장이 불가능해진 token들은 입장이 가능해질 때까지 Enter Zone activity에서 대기한다.

Zone 안의 token들 중, 어떤 label이 특정 값을 갖는 것들만 별도로 모니터링하고 싶은 경우에는 그림 14.15와 같이 Zone activity의 속성 창 Subsets 탭에서 해당 집단의 특성을 등록하여야 한다. 모형 실행 도중 Zone activity를 클릭한 후 Quick Properties 영역 우측 상단의 통계량 버튼을 누르면 해당 Zone과 관련된 다양한 통계량들을 관찰할 수 있을 뿐만 아니라, 이들을 Dashboard에 추가할 수도 있다.

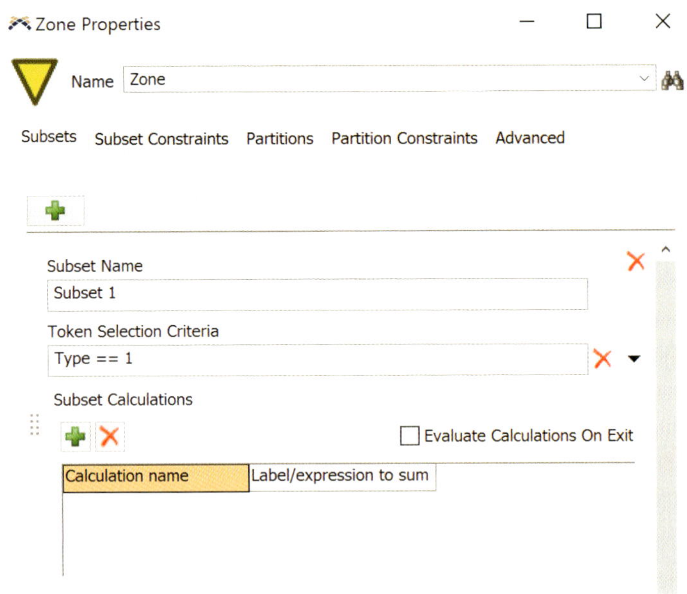

그림 14.15 : Zone 내부 token들로 이루어진 집단 생성

Section 14-5 Process Flow와 3D 모형의 조합

생산 현장에서 사용되는 여러 가지 부품들의 재고 변동 추이를 시뮬레이션하기 위해서는 많은 로직과 데이터가 필요할 것이다. Process Flow를 사용하면 이러한 로직을 보다 손쉽게 구현할 수 있으나, 이 같은 경우에는 Process Flow와 3D 모형이 올바르게 연계되도록 하는데 주의해야 한다. 그림 14.16은 팰릿에 두 가지 부품들을 적재하는 간단한 포장 작업장을 하나 보여준다. 포장 기계(combiner 개체) 인근에는 다음 번에 적재할 부품을 잠시 보관하는 대기 장소(용량=1)들이 있으며, 이 부품들은 적재대(Cell1, Cell2라는 이름의 queue 개체)에서 공급한다. 아울러 적재대의 부품 수량이 일정 수준 이하로 떨어지면 창고(Main1, Main2라는 이름의 queue 개체)에서 부품을 보충해 준다.

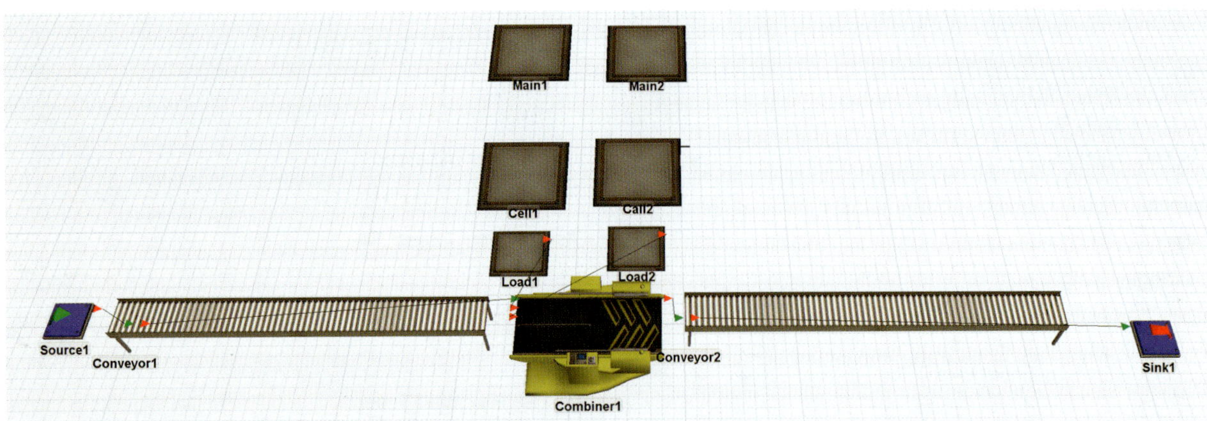

그림 14.16 : 포장 작업장 시뮬레이션 모형

데이터 구성

먼저, 모형을 작성하는데 필요한 여러 가지 데이터들을 어떻게 관리할 것인지에 대해 생각해 보자. 처음에는 필요한 개체들을 모델 뷰에 이리 저리 배치해 보는 것도 좋을 것이다. 아울러, Process Flow나 list를 잘 활용하면 개체들 간의 연결선 없이도 flowitem을 이동시킬 수 있다.

효율적으로 모형을 작성하려면 유사한 기능의 개체들을 그룹으로 묶어 관리하는 것이 좋다. 메뉴에서 View -> Groups 항목을 선택하면 메인 화면 우측 하단에 그룹을 편집할 수 있는 창이 나타난다. 이 예제에서는 Main1, Main2, Cell1, Cell2 개체들이 그룹으로 묶어 있을 것이다.

도구상자에서 Modeling Logic -> Global Variable을 선택한 한 후, 주요 queue 개체들을 global variable로 등록해 두면 로직을 작성하는 과정에서 이들을 참조하기가 좀 더 편리해진다. 여기서는 자료형을 배열(arrary)로 설정한 후, Main1, Main2, Cell1, Cell2 개체를 원소로 등록하였다. 그림 14.17에서 보듯이, global variable과 그룹에 queue 개체들을 동일한 순서로 등록하였다는 점에 유의하여라.

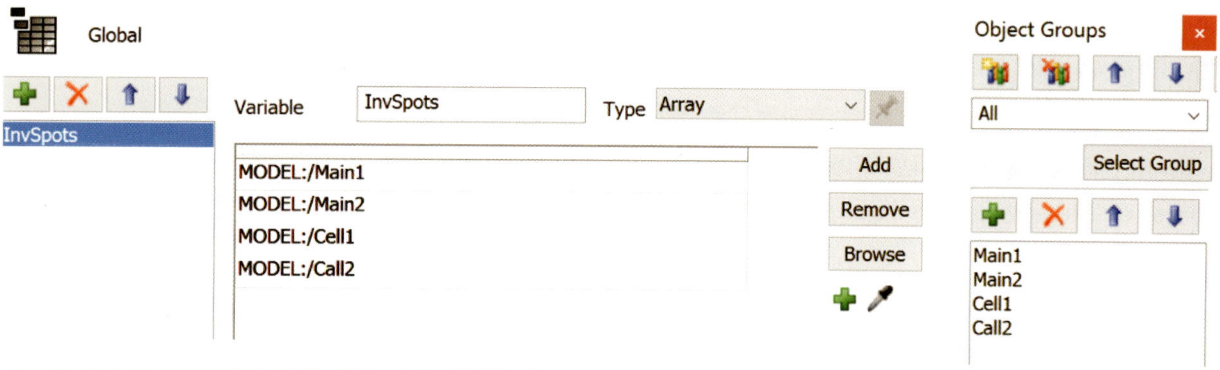

그림 14.17: Global variable 및 그룹 생성

Main1, Main2, Cell1, Cell2의 재고 관련 정보는 InventoryData라는 global table에 기록하며, 이 테이블에서 특정 개체 관련 정보는 동일한 열에 기록된다. 나아가, 이 테이블의 행들은 각각 부품 번호, 초기 재고량, 최소 재고량(재주문점) 및 1회 보충량 등을 의미한다.

서로 다른 부품들을 한 곳에 적재하려면 combiner 개체가 필요할 것이다. 그림 14.18에서 보듯이, 이 예제에서는 2가지 부품을 조합하는 방법이 3가지이며, combiner 개체의 1번 입력 port를 통해 유입되는 팰릿에 이러한 조합 방법이 명시된다. 나아가, 각각의 경우에 부품들이 몇 개씩 필요한지는 Products라는 global table에 기록되었다.

상기한 4개의 queue 개체들은 모두 ID번호(그룹 및 global variable 배열 안에서의 순번), 부품 번호, 초기 재고량, 최소 재고량, 1회 보충량 및 재주문 후 보충 대기 상태인지 여부를 의미하는 label들을 갖고 있다.

OnReset trigger를 이용하면 모형이 초기화되었을 때 4개의 queue 개체들이 가진 label들에 InventoryData 테이블에 있는 값들을 대입할 수 있다. 열 번호가 각 개체의 ID번호로 사용되는 점에 유의하여라. 참고로, 보충 대기 상태는 처음에 0으로 설정되며, 이는 재주문의 보충을 기다리는 상태가 아님을 의미한다. 물론, 이 같은 초기값들을 queue 개체의 속성 창 Labels 탭에서 직접 입력하고 Automatically Reset Labels 항목을 체크해도 결과는 비슷하다. 이 경우에는 InventoryData 테이블이 필요없을 것이다. 아울러, 4개의 queue 개체들 중 하나를 생성한 후 복사하면 여러 개체들을 생성하기가 좀 더 수월할 것이다.

끝으로, 이 예제에서는 전체 재고량을 추적하기 위해 PartsInventory라는 이름의 item list를 사용하였다. 이전에 설명하였듯이, list는 여러 partition으로 분할하여 사용할 수 있으며, 여기서는 Main1, Main2가 가진 재고들을 partition 1에, Cell1, Cell2가 가진 재고들을 partition 2에 저장한다. 나아가, 각 queue 개체들의 속성 창 Flow 탭에서 Send To Port 항목을 이용하여 flowitem을 상기한 item list로 보내도록 설정하면, 부품 재고량을 효과적으로 집계할 수 있다.

Model | Inventory | Products

	combo1	combo2	combo3
part1	1.00	0.00	1.00
part2	0.00	1.00	1.00

Model | Products | InventoryData

	Main1	Main2	Cell1	Cell2
Partid	1.00	2.00	1.00	2.00
Start	25.00	30.00	12.00	10.00
Minimum	10.00	15.00	4.00	3.00
Refreshamt	25.00	30.00	8.00	7.00
Orderflag	0.00	0.00	0.00	0.00

그림 14.18 : Global table

Item list에는 몇 개의 필드가 자동으로 생성되고, 필요한 경우에는 추가적인 필드를 등록할 수도 있다. 이 예제에서는 PartType이라는 필드를 추가하였으며, 이 필드는 list에 진입한 부품 각각의 종류, 즉, 부품 번호를 의미한다.

Process Flow를 이용한 로직 구현

이 예제의 Process Flow 영역에는 여러 로직이 작성되어 있다. 먼저, 그림 14.19의 Initialization 로직은 Schedule Source, Create Object 및 Sink activity로 구성되며, 이 중 Schedule Source activity는 실행 초기에 상기한 4개의 queue 개체 각각에 대해 token 1개씩을 생성한다. 아울러, 이 때 생성된 각 token에는 queue 개체들의 ID 번호를 의미하는 label이 할당된다.

Create Object activity는 token에 기록된 ID 번호와 각 queue 개체의 label에 기록된 초기 재고량을 확인하여 적절한 수량의 flowitem을 생성하는데 사용된다. Queue 개체들이 InvSpots라는 배열형 global variable에 저장되어 있음에 유의하여라.

그림 14.20에서 볼 수 있는 나머지 로직들은 부품들을 이동시키는데 사용된다. 먼저, Main Logic은 queue 개체들에서 이탈 사건이 발생했을 때 실행되는 Event-Triggered Source activity로 시작되며, 이후에는 queue 개체 각각의 재고량이 최소 재고량에 도달했는지를 확인한 후, 필요한 경우에는 Main1/Main2 개체의 재고 보충 또는 Cell1/Cell2 개체의 재고 보충을 실행하는 Sub Flow를 실행한다.

세부적으로는 queue 개체의 이탈 사건이 발생하여 Main Logic이 시작된 후, Event-Triggered Source가 Assign Event Object To 항목을 이용하여 새로 생성된 token에 Spot이라는 label을 부여하고 이탈 사건이 발생한 개체를 대입해 둔다.

다음에는 Delay activity에 의해 잠시 동안의 지연이 발생하는데, 이는 flowitem의 이탈이 발생한 queue 개체의 OnExit trigger가 미처 완료되기 전에 Process Flow가 실행되는 것을 방지하는 역할을 한다.

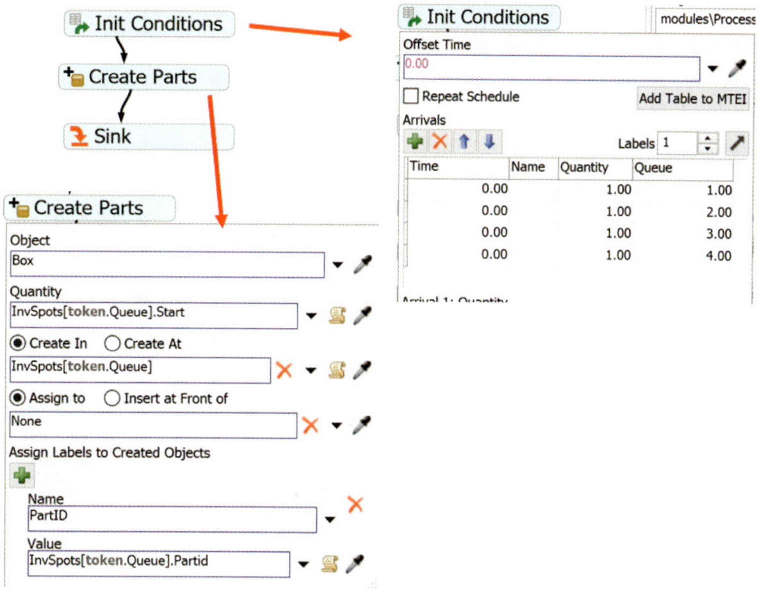

그림 14.19 : 초기 재고 생성

지연이 종료되면 Assign Labels activity를 이용하여 얼마나 많은 부품의 이동이 필요한지를 판단하는데 필요한 정보들을 token에 전달한다. Token의 Spot label에 flowitem의 이탈이 발생한 queue 개체가 기록되어 있으므로, 해당 개체의 최소 재고량은 Token.Spot.Minimum과 같이 표현할 수 있다. 같은 방식으로 보충 대기 상태 여부와 ID번호를 명시할 수 있으며, 현재 queue 개체 내부에 있는 부품의 개수는 content(token.Spot)으로 표현한다.

Decision activity는 token을 다음 번에 어디로 이동시켜야 할 지를 판단하는데 사용된다. 나아가, 이번 예제에서는 먼저 현재 재고량이 최소 재고량 이하이면서 보충 대기 상태가 아닌지 확인하고, 만약 그러하다면 보충 대기 상태를 1로 설정한 다음 보충할 부품의 종류와 1회 보충량을 정한 후, 보충이 필요한 queue가 창고(Main1, Main2)인지 아니면 적재대(Cell1, Cell2)인지를 알아내어야 한다.

이러한 과정은, Decision 개체가 가진 Send Token To 항목 우측의 스크롤 버튼을 클릭하여 조회할 수 있는 그림 14.21과 같은 소스 코드에 의해 구현되었다.

실제로 Decision activity를 사용할 때는 상황에 따라 token이 적절한 후속 activity로 이동하는지를 확인하는 것이 바람직하다는 점에 유의하여라.

적재대 및 창고에 대한 재고 보충은 각기 다른 방식으로 수행된다. 적재대의 부품이 창고에서 공급되는 반면, 창고에 있는 부품은 외부에서 공급된 것이기 때문이다. 따라서, 각각의 재고 보충을 위해 별도의 로직이 필요하다.

Run Sub Flow activity는 token을 하위 로직으로 보내고, 하위 로직의 종료 시 돌려받는데 사용된다. 아울러, 하위 로직을 의미하는 Process Flow는 별도의 Start 및 Finish activity를 갖는다. Run Sub Flow activity를 Process Flow 영역에 배치하면 처음에 오른쪽에 빨간색 느낌표 아이콘이 나타난다. 이 아이콘 위에 마우스 커서를 갖다 댔을 때 나타나는 스포이드 아이콘을 클릭한 후, 하위 로직의 Start activity를 클릭하면 Run Sub Flow activity에 적절한 하위 로직을 연결할 수 있다.

좌측에 있는 하위 로직은 창고의 재고 보충에 사용되며, Create Object activity를 이용하여 token.Spot에 해당하는 개체에 token.Amount에 해당하는 수량만큼의 flowitem을 공급한다. 나아가, 이 때 각 flowitem에는 부품 번호를 나타내는 label이 추가된다.

우측의 적재대 재고 보충 로직은 창고에서 적재대로 부품을 한 개씩 이동시키는데 사용된다. 세부적으로는 Pull from List activity에 의해 list에 있는 부품을 끌어오는데, 부품을 하나씩 끌어오도록 Require Number와 Request Number는 1로 설정되었다. 나아가, Query 및 Partition ID 항목은 각각 “WHERE PartType = token.PartType”, 1로 설정되어 있다.

Pull from List activity의 가장 큰 강점은 창고가 텅 비었을 때 발생하는 부족 재고를 관리하기가 용이하다는 점이다. 아울러, Process Flow의 Sub Flow들은 여러 개의 token들을 동시에 처리할 수 있으므로, 하나의 Sub Flow를 가지고 많은 개체들의 재고 보충 요청을 처리하는 것도 가능하다. 이 같은 로직들을 표현하는데 필요한 소스 코드를 직접 작성하는 것은 상당히 까다로운 일이 될 수도 있다는 점에 유의하여라.

Move Object activity는 배열형 global variable에 저장된 Main1, Main2 개체의 맨 앞에 있는 flowitem을 이동시키는 역할을 한다. 세

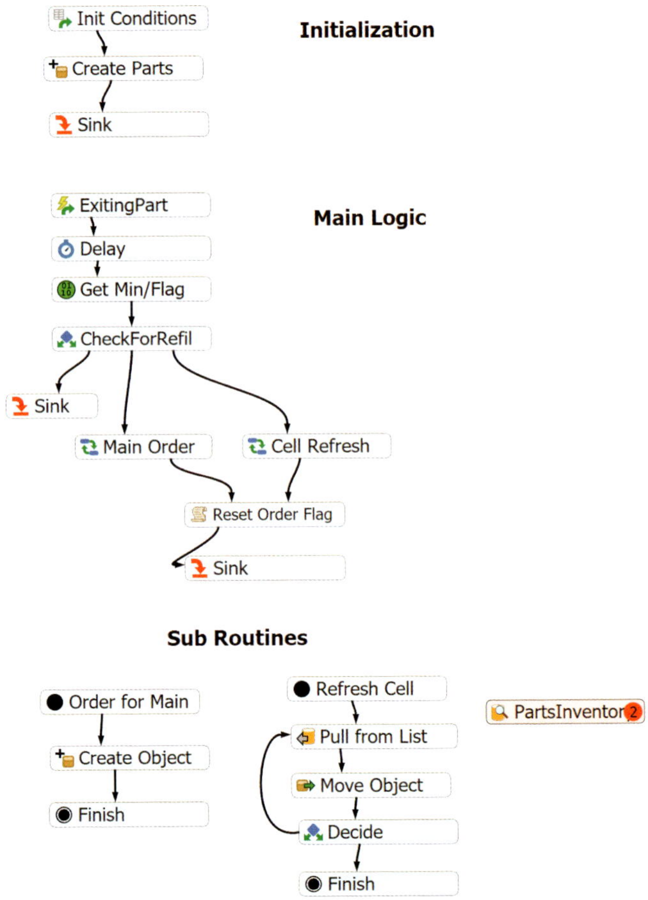

그림 14.20 : 나머지 로직들

CheckForRefil - Decision Point

```
/**ChecktheQueue*/
Object current = param(1);
treenode activity = param(2);
Token token = param(3);
treenode processFlow = ownerobject(activity);



if(token.Content <= token.Minimum  && token.Flag == 0)   // see if refill needed
 {
     token.Spot.OrderFlag = 1;                  // set order flag on queue
     token.Amount = token.Spot.Refreshamt;      // get amount to refill from queue
     token.PartType = token.Spot.Partid;        // get part number from queue
     if(token.queueid <= 2)    // this is a main queue
       return 2;
     else                      // this is cell queue
       return 3;
 }

else return 1;         // no action  send to sink
```

그림 14.21 : Decision activity 소스 코드

부적으로, flowitem의 출발지를 의미하는 Object(s) 항목은 InvSpots[token.queueid - 2].first로 명시되었고, 도착지를 의미하는 Destination 항목은 token.Spot으로 설정되었다.

나아가, 현재 flowitem이 한 개씩 이동하므로, 정해진 수량만큼을 이동시키기 위해 다음 단계인 Decision activity의 Send Token To 항목에는 아래와 같은 소스 코드를 추가하여, 필요한 횟수만큼 flowitem의 이동이 반복되도록 하였다.

```
int amount = token.Amount -1;
if(amount <=0)
return 2;
else
{
token.amount = amount;
return 1;
}
```

하위 로직들이 token을 반환하면, Main Logic의 Custom Code activity에서 token.Spot.Orderflag = 0과 같이 보충 대기 상태를 갱신한다.

주요 queue 개체들은 flowitem이 유입될 때마다 이를 item list의 적절한 partition에 삽입하며, 이는 각 개체의 속성 창 Flow 탭에서 설정하였다. 또한, 이 외에도 모델 뷰에 배치된 몇몇 모델링 개체들에는 간단한 로직이 추가되어 있다. 먼저, source 개체는 OnEntry trigger를 이용하여 생성된 팰릿들의 item type에 1에서 3까지의 정수 중 하나를 대입하는데, 이는 부품 조합 방법을 의미한다. Combiner 개체의 OnEntry trigger는 특정 팰릿과 결합될 부품들의 개수를 의미하는 Components List 항목을 갱신하는데 사용된다.

투입 대기 장소를 의미하는 Load1, Load2 개체들은 용량이 1이며, Flow 탭을 보면 Pull Strategy 항목을 체크하여 PartsInventory list의 2번 partition에서 flowitem을 끌어오도록 설정되었다. 세부적으로 flowitem을 끌어올 때는 다음과 같은 Query를 적용한다:

WHERE PartType = 1 (Load1의 경우) 또는 2 (Load2의 경우)

Process Flow가 포함된 모형을 테스트하는 경우에는 실행 속도를 0배속으로 설정하고 모형을 초기화한 다음 Step 버튼을 이용하여 모형을 단계적으로 실행하면 token의 움직임을 상세히 관찰할 수 있다. Token이 일부 단계를 너무 빨리 지나가는 경우에는 임시로 Delay activity를 활용하기도 한다.

Process Flow가 로직을 작성하기 위한 매우 효과적인 수단이라는 점은 분명하다. 다만, 로직의 수행 절차를 명확히 파악하지 못한 상태에서 무턱대고 Process Flow를 작성할 경우 예기치 않은 오류가 발생하기 쉽다. 나아가, Process Flow와 3D 모형을 적절히 조합할 수만 있다면, 복잡하고 규모가 큰 시뮬레이션 모형도 효과적으로 작성 및 관리할 수 있을 것이다.

Exercise 14-1 Greyson Operations

분석 배경

전문 사진 작가 Edward Greyson은 일반인 및 사진사를 대상으로 하는 통신 판매 사업체, Greyson Operations를 설립하였다. 초창기에는 사진 촬영 관련 소모품 판매에 주력하였으나, 최근에는 하이엔드급 카메라나 렌즈의 판매도 병행하고 있다. 이 같은 물품들에 대한 수요가 증가하면서 현재 이 기업은 사업을 확장하는 것을 고려 중이며, 그 전에 시뮬레이션을 이용하여 사업을 확장한 후에도 재고 수준이나 비용, 그리고 하나뿐인 포장 작업장에 대한 관리가 원활하겠는지를 분석하고자 한다.

문제 정의

업무량의 증가가 포장 작업장의 성과에 미치는 영향을 평가하는데 사용할 수 있는 시뮬레이션 모형을 개발한다. 특히, 신제품들은 고가이기 때문에 이들의 구매 비용도 무시할 수 없다. 나아가, 현재 Greyson Operations사의 엔지니어가 모형의 작성을 위해 그림 14.22와 같이 개체들을 배치하였으나, 관련 데이터를 구성하고 로직을 작성하는데 어려움을 겪고 있어, 이 문제를 해결해주어야 한다.

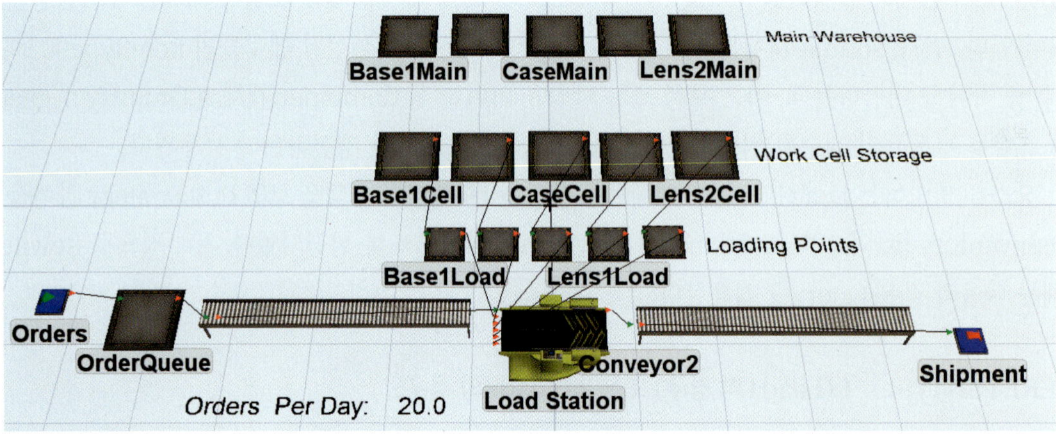

그림 14.22 : Greyson Operations 포장 작업장

기존 운영 실태

고객은 두 종류의 카메라 중 한 가지를 주문하며, 필요한 경우 케이스나 1~2개의 렌즈를 추가로 구매할 수도 있다.

고객 주문의 도착 간격은 지수 분포를 따르며, 평균적으로 하루에 20건의 주문이 접수된다. 다만, 성수기에는 하루 평균 주문량이 25~30개로 증가하기도 한다. 주문 1건이 접수되면 해당 고객이 주문한 물품들을 담을 상자 1개에 주문 내역이 적힌 태그를 붙이고, 컨베이어 장치를 이용하여 이 상자를 포장 기계로 이송한다. 종류별 카메라 본체, 케이스 및 렌즈들은 각각 별도의 적재대에 보관되어 있으며, 필요 시 이들을 포장 대기 장소로 운반한다. 포장 기계가 포장 대기 장소의 물품들을 상자에 담는 데는 30초가 소요된다.

적재대의 재고량이 일정 수준 이하로 떨어지면 창고에서 해당 물품을 가져와 보충하며, 창고의 재고량이 일정 수준 이하로 떨어지는 경우에는 외부의 공급 업체에 납품을 요청한다. 물품별 구매 원가 및 판매가, 납품 소요 시간은 아래와 같다:

물품	구매 원가	판매가	납품 소요 시간 (일)
카메라 본체 1	$150	$225	4
카메라 본체 2	$250	$400	6
케이스	$25	$45	2
렌즈 1	$60	$90	3
렌즈 2	$90	$135	4

나아가, 마케팅 부서에서는 16가지의 물품 조합 각각의 주문 비율이 아래 표와 같은 것으로 파악하고 있다:

	조합 코드	비율 (%)	Product ID
본체 1	B1	15	1
본체 1 + 렌즈 1	B1L1	6	2
본체 1 + 렌즈 2	B1L2	5	3
본체 1 + 렌즈 1 + 렌즈 2	B1LL	3	4
본체 1 + 케이스	B1C1	10	5
본체 1 + 케이스 + 렌즈 1	B1CL1	8	6
본체 1 + 케이스 + 렌즈 2	B1CL2	7	7
본체 1 + 케이스 + 렌즈 1 + 렌즈 2	B1CLL	6	8
본체 2	B2	6	9
본체 2 + 렌즈 1	B2L1	5	10
본체 2 + 렌즈 2	B2L2	4	11
본체 2 + 렌즈 1 + 렌즈 2	B2LL	3	12
본체 2 + 케이스	B2C1	10	13
본체 2 + 케이스 + 렌즈 1	B2CL1	4	14
본체 2 + 케이스 + 렌즈 2	B2CL2	3	15
본체 2 + 케이스 + 렌즈 1 + 렌즈 2	B2CLL	3	16

분석 목표

- 적정 수준의 초기 재고, 최소 재고, 1회 보충량을 추정한다.
- 중장기적인 사업체 운영 방안을 제시한다.

분석을 하면서 생각해 볼 점들

- 시뮬레이션 모형을 단계적으로 작성하면서 각각을 별도의 파일로 저장하여라.
- 전체적인 모형의 구성과 필요한 로직의 구조를 먼저 설계하여라.
- 모형의 시간 단위를 어떻게 설정할 것인가?
- 어떤 global table, global variable 및 그룹을 사용할 것인가?
- 마케팅 부서의 수요 예측을 어떻게 반영할 것인가?
- 각 물품의 색상을 다르게 하면 적재대가 올바르게 작동하는지 확인하는데 도움이 되겠는가?
- Process Flow나 3D 모형으로부터 어떤 통계량을 집계하고, 이들을 어떻게 시각화할 것인가? (Dashboard 등을 고려하여라)
- 재고 부족으로 인해 출고가 지연되고 있지 않은지를 어떻게 확인할 수 있겠는가?
- Zone을 활용할 것인가? Process Flow의 어느 부분에 Zone을 적용할 것인가?
- 재고 물품 구매 비용을 회수하는데 어느 정도의 기간이 소요되는가?

Chapter 14 Review Questions

1. 이 장에서 가장 기억에 남거나 흥미로웠던 점 세 가지를 이야기해보시오.

2. Process Flow가 유용한 도구인 이유를 설명하여라.

3. Zone의 주요 역할 두 가지를 설명하여라.

4. 3D 모형과 Process Flow를 조합했을 때, 모형을 이해하고 관리하기가 좀 더 쉬워지겠는가?

5. 로직의 내용을 시각적으로 표현하는 것이 중요한 이유는 무엇인가? Process Flow 영역에서 token의 움직임을 관찰하는 것이 로직을 이해하는데 어떤 도움이 되겠는가?

6. 복잡한 모형을 작성하기 전에 먼저 계획을 수립해야 하는 이유는 무엇인가?

7. Process Flow와 3D 모형의 조합을 어렵게 하는 요인으로는 어떤 것들이 있겠는가?

Chapter

15 유체 흐름 시뮬레이션

학습목표

(1) 연속 시뮬레이션의 개념을 설명할 수 있다.
(2) 이산 사건 시뮬레이션 기법을 활용하여 유체의 흐름이나 고속으로 수행되는 작업, 또는 작은 작업물들이 대량으로 이동하는 상황을 표현할 수 있다.
(3) 시뮬레이션 모형에서 이산적인 사건과 연속적인 사건을 조합하는 방법을 설명할 수 있다.

대부분의 상용 시뮬레이션 소프트웨어들은 이산 사건 시뮬레이션을 실행하기 위한 용도로 개발된 것들이다. 그러나 시뮬레이션에 대한 수요가 증가하면서 액체나 분말 등과 같은 물질의 연속적인 흐름을 분석할 수 있는 시뮬레이션 소프트웨어의 필요성이 높아졌다. 나아가, 생산 현장의 제조 공정 및 포장 공정을 한꺼번에 표현하기 위해 연속 사건과 이산 사건을 동시에 고려해야 하는 경우도 있다. 일부 시뮬레이션 소프트웨어들은 유체 흐름 시뮬레이션 기능과 이산 사건 시뮬레이션 기능 중 한 가지만을 지원한다. 물론, *FlexSim*처럼 양쪽 모두를 지원하는 시뮬레이션 소프트웨어들도 존재한다.

Section 15-1 유체 흐름 시뮬레이션 기본 개념

유체 (Fluid)

유체란, 개별적인 개체들로 분리하여 관리하는 것이 곤란하고, 하나의 연속적인 흐름을 형성하는 물질들을 의미한다. 유체가 반드시 액체만을 의미하는 것은 아니다. 가스와 같은 기체는 물론이고, 경우에 따라서는 곡물이나 모래 같은 작은 입자나 분말들이 유체로 간주되기도 한다. 좀 더 큰 물체라 하더라도 많은 양이 고속으로 처리

된다면 이들이 유체를 이루는 것으로 간주할 수 있다. 유체의 이동 속도는 보통 갤런/분과 같이 단위 시간 당 이동량으로 표시한다.

연속 공정과 이산 공정을 모두 가지고 있는 제조 현장을 분석할 때는 이 같은 유체의 흐름을 적절히 표현하는 것이 중요하다. 특히, 음료 제조 공장 같은 경우, 내용물을 만드는 공정은 연속 공정이나 포장 공정은 일반적으로 이산 공정에 해당한다. 이산적인 자재들의 흐름은 보통 특정 시점에 기계에서의 자재 유입 및 이탈 등과 같은 이산 사건을 발생시키고, 시뮬레이션 소프트웨어들은 이들을 사건 목록에 등록해 두었다가 발생 시간 순으로 처리한다. 반면, 유체의 이동은 일정 기간 동안에 걸쳐 연속적으로 일어나는 연속 사건에 해당한다.

*FlexSim*은 기본적으로 일종의 시계 역할을 하는 FluidTicker 개체를 이용하여, 그림 15.1과 같이 일정한 시간 간격으로 유체와 관련된 처리를 수행한다. 모델 뷰에 Fluid 그룹의 모델링 개체를 최초로 배치하면 FluidTicker 개체가 자동으로 추가되며, 필요한 경우 이 개체의 위치는 적당한 곳으로 이동시켜도 무방하다.

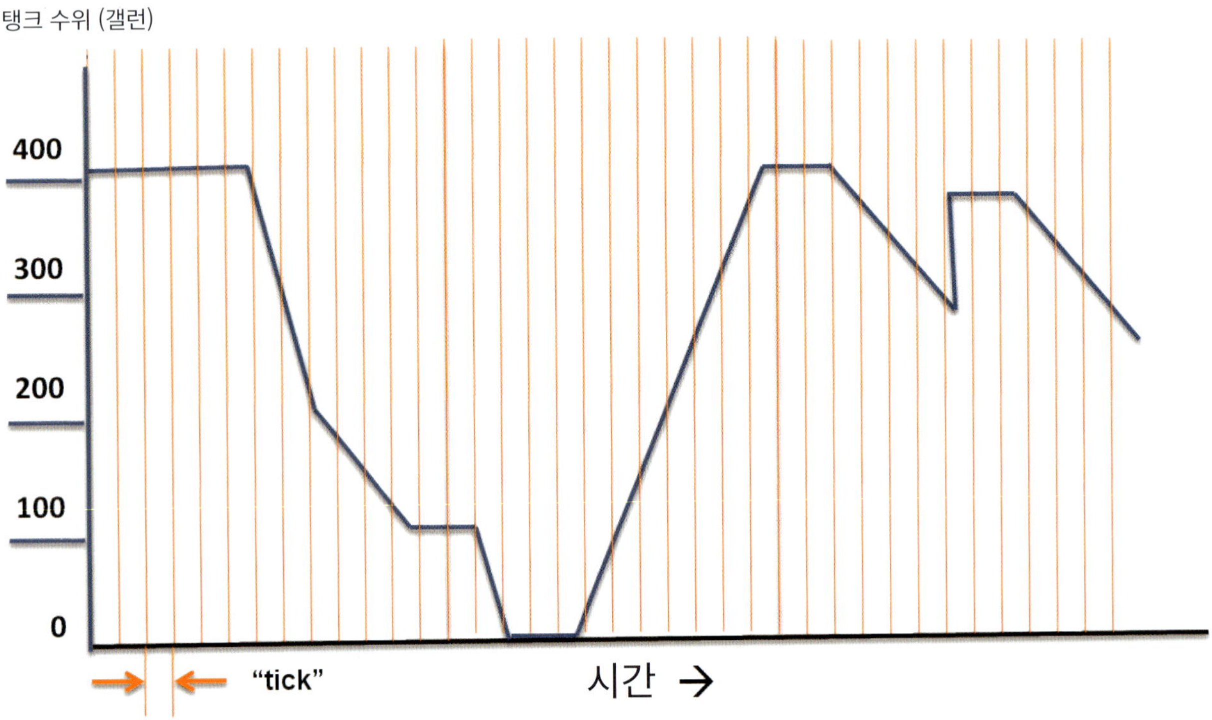

그림 15.1 : 유체의 변화

FluidTicker 개체는 tick이라 불리는 짧은 시간이 경과할 때마다 유체의 이동량을 계산하여 Fluid 그룹 개체들의 상태를 갱신해 나가며, 이를 위해 FluidTicker 개체는 Tick Time이라는 속성을 갖는다. 나아가, 유체의 이동량을 계산할 때는 각 물질들의 특성, 용기들의 크기 및 입출력 속도 등이 고려되어야 할 것이다.

Section 15-2 Fluid 그룹 개체

*FlexSim*의 라이브러리에는 Fluid라는 이름의 개체 그룹이 있으며, 이 안에는 유체들의 흐름을 표현하는데 사

용되는 모델링 개체들이 포함되어 있다. 기본적으로 Fluid 그룹 개체들의 사용법은 다른 모델링 개체와 비슷하나, 이들은 약간 특수한 속성들을 갖는다. Fluid 그룹 개체들에 대해 좀 더 자세히 알고 싶은 경우에는 *FlexSim* 사용자 매뉴얼을 참조하여라.

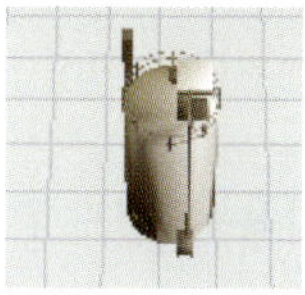

FluidGenerator

유사한 개체 : Source

주요 역할 : 유체 물질 생성

세부 기능 : 외부로부터 공급받은 유체를 모형 내에 유입시킴. 외부로부터의 유체 공급 속도는 별도로 설정 가능.

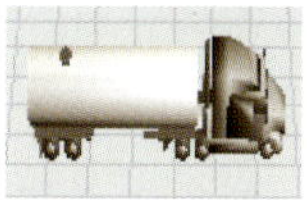

FluidTerminator

유사한 개체 : Sink

주요 역할 : 유체 물질을 모형에서 제거

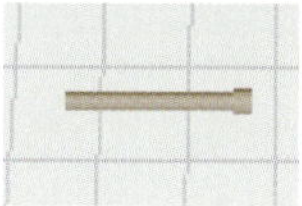

FluidPipe

유사한 개체 : Conveyor

주요 역할 : 유체의 이동

세부 기능 : 유체가 개체들 간을 이동하는데 필요한 경로를 제공함. 용량이 정해져 있어 이를 초과하는 유체들이 진입할 수 없음. 유입 속도와 유출 속도가 같음. 경우에 따라 유출된 유체들은 여러 개의 하류 개체에 분배될 수도 있음.

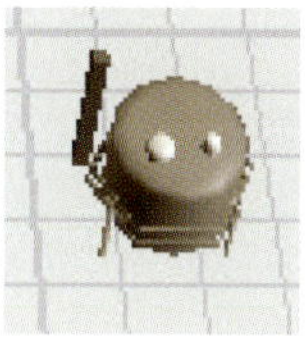

FluidTank

유사한 개체 : Queue

주요 역할 : 유체 보관

세부 기능 : 유체의 저장 또는 대기 장소에 해당함. 특정 수위에 도달했을 때 실행할 수 있는 trigger를 가짐. 유입 및 유출 속도 명시 필요.

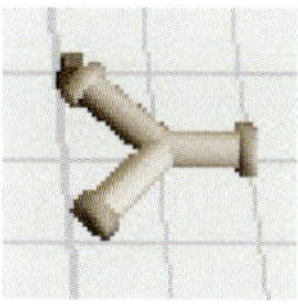

FluidBlender

유사한 개체 : Combiner

주요 역할 : 유체들의 합류

세부 기능 : 유체들이 이동 중에 혼합되는 모습 등을 표현하는데 사용. 유체들의 혼합 비율을

별도로 지정할 수 있음.

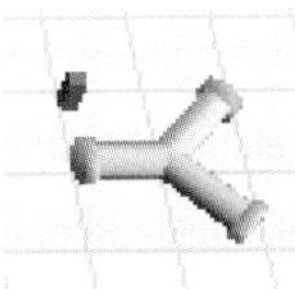

FluidSplitter

유사한 개체 : Separator

주요 역할 : 유체들의 분리

세부 기능 : 유체들의 이동 경로가 나누어지는 모습을 표현하는데 사용. 분리 비율을 별도로 지정할 수 있음.

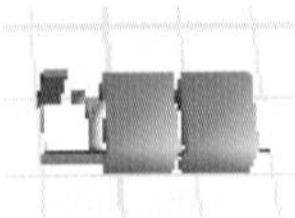

FluidProcesser

유사한 개체 : Processor

주요 역할 : 유체들의 처리

세부 기능 : 유체를 처리하는 연속 공정을 표현하는데 사용. 정해진 용량만큼의 유체만 처리 가능하며, 유실되는 유체의 양을 별도로 명시할 수 있음.

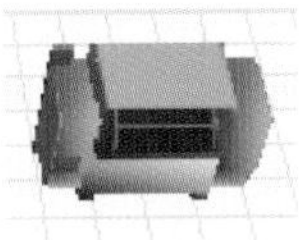

FluidMixer

유사한 개체 : MultiProcessor

주요 역할 : 여러 단계의 공정(보통 배합 공정)을 처리

세부 기능 : 테이블 형태로 여러 단계의 공정 각각에 대한 처리 시간, 유체들의 사용량 등을 명시할 수 있음. 모든 단계의 공정이 완료된 경우에만 유체들의 유출이 발생함.

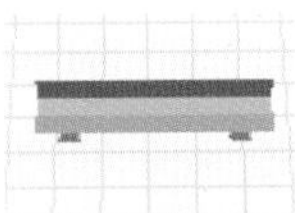

FluidConveyor

유사한 개체 : Conveyor

주요 역할 : 유체의 이동

세부 기능 : 개방된 형태의 통로를 이용하여 유체가 이동하는 모습을 표현하는데 사용. 이동 방향이나 속도 등을 별도로 지정할 수 있음.

ItemToFluid

주요 역할 : 이산 flowitem을 유체로 변환

세부 기능 : 용기에 담겨 있던 유체를 다른 곳에 부어 연속적인 흐름이 시작되는 모습 등을 표현하는데 사용.

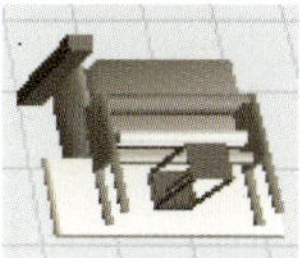

FluidToItem

주요 역할 : 일정량의 유체를 flowitem으로 변환

세부 기능 : 유체들을 용기에 담아 이산 공정이 시작되는 모습 등을 표현하는데 사용.

Section 15-3 Fluid 그룹 개체를 이용한 연속 공정 표현

FluidTank 개체

이제 Fluid 그룹 개체들의 사용법을 간단히 알아보도록 하자. 그림 15.2는 FluidTank 개체의 속성 창 Tank 탭을 보여주고 있으며, 여기서 최대 용량(Maximum Content)과 초기 보유량(Initial Content), 그리고 유체들의 유입 및 유출 속도 등을 설정할 수 있다. 나아가, 다른 개체와의 입출력 연결이 생성되면 하단의 port scale factor에 입력 및 출력 port들이 나타나고, 필요한 경우에는 각 port의 유입 및 유출 속도를 최대 속도(Maximum Object Rate)의 일정 비율이 되도록 설정하는 것도 가능하다.

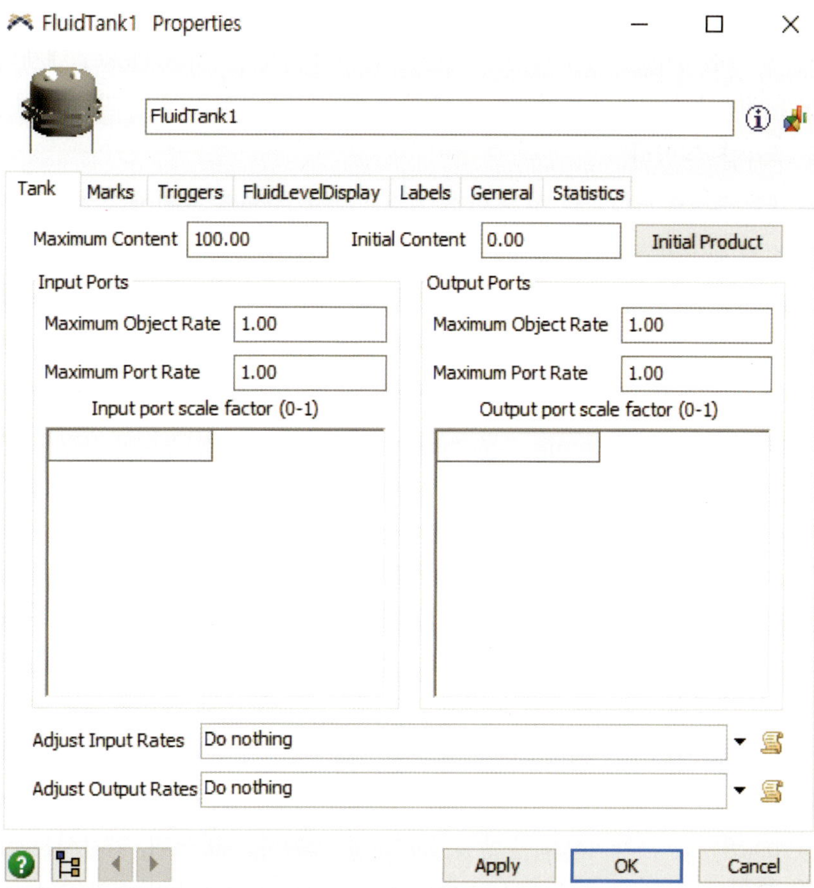

그림 15.2 : FluidTank 개체 속성 창 Tank 탭

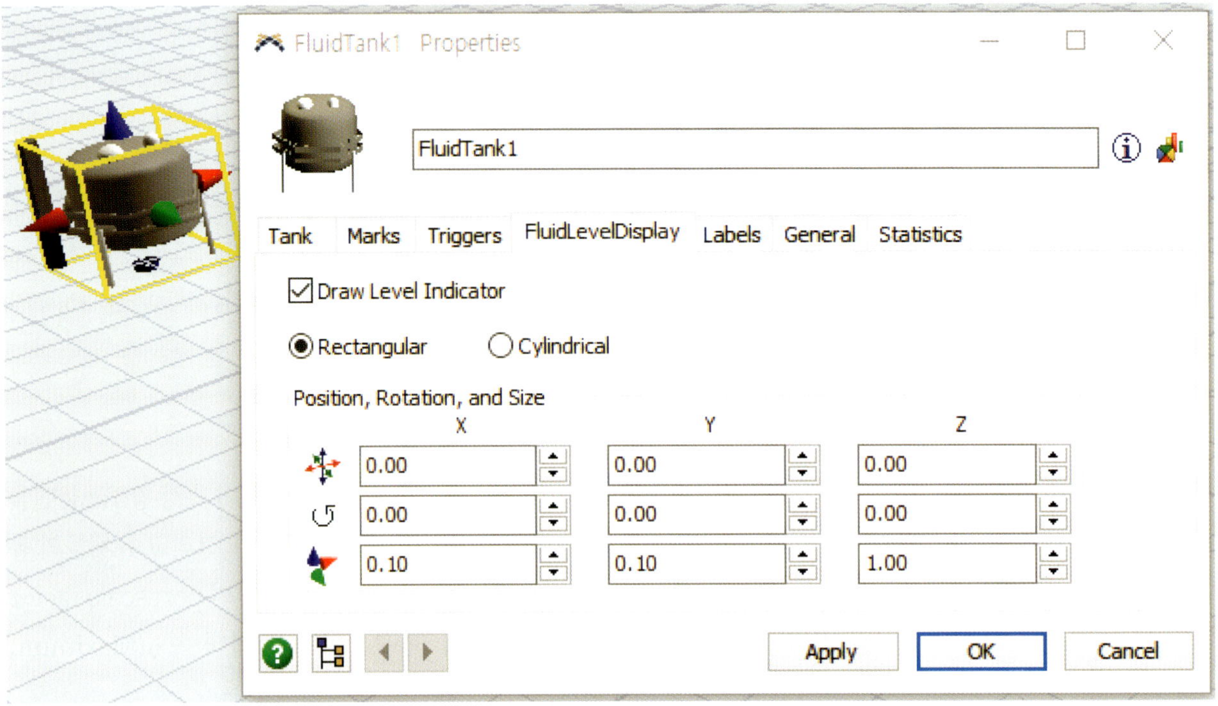

그림 15.3 : FluidTank 개체 속성 창 FluidLebelDisplay 탭

Fluid 그룹 개체들이 가진 trigger에 명시한 로직들은 앞에서 설명한 FluidTicker 개체의 Tick Time에 해당하는 시간이 경과할 때마다 수행된다. 또한, 다른 모델링 개체들과 마찬가지로, 필요한 경우 Fluid 그룹 개체들에도 소스 코드를 추가할 수 있다.

한편, Fluid 그룹 개체들은 공통적으로 현재 담겨 있는 유체의 수위를 표시할 수 있는 기능을 갖고 있으며, 그림 15.3과 같은 속성 창 FluidLevelDisplay 탭에서 이 기능과 관련된 속성들을 편집할 수 있다.

그 밖에, Fluid 그룹 개체들을 사용할 때 주의해야 할 점들로는 다음과 같은 것들이 있다:

- 한 개체에서 다른 개체로 유체를 이동시킬 때 반드시 FluidPipe를 거쳐야 하는 것은 아니다.
- 순차적으로 연결된 여러 개의 Fluid 그룹 개체들 중 하나의 입출력 속도가 잘못 설정된 경우, 다른 개체들도 영향을 받으므로 각각의 입출력 속도를 정확하게 설정하도록 신경을 쓰는 것이 좋다.

FluidMixer 개체

유체와 관련된 여러 단계의 작업, 또는 유체들의 배합을 표현하는데 사용할 수 있는 FluidMixer 개체는 가장 중요한 Fluid 그룹 개체들 중 하나이다. 세부적으로, 이 개체가 처리할 작업들을 명시하기 위해서는 그림 15.4와 같이 속성 창 Steps 탭에서 Mixer Steps 및 Mixer Recipe 영역에 이들과 관련된 내용을 등록해야 한다.

좌측의 Mixer Steps 영역은 순차적으로 수행할 작업들을 등록하는 곳이며, 여기서는 작업의 개수를 입력하고 Update 버튼을 클릭한 후 각 단계에 대한 설명(Description 항목)과 소요 시간(Delay 항목)을 입력한다.

우측의 Mixer Recipe 영역에는 이 개체가 다루는 물질들의 이름(Ingredient 항목)과 함께 각각의 입력

port(Port 항목), 사용량(Amount 항목) 및 사용 단계(Step 항목) 등을 등록하도록 되어 있다. 예를 들어, 그림 15.4에서 W라는 물질은 1단계 작업과 5단계 작업을 수행하는데 사용된다. 나아가, Steps 탭의 아래 쪽에는 각 단계의 시작 및 종료 시점에 실행되는 trigger들이 보인다.

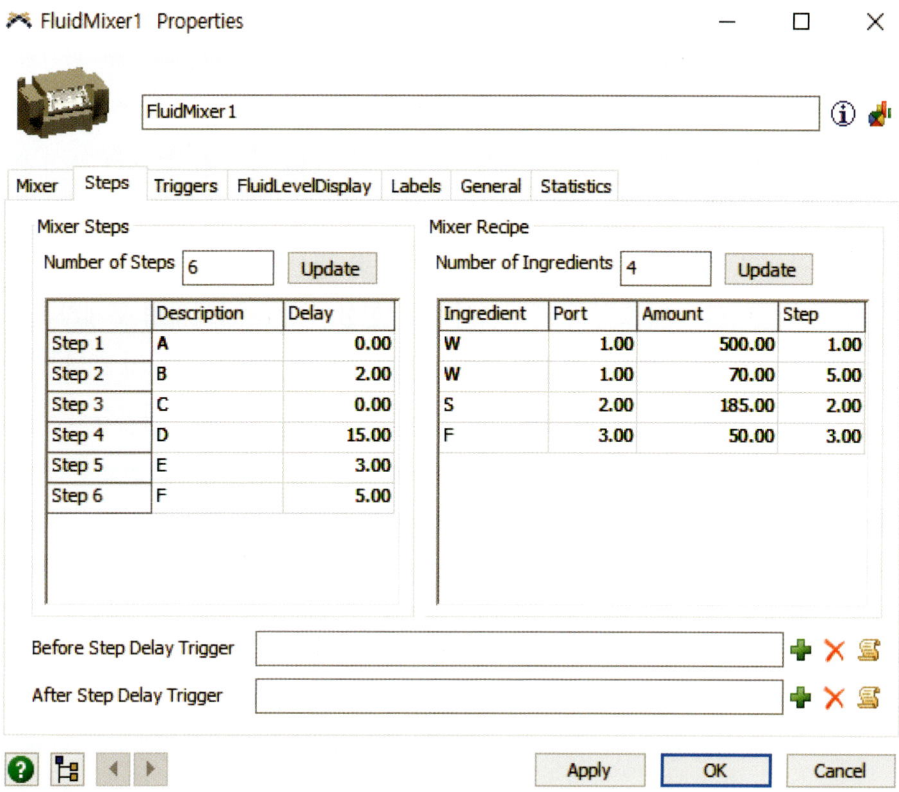

그림 15.4 : FluidMixer 개체 Steps 탭

Exercise 15-1 James Peanuts

분석 배경

땅콩을 이용한 가공 식품을 생산하는 James Peanuts사는 최근 몇 년 동안 상당한 매출 성장을 이루어냈다. 이에 고무된 경영진들은 "flanker"라는 이름의 조미 땅콩 제품을 새로 출시하였다.

이 기업은 먼저 신제품 생산을 위한 유연한 구조의 생산 시스템을 구축한 후, 신제품의 생산을 시작하였다. 나아가, 생산 현장에는 땅콩에 풍미를 추가하기 위한 조미료 첨가 기계가 배치되어 대량의 땅콩을 한꺼번에 처리하고 있으며, 풍미가 추가되지 않은 일반 땅콩을 생산할 때는 이 기계의 유지보수를 실시한다. 다만, 최근 수요가 늘면서 조미료 첨가 기계에서 병목 현상이 종종 발생하여 문제가 되고 있다. 관리자들은 조미료 첨가 기계의 작업 속도가 충분히 빠르기 때문에 이러한 병목 현상이 발생하는 이유를 이해하기 어렵다는 입장이다. 따라서, 이 기업은 조미료 첨가 기계의 병목 현상을 해결하기 위해 시뮬레이션을 이용해 보기로 결정하였다.

문제 정의

조미료 첨가 기계의 병목 현상을 해소하고 생산 실적을 높이는 방법을 찾아보는데 사용할 수 있는 시뮬레이션 모형을 개발한다.

기존 운영 실태

조미료 첨가 기계는 3가지의 액상 첨가제와 1가지의 분말 첨가제를 땅콩에 첨가하며, 그림 15.5에서 보듯이, 사용 전의 액상 첨가제들은 각각 별도의 탱크에 저장되어 있다. 나아가, 처음에는 먼저 혼합기를 이용하여 첨가제들을 배합하는데, 분말 첨가제는 근로자가 혼합기에 직접 투입한다. 혼합기는 한 번에 4,325 파운드의 재료를 처리하며, 혼합 첨가제는 임시 보관 탱크를 거쳐 조미료 첨가 기계로 이송된다.

참고로, 이 공장에서는 모든 재료들의 양을 부피가 아닌 무게(파운드)를 기준으로 관리하고 있으며, 이는 재료들의 이동량을 좀 더 정확히 측정하는데 도움이 된다.

한편, 조미료 첨가 기계는 땅콩에 혼합 첨가제를 입히는 역할을 하며,

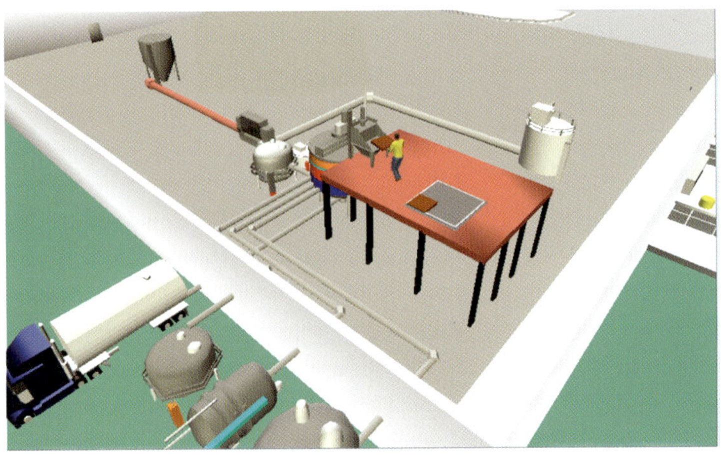

그림 15.5 : James Peanuts사 생산 현장

이 때 사용하는 땅콩은 사전에 구운 후 껍질을 까둔 것들이다. 완제품을 구성하는 재료들의 중량 비율은 아래와 같다:

- 땅콩 : 60%
- 혼합 첨가제 : 40%

아울러, 정상 상태일 때의 완제품 생산 속도는 95파운드/분이다(1.583파운드/초).

3가지 액상 첨가제들은 별도의 저장 탱크에 보관되어 있으며, 이 저장 탱크들이 텅 비는 일은 없다고 가정한다. 혼합기 옆에는 분말 첨가제가 40파운드씩 들어 있는 자루들이 비치되어 있고, 필요 시 근로자 1인이 분말 첨가제를 혼합기의 투입 장치에 털어 넣는다. 현재 사용 중인 재료 보관 시설들에 대한 세부 사항들은 아래와 같다:

시설	용량(파운드)	초기 적재량 (파운드)	유입 속도(파운드/분)	유출 속도(파운드/초)
액상 첨가제 1 저장 탱크	1500	1500	128	2.133
액상 첨가제 2 저장 탱크	2000	2000	130	2.167
액상 첨가제 3 저장 탱크	1000	1000	105	1.750
분말 첨가제 투입 장치	400	0	143	2.383
중간 임시 저장 탱크	3300	3000	150 max	2.500

혼합 첨가제를 배합할 때, 각 첨가제는 아래 표들과 같이 순차적으로 투입된다.

성분	투입량 (파운드)	단계
액상 첨가제 1	1460	1
액상 첨가제 2	1605	2
액상 첨가제 3	932	3
분말 첨가제	328	4

단계	수행 내용	소요 시간 (초)
1	액상 첨가제 1 투입	0
2	액상 첨가제 2 투입	0
3	액상 첨가제 3 투입	0
4	분말 첨가제 투입	0
5	배합	2700

배합이 완료된 혼합 첨가제는 중간 임시 저장 탱크를 거쳐 조미료 첨가 기계로 보내는데, 이를 위해 이송 펌프를 사용한다. 나아가, 완성된 혼합 첨가제가 비는 즉시, 혼합기는 다음 번 배합 작업을 개시한다. 혼합기의 첨가제 유출 속도는 분당 570파운드이다.

혼합기가 배합 작업을 1회 수행하는 데는 45분이 소요되며, 혼합기를 쉬지 않고 가동할 경우, 분당 130파운드의 조미 땅콩 완제품을 생산하는데 필요한 혼합 첨가제를 공급할 수 있다. 하지만, 평상 시에는 분당 95파운드의 제품을 생산하기 때문에, 이 기업은 현재 중간 임시 저장 탱크의 용량을 3300파운드로 제한해 둔 상태이다. 나아가, 완제품의 품질 및 생산 실적을 적절한 수준으로 유지하기 위해서는 중간 임시 저장 탱크가 비어서 건조해지지 않도록 하는 것이 중요하다.

한편, 과도한 사용으로 인한 마모 또는 파손을 방지하기 위해, 이송 펌프는 중간 임시 저장 탱크에 있는 혼합 첨가제의 양이 2,000파운드까지 떨어졌을 때 가동했다가, 중간 임시 저장 탱크에 3,200파운드의 혼합 첨가제가 채워지면 가동을 중단한다. 이송 펌프가 가동되는 동안에는 혼합기에서 중간 임시 저장 탱크로 혼합 첨가제가 이동하며, 시설관리 담당자들은 중간 임시 저장소에 저장되는 혼합 첨가제의 최고 중량과 최저 중량의 차이가 적어도 500파운드 이상은 되어야 한다고 주장하고 있다.

분석 목표

하루 동안의 근무 시간을 16시간(2개 근무조가 교대 근무)으로 가정하고, 완제품 생산 속도를 분당 95~120파운드 사이의 범위에서 변화시켜가면서, 언제 조미료 첨가 기계에서 병목 현상이 발생하는지를 확인한다.

당초 관리자들의 기대와 달리, 현장에서 병목 현상이 나타나는 원인이 무엇인지를 파악한다.

분석을 하면서 생각해 볼 점들

- 분석을 하기 위해 어떤 가정들이 필요하겠는가?
- 모형의 시간 단위를 어떻게 설정할 것인가?
- 땅콩들을 유체로 취급할 것인가? 아니면 이산적인 물품들로 취급할 것인가?
- 시설들 사이에 FluidPipe를 배치할 것인가?
- 분말 첨가제가 든 자루를 어떻게 혼합기로 이동시킬 것인가?
- 어떤 성능 평가지표들의 값을 집계해볼 것인가?
- 기존의 시설들의 활용 방법을 어떻게 변경할 수 있겠는가?
- 모형에 어떤 시각적 효과를 부여할 것인가?
- 완제품 생산 속도를 비롯한 주요 변수들의 값을 어디에 기록할 것인가?

Exercise 15-2 Western Grain

분석 배경

곡물 유통 업체인 Western Grain사는 저장고에 있는 곡물을 Mississippi 강변의 선착장들로 수송하기 위한 곡물 하역 부두를 신축할 계획이다. 이 부두에는 4개의 곡물 저장고를 배치할 예정이며, 경영진들을 부두를 착공하기 전에 먼저, 하루에 55,000~60,000톤의 곡물을 수송선에 실어 보내는 것이 가능한지를 확인하고 싶어한다.

문제 정의

목표 수송량을 달성할 수 있는지, 그리고 이를 위해 몇 대의 예인선이 필요한지를 판단하는데 사용할 수 있는 시뮬레이션 모형을 개발한다.

기존 운영 실태

그림 15.6과 같이, 부두에 도착한 수송선은 먼저 대기 구역에 정박하고 있다가, 예인선에 의해 선적장으로 인도된다. 곡물을 실은 수송선은 예인선을 이용하여 출발 대기 구역으로 이동시킨다.

수송선들이 선적장에 도착하면 적재 용량 한도 내에서 시간 당 40톤의 속도로 저장고의 곡물을 옮겨 싣는다. 나아가, 실제로 곡물을 수송선에 싣기 위해서는 수송선을 수송 장치에 연결해야 하는데, 수송 장치와의 연결 및 분리에 소요되는 시간은 아래와 같다:

그림 15.6 : 곡물 하역 부두

- 연결: 최소값, 최대값 및 최빈값이 각각 6분, 15분, 9분인 삼각 분포
- 분리: 최소값, 최대값 및 최빈값이 각각 4분, 8분, 6분인 삼각 분포

이 부두는 하루 24시간 내내 운영될 예정이며, 빈 수송선 대기 구역을 방문하는 수송선들의 도착 간격은 지수 분포를 따른다. 아울러, 수송선들의 시간대별 평균 도착 빈도는 다음과 같다:

시간대	시간당 평균 도착 건수
00:00 – 07:00	1.0
07:00 – 15:00	3.5
15:00 – 21:00	5.0
21:00 – 24:00	1.5

한편, 수송선들의 적재량은 아래 첫 번째 표와 같은 비율로 분포하며, 주요 구역들 간의 거리는 아래 두 번째 표와 같다:

적재 용량 (톤)	비율 (%)
400	15
600	20
800	15
1000	40
1200	10

출발지 → 도착지	거리 (마일)
빈 수송선 대기 구역 → 부두	1.0
부두 → 출발 대기 구역	1.3
인근 선적장 간 거리	0.2
출발 대기 구역 → 빈 수송선 대기 구역	1.5

끝으로, 예인선의 이동 속도는 시간 당 5마일이라 가정한다.

분석 목표

적절한 시뮬레이션 모형을 이용하여 예인선의 수가 대기 중인 빈 수송선의 수 및 이들의 대기 시간, 일일 선적량 등에 어떤 영향을 주는지를 분석한다. 단, 모형의 실행 시간은 10일로 제한한다.

분석을 하면서 생각해 볼 점들

- 모형의 시간 단위를 어떻게 설정할 것인가?
- 다른 물리량들의 단위를 어떻게 설정하는 것이 좋겠는가? 그 이유는 무엇인가?
- 어떤 변수를 사용할 것인가? 이들의 값은 어디에 기록할 것인가?
- 곡물을 유체로 간주할 것인가?
- 수송선을 어떤 개체로 표현할 것인가? 실제로 이 개체에 무언가를 전달해야 하는가?
- 수송선의 도착 빈도 변화를 어떻게 표현할 것인가?
- 수송선이 선적장에 드나드는 것을 어떻게 표현할 것인가?
- 예인선이 수송선을 인도하는 것을 어떻게 표현할 것인가?
- 어떤 성능 평가지표들의 값을 집계할 것인가?

Chapter 15 Review Questions

1. 이 장에서 가장 기억에 남거나 흥미로웠던 점 세 가지를 이야기해보시오.

2. 일반적으로 유체의 이동 속도는 어떤 단위를 사용하여 표현하는가?

3. 액체는 아니나 유체로 간주할 수 있는 물질의 예를 두 가지 이야기해보시오.

4. Fluid 그룹 개체를 사용하여 모형을 작성해야 하는 시스템의 예를 몇 가지 들어보시오.

5. 연속(또는 유체) 시뮬레이션과 이산 사건 시뮬레이션의 개체 상태 변화 방식이 어떻게 다른지 설명하여라.

6. FluidTicker 개체의 역할을 설명하여라.

7. FluidBlender 개체와 FluidMixer 개체의 차이점을 설명하여라.

8. Fluid 그룹 개체(예: FluidPipe)의 입출력 포트와 이산 모델링 개체(예: processor)가 가진 입출력 포트의 차이점을 설명하여라.

9. FluidToItem 개체와 ItemToFluid 개체의 역할을 설명하여라.

10. Fluid 그룹 개체를 세 가지 선택한 후, 이들과 유사한 역할을 수행하는 이산 모델링 개체가 무엇인지 이야기해보시오.

Chapter 16 시뮬레이션의 실무 적용

학습목표

(1) 시뮬레이션을 실무에 적용하는데 어떤 절차가 필요한지 설명할 수 있다.
(2) 시뮬레이션을 성공적으로 활용하기 위해서는 소프트웨어 활용 능력 및 이론적 지식 뿐만 아니라 팀웍 역량도 갖추어야 한다는 점을 이해한다.
(3) 시뮬레이션 수행 과정에서 다양한 참여자들이 어떤 역할을 분담해야 하는지 이해한다.
(4) 다양한 시뮬레이션 소프트웨어들의 특징, 그리고 시뮬레이션 소프트웨어와 다른 소프트웨어들 간의 관계를 설명할 수 있다.

시뮬레이션 모형을 작성하고 실행한 다음에는 이를 토대로 시스템에 대한 평가나 개선안의 도출 등이 이루어져야 한다. 다시 말해, 분석 결과가 유용하게 활용되지 않는다면 굳이 시뮬레이션을 수행할 필요도 없다. 또한, 제아무리 화려하고 정교한 모형이라도 작성하는데 시간이 너무 오래 걸려 활용할 시기를 놓쳐 버린다면 쓸모가 없을 것이다. 이 장에서는 시뮬레이션이 가진 기술적 특성 이외의 측면들에 대해 다룰 것이며, 여기에는 사람들 간의 신뢰, 시뮬레이션 분석의 생애 주기, 성공적인 시뮬레이션에 필요한 다양한 참여자들의 역할 등이 포함된다. 뿐만 아니라, 이 장에서는 다양한 상용 시뮬레이션 소프트웨어들의 특성과 함께 모형 기반 의사결정지원 시스템이나 시뮬레이션 소프트웨어와 다른 소프트웨어들 간의 관계에 대해서도 설명할 것이다. 결론적으로 말해, 이 장에서는 실무 현장에서 시뮬레이션을 성공적으로 활용하기 위해 어떤 요인들이 갖추어져야 하는지를 살펴보고자 한다.

Section 16-1 신뢰

제아무리 좋은 의료 기술이라도 환자들이 이를 신뢰하지 않으면 쓸모가 없을 것이다. 나아가, 여기서 말하는 신뢰에는 의료 기술 자체에 대한 신뢰 뿐만 아니라, 이 기술을 활용하는 의료진이나 활용 절차에 대한 신뢰가 모두 포함된다. 물론, 가끔은 절박한 심정으로 충분히 신뢰가 가지 않는 의료 기술을 선택하는 환자도 있다. 시뮬레이션을 활용할지 말지를 결정해야 하는 사람의 입장도 이러한 환자와 비슷하다. 시뮬레이션은 오퍼레이션 시스템과 관련된 문제를 분석하고 해결하는데 사용할 수 있는 도구 중 하나이며, 이에 익숙하지 않은 사람들 입장에서는 마치 검증되지 않은 새로운 난치병 치료법처럼 느껴질 수도 있을 것이다. 급한 문제를 해결하기 위해 일단 시뮬레이션이든 뭐든 활용하고 보자는 경우도 있겠으나, 시뮬레이션이 성공적으로 활용되기 위해서는 근본적으로 이에 대한 사람들의 신뢰가 필요하다.

이 책은 주로 시뮬레이션 모델링 및 분석(SMA, simulation modeling and analysis)의 기술적인 측면에 대해 다루고 왔고, 당연히 시뮬레이션을 잘 하기 위해서는 기본적으로 이에 대해 잘 이해하고 있어야 한다. 하지만, SMA 프로젝트의 성공을 위해서는 기술에 대한 이해 이외의 다른 요인들도 필요하다. 예를 들어, 때로는 분석 대상을 잘못 선정할 수도 있고, 이해관계자들이 모형이나 분석자 또는 분석 결과를 신뢰하지 않을 수도 있다. 이 같은 상황에서 SMA 프로젝트가 실패하는 것은 당연한 일이다. 때로는 조직 구성원들에게 시뮬레이션의 필요성을 이해시키는데 많은 시간과 노력이 필요할 수도 있다. 이렇게 구성원들이 시뮬레이션을 신뢰하도록 만드는 것은 어려운 반면, 단 한 번이라도 시뮬레이션 분석이 실패하면 이러한 신뢰는 너무나도 쉽게 무너지곤 한다. 그렇기 때문에, 시뮬레이션을 활용하고 이에 대한 주변의 동의를 구하고자 할 때는 기술적인 측면 이외의 부분에 대해서도 충분히 신경을 쓰는 것이 필요하다.

기술에 대한 신뢰

이 책의 앞 부분에서 우리는 몇 가지 사례들을 통해 시뮬레이션을 이용하여 어떤 문제들을 해결할 수 있는지 살펴보았다. 물론, 그래도 아직까지 시뮬레이션의 유용성에 대해 반신반의하는 독자들도 있을 것이다. 그러한 경우에는 관련 논문들을 좀 더 읽어보거나, 시뮬레이션을 접해 본 다른 사람들과 의견을 나누어 보는 것을 권장한다. 고위 임원들의 경우에는 간혹 간부 회의에서 부하 직원들이 만든 프레젠테이션 자료를 보고 갑자기 시뮬레이션에 흥미를 갖게 되기도 한다. 다른 사람이 시뮬레이션 기술을 신뢰하도록 만드는 가장 좋은 방법은 성공적인 시뮬레이션 활용 사례들을 보여주는 것이라는 점에 유의하여라.

사람에 대한 신뢰

시뮬레이션을 사용하는 이유는 결국 어떤 문제를 해결하기 위해서이다. 따라서, 다른 사람이 시뮬레이션을 신뢰하도록 만들기 위해서는 시뮬레이션을 실제로 수행하는 사람이 자신의 문제 해결 능력을 입증해야 할 것이다. 굳이 시뮬레이션을 활용하는 모습을 보여주지 않더라도 이러한 문제 해결 능력만 입증된다면 다른 사람들의 신뢰를 보다 쉽게 얻을 수 있다. 때로, 문제를 해결하지는 못하더라도 문제 해결에 대한 열의가 높다면 주변 사람들이 이를 높이 사기도 한다. 문제 해결 능력을 인정받기 위해서는 주변 사람들의 의견을 잘 경청하고, 주요 쟁점 사항들을 잘 찾아내며, 주어진 과업을 기한 내에 완수하는 태도를 보이는 것이 필요하다. 시뮬레이션과 같은 강력한 도구들의 사용법을 잘 아는 것도 좋지만, 가장 중요한 것은 결국 주어진 문제의 해결이라는 점에 유의하여라.

절차에 대한 신뢰

한 사람이 혼자서 시뮬레이션 분석을 진행하는 경우도 간혹 있긴 하지만, 일반적으로는 규모가 큰 문제를 해결하기 위해 여러 사람으로 구성된 팀이 SMA 프로젝트를 진행하게 되는 경우가 더 많다. 이 같은 경우에는 모든 구성원들이 시뮬레이션에 대해 잘 이해하고 프로젝트가 진행되는 동안 적절한 역할을 분담하여야 한다. 모든 구성원들이 자신의 역할을 적극적으로 수행한다면, 사람들은 이 팀이 도출한 분석 결과를 좀 더 신뢰하게 될 것이며, 때로는 이러한 신뢰를 바탕으로 분석을 의뢰한 사람으로부터 보다 많은 지원을 이끌어낼 수도 있을 것이다.

신뢰를 구축하려면 먼저 작은 것부터 시작하는 것이 좋다. 시스템에 대한 관찰과 분석을 열심히 하다 보면, 언젠가는 문제를 식별하고 해결할 기회도 생길 것이다. 다른 사람들의 신뢰를 얻고자 할 때는 항상 "하나가 잘 되면 만사가 잘 된다(Nothing succeeds like success)" [5] 라는 말을 기억하기 바란다.

이 장에서는 먼저 SMA 생애 주기와 그 구성요소들을 정의할 것이다. 이후에는 시뮬레이션 기반 의사결정 지원 시스템의 개념, SMA 프로젝트 참여자들이 담당해야 하는 역할, 그리고 SMA 프로젝트의 성공적인 수행에 필요한 여러 가지 비기술적(non-technical) 요인들을 소개하고자 한다. 나아가, 이 장에서는 SMA 수행과 관련된 개괄적인 내용만 다루지만, 다음 장에서는 실제로 SMA 프로젝트를 수행하는 방법에 대해 좀 더 자세히 살펴볼 것이다.

한 사람이 감당할 수 있을 만큼 작은 규모의 문제를 다루든, 아니면 여러 사람으로 구성된 팀이 참여해야 할 만큼 큰 규모의 문제를 다루든, 기본적으로 SMA 프로젝트의 진행 절차는 동일하다는 점에 유의하여라.

Section 16-2 시뮬레이션 모델링 및 분석 (SMA, Simulation Modeling and Analysis) 생애 주기

시뮬레이션을 통해 어떤 문제를 해결하는 과정은 단발적인 활동이라기보다 하나의 프로젝트에 가깝다. 따라서, 다른 종류의 프로젝트들처럼 시뮬레이션 분석도 생애 주기를 갖는다. 일반적인 SMA 생애 주기는 그림 16.1에서 볼 수 있으며, 크게 분석 목표 설정, 모형 작성, 분석, 개선안 실행 및 평가, 결과 정리 등의 절차로 구성된다.

보통 SMA 프로젝트의 막바지에는 도출된 개선안을 실행하여 프로젝트가 얼마나 성공적으로 수행되었는지를 평가하고, 프로젝트 수행 내역을 문서화하는 등의 작업이 수행된다. 맨 마지막의 결과 정리 단계를 굳이 포

그림 16.1 : 시뮬레이션 모델링 및 분석 (SMA) 생애 주기

함시킨 이유는, 투자 관련 의사결정을 위해 시뮬레이션을 해 보는 것처럼 시뮬레이션 분석 결과를 단기간 동안에만 활용하는 경우가 있기 때문이다. 이와 달리, 생산 일정계획 수립이나 공정 관리에 시뮬레이션을 이용하는 것처럼 시뮬레이션 모형을 오랫동안 반복적으로 이용할 수도 있다. "마지막을 염두에 두고 시작하라" [4]는 말이 있듯이, 중요한 것은 프로젝트 수행 초기에 어떤 분석 결과가 도출되어야 하는지를 명확히 정의하는 것이다. 분석 결과를 명확히 하는 것은 분석 목표를 설정하고, 요구사항들을 정리하며, 당면한 문제를 해결하는데 어느 정도로 정밀한 모형이 필요한지를 결정하는 데에도 많은 도움을 준다.

통상적으로 SMA 프로젝트에는 그림 16.2와 같이 각기 다른 역할을 수행하는 다양한 이해관계자들이 관여하게 된다. 간혹 이 중 여러 가지 역할을 한 사람이 담당하는 경우도 있지만, 어쨌든 중요한 것은 현재 프로젝트를 수행하는데 어떤 역할들이 필요한지를 명확히 파악하는 것이다. 예를 들어 생산 계획을 수립하는데 시뮬레이션을 이용하는 경우라면, 공장장이 (언제 어떤 품목을 생산할지를 결정한 권한이 있다는 점에서)의사결정권자 및 (시뮬레이션 분석에 필요한 예산과 인원을 배정할 권한이 있다는 점에서)후원자의 역할을 수행해야 한다. 생산관리자와 현장의 근로자들은 각각 시스템 책임자 및 실무자에 해당하며, 시뮬레이션에 대해 잘 아는 엔지니어가 있다면 그 사람이 모형 작성자의 역할을 맡아야 할 것이다. 물론, 사내에 이러한 엔지니어가 없는 경우에는 외부의 전문 컨설턴트들을 활용할 수도 있다. 나아가, 생산관리 부서의 직원들은 모형 사용자가 될 것이고, 모형 작성 과정에서 사내 데이터베이스에 저장된 여러 가지 데이터를 활용해야 하기 때문에 전산 관련 부서 직원들이 IT 전문가로 참여해야 할 것이다.

이러한 예를 통해 우리는 실제로 SMA 프로젝트를 수행하기 위해서는 다양한 구성원들의 참여가 필요하다는 점을 알 수 있다. 특히, SMA 프로젝트의 성공을 위해서는 모형 작성 이외의 나머지 부분에도 충분히 신경을 써야 한다는 점에 유의하여라.

그림 16.2 : SMA 프로젝트의 이해관계자

Section 16-3 SMA 프로젝트 수행 절차

SMA 프로젝트의 목표를 달성하기 위해서는 여러 가지 절차들이 수행되어야 한다. 나아가, 보통 SMA 프로젝트의 목표가 어떤 시스템을 개선하는 것이라는 점을 감안하면, 일반적인 공정 개선 활동들처럼 SMA 프로젝트의 수행 절차 역시 그림 16.3과 같이 계획(Plan)-실행(Do)-연구(Study)-개선(Act)의 4단계 순환 구조[1]로 표현할 수 있다. 시뮬레이션을 이용하여 시스템을 개선하고자 하는 경우, 맨 처음 계획 단계에서 할 일은 분석 대상 시스템의 범위를 정의하고 분석 목표를 설정하는 것이다. 이어 두 번째의 실행 단계에서는 시뮬레이션 모형을 작성하고 검증하는 작업을 수행하여야 하며, 작성된 모형을 바탕으로 실험을 실시하여 여러 대안들의 성능을 비교하는 것은 세 번째의 연구 단계에서 할 일이다. 마지막으로 개선 단계에서 개선안을 실행하고 그 성과를 평가하는 작업이 끝나고 나면, 한 번의 순환이 완료되고, 필요한 경우에는 다음 번 순환의 계획 단계가 시작된다.

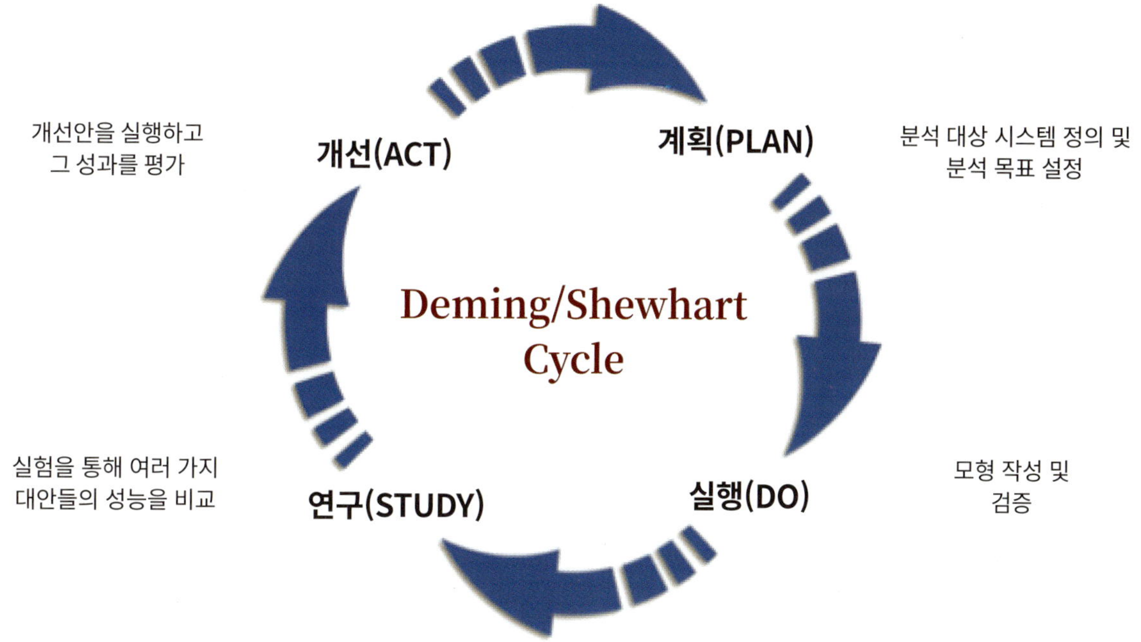

그림 16.3 : 4단계 개선 활동 형태로 간단히 표현한 SMA 프로젝트 수행 절차

그림 16.3에서는 SMA 프로젝트의 세부 활동들은 생략한 채 전체적인 흐름만 단순한 형태로 표현한 반면, 그림 16.4에는 SMA 프로젝트를 수행하는데 필요한 세부 활동들의 종류와 수행 시기를 보다 상세히 나타내었다. 이 그림에 나오는 세부 활동들은 모든 SMA 프로젝트에 공통적으로 적용되는 것들이며, 일부 활동들 간에는 강한 연관성이 존재하는 경우도 있다. 가장 먼저 해야 하는 일은 분석 목표를 명확히 설정하고, 분석 대상 시스템의 범위를 정의한 다음, 이를 바탕으로 프로젝트 수행 계획을 수립하는 것이다. 프로젝트 수행 계획을 수립할 때는 기본적으로 그림 16.4에 나오는 활동들 각각을 수행하는데 어떤 과업들이 필요한지를 식별하여야 한다. 또한, 프로젝트 수행 계획에는 이 외에도 중간 점검 시점이나 각 활동의 예상 소요 시간, 각 활동 추진 책임

1　품질관리 및 6시그마 등에서는 흔히 PDCA 기법이라 불리는 4단계 절차를 통해 문제를 해결하는 경우가 많으며, 여기서 P는 계획(Plan), D는 실행(Do), C는 평가(Check), A는 개선(Act)을 의미한다. 단, 이 책에서는 세 번째 단계를 평가(C) 대신 연구(S, Study)라는 용어로 표현하고 있는데, 이 두 가지는 비슷한 의미를 갖는 것으로 볼 수 있다.

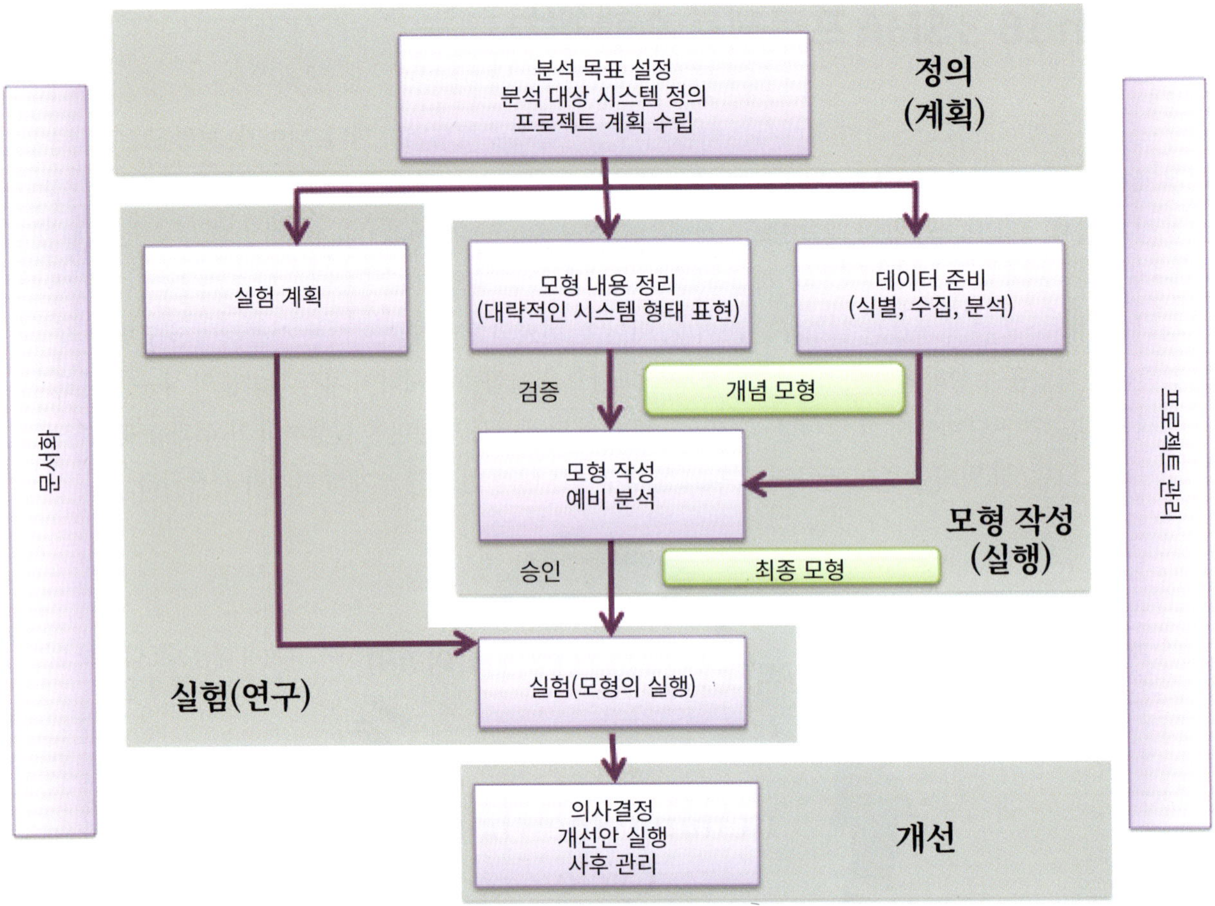

그림 16.4 : SMA 프로젝트 수행 절차 상세 내용

자 등의 정보가 포함될 수도 있다. 완성된 프로젝트 수행 계획은 보통 Gantt 차트 형태로 도식화하여 표현하는 경우가 많다. 물론, 경우에 따라서는 프로젝트 수행 계획을 그림 16.4와 같은 흐름도 형태로 정리하기도 한다.

맨 처음의 정의(계획) 단계가 끝난 이후에는 SMA 프로젝트의 수행 경로가 세 갈래로 나뉘어지며, 이들을 동시다발적으로 추진하는 것도 가능하다. 이 중 가운데 경로는 모형 내용 정리나 모형 작성 등 주로 모형과 관련된 활동들로 구성되어 있다. 또한, 나머지 두 개의 경로들에는 각각 시뮬레이션 분석의 입력값 및 출력값과 관련된 활동들이 포함된다. 프로젝트가 진행되는 동안 서로 다른 경로 상에 있는 활동을 수행하는 사람들 간의 의사소통이 원활히 이루어지도록 신경을 써야 한다는 점에 유의하여라. 왜냐하면 서로 다른 수행 경로 상에 있는 활동들이라고 해서 서로 관련이 없는 것은 아닌데다, 보통 이러한 활동들을 담당하는 사람들이 서로 다른 부서나 조직에 소속되어 있는 경우가 많아 이들 간의 대화가 단절되기 쉽기 때문이다.

가운데 경로에서는 먼저 모형의 내용을 대략적으로 정리하여 개념 모형(conceptual model)을 작성하는 작업을 수행하며, 여기서 개념 모형이란 보통 분석 대상 시스템의 주요 구성요소들의 종류 및 이들 간의 관계를 파악하여 도면으로 나타낸 것을 말한다. 개념 모형을 작성하는 이유는 시스템의 작동 방식을 문서화하고, 분석 목표를 달성하기 위해 어느 정도로 정밀한 모형을 작성해야 하는지, 어떤 데이터가 필요한지, 나아가, 향후 프로젝트 수행 과정에서 발생할 수 있는 문제점으로는 어떤 것들이 있는지 등을 파악하기 위해서이다.

개념 모형은 시뮬레이션 모형의 적절성을 검증하거나 현재 올바른 모형이 작성되고 있다는 점을 증빙하고자 할 때 매우 유용하다. 검증이란 모형이 분석 목표를 달성하는데 적합하며 실제 시스템의 특성을 정확히 표현하고 있는지를 확인하는 것을 말한다. 나아가, 모형이 실제 시스템을 어느 정도로 정확히 표현해야 하는지는 분석 목표에 따라 달라질 수 있다.

최종 모형이란 개념 모형의 내용을 컴퓨터가 실행할 수 있는 형태로 변환한 것을 의미하며, 최종 모형을 작성할 때는 보통 *FlexSim* 등과 같은 시뮬레이션 소프트웨어를 이용한다. 아울러, SMA 프로젝트에서는 이러한 최종 모형을 이용하여 실험을 실시한다. 실제로는 실험을 실시하기 전에 작성된 모형이 의도대로 작동하는지를 확인하는 승인 단계를 거치게 되는데, 여기서는 최종 모형의 작동 방식이 개념 모형의 내용과 일치하는지를 중점적으로 검토해보아야 한다.

실험이 완료되면, 실험 결과를 토대로 여러 가지 대안들 중 가장 적합한 것이 무엇인지에 대한 의사결정이 이루어진다. 나아가, 개선안 실행이란 선택된 대안을 실제 시스템에 반영하는 것을 말한다. 끝으로, 다른 종류의 프로젝트와 마찬가지로, SMA 프로젝트를 수행할 때도 마지막에는 모든 이해관계자들이 프로젝트 수행 내역을 점검할 수 있도록 적절한 사후 관리를 실시하는 것이 바람직하다. 특히, 여기서 중요한 것은 어떤 점들이 잘 되거나 잘못되었는지를 평가해 보는 것이다. 비록, 이 와중에 실제 성과를 다소 과장하게 되는 경우도 많긴 하지만, 조직 구성원들이 시뮬레이션을 신뢰하도록 만들기 위해서는 이 같은 절차를 거치는 것이 매우 중요하다.

그림 16.4의 양쪽 끝에는 SMA 프로젝트가 진행되는 동안 지속적으로 실시해야 하는 활동들이 하나씩 있다. 이 중 좌측의 문서화는 모형의 내용이나 프로젝트 수행 내역 등을 문서로 기록해 두는 것을 말하며, 여기서 중요한 것은 프로젝트가 끝날 때까지 미루지 않고 필요한 내용들을 그때그때 기록해 나가는 것이다. 대부분의 사람들이 싫어하는 일이긴 하지만, 문서화는 매우 중요하다. 왜냐하면 향후에 모형을 수정하거나 모형 작성 의도를 파악하고자 할 때, 또는 모형이 어떤 가정들에 바탕을 두고 작성되었으며 이러한 가정들이 타당했는지를 확인하고자 할 때 이러한 문서들이 반드시 필요하기 때문이다. 나아가, 문서화가 잘 되어 있으면 다른 사람에게 모형이나 분석 내용에 대해 설명하거나, 다음 번 프로젝트에서 보완해야 할 점이 무엇인지를 파악하기도 쉽다. 그림 우측의 프로젝트 관리는 다른 종류의 프로젝트들처럼 SMA 프로젝트를 수행할 때도 여러 가지 일반적인 관리 활동[2]들이 필요하다는 점을 의미한다.

그림 16.5에는 시뮬레이션 분석을 실시할 때 필요한 기술적 역량들을 정리하였으며, 여기서 우리는 SMA 프로젝트를 수행할 때 여러 가지 소프트웨어들을 이용하게 된다는 점을 볼 수 있다. 이 같은 기술적 역량들은 주로 모형을 작성하거나 실행하는데 필요하며, 이들은 이 책의 주요 내용이기도 하다. 실제로 모형을 작성할 때는 보통 시판되는 상용 시뮬레이션 소프트웨어를 이용하게 되는데, 이 책에서는 주로 *FlexSim*을 이용하여 개념 모형의 내용을 최종 모형으로 변환하는 방법에 대해 설명하였다. 다시 말해, 올바른 최종 모형을 얻기 위해서는 먼저 오류가 없고 분석 대상 시스템의 특성이 잘 표현되어 있는 개념 모형을 작성하여야 한다. 다만, 최종 모형과 달리 원칙적으로 개념 모형은 특정 소프트웨어에 종속적일 필요가 없다는 점에 유의하여라.

시뮬레이션 모형을 실행하기 위해서는 여러 가지 표본값들이 필요하다. 따라서, 모형을 작성할 때는 여러 가지 확률 변수들이 어떤 확률 분포를 따르는지를 정확하게 표현하는 것이 중요하다. 이러한 작업은 그림 16.5의 입력값 결정에 해당하며, 보통 *ExpertFit*과 같은 전용 소프트웨어, 또는 Minitab, SAS 및 SPSS 등과 같은 범용 통계 분석 소프트웨어를 이용하여 수행하는 경우가 많다.

2 진척도 관리, 비용 관리, 위험 관리 등.

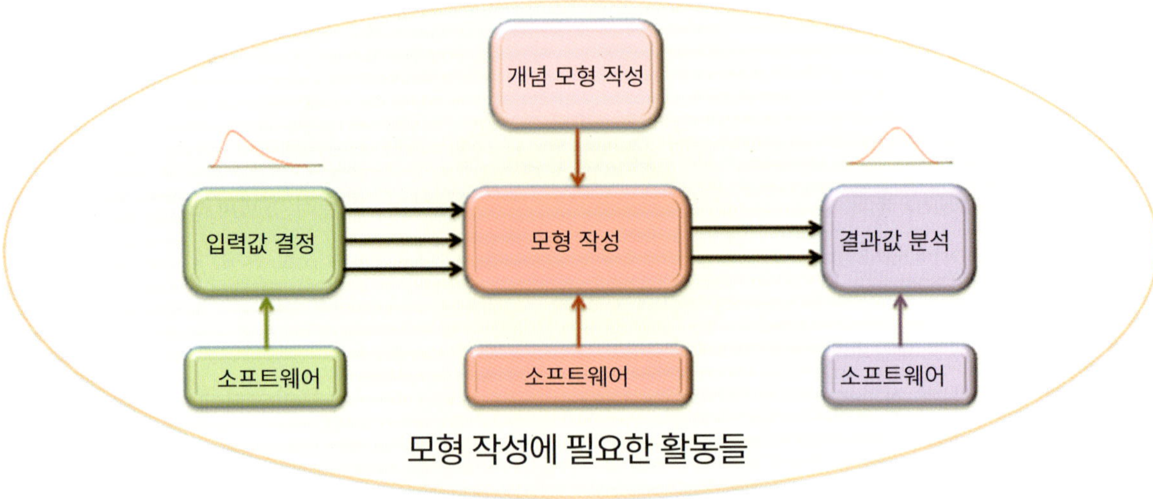

그림 16.5 : 시뮬레이션 분석의 기술적 측면

모형을 작성하는 이유는 분석 대상 시스템에 대한 이해를 높이고, 실험을 수행하여 어떤 결과값들을 얻기 위해서이다. 따라서, 그림 16.5의 결과값 분석에도 충분한 시간과 노력을 할애하는 것이 필요하다. 결과값 분석을 할 때도 가능하면 소프트웨어를 이용하는 것이 바람직하며, *FlexSim*에 Experimenter 기능이 있는 것처럼, 대부분의 상용 시뮬레이션 소프트웨어들에는 시뮬레이션 모형을 실행하여 얻은 결과값들을 분석하는데 필요한 여러 가지 기능들이 내장되어 있다. 물론, 필요한 경우에는 시뮬레이션 소프트웨어에 내장되어 있는 기능 이외에 앞에서 언급했던 범용 통계 분석 소프트웨어들을 사용할 수도 있을 것이다. 나아가, 시뮬레이션을 통해 시스템의 최적화를 달성하고 싶을 때는 OptQuest와 같은 특수한 소프트웨어를 사용할 수도 있다.

Section 16-4 SMA 프로젝트 참여자들이 수행해야 하는 업무

프로젝트의 수행이라는 관점에서 보았을 때, SMA 프로젝트 참여자들의 역할은 앞의 그림 16.2와 같이 분류할 수 있다. 나아가, 실제로 SMA 프로젝트를 진행하기 위해서는 이러한 참여자들이 여러 가지 세부적인 업무를 수행하여야 하며, 때로는 한 사람이 여러 가지 업무를 수행할 수도 있다. 여기서 세부적인 업무란 다음과 같은 것들을 말한다:

모형 작성:

- 시뮬레이션 모형의 작성
- 시뮬레이션 모형을 활용하는데 필요한 환경 구축 : 데이터베이스 연결, 사용자 인터페이스 및 의사결정지원 시스템 개발 등

시스템 설계:

- 시뮬레이션 모형이나 의사결정지원 시스템의 구조 설계

- 모형 작성 업무와 밀접한 연관성을 가짐

분석:

- 실험 계획 수립 : 다양한 실험 시나리오 작성, 시뮬레이션 실행 시간 및 예열 시간 결정, 실험 반복 횟수 결정 등
- 실험의 수행
- 실험 결과 집계 및 해석

연구:

- 프로젝트 수행 초기에 유사 프로젝트 사례나 관련 문헌 등을 조사
- 조사 내용을 바탕으로 프로젝트 수행 전략 및 주의 사항 등을 결정

조사:

- 분석 대상 시스템 내부에 존재하는 업무 프로세스 파악
- 분석 대상 시스템의 특성을 이해하고 표현하기 위해 어떤 데이터를 수집해야 하는지 결정

교육훈련:

- 주요 이해관계자들이 이번 프로젝트의 내용을 충분히 이해한 상태에서 적극적으로 활동할 수 있도록 지원
- 다양한 이해관계자들 중 시뮬레이션에 대한 이해도가 낮은 사람들이 있을 때 특히 중요

사용:

- SMA 프로젝트 산출물을 실무(계획 수립, 구매 결정, 운영관리 등)에 적용
- 산출물들이 효과적으로 활용되지 않는 경우에는 SMA 프로젝트가 성공했다고 보기 어려우며, 조직 내에서 이에 대한 책임 문제가 거론될 수도 있음

다양한 업무들이 효과적으로 수행되도록 하기 위해서는 프로젝트 수행 초기에 아래와 같은 업무 분장표를 작성해두는 것이 좋다. 아래에서 보듯이, 이러한 업무 분장표는 각 이해관계자들이 어떤 단계에서 어떤 업무를 수행해야 하는지가 명확히 표현되도록 구성하여야 한다. 나아가, 한 가지 업무에 여러 사람이 투입되는 경우도 종종 있는데, 이럴 때는 그들 중 한 사람을 책임자로 지정하여 해당 업무를 총괄적으로 관리하도록 하는 것이 바람직하다.

이해관계자	활동 단계(정의(계획)/모형 작성(실행)/실험(연구)/개선	업무

지금까지 논의한 바와 같이, SMA 프로젝트는 결국 사람들에 의해 수행된다. 따라서, SMA 프로젝트를 성

공적으로 진행하기 위해서는 흔히 hard skill이라고 부르는 기술적 역량 뿐만 아니라 soft skill이라고 불리는 인적자원 관리 역량도 필요하다. 이들 중 한 쪽에만 의존해서는 SMA 프로젝트를 성공시키기가 대단히 어렵다는 점에 유의하여라.

다양한 이해관계자들을 대할 때는 항상 그들 각각이 서로 다른 니즈나 관심사, 걱정거리 및 배경지식을 가지고 있다는 것을 기억해야 한다. 이는 SMA 프로젝트에서 특히 중요하다. 왜냐하면 프로젝트의 이해관계자들 중 시뮬레이션에 친숙하지 않은 사람들이 많이 있을 것이기 때문이다.

시뮬레이션에 대한 이해도가 낮은 이해관계자들은 프로젝트 수행 도중, 다음과 같은 경험들을 하는 경우가 많다:

- 당면한 문제에 시뮬레이션을 적용하는 것이 과연 적절한지에 대한 의심이 든다.
- 분석 결과에 회의적인 반응을 보인다.
- 프로젝트의 성공이 자신의 업무나 직위, 나아가 직업에 불리하게 작용할 것을 우려한다.

때로는 이해관계자들이 시뮬레이션에 대해 너무 큰 기대감을 갖지 않도록 하는데 신경을 써야 할 수도 있다. 시뮬레이션 분석의 효과를 과장하면 곤란하다. 특히, 이해관계자들 중에는 SMA 프로젝트 참여를 통해 자신이 가진 문제를 해결하거나, 의사결정을 내리는데 도움을 받기는커녕, 자신이 가진 지식이나 데이터를 내놓기만 해야 하는 사람도 있다는 점을 명확히 해두어야 한다. 물론, 이러한 지식이나 데이터는 시뮬레이션 분석을 하는 과정에서 중요한 입력값으로 활용될 것이다. 또 하나 명심할 것은 시스템의 모든 특성을 시뮬레이션 모형에 담을 수는 없다는 점이다. 따라서, 시뮬레이션 모형을 작성할 때는 먼저, 어떤 가정들을 바탕으로 어느 정도로 정밀한 모형을 만들 것인지를 명확히 정의하여야 한다.

SMA 프로젝트가 성공적으로 수행되기 위해서는 다양한 도메인 전문가(domain expert)[3]들이 가진 지식과 경험들이 필요하다. 예를 들어, 일부 이해관계자들은 직접 모형을 작성하지는 못하지만 프로젝트의 범위나 분석 목표의 설정, 또는 여러 가지 제약 사항들의 파악에 도움을 주기도 한다. 적절한 시뮬레이션 모형을 작성하기 위해서는 이들이 가진 도메인 지식(domain knowledge)이 반드시 필요하다. 이에 대해서는 아래에서 좀 더 자세히 논의하기로 하자. 나아가, 시뮬레이션 모형이나 시뮬레이션 분석 결과를 검증하는 과정에서 이러한 도메인 전문가들이 도움을 주는 경우도 많다. 실제 시스템에 대한 분석에 적합한 모형을 얻기 위해서는 모형에 대한 검증이 필요하고, 프로젝트에 대한 신뢰를 확보하는 데는 분석 결과에 대한 검증이 필요하다는 점에 유의하여라.

도메인 전문가들에게 도메인 지식의 공유를 요청할 때는 항상 그들에게 감사하는 태도를 가져야 한다. 나아가, 대부분의 오퍼레이션 시스템들은 그 구조가 대단히 복잡하여 한 사람이 혼자서 모든 내용을 파악하기가 어렵기 때문에, 가능하면 여러 사람들로부터 도메인 지식을 얻은 다음 이를 종합적으로 이해하는 것이 필요하다. 이 때, 혹시 도메인 지식 간의 불일치가 있는 경우에는 어느 쪽이 맞는지를 확인해야 할 것이다. 때로는 도메인 지식을 자신의 고유 영역이라 생각하는 도메인 전문가들이 도메인 지식의 공유를 꺼릴 수도 있고, 앞서 언급했던 것처럼 SMA 프로젝트가 자신에게 불리하게 작용할 것이라고 생각하는 도메인 전문가가 자신이 아는

3 분석 대상 시스템이나 당면한 문제에 대해 잘 알고 있는 사람들을 말한다.

바를 솔직하게 이야기하지 않는 경우도 있다. 이러한 일들은 SMA 프로젝트에서 비일비재하게 일어나는 것들이다. 따라서, 가능하면 처음부터 다양한 분야의 이해관계자들로 팀을 구성하여 프로젝트를 추진하는 것이 바람직하다.

그림 16.6에서 보듯이, SMA 프로젝트의 수행에 필요한 지식은 크게 도메인 지식과 시뮬레이션에 대한 지식의 두 가지로 나눌 수 있다. 도메인 지식이란 분석 대상 시스템에 대한 지식을 말하며, 일반적으로 해당 시스템에 직접적으로 관여하는 실무자들로부터 얻어야 한다. 세부적으로, 분석 대상 시스템의 작동 방식을 파악하기 위해서는 업무나 정보의 흐름, 작업 절차, 설비 배치 형태 등의 도메인 지식이 필요하다. 도메인 지식 중 일부는 시뮬레이션 모형을 실제로 실행시키는데 필요하며, 이러한 도메인 지식의 예로는 중요한 시스템 특성치나 업무 수행 일정, 확률 분포를 결정하는데 필요한 원시 데이터 등을 들 수 있다. 나아가, 여러 가지 주요 성능 평가지표들의 종류 및 산출 방법 역시 도메인 지식에 포함되며, 이들은 추후 여러 가지 대안들의 성능을 평가하는 기준으로 사용된다.

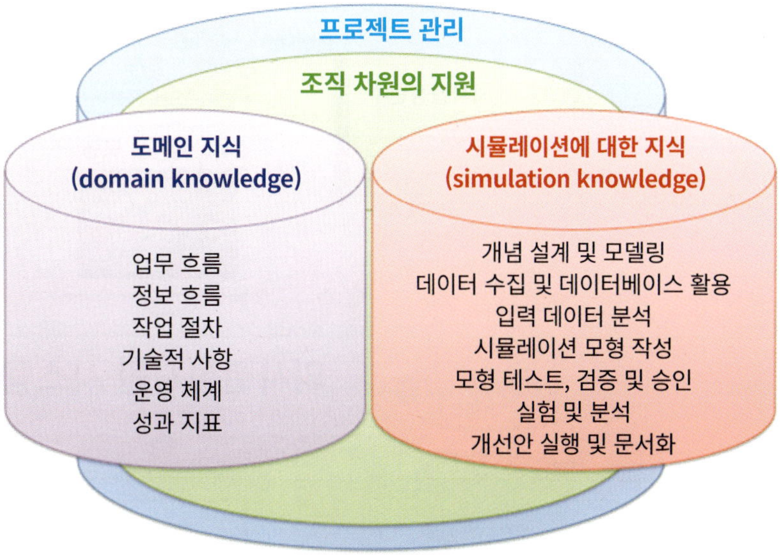

그림 16.6 : 시뮬레이션 프로젝트를 수행하는데 필요한 여러 가지 지식

시뮬레이션에 대한 지식은 개념 모형이나 최종 모형의 작성, 입력값에 대한 분석, 실험 계획 수립 및 출력값에 대한 분석 등을 수행하는데 필요하며, 이 책과 같은 관련 서적이나, 교육 강좌 또는 실무 경험을 통해 얻을 수 있다.

한 가지 덧붙일 것은 이 그림에서 보듯이 SMA 프로젝트가 원활히 수행되기 위해서는 조직 차원의 지원과 함께 적절한 프로젝트 관리가 이루어져야 한다는 점이다. 나아가, 적절한 프로젝트 관리를 위해서는 명확한 목표 설정, 계획의 수립 및 관리, 합리적인 보상 체계, 지속적인 성과 관리 등이 필요할 것이다.

Section 16-5 모형 기반 의사결정지원 시스템

통상적으로는 어떤 문제와 관련된 의사결정을 내려야 할 때 SMA 프로젝트를 추진하게 된다. 새로운 설비의 도입으로 인해 설비 배치 형태를 개선한다거나, 다양한 상황에 맞는 운영 정책을 수립하고자 하는 경우, 또는 어떤 개선안의 타당성을 검토해보고자 하는 경우에는 일회성의 의사결정이 필요할 것이다. 반면, 어떤 제품을 자체 생산할 것인지 아니면 외주 생산할 것인지를 결정한다거나, 특정 제품의 납기를 맞출 수 있는지 알아보고 싶은 경우, 또는 여러 가지 작업들의 처리 순서를 결정하고자 하는 경우와 같이 때로는 동일한 의사결정을 반복적으로 수행해야 할 수도 있다.

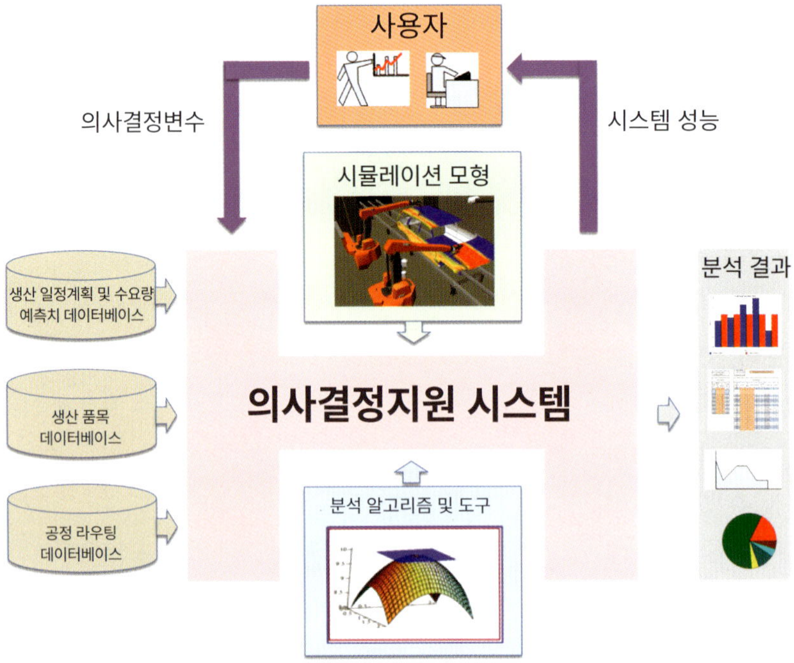

그림 16.7 : 시뮬레이션 모형 기반 의사결정지원 시스템의 구성요소

일회성 의사결정이 필요할 때는 시뮬레이션 소프트웨어를 잘 다루는 전문 컨설턴트와 같은 외부의 고급 사용자에게 분석을 의뢰할 수도 있다. 여기서 고급 사용자란 시뮬레이션 소프트웨어 사용법 뿐만 아니라, 시뮬레이션 자체에 대해서도 높은 수준의 지식을 가진 사람들을 말한다. 하지만, 시뮬레이션을 이용하여 일상적인 의사결정을 반복적으로 수행하고자 하는 경우에는 이러한 외부의 고급 사용자를 활용하는 것이 곤란할 것이다. 따라서, 이럴 때는 시뮬레이션에 대한 지식이 많지 않은 일반 사용자들도 시뮬레이션 모형을 쉽게 활용할 수 있도록 일종의 의사결정지원 시스템을 개발해 두는 것이 필요하다.

의사결정지원 시스템이란, 쉽게 말해서 직관적인 GUI(예: 스프레드시트나 버튼 등)를 통해 필요한 값들을 입력하고 분석 조건을 설정하면 알기 쉬운 형태(예: 표나 그래프 등)로 분석 결과를 도출해 주는 소프트웨어 또는 정보시스템을 의미한다. 그림 16.7에서 보듯이, 의사결정지원 시스템은 매우 다양한 구성요소를 가질 수도 있으며, 여기서는 GUI 뿐만 아니라, 생산 일정계획이나 제품 품목, 공정 라우팅 등에 대한 데이터베이스도 의사결정지원 시스템 안에 포함되어 있는 것을 볼 수 있다. 나아가, 필요한 경우에는 의사결정지원 시스템과 최적화 등에 필요한 외부의 분석 알고리즘 또는 소프트웨어를 연동시켜 놓을 수도 있다. 시뮬레이션 모형을 이용하여 최적화 알고리즘에 피드백을 제공하고, 이를 통해 최적해를 보다 효과적으로 탐색하기 위해서이다.

그림 16.8은 의사결정지원 시스템의 한 예를 보여준다. 이 시스템은 Mississippi 주립 대학의 연구진에 의해 개발된 것으로, 이를 이용하여 개별 제조 현장에서 배치(batch) 생산 방식과 Lean 생산 방식 중 어느 쪽을 선택했을 때 더 성과가 좋은지를 판단할 수 있도록 설계되었다.

특히, 이 시스템은 매우 직관적인 GUI를 가지고 있어, 시뮬레이션에 대한 지식이 많지 않은 사용자도 다음과 같은 작업을 쉽게 수행할 수 있다:

- 화면 좌측에서 필요한 데이터를 입력하고 분석 조건을 설정

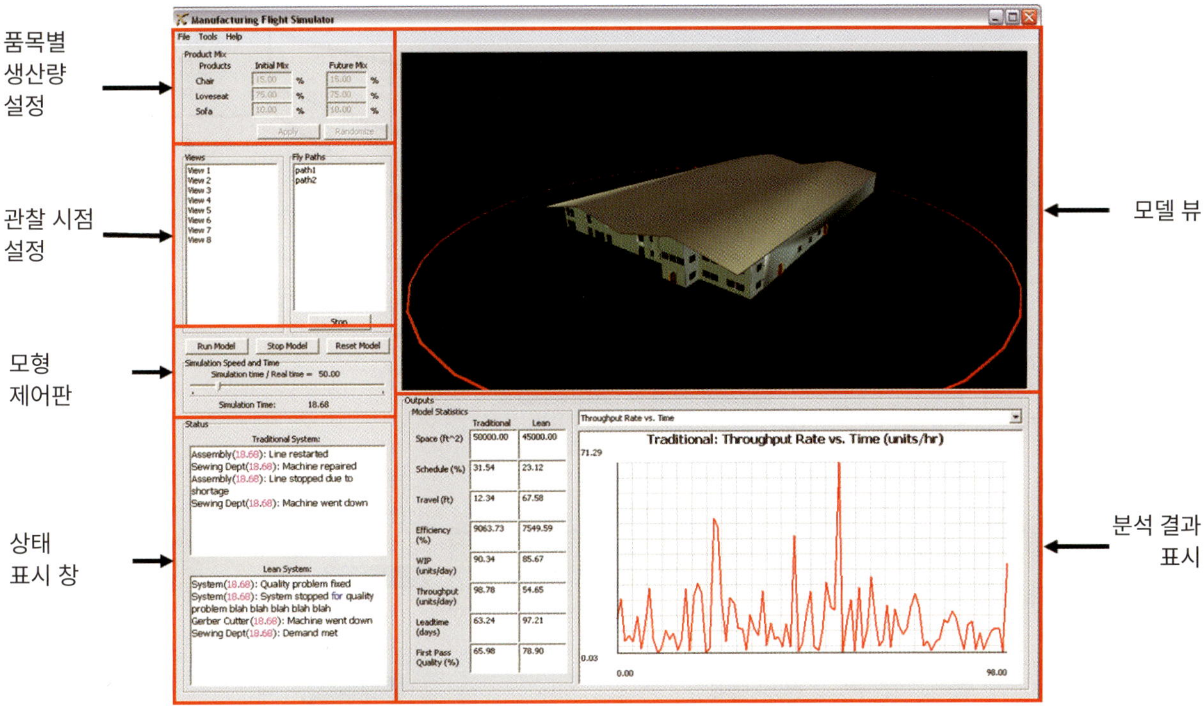

그림 16.8 : 시뮬레이션 모형 기반 의사결정지원 시스템 사례 [3]

- 화면 아래의 표와 그래프를 통해 분석 결과를 관찰
- 가운데의 모델 뷰를 통해 시스템이 작동하는 방식을 관찰

참고로, 이 의사결정지원 시스템은 *FlexSim*에 내장된 GUI builder를 이용하여 개발되었다.

Section 16-6 시뮬레이션 이외의 분석 도구

시뮬레이션 이외에도 시스템의 동적인 행태를 분석하는 방법은 다양하다. 다만, 시뮬레이션 이외의 분석 도구들은 보통 다양한 업무에 종사하는 다양한 사용자들의 니즈를 폭넓게 충족시키는데 한계가 있다. 시뮬레이션과 다른 분석 도구들의 공통점은 다양한 데이터에 기반하여 시스템의 성능을 개선하는 방법을 찾는다는 것이다. 따라서, 만약 시뮬레이션을 포함하여 여러 가지 분석 도구들을 동시에 사용하는 경우에는 각각을 담당하는 조직 간의 업무 연계 및 데이터 공유가 원활히 이루어져야 할 것이다. 그림 16.9는 오퍼레이션 시스템의 개선을 목표로 하는 다양한 부서 및 분석 방법들 간의 연계 체계를 보여준다.

그림 16.9에서 현업 부서란 생산 라인이나 공장, 서비스 조직 또는 개별 작업장 등을 의미한다. 나아가, 모든 개선 활동의 궁극적인 목표는 이러한 현업 부서들의 성과를 높이는 것이며, 이를 위해서는 현업 부서들의 업무 수행 방식과 성능 평가지표 간의 관계를 이해하는 것이 필요하다.

시스템을 개선하는 방법은 크게 두 가지로 나눌 수 있는데, 첫 번째 방법은 업무의 효율성을 높이는 것이고,

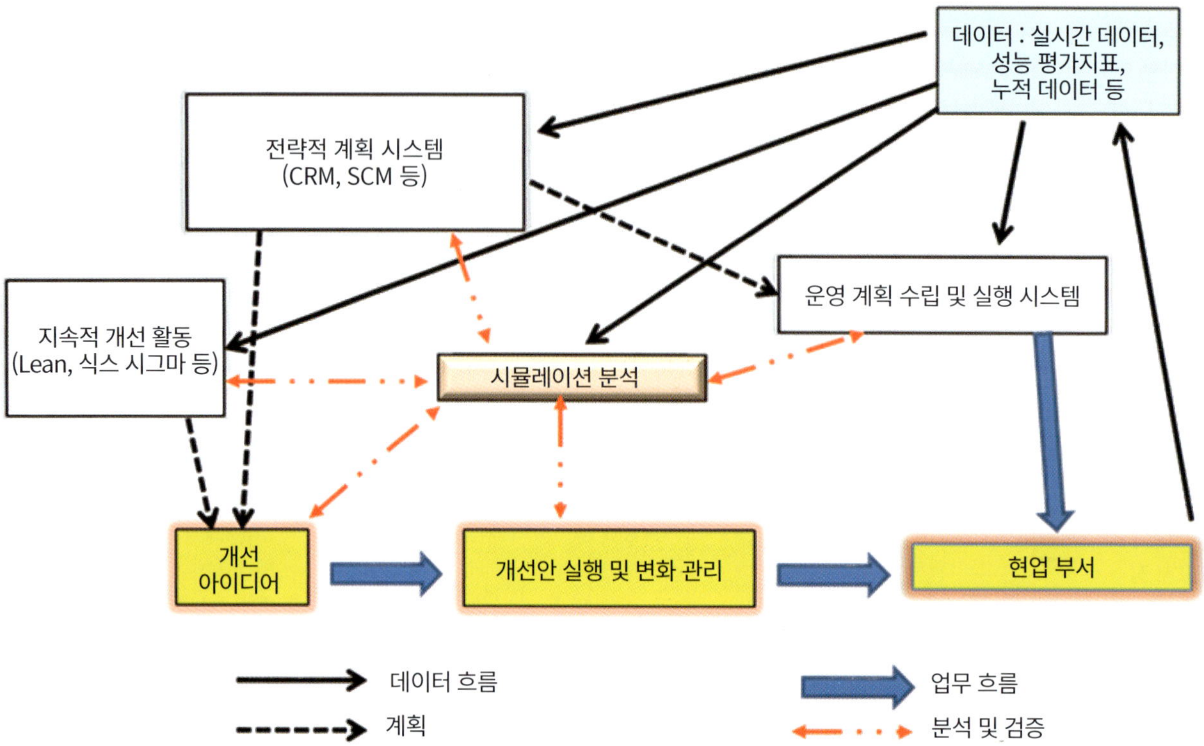

그림 16.9 : 시뮬레이션과 다른 분석 도구들 간의 연계

두 번째 방법은 새로운 제품이나 서비스를 개발하는 것이다. 업무의 효율성을 높인다는 것은 현업 부서가 기업 외부의 상황 변화나 기업 내부에서 일어나는 여러 가지 사건에 좀 더 효과적으로 대응할 수 있게 만드는 것을 의미한다. 업무 효율성을 높이기 위해 어떤 기업들은 그림 16.9의 전략적 계획 시스템에 해당하는 여러 가지 정보 시스템들을 도입하기도 하며, 이러한 예로는 *SAP™*과 같은 ERP(enterprise resource planning) 시스템이나 *Supply Chain Guru™*와 같은 SCM(supply chain management) 솔루션 등을 들 수 있다. 이 같은 시스템들은 생산 현장의 상황이나 재고 및 판매 현황 등을 실시간으로 확인하고 이를 바탕으로 어떤 작업장에서 언제 어떤 품목을 생산해야 하는지를 결정하는데 도움을 준다.

다양한 도구들의 역할

작은 기업이나 소규모 매장의 경우에는 업무 내용도 그만큼 단순하여, 소수의 관리자가 자신의 경험을 바탕으로 여러 가지 의사결정을 내릴 수도 있다. 하지만, 복잡한 업무를 수행하는 조직에서는 의사결정을 내리는데 여러 가지 소프트웨어가 필요해질 것이다.

둘 중 어느 쪽이든, 의사결정을 내리기 위해서는 실제 업무 시스템이 어느 정도 단순화된 형태의 의사결정모형으로 표현되어야 한다는 점은 같다. 경우에 따라서는 다소 비정형적인 모형이나 수리적 모형을 사용할 수도 있으며, 이와 같은 의사결정모형들은 모두 특정 상황에 대한 정보를 입력했을 때, 그에 맞는 적절한 해답을 내놓을 수 있도록 설계되어야 한다. 다만, 일반적인 의사결정모형들은 보통 특정 시스템의 특성이나 그 안에서 일어나는 여러 가지 구성요소들 간의 상호작용을 적절히 반영하지 못하는 경우가 많으며, 이로 인해 최적의 해답을 도출하지 못하고 오히려 제품이나 서비스를 생산하는데 더 많은 비용이 소요되는 결과를 초래하기도 한다.

시스템을 개선하기 위해 시스템의 물리적인 특성이나 내부 프로세스를 바꾸어 볼 수도 있을 것이다. 이러한 예로는 새로운 작업 방법, 장비, 관리 기법의 도입, 또는 새로운 제품 및 서비스의 개발 등을 들 수 있으며, 때로는 이러한 변화를 추진하는데 많은 노력과 비용이 투입되기도 한다. 여러 가지 변화를 한꺼번에 추진하는 상황이라면 이들 간에 혼선에 빚어지지 않도록 각각에 적절한 우선순위를 부여하고 체계적인 변화관리를 실시하여야 한다.

식스 시그마나 Lean 등과 같은 지속적 개선 활동을 추진하는 경우에는 실무자들이 이에 직접 참여하도록 해야 한다. 뿐만 아니라, 이러한 활동들은 보통 다양한 데이터의 수집과 분석을 요구하기 때문에 이에 필요한 도구나 시스템을 적절히 개발하여 실무자들의 부담을 줄여주는 것이 바람직하다. 한 가지 기억해 둘 것은, 현장에서 제안하는 개선안들은 보통 국소 최적해(local optima)[4]에 해당하는 경우가 많다는 점이다. 다양한 구성요소들 간의 상호작용이 일어나는 복잡한 시스템에서는 국소 최적해에 해당하는 개선안을 실행해도 그 효과가 크지 않다는 점에 유의하여라.

때로는 영업이나 마케팅 담당 부서에서 규모가 크고 많은 비용이 수반되는 개선안을 제안하기도 한다. 이러한 개선안들은 보통 외부 환경이나, 시장 상황, 물류 여건 등을 고려하는 의사결정모형을 이용하여 도출한 것들이며, 해당 부서에서는 이들의 재무적인 성과(매출 증대 효과 등)를 강조하곤 한다. 하지만, 이들 부서는 현장의 상황을 매우 단순하게 생각하여, 생산량이나 비용의 평균값을 이용하여 분석을 하는 경우가 많다. 현장의 변화를 수반하는 개선안을 도출할 때는 실제로 현장에서 이 개선안이 실현될 수 있는지에 대한 보다 자세한 분석이 필요하다. 나아가, 간혹 이와 같이 규모가 큰 개선안과 지속적 개선 활동을 통해 도출한 현장의 개선안이 서로 상충되는 문제가 발생할 수도 있다.

시스템의 운영 방식과 관련된 의사결정을 할 때, 시뮬레이션은 직접적인 의사결정도구로 활용될 수도 있고, 의사결정을 보조하는 역할을 할 수도 있다. 단, 시뮬레이션을 활용하기 위해서는 먼저 시스템의 특성과 관련된 데이터를 수집하여 이를 모형에 잘 반영하여야 한다. 시스템의 가상적인 운영을 포함하는 시뮬레이션의 특성 상, 이를 이용하면 개선안의 효과를 시각화하여 보여주기도 쉽다. 특히, 시뮬레이션은 기존의 분석 방법으로 해결하기 곤란한 문제에 직면했을 때, 매우 효과적인 대안이 될 수 있다.

시스템의 운영 방식을 바꾸기 위한 개선안을 실행하는 도중, 시뮬레이션이 세부적인 실행 계획을 평가하여 각각의 성과를 추정하는데 사용되기도 하며, 여기서 세부적인 실행 계획이란 생산 라인의 근로자 인원수를 몇 명으로 할 것인지, 자재 창고의 면적을 얼마로 할 것인지, 컨베이어와 같은 설비들을 어떤 식으로 운용할 것인지 등과 같은 것들을 말한다. 다시 말해, 시뮬레이션은 원자재 이송 방법 결정, 설비 배치 계획 수립, 로트 크기 결정 및 생산 라인의 성능 평가지표 추정 등이 필요한 다양한 프로젝트에 도움을 준다.

높은 수준의 시뮬레이션 역량을 보유한 기업이라면 시뮬레이션을 보다 일상적으로 활용할 수도 있다. 예를 들어, Lean 생산 방식을 채택한 기업에서는 실무자들이 제안하는 다양한 의견들의 타당성을 평가하고 각각의 우선순위를 매기기 위해 시뮬레이션을 사용할 수 있을 것이다. 특히, 시뮬레이션을 이용하면 특정 업무 영역을 위한 국소 최적해가 다른 업무 영역에 미치는 영향을 매우 효과적으로 알아볼 수 있다. 이러한 이유로 인해, 사

4 쉽게 말해 특정 부서만을 염두에 둔 개선안을 국소 최적해, 이와 반대로 전체 기업을 고려한 개선안을 전역 최적해(global optima)라고 생각하면 될 것이다.

내에서 혁신을 담당하는 직원들이 종종 시뮬레이션에 관심을 갖곤 한다.

영업이나 마케팅 부서에서는 어떤 사업이나 마케팅 프로그램의 재무적인 성과를 미리 추정하는데 시뮬레이션을 사용하기도 한다. 자세한 업무 수행 방식이나 구성요소들 간의 상호작용, 변동성 등을 반영하여 투자수익률(ROI)과 같은 지표들을 보다 정확히 산출할 수 있기 때문이다. 여러 가지의 투자 대안이 존재하는 경우에는 이러한 지표들을 바탕으로 그 중 우선적으로 추진해야 하는 것을 선택할 수도 있을 것이다.

시뮬레이션은 생산 일정계획을 수립하거나 검증하는데 이용되기도 한다. 생산 일정계획을 수립할 때 생산 현장의 다양한 요인들이 충분히 고려되지 않으면, 일부 성능 평가지표는 좋으나 다른 지표들에 문제가 있는 생산 일정계획이 도출되기 때문이다. 또한, 일반적으로 영업 부서와 생산 현장은 서로 분리되어 있고, 생산 일정계획과 관련하여 이들 간의 의견 충돌이 생기는 경우가 많은데, 시뮬레이션을 이용하면 운영 경비나 납기 일정을 보다 정확히 추정하여 불필요한 논쟁 없이 가장 좋은 생산 일정계획이 무엇인지를 결정할 수 있다.

다양한 업무 분야에 시뮬레이션을 활용하는 조직에서는 시뮬레이션이 일상적인 의사소통 및 업무 수행 도구로 사용될 수도 있다. 특히, Babin과 Greenwood가 지적한 것처럼, 시뮬레이션을 자주 접하다 보면 분석 대상 시스템을 종합적으로 이해하는 능력이 늘어난다. 다시 말해, 다양한 구성원들이 시뮬레이션을 이용하여 자신의 생각을 표현하고, 문제를 분석하며, 이를 바탕으로 토론을 하면 그 조직은 보다 효과적으로 새로운 아이디어를 도출하거나 일상적인 업무를 수행할 수 있게 된다. 주관적인 경험에 의존하지 않고 항상 시뮬레이션을 통해 얻은 객관적인 데이터를 근거로 의사결정을 내리기 때문이다.

Section 16-7 시뮬레이션 소프트웨어 시장 동향

초기 시뮬레이션 프로그램들은 보통 이산 사건 시뮬레이션 또는 유체/연속 시뮬레이션처럼 특정 분야의 분석에만 초점을 맞추었다. 또한, 컴퓨터의 성능 및 소프트웨어 기술의 한계로 인해 사용자 인터페이스가 신통찮아, 사용법을 익히기도 까다로웠다. 따라서, 당시에는 시뮬레이션 모형을 작성하고 분석을 실시하는데 상당한 인원이 필요했을 뿐만 아니라, 정밀한 모형을 원할수록 더 많은 인원이 투입되어야 했다. 물론 예전에도 시뮬레이션에 관심을 갖는 사람들은 꽤 있었지만, 그러한 관심이 오래 가는 경우는 많지 않았다. 시뮬레이션 프로그램은 고가이면서도 사용하기 어려웠고, 시뮬레이션을 수행하는데 지금보다 많은 시간이 필요하여, 현실적으로 개개인이 시뮬레이션을 활용하기가 쉽지 않았기 때문이다.

시뮬레이션 언어

1960년대부터 1970년대에는 새로운 시뮬레이션 언어나 시뮬레이션 프로그램의 개발이 활발하게 이루어졌다. 이전까지만 해도 시뮬레이션에 *FORTRAN*과 같은 저수준 프로그래밍 언어를 사용하는 경우가 많았으나, 이 시기에 *SIMULA*, *GPSS*, *GERT* 및 *SIMSCRIPT* 등과 같은 시뮬레이션 전용 고수준 언어들이 등장하면서 시뮬레이션을 할 때는 시뮬레이션 전용 도구를 사용한다는 인식이 생겨난 것이다. 이러한 시뮬레이션 언어들은 시뮬레이션 모형을 편리하게 작성할 수 있도록 도와주는 다양한 구성요소들을 갖고 있었다.

다만, 이러한 초창기 시뮬레이션 언어들을 이용하여 시뮬레이션을 수행하고자 할 때는 시뮬레이션 모형을 만드는데 필요한 다양한 구문이나 매크로를 직접 작성해야 했다. 당연히 시뮬레이션 모형의 특성을 설정하기 위해서는 이에 필요한 값들을 일일이 관련 구문이나 매크로의 인수로 명시해야 했고, 이 때문에 모형 작성자는 각각의 구문이나 매크로가 가진 인수들의 의미를 모두 알고 있어야 한다는 불편함이 존재하였다. 나아가, 시뮬레이션이 실행되는 동안 특정 변수의 값을 추적하는 것도 쉽지 않았을 뿐만 아니라, 구문이나 매크로의 기능이 충분치 않아 *FORTRAN*과 같은 다른 언어를 이용하여 추가적인 소스 코드를 작성해야 하는 경우도 많았다. 다시 말해, 이 당시에는 시스템이 가진 특성 중 시뮬레이션 언어에 기본적으로 내장되어 있는 기능들의 범위를 벗어나는 것들을 표현하는 것이 대단히 어려웠다.

*SIMAN*은 애니메이션 기능을 탑재한 최초의 시뮬레이션 언어이며, 그 이전에는 애니메이션을 지원하는 시뮬레이션 언어가 없었다. 다만, *SIMAN*으로 작성한 내용을 애니메이션으로 변환하기 위해서는 *CINEMA*라는 별도의 언어를 사용해야 했다. 지금은 이 두 가지 언어가 *Arena*라는 하나의 소프트웨어로 통합되었다.

1980년대까지는 시뮬레이션 소프트웨어들이 대부분 기업용으로 출시되었고, 개인이 PC를 이용하여 시뮬레이션을 하는 일이 드물었다. 최신 소프트웨어들과 비교했을 때, 당시 시뮬레이션 소프트웨어들은 사용자 인터페이스가 불편하고, 그래픽도 좋지 않았으며, 무엇보다 PC로는 실행하기가 버거웠기 때문이다. 3D 애니메이션을 실행하는 데 약 $60,000 상당의 워크스테이션이 필요하던 시절의 일이다. 3D 애니메이션 기능이 탑재된 최초의 시뮬레이션 소프트웨어는 *AutoMod*와 *QUEST*이며, 이 당시에는 3D 애니메이션이 가능한 시뮬레이션 소프트웨어를 실행하는데 하드웨어와 소프트웨어를 합쳐 약 $100,000의 비용을 투자해야 했다. 그럼에도 불구하고, 여전히 시뮬레이션 모형을 작성하기 위해 상당한 양의 프로그래밍이 필요하다는 점에는 변함이 없었으며, 모형의 실행 속도는 지금에 비해 매우 느렸다.

1986년에는 *WITNESS*사에서 최초로 내장 모델링 개체들을 이용하여 시각적인 모형 작성이 가능한 시뮬레이션 소프트웨어를 출시하였다. 많은 양의 프로그래밍을 하지 않고도 시뮬레이션 모형을 작성할 수 있는 시대가 시작된 것이다. 다만 이 당시의 모델링 개체들은 사용법이 간단한 반면, 유연성이 다소 부족하였다. 다시 말해, 기본적으로 소프트웨어에 내장된 모델링 개체들을 수정하는 것은 대단히 어렵거나 때로는 불가능했다. 이러한 개체들과 관련된 소스 코드를 편집하는 것이 불편했기 때문이다. 그럼에도 불구하고 모델링 개체라는 개념은 시뮬레이션 소프트웨어의 대중화에 어느 정도 기여하여 1980년대 후반에는 PC용 기반 시뮬레이션 소프트웨어들이 종종 출시되었으며, 이러한 예로는 *WITNESS*, *ProModel PC*, *SLAM* 및 *SIMFACTORY* 등을 들 수 있다.

시뮬레이션 소프트웨어

1990년대에는 좀 더 현대적인 시뮬레이션 소프트웨어들이 등장하였다. 이 당시 유럽에서는 *Simple++*, *Simul8*, *Taylor II* (최초의 PC용 3D 시뮬레이션 소프트웨어이다) 등이 출시되었으며, 이들 중 일부는 지금도 사용되고 있고, 관련 서적이나 교육용 버전을 구하는 것도 어렵지 않다.

세계에서 가장 큰 상용 시뮬레이션 소프트웨어 시장인 미국에서는 이 시기에 규모가 작은 여러 기업들에 의해 *Extend*와 *Simcad*를 비롯한 다양한 제품들이 출시되었으며, 이들 중 일부는 금새 단종되었지만, 개중에는 현재까지 사용되는 것들도 있다. 1998년에는 최초의 객체지향 3D 시뮬레이션 소프트웨어인 *Taylor ED*가 출시되었으며, 이 소프트웨어는 당시 Microsoft Windows 플랫폼에서 3D 가상 현실을 구현한 것으로 화제가 되기도 하였다.

*FlexSim*은 2003년 1월에 최초로 출시되었다. *FlexSim*은 이전의 시뮬레이션 소프트웨어들과는 근본적으로 다르다. 사용법이 편리할 뿐만 아니라 소프트웨어의 아키텍처 자체가 시뮬레이션 언어의 구조와 판이하게 다르기 때문이다.

상기한 시뮬레이션 언어 및 시뮬레이션 소프트웨어들이 주로 이산 사건 시뮬레이션에 초점을 맞추고 있는 반면, 최근에는 화학 공장이나 정유 공장 등과 같은 연속 제조 현장에 특화된 제품도 늘어나는 추세이다.

연속 제조 현장에서는 공정이 진행되는 동안 끊임없이 흘러가는 유체의 역학적인 특성을 분석할 수 있는 시뮬레이션 소프트웨어가 필요하며, 이러한 소프트웨어의 응용 분야로는 제트 엔진의 온도 변화 분석, 염색 공정의 염료 확산 과정 분석, 압출기의 내부 압력 변화 분석 등을 들 수 있다. 예를 들어, 화학 공장이나 정유 공장에서 많이 사용하는 *Aspen*™이라는 소프트웨어는 화학적 처리를 가했을 때 나타나는 유체의 변화를 매우 상세하게 분석할 수 있도록 설계되었다.

하이브리드 공정에 대한 시뮬레이션

이산 공정과 연속 공정의 경계가 항상 명확한 것은 아니다. 연속 제조 현장에서는 기본적으로 유체 형태의 물질을 다룬다. 하지만, 이러한 물질들이 병이나 용기에 담긴 이후에는 이산적인 작업물을 다루게 될 것이다. "하이브리드" 공정이란, 유체 형태의 물질과 이산적인 작업물이 모두 존재하는 공정을 말하며, 그림 16.10과 같이 음료를 병에 주입하는 공정은 하이브리드 공정의 대표적인 예이다.

그림 16.10 : 연속 공정과 이산 공정의 특성을 동시에 갖는 음료 주입 공정

*FlexSim*이나 *Extend, Arena, WITNESS* 등과 같은 일부 시뮬레이션 소프트웨어에는 하이브리드 공정을 분석하는데 필요한 기능이 포함되어 있다. 다만, 유체들의 연속적인 흐름을 이산 사건 시뮬레이션 형태로 표현하는 방법은 소프트웨어마다 조금씩 다르다. 연속 공정의 가장 중요한 특징은 이산 공정과 달리 작업의 속도가 시간(예: 처리 시간)이 아닌 유속(예: 갤런/분)으로 표현되어야 한다는 점이다.

나아가, 유체가 반드시 액체를 의미하는 것은 아니다. 예를 들어, 감자 칩을 만드는 공장에서는 수많은 감자 칩 조각들의 흐름을 칩 개수/분 또는 Kg/분과 같이 유체처럼 취급한다. 마찬가지로, 대량의 완충제를 사용하는 초고속 포장 공장에서도 완충제가 공급되는 것을 유체의 흐름으로 간주하는 경우가 많다. 물론, 엄밀히 말해 감자 칩이나 완충제는 유체가 아닌 이산적인 물체이다. 하지만, 이들을 하나하나 일일이 표현하는 것은 매우 번거로울 뿐만 아니라, 분석에 딱히 도움이 되지도 않는다. 유체를 다루는 연속 공정을 표현하는 방법에 대해서는 15장에서 설명하였다.

사용 편의성의 강화

2000년을 전후해서 시뮬레이션 소프트웨어 시장에는 매우 극적인 변화가 나타났다. 당시에는 많은 기업들이 비용 절감을 위해 기존의 시뮬레이션 전문 부서를 해체하거나, 해당 부서의 인원을 감축하였다. 시뮬레이션의 필요성은 인정하지만, 별도의 시뮬레이션 전문 인력을 유지할 여력이 부족하다는 이유 때문이었다. 때마침 시뮬레이션 소프트웨어 개발에 필요한 기술이 발달하고, 보다 저렴하면서도 강력한 컴퓨터가 등장하면서 새로운 시뮬레이션 소프트웨어의 출시가 가능해졌다. 현대 시뮬레이션 소프트웨어에서 가장 중요시하는 것은 바로 사용 편의성이다. 이는 시뮬레이션의 대중화에 크게 기여하여, 이제는 반드시 시뮬레이션 전문가가 아니더라도 누구나 시뮬레이션을 활용할 수 있게 되었다.

사용 편의성이라는 용어의 의미를 정확히 정의하기는 어렵지만, 일반적으로 사용 편의성에 영향을 주는 요인으로는 그림 16.11과 같은 것들을 들 수 있다.

- 직관적인 사용법
- 이해하기 쉬운 용어 사용
- 짧은 교육 및 재교육 기간
- 당면한 문제 또는 분석 대상 시스템에 집중할 수 있도록 지원
- 확장성
  - 다양한 사용자 층에 대한 고려
  - 이산 공정 및 연속 공정 모델링 모두 지원
  - 프로그래밍 등의 고급 기능 지원
- 재사용성
  - 모형의 재사용성
  - 모델링 개체 및 세부 기능의 재사용성

그림 16.11 : 사용 편의성에 영향을 주는 요인들

우선, 시뮬레이션 소프트웨어를 실행시켰을 때 모형 작성 방법을 쉽게 이해할 수 있고, 비교적 친숙한 용어들이 보인다면 그 소프트웨어는 사용 편의성이 높다고 할 수 있다. 예를 들어, 일반적인 Windows 응용프로그램들과 유사한 시뮬레이션 소프트웨어가 있다면, 시뮬레이션에 대한 지식이 많지 않은 사람들도 그 사용법을 금새 이해하고 익힐 수 있을 것이다.

시각화 기능도 무시할 수 없다. 반드시 필요한 기능은 아니지만, 3차원 모델링이 가능한 시뮬레이션 소프트웨어는 경영진이나 현장 근로자 등 모형의 작성 및 분석에 직접적으로 관여하지 않는 사람도 그 내용을 쉽게 이해할 수 있도록 해 준다. 뿐만 아니라, 시각화 기능이 잘 갖추어져 있으면, 모형 작성자가 작업을 하면서 실제 시스템과 작성 내용을 비교하기도 쉽다.

교육훈련 역시 소프트웨어의 사용 편의성에 영향을 주는 중요한 요인이다. 메모장이나 계산기 등과 같은 단순한 프로그램을 사용하거나 컴퓨터 게임을 즐길 때처럼, 별도로 교육을 받지 않고도 시뮬레이션 소프트웨어의 사용이 가능하다면 가장 이상적일 것이다. 하지만 시뮬레이션 소프트웨어를 사용하기 위해서는 어느 정도의 교육훈련이 필요한 것이 사실이다. 물론, 그 사람이 SMA 프로젝트에서 어떤 역할을 담당하는지에 따라 교육훈련의 내용이나 수준은 달라질 수 있다.

당연한 이야기지만, 기초 수준의 사용법을 익히는데 필요한 교육훈련은 짧을수록 좋으며, 이후에는 사용자들이 각자 기본 기능을 응용해보면서 자신에게 필요한 고급 기능들을 스스로 터득할 수 있도록 하는 것이 바람직하다. 시뮬레이션을 자주 사용하지 않는 사람들의 경우, 한 번 교육을 받았더라도 이후에 재교육이 필요할 수

도 있는데, 재교육에 필요한 시간 역시 짧을수록 좋다. 교육훈련에 많은 시간이 소요될수록, 사용자들이 교육 내용에 신경을 쓰느라 분석 대상 시스템에 집중하기가 어렵기 때문이다.

오늘날, 모든 개발사들은 확장성 있는 시뮬레이션 소프트웨어를 만들기 위해 노력하고 있다. 여기서 확장성이란, 다양한 상황에 적용이 가능함을 의미한다. 예를 들어, 초보자가 사용하기 쉬우면서도 전문가들이 필요로 하는 고급 기능까지 갖춘 소프트웨어는 확장성이 높은 것이다. 이산 공정, 연속 공정, 하이브리드 공정 등 다양한 제조 현장을 비슷한 방식으로 모델링할 수 있는 소프트웨어 역시 마찬가지이다.

재사용성이 높은 시뮬레이션 소프트웨어를 사용하면, SMA 프로젝트를 수행하는데 드는 비용을 줄일 수 있다. 이전 프로젝트에서 수행한 작업 내용의 일부 또는 전부를 다음 번 프로젝트에서도 활용할 수 있다면, 매번 비슷한 작업을 일일이 반복하는 번거로움이 크게 줄어들 것이다. 특히, 시뮬레이션 소프트웨어에는 적절한 문서화 기능도 있어야 한다. 그렇지 않으면 나중에 예전 프로젝트의 내용을 파악하거나 재사용하는 것이 어렵기 때문이다.

이 책에서 *FlexSim*을 선택한 이유는 상기한 요인들을 모두 갖추고 있기 때문이다. 예를 들어, General Mills 사는 이 책의 첫 번째 저자인 Malcolm Beaverstock으로부터 *FlexSim*을 전수받은 이후, 다양한 구성원들이 시뮬레이션을 일상적으로 사용하고 있다. 이 책의 두 번째 저자인 Allen Greenwood와 Mississippi 주립 대학의 연구진들 역시 *FlexSim*을 다양한 기업 현장의 문제들을 해결하는데 폭넓게 활용해 왔다.

Section 16-8 SMA 프로젝트 성공 요인

요약하자면, SMA 프로젝트를 성공적으로 수행하기 위해서는 다음과 같은 비기술적 활동들이 필요하다:

- 일반적인 프로젝트 관리 활동
- 명확한 목표 설정과 적절한 이해관계자들의 참여
- 다양한 대안들의 평가 기준 정의 (성능 평가지표 등)
- 기대 효과의 파악 및 지속적인 성과 관리
- 분석 결과물의 사용자가 누구인지, 그리고 그들의 요구사항은 무엇인지를 가능한 일찍 파악
- 조직 차원의 지원 요청
- 다양한 이해관계자들과의 지속적인 의사소통
- 프로젝트 진행 사항 문서화
- 모형에 대한 테스트, 검증 및 승인
- 데이터의 수집, 분석 및 관리
- 시뮬레이션 모형의 정밀도 관리

SMA 프로젝트의 다양한 성공 요인에 대해 더 자세히 알아보고 싶은 경우에는 이 장의 참고 문헌 중 Balci [2], Hugan [6], Jurishica [7], Law [8][9], Sargent [10], Shannon [11], Sturrock [12] 등을 참조하여라.

참고 문헌

1. Babin, P, and Greenwood, A. "Discretely evaluating complex systems." *Industrial Engineer*, February 2011, vol. 43, no. 2, pp. 34-38.

2. Balci, Osman. "Guidelines for Successful Simulation Projects," *Proceedings of the 1990 Winter Simulation Conference*, Osman Balci, Randall P. Sandowski, and Richard Nance, eds. pp. 25-32.

3. Center for Advanced Vehicular Systems – Extension, "A Decision Support System for Rapid Comparison of Lean-to-Batch Systems," Mississippi State University, 2007.

4. Covey, Stephen R. *The 7 Habits of Highly Effective People*, New York: Free Press, 1989.

5. Helps, Albert Sir. *Realmah*. 1868.

6. Hugan, Joseph C. "A Practical Look at Simulation Project Management," *Proceedings of the 2014 Winter Simulation Conference*, A. Tolk, S. Y. Diallo, I. O. Ryzhov, L. Yilmaz, S. Buckley, and J. A. Miller, eds. pp. 98-102.

7. Jurishica, Carley and Zupick, Nancy. "Tutorial: Tools and Methologies for Executing Successful Simulation Consulting Projects," *Proceedings of the 2012 Winter Simulation Conference*, C. Laroque, J. Himmelspach, R. Pasupathy, O. Rose, and A. M. Uhrmacher, eds. pp. 95-107.

8. Law, Averill M, and McComas, Michael G. "Secrets Successful Simulation Projects," *Proceedings of the 1991 Winter Simulation Conference*, Barry L. Nelson, David Kelton, and Gordon M. Clark, eds. pp. 21-27.

9. Law, Averill M. "How to Build Valid and Credible Simulation Models," *Proceedings of the 2009 Winter Simulation Conference*, M. D. Rossetti, R. R. Hill, B. Johansson, A. Dunkin, and B. G. Ingalls, eds. pp. 24-33.

10. Sargent, Robert G. "An Introduction to Verification and Validation of Simulation Models," *Proceedings of the 2013 Winter Simulation Conference*, R. Pasupathy, S.H. Kim, A. Tolk, R. Hill, and M. E. Kuhl, eds. pp. 321-327.

11. Shannon, Robert E. "Introduction to the Art and Science of Simulation," *Proceedings of the 1998 Winter Simulation Conference*, D. J. Medeiros, E. F. Watson, J. S. Carson, and M. S. Manivannan, eds. pp. 7-14.

12. Sturrock, David T. "Tutorial: Tips for Successful Practice of Simulation," *Proceedings of the 2014 Winter Simulation Conference*, A. Tolk, S. Y. Diallo, I. O. Ryzhov, L. Yilmaz, S. Buckley, and J. A. Miller, eds. pp. 90-97.

Chapter 16 Review Questions

1. 이 장에서 가장 기억에 남거나 흥미로웠던 점 세 가지를 이야기해보시오.

2. 시뮬레이션을 의사결정도구로 활용하기 위해서는 먼저 세 종류의 신뢰가 형성되어야 한다. 이들은 무엇인가?

3. 기술적으로 오류가 없는 모형이 있다고 해서 반드시 SMA 프로젝트가 성공하는 것은 아니다. 그 이유는 무엇인가?

4. SMA 프로젝트의 생애 주기가 어떤 단계들로 구성되는지, 그리고 SMA 프로젝트에 어떤 이해관계자들의 참여가 필요한지 설명하여라.

5. SMA 프로젝트 참여자들이 수행해야 하는 세부 업무로는 어떤 것들이 있는가?

6. 개념 모형의 의미와, 이를 사용하는 이유를 설명하여라.

7. 개념 모형과 최종 모형의 차이점을 설명하여라.

8. 모형의 검증과 모형의 승인이 어떻게 다른지 설명하여라.

9. 모형을 작성하는 이유가 무엇인지 설명하여라.

10. 모형을 작성하는 과정에서 어떤 활동들이 수행되어야 하는지 설명하여라.

11. SMA 프로젝트를 수행하기 위해서는 크게 두 종류의 지식이 필요하다. 이들은 무엇인가? 또한, 각각의 지식에는 어떤 내용들이 포함되는가?

12. 초급 사용자용 의사결정지원시스템이 가져야 할 요건으로는 어떤 것들이 있는가?

13. SMA 프로젝트의 비기술적 측면에도 신경을 써야 하는 이유가 무엇인지 설명하여라.

14. 시뮬레이션 소프트웨어가 그 동안 어떻게 발전해 왔는지 설명하여라.

15. 시뮬레이션 소프트웨어의 사용 편의성에 영향을 주는 요인들을 몇 가지 이야기해보시오.

16. 시뮬레이션이 다른 정보 시스템 또는 소프트웨어와 어떤 식으로 연계될 수 있는지 설명하여라.

17. 시뮬레이션이 Lean 생산 등과 같은 지속적 개선 활동과 어떤 식으로 연계될 수 있는지 설명하여라.

18. SMA 프로젝트의 성공 요인들을 몇 가지 이야기해보시오.

Chapter 17

시뮬레이션 프로젝트의 관리

학습목표 SMA 프로젝트를 수행할 때 사용할 수 있는 시뮬레이션 프로젝트 템플릿 양식, 개체 흐름도, 초기 자원 규모 산정법 등과 같은 도구들에 대해 설명할 수 있다.

앞 장에서는 SMA(simulation modeling and analysis) 프로젝트의 수행 절차에 대해 개괄적으로 살펴보면서, 특히, 다양한 이해관계자들의 참여와 비기술적 측면의 관리가 필요하다는 점을 중점적으로 설명하였다. 반면, 이번 장에서는 SMA 프로젝트의 기술적인 측면, 다시 말해 실제로 프로젝트를 수행하는 방법을 다루며, 세부적으로는 개념 모형 설계를 위한 개체 흐름도, 초기 자원 규모 산정법, SMA 프로젝트 수행 내역의 문서화에 사용할 수 있는 템플릿 양식 등과 같은 도구들을 소개할 것이다.

Section 17-1 개요

SMA 프로젝트를 성공적으로 수행하기 위해서는 체계적인 추진 방법들이 필요하다. 무엇보다, 시뮬레이션을 활용하기 위해서는 실제 시스템을 모형으로 표현해야 하는데, 그림 17.1에서 보듯이, 문제는 동일한 시스템이라 하더라도 사람마다 이를 바라보는 관점이 다를 수 있다는 점이다. 다시 말해, 이해관계자들마다 원하는 시뮬레이션 모형이 조금씩 달라질 수 있으며, 이러한 다양한 의견들 중 어느 것 하나라도 섣불리 무시되어서는 안 된다. 결과적으로 다양한 이해관계자들의 의사소통과 의견 조율을 위한 체계적인 방법이나 도구들이 필요할 것이다.

초급 사용자들의 경우, 실제 모형 작성에 참여하지는 않더라도 분석 목표를 정의하거나, 다른 사람이 작성한 모형을 이용하여 분석을 직접 수행하여야 할 수 있다. 따라서, SMA 프로젝트의 추진에 필요한 도구들을 이해하는 것은 모든 이해관계자들에게 매우 중요한 일이다.

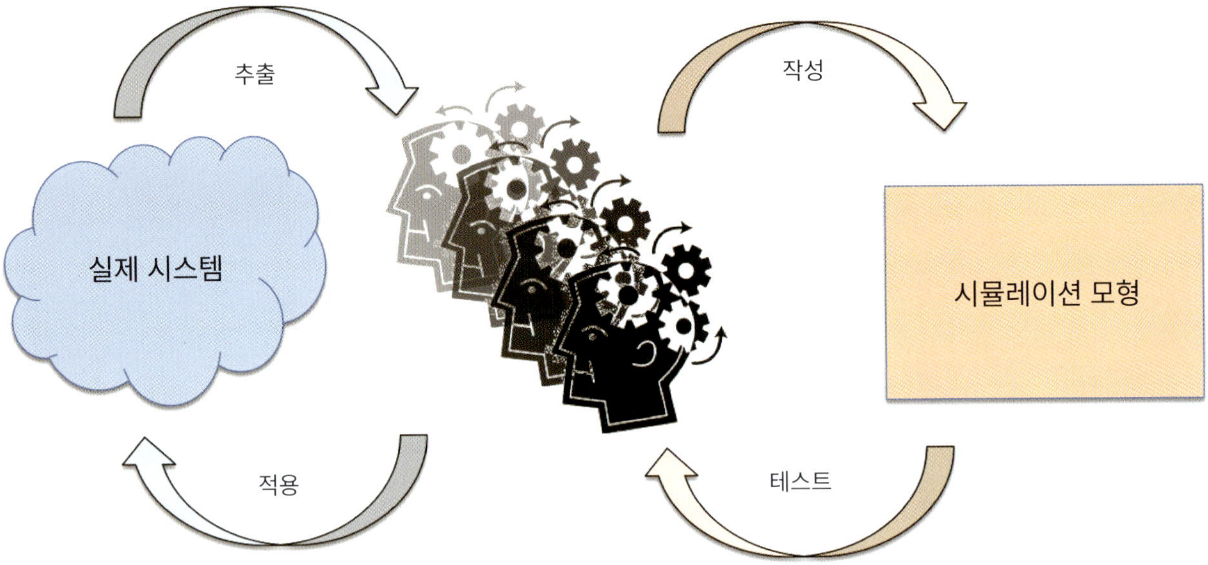

그림 17.1 : 실제 시스템과 시뮬레이션 모형[4]

시뮬레이션 프로젝트 추진 절차

16장에서 소개한 바와 같이, SMA 프로젝트를 원활히 진행하기 위해서는 다양한 이해관계자들의 참여와 노력이 필요하다. 따라서, SMA 프로젝트는 이들에게 현실적인 도움을 주는 방향으로 추진되어야 한다.

시뮬레이션을 통해 유용한 결과물들을 얻기 위해서는 일반적으로 그림 17.2와 같은 절차들이 필요한데, 각각의 절차에 얼마나 많은 시간과 노력이 투입되어야 하는지는 분석 대상 시스템의 특성에 따라 달라질 수도 있다.

이 그림의 추진 절차는 앞의 16장에서 살펴본 계획(Plan)-실행(Do)-연구(Study)-개선(Act)의 4단계 순환 구조와도 일맥상통한다. 세부적으로, 첫 번째 단계에서는 주로 계획 수립과 분석 대상 시스템에 대한 이해가 이루어져야 하고, 두 번째 단계에서는 시스템의 특성이 모형의 형태로 표현되며, 세 번째 단계에서는 시뮬레이션 모형을 이용한 분석과 연구가 이루어진다. 실제로 시스템을 개선하는 것은 마지막 네 번째 단계의 일이며, 여기서는 분석 결과를 바탕으로 시스템을 어떻게 개선할 것인지를 결정하고 선택된 개선안을 실행하게 된다.

나아가, 이 장의 마지막 부분에서는 이러한 추진 절차들의 수행 내역을 문서화하는데 사용할 수 있는 시뮬레이션 프로젝트 템플릿 양식을 소개할 것이다.

다양한 이해관계자들이 프로젝트의 내용을 잘 이해하여 서로 불필요한 의견 충돌을 빚지 않도록 하기 위해서는 반드시 적절한 문서화가 필요하며, 시뮬레이션 프로젝트 템플릿이라 불리는 양식들이 개발된 이유는 이 같은 문서화 작업을 보다 원활히 하기 위해서이다. 이러한 양식의 맨 앞에는 보통 프로젝트의 이름을 기록하는데, 가능하면 분석 대상 시스템 또는 분석 내용과 관련이 있는 이름을 붙이는 것이 좋다. 아울러, 프로젝트의 이름이 정해지고 난 후에는 프로젝트의 이름에 버전 번호를 붙인 문구를 시뮬레이션 모형의 이름으로 사용하는 것이 일반적이다(예를 들어, 은행 창구 업무에 대한 분석을 할 경우, BankSim1, BankSim2, …).

기업이나 조직에서는 SMA 프로젝트를 추진하고 이에 대한 승인을 받기 위해 프로젝트의 내용을 짧게, 때로는 한 페이지나 슬라이드 한 장 정도로 요약해야 하는 경우도 종종 있을 것이다. 이럴 때는 시뮬레이션을 하는 이유와 분석을 통해 얻은 산출물에 초점을 맞추는 것이 바람직하며, 아래와 같은 세 가지 항목 정도로 자료

1. 분석 대상 시스템의 범위 및 문제 상황 정의
    - 현행 시스템의 특성 파악
    - 분석 목표 및 산출물 정의
    - 시스템과 모형의 특성에 대한 가정 수립
    - 데이터 수집
    - 시스템의 구성요소들을 간단한 다이어그램 형태로 표현
2. 시뮬레이션 모형 작성
    - 기본적인 시뮬레이션 파라미터 설정 (예: 시간 단위 등)
    - 사용자 인터페이스 정의 및 설계
    - 가상 공간에 모델링 개체 배치
    - 데이터의 관리 방법 결정
    - 필요한 로직의 정의 및 구현
3. 시뮬레이션 모형을 이용한 분석 실행
    - 시뮬레이션 모형에 대한 검증 및 승인
    - 실험의 설계 및 수행
    - 결과값들에 대한 분석
4. 분석 결과를 이용하여 개선안 도출
    - 결론 도출
    - 분석 결과의 공유 및 개선안 선택
    - 개선안 추진 계획 협의 및 개선안 실행

그림 17.2 : 시뮬레이션 프로젝트 추진 절차

를 구성할 수 있다.

- 분석 배경 (시뮬레이션을 하는 이유 및 분석 목표)
- 분석 결과
- 결론 및 분석 결과를 토대로 도출한 개선안

Section 17-2 시스템의 범위 및 문제 상황 정의

SMA 프로젝트를 추진할 때 가장 먼저 할 일은 프로젝트의 구체적인 내용, 즉, 기능적인 요구사항(functional specification)을 정의하는 것이며, 경우에 따라서는 외부의 전문가들에게 시뮬레이션을 의뢰할 때, 이 기능적인 요구사항을 근거로 의뢰 비용을 산출하기도 한다.

이 단계에서는 분석 대상 시스템의 특성을 파악하는 것이 급선무이기 때문에, 현장 관계자들의 의견을 많이 들어보아야 하며, 때로는 기존 생산 현장을 둘러보거나, 분석 대상 시스템이 아직 존재하지 않는 경우에는 시스템 설계 내역과 관련된 문서들을 검토해야 할 수도 있다. 어떤 방법을 사용하든, 중요한 것은 프로젝트에 참여하는 모든 사람들이 분석 대상 시스템의 특성을 이해하고, 이들 간에 앞으로 해야 할 일이 무엇인지에 대한 공감대가 형성되어야 한다는 점이다. 아울러, 이 단계에 소홀할 경우, 이후의 프로젝트 진행이 대단히 힘들어진다는 점에 유의하여라.

통상적으로 분석 대상 시스템의 범위와 문제 상황을 정의하는 과정에서 해야 하는 일들은 다음과 같다:

- **현장 실사**: 설사 SMA 프로젝트 팀 구성원들이 분석 대상 시스템을 이미 잘 안다 할지라도 가능하면 다시 한번 현장을 둘러보는 것이 바람직하다.
- **Flowitem 및 고정형 자원 목록 작성**: 부품이나 반제품, 부자재 등 flowitem에 해당하는 작업물들의 목록 및 기계/설비, 적재대, 작업대 등과 같이 flowitem의 이동 경로를 구성하는 고정형 자원(Fixed Resource 개체에 해당하는)들의 목록을 작성하는 것을 말한다.
- **시스템이 가진 보조 자원들의 목록 작성**: 컨베이어, 지게차, AGV, 유지보수 인력, 현장 근로자, 크레인, 로봇 등 작업에 투입할 수 있는 모든 보조 자원들의 목록을 작성하는 것을 말한다.
- **시스템의 작동 방식 파악**: Flowitem, 고정형 자원 및 보조 자원들이 서로 어떤 식으로 상호작용하는지를 파악하는 것을 말한다. 여기에는 작업물의 선택 방법, 작업 방식의 변경과 관련된 운영 정책, 설비나 작업자의 활용 방식 등이 포함될 수 있다.
- **중요한 용어 및 약어들의 목록 작성**: 현장에서 설비나 반제품 등을 지칭하는데 사용하는 용어 또는 약어들을 미리 정리해두면, 이들을 반영하여 현장 관계자들이 좀 더 쉽게 이해할 수 있는 모형을 작성할 수 있을 것이다.
- **시스템 레이아웃에 관한 도면 작성 또는 입수**: 별도의 경로를 통해 현장과 관련된 도면을 입수하거나, 그것이 불가능한 경우에는 현장 실사를 통해 현장의 레이아웃을 도면으로 그리는 것을 말한다. 나아가, 이러한 도면에는 고정형 자원 및 보조 자원들의 위치나 flowitem의 이동 경로가 표현되어야 하며, 이후에는 필요할 때 이를 토대로 추가적인 현장 실사 계획을 수립할 수도 있다. 허용이 된다면, 사진을 촬영해 두는 것도 도움이 될 것이다. 경우에 따라서는 시뮬레이션 소프트웨어에서 레이아웃에 관한 도면을 불러온 다음, 이 도면 위에 개체들을 배치하여 실제 시스템과 유사한 시뮬레이션 모형을 작성하기도 한다.

- **현장 관계자 인터뷰**: 시스템을 파악하기 위한 가장 좋은 방법은 현장을 방문하여 해당 시스템을 다루는 실무자들의 의견을 직접 들어보는 것이다. 시스템의 특성이나 작동 방식에 대한 이해도가 높을수록, 더 정확한 시뮬레이션 모형을 작성할 수 있게 된다는 점에 유의하여라.

분석 목표는 무엇인가?

분석 대상 시스템의 특성을 파악한 후에는, 이제 이를 바탕으로 SMA 프로젝트의 분석 목표를 명확히 설정하여야 한다. 분석 목표의 설정이 중요한 이유는 이에 따라 프로젝트의 방향성이 달라질 수 있기 때문이다. 분석 목표가 명확하지 않은 경우에는 올바른 모형을 작성하고 유용한 분석 결과를 얻는 것이 쉽지 않다.

프로젝트 종료 시점이 되면 보통 도출된 결과물들이 초기에 설정한 분석 목적이나 분석 목표를 충족하는지를 기준으로 프로젝트의 성공 여부를 판정하며, 여기서 분석 목적이란 정성적인 기대 성과를, 분석 목표란 보다 정량적이고 구체적인 기대 성과를 의미한다.

아울러, 분석 목표를 명확히 정의하기 위해서는 프로젝트 수행 초기에 다음과 같은 질문들에 대한 답을 찾아보는 것을 권장하는 바이다:

- 시뮬레이션 모형을 작성하는 주된 이유는 무엇인가?
- 시뮬레이션 분석을 통해 어떤 이득을 얻을 수 있는가?
- 실제 현장의 어떤 부분을 모형으로 표현해야 하겠는가?
- 어떤 문제를 해결하고자 하는가? 또는 어떤 질문에 대한 해답을 찾고자 하는가?
- 프로젝트를 수행하는 도중에 발생할 수 있는 문제점으로는 어떤 것들이 있는가?
- 시스템의 성능 평가지표로는 어떤 것들을 사용하는 것이 적절하겠는가? (예: 흐름량, 리드 타임, 자원들의 이용률, 대기 시간 등)

어떤 산출물이 얻어져야 하는가?

분석 목표는 보통 어떤 성능 평가지표에 대한 기준값 형태로 주어지며, SMA 프로젝트 최종 보고서에는 이 외에도 여러 가지 내용들이 들어가야 할 것이다. 따라서, 프로젝트 수행 초기에 대강 어떤 내용들을 최종 보고서에 담을 것인지, 어떤 부분을 강조할 것인지 등을 결정해 두고, 세부 사항들은 프로젝트를 수행하면서 보완해나가는 것이 바람직하다.

무엇에 대한 시뮬레이션을 할 것인가? (모형의 범위와 정밀도)

실제 시스템을 지나치게 단순화시켜 표현한 시뮬레이션 모형으로는 분석 목표를 달성하기 어려울 것이다. 그렇다고 너무 세세한 시뮬레이션 모형을 작성할 필요도 없다. 모형을 작성하기도 어렵고, 시뮬레이션을 실행하는데 소요되는 시간이 길어질 수 있는데다, 시뮬레이션 결과를 분석하는 것도 까다로워지기 때문이다. 뿐만 아니라, 지나치게 세세한 모형은 나중에 재사용하기도 어렵다. 따라서, 프로젝트 수행 초기에는 분석 목표를 달성하는데 필요한 최소한의 사항들만 모형에 반영하고, 이후 프로젝트 진행 도중, 필요한 경우에 한해 모형을 수정 및 보완하는 것이 바람직하다. 세부적으로는, 실제 모형을 작성하기 전에 다음과 같은 점들을 정리해 보는 것이 바람직하다:

- **분석 대상 시스템의 범위 – 선택과 집중** : 현장에 있는 모든 것들을 반드시 모형 안에 반영할 필요는 없다. 오히려, 당면한 문제에 집중하기 위해서는 가능한 분석의 범위를 좁히는 것이 좋다. 분석 대상 시스템의 범위를 결정한다는 것은, 예를 들어 아래와 같은 질문들에 대한 해답을 찾아본다는 것을 의미한다:
    - 생산 현장의 문제를 해결하기 위해 특정 작업장에 대한 시뮬레이션 모형을 작성할 것인가? 아니면 원자재 입고와 완제품 출하를 포함하여 전체 생산 시스템에 대한 시뮬레이션 모형을 작성할 것인가?
    - 공항의 서비스 개선을 위한 시뮬레이션 모형에 보안 검색대만 포함시킬 것인가? 아니면 항공기의 이착륙 일정과 탑승구의 위치까지 모형에 포함시킬 것인가?
    - 은행의 업무 효율성을 개선하기 위해 창구 업무에 대한 시뮬레이션 모형을 작성할 것인가? 아니면 창구 이외의 부서들까지 모형에 포함시킬 것인가?
- **분석 대상 시스템과 외부 환경의 상호작용 방식에 대한 가정** : 분석 대상 시스템의 범위가 정해지면, 여기에 포함되지 않는 외부의 구성요소들이 이 시스템과 어떤 방식으로 상호작용한다고 가정할 것인지를 결정해야 하며, 이 때는 다음과 같은 질문들에 대한 답을 찾아보는 것이 도움이 될 수 있다:
    - 현장에서 생산한 완제품을 분석 대상 시스템의 범위에서 제외된 창고로 이송하는 경우, 항상 창고가 입고 가능한 상태인 것으로 가정할 것인가? 아니면 때로 창고가 가득 차서 입고가 불가능한 경우도 있다고 가정할 것인가?
    - 필요할 때 항상 원자재가 공급되는 것으로 가정할 것인가? 원자재가 다 떨어지는 경우는 없는가?
- **작업 방식에 대한 가정** : 분석 대상 시스템의 범위 안에서 일어나는 모든 작업 절차들을 일일이 시뮬레이션 모형에 반영할 필요도 없으며, 특히, 일부 작업들은 하나로 합쳐서 표현하는 것이 보다 효율적인 수 있다. 작업 방식을 표현하는 방법을 결정할 때는, 다음과 같은 질문들을 활용할 수 있을 것이다:
    - 모든 작업 절차들을 개별적으로 표현해야 하는가? 아니면 그 중 일부를 결합시켜 표현하는 것도 가능한가? 예를 들어, 1명의 작업자가 컨베이어 장치에서 작업물을 들어내고, 이를 포장 작업대로 운반한 다음, 작업물을 상자에 담는 3가지 작업을 수행하는 경우에는 이 작업들을 '포장'이라는 1가지 작업으로 뭉뚱그려 표현할 수도 있으며, 이에 따라, 시뮬레이션 모형을 작성할 때 컨베이어 장치에서 나온 작업물들이 포장 설비를 거쳐 상자에 담긴 상태로 변환되는 과정만 표현하기도 한다.

    - 현장에 존재하는 자원들은 항상 이용 가능한 상태인가? 휴식이 필요하지는 않은가? 부자재가 떨어지는 경우는 없는가? 설비의 고장이나 유지보수 또는 소모품 교체가 발생하지는 않는가?
    - 설비의 고장 특성을 과거 데이터를 이용하여 추정할 것인가? 비슷한 다른 설비들의 고장 특성을 참조할 필요는 없는가?
    - 작업물들의 이송에 특수한 규칙이 적용되지는 않는가? 앞으로 새로운 규칙을 적용할 계획은 없는가?
    - 작업의 처리 시간이 어떻게 구성되는가? 예를 들어, 처리 시간에 셋업 시간이 이미 포함되어 있는 경우에는 별도의 셋업 시간을 책정해서는 안 된다. 특히, 일선 생산 현장에서는 셋업 시간을 별도로 관리하기보다 셋업 시간이 전체 처리 시간 중 일정 비율을 차지하는 것으로 간주하는 경우가 많다는 점에 주의할 필요가 있다. 단, 시뮬레이션 분석을 할 때는 셋업 시간을 별도로 측정하여 관리하는 것이 바람직하다. 현실적으로 셋업과 처리는 서로 분리된 별개의 활동들이기 때문이다. 특히, 셋업이 간헐적으로 발생하는 경우에는 더더욱 그러하다.
- **특수한 로직** : 분석 대상 시스템에 특수한 규칙이나 운영 정책이 적용되고 있거나, 앞으로 적용될 예정인 경우에는 이들을 파악한 후, 모형에 반영할 것인지를 결정하여야 한다. 이 같은 특수한 로직의 예로는 다음과 같은 것들을 들 수 있다:
    - 현장의 상황에 따라 처리 속도를 가변적으로 조정하는 경우(예: 대기 고객 수가 많을 때에 한해 개별 고객의 처리 시간을 단축하는 경우 등)
    - 일반 작업자가 아닌 관리자가 처리해야 하는 특수한 유형의 작업이 있는 경우
    - 작업물의 흐름을 제어할 때 특수한 규칙이나 기준을 적용하는 경우(예: 탱크의 수위, 용기의 종류, 보관 장소에 머무른 시간 등)
    - 정리정돈이나 셋업 작업과 관련된 특수한 정책이 있는 경우
    - 상황에 따라 시스템 구성요소들 간의 상호작용에 어떤 식으로든 제약이 가해질 수 있는 경우

시스템 특성의 문서화

좋은 시뮬레이션 모형을 작성하기 위해서는 양질의 데이터가 필요하며, 때로는 이러한 데이터를 수집하는데 상당한 시간이 소요될 수도 있다. 따라서, 가능하면 시뮬레이션 모형을 작성하기 전에 필요한 문서나 데이터의 목록을 미리 정리해 두는 것이 바람직하다. 나아가, 수집된 문서나 데이터는 프로젝트 팀 내에서 적절히 공유하여, 필요한 경우 누구나 참조해볼 수 있도록 해야 한다. 프로젝트 수행 초기에 수집해야 하는 문서와 데이터에는 다음과 같은 것들이 포함될 수 있다:

- CAD 도면, 블록 다이어그램, 가치 흐름 지도(value stream map) 등

- 시스템 구성요소 각각의 다양한 특성치(작업 처리 시간, 이동 시간, 셋업 시간 및 고장 특성 등)들을 기록한 표
- 시스템 구성요소들의 특성치 중 데이터가 부족하여 집계하기가 곤란한 것들에 대한 추정치
- 시뮬레이션 모형에 입력할 값들이 담긴 스프레드시트 파일이나 데이터베이스
- 시스템 구성요소 각각의 상세한 작동 방식
- 부품, 반제품, 완제품 각각의 처리 시간
- 각 작업장에서 사용하는 원자재와 부자재의 공급 방법 및 공급 시기
- 생산 일정계획
- 계획된 가동 중단 및 계획되지 않은 가동 중단의 발생 내역, 고장 수리 시간과 고장 간격 집계 내역
- 작업물의 종류가 바뀔 때 수행해야 하는 셋업 작업 및 이에 소요되는 셋업 시간
- 이송 장치의 작업물 운반 속도와 용량
- 시스템을 정확히 표현하는데 필요한 여러 가지 기타 정보와 데이터

Section 17-3 개념 모형 작성

이번 절에서는 분석 대상 시스템을 개념적으로 표현하는데 사용할 수 있는 여러 가지 도면들을 소개하고자 한다. 실제로 *FlexSim*과 같은 시뮬레이션 소프트웨어를 이용하여 최종 모형을 작성할 때는 여러 가지 문서보다 시스템의 특성이 잘 요약된 도면들을 참조하는 것이 훨씬 더 효과적이라는 점에 유의하여라.

흐름도(flow diagram)를 이용하면 시스템의 특성에 대해 파악한 내용들을 알아보기 쉽게 정리할 수 있다. 나아가, 이 같은 도면을 이용하면 프로젝트 참여자들 간의 의사소통이 보다 원활해지는 효과도 발생한다.

일반적으로 오퍼레이션 시스템의 특성을 묘사할 때는 각 작업 단계를 블록으로 하는 흐름도를 작성하는 경우가 많으며, 이외에도 CAD 도면이나 배관계장도(Process and Instrument Diagram, P&ID) 등 프로세스를 시각화하는 방법은 다양하다. 특히, 배관계장도는 다양한 장비나 배관, 전기 회로 등의 연결 상태를 상세히 표현하는데 매우 유용하다.

가치 흐름 지도 역시 오퍼레이션 시스템의 특성을 시각화하는데 자주 사용되는 도구 중 하나이며, 그림 17.3의 예에서 보듯이, 가치 흐름 지도에는 매우 다양한 내용들을 포함시킬 수 있다. 특히, 가치 흐름 지도는 비록 단순한 형태이긴 해도 무엇을, 어디서, 언제 처리하는지를 어느 정도 보여준다는 장점을 갖는다. 다만, 가치 흐름 지도만으로는 시뮬레이션 모형을 어떻게 작성하면 되는지를 파악하는 것이 쉽지 않다. 최종 모형을 작성하는데 필요한 세부 로직들이 빠져 있기 때문이다(예: 작업물의 이송 경로나 작업 순서를 결정할 때 사용되는 규칙 등).

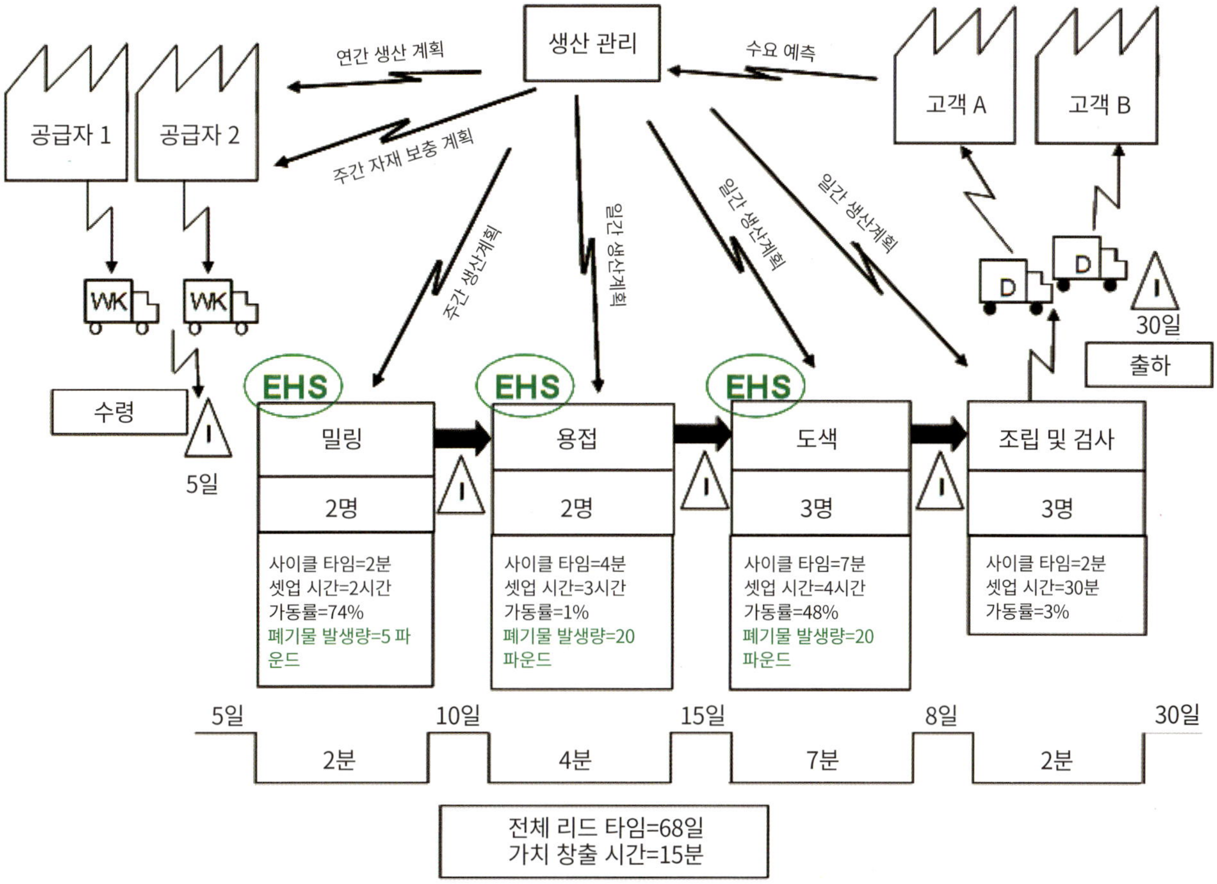

그림 17.3 : 가치 흐름 지도를 이용한 예비 분석

오퍼레이션 시스템을 표현하는데 사용할 수 있는 그 밖의 시각화 도구로는 제품을 구성하는 부품이나 반제품들의 내역을 보여주는 자재명세서(bill of material, BOM), 작업물의 이동 경로와 작업 처리 순서를 보여주는 공정도(process chart), 각 작업들의 처리 시점과 선행관계를 보여주는 Gantt 차트, 여러 가지 자원들의 크기나 위치를 파악하는데 유용한 설비 배치도 등을 들 수 있다. 나아가, 이러한 도구들은 SMA 프로젝트에서도 흔히 활용된다. 다만, 이들 역시 시뮬레이션 모형을 작성하는데 필요한 내용들을 모두 표현하지는 못한다는 한계점을 갖고 있다.

개체 흐름도와 IDEF0

개체 흐름도(object flow diagram, OFD)[3]는 이산 사건 시뮬레이션 분석 과정에서 개념 모형을 작성하는데 사용하기 위해 특별히 개발된 시각화 도구이다. 물리적인 제품을 설계할 때처럼, 시뮬레이션 모형을 작성할 때도 처음에는 먼저 비교적 간단한 개념 모형을 작성하는 작업이 선행되어야 한다는 점에 유의하여라. 개념 모형에 시스템의 세부적인 특성들을 일일이 반영하는 것은 시간 낭비일 뿐만 아니라, 때로는 다소 위험한 일이 될 수도 있다. 이 단계에서는 아직 문제의 특성이나 시스템의 작동 방식, 나아가 분석 목표 등에 대해 명확히 이해하지 못하고 있는 경우가 많기 때문이다. 나아가, OFD라는 명칭에서 개체(object)란 실제 시스템의 구성요소들 중 모형에 포함되어야 하는 것들을 의미하며, 흐름(flow)이란 이러한 개체들 간의 상호작용을 뜻한다.

Robinson[5][6]이 지적하였듯이, 시스템의 특성이 상세하게 반영된 최종 모형을 만들기 전에 먼저 개념 모형을 작성해보아야 한다는 점에는 대부분의 모형 작성자가 동의하는 반면, 그러한 개념 모형이 어떤 형태로 표현되어야 하는지에 대해서는 여전히 의견이 분분하다. 아울러, Greenwood 등[3]은 개념 모형을 작성할 때 사용할 수 있는 도구가 여러 가지 있긴 하지만, 그들 대부분이 본질적으로 다른 목적(프로세스 분석이나 정보 시스템 설계 등)을 위해 개발된 것들이기 때문에 이산 사건 시뮬레이션 분석을 위한 개념 모형을 작성하는데 완전히 적합하지는 않다고 지적하였다. 이 책의 저자들은 이전 판[1]에서 OFD를 이용하여 개념 모형을 작성하는 방법을 소개한 바 있으며, 이후 Greenwood 등[3]은 보다 개선된 OFD 기반 개념 모형 작성 방법론을 제안하였다.

시뮬레이션 분야에서 사용되는 용어를 이용하여 분석 대상 시스템의 기본적인 구조를 개략적으로 표현한다는 점에서 OFD는 실제 시뮬레이션 모형의 "뼈대"나 "밑그림"에 해당한다고 볼 수 있다. 뿐만 아니라, OFD는 분석자의 사고와 분석자들 간의 의사소통, 나아가 실제 모형 설계 작업을 촉진하는 고차원적인 도구이기도 하다. 특히, OFD는 최종 모형을 작성하기 전에 분석 대상 시스템의 다양한 측면에 대해 좀 더 폭넓게 생각해볼 기회를 제공해 주며, 결론적으로 말해, 프로젝트 수행 초기에 OFD를 사용할 경우, 모형 작성자들은 다음과 같은 일들을 좀 더 수월하게 할 수 있다:

1. 모형에 포함시켜야 하는 개체들의 종류와 이들 각각의 작동 방식을 파악
2. 모형 작성 과정에서 고려해야 하는 개체들 간의 관계를 식별
3. 개체들의 작동 방식을 어느 정도로 상세하게 표현할지를 결정
4. 모형을 작성하는데 필요한 데이터의 종류와 유형을 식별
5. 모형 작성에 참여하지 않는 다른 이해관계자들과의 의사소통

단, OFD를 이용하여 상세한 작업 절차나 복잡한 로직을 표현할 수 있는 것은 아니며, OFD의 의의는 프로젝트 수행 초기에 시뮬레이션 모형의 대략적인 밑그림을 그려본다는 데에 있다. 또한, 처음부터 정확한 OFD를 그리려고 노력할 필요도 없다. 프로젝트가 진행되면서 분석 대상 시스템이나 당면한 문제 상황에 대한 이해도가 높아지는 경우, 그에 맞게 OFD를 수정하면 되기 때문이다.

OFD 기반 개념 모형 작성 방법론은 (1) 다양한 유형의 시스템에 적용가능하고, (2) 시뮬레이션 소프트웨어의 종류에 구애받지 않고 활용할 수 있으며, (3) 모형의 구성요소들과 외부 환경 간의 상호작용을 표현하는데 적합하다는 특징을 갖는다.

본질적으로 OFD는 개념 모형을 설계할 때 사용하는 도구이지만, 이 외에 모형 작성자가 현장의 실무자나 다른 이해관계자들과 의사소통하거나, 향후 시뮬레이션 모형을 검증할 때도 유용하게 사용할 수 있다. 분석 대상 시스템의 다양한 특성들이 종합적으로 표현되어 있기 때문이다.

OFD는 크게 고정형 자원과 공유 자원(이동식 자원이라고도 불림), 2가지를 이용하여 시스템 내부의 업무 흐름을 표현한다. 대부분의 오퍼레이션 시스템들이 이들 2가지 구성요소로 이루어져 있기 때문이다. 또한, 시뮬레이션 모형에서는 보통 시간이 경과하면서 물리적인 작업물이나 정보가 개체들 사이를 이동하고, 이로 인해 여러 가지 동적인 특성이나 성능 평가지표의 변화가 나타나게 된다.

OFD에서 사용하는 표기법들은 대부분 IDEF(Integration DEFinition) 방법론, 특히 IDEF0에 바탕을 두고 있다. IDEF 방법론에 대해 더 자세히 알고 싶은 경우에는 Giachettie[2]를 참조하여라. 구체적으로 말해, OFD에서는 그림 17.4와 같은 IDEF0의 ICOM(Input(입력), Control(제어), Output(출력), Mechanism(메커니즘)을 의미하며, 각 항목은 정해진 위치에 표기하여야 한다) 표기법을 사용한다. 어떤 개체가 입력받은 작업물이나 정보를 변환 또는 소비하는 경우(예: 작업물을 전달받아 가공하는 경우, 부자재를 공급받아 소모하는 경우, 이미지를 전달받아 스캔하는 경우 등)에는 해당 개체의 왼쪽에 공정이나, 작업 또는 활동에 필요한 입력을 명시하여야 한다. 또한, 개체의 오른쪽에는 개체로부터 산출되는 출력(예: 공정이나 작업이 완료된 완제품이나 반제품 등)을 명시하고, 특정 개체가 기능을 수행하는데 근로자나 이송 장치 등과 같은 다른 개체 또는 자원이 필요한 경우에는 이들을 해당 개체의 아래 쪽에 표시한다. 아울러, 개체의 위쪽에는 여러 가지 운영 정책이나 일정계획 등과 같이 해당 개체의 활동을 제약하거나 통제하는 요인들을 배치하며, IDEF0 다이어그램처럼 OFD 역시 특정 개체의 하위 요소들을 별도로 분리하여 계층적인 구조를 갖도록 작성할 수도 있다.

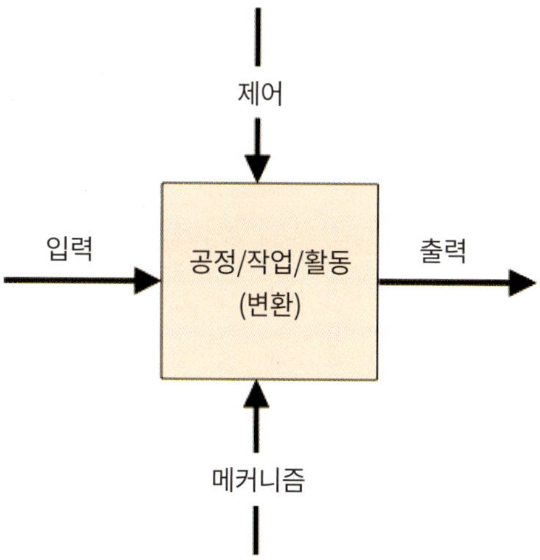

그림 17.4 : IDEF0의 ICOM 표기법

그림 17.5는 ICOM 표기법을 어떤 생산 현장의 성형(forming) 작업장에 적용한 사례를 보여주며, 여기서

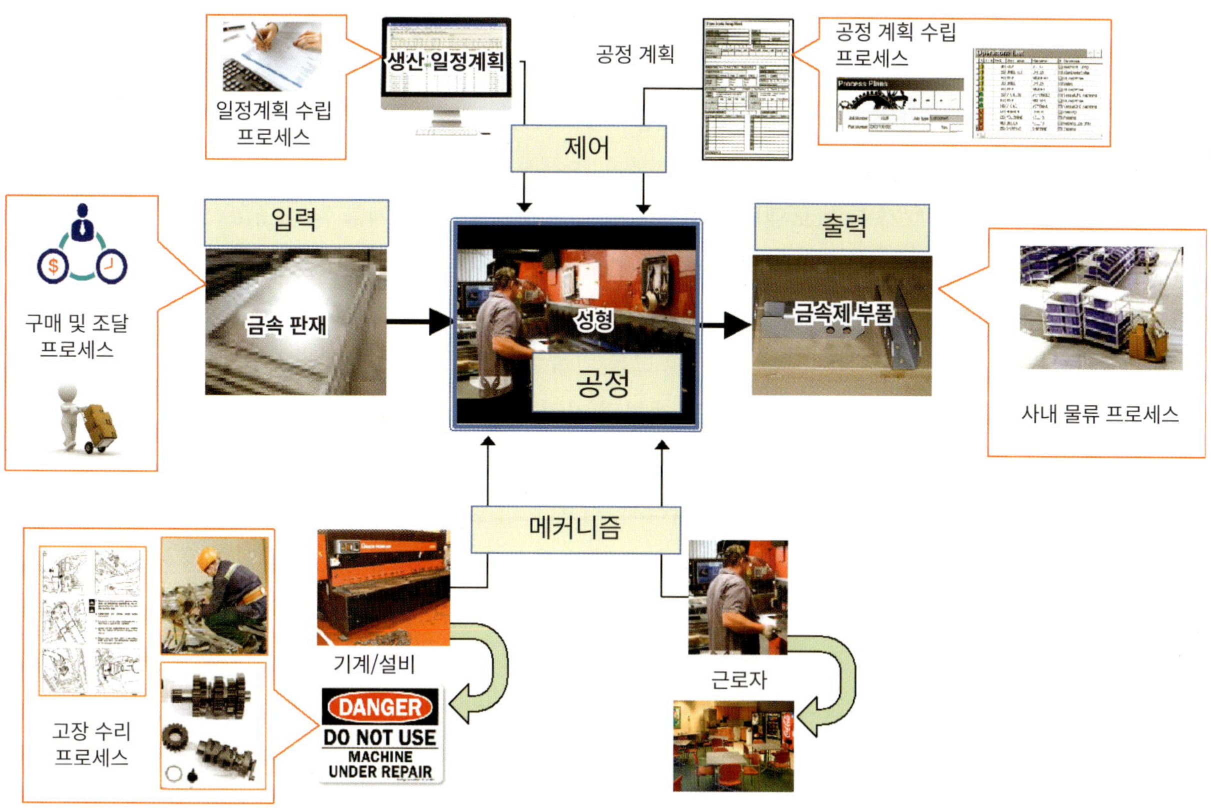

그림 17.5 : IDEF0의 ICOM 표기법 적용 사례

성형 작업장은 그림 한 가운데의 개체로 표현되어 있다. 이 작업장에서는 금속 판재(입력)를 가공하여 금속제 부품(출력)을 생산하는데, 금속 판재의 경우, 이 작업장의 입력인 동시에, 구매 관련 부서의 출력이기도 할 것이다. 마찬가지로, 작업이 끝난 부품들은 이 작업장의 출력이자, 이후에 발생할 사내 물류 프로세스의 입력에 해당한다.

이 작업장에서 성형 공정을 수행하는데 필요한 기계나 설비, 그리고 근로자들은 모두 메커니즘으로 표시되어 있으며, 이들은 간혹 가동 중단 상태가 될 수도 있다. 특히, 고장으로 인해 기계의 가동 중단이 발생한 경우에는 고장수리 프로세스의 실행이 필요하다. 나아가, 만약 근로자들이 성형 공정 이외의 다른 작업도 수행하는 공유 자원이라면, 이들을 다른 작업장과도 연결시켜두어야 할 것이다.

그림 17.5에서 제어에 해당하는 것은 생산 일정계획과 공정 계획의 두 가지이다. 생산 일정계획이란 다음 번에 무엇을 생산할 것인지에 대한 계획을 말하며, 이는 일정계획 수립 프로세스의 출력일 것이다. 공정 계획은 제품을 생산하는 방법과 절차를 의미하며, 공정 계획 수립 프로세스의 출력에 해당한다.

이 그림을 통해 우리는 한 가지 작업을 수행하는 데에도 여러 가지 프로세스들이 관여한다는 점을 볼 수 있다. SMA 프로젝트 수행 초기에 해야 할 일 중 하나는 모형과 외부 환경의 경계, 즉, 이처럼 서로 연관되어 있는 다양한 프로세스들 중 어떤 것들을 모형에 포함시킬지를 결정하는 것이다. 예를 들어, 이 같은 도면이 정리된 이후에는 입력이나 출력과 관련된 프로세스들도 모형에 포함시킬 것인지, 아니면 이들을 모형에서 제외하고 금속 판재의 도착 간격이나 완성된 부품의 이탈만 표현할 것인지 등에 대해 고민해보아야 한다.

OFD 표기법

표 17.1부터 표 17.3에는 OFD에서 사용되는 기호들의 종류와 각각의 의미를 요약하였다. 이 기호들은 모두 다양한 시뮬레이션 소프트웨어들의 일반적인 요소 기능들을 표현할 수 있도록 설계되었고, 경우에 따라서는 하나의 기호가 하나의 모델링 개체에 대응될 수도 있다. 물론, 소프트웨어마다 지원하는 모델링 개체의 종류가 다르기 때문에, 반드시 특정 기호가 특정 모델링 개체에 대응되는 것은 아니다. 예를 들어, *FlexSim*에서는 source라는 별도의 개체를 이용하여 flowitem을 생성시키지만, 다른 몇몇 시뮬레이션 소프트웨어에서는 processor에 해당하는 개체가 flowitem 생성 기능을 갖기도 한다.

표 17.1에서 볼 수 있는 프로세스, 운반, 보관 및 그룹/그룹 해제는 모두 기본적인 작업의 수행을 표현하는데 사용되는 기호들이다. 또한, 보통 작업 수행에는 계획된 지연이 수반되기 때문에, 시간 경과 기호도 여기에 함께 나타내었으며, 작업 수행을 의미하는 기호에는 시간 경과 기호를 덧붙여 표시하는 경우가 많다. 작업 수행 기호를 사용할 때는 IDEF0의 ICOM 표기법을 따라서, 각 기호의 상하좌우에 적절한 내용을 명시하여야 한다. 나아가, 운반 기호는 보통 컨베이어 장치 등과 같은 고정식 이송 장치를 표현하는데 많이 사용한다.

표 17.2에서는 flowitem의 이송이나 공유(이동식) 자원의 이동 등, 작업물의 흐름과 관련 있는 기호들을 볼 수 있다. 여러 개의 작업물 이송 경로들 중 하나를 선택할 수 있는 경우에는 의사결정 기호를 이용하여 경로의 선택에 사용되는 규칙을 명시하여야 한다. 작업물이 최초로 시스템에 진입하는 것을 표현할 때는 새로운 flowitem의 생성을 의미하는 소스 기호를, 반대로 작업물이 시스템에서 이탈하는 것을 표현하고자 할 때는 flowitem의 제거를 의미하는 싱크 기호를 사용한다. 아울러, 작업물 도착 과정의 특성을 표현하기 위해, 소스

OFD 기호	내용
프로세스 	**Flowitem의 변환.** 일반적으로 고정형 자원에 의한 계획된 지연을 수반하며, 이를 반영하기 위해 시간 경과 기호를 함께 표시할 수도 있다. *이름*: 식별자 *용량*: 자원의 용량, 즉, 개체가 동시에 처리할 수 있는 작업물 개수의 최대값을 의미한다. 용량이 크게 중요하지 않은 경우에는 inf (무한대)로 표기할 수도 있다.
운반 	**Flowitem의 이송이나 이동.** 일반적으로 컨베이어 장치와 같은 고정형 자원 또는 공유 자원에 의한 계획된 지연을 수반하며, 이를 반영하기 위해 시간 경과 기호를 함께 표시할 수도 있다. 운반에 소요되는 시간은 이송 속도나 이송 거리에 따라 달라질 수 있다. *이름*: 식별자 *수량/용량*: 한 번에 이송되는 작업물의 수량/한 번에 이송할 수 있는 작업물 수량의 최대값(이송 장치가 한 번에 처리할 수 있는 작업물 수량의 최대값)을 의미한다. 용량이 크게 중요하지 않은 경우에는 int(무한대)로 표기할 수도 있다.
보관 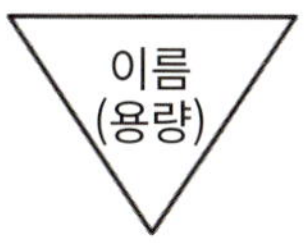	**Flowitem의 일시적인 정지.** *이름*: 식별자 *용량*: 관련 개체가 동시에 보관할 수 있는 작업물 수량의 최대값을 의미한다. 용량이 크게 중요하지 않은 경우에는 inf(무한대)로 표기할 수도 있다.
그룹/그룹 해제 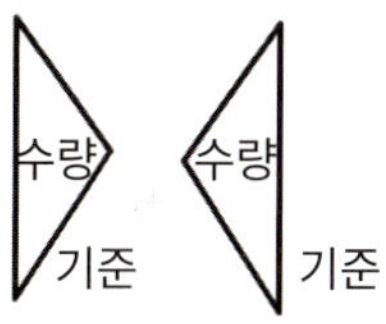	**복수의 flowitem의 결합, 또는 단일 flowitem의 분리/복제.** *수량*: 결합에 필요한 flowitem의 개수, 또는 분리/복제 이후 생성되는 flowitem의 개수를 의미한다. *기준*: 결합이나 분리/복제 작업 내용을 결정하는 기준(예: 제품의 종류에 따라 결합되는 부품의 수량이 달라지는 경우에는 제품의 종류를 명시)을 의미한다. 계획된 지연을 수반하기도 하며, 이를 반영하기 위해 시간 경과 기호를 함께 표시할 수도 있다. 일반적으로 다른 기호와 함께 사용하는 경우가 많다. 예를 들어, 조립을 의미하는 프로세스 기호가 있다면, 그 왼쪽에 그룹 기호를 표시한다. 마찬가지로, 절단을 의미하는 프로세스 기호 오른쪽에는 그룹 해제 기호를 표시해야 할 것이다.
시간 경과 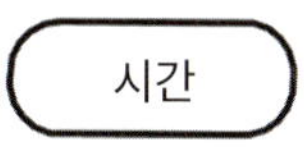	**작업이나 활동을 수행하는데 소요되는 시간.** 다른 기호와 함께 사용하는 경우가 많으며, 한 곳에서 여러 작업들이 순차적으로 이루어지는 경우(셋업 작업 및 단계별 가공 절차 등)에는 여러 개의 시간 경과 기호를 사용하기도 한다. *시간*: 작업이나 활동의 소요 시간을 의미한다.

주의 :

1. 이 기호들은 보통 현장에 있는 물리적인 고정형 자원을 표현하는데 사용된다.
2. 시간 경과를 제외한 나머지 기호들은 모두 IDEF0의 ICOM 표기법을 따르기 때문에, 이들 각각의 상하좌우에 아래와 같이 적절한 내용들을 명시하여야 한다.

   a.왼쪽: 해당 자원에 대한 입력(관련 개체가 처리하거나 소비하는 작업물 등)
   b.오른쪽: 해당 자원의 출력(관련 개체로부터 산출되는 작업물 등)
   c.아래쪽: 매커니즘(관련 개체가 작업을 수행하는데 필요한 다른 개체 또는 자원)
   d.위쪽: 제어(관련 개체의 활동을 제약하거나 통제하는 요인)

표 17.1 : 기본적인 작업을 표현하는데 사용되는 OFD 기호

OFD 기호	내용
이송 경로 (항목) 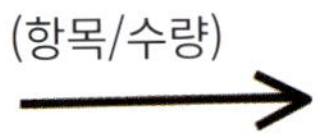	**모형 내에서 flowitem이 이송되는 경로.** 반드시 필요한 경우가 아니라면, 항목이나 수량을 생략할 수도 있다. 예를 들어, 한 가지 유형의 flowitem만 고려하는 경우라면 모든 이송 경로에 일일이 이를 표시할 필요가 없을 것이다. *항목*: 이 경로를 따라 이송되는 flowitem의 종류 *수량*: 함께 이송되는 flowitem 개수 일반적으로 flowitem의 이송에는 시간이 소요되므로, 이를 반영하기 위해 시간 경과 기호를 함께 표시할 수도 있다. 근로자나 이송 장치 등과 같은 공유(이동식) 자원을 이용하는 경우에는 이들의 속도와 이송 거리에 따라 이송에 소요되는 시간이 달라질 것이다. 경우에 따라서는 이송 거리를 함께 표시하기도 한다.
의사결정 	**업무 진행 방법(예: Flowitem의 이송 경로 결정 또는 다음 번에 처리할 flowitem 선택 등)을 결정하는데 사용되는 규칙.** *기준*: 다양한 선택지 중 하나를 택하는데 사용되는 규칙 일반적으로 프로세스 기호에 덧붙이는 경우가 많다. 어떤 프로세스에서 다음 번에 처리할 flowitem을 선택할 때 특수한 규칙을 사용한다면, 해당 프로세스의 좌측에 의사결정 기호를 표시한다. 어떤 프로세스에서 작업이 완료된 flowitem의 이송 경로를 결정할 때 특수한 규칙을 사용하는 경우에는 해당 프로세스의 우측에 의사결정 기호를 표시한다.
소스 	**Flowitem이 모형에 도착.** 시스템 외부의 flowitem이 시스템 내부로 들어오는 입구에 해당한다. *빈도*: flowitem의 도착이 발생하는 빈도를 의미하며, 도착 간격 형태로 표시하기도 한다. *수량*: 함께 도착하는 flowitem 개수
싱크 	**Flowitem이 모형을 이탈.** 시스템 내부의 flowitem이 시스템 외부로 나가는 출구에 해당한다.
공유(이동식) 자원 	**모형 안의 여러 곳을 돌아다니면서 다양한 작업에 참여하는 개체.** 일반적으로 근로자나 이송 장치, 고장수리에 필요한 기계나 설비 등을 의미한다. *이름*: 식별자 *수량*: 작업을 수행하는데 필요한 공유 자원의 개수
이동(자원) 	**공유(이동식) 자원의 이동 경로.** 특정 작업을 수행하기 위해 한 곳에서 다른 곳으로 공유(이동식) 자원이 이동하는 것을 의미한다. • 계획된 구간: 특정 작업을 수행하기 위한 이동 경로(예: 운반 경로 등) • 복귀 구간: 특정 작업이 완료된 후 지정된 위치로 복귀하기 위한 이동 경로
의사소통 	**개체들 간의 의사소통 경로.** 작업의 요청이나 정보의 전달을 의미한다(flowitem이 이송되는 경로가 아니라는 점에 주의).

표 17.2 : 작업들 간의 작업물 흐름을 표현하는데 사용되는 OFD 기호

OFD 기호	내용
가동 중단 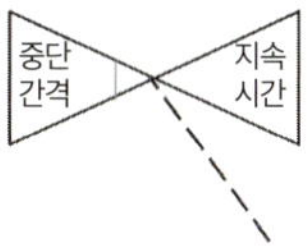	**고정형 자원 및 공유(이동식) 자원의 사용 불능 상태.** 고장이나, 유지보수 활동, 휴식, 교대 근무 등으로 인한 가동 중단 상태를 의미한다. *중단 간격*: 가동 중단의 발생 간격 지속 *시간*: 가동 중단 상태의 지속 시간 하나의 개체에서 여러 가지 가동 중단(예: 계획된 정비 활동 및 계획되지 않은 고장 등)이 발생할 수도 있으며, 이 같은 경우에는 해당 개체에 여러 개의 가동 중단 기호를 덧붙여두고, 주석을 이용하여 각각의 내용을 간단히 설명하는 것이 좋다.
성능 평가지표 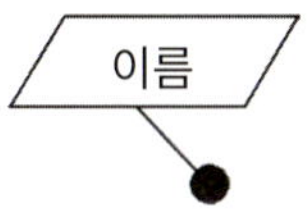	**측정해야 하는 값 또는 변수.** 시뮬레이션 분석의 출력값(반응 변수 또는 종속 변수로도 지칭)을 의미한다. *이름*: 식별자 다른 개체에 덧붙여서 표시한다. 예를 들어, 평균 대기 고객 수의 측정을 위해 대기 장소를 의미하는 보관 개체에 성능 평가지표 기호를 덧붙이거나, 프로세스 또는 공유(이동식) 자원에 이용률의 측정을 지시하는 성능 평가지표 기호를 덧붙여 표시할 수 있다.
메모 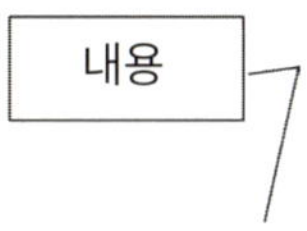	**시스템이나 개체, flowitem의 이송 등에 관한 부가 정보.**
질문 사항 	**향후 확인이나 해결이 필요한 사항.** 추가적인 정보 수집 필요성, 향후 논의해야 할 사항, 해결이 필요한 문제 등을 표시하는데 사용한다.

표 17.3 : 그 밖의 OFD 기호

기호에는 flowitem의 도착 간격(보통 확률 변수에 해당)과 한 번에 함께 도착하는 flowitem의 개수(확정적인 값일 수도 있고 확률 변수일 수도 있음)를 명시한다. 경우에 따라서는 작업물의 도착 일정을 별도로 명시할 수도 있다. 공유(이동식) 자원들은 여러 개체들 사이를 돌아다니면서 기계나 설비의 조작, 자재의 운반, 유지보수(예: 고장난 기계나 설비의 수리) 등과 같은 작업을 수행한다. 보통 이들은 정해진 경로를 따라 이동하는데, 이동 경로가 특성이 상이한 여러 구간들로 이루어진 경우에는 각 구간의 특성을 파악하여 적절히 명시하여야 한다. OFD에서는 이동 경로를 구성하는 구간을 크게 계획된 구간과 복귀 구간의 두 가지로 구분하는데, 이 중 계획된 구간은 어떤 작업(예: 한 개체의 flowitem을 다른 개체로 운반)의 수행에 필요한 이동 경로이고, 복귀 구간은 작업이 완료된 후 지정된 위치로 복귀할 때 사용되는 이동 경로를 의미한다. 끝으로, 의사소통 기호는 개체들이 작업을 수행하기 위해 여러 가지 정보나 신호 등을 주고받아야 한다는 점을 표현할 때 사용한다.

표 17.3에는 그 밖의 OFD 기호들을 정리하였으며, 이들은 앞에서 소개한 작업 수행 기호 및 작업물 흐름 관련 기호들의 내용을 보충할 필요가 있을 때 사용한다. 고정형 자원이나 공유(이동식) 자원의 가동 중단이 발생할 수 있는 경우에는 가동 중단 기호를 이용하여 이를 표현하여야 하며, 이 기호에는 가동 중단의 발생 간격과 지속 시간을 함께 명시한다. 여러 가지 개선안 중 가장 좋은 것을 선택하기 위해서는 각각의 성능 평가지표를 집계해보아야 한다. 대부분의 시뮬레이션 소프트웨어들은 널리 사용되는 성능 평가지표들의 값을 자동으로 집

계해주는 기능을 갖고 있으며, 경우에 따라서는 분석자가 추가적인 성능 평가지표를 별도로 정의해야 할 수도 있다. 중요한 것은 프로젝트 수행 초기에 어떤 성능 평가지표를 집계해야 하는지를 명확히 파악해야 한다는 점이다. 그리고, OFD에서 집계할 값들을 표현하고자 할 때는 성능 평가지표 기호를 사용하면 된다. 한편, OFD는 최종적인 도면이라기보다 일종의 밑그림에 가깝기 때문에, 향후에 내용을 이해하기 쉽도록 여러 가지 주석을 달아놓는 것도 도움이 된다. 주석을 표시하는 용도로 쓰이는 기호는 두 가지가 있으며, 구체적인 설명을 추가하고자 할 때는 메모 기호를, 뭔가 미심쩍은 부분에 대한 확인이나 토의가 필요한 경우에는 질문 사항 기호를 사용한다.

OFD 작성 절차

OFD를 사용하는 이유는, 분석자가 좀 더 쉽게 분석 대상 시스템이 가진 구성요소들의 종류를 파악하고, 그들 간의 상호작용을 이해하며, 시스템의 특성을 다른 이해관계자들에게 보다 효과적으로 전달할 수 있도록 하기 위해서이다. 따라서, 특정 시스템에 대한 OFD를 어떤 식으로 작성해야 하는지에 대한 정답은 없다. 다만, 단순한 형태이긴 해도 OFD 역시 모형 – 정확히 말하자면 개념 모형 – 에 해당하기 때문에, 불필요할 정도로 세세한 내용들을 담는 것은 좋지 않다. 다시 말해, OFD를 작성할 때는 분석 대상 시스템의 특성을 표현하는 데 꼭 필요한 기호들만을 사용하고, 지나치게 많은 기호들을 그려넣지 않도록 해야 한다.

분석자에 따라 OFD를 작성하는 방법이 다를 수도 있겠으나, 프로젝트 수행 초기에 최초로 OFD를 작성할 때는 다음과 같은 절차를 따를 것을 권장하는 바이다. 반면, 기존의 OFD에 대한 수정이나 보완을 할 때는 반드시 이 같은 절차를 따르지 않아도 좋다. OFD를 수정 또는 보완하게 되는 이유는, 일반적으로 프로젝트가 진행되면서 분석 대상 시스템이 가진 세부적인 특성들에 대해 점점 더 깊이 이해하게 되기 때문이다. 때로는 가독성을 높이고, 다양한 이해관계자들의 관심사를 고려하기 위해, 기존 OFD의 특정 영역을 별도의 보다 상세한 OFD로 작성하기도 한다.

1. 외부의 flowitem이 시스템 내부로 들어오는 입구와 시스템 내부의 flowitem이 외부로 나가는 출구를 명확히 표시한다. 이를 위해서는 소스와 싱크 기호를 사용해야 할 것이다. 일반적으로, 소스 기호에는 flowitem의 도착 빈도나 수량을 함께 명시한다.

2. 적절한 OFD 기호들을 사용하여 실제 현장에 있는 물리적인 고정형 자원(예: 기계나 설비, 작업장, 컨베이어 장치, 작업물 적재 공간 등)들을 표시한다.

3. 고정형 자원들 사이에서 작업물의 이송이 발생할 경우, 화살표, 즉, 이송 경로 기호를 이용하여 이들을 연결한다.

4. 작업물의 이송 경로 상에서 분기가 발생하는 지점에 의사결정 기호를 표시한다. 이 기호에는 경로 선택 방법을 함께 명시하여야 한다.

5. 작업물의 이송 경로 상에서 작업물들의 합류(예: 일시적인 합류일 수도 있고, 조립과 같이 영구적인 결합일 수도 있음)나 분리(예: 분해나 복제 등)가 발생하는 지점에 그룹 및 그룹 해제 기호

를 표시한다. 이 기호들에는 합류나 분리에 관여하는 작업물들의 개수를 함께 명시하여야 한다.

6. 도면 내에서 계획된 지연(예: 가공이나 운반 등)이 발생하는 지점에 시간 경과 기호를 표시한다. 이 기호에는 소요 시간을 함께 명시하여야 하며, 경우에 따라서는 소요 시간이 확률 분포 형태로 주어질 수도 있다.
7. 작업을 수행하거나, 작업물을 운반하는데 근로자 또는 별도의 장치가 필요한 경우, 공유 자원 기호를 이용하여 이를 표현한다.
8. 개체들이 여러 가지 정보나 요구사항들을 서로 주고받는 경우, 의사소통 기호를 이용하여 이를 표현한다.
9. 이동 기호를 이용하여 공유 자원들의 이동 경로를 표현한다. 처음에는 계획된 구간부터 표시하고, 이후에 복귀 구간을 적절히 추가하는 것이 바람직하다. 복귀 구간이란, 기본적으로 계획된 구간이 끝난 지점과 계획된 구간이 시작되는 지점을 연결하는 이동 경로에 해당한다.
10. 모형 내에서 계획된 가동 중단 혹은 계획되지 않은 가동 중단이 발생할 수 있는 경우, 가동 중단 기호를 이용하여 이를 표현한다.
11. 성능 평가지표 기호를 이용하여, 모형이 실행되는 동안 값을 집계할 성능 평가지표들의 종류를 명시한다. 이들은 보통 다양한 개선안들의 적합성을 비교하기 위한 기준으로 사용된다.
12. 필요한 경우 모형에 메모나 질문 사항들을 적절히 추가한다.

OFD 활용 사례

OFD는 제조업, 물류, 헬스케어 및 기타 서비스 업종 등 다양한 분야의 오퍼레이션 시스템에 폭넓게 적용될 수 있다. 다만, 여기서는 편의 상, 실제 소규모 제조 기업에서 OFD를 활용한 사례를 살펴보기로 하자. 이 기업은 "위젯"이라 불리는 기계 장치를 생산하고 있으며, 고객의 주문을 접수하는 영업 부서에서는 한 시간에 한 번씩 접수된 주문 내역을 사내 정보 시스템에 등록한다. 나아가, 시간 당 접수되는 주문의 건수는 0에서 2사이의 일양 분포를 따르며, 접수된 주문 각각의 주문량은 1에서 3사이의 일양 분포를 따른다. 따라서, 평균적으로는 시간 당 제품을 2개씩 생산해야 하는 상황이다.

이 기업이 중점적으로 관리해야 하는 성능 평가지표는 두 가지이며, 그 중 하나는 주문 접수 이후 제품이 출고되기까지 고객이 대기해야 하는 시간이고, 다른 하나는 현장 근로자 2명의 이용률이다.

그림 17.6은 상기한 "위젯"이라는 제품이 어떻게 만들어지는지를 보여준다. 특히, 이 그림 좌측에는 "위젯"의 자재명세서가 나와 있는데, 이를 보면 "위젯"은 크게 4가지 부품, A, B, C, D를 조립하여 생산한다. 나아가, 실제 조립 시에는 치공구가 1개 필요한데, 이 치공구는 재사용이 가능하며, 현재 생산 현장에서 보유하고 있는 치공구의 수는 4개이다. 한편, 그림 17.6의 오른쪽에 있는 것은 "위젯"의 작업 공정도이며, 이를 보면 각 부품들이 어떤 순서로 결합되는지, 그리고 각각의 조립 작업이 어디에서 수행되는지를 알 수 있다. 아울러, SR-1~SR-5는 각각 공장 내부에 있는 작업장들을 의미하며, 마지막에 있는 작업장 SR-5에서는 완성된 제품에 대한 포장

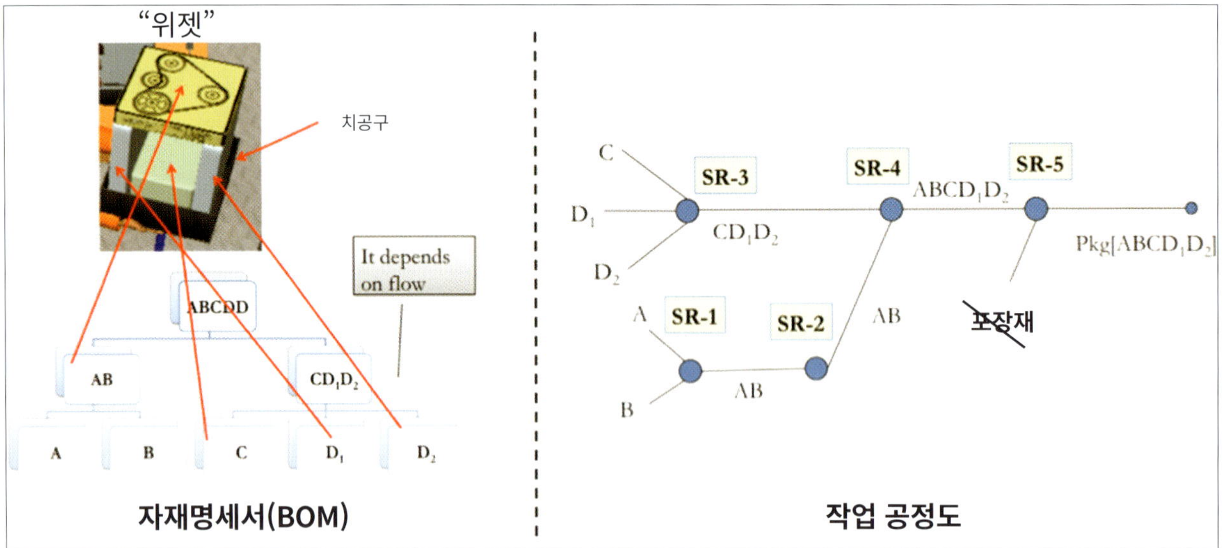

그림 17.6 : "위젯" 생산 방법

작업이 이루어진다. 포장 작업을 위해서는 제품의 파손을 막기 위한 포장재가 필요한데, 이 기업은 항상 충분한 양의 포장재를 보유하고 있다. 따라서, 포장재의 흐름을 굳이 시뮬레이션 모형에 표현할 필요는 없고, 포장 작업장의 존재와 포장 작업에 시간이 소요된다는 점만 모형에 반영하면 될 것이다. 포장재의 부족으로 인해 포장 작업이 불가능해지는 경우는 없기 때문이다.

그림 17.7은 이 공장의 작업 수행 절차를 Gantt 차트 형태로 정리한 결과이며, 이를 보면 각 작업의 수행 시점

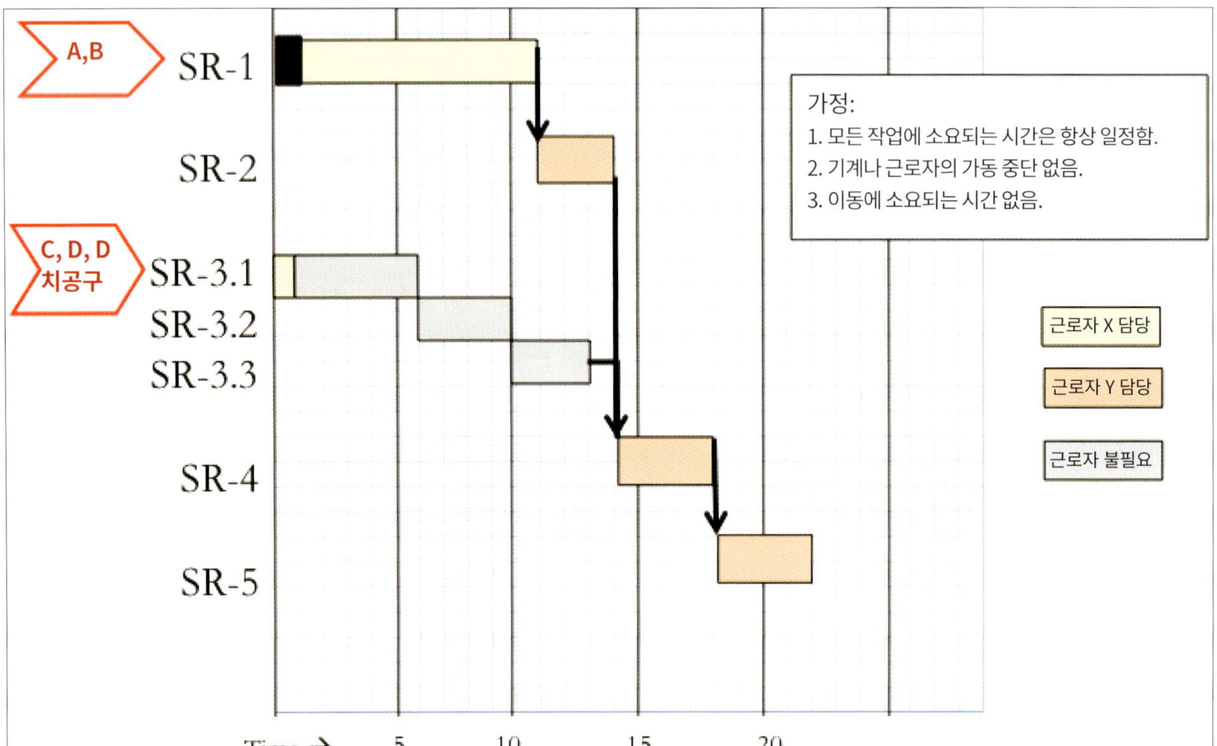

그림 17.7 : 작업 수행 절차에 대한 Gantt 차트

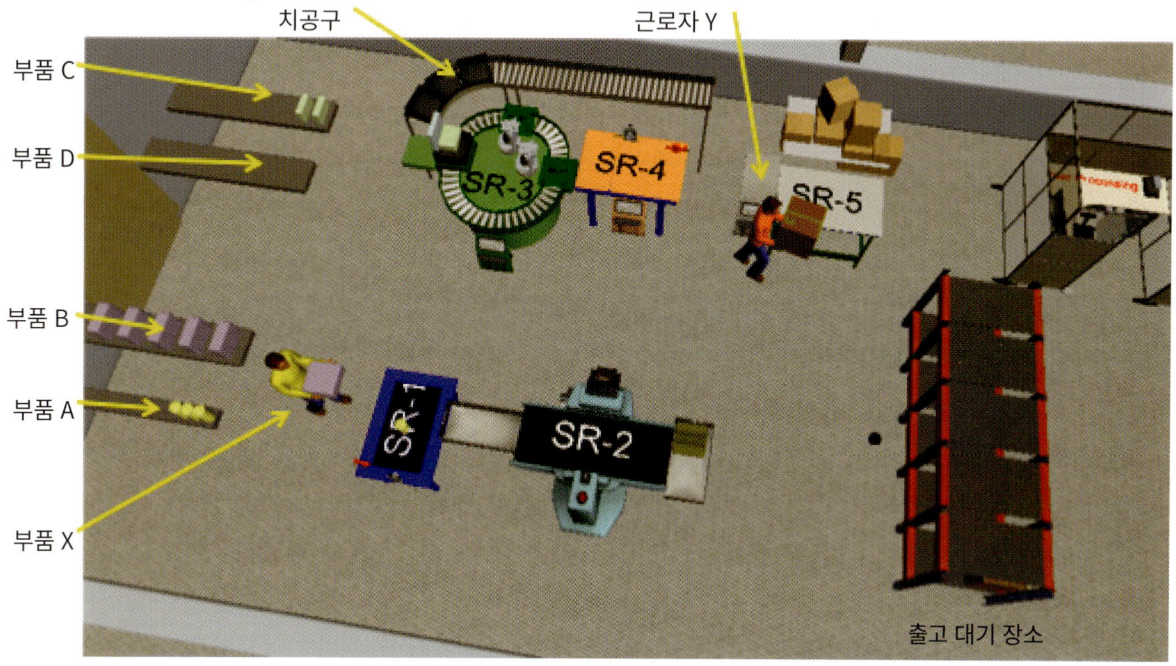

그림 17.8 : "위젯" 생산 현장 전체 구성

이 언제이고, 이러한 작업들이 서로 어떤 식으로 연계되어야 하는지를 한 눈에 파악할 수 있다. 예를 들어, 이 그림에서 우리는 작업장 SR-1에서 작업을 시작하려면 부품 A와 B가 각각 1개씩 있어야 한다는 점을 알 수 있다. 마찬가지로, 작업장 SR-3에서 작업을 하기 위해서는 부품 C 1개와 부품 D 2개가 필요할 것이다. 작업장 SR-1과 SR-3을 가동시키기 위해서는 첫 번째 근로자, 즉, 근로자 X가 필요하다. 나아가, 만약 이 두 작업장이 모두 작업을 시작할 수 있는 상태(필요한 부품들이 모두 준비되어 있는 상태)라면, 근로자 X는 항상 SR-3의 작업을 우선적으로 처리한다. 근로자 X가 직접 수행해야 하는 작업의 소요 시간이 훨씬 짧을 뿐만 아니라, 작업 초기에만 잠깐 신경을 쓰면 이후 작업은 근로자가 없어도 자동으로 진행되기 때문이다. 이 Gantt 차트를 기준으로 계산을 하면, 필요한 모든 부품들이 준비된 상태일 때, 새로운 제품 하나를 생산하는데 소요되는 리드 타임이 22분일 것으로 추정된다. 물론, 이는 지나치게 낙관적인 추정일 것이다. 부품 수급 및 처리 시간의 불확실성, 기계나 근로자의 가동 중단, 이동이나 운반에 소요되는 시간 등이 전혀 고려되지 않았기 때문이다.

앞에서 살펴본 자재명세서나 작업 공정도, Gantt 차트 등은 모두 SMA 프로젝트를 성공적으로 수행하는데 필요한 중요한 정보들이다. 하지만, 이들만으로는 아직 충분한 자료를 모았다고 할 수 없다. 특히, 적절한 시뮬레이션 모형을 작성하기 위해서는 OFD에 이보다 더 다양한 내용들이 포함되어야 한다는 점에 유의하여라.

그림 17.8은 *FlexSim*을 이용하여 앞의 생산 현장에 대한 시뮬레이션 모형을 작성해본 결과이다. 실제 현장에 대한 사진이 아닌 모형을 수록한 이유는, 해당 기업에서 자사의 생산 현장을 촬영한 사진이 외부에 공개되는 것을 원치 않았기 때문이다. 나아가, 이 모형에는 다음과 같은 사항들이 나타나 있다: 1) 전체적인 설비 배치(실제 현장의 모습이 표현되어 있는 AutoCAD 도면을 기준으로 작성), 2) 5개의 작업장(SR-1~SR-5) 각각의 위치, 3) 4가지 부품(A~D)들의 공급을 위한 컨베이어 장치, 4) 출고 대기 장소, 5) 2명의 현장 근로자 (근로자 X: 노란색 상의 착용, 현재 부품 B를 작업장 SR-1쪽으로 운반 중, 근로자 Y: 주황색 상의 착용, 현재 포장이 끝난 완제품을 출고 대기 장소로 운반 중)

근로자 X의 임무는 크게 두 가지로, 그 중 하나는 부품 A와 B를 작업장 SR-1로 운반한 다음, 이 작업장에서 직접 조립 작업을 수행하는 것이며, 다른 하나는 부품 C와 D를 작업장 SR-3로 운반한 다음, 이 작업장의 3단계 작업 중 1단계 작업인 셋업을 실시하는 것이다. 여기서, 셋업이란 그림 17.9의 좌측에서 볼 수 있는 것과 같이, 부품들을 치공구에 고정시키는 것을 말하며, 셋업에 소요되는 시간은 1분이다. 치공구에 3개의 부품(부품 C 1개와 부품 D 2개)이 고정된 이후에는 기계가 3단계의 작업, 즉, SR-3.1, SR-3.2, SR-3.3을 자동으로 수행한다. 아울러, 기계가 이러한 세 가지 작업을 수행하는데 소요되는 시간은 각각 5분, 4분, 3분으로 모두 상수이다. 한편, 부품이 담긴 치공구는 턴테이블에 의해 한 단계의 작업이 끝날 때마다 다음 단계로 자동 이송되며, 완성된 반제품 CDD(부품 C 1개와 부품 D 2개가 조립된 상태의 반제품)는 인접한 작업장 SR-4로 이송되는데, SR-3과 SR-4 사이에서 대기할 수 있는 CCD의 개수는 최대 1개이다.

작업장 SR-3에서 기계 고장이 발생할 경우에는 근로자 X가 이를 수리해야 한다. 나아가, 이 작업장에서 사용하는 기계의 고장 간격은 평균이 2시간인 지수 분포를 따르고, 한 번의 고장을 수리하는데 소요되는 시간은 10분에서 20분 사이의 일양 분포를 따른다. 참고로, 그림 17.9의 우측은 SR-3.2단계를 수행하는 부분에서 고장이 발생한 상황을 보여주는데, 일단 고장이 발생하면 근로자 X는 이로 인한 가동 중단을 최소화하기 위해 노력하여야 한다. 즉, 고장이 발생하면 근로자 X는 하던 일을 멈추고 작업장 SR-3로 이동하여 기계의 고장을 살핀 후, 수리가 완료된 이후에야 원래 위치로 복귀하여 기존의 작업을 계속 수행할 수 있다.

그림 17.9 : 작업장 SR-3 세부 구성

근로자 Y는 작업장 SR-2, SR-4 및 SR-5에서의 작업 수행과 함께, 이들 작업장 간의 작업물 운반을 담당한다. 작업장 SR-1에서 SR-2로의 이송과 작업장 SR-3에서 SR-4로의 이송이 자동으로 이루어지는데 반해, SR-2에서 SR-4, 그리고 SR-4에서 SR-5로 작업물을 이송할 때는 근로자가 필요하다는 점에 유의하여라. 그림 17.10의 좌측에 보이는 것은 근로자 Y가 반제품 AB(부품 A와 B가 1개씩 결합된 반제품)를 SR-2에서 SR-4로 운반하고 있는 모습이며, 이 그림의 우측에는 근로자 Y가 작업장 SR-4에서 완제품을 조립하고 있는 모습이 나타나 있다. 작업장 SR-4에서의 조립 작업이 끝나면, 근로자 Y는 완성된 “위젯”을 치공구에서 꺼내어 SR-5로 운반하는데, 이 때 사용이 끝난 치공구는 컨베이어 장치를 이용하여 작업장 SR-3으로 되돌려 보낸다. 나아가, 작업장 SR-5에서의 포장 작업이 끝나면, 근로자 Y는 완제품이 담긴 상자를 출고 대기 장소로 운반한다.

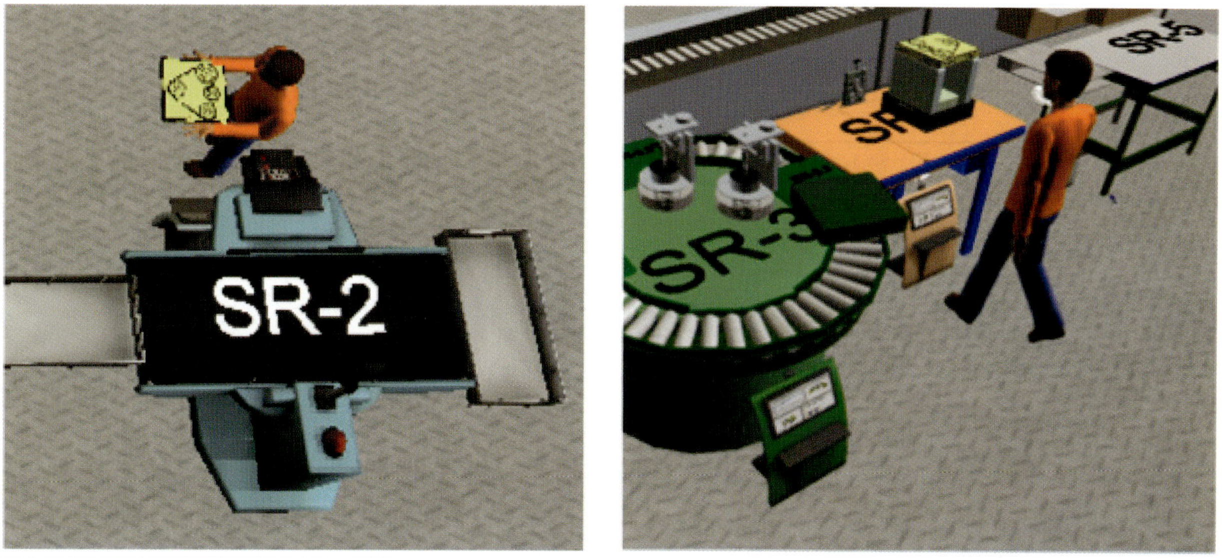

그림 17.10 : 근로자 Y가 작업을 수행하는 모습 예시

근로자들에게는 15분 간의 휴식 시간이 하루에 2회 주어지는데, 두 명의 근로자가 동시에 휴식을 취할 수는 없으며, 첫 번째 휴식 시간은 출근 후 약 2시간이 경과한 시점에, 두 번째 휴식 시간은 퇴근이 약 2시간 남은 시점에 주어진다. 또한, 이 근로자들은 출근 시간과 퇴근 시간의 중간 정도 되는 시점에 30분 간의 중식 시간을 갖는다.

아울러, 분석을 원활히 하기 위해, 부품들이 현장에 도착한 이후부터 완제품이 담긴 상자가 출고 대기 장소에 놓이기까지의 과정만 고려하기로 한다. 즉, 현장에 도착하기 전의 부품 처리 절차나 완제품이 담긴 상자가 출고된 이후에 벌어지는 일들에 대해서는 모형에 반영하지 않을 것이다.

각 부품들의 수급 현황은 다음과 같다. 먼저, 부품 A는 2시간에 한 번씩 공급되며, 1회 공급량은 4개이다. 부품 B의 경우에는 현장의 재고량이 2개로 떨어질 때마다 4개를 재주문(reorder)하는데, 이러한 재주문의 리드타임은 15분이다. 부품 C와 D는 한 번에 1개씩 공급되며, 이들의 도착 간격은 각각 평균이 30분, 15분인 지수분포를 따른다.

그림 17.11은 앞에서 소개한 표 17.1~17.3의 기호들을 이용하여 상기한 "위젯" 생산 현장에 대한 OFD를 작성한 결과이다. 참고로, 이 그림에서는 메모나 강조할 부분들을 회색 사각형 안에 표시하였으며, 어떤 시뮬레이션 소프트웨어를 이용하든, 이 같은 도면이 있으면 시뮬레이션 모형을 좀 더 쉽게 작성할 수 있을 것이다. 즉, OFD는 특정 시뮬레이션 소프트웨어에 종속적인 분석 도구가 아니다.

한편, 앞에서 설명한 바와 같이, 작업장 SR-3에서는 3단계의 작업이 이루어지고, 이들 간의 작업물 이송에 턴테이블이 사용되는데도 불구하고, 그림 17.11에는 이러한 내용들이 상세하게 나타나 있지 않다(작업장 SR-3이 하나의 개체로 표현되어 있음). 다시 말해, 이 그림에서는 턴테이블을 생략하고, 단지 근로자 X가 셋업을 수행한 이후, SR-3에서 3가지 작업이 순차적으로 이루어진다는 점만을 간단히 표현하였다.

치공구 회수용 컨베이어 장치를 표현하는데 운반과 보관, 2가지 기호가 사용된 점도 눈 여겨 볼 만하다.

근로자 X와 Y는 OFD 내에서 여러 번 등장한다. 따라서, 근로자들의 가동 중단 관련 정보는 이들을 의미하는 공유 자원 기호 각각에 일일이 덧붙이지 않고, 그림 가운데 하단의 회색 상자 안에 별도로 정리하였다. 마찬

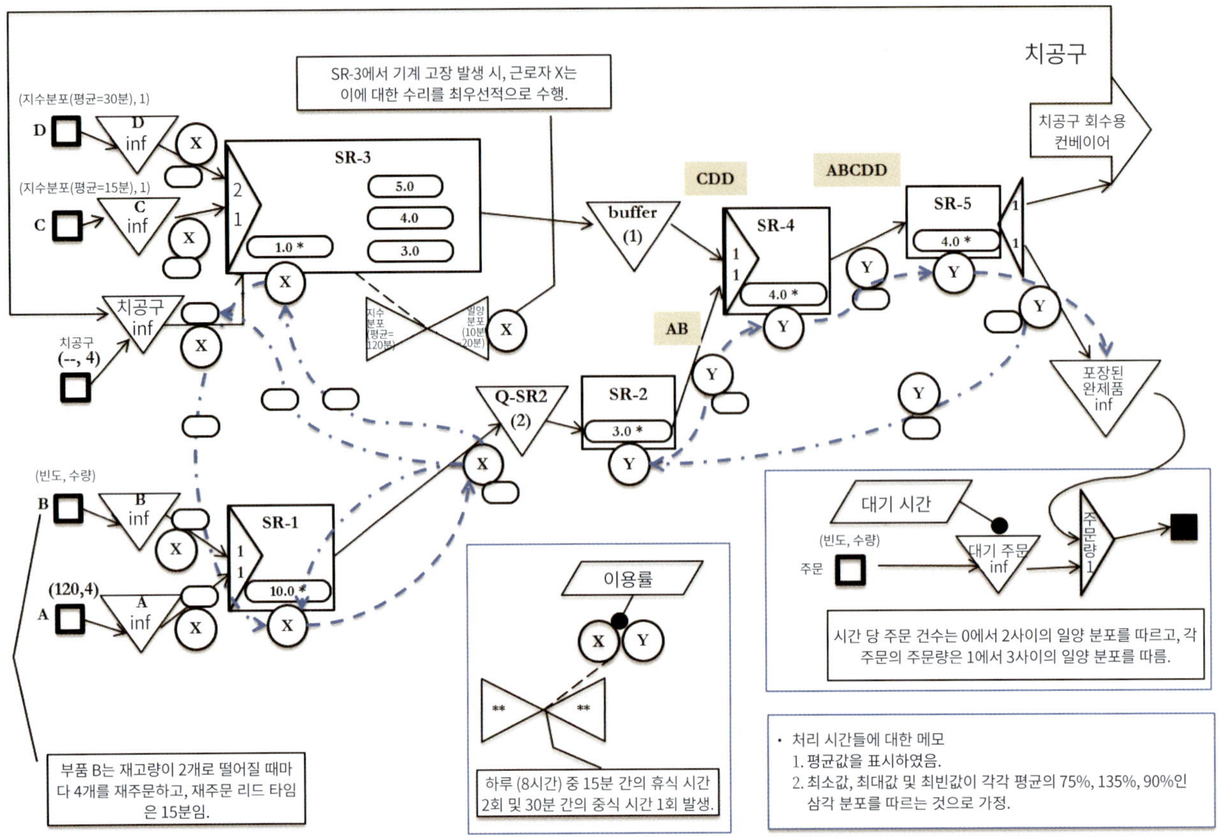

그림 17.11 : "위젯" 생산 현장에 대한 OFD 작성 결과

가지로, 근로자들의 이용률을 성능 평가지표로 집계해야 한다는 점도 이 상자 안에 표시하였다.

그림 17.11의 OFD에서 완제품이 담긴 상자를 출고 대기 장소로 운반하기까지의 과정들이 대부분 밀기 방식으로 진행되는 반면, 이후 실제 출고는 고객의 주문이 접수되었을 때 끌기 방식으로 이루어진다. 이 점은 그림 우측의 밑에서 두 번째 상자에 표현되어 있으며, 여기서 시스템에 등록된 주문 내역들에 의해 대기행렬이 형성되고, 각 고객은 자신이 주문한 수량만큼의 완제품이 출고 대기 장소에 준비될 때까지 기다려야 한다는 점을 볼 수 있다. 나아가, 이러한 고객의 대기 시간 역시 집계해야 할 성능 평가지표에 해당한다.

근로자들에 의한 조작이나 작업 수행이 필요한 고정형 자원들 간에는 공유(이동식) 자원의 이동 경로가 표시되어 있다. 부품이나 반제품이 자동으로 이송되는 경우에는 이송 경로만 표시하고, 공유(이동식) 자원의 이동은 표시하지 않는다는 점에 유의하여라. 근로자들의 이동 경로를 표현할 때는 빈손으로 이동하는 경로, 즉, 복귀 구간을 적절히 표시하여 이동 경로가 끊어지지 않도록 해야 하며, 복귀 구간은 1점 쇄선으로 표현한다. 반면, OFD에서 계획된 구간은 점선으로 표시하며, 이 구간들은 부품이나 반제품의 이송 경로 주위에 형성된다.

그림 17.11에서 근로자 X는 다양한 복귀 구간들을 갖는다. 예를 들어, 근로자 X가 작업장 SR-1에서 작업을 마쳤는데, 마침 작업장 SR-3에서 기계의 셋업이 필요해진 상황이라면 이 근로자는 작업장 SR-1을 떠나 작업장 SR-3으로 이동해야 한다. 나아가, 이와 같은 빈손 이동을 적절히 고려하지 않고, 실제 작업에 소요되는 시간만 모형에 반영하면, 근로자들의 업무량을 과소평가하게 될 것이다. 한편, 근로자 Y는 출고 대기 장소에서 작업장 SR-2로 이어지는 한 개의 복귀 구간만을 갖는다.

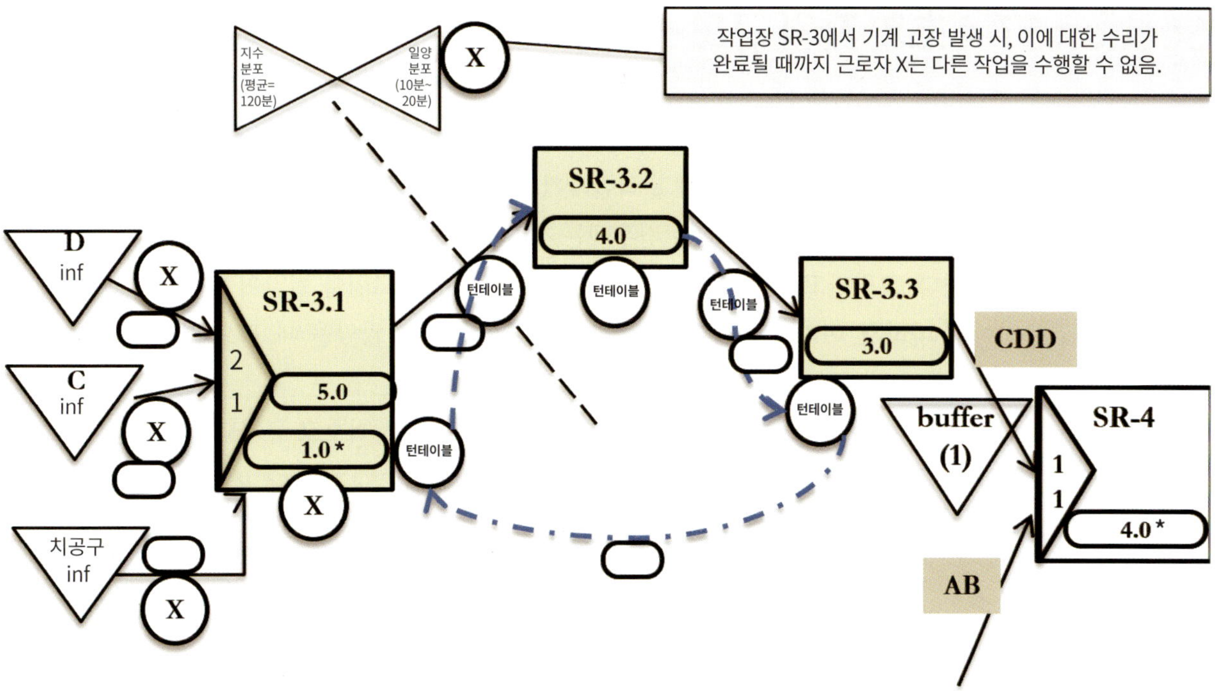

그림 17.12 : 작업장 SR-3에 대한 하위 OFD

앞의 OFD에서는 수작업으로 진행되는 작업의 처리 시간들을 모두 확률 변수로 간주하였다. 다만, 이 같은 작업들에 소요되는 시간을 나타내는 시간 경과 기호에는 각각의 평균 시간만을 기록하고, 대신 평균 시간 옆에 별표(*)를 붙여 실제로는 해당 시간이 확률 변수임을 표기하였다. 세부적인 확률 분포는 메모 기호를 이용하여 그림 우측 하단에 별도로 표시하였으며, 이를 보면 확률 변수에 해당하는 처리 시간들은 모두 최소값, 최대값, 최빈값이 각각 평균의 75%, 135%, 90%인 삼각 분포를 따른다고 가정했음을 알 수 있다.

여러 단계의 작업이 이루어진다는 점을 감안하여, 작업장 SR-3은 그림 17.12와 같이 별도의 OFD로 좀 더 상세하게 표현하였다. SR-3.1단계를 시작하려면, 먼저 근로자 X가 작업에 필요한 부품들을 가지고 온 다음, 이들을 치공구에 고정시켜야 한다. 이후 근로자 X는 기계의 셋업을 수행하는데, 셋업에 소요되는 시간은 1분이다. 셋업이 끝나면 다음과 같은 활동들이 순차적으로 진행된다: 1) 기계에 의한 조립(SR-3.1, 처리 시간=5분), 2) 턴테이블이 반제품을 SR-3.2단계 작업이 이루어지는 위치로 이송, 3) 기계에 의한 조립(SR-3.2, 처리 시간=4분), 4) 턴테이블이 반제품을 SR-3.3단계 작업이 이루어지는 위치로 이송, 5) 기계에 의한 조립(SR-3.3, 처리 시간=3분), 6) SR-3에서의 작업이 완료된 반제품을 작업장 SR-4 앞의 대기 장소로 이송(대기 가능 작업물 개수=최대 1개). 나아가, 작업이 완료된 후에는 다음 번 작업을 위해 턴테이블을 SR-3.3단계 작업이 이루어지는 위치에서 SR-3.1단계 작업이 이루어지는 위치로 복귀시키는데, 이는 그림 17.12에서 복귀 구간 기호로 표시되어 있다.

Section 17-4 초기 자원 규모 산정

앞의 사례에서는 시스템이 보유한 자원의 규모가 사전에 명확히 정해져 있었으나, 그렇지 않은 경우도 종종 있다. 예를 들어, 아직 존재하지 않는 시스템에 대해 분석한다거나, 시뮬레이션을 통해 얼마나 많은 이송 장치(예: 지게차나 AGV 등)가 필요한지를 결정하고자 하는 경우에는 자원의 규모가 확정되지 않은 상태에서 시뮬레이션 모형을 작성해야 할 것이다. 그렇다고, 자원의 개수가 1개, 2개, 3개, … 인 모형을 일일이 작성하여 실행해보는 것은 너무 비효율적이다. 따라서, 여기서는 정확한 자원의 규모가 주어지지 않았을 때, 필요한 자원의 최소량을 결정하는 방법을 소개하고자 한다.

자원의 규모를 정할 때 가장 중요하게 생각해야 하는 것은, 시스템이 안정적으로 유지되려면 고객이 도착하는 속도보다 작업을 처리하는 속도가 빨라야 한다는 점이다. 즉, 자원의 수가 1개일 때, 처리율 μ는 도착률 λ보다 커야 하며, 이는 다음과 같은 수식으로도 표현할 수 있다:

$$\frac{\lambda}{\mu} < 1$$

자원이 n개일 때는 아래 수식과 같이 처리해야 할 작업량과 보유한 자원 규모의 비를 이용하여, 시간 T가 경과하는 동안 시스템을 안정적으로 유지하는데 필요한 자원의 최소량을 결정할 수 있다:

$$\frac{\overline{N_T} \times \overline{PT} + O_T}{n \times R_T \times \left(\frac{R_T - \overline{DT}}{R_T}\right)} < 1$$

$$\therefore n = \left\lceil \frac{\overline{N_T} \times \overline{PT} + O_T}{R_T \times \left(\frac{R_T - \overline{DT}}{R_T}\right)} \right\rceil$$

단, n = 자원의 개수,

$\overline{N_T}$ = 시간 T가 경과하는 동안 도착하는 작업물 또는 고객 수의 평균

$\overline{PT}$ = 작업물 1개 또는 고객 1명에 대한 평균 처리 시간

O_T = 시간 T가 경과하는 동안 수행되어야 하는 다른 작업들의 총 소요 시간

R_T = 시간 T가 경과하는 도중 자원 1개가 활용되는 시간

$\overline{DT}$ = 시간 T가 경과하는 도중 자원 1개가 가동 중단 상태에 머물러 있는 시간의 평균

예제를 하나 살펴보기로 하자. Swell Computer라는 기업은 현재 신제품 생산을 위한 공장 신축을 고려 중이다. 이 기업은 웹사이트를 통해 상시적으로 주문을 받고 있으며, 시간 당 접수되는 주문 건수의 평균은 1.5건/

시간이다. 생산 라인에서 제품 1개를 조립하는 데는 평균적으로 35분이 소요되며, 근로자들은 하루 일과를 마칠 때쯤 현장 정리정돈과 일일 생산 실적에 대한 서류를 작성해야 하는데, 이 같은 작업들을 처리하는 데는 평균적으로 20분이 소요된다. 나아가, 실제 제품의 조립이 이루어지는 공장은 하루에 8시간씩, 일주일에 5일 가동되는데, 근로자들에게는 매일 15분 간의 휴식 2회와 30분 간의 중식 시간이 1회 주어지고, 휴식이나 중식 시간에는 공장이 가동되지 않는다. Sell Computer사는 이 신축 공장에 최소 몇 개의 생산 라인을 설치해야 하는지를 결정하고자 한다.

앞의 수식을 적용해 보면, 이 공장에는 최소 5개 이상의 생산 라인이 설치되어야 하며, 자세한 계산 과정은 아래와 같다. 물론, 시뮬레이션 분석 결과, 이보다 더 많은 생산 라인이 필요하다는 결론이 도출될 수도 있다. 이번 계산에서는 아직 도착 간격이나 처리 시간의 불확실성, 시스템 구성요소들 간의 다양한 상호작용, 기업의 목표 서비스 수준 등이 고려되지 않았기 때문이다. 따라서, 일단 처음에는 5개의 생산 라인을 갖는 시뮬레이션 모형을 작성하되, 나중에 생산 라인의 개수를 바꾸어야 할 수도 있을 것이다.

$$\left\lceil \frac{(168\text{시간}/\text{주} \times 1.5\text{건}/\text{시간}) \times 35\text{분}/\text{주문} + 20\text{분}/\text{일} \times 5\text{일}/\text{주}}{(40\text{시간}/\text{주} \times 60\text{분}/\text{시간}) \times \left(\frac{2400 - 300}{2400}\right)} \right\rceil$$

$$= \left\lceil \frac{8920\text{분}/\text{주}}{2100\text{분}} \right\rceil = \lceil 4.2 \rceil = \textbf{5개 생산 라인}$$

Section 17-5 시뮬레이션 모형 작성 단계의 문서화 작업

그림 17.2에 제시한 SMA 프로젝트 수행 절차의 두 번째 단계로 접어들면 이제 프로젝트 팀원들이 조금씩 작업 결과물들을 내놓기 시작한다. 이 단계에서는 작성된 시뮬레이션 모형의 특성과 작동 방식을 적절히 문서화하는 것이 중요하며, 이러한 일들을 소홀히 할 경우, 작성된 모형을 다른 사람들이 활용 또는 수정하거나, 다음 번 프로젝트에서 이 모형을 재사용하기가 어렵다.

첫 번째 단계를 수행하면서 문서화한 내용들(예: 용어 정의, 분석 목표 등)이 자주 바뀌는 것은 곤란하다. 반면, 두 번째 단계에서 정리한 문서들은 프로젝트가 진행되는 동안 필요할 때마다 수시로 내용을 수정 및 보완하고, 그때마다 갱신된 내용을 팀원들과 공유하는 것이 바람직하다.

이 단계에서 문서화 작업을 할 때는 먼저 사용한 시뮬레이션 소프트웨어의 이름과 버전, 시간이나 거리 등과 같은 기본적인 물리량들의 단위, 모형에서 사용되는 용어들의 의미, 모델링 개체들의 색상이 갖는 의미 등을 기록하여야 한다. 나아가, 실제 시스템을 단순화시켜 표현한 부분이 있다면 이들에 대해서도 정리를 해두어야 하며, 이러한 예로는 기계의 셋업 시간과 처리 시간을 구분하지 않는다거나, 여러 종류의 고장을 한 가지 사건으로 뭉뚱그려 표현하는 경우 등을 들 수 있다.

이후에는 모형에 포함된 개체들 각각의 특성과 작동 방식을 기록하며, 이 때 각 개체가 어떤 데이터를 사용하는지, 그리고 이러한 데이터가 어디에 저장되어 있는지 등에 대해서도 상세히 설명해두어야 한다(예: global table에 저장되어 있는지 아니면 해당 개체에 저장되어 있는지 등). 모형을 작성하는 과정에서 사용된 변수나 label 및 함수들의 의미와 기능을 정의하는 것도 빠뜨려서는 안 된다. 시뮬레이션 모형을 작성할 때 적절히 주석을 달아두면 이들을 정리하는데 도움이 될 것이다. 단순한 구조의 시뮬레이션 모형이라면, 모형을 면밀히 관찰하여 변수나 label, 함수의 의미를 파악할 수도 있겠으나, 복잡한 모형의 경우에는 이렇게 하는 것이 대단히 어렵다는 점에 유의하여라.

소스 코드나 스크립트를 작성할 때는 항상 주석을 통해 어떤 로직을 구현한 것인지를 다른 사람들이 이해하기 쉽게 설명해 두는 것이 좋다. 작성 당시에는 단순해 보이는 로직이라도 나중에 다른 사람들이 보았을 때는 매우 복잡하게 느껴질 수 있기 때문이다. 특히, 모형이 가진 로직들 중 특이하거나 중요한 것들에 대해서는 해당 로직의 필요성과 실행 절차를 별도로 상세히 정리해두어야 한다.

아울러, 시뮬레이션 소프트웨어가 제공하는 기본적인 모델링 개체 이외의 새로운 개체를 정의하여 사용한 경우에는 이들도 문서화 대상에 포함되며, 세부적으로는 각각의 필요성, 작동 방식, 기능 상의 한계 및 추후 재사용 가능성 등을 기록한다. 모형 내에서 외부의 API나 다른 프로그램과의 연동이 발생한다면 이들 역시 문서화 대상이다. 결론적으로 말해서, 모형을 작성할 때는 모형을 작성하는데 사용한 모든 것들에 대해 문서화하여야 한다.

사용자 인터페이스

시뮬레이션 모형의 작성에 참여하지 않은 사람이 시뮬레이션 모형을 사용해야 하는 경우에는 모형의 사용법이나 분석 결과를 관찰하는 방법에 대한 문서화도 필요하며, 이러한 점들을 설명할 때는 시뮬레이션 모형의 스크린샷을 적절히 활용하는 것이 바람직할 것이다.

모형을 실행하기 전에 사용자가 어떤 값들을 입력해야 하는 경우에는 주요 입력값들의 종류나 값을 입력하는데 사용되는 양식 또는 표 등의 구조, 그리고 특정 상황을 표현하고자 할 때 어떤 값들을 변경해야 하는지 등을 설명하여야 한다.

모형을 실행한 이후에 조회할 수 있는 보고서나 출력값들에 대해서는 다양한 예시를 보여주면서 각각의 값들이 어떻게 산출되는지를 설명하는 것이 바람직하다. 나아가, 경우에 따라서는 이러한 출력값들을 다른 형식으로 변환하는 방법에 대한 설명이 필요할 수도 있다.

Section 17-6 분석 실행 단계의 문서화 작업

SMA 프로젝트 수행 절차의 세 번째 단계에서는 이제 문서화 작업을 마무리하여야 하며, 여기서 중요한 것은 크게 두 가지이다. 첫째, 이 단계에서는 시뮬레이션 모형이 올바르게 작동하는지를 확인한 후, 관련 내용을 문서화하여야 한다. 이를 위해서는 시뮬레이션 모형의 적절성을 확인하는 방법이 필요한데, 일반적으로는 이를 위해 결과값이 잘 알려진 상황에 대한 실험을 실시하거나, 불확실성을 제거하고 모형을 실행했을 때, 예상한 것과 같은 결과가 나오는지를 확인해보는 경우가 많다. 둘째, 프로젝트의 산출물들을 활용하는 방법 및 관련 절차에 대한 문서화도 필요하다.

검증과 승인

프로젝트의 규모가 크든 작든 간에, 시뮬레이션 모형에 대한 검증과 승인은 매우 중요한 절차이다. 검증과 승인 절차의 개념은 그림 17.13에 나타내었으며, 이들의 의미를 구분하자면, 검증이란 "모형이 적절하게 설계되었는지를 확인하는 과정"으로, 승인이란 "이러한 모형이 올바르게 작성되었는지를 확인하는 과정"으로 정의할 수 있다.

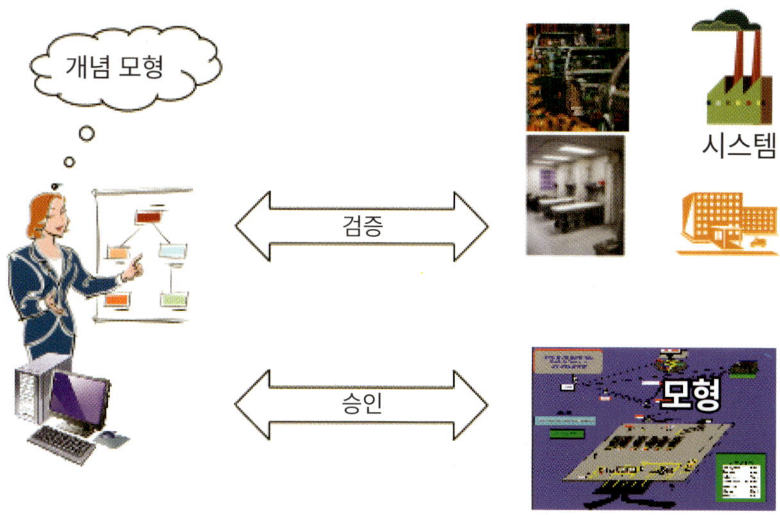

그림 17.13 : 시뮬레이션 모형의 검증과 승인

모형에 대한 검증을 실시할 때는 모형이 당면한 문제를 해결하는데 도움이 되는지, 그리고 대상 시스템의 특성이 모형에 올바르게 표현되었는지를 확인하여야 한다. 즉, 여기서는 시뮬레이션 모형이 분석 의도에 맞게 설계되었는지를 파악하는 것이 중요하다. 따라서, 모형을 검증할 때는 우선 OFD등의 형태로 정리한 개념 모형과 실제 시스템의 특성을 비교해보아야 한다. 만약, *FlexSim*과 같이 모형의 입체적인 시각화가 가능한 시뮬레이션 소프트웨어를 사용하여 최종 모형을 작성했다면, 개념 모형 대신 최종 모형을 이용할 수도 있을 것이다. 이 같은 입체적인 모형이 작성되면 검증 작업이 용이해질 뿐만 아니라, 프로젝트 내용에 대한 주변의 신뢰나 프로젝트를 수행하는 팀원들의 사기가 높아지는 효과도 발생한다. 물론, 모형의 생김새만 중요한 것은 아니며, 모형을 검증할 때는 이 외에도 모형에 포함된 여러 가지 로직이나 입력값, 출력값의 적절성 등을 종합적으로 고려하여야 한다.

모형을 승인할 때는 모형이 의도한 대로 작성되었는지, 즉, 최종 모형과 개념 모형의 내용이 서로 일치하는지를 검토해보아야 한다. 나아가, 이 경우에도 입체적인 모형이 작성되어 있다면 모형을 승인해도 될 지를 판단하기가 보다 수월할 것이다.

일반적으로 모형에 대한 검증이나 승인을 할 때는 모형의 작동 방식과 로직을 체계적으로 검토해 보기 위해 현장의 실무 전문가나 분석 대상 시스템 책임자가 제시하는 시나리오대로 모형을 실행해 보는 경우가 많으며, 이러한 실행 시나리오는 최종 모형 뿐만 아니라 OFD 등의 형태로 정리한 개념 모형에도 적용될 수 있다. 아울러, 가능하면 프로젝트가 진행되는 동안 필요할 때마다 다양한 실행 시나리오를 모형에 적용해 보는 것이 바람직하다. 모형을 체계적이고 점진적인 방식으로 발전시켜 나갈 수 있는데다, 검증이나 승인이 이루어질 때마다 프로젝트를 수행하는 팀에 대한 신뢰 형성 및 팀원들의 사기 진작 등의 효과가 나타나고, 이러한 기회를 통해 조직 내 다른 구성원들이 앞으로 실행할 개선안의 내용에 대해 미리 이해할 수 있게 되기 때문이다.

모형에 대한 검증이나 승인을 실시하는 또 다른 방법은 모형에서 불확실성을 제거해 보는 것이다. 예를 들어, 과거의 생산 일정계획을 모형에 입력한 후 모형의 실행 결과와 실제 생산 실적을 비교하여 모형의 적절성을 확인할 수도 있을 것이다.

기존에 없었던 새로운 시스템에 대한 모형을 작성하는 경우에는 모형 작성자와 현장의 실무 전문가가 함께 작성된 모형이 여러 가지 기능적인 요구사항들을 충족하는지를 검토해보아야 한다.

나아가, 모형에 대한 검증이나 승인을 실시할 때는 일반적으로 다음과 같은 사항들 중 이번 프로젝트와 관련이 있는 것들에 대한 확인이 필요하다:

- 다양한 유형의 flowitem 도착 빈도 (도착 및 이탈 flowitem의 개수 등을 확인)
- 가동 중단/신뢰도 (가동 중단의 발생 횟수 및 지속 시간 등을 확인)
- 생산 일정계획 (생산 일정계획을 변경했을 때 적절히 반영되는지를 확인)
- 특수 로직 (특정 상황이 발생했을 때 필요한 로직이 실행되는지를 확인)
- 시각적인 특성 (모형과 실제 시스템이 유사해 보이는지를 확인)

시뮬레이션 모형이 실제 시스템과 완전히 똑같을 수는 없다. 현실 세계에는 매우 다양한 변수들이 존재하기 때문이다. 그럼에도 불구하고, 시스템이 가진 특성 중 중요한 것들은 모형에 빠짐없이 반영되어야 한다. 그러나, 모형에는 모형 작성자가 이해한 내용들만 반영되어 있을 것이다. 따라서, 가능하면 실제 시스템을 잘 아는 사람에게 작성된 모형을 보여주고, 모형과 실제 시스템이 유사해 보이는지를 물어보아야 한다.

다른 활동들과 마찬가지로, 검증이나 승인을 어떤 식으로 실행할 것인지에 대한 계획도 프로젝트 수행 초기에 미리 세워두는 것이 좋다. 나아가, 이러한 계획에는 모형의 적절성을 평가하는 방법(평가 방식, 평가에 소요되는 시간, 평가에 이용할 자료, 평가 기준 등) 뿐만 아니라 평가 시기가 언제이고, 평가자가 누구인지 등에 대한 정보도 포함되어야 한다.

적용가능성

추가적으로, 실제로 현장에 적용가능한 모형을 얻기 위해서는 다음과 같은 절차들이 필요하다:

- 현장의 실무 전문가가 모형 작성에 사용된 데이터들이 실제 시스템의 특성을 잘 표현하고 있는지를 확인.
- 모형을 실행하여 얻은 결과값들이 실제 시스템을 관찰하여 얻은 결과값들과 유사한지를 확인. 이를 위해 모형 작성자들은 여러 가지 입력값들의 설정 방법을 잘 이해하고 있어야 함.

분석

검증이 끝난 모형은 다양한 분석에 활용되며, 이러한 분석은 체계적인 방식으로 이루어져야 한다(시뮬레이션 모형을 실행하여 얻은 출력값들을 분석하는 방법에 대해서는 10장과 11장을 참조하여라). 나아가, 프로젝트 수행 배경 및 분석 목표에 부합하는 분석 결과를 얻기 위해서는 사전에 분석 계획을 적절히 수립하여야 할 것이다.

출력값을 분석할 때는 분석 대상 시스템의 중요 성능 평가지표들을 관찰하는데 초점을 맞추어야 한다. 때로는 시뮬레이션 소프트웨어를 이용하여 의미 있는 분석 결과를 도출하는 것이 까다롭게 느껴질 수도 있는데, 이런 일을 방지하기 위해서는 프로젝트 수행 초기에 중요한 성능 평가지표가 무엇인지를 명확히 정의해두어야 한다. 또한, 체계적인 분석을 위해서는 사전에 적절한 실험 계획을 수립하는 것이 필요하다(이에 대해서도 자세한 사항은 10장과 11장을 참조하기로 하자).

실험 계획이란 시뮬레이션 모형을 어떤 방식으로 실행시킬 것인지를 결정하는 과정을 말하며, 이 계획에는 어떤 변수들의 값을 변경해가면서 분석을 진행할 것인지, 반복 횟수는 몇 번으로 할 것인지, 프로젝트의 목적이나 목표를 달성하는데 필요한 정보를 얻기 위해 어떤 종류의 값들이 수집되어야 하는지 등과 같은 사항들이 포함되어야 한다. 다양한 시나리오에 대한 실험을 실시하기 위해 시스템의 특성을 어떤 식으로 변경할 것인지를 명시하여야 한다는 뜻이다. 아울러, 실험을 수행하여 결과값들이 얻어지면 이들에 대한 통계 분석을 실시할 것이기 때문에, 수집할 통계량의 종류나 각각의 신뢰 수준도 사전에 결정하여야 한다. 이러한 실험 계획의 주요 내용을 정리하면 아래와 같다:

- 기본 실험 시나리오: 기본 실험 시나리오란 최초의 시스템 특성을 의미한다. 통상적으로는 기존 시스템의 특성을 기본 실험 시나리오로 사용하는 경우가 많다. 기본 실험 시나리오는 모형의 검증이나 다른 시나리오들과의 비교 분석에 사용된다.
- 변경할 항목: 프로젝트의 목적이나 목표를 달성하기 위해 시스템이 가진 여러 가지 특성 중 어떤 것들을 변경해 볼 것인지를 명시한다(예: 기계 대수, 처리 시간, 작업물 이송 방식 등)
- 비교 대상 시나리오: 한꺼번에 너무 많은 항목들을 변경해버리면 개선 효과가 발생하더라도 어떤 항목이 많이 기여하였는지를 판단하는 것이 어려워진다. 따라서, 기본 실험 시나리오를 점진적으로 변화시켜가면서 분석을 실시할 수 있도록 여러 가지 비교 대상 시나리오들을 적절하게 준비하는 것이 바람직할 것이다.

시뮬레이션 모형을 실행하여 출력값들을 얻었다면, 이제 SMA 프로젝트의 종료 시점이 다가온 것이다. 여기서 강조하고 싶은 것은 이전의 프로젝트 수행 절차들 중 일부가 누락되거나 잘못된 방식으로 수행된 경우에는 분석 결과도 부정확할 가능성이 크다는 점이다. 나아가, 출력값들이 얻어진 이후에는 이들에 대한 통계 분석을 실시하여야 한다.

출력값들에 대한 통계 분석을 할 때는 프로젝트 수행 초기에 정의한 성능 평가지표들의 값을 살펴보는데 초점을 맞추어야 한다. 대부분의 시뮬레이션 소프트웨어들은 기본적인 성능 평가지표들을 자동으로 집계해 주는 기능을 갖고 있지만, 경우에 따라서는 분석 대상 시스템과 관련 있는 특수한 성능 평가지표들을 모형에 별도로 추가해야 할 수도 있다. 또한, 분석을 통해 산출되는 출력값들의 종류와 분량이 지나치게 많은 경우에는 사용자가 분석 결과를 해석하고 활용하는 것이 쉽지 않기 때문에, 가급적이면 프로젝트 수행 초기에 중요한 성능 평가지표들의 종류를 잘 선별해두어야 할 것이다.

분석 결과 중 중요한 것들은 사용자들이 쉽게 이해할 수 있도록 차트나 그래프로 시각화해 주는 것이 좋을 수도 있다. 경우에 따라서는 이 같은 시각화 기능이 모형 자체보다 더 중요할 수도 있다는 점에 유의하여라.

나아가, 실제 SMA 프로젝트에서 지금까지 설명한 문서화 작업을 수행하는데 사용할 수 있도록, 이 장의 부록(Appendix 17A)에는 시뮬레이션 프로젝트 템플릿 양식을 수록하였다.

Section 17-7 프로젝트 템플릿 양식 활용 사례

이번 절에서는 알루미늄 판재를 생산하는 공장에서 SMA 프로젝트를 수행하는 도중 초급 사용자가 프로젝트 템플릿 양식을 이용하여 프로젝트 수행 내역을 문서화한 사례를 소개하고자 한다. 나아가, 해당 프로젝트의 추진 배경은 아래에 좀 더 자세히 설명하였으며, 참고로, 템플릿 양식의 내용 중 Part I은 이를 바탕으로 작성되었다.

Allied Aluminum 사 – Dexter 공장의 알루미늄 판재 생산 라인

분석 배경

건설 경기의 불황으로 인해 최근 알루미늄 자재에 대한 수요가 줄어들고 있어, Allied Aluminum사의 경영진들은 선박용 알루미늄 자재 등과 같은 신규 사업 분야에 진출하는 것을 고려 중이다. 영업 부서에서는 신규 사업 분야에서 성공을 거두기 위해서는 다양한 크기의 알루미늄 판재를 신속하게 공급할 수 있는 능력이 중요할 것이라는 의견을 피력하였다. 현재 이 회사는 알루미늄 판재를 생산할 수 있는 공장 2개를 보유 중인데, 양쪽 공장 모두 생산성이 좋은 편은 아니다.

특히, 그 중 Dexter 지역에 있는 공장의 경우, 4년 전에 생산성 향상을 위해 고속 절단 기계를 새로 도입했음에도 불구하고, 여전히 생산량과 장비 이용률이 만족스럽지 않은 실정이다.

이에 Allied Aluminum사의 경영진들은 Dexter 공장의 생산성 개선을 위한 TFT를 구성하여 생산성 향상 방안을 찾아보도록 지시하였고, 그 결과, 공장 내의 자재 이송으로 말미암아 발생하는 작업의 지연을 줄이기 위해 컨베이어 장치를 증설하는 것이 좋겠다는 개선안이 제안되었다. 노조에서는 필요하다면 작업 방식이나 휴식 시간을 조정하는데 동의한다는 의견을 밝혀왔다. TFT에서는 시뮬레이션을 이용하여 개선안의 타당성을 평가하되, 신속한 진행을 위해 모형을 작성하는 작업은 외부의 전문가에게 의뢰하기로 하였다. 이를 위해서는 시뮬레이션 프로젝트 템플릿 양식을 이용하여 먼저 모형이 충족시켜야 하는 여러 가지 요구사항들을 정리한 후, 외부의 전문가에게 전달해야 할 것이다.

공장 설비 현황

이 공장은 2개의 생산 라인과 1개의 포장 작업장을 보유하고 있는데, 생산 라인 중 1개는 고속 생산 라인, 나머지 1개는 일반 생산 라인이다.

각 생산 라인에서는 다양한 크기의 알루미늄 원자재를 필요한 크기로 절단하여 판재 형태로 가공하는 작업을 수행하며, 이송이나 포장 작업 도중 표면이 손상되는 것을 막기 위해 만들어진 판재에는 보호 용지를 붙여 놓는다. 또한, 고속 생산 라인에서는 일반 주문 품목과 대량 주문 품목을 모두 생산하는 반면, 일반 생산 라인에서는 일반 주문 품목만을 취급한다. 고속 생산 라인의 끝 부분에는 만들어진 판재들을 쌓아두는 장소가 2개 있는데, 이 중 1개는 일반 주문 품목의 대기 장소, 다른 1개는 대량 주문 품목의 대기 장소이며, 이후 일반 주문 품목은 포장 작업장으로, 대량 주문 품목은 창고로 이송한다.

만들어진 판재를 창고나 포장 작업장으로 이송할 때는 지게차를 사용하며, 포장 작업장에서는 고속 및 일반 생산 라인에서 이송되어온 판재들을 모두 처리한다. 그 밖에 특기할 만한 점들로는 다음과 같은 것들이 있다:

- 근로자들에게는 일과 시간 중 휴식 시간이 몇 번 주어지며, 기계들에 대해서는 정기적으로 유지보수 작업이 이루어진다.
- 생산 라인의 작업 속도는 1) 제품의 크기, 2) 자재(알루미늄 원자재)나 부자재(보호 용지)의 종류 등에 따라 달라질 수 있다.

이 같은 상황을 외부 전문가에게 설명하기 위해 Dexter 공장의 TFT 구성원들은 프로젝트 템플릿 양식을 이용하여 아래와 같은 문서를 작성하였다:

프로젝트 명 : 고속 절단 공정 생산성 강화　　　버전/작성일자 : 2016년 10월 7일

기업명 : Allied Aluminum – Dexter 공장

프로젝트 시작 일자 : 2016년 9월 12일

프로젝트 종료 일자 : 2017년 2월 1일　(기준 일자 : 2016년 10월 7일)

중심어 : 지속적 개선, 고속 절단기, 생산 일정계획, 작업 방식 개선

Part I – 문제 정의

1. 분석 배경

신형 고속 절단 기계의 도입으로 인해 생산 라인의 작업 속도는 높아졌으나, 전체적인 공장의 생산성은 여전히 동종 업계 평균에 못 미치는 수준이다. 이러한 상황을 개선하지 못할 경우, 경쟁 업체들에게 고객을 빼앗겨 수익성이 악화되고, 이로 인해 Dexter 공장의 인원을 감축하거나 심한 경우 공장의 문을 닫아야 할 수도 있을 것으로 예상된다. 이 같은 일을 방지하기 위해 시뮬레이션을 이용하여 다양한 개선안들의 타당성을 평가하고, 중장기적인 생산성 개선을 추진하고자 한다.

2. 분석 목표 (시뮬레이션이 필요한 이유와 요구되는 산출물의 종류)

지속적인 개선을 추진하는 과정에서 제안된 개선안의 비용 대비 효과성을 평가하는데 사용할 수 있는 시뮬레이션 모형을 개발한다.

3. 주요 성능 평가지표 (여러 대안들의 타당성을 평가하기 위한 기준)

- 하루 동안 고속 생산 라인에서 처리하는 원자재의 양
- 일일 판재 생산량
- 각 기계들의 이용률
- 납기 준수율

4. 주요 의사결정변수 (각 대안마다 다르게 설정할 시스템의 특성)

- 판재의 이송에 사용되는 컨베이어 장치의 수
- 생산 라인의 작업 속도
- 고속 생산 라인 및 일반 생산 라인에 대한 작업 배정 규칙
- 작업 및 휴식 일정

5. 시뮬레이션 분석 범위

a. 분석 대상 시스템의 범위에 대한 가정

i. 공장 내에서 수행되는 모든 작업 절차

ii. 공장 내에서 작업에 관여하는 모든 근로자

b. 분석 대상 시스템과 외부 환경의 상호작용 방식에 대한 가정

i. 현장에 알루미늄 원자재와 보호 용지의 재고가 항상 충분히 존재함.

ii. 포장 공정을 수행하는데 필요한 포장재들이 항상 충분히 존재함.

iii. 창고가 가득 차는 일은 없음.

c. 작업 방식에 대한 가정

i. 각 생산 라인에서 생산되는 제품들의 목록은 별도로 정리되어 있음

ii. 원자재의 특성에 대한 자료는 구매 담당 부서에 요청하여 얻을 수 있음.

iii. 현재 생산 일정계획에 대한 자료는 생산관리 부서에 요청하여 얻을 수 있음.

iv. 중장기적인 운영계획에 대한 자료는 본사의 마케팅 팀에 요청하여 얻을 수 있음.

v. 세부적인 작업 수행 방식이나 작업 처리 시간 등은 별도로 작업 절차서를 정리하여 제공할 예정임.

vi. 정확한 설비 배치 현황이나 컨베이어 장치의 이송 속도 등은 CAD 도면에서 확인할 수 있음.

vii. 과거의 기계 가동 중단 이력은 사내 정보 시스템에 기록되어 있어, 필요한 경우 이를 이용할 수 있음. 유지보수 방법의 변경이나 고장 수리 시간의 단축이 어떤 효과를 발생시키는지에 대한 분석이 이루어지기를 희망함.

viii. 가급적이면 현재의 근로자 인원수나 휴식 일정을 유지하는 것이 바람직하지만, 필요한 경우에는 이를 변경하는 것도 가능함.

참고 문헌

1. Beaverstock, M., A. Greenwood, E. Lavery, and W. Nordgren. 2012. *Applied Simulation Modeling and Analysis using FlexSim*. 3rd ed. Orem, Utah: *FlexSim* Software Products, Inc .

2. Giachetti, Ronald E., *Design of Enterprise Systems: Theory, Architecture, and Methods*, 2010. Boca Raton, FL: CRC Press.

3. Greenwood, A. G. Pawlewski, P., and Bocewicz, G., "A Conceptual Design Tool to Facilitate Simulation Model Development: Object Flow Diagram," *Winter Simulation Conference*, (R. Pasupathy, S.H. Kim, A. Tolk, R. Hill, and M. E. Kuhl, Editors), December 2013, Washington, DC, pp. 1292-1303.

4. Pidd, M. *Tools For Thinking* 2nd Ed., Chichester, England: John Wiley & Sons, 2003.

5. Robinson, S. 2008. "Conceptual Modelling for Simulation Part I: Definition and Requirements." *Journal of the Operational Research Society* 59 (3): 278-290.

6. Robinson, S. 2012. "Tutorial: Choosing What to Model – Conceptual Modeling for Simulation." In *Proceedings of the 2012 Winter Simulation Conference*, Edited by C. Laroque, J. Himmelspach, R. Pasupathy, O. Rose, and A.M. Uhrmacher. Piscataway, New Jersey: Institute of Electrical and Electronics Engineers, Inc.

Chapter 17 Review Questions

1. 이 장에서 가장 기억에 남거나 흥미로웠던 점 세 가지를 이야기해보시오.

2. SMA 프로젝트를 수행하는 절차는 크게 네 단계로 구분된다. 각 단계에서 수행해야 하는 주요 활동들을 이야기해보시오.

3. SMA 프로젝트 수행 초기에 분석 목표를 명확하게 정의하는 것이 중요한 이유를 설명하여라.

4. 분석 대상 시스템의 범위에 대한 가정과 작업 방식에 대한 가정의 내용이 서로 어떻게 다른지를 설명하고, 각각의 예를 몇 가지 들어보시오.

5. OFD에서는 기계나 설비들을 보통 어떤 기호로 표현하는가? 이 기호의 상하좌우에는 각각 어떤 내용을 표시해야 하는가?

6. OFD 표기법을 이용하여 어떤 근로자(이동식 자원)가 2시간에 1번씩 15분 간의 휴식을 취한다는 점을 표현하여라.

7. OFD 표기법을 이용하여 길이가 100피트인 컨베이어 장치가 분당 300피트의 속도로 작업물을 이송하고, 주기적으로 고장을 일으키기도 한다는 점을 표현하여라. 단, 고장 간격은 평균이 4시간인 지수 분포를 따르고, 수리 시간은 평균이 120초인 지수 분포를 따른다. 나아가, 작업물은 한 변의 길이가 2피트인 정육면체로 가정하여라.

8. Compu-Help사는 고객 지원을 위한 콜센터 자동응답시스템의 도입을 고려 중이다. 이 시스템은 상시적으로 운영될 예정이며, 고객들로부터 걸려오는 문의 전화의 도착 간격은 평균이 4분인 지수 분포를 따른다. 시스템 1대는 한 번에 1통의 전화만 응대할 수 있으며, 고객 1명을 응대하는데 걸리는 시간은 평균이 3분이고 표준 편차가 1분인 정규 분포를 따른다. 나아가, 시스템 1대는 동시에 최대 6명의 고객이 대기 상태를 유지하도록 할 수 있다. 반면, 대기 중인 고객이 6명일 때 전화를 건 고객은 이 시스템과의 통화 연결이 불가능하다. 이 자동응답시스템은 간혹 고장을 일으키기도 하며, 고장 간격은 평균이 4시간인 지수 분포를 따르고, 수리 시간은 4분에서 8분 사이의 일양 분포를 따른다. 이 자동응답시스템의 특성을 OFD 형태로 표현하여라.

9. 앞의 Compu-Help사는 최소 몇 대의 자동응답시스템을 도입해야 하는가?

10. 고객 1명을 응대하는데 걸리는 시간은 최소값, 최대값 및 최빈값이 각각 1분, 20분, 9분인 삼각 분포를 따르고, 자동응답시스템은 4시간에 한 번씩 응대 내역 취합 작업을 수행해야 하는데, 여기에 소요되는 시간이 4분에서 6분 사이의 일양 분포를 따른다면, 앞의 Compu-Help사는 최소 몇 대의 자동응답시스템을 도입해야 하는가?

11. 아래 그림과 같은 단순한 구조의 작업장이 하나 있다. 처음에 작업장 좌측의 오버헤드 컨베이어 장치에 의해 작업물이 공급되면, 근로자가 이를 가운데의 가공 설비로 운반한다. 이후 작업이 완료되면 작업물들을 팰릿에 적재하는데, 팰릿이 가득 차면 컨베이어 장치를 이용하여 이를 출고 대기 장소로 이송하며, 출고 대기 장소에 있는 작업물들은 지게차가 와서 가지고 간다. 나아가, 그림에서 가공하기 전의 작업물과 가공이 완료된 작업물은 각각 회색과 파란색으로 표시되어 있다.

    a. 이 작업장에 대한 시뮬레이션 모형을 작성한다고 가정해 보자. 현재 분석 대상 시스템은 어떤 구성요소들을 갖는가? 이들 각각은 어떤 식으로 상호작용하는가?

    b. 그림의 내용을 토대로 OFD를 작성하여라(표 17.1~표 17.3의 기호 이용). 단, 컴퓨터가 아닌 종이 위에 손으로 그려도 무방하다.

    c. *FlexSim*을 이용하여 이 작업장에 대한 시뮬레이션 모형을 작성한 후, 작성된 모형을 실행하여라.

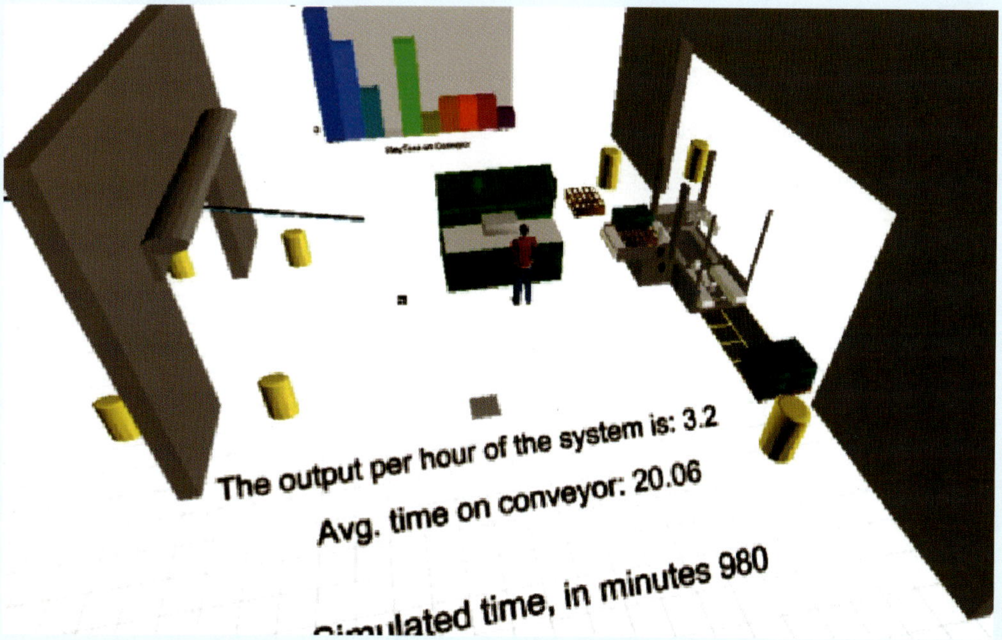

12. 어떤 병원의 MRI 촬영실을 방문하는 환자들의 도착 간격은 평균이 30분인 지수 분포를 따르고, 환자 1명을 응대하는데 소요되는 시간은 평균이 25분인 지수 분포를 따른다.

    현재 이 병원에서는 촬영실에 CT 촬영 장비를 추가로 배치하는 것을 고려 중이다. 다만, 처음에 병원을 지을 때는 MRI 촬영만을 고려하여 촬영실을 설계하였기 때문에, 병원 관계자들은 시뮬레이션을 이용하여 CT 촬영 장비를 추가로 배치해도 문제가 없겠는지를 상세하게 분석하고자 한다.

    촬영실 관계자들은 CT 촬영 장비가 추가될 경우, 촬영실을 방문하는 환자들의 수가 50% 증가하고, 그들 중 CT 촬영이 필요한 환자들의 비율이 40%이며, 나머지 환자들은 MRI 촬영을 할 것으로 예상하고 있다. 촬영실을 방문한 환자들은 처음에 촬영 준비가 완료될 때까지 대기실에서 기다려야 하며, 촬영 준비가 끝나면 현장의 담당자가 환자를 촬영 장소로 안내한다. 실제 촬영은 현장 담당자와 의료진의 입회 하에 이루어지는데, 촬영이 종료되면 의료진은 촬영된 영상을 분석하여 해당 환자에 대한 보고서를 작성하여야 한다. 나아가, CT 촬영 장비가 추가되면 촬영실에서 환자 1명을 응대하는데 다음과 같은 시간들이 소요될 것으로 예상된다:

    - 촬영 준비 시간: 평균이 10분이고 표준 편차가 3분인 정규 분포를 따름(CT 촬영 환자 및 MRI 촬영 환자 모두 동일).
    - 실제 촬영에 소요되는 시간: CT 촬영 소요 시간은 평균이 6분이고 표준 편차가 2분인 정규 분포를 따르고, MRI 촬영 시간은 평균이 30분이고 표준 편차가 10분인 정규 분포를 따름.
    - 촬영된 영상의 분석 및 보고서 작성에 소요되는 시간: 최소값, 최대값, 최빈값이 각각 5분, 18분, 7분인 삼각 분포를 따름.

    한편, 촬영 장비들이 고장을 일으키면 현장 담당자가 이를 수리해야 하는데, 고장 간격은 평균이 4시간인 지수 분포를 따르며, 수리 시간은 평균이 12분인 지수 분포를 따른다. 또한, 현장 담당자들은 2시간에 한 번씩 20분 간의 휴식을 취한다(즉, 2시간이 경과하는 동안 실제로 현장 담당자 1명이 근무를 하는 시간은 100분이다).

    a. 이 시뮬레이션 프로젝트의 주요 이해관계자들을 식별하고, 이들이 어떤 역할을 담당해야 하는지를 설명하여라.
    b. 기본적인 대기행렬 모형을 이용하여 이 문제를 분석하는 것이 곤란한 이유는 무엇인가?
    c. 분석 대상 시스템에 대한 OFD를 작성하여라.
    d. 현장 담당자의 인원수는 최소 몇 명 이상이 되어야 하겠는가?

13. Fister's Foods사에 대한 아래의 설명을 읽고, 다음 물음들에 답하시오.

   a. 시뮬레이션 프로젝트 템플릿 양식의 Part I을 작성하여라.

   b. 분석 대상 시스템에 대한 OFD를 작성하여라.

   c. 이번 프로젝트에서 어떤 실험 시나리오들에 대한 분석을 실시해야 하겠는지를 설명하여라.

분석 배경

Fister's Foods사는 고급 급속 냉동 식품을 제조하여 인터넷에서 판매하며, 그 동안 순조롭게 성장하여 최근에는 새로운 공장을 신축하기에 이르렀다. 나아가, 제품의 특성 상, 공장에서 만들어진 제품은 가급적 신속히 고객에게 배송되어야 한다. 공장 내에서 제품의 제조가 이루어지는 작업장의 온도는 항상 저온을 유지하고 있으며, 만들어진 제품은 용기에 담은 후, 컨베이어 장치를 이용하여 포장 작업장으로 운반한다. 단, 포장 작업장은 저온 상태가 아니다.

포장 작업장에서는 적절한 양의 드라이아이스와 함께 제품을 배송 상자에 담아 밀봉하는데, 배송 상자에 들어가는 드라이아이스의 양은 배송 거리나 배송지의 특성에 따라 달라지며, 구체적으로는 배송 거리가 멀거나 온난한 지역으로 배송되는 제품의 경우, 배송 상자에 일반 제품보다 더 많은 양의 드라이아이스를 넣는다.

밀봉이 끝난 배송 상자는 일반 제품과 배송 거리가 멀거나 온난한 지역으로 배송되는 제품을 구분하여 팰릿에 싣는데, 팰릿에 4개의 배송 상자가 적재되면, 오버헤드 크레인을 이용하여 이를 출고 대기 장소로 운반한다. 나아가, 출고 대기 장소에서는 지게차를 이용하여 배송 상자들을 트럭에 싣는다.

현재 포장 작업장에는 1명의 근로자가 근무하고 있으며, 이 근로자는 컨베이어 장치에 제품이 실려왔을 때, 제품을 포장 기계로 운반한 후 포장 기계에 대한 셋업 작업(적절한 양의 드라이아이스를 배송 상자에 추가)을 수행해야 한다. 배송 상자의 밀봉이 끝났을 때는 근로자가 이를 적절한 팰릿에 실어야 하며, 오버헤드 크레인이 팰릿 1개를 가지고 갔을 때, 새로운 팰릿을 포장 기계 쪽으로 가지고 오는 것도 이 근로자가 해야 하는 일 중 하나이다.

문제 정의

현재 이 기업의 경영진들은 판매량이 계속 증가하는 상황인데도 예전처럼 포장 작업장에 1명의 근로자만 근무하도록 하는 것이 타당한지를 우려하고 있다. 포장 작업장에 도착한 제품들이 포장 기계 앞에서 오래 대기하게 되면 제품의 변질이 발생할 수 있기 때문이다. 나아가, 이 문제에 대한 해결책으로는 근로자 인원수의 충원, 제품을 포장 기계로 운반하거나 밀봉된 배송 상자를 팰릿에 싣는 작업의 자동화, 각각의 배송 상자에 적정량의 드라이아이스를 담는 작업의 자동화 등이 고려되고 있다.

기타 사항

배송 거리가 멀거나 온난한 지역으로 배송되는 제품의 색깔을 빨간색으로, 일반 제품의 색깔을 파란색으로 표시하면 모형이 실행되는 동안 현장의 상황을 좀 더 쉽게 파악할 수 있을 것이다. 나아가, 이번 프로젝트에서는 근로자의 이용률이나 포장 작업장에서의 제품 대기 시간 등이 중요한 성능 평가지표가 될 것이다. 만약, 앞에서 제시한 사항들 이외의 추가적인 정보가 필요한 경우에는 프로젝트 템플릿 양식에 그 내용을 명시하여라.

Appendix 17A – Simulation Project Template

프로젝트 명 : 버전/작성일자 :

기업명 :
프로젝트 시작 일자 :
프로젝트 종료 일자 : (기준 일자 : 프로젝트 종료 일자를 결정한 시점)
중심어 :

Part I – 문제 정의

1. 분석 배경 (대상 시스템 및 문제 상황에 대한 간단한 소개)
2. 분석 목표 (시뮬레이션이 필요한 이유와 요구되는 산출물의 종류)
3. 주요 성능 평가지표 (여러 대안들의 타당성을 평가하기 위한 기준)
4. 주요 의사결정변수 (각 대안마다 다르게 설정할 시스템의 특성)
5. 시뮬레이션 분석 범위
   a. 분석 대상 시스템의 범위에 대한 가정
   b. 분석 대상 시스템과 외부 환경의 상호작용 방식에 대한 가정
   c. 작업 방식에 대한 가정

Part II – 분석 대상 시스템의 특성

1. 시스템 설명 (도면, 사진 및 과거 데이터 활용 가능)
2. 주요 이해관계자

성명	소속	직급	연락처	역할

3. 개념 모형/개체 흐름도 (OFD)
4. 특수한 로직 또는 그 밖에 모형에 반영할 사항들
5. 기타 참조 자료

연번	자료명	보관 위치	유형	작성일자/버전	비고

Part III – 시뮬레이션 모형 작성

1. **모형 파일 관련 정보**
    a. 모형 작성에 사용한 소프트웨어 이름 및 버전
    b. 모형이 저장된 파일 이름 :

2. **기본적인 물리량들의 단위**
    시간 단위 =
    거리 단위 =

3. **약어 및 동의어 (색상에 의미가 있는 경우 이에 대한 설명 포함)**

4. **개체 이름 명명 규칙**

5. **단순화**
    a. 실제 시스템의 특성을 단순화하여 표현한 부분
        1. …
        2. …
    b. 단순화를 위해 수립한 가정
        1. …
        2. …

6. **모델링 개체 사용 내역**
    a. Flowitem
        1. 기본 속성

Flowitem 이름	유형	출처	외관	비고

        2. Label

Flowitem 이름	Label 이름	Label 유형	참조 또는 갱신 시점	비고 (값의 의미 등)

    b. Fixed Resource (Visual 개체 포함)
        1. 기본 속성

개체 이름	유형	용량	외관	가동 중단 특성 (유형, 빈도, 지속 시간)	비고

2. Label

개체 이름	Label 이름	Label 유형	참조 또는 갱신 시점	비고 (값의 의미 등)

3. 계획된 지연

개체 이름	셋업 시간	셋업 조건	처리 시간	비고

4. 사용자 정의 로직

개체 이름	Trigger	비고

c. Task Executer (이동식 자원)

1. 기본 속성

개체 이름	설명	용량	외관	가동 중단 특성 (유형, 빈도, 지속 시간)	속도	가속/감속	비고

2. Label

개체 이름	Label 이름	Label 유형	참조 또는 갱신 시점	비고 (값의 의미 등)

3. 이동 경로

개체 이름	NetworkNode	비고

경로 이름	NetworkNode1	NetworkNode2	거리	이동 규칙

4. 사용자 정의 로직

개체 이름	Trigger	비고

d. Fluid 개체

1. 유속 측정 단위 = 1 (부피 단위) / (시간 단위)
2. Tick 간격 = 1 (시간 단위)
3. 처리 방식

			유속			
개체 이름	설명	용량	상류 개체	하류 개체	입력 포트 유속	출력 포트 유속

7. **Tools**

a. Global Table (실제 테이블 내용 첨부 가능)

테이블 이름	사용 시점	사용 목적	행 의미	열 의미

b. Time Table (실제 테이블 내용 첨부 가능)

테이블 이름	사용 시점	사용 목적

c. Downtime table (실제 테이블 내용 첨부 가능)

테이블 이름	사용 시점	사용 목적

d. Dashboard

Dashboard 이름	사용 목적

e. Process Flow

Process Flow 이름	사용 목적

f. Global List

Global List 이름	사용 시점	사용 목적

g. Global Variable / Macro

이름	유형	사용 시점	사용 목적	초기 값

h. User Event

이름	사용 시점	사용 목적

i. 사용자 정의 개체 (새로 개발한 것과 다른 라이브러리에서 가지고 온 것 모두 포함)

이름	유형	사용 시점	사용 목적	라이브러리 이름

j. 기타

8. **난수 스트림 번호 할당 내역**

스트림 번호	적용 개체	적용 내용

9. **인터페이스 (시뮬레이션 모형의 사용법에 대한 설명)**
   a. MS-Excel 데이터 입력/출력
   b. MS-Access 데이터 입력/출력
   c. GUI
   d. 출력값 조회 및 보고서 기능

10. **모델 뷰 (모형의 스크린샷)**

11. **모형 검증**
   a. 검증 계획
   b. 검증 결과

12. **모형 승인**
   a. 승인 계획
   b. 승인 결과

13. **입력 데이터 분석 결과**

14. **시뮬레이션 모형 개정 이력**

버전	개정 일자	주요 변경 내용

Part IV – 분석 결과

1. **실험을 통해 확인할 사항**
2. **성능 평가지표 종류**
3. **의사결정변수 종류**
4. **분석 절차 및 방법에 대한 설명**
5. **분석 전략**
   a. 기존 시스템의 특성
   b. 1회 반복 실행 시간 및 그 산출 근거
   c. 개별 시나리오에 대한 실험 반복 횟수 및 그 산출 근거
   d. 예열 시간의 길이 및 그 산출 근거
6. **실험 결과**
   a. 실험 계획 내역
   b. 결과 요약

분석 시나리오	의사결정변수				성능 평가지표			
	변수1	변수2	변수3	…	지표1	지표2	지표3	…
(이름)	(값)	(값)	(값)					

7. **실험 결과에 대한 토의**
8. **결론 도출 및 개선안 선택**

About the Authors

Malcolm Beaverstock, Ph.D. After a 40 year career applying advanced control and simulation to industrial problems, Malcolm Beaverstock retired to join FlexSim. During his 13 years with General Mills, he developed and led their simulation program which was involved with more than 300 projects and resulted in significant savings attributed to the use of simulation.

Following graduate studies, Malcolm joined UniRoyal Chemicalas manager of their advanced control group where he installed direct digital control systems. During his 17 years at the Foxboro Company he managed various technology groups and established the systems research department that resulted in the early development of Foxboro's I/A control system. As Vice President of Automation Technology, Malcolm initiated work into model-based control applications.

Malcolm holds a Bachelor's degree in Chemical Engineering and Labor Relations from MIT and a Doctorate from Cornell University in Chemical Engineering and Computer Science. He's the author of more than 200 papers on the application and use of advanced technologies.

Allen G. Greenwood, Ph.D., P.E. Allen is Professor Emeritus of Industrial and Systems Engineering at Mississippi State University (MSU) and is currently Professor of Engineering Management at Poznan University of Technology (PUT) in Poland. Allen teaches systems simulation, logistics systems design, enterprise systems engineering, and project management. His research interests/expertise include the design and analysis of production and project systems; simulation modeling, analysis, and optimization; and the design and application of decision-support systems.

His professional experience spans a wide variety of domains -- engineering design and development (military aircraft and aerospace), manufacturing and production systems (military aircraft, shipbuilding, automotive, textile fibers, healthcare, and electrical systems), and project management. His work has been funded by such organizations as the US Air Force Research Laboratory, Office of Naval Research, Naval Sea Systems Command, NASA, Northrop Grumman Ship Systems, Nissan North America, General Electric Aviation, and the Center for Advanced Vehicular Systems (MSU). He has authored or co-authored over 150 creative works,Malcolm Beaverstock, Ph.D. After a 40 year career applying advanced control and simulation to industrial problems, etc.

Allen received his B.S.I.E, M.S.I.E, and Ph.D. (Management Science) degrees from North Carolina State University, University of Tennessee, and Virginia Tech, respectively. In addition to the faculty positions at MSU and PUT, he held positions at American Enka Company, General Dynamics Corporation, Virginia Tech, Northeastern University, the American University of Armenia, and Prince Sultan University.

William Nordgren, MS CIM. Bill is the President and CEO of FlexSim Software Products, Inc., and currently teaches the Manufacturing Simulation graduate course as an adjunct professor at Brigham Young University. In 1988 he founded ProModel Corporation and was Vice President until he left in 1992. In 1993 Bill founded F&H Simulations, Inc. (now FlexSim Software Products, Inc.) and introduced Taylor II, Taylor ED, and FlexSim into the market. Bill has authored several papers dealing with simulation project management, queuing theory, and has taught hundreds of classes in the use of simulation software. He is listed in Marquis Who's Who in America for his accomplishments in the advancement of simulation technology. Bill received a Bachelor of Science in Manufacturing Engineering Technology, and a Master of Science in CIM (Computer Integrated Manufacturing) from Brigham Young University.

이 도서는 2018년도 정부(산업통상자원부)의 재원으로 한국산업기술진흥원(KIAT)의 지원을 받아 수행된 연구임. (N0002429, 2018년 스마트공장 운영설계 전문인력 양성사업)

감사의글

이 도서는 2018년도 정부(산업통상자원부)의 재원으로 한국산업기술진흥원(KIAT)의 지원을 받아 수행된 연구임. (N0002429, 2018년 스마트공장 운영설계 전문인력 양성사업)

옮긴이

김 준 우

KAIST 산업공학과 학부 과정을 졸업한 후, KAIST 산업공학과에서 석사 학위를, KAIST 산업및시스템공학과에서 박사 학위를 받았으며, 현재는 동아대학교 산업경영공학과에서 부교수로 재직 중이다.

최근 3D 공장 시뮬레이션 소프트웨어인 FlexSim을 접하고 매우 강한 인상을 받아, 이를 교육이나 연구, 또는 실제 제조 현장의 개선에 활용하고자 다방면으로 노력 중이다. 나아가, 앞으로 스마트공장의 설계나 구축, 운영 및 최적화에 이 같은 3D 공장 시뮬레이션이 매우 유용한 도구로 활용될 것이라는 믿음을 가지고 있다.

시뮬레이션 응용

발행일 2018년 10월 20일 초판 1쇄
지은이 김준우
발행인 송자영
발행처 초아출판사
주소 서울시 성북구 정릉로 36길 41
전화 070-8739-0036
팩스 0504-178-5627
E-mail choapublish@hanmail.net
디자인 에이카드

ISBN 979-11-88425-05-1
정가 33,000원